Demokratie heute

Sozialkunde

Rheinland-Pfalz
Sekundarstufe I

Differenzierende Ausgabe

Dieter Deiseroth
Marc A. Gollon
Heinz-Ulrich Wolf

Schroedel
westermann

Demokratie heute
Sozialkunde
Rheinland-Pfalz
Sekundarstufe I
Differenzierende Ausgabe

bearbeitet von
Dieter Deiseroth, Marc A. Gollon und Heinz-Ulrich Wolf

mit Beiträgen von
Annette Adam, Jürgen Alber, Alfons Brockhausen, Cathrin Schreier

Zu diesem Schülerband sind lieferbar:
Lehrermaterialien mit Kopiervorlagen (Bestell-Nr. 978-3-507-11079-3)

Schroedel aktuell

Unterrichtsmaterialien zu aktuellen Themen aus den Bereichen Politik und Wirtschaft finden Sie unter: ***www.schroedel-aktuell.de***

westermann GRUPPE

Druck A[2] / Jahr 2017
Alle Drucke der Serie A sind im Unterricht parallel verwendbar.

Redaktion: Dieter Deiseroth, Niederaula
Layout und Umschlaggestaltung: Janssen Kahlert Design & Kommunikation GmbH
Grafiken: Langner & Partner, Hemmingen
Illustrationen: Dieter Tonn, Bovenden
Druck und Bindung: westermann druck GmbH, Braunschweig

ISBN 978-3-507-**11077**-9

Liebe Schülerinnen, liebe Schüler,

Demokratie heute ist euer Buch für den Unterricht im Fach Sozialkunde. Es enthält acht Kapitel: Jugendliche und Demokratie, Familie in Gesellschaft und Staat, Leben in der Mediengesellschaft, Wirtschaft, Die politische Ordnung der Bundesrepublik Deutschland, Recht und Rechtsprechung, Politik in der Europäischen Union, Frieden und Sicherheit. Jedes Kapitel gliedert sich in Unterkapitel, diese wiederum in Teilkapitel.

Ein Teilkapitel umfasst meist eine oder zwei Buchseiten. Die Seiten mit blauen Kopfbalken vermitteln euch das notwendige Basiswissen, die Seiten mit lilafarbenen Kopfbalken enthalten Inhalte zur Erweiterung E und Inhalte zur Vertiefung V.

Die vielfältigen, auf Kompetenzerwerb ausgerichteten Aufgabenstellungen sollen euch zur Auseinandersetzung mit den unterschiedlichen Materialien (Autorentexte, Fremdtexte, Schaubilder, Grafiken, Statistiken, Fotos usw.) anregen. Zu einzelnen Aufgaben findet ihr in der Randspalte hilfreiche Hinweise. Diese Aufgaben sind mit einem ↗ markiert.

Die Arbeitsaufträge sind mithilfe von Operatoren formuliert, wie zum Beispiel „nenne“, „erkläre“, „beurteile“. Auf den Seiten 312 und 313 könnt ihr nachlesen, welche Arbeitsweise mit den einzelnen Operatoren angestrebt wird und wie ihr die Aufgaben bearbeiten sollt.

Fremdtexte (z. B. Texte aus Zeitungen und dem Internet) sind mit entsprechenden Quellenhinweisen versehen. Alle anderen Texte stammen von den Autoren dieses Schulbuchs.

Besonderes Gewicht legt *Demokratie heute* auf methodenorientiertes Lernen. Auf hellgrün unterlegten Seiten wird eine Vielzahl an unterschiedlichen Methoden vorgestellt. Hier werden Fachmethoden des politischen Unterrichts erläutert sowie kooperative Lernformen, die ihr auch in anderen Fächern anwenden könnt.

Jedes Unterkapitel endet mit der Seite Das Wichtige in Kürze. Hier steht kurz und einprägsam, was ihr auf jeden Fall wissen solltet. Diese Seite kann euch bei der Bearbeitung vieler Aufgaben helfen und später zur Wiederholung dienen. Greift darauf zurück, wann immer es euch hilfreich erscheint.

Die beiden Seiten Zeige deine Kompetenzen! am Schluss jedes Kapitels bieten euch die Möglichkeit, den eigenen Wissensstand zu überprüfen und das Gelernte anzuwenden. Die Aufgaben dort beziehen sich auf die verschiedenen Kompetenzbereiche und Kompetenzen.

Auf manchen Seiten findet ihr den Vermerk WEBCODE. Das ist der Hinweis auf ein Video zum Thema, das ihr im Internet unter www.schroedel.de, dann der angegebene Code, aufrufen könnt.

Das Internet bietet für die Arbeit im Fach Sozialkunde viele brauchbare Informationen. Zur schnelleren Orientierung ist auf den Buchseiten 314 und 315 eine Auswahl an hilfreichen Adressen abgedruckt. Auf den Seiten 316 bis 319 findet ihr ein Stichwortverzeichnis mit Seitenverweisen. Ihr könnt langes Blättern im Buch vermeiden, wenn ihr hier das gesuchte Thema oder den gesuchten Begriff nachschlagt.

Dieses Symbol weist auf ein Arbeitsblatt in den Lehrermaterialien hin. Die Arbeitsblätter erleichtern die Durchführung des Unterrichts, sind aber für die Bearbeitung der betreffenden Aufgaben nicht zwingend notwendig.

Dieses Zeichen soll euch daran erinnern, dass ihr auf keinen Fall in das Buch hineinschreiben dürft.

Inhaltsverzeichnis

Kapitel 02

Familie in Gesellschaft und Staat ... 55

Kapitel 03

Leben in der Mediengesellschaft ... 83

Kapitel 05

Kapitel 06

Kapitel 07

Die im Buch enthaltenen Methoden-Seiten im Überblick:

Schüler beim Gestalten eines Plakats zum Thema „Europäische Union"

Schülerinnen und Schüler bei der Vorbereitung einer Info-Ausstellung

Jugendliche und Demokratie

Kapitel 01

Kinder und Jugendliche leben in Gemeinschaft mit anderen Menschen. Sie besuchen die Schule, verbringen ihre Freizeit mit Freunden und sind Teil einer Gemeinde. Damit dieses Zusammenleben mit anderen gelingt, darf niemand nur machen was er will. Jeder muss wissen, nach welchen Regeln das Zusammenleben funktioniert, was er tun darf und was nicht, wie Entscheidungen getroffen und wie Konflikte gelöst werden. In unserer Gesellschaft ist das Zusammenleben nach dem Grundsatz der Demokratie geregelt. Schon in der Schule können Jugendliche erleben, wie sie ihre Interessen vertreten und wie sie mitgestalten können. Gerade in der Gemeinde können Kinder und Jugendliche Demokratie im Alltag erleben. Demokratie im Erfahrungsbereich von Jugendlichen ist das Thema dieses Kapitels. Dabei geht es um folgende Fragen:

- Warum braucht eine Gemeinschaft Regeln?
- Wie soll man vorgehen, wenn in einer Klasse unterschiedliche Vorstellungen und Wünsche aufeinandertreffen?
- Was ist das Entscheidende bei einer demokratischen Mitwirkung?
- Wie können Schülerinnen und Schüler ihre Interessen vertreten?
- Wie können Jugendliche ihre Konflikte lösen? Wie läuft eine Streitschlichtung ab?
- Welche Möglichkeiten haben die Jugendlichen, in der Schule und in der Gemeinde mitzugestalten?
- Welche Aufgaben erfüllt die Gemeinde für ihre Einwohnerinnen und Einwohner? Wie wird dies finanziert?
- Wie werden der Gemeinderat und die Bürgermeisterin oder der Bürgermeister gewählt?
- Welche Mitwirkungsmöglichkeiten haben die Bürger und Bürgerinnen? Was sind Bürgerinitiativen?

Wozu braucht eine Gemeinschschaft Regeln?

Da würde mir keiner sagen, was ich zu tun und zu lassen habe. Es gäbe auch keine Regeln, an die ich mich halten müsste. Ich könnte den ganzen Tag lang nur das tun, was ich möchte. Und Rücksicht müsste ich auch auf niemand nehmen.

Robinson war Schiffbrüchiger und musste allein auf der Insel leben, weil sein Schiff gesunken war. Üblicherweise lebt ein Mensch aber nicht allein. Er hat eine Familie, lebt in einer Gemeinde, in einem Land. Er ist Teil einer Gemeinschaft, in der es auch gemeinschaftliche Interessen gibt.

Aber wenn mehrere Menschen zusammen sind, dann gibt es doch oft Streit. Das ist in unserem Fußballverein zum Beispiel jedes Mal der Fall, wenn es um die Mannschaftsaufstellung geht.

Und was macht ihr dann? Wie löst ihr den Konflikt?

Manchmal gehen wir zum Trainer. Der sagt dann aber immer, wir sollten uns an die gemeinsam vereinbarten Regeln halten.

So ähnlich läuft das auch in größeren Gemeinschaften, wie zum Beispiel unserer Gemeinde. Auch hier gibt es in vielen Angelegenheiten unterschiedliche Meinungen. Kinder und Jugendliche haben andere Vorstellungen als Erwachsene. Und selbst die Erwachsenen untereinander sehen die Dinge oft ganz unterschiedlich und geraten sich in die Haare. Deshalb muss man in einer Gemeinschaft regeln, wie bei Konflikten verfahren werden soll. Eine Gemeinschaft benötigt also Regeln, Robinson brauchte auf seiner Insel keine.

Im Fußballverein sprechen wir im Training über die Regeln. Wie aber erfährt man von den Regeln, die für eine Gemeinschaft gelten?

Zum Beispiel in der Schule im Fach Sozialkunde. Dieses Fach beschäftigt sich mit vielen Fragen, die die Gemeinschaft und das Zusammenleben der Menschen betreffen. Die besonderen Probleme der Kinder werden ebenso angesprochen, wie die Probleme in der Gemeinde und im Land. Ihr könnt dort auch erfahren, wie man diese Probleme zu lösen versucht und welche Regeln dabei gelten. Da wir in einer demokratischen Gesellschaft leben, bestimmt nicht eine einzelne Person sondern die Gemeinschaft.

1 Begründe, ob du gerne wie Robinson leben würdest.

2 Nenne Situationen, in denen du dich an Regeln halten musst.

3 Erkläre, warum die Vereinbarung von Regeln wichtig ist.

2 Hilfe
Denke dabei zum Beispiel an deinen Tagesablauf.

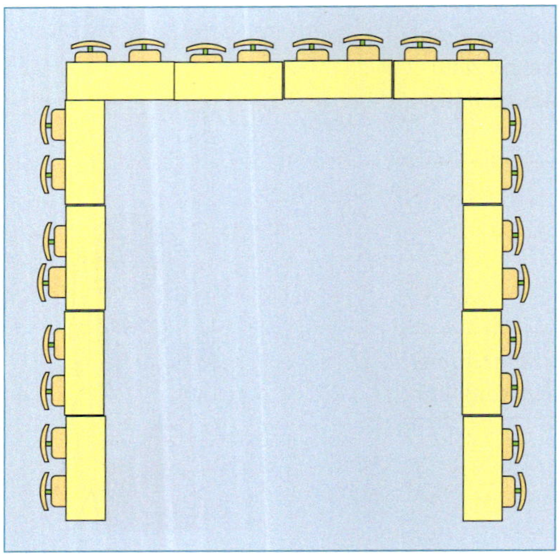
Tische in U-Form

„Eisenbahnordnung"

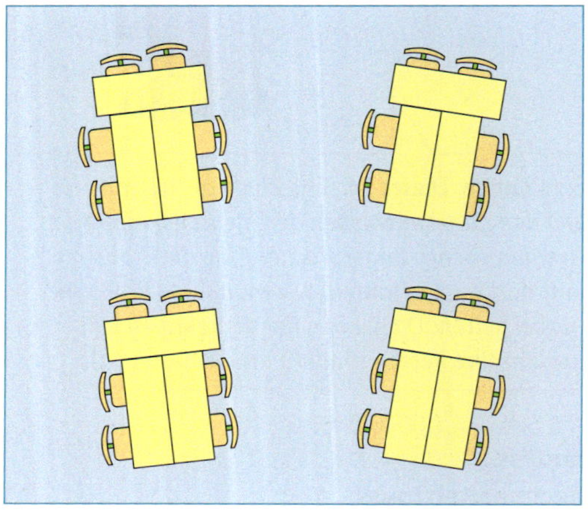
Gruppentische

Frau Becker ist zu Beginn des Schuljahres neu an die Pestalozzi-Schule gekommen. Als Klassenlehrerin leitet sie jetzt die 8b. Frau Becker ist ganz zufrieden mit ihren 24 Schülerinnen und Schülern. Die 14 Jungen und 10 Mädchen sind zwar sehr lebhaft, scheinen aber gerne zu lernen.
Nur die Sitzordnung stört Frau Becker. Die Schülerinnen und Schüler sitzen an zwölf Zweier-Tischen in drei Reihen, jeweils vier Tische hintereinander. Frau Becker gefällt diese – wie sie es nennt – „Eisenbahnordnung" nicht, weil sie mit der Klasse mehr Gruppenunterricht machen möchte.
Da Frau Becker die Sitzordnung nicht von sich aus ändern will, fragt sie die Schülerinnen und Schüler, was sie dazu meinen. Gleich rufen einige los und eine heiße Diskussion entbrennt ...

Ute: Ich finde Gruppentische klasse, weil ...
Boris: (unterbricht sie) Gruppentische? So ein Krampf – da muss ich womöglich mit Mädchen zusammensitzen!
Ute: Ich war doch noch gar nicht fertig mit meinem Satz.
Boris: Du redest sowieso nur Blödsinn!
Laura: Jetzt halt mal die Klappe! Eine andere Sitzordnung wäre doch nicht schlecht.
Maria: Ja, aber wir sollten im Kreis sitzen, nicht zu viert an Gruppentischen.
Ahmet: Was? Im Kreis? Wie soll das denn gehen?
Anna: Ich melde mich schon die ganze Zeit. Nie komme ich dran! Dauernd quatscht einer dazwischen.
Nico: Dann rede halt lauter! Ich bin dafür, dass alles beim Alten bleibt.
Lars: (gleichzeitig mit Paula) ... Das ist doch Quatsch! ... Kreis ist besser!
Paula: Unsinn! Ob Gruppentische oder im Kreis, das ist doch ganz ...
Lars: Blödsinn! ... dumme Ziege!
Lena: Seid doch mal ruhig! Ich finde, wir sollten abstimmen!
Udo: Abstimmen? Warum denn das? Ich bin dagegen, dass ...

„Halt, so geht das nicht, dass alle durcheinander reden!“
Frau Becker unterbricht das hitzige Wortgefecht in der Klasse und lässt die Vorschläge für Sitzordnungen an die Tafel schreiben. Dann werden mögliche Vor- und Nachteile im Unterrichtsgespräch gesammelt und in Stichwörten zum jeweiligen Vorschlag an der Tafel notiert.
Frau Becker lässt die Tische zur Seite rücken, damit alle in einem großen Kreis sitzen können. Die Klasse soll trainieren, fair zu diskutieren. Zu diesem Zweck nennt Frau Becker auch einige Regeln, die die Klasse bei der Diskussion beachten soll.

1. Für die Diskussion sollte eine Gesprächsleiterin oder ein Gesprächsleiter bestimmt werden. Das muss nicht die Lehrerin oder der Lehrer sein.
2. Es spricht immer nur eine oder einer.
3. Solange jemand spricht, hören die anderen zu.
4. Wer spricht, darf nicht unterbrochen werden. Jeder muss ausreden können.
5. Man sollte laut und deutlich sprechen.
6. Wer etwas sagen will, muss sich melden.
7. Die Schülerinnen und Schüler kommen in der Reihenfolge ihrer Meldungen dran.
8. Beim Reden die Mitschülerinnen und Mitschüler anschauen.

1 *Das ist eine gute Idee.*

2 *Typisch! Von dir konnte ja nichts anderes kommen!*

3 *Kannst du das mal erklären?*

4 *Bis du das kapierst!*

5 *Das ist doch kein Argument!*

6 *Du bist doch ein Blödmann!*

7 *Ich möchte Lisas guten Vorschlag unterstützen.*

8 *Denken ist eben Glücksache!*

1 Notiere mögliche Sitzordnungen und ihre Vor- und Nachteile. Denke dabei auch an die wechselnden Arbeitsformen im Unterricht.
2 Welche der für Diskussionen typischen Redewendungen in den Sprechblasen findest du gut, welche weniger gut? Begründe, warum du sie gut oder weniger gut findest.
3 Notiert die Regeln, die ihr für Diskussionen in eurer Klasse übernehmen wollt.
4 Führt in der Klasse eine Diskussion zu einem Thema, das euch interessiert.

1 Hilfe
Wie sieht es bei der jeweiligen Sitzordnung mit der Aufmerksamkeit, der freien Sicht nach vorn, der Möglichkeit zum Austausch im Gespräch aus?

2 Hilfe
Bedenke dabei, wie die Redewendung auf andere wirken könnte.

Wohin beim Klassenausflug?

Die Klasse 8a besteht aus 15 Schülerinnen und 13 Schülern. Als die Klassenlehrerin Frau Peter der Klasse für Juni einen Ausflug ankündigt, sind alle begeistert. Auf Frau Peters Frage, wohin es denn gehen soll, melden sich viele zu Wort.

Denise: Ich bin dafür, dass wir eine Burg besichtigen. Im Fernsehen läuft gerade die Serie „Burgen in unserem Land". Das ist sehr interessant.
Sebastian: Burgen sind langweilig. Ich will lieber Action! Am besten wir machen eine Wanderung zu einem Freibad und verbringen dort den Tag.
Nicole: Freibad? Und vorher noch wandern? Das ist ja wie Sportunterricht! Warum fahren wir nicht nach Mainz? Dort können wir ins Kino gehen.
Dirk: Kino? Das ist doch kein Klassenausflug! Das kann ich auch mit meinen Eltern machen.
Boris: Du vielleicht – ich nicht! Meine Eltern gehen nie ins Kino. Ich finde den Vorschlag prima.
Udo: Die Kinovorstellungen sind aber erst am Nachmittag. Und was machen wir bis dahin?
Nicole: Das ist doch kein Problem. Wir können uns die Geschäfte und Läden anschauen und Eis essen gehen.
Yvonne: Läden anschauen und Eis essen gehen? So was Blödes! Da finde ich Sebastians Vorschlag mit dem Freibad viel besser. Das macht wenigstens Spaß!
Jan: Ich bin für die Burg.
Mirko (laut): Ich will ins Freibad!
Julia (lauter): Nein, nach Mainz!
Frau Peter: Halt, halt! Wenn alle schreien, wird das nichts. Jetzt müssen wir zuerst einmal überlegen, wie die Frage nach dem Ausflugsziel entschieden werden soll.
Nicole: Frau Peter soll das entscheiden. Als Klassenlehrerin weiß sie das am besten. Und außerdem muss sie den Ausflug ja auch organisieren.
Timo: Das ist doch ganz einfach: Wir stimmen ab! Jeder hat eine Stimme. Wir machen dann das, wofür es die meisten Stimmen gibt. Die anderen müssen sich damit eben abfinden.

Abstimmung nach Mehrheit? Wir sind 28 – wenn dann 11 für das Freibad sind, 9 für das Kino und 8 für die Burg, dann haben 11 die Entscheidung getroffen, aber 17 sind überstimmt worden. Wenn wir abstimmen, müsste wirklich die Mehrheit der Klasse für ein Ziel sein, mindestens also 15.

Laura

Solch eine Abstimmung bringt bloß Streit. Nachher giften sich alle gegenseitig an, nur weil ihr Ziel nicht gewonnen hat. Ich finde, das Ausflugsziel sollten die Klassensprecherin und ihr Stellvertreter mit Frau Peter ausmachen. Wozu haben wir sie denn als unsere ständigen Vertreter gewählt?

Andreas

Es sollten aber doch möglichst viele mit dem Ausflugsziel einverstanden sein. Bei einer Abstimmung kann es 15 gegen 13 ausgehen. Das ist zwar die Mehrheit, aber wenn 13 mit dem Ziel unzufrieden sind, wäre das nicht gut. Abstimmung ja, aber es sollten mindestens 19 Stimmen für einen Vorschlag sein, damit die Entscheidung auch wirklich überzeugend ausfällt.

Sabrina

Frau Peter: Nicole und Laura haben zwei Entscheidungswege vorgeschlagen, bei denen nicht abgestimmt wird und Mehrheiten keine Rolle spielen. Timo, Andreas und Sabrina haben Vorschläge für unterschiedliche Abstimmungsverfahren gemacht. Wir müssen uns jetzt auf ein Verfahren verständigen.

1 Welcher der fünf Entscheidungswege ist der beste? Begründe deine Position. Notiere auch, was dir an den anderen Vorschlägen nicht gefällt.

Demokratie – was ist das?

E

Kai: Demokratie bedeutet Herrschaft des Volkes. Das habe ich irgendwo gelesen. Aber verstehen tue ich das nicht ganz.
Marie: Was verstehst du da nicht?
Kai: Na ja – „Herrschaft des Volkes"!
Marie: In jeder Gemeinschaft müssen Entscheidungen gefällt werden. Wenn einer allein bestimmt, was zu tun ist, dann ist das eine Diktatur. Da herrscht einer allein. Wenn aber alle mitentscheiden dürfen, dann herrscht das Volk. Dann ist das eine Demokratie.
Kai: Das verstehe ich schon. Aber wie soll eine Volksherrschaft denn praktisch funktionieren?
Marie: Das kommt auf die Größe der Gruppe an, die etwas entscheiden muss. Ihr habt doch letzte Woche in der Klasse darüber abgestimmt, wohin euer Ausflug gehen soll.
Kai: Ja. Die Mehrheit von uns 27 wollte, dass wir einen Zoo besuchen.
Marie: Also wart ihr 27 bei dieser Entscheidung – wenn man so sagen will – das „Volk". Bei 27 ist es kein Problem, dass alle abstimmen. Deswegen nennt man das auch „direkte" Demokratie. Oder wenn eine Gemeinde einen neuen Bürgermeister braucht, dann können alle Bürger diesen direkt wählen.
Kai: Klar. Aber wenn entschieden werden muss, ob zum Beispiel die Steuern erhöht oder deutsche Soldaten nach Afrika geschickt werden sollen, dann können doch nicht alle Stimmberechtigten dazu zusammenkommen.
Marie: Richtig! Deswegen gibt es das Prinzip der „repräsentativen" Demokratie. Da wählen die Stimmberechtigten Vertreter – man sagt auch „Repräsentanten" –, die dann eine bestimmte Zeit lang in ihrem Namen die Entscheidungen treffen.
Kai: Ach so – deshalb spricht man bei Landtagsabgeordneten oder Bundestagsabgeordneten auch von Volksvertretern?
Marie: Genau! Ein Beispiel: Wenn ihr in der Klasse eure Klassensprecherin oder euren Klassensprecher wählt, dann entspricht das dem Prinzip der direkten Demokratie – jeder kann direkt abstimmen. Wenn dann alle Klassensprecherinnen und Klassensprecher eurer Schule die Schülersprecherin oder den Schülersprecher wählen, dann entspricht das dem Prinzip der repräsentativen Demokratie, denn die Klassensprecherinnen und Klassensprecher stimmen als Vertreter, als Repräsentanten ihrer Klassen ab.

Demokratie bedeutet Herrschaft des Volkes. Damit ist gemeint, dass alle Stimmberechtigten über einen Vorschlag oder über ein Gesetz abstimmen. Dazu müssen alle Stimmberechtigten zusammenkommen. Das war früher, z. B. vor 2500 Jahren in den griechischen Stadtstaaten, kein Problem. Heute gibt es diese Form der Demokratie in Resten u. a. nur noch in einigen kleineren Kantonen der Schweiz. Das Foto zeigt eine Abstimmung der Appenzeller Gemeindemitglieder unter freiem Himmel.

In größeren Staaten ist es unmöglich, dass alle Stimmberechtigten zu Abstimmungen zusammenkommen. Deshalb wählen sie Vertreter, die sie in den Parlamenten repräsentieren. Die gewählten Vertreter entscheiden für die Zeit der Amtsperiode im Namen der Bürger und Bürgerinnen. Diese Herrschaftsform der parlamentarischen Demokratie gibt es z. B. bei uns. Das Foto zeigt einen Blick in den Plenarsaal des Deutschen Bundestages in Berlin, dem Parlament der Bundesrepublik Deutschland.

1 Beschreibe Gemeinsamkeiten und Unterschiede zwischen direkter Demokratie und repräsentativer Demokratie.

2 Diskutiert: „Demokratie ist die Herrschaft der Mehrheit über die Minderheit!"

2 Hilfe
Denkt auch an Grenzen dieser Herrschaft.

Wer wird Klassensprecherin oder Klassensprecher?

1 *David: Herr Müller, unser Klassenlehrer hat gesagt, dass wir morgen unseren Klassensprecher bestimmen sollen. Und er hat gesagt: Die Sprecherinnen und Sprecher vertreten die Schülerinnen und Schüler in allen sie betreffenden Fragen der Schule und des Unterrichts. Ich weiß gar nicht, wen ich wählen soll.*

2 *Anne: Ich wähle Karl, der macht wenigstens den Mund auf und sagt seine Meinung.*

3 *David: Naja, aber im Unterricht stört er auch oft. Ich denke, ein Klassensprecher sollte auch Vorbild sein.*

4 *Anne: Wichtig ist doch nur, dass er unsere Interessen vertreten kann. So steht es doch im Gesetz. Und wie ist es mit Frieda?*

5 *David: Nee, die denkt doch nur daran, dass die Mädchen sich gegen die Jungen durchsetzen. Ein Klassensprecher sollte aber alle Mitschüler vertreten. Deshalb sollte auf jeden Fall ein Junge und ein Mädchen gewählt werden. Georg wäre gut, der hat immer tolle Ideen.*

6 *Anne: Stimmt, aber mit den Lehrern kommt er gar nicht so gut klar, ist manchmal sogar ganz schön frech. Marie könnte Klassensprecherin werden. Die ist zwar oft ruhig, aber alle in der Klasse hören auf sie, wenn sie was sagt. Als sich Tine und Felix gestritten haben, hat sie sogar geschafft, dass sich die beiden wieder vertragen.*

7 *David: Aber ist das denn die Aufgabe einer Klassensprecherin?*

Ein Klassensprecher, eine Klassensprecherin sollte …	sehr wichtig	wichtig	nicht wichtig
… die Fähigkeit haben, Streit in der Klasse zu verhindern.			
… bereit sein, sich ständig bei den Lehrkräften zu beschweren.			
… die Wünsche der Mitschüler bei den Lehrkräften gut begründen können.			
… sich durch Fleiß und gute Leistungen im Unterricht hervorheben.			
… von sich selbst überzeugt sein, aber auch Fehler zugeben können.			
… von sich selbst überzeugt sein und immer Recht haben wollen.			
… gut argumentieren, aber auch andere Argumente gelten lassen können.			

1 Hilfe
Denke daran, wofür ihr eine Klassensprecherin, einen Klassensprecher braucht.

1 Lies das Gespräch zwischen David und Anne. Schreibe auf, welche Aufgaben eine Klassensprecherin oder ein Klassensprecher deiner Meinung nach haben sollte.

2 Bearbeite die Tabelle „Ein Klassensprecher, eine Klassensprecherin sollte …“ zunächst allein. Diskutiert dann in der Gruppe über eure Ergebnisse.

Methode: Karikaturen auswerten

Thema: **Schule**

Eine Karikatur ist eine Zeichnung, in der Personen oder Sachverhalte übertrieben, oft auch verzerrt dargestellt werden. Meistens enthält eine Karikatur eine Bildunterschrift oder einen kurzen Text.
Zunächst sieht eine Karikatur durch die übertriebene Darstellung lustig aus. Der Zeichnerin oder dem Zeichner geht es jedoch nicht darum, einen Witz zu machen. Sie oder er möchte vielmehr die Betrachter auf ein Problem aufmerksam machen und sie zum Nachdenken anregen. Das Mittel dazu ist die Übertreibung in der Zeichnung bzw. der Widerspruch zwischen Text und Zeichnung. Eine Karikatur enthält also stets eine versteckte Botschaft, welche die Meinung der Zeichnerin oder des Zeichners zu einem Sachverhalt oder einem Problem wiedergibt. Die Karikaturistin bzw der Karikaturist will erreichen, dass wir über ihre bzw. seine gezeichnete Meinungsäußerung nachdenken und uns so selbst eine Meinung zum angesprochenen Sachverhalt bilden.

(Zeichnung: Markus)

Tipps zur Auswertung von Karikaturen

Um eine Karikatur zu verstehen, geht man am besten in vier Schritten vor:

1. Genau hinsehen:
Was ist gezeichnet? Wer oder was wird in der Karikatur angesprochen? Was fällt in der Darstellung besonders auf?

2. Problem erkennen:
Um welchen Sachverhalt, welches Problem geht es in der Karikatur? Gibt der in der Zeichnung enthaltene oder beigefügte Text dazu Hinweise?

3. Ansicht deuten:
Welche Absicht verfolgt die Zeichnerin, der Zeichner? Welche Position bringt sie beziehungsweise er zum Ausdruck?

4. Beurteilung:
Wie beurteile ich den in der Karikatur dargestellten Sachverhalt? Teile ich die Position, die die Karikaturistin, der Karikaturist zum Ausdruck bringt?

1 Werte die Karikatur zunächst allein aus. Gehe dabei nach den beschriebenen Schritten vor.
2 Vergleicht eure Auswertungsergebnisse: Wo gibt es Übereinstimmungen, wo Unterschiede in der Deutung?

Schulgesetz von Rheinland-Pfalz

§ 31 Vertretungen für Schülerinnen und Schüler

(1) Bei der Verwirklichung des Bildungs- und Erziehungsauftrags der Schule wirken die Schülerinnen und Schüler durch ihre Vertretungen eigenverantwortlich mit.

(2) Die Vertretungen nehmen die Interessen der Schülerinnen und Schüler in der Schule, gegenüber den Schulbehörden und in der Öffentlichkeit wahr und üben die Beteiligungsrechte der Schülerinnen und Schüler aus. Sie können im Rahmen des Bildungsauftrags der Schule selbstgestellte Aufgaben in eigener Verantwortung durchführen.

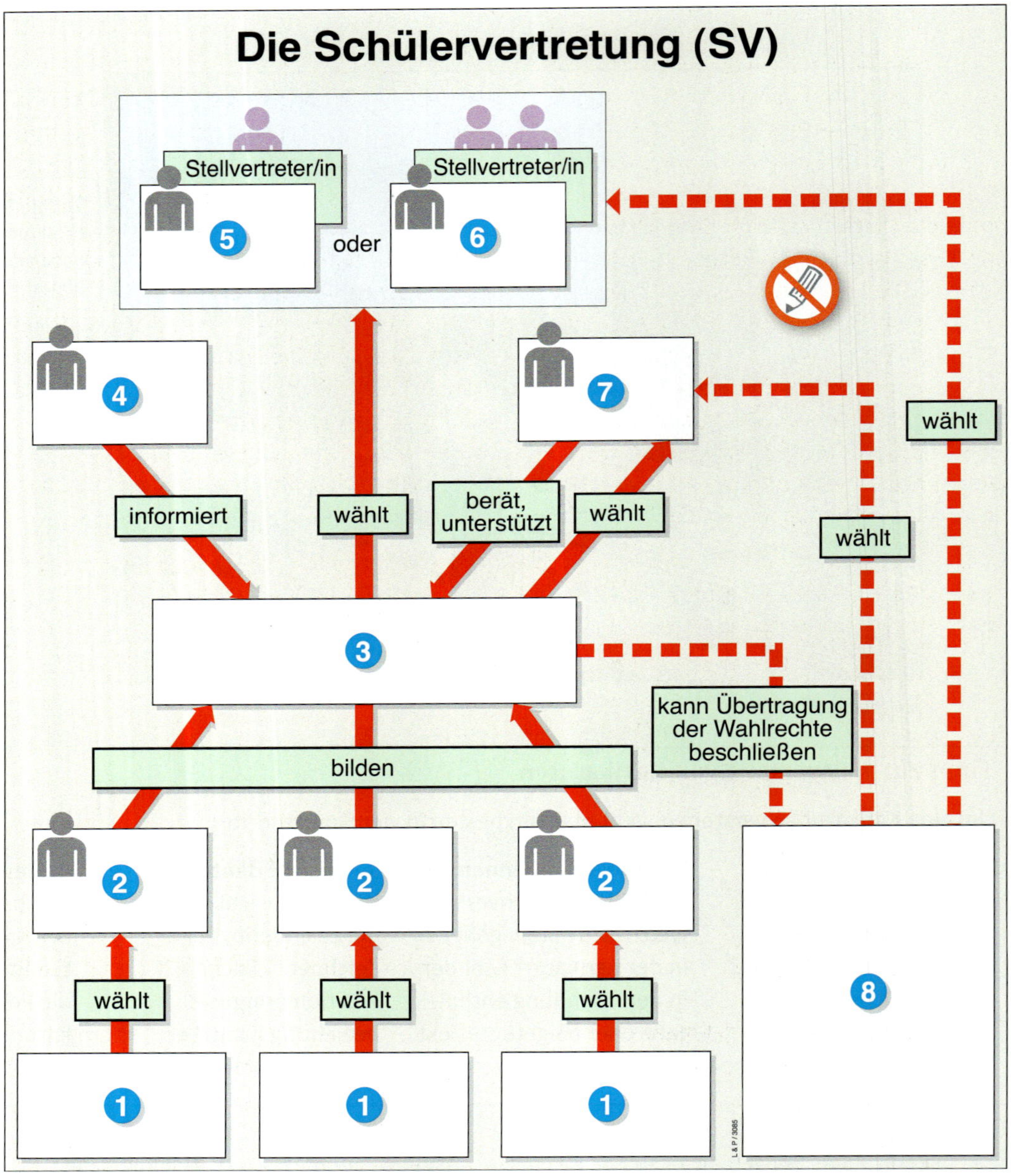

Die Schülerinnen und Schüler sollen sich an der Gestaltung des Schullebens beteiligen. Sie sollen ihre Interessen vertreten und Aufgaben übernehmen. Kurz: Sie sollen für ihre Schule Mitverantwortung tragen. Dies ist der Grundgedanke der SV, der Schülervertretung. Wie sich die Schülerinnen und Schüler mitbeteiligen, muss für alle Schulen im Land gleich geregelt sein. Im Schulgesetz von Rheinland-Pfalz sind die entsprechenden Bestimmungen in verschiedenen Abschnitten festgelegt. Einen solchen Abschnitt in einem Gesetz nennt man Paragraf. Man verwendet dafür das Zeichen „§“. Im Schulgesetz sind u. a. die folgenden Punkte zur Schülervertretung geregelt:
Alle Schülerinnen und Schüler einer Klasse bilden die Klassenversammlung. Diese wählt eine Klassensprecherin oder einen Klassensprecher. Die Gewählten aus allen Klassen bilden zusammen die Versammlung der Klassensprecherinnen und Klassensprecher. Hier wird alles besprochen, was mit der Schülervertretung zu tun hat. Deshalb informiert die Schulleiterin oder der Schulleiter die Versammlung über alle Angelegenheiten, die für die Schule von allgemeiner Bedeutung sind.
Die Versammlung der Klassensprecherinnen und Klassensprecher wählt aus der Schülerschaft die Schülersprecherin oder der Schülersprecher. Sie oder er vertritt allein die Versammlung der Klassensprecherinnen und Klassensprecher. Außerdem wird eine Stellvertreterin oder ein Stellvertreter gewählt. Die Versammlung der Klassensprecherinnen und Klassensprecher kann aber auch beschließen, einen Vorstand zu wählen. Dieser besteht dann aus der Schülersprecherin oder dem Schülersprecher und in der Regel bis zu zwei stellvertretenden Mitgliedern. Der Vorstand vertritt dann gemeinsam die Versammlung. Die Versammlung der Klassensprecherinnen und Klassensprecher wählt mindestens eine Lehrkraft als Verbindungslehrerin bzw. Verbindungslehrer. Diese beraten und unterstützen die Schülervertretung.
Die Versammlung der Klassensprecherinnen und Klassensprecher kann beschließen, ihre Wahlrechte auf die Vollversammlung der Schülerinnen und Schüler zu übertragen. Dann werden Schülersprecher oder Vorstand und die Verbindungslehrkraft direkt von allen Schülerinnen und Schülern der Schule gewählt.

1 In der Übersicht „Die Schülervertretung (SV)“ fehlen die Begriffe, die in dem Text oben blau unterlegt sind. Trage die Begriffe auf deinem Arbeitsblatt ein oder notiere sie mit der zugehörigen Nummer in deinem Heft.

2 Diskutiert über Vorschläge für SV-Aktivitäten an eurer Schule. Arbeitet dann einen Vorschlag aus und gebt ihn über eure Klassensprecherin, euren Klassensprecher an die SV.

3 Ladet eure Schülersprecherin bzw. euren Schülersprecher zu einem Gespräch über die Schülervertretung und deren Arbeit in den Sozialkundeunterricht ein.

2 Hilfe
Überlegt, welche Aktivitäten für alle Schüler interessant sein könnten.

Streitfall Schuluniform

Es lebe die Freiheit

(Zeichnung: Peter Baldus)

1 Eine Schuluniform trägt dazu bei, dass sich die Schüler als Gemeinschaft fühlen.

2 Eine Schuluniform kann verhindern, dass Schülerinnen und Schüler wegen ihrer Kleidung gehänselt oder ausgeschlossen werden.

3 Schuluniformen sind langweilig und altmodisch. Sie passen nicht in unsere Zeit.

4 Die gleiche Kleidung stärkt bei den Schülerinnen und Schülern das Bekenntnis zur eigenen Schule und die Identifikation mit ihr.

5 Wenn alle eine einheitliche Schulkleidung tragen, fühlt man sich vielleicht als etwas Besseres und grenzt sich womöglich bewusst von den Schülern anderer Schulen ab.

6 Durch das Tragen von Schuluniformen lernen Schülerinnen und Schüler, weniger Wert auf Kleidung zu legen. Es kommt zu einem größeren Zusammenhalt in der Klasse und die Schülerinnen und Schüler sind im Unterricht weniger abgelenkt.

7 Schüler aus einkommensschwachen Familien können sich die Schuluniformen vielleicht nicht leisten.

8 Jeder sollte seinen eigenen „Style" entwickeln und durch seine Kleidung ausdrücken und zeigen dürfen, wie er sich fühlt, welche Lebenseinstellung er hat, wer er ist – auch in der Schule.

9 Eine einheitliche Schulkleidung befreit Schülerinnen und Schüler von Gruppenzwang und Markenterror.

10 Eine Schuluniform kann nicht einfach von der Schulleitung verordnet werden. Eltern, Schüler und Lehrer müssen vorher mehrheitlich beschließen, dass eine Schuluniform eingeführt wird.

1 Hilfe
Informiere dich auf Seite 19, wie du bei der Auswertung einer Karikatur vorgehen kannst.

1 Erkläre, welchen Widerspruch die Karikatur zum Ausdruck bringt.
2 Schuluniform – ja oder nein? Diskutiert in Gruppen über diese Frage.

Methode: Fishbowl

Thema: **Schuluniform**

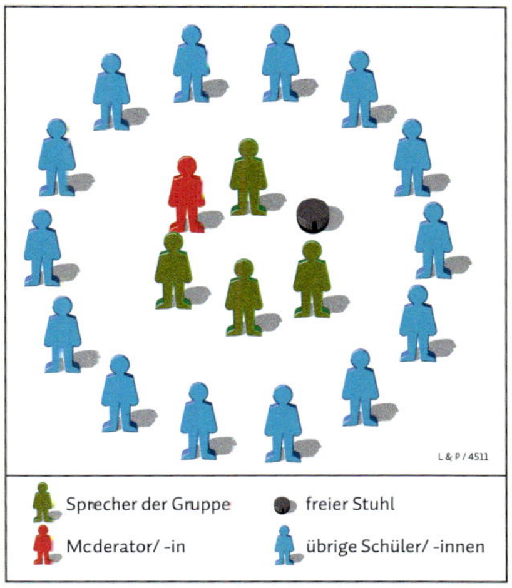

1. Diskussion in der Gruppe

Die Fishbowl-Methode eignet sich besonders zur Diskussion von Gruppenarbeitsergebnissen. Die Klasse wird in Gruppen (jeweils vier oder fünf Schüler) eingeteilt. Ein von der Lehrerin, dem Lehrer vorgegebenes Thema wird in der Gruppe gründlich besprochen. Danach legt die Gruppe eine Sprecherin oder einen Sprecher fest. Die Gruppe überlegt gemeinsam, welche Argumente oder Sachverhalte in der anschließenden Diskussion vorgestellt werden sollen.

2. Vortragen des Ergebnisses

Alle Schülerinnen und Schüler sitzen im Kreis um eine kleinere Schülergruppe und können diese Gruppe wie Fische in einem Aquarium beobachten – deshalb „Fischbowl". Nur die Schülerinnen und Schüler, die im Innenkreis sitzen dürfen Redebeiträge beisteuern. Alle im Außenkreis sitzenden Schülerinnen und Schüler hören nur zu. Eine Schülerin, ein Schüler oder die Lehrkraft leitet die Diskussion. Die Reihenfolge der Diskussionsbeiträge ist nicht festgelegt.

3. Beteiligung an der Diskussion

Schülerinnen und Schüler aus dem Außenkreis können sich an der Diskussion beteiligen. Dazu setzt sich die Schülerin oder der Schüler auf den freien Platz im Innenkreis und spricht. Nach dem Redebeitrag geht die Schülerin bzw. der Schüler zurück in den Außenkreis und eine andere Schülerin oder ein anderer Schüler kann sich auf den wieder freien Stuhl im Innenkreis setzen und an der Diskussion beteiligen.

Schuluniformen in anderen Ländern

1. Wertet die Ergebnisse eurer Gruppendiskussion mithilfe der Fishbowl-Methode aus.
2. Stimmt danach in der Klasse über die Streitfrage „Schuluniform – ja oder nein?" ab.

Gemeinschaft
Der Mensch lebt in Gemeinschaft mit anderen. Solche Gemeinschaften können eine engere Lebensbeziehung zwischen wenigen Menschen sein, z. B. Ehe, Familie. Sie können aber auch eine größere Gruppe von Menschen umfassen, z. B. Dorfgemeinschaft. Allein schon zur materiellen Sicherung des Lebens (z. B. Nahrung, Wohnung) ist jeder Mensch auf andere angewiesen. Die Gemeinschaft hilft aber nicht nur, schwierige Situationen besser zu meistern, Glück, Anerkennung und Geborgenheit können nur im Zusammenleben mit anderen erfahren werden.

Zusammenleben in der Schule
In der Schule treffen Kinder und Erwachsene mit unterschiedlichen Erwartungen, Fähigkeiten und Voraussetzungen aufeinander. Trotz der Unterschiede sollen alle miteinander auskommen und eine Gemeinschaft bilden. Das funktioniert nur mithilfe von Regeln, die von allen eingehalten werden.

Entscheidungen treffen
In einer Gemeinschaft müssen immer wieder Entscheidungen getroffen werden. Am häufigsten ist die Mehrheitsentscheidung. Es kann aber auch sein, dass einer allein oder eine kleinere Gruppe für die anderen mitentscheidet. Zumeist entscheidet aber die Mehrheit. Wichtig ist zu wissen, dass es höchst unterschiedliche Mehrheiten gibt, dass das Entscheidungsverfahren vorher verabredet werden und dass es der Sache angemessen sein muss.

Demokratie
Demokratie bedeutet Herrschaft des Volkes. Damit ist gemeint, dass in einem Staat alle Bürgerinnen und Bürger mitbestimmen. Dazu können alle Stimmberechtigten zusammenkommen und gemeinsam abstimmen. In größeren Staaten wie sie heute üblich sind, ist das nicht möglich. Deshalb wählen die stimmberechtigten Bürgerinnen und Bürger Vertreterinnen und Vertreter. Diese stimmen dann in ihrem Namen ab.

Repräsentative Demokratie
Nach Artikel 20 des Grundgesetzes ist die Bundesrepublik Deutschland ein demokratischer Staat, in dem alle Staatsgewalt vom Volke ausgeht. Die Bürgerinnen und Bürger entscheiden durch Wahlen, welche Abgeordnete sie in den Parlamenten repräsentieren, also vertreten. Die politischen Entscheidungen gehen hier nicht direkt vom Volk, sondern von einer durch das Volk gewählten Volksvertretung aus. Ein solches Regierungssystem wird deshalb auch als parlamentarische oder repräsentative Demokratie bezeichnet.

Schülervertretung
Durch die Schülervertretung sollen die Schülerinnen und Schüler an der Verwirklichung der Bildungs- und Erziehungsziele mitwirken. Die Schülervertreterinnen und Schülervertreter setzen sich für die Interessen der Schülerinnen und Schüler ein und können selbstgestellte Aufgaben in eigener Verantwortung durchführen. Die Klassenversammlung wählt die Klassensprecherin oder den Klassensprecher. Die Versammlung aller Klassensprecherinnen und Klassensprecher wählt die Schülersprecherin oder den Schülersprecher und die Verbindungslehrkraft. Es kann auch ein Vorstand gewählt oder die Wahlen können der Vollversammlung aller Schülerinnen und Schüler der Schule übertragen werden.

Verbindungslehrkraft
Die Versammlung der Klassensprecherinnen und Klassensprecher wählt mindestens eine Verbindungslehrkraft. Die Verbindungslehrerin oder der Verbindungslehrer unterstützt die Schülervertretung bei ihrer Arbeit.

Schuluniform
Eine Schuluniform ist eine festgelegte, einheitliche Kleidung für alle Schülerinnen und Schüler einer Schule oder sogar aller Schulen eines Landes. Der Begriff „Uniform“ deutet schon darauf hin, dass die Bekleidungsstücke genau nach Trageweise, Schnitt, Farbe, Art des Stoffes, Marke usw. vorgeschrieben und Abweichungen nicht erlaubt sind. Ob es eine Schuluniform gibt, entscheidet jede Schule für sich selbst.

Mitgestaltung des Schullebens

Projekttage

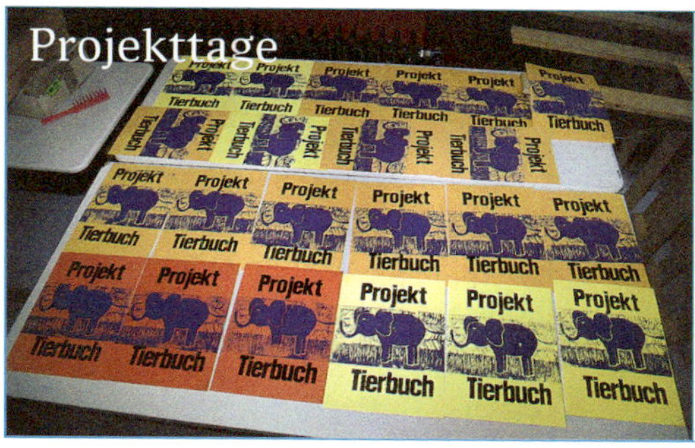

„Bei uns war die Schule drei Tage lang ganz anders als sonst. Es gab keinen Unterricht nach Fächern, sondern Projekte: zum Beispiel etwas basteln, ein Buch drucken, Karate lernen, Burgen erkunden. Wir konnten zum Schuljahresbeginn Projektthemen vorschlagen und dann aus den Angeboten frei auswählen. Alle waren von dieser Art des Unterrichts begeistert."

Schülerzeitung

„Wir haben eine Schülerzeitung, die heißt ‚Streber'. Da mache ich mit. Für die letzte Ausgabe habe ich Comics gezeichnet. Andere haben Interviews mit den neuen Lehrern gemacht und einen Bericht über den Ärger mit dem Schulbus geschrieben. Und über die Bundesjugendspiele gab es eine Fotoreportage. Drei- bis viermal im Jahr bringen wir eine Ausgabe heraus."

Schulfest

„Am letzten Samstag fand unser Schulfest statt. Es stand unter dem Motto ‚Jahrmarkt der Fantasie'. Das hatte sich die SV ausgedacht. Jede Klasse hat etwas beigetragen. Wir hatten einen Stand mit Geschicklichkeitsspielen aufgebaut: Ringe über Flaschen werfen, mit Magneten angeln und so. Es gab auch eine Bühne mit Programm, zum Beispiel Zauberer und Jongleure. Und an einigen Ständen boten Eltern Speisen an."

Schulhausgestaltung

„Ich mache bei der Arbeitsgemeinschaft Schulhausgestaltung mit. Unsere Kunstlehrerin leitet sie. Am Anfang des Schuljahres haben wir einige Betonwände im Schulgebäude bunt bemalt. Die waren vorher grau und trist. Jetzt sehen sie ganz toll aus! Als Nächstes werden wir die Schmierereien am Haupteingang übermalen. Jeder soll einen Entwurf machen. Ein Malerbetrieb hat uns versprochen, dass er uns mit Farbe und Tipps helfen wird."

1 Die Schülerinnen und Schüler können das Schulleben mitgestalten. Wie zeigt sich das in den oben vorgestellten vier Beispielen?

2 Informiert euch, welche Aktionen zur Mitgestaltung es an eurer Schule bereits gegeben hat. Welche sind geplant?

3 Notiere deine Ideen zur Mitgestaltung des Schullebens.

3 Hilfe

Denke dabei an unterrichtliche und außerunterrichtliche Vorhaben.

Methode: Denken – Austauschen – Besprechen

Thema: Wie können wir unseren Schulalltag mitgestalten?

„Denken – Austauschen – Besprechen (D–A–B)“ ist eine gute Methode, Sicherheit beim Diskutieren zu erlernen. Sie ermöglicht es, dass jede Schülerin, jeder Schüler der Klasse seine eigene Meinung einbringen kann. Weil jeder erst für sich alleine nachdenkt, dann mit zwei oder mehreren Schülern seine Gedanken austauscht wird es euch immer besser gelingen, eine gute Diskussion zu führen. Ihr lernt zuzuhören und zu argumentieren. Innerhalb kurzer Zeit gelingt es euch auch bald, ruhig und sachlich eure Meinungen darzulegen und die unterschiedlichen Meinungen und Antworten zusammenzufassen.

Denken

Zu Beginn denkt jede Schülerin und jeder Schüler alleine über die Frage nach. Lass dir dabei genügend Zeit. Nimm dir ein Blatt und schreibe auf, was dir zu der Frage einfällt. Denke nicht gleich darüber nach, ob sich deine Idee verwirklichen lässt oder nicht. Wichtiger ist, dass du begründest, warum du es möchtest.

Austauschen

Jetzt tauscht du deine Gedanken mit mindestens zwei Mitschülern nacheinander aus. Achtet darauf, dass jeder seine eigene Meinung vortragen kann und jeder dem anderen ohne Unterbrechung zuhört. Anschließend könnt ihr auch Fragen stellen, wenn ihr etwas nicht verstanden habt. Macht euch wieder Notizen, damit ihr nichts vergesst.

Besprechen

Nachdem du deine Argumente schon mit zwei anderen Schülern ausgetauscht hast, beginnt nun die Diskussion in der Gruppe. Achtet auch hier darauf, dass jeder seine Meinung einbringen kann. Vergleicht eure Ergebnisse. Diskutiert, wie sich eure Vorschläge durchsetzen lassen – was ihr dazu braucht und wer euch dabei helfen kann.

1 Wie können wir unseren Schulalltag mitgestalten? – Bearbeitet diese Aufgabe mit der Methode D – A – B. Die Zeichnungen können euch dabei eine Hilfe sein.

Mitbestimmung in der Schule – so oder so?

Die Schülervertretung kannst du doch vergessen! Da sitzen die von der SV vorn und wissen nicht, was sie sagen sollen. Und weil man die Versammlung auf die letzte Stunde gelegt hat, sind einige erst gar nicht gekommen, sondern schon längst nach Hause gegangen. Da muss sich was ändern.

Tanja, 14 Jahre

Julia, 14 Jahre

Jarne, 14 Jahre

Mitbestimmung der Schülerinnen und Schüler? Na, ich weiß nicht. Die steht zwar auf dem Papier, aber wenn es um etwas Wichtiges geht, „beraten“ uns die Lehrkräfte so, dass die Entscheidung so ausfällt, wie sie es gerne hätten.

Unsere Schülervertretung finde ich super, weil sie gut vorbereitet ist und nicht nur dumm herumgelabert wird. Bei der letzten Sitzung konnten wir zum Beispiel unsere Vorschläge für die Projektwoche einbringen.

Wenn wir unsere Schülersprecher wählen, findet immer fast so etwas wie Wahlkampf statt. Am SV-Brett hängen von den Kandidaten „Steckbriefe“ – jeder mit Foto und Aussagen, wofür sich der Kandidat oder die Kandidatin einsetzen will. Und dann stellen sich die Bewerberinnen und Bewerber einzeln in den Klassen vor. Ich finde das toll, so kann man sich ein gutes Bild machen.

Am Freitag vergangener Woche hat unser Schülerrat eine Disco im Aufenthaltsraum organisiert. Ich fand das klasse – gerade für uns jüngere Schülerinnen und Schüler.

Sina, 14 Jahre

Tobias, 15 Jahre

Frau Sommer, Lehrerin

Lena, 15 Jahre

Von dem Engagement unserer Schülervertreter bin ich immer wieder begeistert. Bei den Versammlungen beteiligen sie sich mit guten Diskussionsbeiträgen. Sie setzen sich richtig für die Schule ein.

Herr Kling, Lehrer

Ich war ein Jahr lang Klassensprecherin, fand mich aber total überflüssig! Von der Klasse kam keine einzige Schülerin und kein einziger Schüler mit einem Problem auf mich zu. Nur das Geld für die Ausflugsfahrt musste ich einsammeln, als mich Herr Scherwen damit beauftragte.

Die Schüler und Schülerinnen meckern viel, tun selbst jedoch nur wenig, um Veränderungen herbeizuführen. Als Vertrauenslehrer muss ich fast alles selbst organisieren. So ist das nicht gedacht.

1 Nenne die Aussagen, die zeigen, was eine Schülervertretung bewirken kann.

2 Erläutere die Aussagen, die Kritikpunkte an Schülervertretungen beinhalten.

3 Diskutiert Verbesserungsvorschläge für die Arbeit der Schülervertretung an eurer Schule.

2 Hilfe

Julia: Schülerversammlung ist schlecht organisiert.

Thema: „Ich fühle mich in meiner Klasse wohl, wenn …"

Die Methode Placemat eignet sich sehr gut, eure verschiedenen Meinungen zu einem Thema auszutauschen und anschließend zusammenzufassen. Ihr benötigt dazu ein großes Blatt und Stifte.

Vorbereitung

Setzt euch in Gruppen zusammen. Legt das Placemat (Platzdeckchen) zwischen euch und teilt es so wie in den jeweiligen Zeichnungen unten auf. Wichtig ist, dass jeder Schüler ein eigenes Feld zum Schreiben hat und in der Mitte ein Feld bleibt, wo ihr eure Ergebnisse eintragen könnt.

Einzelarbeit

Eure Lehrerin bzw. euer Lehrer nennt euch die Aufgabenstellung. Denkt darüber, ohne mit den Nachbarn zu reden, nach. Schreibt alle Gedanken, die ihr zur Aufgabenstellung habt, in das Feld, welches sich vor euch befindet. Ihr könnt auch Fragen oder Probleme in euer Feld schreiben.

Gruppenarbeit

Vergleicht in eurer Gruppe, was ihr notiert habt. Ihr könnt auch das Placemat immer weiter drehen, sodass jeder die Gedanken der anderen lesen kann. Diskutiert eure Gedanken, tauscht euch über die Fragen oder aufgeschriebenen Probleme aus. Schreibt jetzt in das freie Feld in der Mitte des Placemats das Ergebnis der Diskussion in der Gruppe.

Präsentation

Stellt euer Arbeitsergebnis der Klasse vor. Damit das Arbeitsergebnis möglichst gut von allen Mitschülerinnen und Mitschülern gelesen werden kann, bietet es sich an, das mittlere Feld auszuschneiden und an der Tafel oder einer Pinnwand anzubringen. Vergleicht nun alle Gruppenergebnisse.

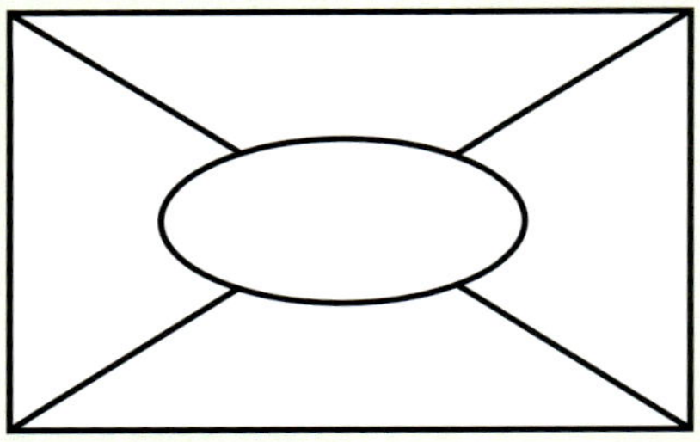

Placemat für vier Schüler

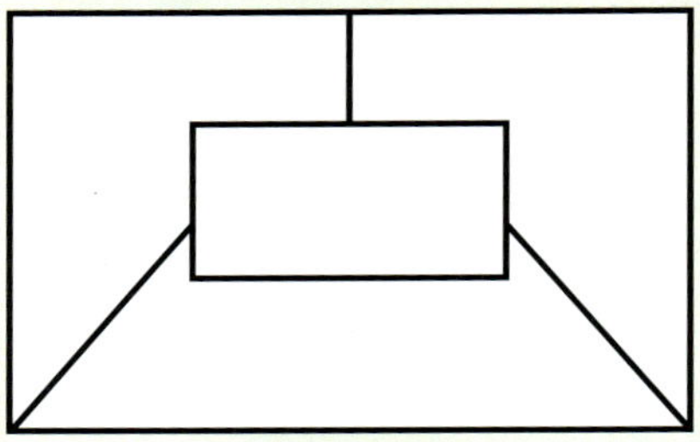

Placemat für drei Schüler

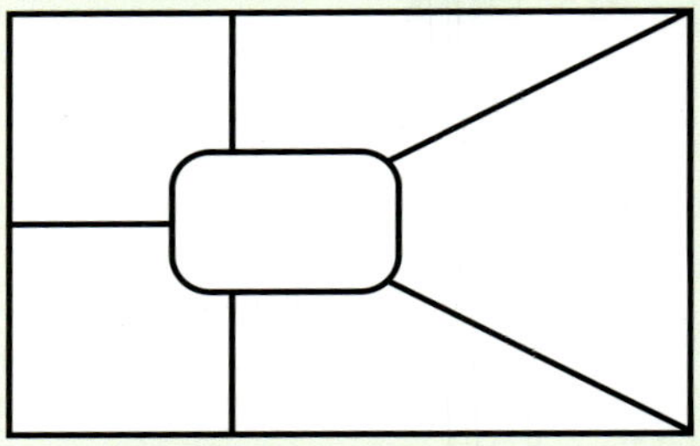

Placemat für fünf Schüler

1 „Ich fühle mich in meiner Klasse wohl, wenn …" Bearbeitet dieses Thema mithilfe der Methode Placemat.

2 Diskutiert über das Ergebnis.

Was ist ein Konflikt?

In die 8 c gehen 27 Schülerinnen und Schüler. Einer der Schüler ist Kay, der sich bisher in der Klasse durchaus wohlfühlte. Er hatte in der Vergangenheit durch einige etwas freche Bemerkungen gegen Frau Stotz, die ältere Deutschlehrerin, das Lachen in der Klasse auf sich gezogen. Frau Stotz ist nicht gerade beliebt, weil sie sehr genau die Hausaufgaben kontrolliert und manchmal etwas mürrisch ist. Den meisten in der Klasse hat es gefallen, wenn es Kay gelang, Frau Stotz zu ärgern. Kay wiederum bemerkte genau, dass seine Beliebtheit in der Klasse zugenommen hatte.

Vor drei Wochen ist ein neuer Schüler in die Klasse gekommen: Jens. Er sieht gut aus, ist redegewandt und hat ein teures Handy mit den neuesten Klingeltönen. Vor allem die Mädchen interessieren sich für Jens und sein Handy, was Kay mit Verärgerung registriert. Er hat eigentlich nichts gegen Jens, aber es missfällt ihm, dass dieser nun immer häufiger in den Pausen im Mittelpunkt steht.

Am Donnerstag in der großen Pause passiert es. Kay steht mit einigen anderen Mitschülern und Mitschülerinnen auf dem Schulhof zusammen, hinter ihm redet Jens mit Claudia und Ayse. Da wirft ihm Christopher einen Tennisball zu, den Jens beinahe nicht zu fassen bekommt. Jens muss etwas zurückspringen und mit dem rechten Arm weit ausholen. Dabei trifft er ungewollt Kay am Hinterkopf, der aufschreit. Kay dreht sich um und schubst Jens wutentbrannt von sich weg. Dabei fällt das Handy, das Jens in der linken Hand gehalten hat, auf den Boden. Jens brüllt Kay an: „Du Blödmann, warum macht du mein Handy kaputt?“ Kay schreit zurück: „Selber Blödmann, warum schlägst du mir ins Genick?“

Ein Kompromiss ist eine Übereinkunft durch gegenseitige Zugeständnisse. Konflikte können häufig durch einen Kompromiss gelöst werden.

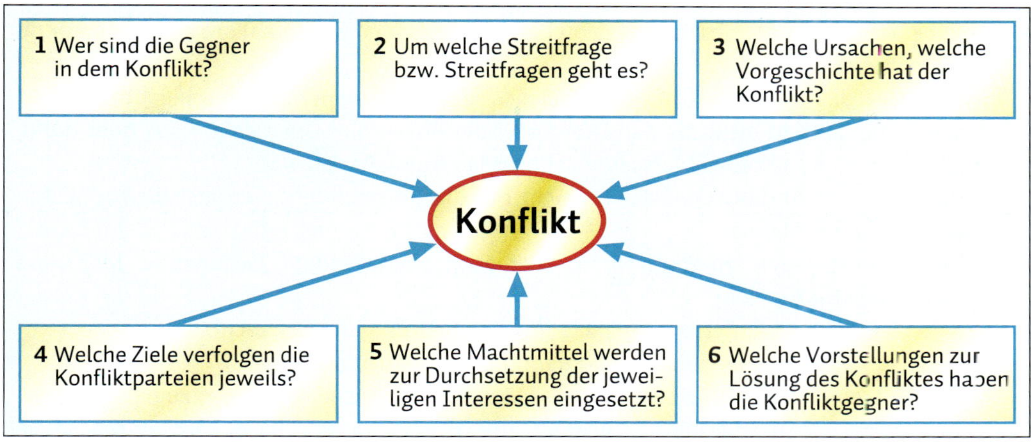

1. Untersuche den Fall und beantworte die Fragen 1 bis 4 aus der Übersicht.
2. Stelle Vermutungen zur Beantwortung der Fragen 5 und 6 an.
3. Diskutiert, ob dieser Konflikt durch einen Kompromiss gelöst werden könnte.
4. Beschreibe allgemein, was ein Konflikt ist.

4 Hilfe

Unter einem Konflikt versteht man eine Auseinandersetzung, die durch ...

Konflikt

In der Klasse 7a ist die Mathe-Klassenarbeit voll im Gange. Niklas, in der Klasse bekannt als guter Mathematiker, merkt, wie sein Nachbar Florian ständig zu ihm herüberschielt und bei ihm abschreibt. Niklas mag das eigentlich nicht. Denn er meint: Abschreiben ist nicht ehrlich. Er sieht auch nicht ein, dass Abschreiber fast gleich gute Noten haben wie diejenigen, die es wirklich können und für die Klassenarbeit viel lernen.

Außerdem: Florian hat in Sport immer ein „sehr gut", Niklas selbst immer nur „ausreichend" oder „mangelhaft". Da kann Florian ihm auch nicht helfen. Aber dann möchte Niklas seinen Vorsprung in Mathematik behalten, auch um die schlechte Sport-Note ausgleichen zu können.

Wenn Partnerarbeit angesagt ist, arbeiten sie schon gut zusammen. Aber Klassenarbeiten sind etwas anderes, auch wenn viele in der Klasse der Meinung sind, man soll abschreiben lassen.

Nach der Klassenarbeit will Niklas mit Florian darüber reden, dass Abschreiben bei der Klassenarbeit nicht in Ordnung ist.

Gespräch

1. Anfang

Niklas: Hallo, Florian. Ich habe vorhin bemerkt, dass du die ganze Zeit bei mir abgeschrieben hast.

Florian: Na und, das machen doch viele.

Niklas: Ich finde das nicht fair. Im Sport kann ich nämlich bei dir auch nicht abschreiben.

Florian: Im Sport geht's halt nicht.

Niklas: Ja, da hast du schon Recht. Aber deshalb muss ich in Fächern wie Mathe ausgleichen, sonst geht's ungerecht zu.

Florian: Ach, so siehst du das?

Niklas: …

2. Anfang

Niklas: Glaubst du, ich würde in Mathe so viel lernen, damit du dann bei mir abschreiben kannst?

Florian: Blödes Geschwätz. Man wird ja wohl noch abschreiben dürfen, wenn der Lehrer nichts merkt.

Niklas: Du bist ein richtiger Schmarotzer: Nichts lernen, und dann abschreiben!

Florian: So kann nur ein Streber wie du reden.

Niklas: …

10 Regeln zur Vermeidung oder Lösung von Konflikten

1. Nimm den andern ernst und höre ihm wirklich zu!
2. Sage, was du empfindest und was du für eine Meinung hast! Tue nicht so, als ob nur du Recht haben kannst!
3. Begründe deine Meinung, mache dabei nicht den anderen persönlich schlecht!
4. Stelle den andern nicht als den Dummen oder Bösen hin! Gehe davon aus oder hoffe, dass auch er den Konflikt vermeiden oder eine Lösung finden will!
5. Beschreibe auch das Verbindende, nicht nur das Trennende! So kannst du am besten überzeugen.
6. Wende dich gegen Unrecht! Nimm aber auch einmal einen „Gegenstoß" hin, ohne gleich gekränkt zu sein!
7. Scheue die Auseinandersetzung nicht, bleibe aber ruhig und sachlich!
8. Wenn der andere unfair wird, ist Humor oft die beste Entgegnung.
9. Wenn du einen eigenen Irrtum einsiehst, dann scheue dich nicht, ihn zuzugeben!
10. Unterlasse persönliche Angriffe gegen Dritte, die sich nicht wehren können. Mache sie nicht lächerlich! Setze sie nicht herab, um selbst als der Größte erscheinen zu können!

1 Hilfe
Gehe die Regeln nacheinander durch und prüfe jeweils, ob und wo sie angewendet wurden.

1 Erkläre: Bei welchem der beiden Gesprächsanfänge wurden die „10 Regeln zur Vermeidung oder Lösung von Konflikten" beachtet, bei welchem nicht?

2 Schreibe zu dem Gesprächsanfang, bei dem die Regeln beachtet wurden, die Fortsetzung.

E

Auszug aus dem Gespräch mit einer Streitschlichterin und einem Streitschlichter

Ann-Sophie und Ruben – ihr beide seid Streitschlichter. Wie wird man das denn?

Wir sind von unserer Beratungslehrerin angesprochen worden. Sie hat erklärt, worum es bei der Streitschlichtung geht. Dann hat sie gefragt, wer dabei mitmachen will. Da haben wir uns gemeldet.

Wir haben dann mit der Sozialarbeiterin eine Schulung gemacht. Da haben wir erfahren, wie man ein Schlichtungsgespräch führt und eine Lösung finden kann.

Wie läuft eine Streitschlichtung ab?

Eine Streitschlichtung läuft ungefähr so ab: Aus irgendeinem Grund bekommen zwei Schüler Streit miteinander. Sie wenden sich dann an uns Streitschlichter und wir machen mit ihnen einen Termin für ein Treffen aus.

Wenn wir uns dann mit den beiden Streithähnen treffen, erklären wir zuerst die Regeln. Und dass es das Ziel der Schlichtung ist, dass beide mit dem Ausgang zufrieden sind. Es gibt dabei keinen Gewinner.

Dann kann jeder der Streitenden erzählen, wie er den Fall sieht. Wichtig ist, dass dabei keiner den anderen unterbrechen darf. Wir Streitschlichter stellen nur Fragen, wenn wir etwas nicht verstanden haben.

Danach fordern wir beide auf, Vorschläge zur Lösung des Konflikts aufzuschreiben. Dabei soll jeder auch notieren, was er selbst zu tun bereit ist.

Und wie kommt man dann zu einer Lösung?

Das ist das Schwierigste. Wir vergleichen die Lösungsvorschläge und versuchen dabei, das Gespräch so zu führen, dass beide Seiten sich am Ende auf eine gemeinsame Lösung einigen.

Gibt es auch eine Kontrolle, ob die Schlichtung erfolgreich war?

Ja. Wir machen einen Termin aus – vielleicht eine oder zwei Wochen später – und dann fragen wir, ob sich beide an die Vereinbarung gehalten haben.

Welche Arten von Streitereien können von euch geschlichtet werden?

Wir können uns nur mit kleineren Streitereien des Schulalltags befassen. Größere Streitereien, Gewalt, kriminelle Sachen oder Ähnliches gehören nicht in die Schülerschlichtung.

Streitschlichter und Streithähne an einem Tisch

1 Marcel regt sich auf, weil Adina in sein Deutschheft gezeichnet hat.

2 Nicole ist wütend auf Herrn Gutenberg, weil sie ihre schlechte Note im Englischtest für ungerecht hält.

3 Marc versteckt in den Pausen immer wieder Dinge von Annett, diesmal ihr Stiftetui. Darüber regt sich Annett auf.

4 Mike verlangt von Alexander fünf Euro – sonst gäbe es kräftig Prügel.

5 Kathi streitet mit Sonja. Diese habe den Brief, den sie von Benjamin erhalten hat, laut vor allen in der Klasse vorgelesen.

6 Zwischen deutschen und ausländischen Schülern kam es auf dem Schulhof zu einer heftigen Schlägerei.

1 Gibt es an eurer Schule Streitschlichter? Wenn ja: Zähle auf, was du über deren Arbeit weißt.

2 Welche der sechs Fälle sind für eine Streitschlichtung durch Schülerinnen und Schüler geeignet, welche nicht? Begründe deine Antwort.

Aussiedler
Personen, die als Nachfahren von früheren deutschen Auswanderern nach Osteuropa das Recht haben, wieder nach Deutschland zurückzukehren

Patrick, 14 Jahre, engagiert sich bei der Jugendfeuerwehr. Er möchte Menschen retten und in Notsituationen helfen. Im Winter werden die Jugendfeuerwehren theoretisch geschult, im Sommer finden eher praktische Übungen statt. Der Besuch von anderen Feuerwehren und die Teilnahme an Wettkämpfen stand auch bereits auf dem Programm. Im letzten Jahr war Patrick mit der Jugendfeuerwehr sogar für zehn Tage im Ausland. Für das nächste Jahr ist wieder eine solche Fahrt geplant.

Lucy, 15 Jahre, gibt Nachhilfe im Aussiedlerwohnheim. Sie hilft den Schülerinnen und Schülern bei den Hausaufgaben und übt mit ihnen Deutsch. Neulich hat sie zusammen mit Betreuerinnen und Betreuern für die Kinder und Jugendlichen im Wohnheim eine Jugenddisco organisiert, die ein voller Erfolg war. Lucy freut sich über die Bestätigung, die sie immer wieder von allen Seiten für ihr Engagement im Aussiedlerwohnheim bekommt. Und die neu gewonnenen Freunde dort möchte sie nicht missen.

Ergotherapie
Arbeits- und Beschäftigungstherapie

Ein Treffen der Generationen

Vor allem in der Ergotherapie im Seniorenstift Schillerhöhe können Jugendliche helfen

Marbach. Jugendliche interessieren sich zunehmend für alte Menschen. Im Seniorenstift Schillerhöhe engagieren sie sich regelmäßig.

Was für Helmut Wiedenhöfer vor 20 Jahren noch kaum vorstellbar war, das ist heute Alltag in seinem Haus: Junge Menschen, die noch zur Schule gehen, kümmern sich um Senioren. Sie gehen mit ihnen spazieren, machen Spiele, unterstützen sie bei den vielfältigen kreativen Angeboten des Hauses, begleiten sie bei ihrer Gymnastik oder unterhalten sich einfach mit ihnen. Dies geschieht im Rahmen von Sozialpraktika der Schulen.

Die Schüler können sich für verschiedene soziale Bereiche entscheiden. „Das Interesse Jugendlicher an Senioren hat enorm zugenommen", stellt Wiedenhöfer fest. Dabei sind die alten Menschen nicht unbedingt pflegeleichter als früher. (...) Doch die Jugendlichen können, nachdem die ersten Hemmungen überwunden sind, locker und unbefangen damit umgehen (...). Es gibt wenige Tage im Jahr, an denen keine Jugendlichen im Seniorenstift Schillerhöhe anzutreffen sind. Insgesamt rund 40 neue junge Gesichter sind dort pro Jahr zu sehen. (...) Die Berichte, die sie danach für die Schule schreiben müssen, klingen oft sehr begeistert. Eine Elftklässlerin zeigte sich fasziniert von dem, was sie über das persönliche Leben einiger Frauen erfahren hat und darüber, „wie das Leben früher ausgesehen hat und welche Gleichheiten und Unterschiede es zur heutigen Zeit gibt". (...)

Junge Menschen, die sich im Seniorenstift Schillerhöhe um Seniorinnen und Senioren kümmern

(Astrid Killinger, in: Marbacher Zeitung, 29. 4. 2010, S. 27)

Marlon, 15 Jahre, arbeitet zweimal in der Woche ehrenamtlich im Behindertenwohnheim für Kinder und Jugendliche. Die Kinder dort sind auf ständige Betreuung und Pflege angewiesen. Marlon spielt mit ihnen, liest ihnen vor, füttert sie und begleitet sie mit erwachsenen Betreuerinnen und Betreuern bei Ausflügen. Manchmal assistiert er der Ergotherapeutin bei den gymnastischen Übungen mit den Kindern und Jugendlichen. Marlon überlegt sich, ob er nicht vielleicht auch selbst einen Beruf im sozialen Bereich ergreifen soll.

Nicole, 15 Jahre, ist bei der Umweltschutzorganisation Greenpeace aktiv. Sie hat schon an einigen Workshops teilgenommen, unter anderem zu den Themen „Rettet den tropischen Regenwald" und „Sicherung der Lebensgrundlagen unserer heimischen Tierwelt". Ihr Engagement für die Umwelt und die Tiere hat ihr schon viel Lob eingebracht. Gemeinsam mit anderen Jugendlichen veranstaltet sie Straßentheater, um auf die Bedrohung der Wildtiere hinzuweisen. Im Internet chattet Nicole gern im Mitgliederforum von Greenpeace.

Greenpeace
Auf Seite 306 findet ihr weitere Informationen zu dieser Umweltorganisation.

Fünf junge Leute wirken auf verschiedene Weise am Gemeindeleben mit. Sie heißen Lea, Klaus, Michaela, Mirko und Stephanie.

1. Wer ist wer?

- Stephanie ist vier Jahre jünger als Mirko.
- Mirko ist jünger als Klaus.
- Michaela ist ein Jahr jünger als Lea.

2. Wer wirkt wie mit?

A Stephanie ist Mitglied in einer BUND-Gruppe. Diese Gruppe übernimmt eine „Bachpatenschaft".
B Die jüngste Person ist Mitglied im Jugendparlament.
C Michaela sammelt Unterschriften für ein Bürgerbegehren.
D Alle Berechtigten nehmen an dem Bürgerentscheid teil.
E Alle Wahlberechtigten nehmen an der Wahl zum Gemeinderat teil.
F Die drei ältesten Personen machen bei der Bürgerversammlung verschiedene Vorschläge zur Erweiterung der Fußgängerzone, die große Beachtung finden.
G Die beiden jüngsten Personen arbeiten in einer Bürgerinitiative mit, die für den Bau einer Umgehungsstraße kämpft.
H Klaus ist als Mitglied einer Partei politisch tätig.
I Die Mitglieder der Bürgerinitiative führen ein Gespräch mit dem Bürgermeister.

Name					
Alter	**16 Jahre**	**18 Jahre**	**19 Jahre**	**20 Jahre**	**21 Jahre**
Wie wirken die einzelnen Personen in der Gemeinde mit?					

BUND
Bund für Umwelt und Naturschutz Deutschland. Mit weit über 460 000 Mitgliedern und Unterstützern ist der BUND der größte Umweltverband in Deutschland.

1 Notiere stichwortartig, wie sich Jugendliche für andere engagieren können. Beziehe dabei auch die vier Beispiele (Patrick, Lucy, Marlon, Nicole) ein.
2 Nenne Gründe für die Arbeit von Jugendlichen im Seniorenstift Schillerhöhe.
3 Beschreibe die Mitwirkung der fünf jungen Leute in ihrer Gemeinde. Vervollständige dazu die Tabelle in deinem Heft.

3 Hilfe
Beachte die drei Hinweise zum Alter.

Freizeit im Verein

Deutsches Rotes Kreuz
Jugendrotkreuz

- Akkordeon-Orchester
- Chorgemeinschaft
- Luftsportverein
- Schwimmklub
- Pfadfinder
- Tanzsportverein
- Gewerkschafts-jugend
- Eissportverein
- Messdienerschaft St. Marien
- Instrumentalkreis
- Naturschutz-jugend
- Turnverein

Jugendrotkreuz

Kirchliche Jugendgruppe

Sportverein

Musikgruppe

1 *Ich würde nie in einen Verein gehen. Da muss man regelmäßig zu den Übungsstunden kommen, auch wenn man dazu keine Lust hat.*

2 *Ich bin lieber alleine. Wenn ich Sport treiben will, kann ich meinen Waldlauf allein absolvieren oder auf dem Bolzplatz mit denen kicken, die gerade dort sind. Und wenn ich keine Lust mehr dazu habe, kann ich aufhören, wann ich will.*

3 *Im Verein oder in der Jugendgruppe unternimmt man zusammen mit anderen etwas. Dieses Gemeinschaftsgefühl ist doch toll. Gerade Jugendliche können so wichtige Verhaltensweisen lernen: mit anderen zusammenarbeiten, gemeinsam etwas anstreben, eigene Wünsche einem gemeinsamen Ziel unterordnen.*

4 *Im Verein helfen einem die anderen, nicht so schnell aufzugeben. Ohne Verein fängt man etwas an und gibt nach zwei Wochen auf, wenn es anstrengend wird. Im Verein, in der Gruppe wird man motiviert durchzuhalten. Das ist doch eine wichtige Fähigkeit für das Leben.*

3 Hilfe

Mögliche Pro-Argumente: Freunde treffen, seine Hobbys ausleben, …

Mögliche Kontra-Argumente: Termine einhalten müssen, sich unterordnen müssen, …

1. Erstelle eine Übersicht zum Thema „Vereine in meiner Region". In der Randspalte sind beispielhaft Vereine und Organisationen genannt, die Jugendliche ansprechen.
2. Fertigt eine Wandzeitung mit Vereinstätigkeiten in eurer Klasse an.
3. Setze dich mit den Aussagen in den vier Sprechblasen auseinander. Trage Argumente für und gegen die Mitgliedschaft in einem Verein zusammen.

E

Thema: Mitgestaltungsmöglichkeiten vor Ort

Durch eine Erkundung könnt ihr über einen Sachverhalt aus dem Unterricht Genaueres erfahren. Dabei lassen sich außerhalb der Schule Beobachtungen machen und Gespräche führen.

Vorbereitung

Legt zunächst fest, was ihr erkunden wollt und in wie viele Erkundungsteams die Klasse aufgeteilt werden soll. Jedes Team klärt mit der zu erkundenden Stelle ab, ob und wann die Mitarbeiter dort Zeit haben. Die Teams überlegen sich, was sie sehen wollen, erarbeiten Fragen und halten diese auf einem Erkundungsbogen fest. Dann wird in jedem Team entschieden, wer die Fragen stellt, wer die Antworten festhält, wer eventuell Fotos macht.

Durchführung

Mithilfe von Fragebogen, Beobachtungsbogen und Schreibzeug wird die Erkundung vor Ort durchgeführt.

Auswertung

Die Teams berichten in der Klasse über ihre Ergebnisse und Eindrücke. Oft ist es sinnvoll, die Ergebnisse der Erkundung festzuhalten, zu strukturieren und zu präsentieren. Dies kann zum Beispiel durch eine Ausstellung im Klassenzimmer geschehen, durch eine Wandzeitung oder durch die Herstellung einer Erkundungsmappe. Dabei könnt ihr auch Bilder, Übersichten, Grafiken usw. verwenden.

Fragebogen zur Erkundung unseres Jugendtreffs

1. Zu welchen Zeiten ist der Jugendtreff geöffnet?
2. Welche Angebote gibt es im Jugendtreff?
3. Wer besucht vor allem den Jugendtreff?
4. Gibt es Möglichkeiten zum kreativen Gestalten?
5. Werden auch U18-Discos für Schüler veranstaltet?
6. Wie kommen die unterschiedlichen Altersgruppen miteinander aus?
7. …

1 Stellt an der Tafel eine Liste mit Mitwirkungsmöglichkeiten in eurer Umgebung zusammen.

2 Einigt euch auf einige Angebote bzw. Einrichtungen, die ihr genauer kennenlernen wollt. Führt dann in Kleingruppen die Erkundung durch.

In vielen Städten und Gemeinden in Rheinland-Pfalz gibt es eine Einrichtung, die die Interessen der Kinder und Jugendlichen gegenüber dem Gemeinderat und der Gemeindeverwaltung vertritt. Solche Interessenvertretungen werden unterschiedlich bezeichnet: Jugendparlament, Jugendgemeinderat, Jugendbeirat, Jugendrat.

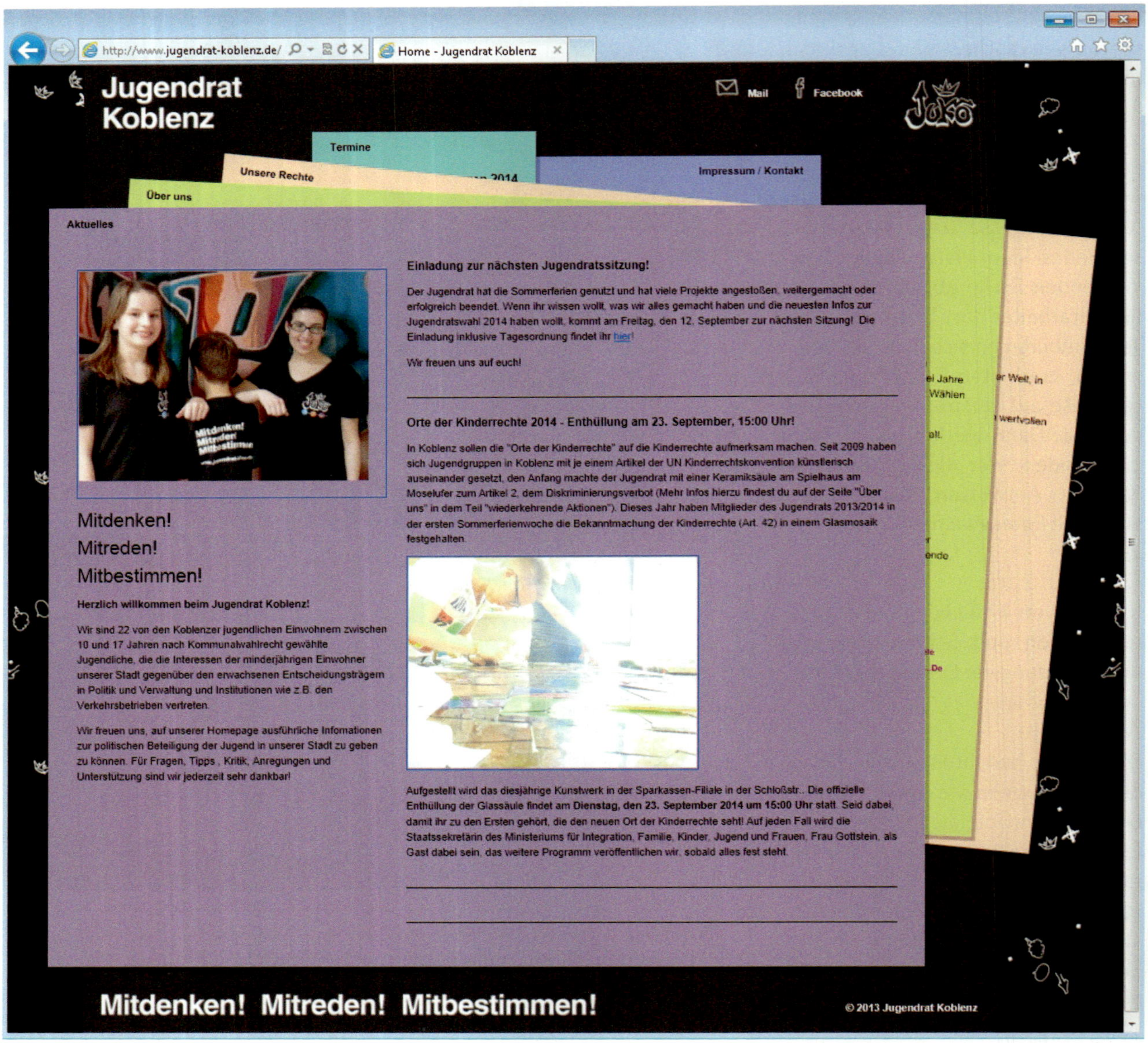

www.jugendrat-koblenz.de

1 Erkundet im Internet den Jugendrat Koblenz. Bildet dazu Gruppen und sprecht vor Beginn der Erkundung die Erkundungsaufträge untereinander ab.

2 Diskutiert eure Erkundungsergebnisse nach der Fishbowl-Methode.

3 Ermittelt, ob es in eurem Wohnort oder in eurer Nähe ein Jugendparlament gibt. Wenn ja: Nehmt Kontakt auf und ladet ein Mitglied zu einem Gespräch in den Unterricht ein. Notiert vorher, was ihr wissen wollt.

2 Hilfe

Die Fishbowl-Methode ist auf Seite 23 dargestellt

Mitgestaltung des Schullebens

Schülerinnen und Schüler haben vielfältige Möglichkeiten, das Schulleben mit zu gestalten. Dazu gehören die Ausgestaltung des Klassenraums und des Schulgebäudes ebenso wie die Mitarbeit bei Projekttagen oder Schulfesten.

Regeln und Umgangsformen

Damit Menschen friedlich und erfolgreich zusammenleben können, ist es wichtig, sich gegenseitig zu respektieren und zu achten. Dazu gehört, sich an Gesprächsregeln zu halten, vernünftig miteinander umzugehen und sich nicht gegenseitig zu beleidigen. Für ein zufriedenstellendes Zusammenleben in der Schule ist gutes Benehmen unerlässlich. Das schafft eine gute Atmosphäre in der Klasse. Schon dadurch werden viele Streitereien und Konflikte von vornherein vermieden.

Konflikt

Ein Konflikt ist eine Auseinandersetzung. Er entsteht meist durch das Aufeinandertreffen unterschiedlicher Interessen. Wenn Menschen in Gemeinschaften zusammenleben, kommt es immer wieder zu Konflikten. Konflikte sind nichts Negatives, sollten aber gelöst werden.

Konfliktlösung

Bei der Austragung von Konflikten ist es besonders wichtig, auf Gewalt zu verzichten, tolerant zu sein und die Interessen, Ansichten und Ziele des Konfliktpartners anzuerkennen. Oft können Konflikte durch einen Kompromiss gelöst werden.

Streitschlichter

Streitschlichter in der Schule vermitteln zwischen Streitenden. Sie helfen vor allem jüngeren Schülerinnen und Schülern, Streitursachen festzustellen und den Willen zum Ausgleich zu entwickeln. Streitschlichterinnen und Streitschlichter helfen, Konflikte in Gesprächen zu regeln, statt Gewalt anzuwenden. Ihre Vorschläge zur Verständigung tragen zur Konfliktlösung bei.

Freizeit im Verein

Es gibt viele Möglichkeiten, seine Freizeit zu gestalten. Im Verein lernt man nicht nur andere Jugendliche kennen, man kann vor allem seinen Interessen nachgehen. Beispiele für Vereine sind Sportvereine, Musikvereine und kirchliche Vereine. Die Mitgliedschaft in einem Verein steht jedem frei und ist meistens nicht teuer, zumal für Jugendliche in aller Regel besonders günstige Beiträge gelten.

Interessenvertretung für Kinder und Jugendliche

Viele Städte und Gemeinden haben Einrichtungen geschaffen, die die Interessen der Kinder und Jugendlichen im Ort gegenüber der Gemeindeverwaltung und dem Gemeinderat vertreten. Die Bezeichnungen dafür sind unterschiedlich: Jugendparlament, Jugendgemeinderat, Jugendbeirat, Jugendrat. Die Mitglieder dieser Jugendvertretungen werden von den Jugendlichen des Ortes gewählt. Ihre Aufgabe ist es, bei kommunalen Entscheidungen, die die Jugendlichen betreffen, mitzureden und mitzubestimmen. Sie erarbeiten Vorschläge, das Leben für Kinder und Jugendliche im Ort zu verbessern.

Mitwirkung in der Gesellschaft

Auch wenn es oft heißt, Jugendliche würden sich heutzutage kaum noch ehrenamtlich engagieren, für einen großen Teil der Jugendlichen trifft das nicht zu. Es gibt viele Jugendliche, die sich engagieren und in unserer Gesellschaft mitwirken, zum Beispiel in sozialen Einrichtungen, im politischen Bereich, in kirchlichen Jugendgruppen, in Umweltschutzorganisationen, beim Jugendrotkreuz, bei der Jugendfeuerwehr, in Sportvereinen usw.

Gesellschaftliches Engagement von Jugendlichen: Mitarbeit beim Jugendrotkreuz; Schülerin als Lesepatin in einem Kindergarten; nichtbehinderte und behinderte Jugendliche bei einem gemeinsamen Projekt einer Schule und der Organisation Lebenshilfe e.V.

Aufgaben der Gemeinde

1

2

3

4

5

6

7

8
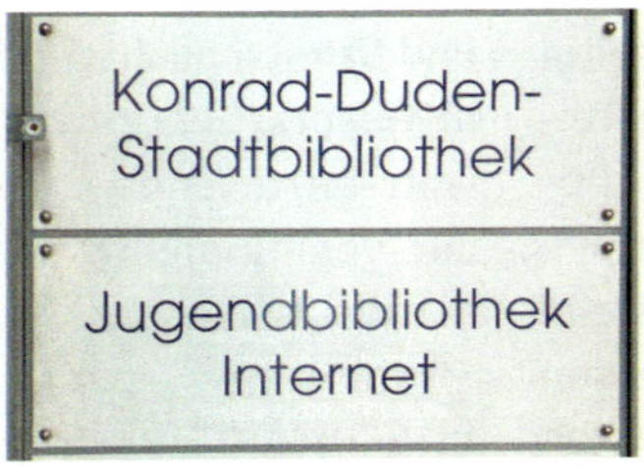

9

Verfassung Rheinland-Pfalz

Artikel 49 (Kommunale Selbstverwaltung, Kommunaler Finanzausgleich)

(1) Die Gemeinden sind in ihrem Gebiet unter eigener Verantwortung die ausschließlichen Träger der gesamten örtlichen öffentlichen Verwaltung. Sie können jede öffentliche Aufgabe übernehmen, soweit sie nicht durch ausdrückliche gesetzliche Vorschrift anderen Stellen im dringenden öffentlichen Interesse ausschließlich zugewiesen werden.
(2) Die Gemeindeverbände haben im Rahmen ihrer gesetzlichen Zuständigkeit die gleiche Stellung.
(3) Das Recht der Selbstverwaltung ihrer Angelegenheiten ist den Gemeinden (...) gewährleistet. Die Aufsicht des Staates beschränkt sich darauf, dass ihre Verwaltung im Einklang mit den Gesetzen geführt wird.

Die Gemeinden kümmern sich um das Wohl ihrer Einwohnerinnen und Einwohner. Sie erfüllen die Aufgaben als Pflichtaufgaben, die ihnen im Rahmen des politischen Mehrebenensystems von der Europäischen Union, vom Bund und vom Land Rheinland-Pfalz zugewiesen werden. Darüber hinaus können sie nach dem Recht der Selbstverwaltung freiwillig weitere Aufgaben für ihre Einwohnerinnen und Einwohner erfüllen.
Das Recht der Selbstverwaltung bedeutet, dass die Gemeinden in eigener Verantwortung ihre Angelegenheiten der örtlichen Gemeinschaft regeln können. Dieses Recht ist als demokratisches Verfassungsprinzip im Grundgesetz der Bundesrepublik Deutschland (Artikel 28) und außerdem in der Verfassung des Bundeslandes Rheinland-Pfalz (Artikel 49) verbrieft.

1 Begründe, warum zwischen Pflichtaufgaben und freiwilligen Aufgaben der Gemeinden unterschieden wird.
2 Ordne die Fotos in Pflichtaufgaben und freiwillige Aufgaben einer Gemeinde.
3 Erkläre, was das Recht der Selbstverwaltung für die Gemeinden bedeutet.

1 Hilfe
Überlege: Welche Einrichtungen sind unbedingt notwendig, also Pflichtaufgaben einer Gemeinde? Welche wären entbehrlich, also freiwillige Aufgaben einer Gemeinde?

Die Finanzen der Gemeinde

Eine Gemeinde benötigt für die Erfüllung ihrer Aufgaben Geld: Beamte, Angestellte und Gemeindearbeiter müssen bezahlt werden. Die Ämter und Behörden, in denen sie arbeiten, verursachen Kosten usw. Diesen Ausgaben stehen Einnahmen gegenüber. Auf Dauer müssen sich beide die Waage halten. Auskunft über die Einnahmen und Ausgaben einer Gemeinde gibt ihr Haushaltsplan. Er gliedert sich in zwei Teile, den so genannten Vermögenshaushalt und den Verwaltungshaushalt.

Der Vermögenshaushalt führt die Einnahmen und Ausgaben auf, die nicht regelmäßig und dauerhaft veranschlagt werden können. Das können beispielsweise Einnahmen aus dem Verkauf eines gemeindeeigenen Grundstücks sein oder Ausgaben für die Sanierung des Schwimmbads.

Der Verwaltungshaushalt hingegen weist regelmäßige, jedes Jahr wiederkehrende Einnahmen und Ausgaben aus. Beispiele dafür sind auf der einen Seite Erlöse aus dem Verkauf von Energie (Strom, Gas) durch gemeindeeigene Versorgungsunternehmen oder Steuereinnahmen und auf der anderen Seite Ausgaben für das Personal der Gemeindeverwaltung oder die Unterhaltung eines Kindergartens.

„Was ich schon immer sagte: viel zu kurz!“

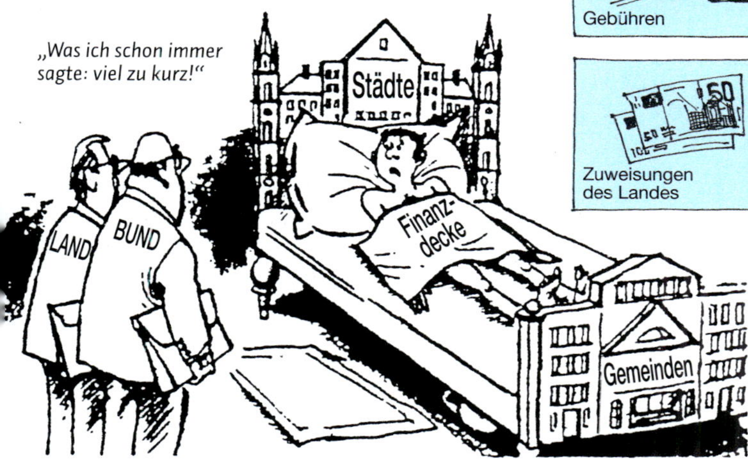

1 Die neun Zeichnungen benennen Einnahmen und Ausgaben der Gemeinde. Versuche, sie entweder dem Vermögenshaushalt oder dem Verwaltungshaushalt zuzuordnen.

2 Werte die Karikatur aus. Auf welches Problem in den Gemeinden soll hier hingewiesen werden?

2 **Hilfe**
Wie man eine Karikatur auswertet, ist auf Seite 19 genau beschrieben.

Interview mit einer Bürgermeisterin

Wir haben uns in der Klasse einige Fragen überlegt. Die erste Frage ist …

1

Der Schwerpunkt liegt bei der Erweiterung der öffentlichen Einrichtungen. An erster Stelle steht dabei die Erstellung eines Flächennutzungsplans für das gesamte Gemeindegebiet. Darin wird festgelegt, was wo gebaut werden soll: Wohnungen, Sportstätten usw. Wichtig ist auch das Abwasser. Damit unsere Seen sauber bleiben und auch weiterhin zum Baden einladen, muss hier viel getan werden. Einzelmaßnahmen wie der Bau eines Kindergartens dürfen aber auch nicht vergessen werden.

2

Es gibt vor allem dann Schwierigkeiten, wenn Einzelinteressen massiv verfolgt werden. Gemeinnutz muss vor Eigennutz gehen! Das ist aber nicht jedem bewusst. Bei dem geplanten Bau der Umgehungsstraße soll die Gemeinde zum Beispiel für dringend benötigtes Land einen überhöhten Preis an die Eigentümer zahlen.

3

Da die Einnahmen nicht ausreichen, um die vielfältigen Aufgaben zu erledigen, müssen wir eine Reihenfolge festlegen. Das ist oft sehr schwierig. Gemeinderat und Bürgermeisterin orientieren sich dabei an der Notwendigkeit der Finanzierbarkeit. Diese muss unbedingt sichergestellt werden – durch Eigenmittel, Sponsoren und Zuschüsse des Landes Rheinland-Pfalz.

4

Die Zusammenarbeit mit dem Gemeinderat ist erfreulicherweise sehr gut. Bei uns wird sachlich diskutiert. Die Sache steht an erster Stelle und nicht der Versuch, eine parteipolitische Richtung durchzusetzen.

5

Politik in der Gemeinde lässt sich nur mit den Menschen machen! Mit diesem Leitspruch bin ich als Bürgermeisterin angetreten. Ich kann es aber nicht allen recht machen. Ich habe einen „gesunden Biss", Ausdauer, Ideen und einen langen Atem.

6

Als Bürgermeisterin suche ich offene Gespräche vor Ort mit Jugendlichen, aber auch im Rathaus. In mehreren Vereinen bin ich aktiv tätig. Da geht es ungezwungen zu, da höre ich viele Meinungen. Was ich vermisse, sind Besuche von Schulklassen bei den Sitzungen des Gemeinderats. Ich unterstütze alle Aktivitäten, die helfen, dass sich Jugendliche und Gemeinde achten und gegenseitig schätzen lernen.

1 Hilfe

Lies zuerst die Sprechblase genau durch. Um welches Thema geht es dabei? Wie könnte demnach die Frage lauten?

2 Hilfe

Informiere dich auf Seite 38 noch einmal über die Aufgaben einer Gemeinde.

1 Formuliere für jede Sprechblase die Frage, die sich die Klasse überlegt haben könnte.

2 Zu welchen Aufgaben einer Gemeinde stellen die Schülerinnen und Schüler ihre Fragen?

Thema: **Unsere Bürgermeisterin, unser Bürgermeister**

Viele Themen, die ihr im Unterricht behandelt, betreffen auch Erwachsene. Wenn ihr diese Erwachsenen befragt, könnt ihr viel erfahren. Mit „Expertenbefragung“ ist somit gemeint, dass eine fachkundige Person zu ihrer Tätigkeit, ihren Erfahrungen usw. befragt wird. Experten können zur Befragung in den Unterricht eingeladen werden. Ihr könnt die Experten aber auch an den Orten aufsuchen, an denen sie tätig sind, zum Beispiel im Büro oder im Betrieb.

Vorbereitung

Ihr müsst frühzeitig bei den Experten anfragen, ob sie zu einer Befragung bereit sind. Dabei besprecht ihr, ob sie zu euch in die Klasse kommen oder ob ihr zu ihnen geht. Ihr müsst auch mitteilen, worum es euch bei dem Gespräch vor allem geht. Dann kann sich die Expertin, der Experte besser auf euch einstellen. Vor der Befragung sammelt ihr Fragen und legt fest, wer sie stellt. Ihr müsst auch vereinbaren, wie die Antworten auf die Fragen festgehalten werden sollen, zum Beispiel als Aufnahme (mit Handy, Tablet, Notebook usw.) oder durch Notizen.

Durchführung

Beginnt eure Befragung mit einer Begrüßung und beendet sie mit einem Dank. Während des Gesprächs ist es wichtig, dass ihr nachfragt, wenn ihr etwas nicht verstanden habt.

Auswertung

Tragt die Ergebnisse eurer Befragung zusammen und haltet sie fest. Ihr könnt zu den Ergebnissen eurer Befragung gemeinsam ein Plakat gestalten oder einen Hefteintrag vornehmen.

1 Was würdet ihr eure Bürgermeisterin oder euren Bürgermeister gern fragen? Stellt Fragen für eine Expertenbefragung zusammen und führt diese durch.

Wer bestimmt in der Gemeinde?

Gemeinde
Mit dem Begriff „Gemeinde“ kann ein Dorf, aber ebenso auch eine kleine, mittelgroße oder große Stadt gemeint sein. Der Sammelbegriff für diese verschiedenen Siedlungen ist Gemeinde oder Kommune. Das Wort „Gemeinde“ stammt von „gemein“ im Sinne von „gemeinsam“ ab, das Wort „Kommune“ kommt aus dem Lateinischen und bedeutet „allen gemeinsam“.

Partei
Zusammenschluss von Bürgerinnen und Bürgern, die ähnliche politische Meinungen oder Ziele vertreten

In der Gemeinde werden politische Entscheidungen demokratisch getroffen. Dazu kommen die Bürgerinnen und Bürger jedoch nicht jedes Mal zusammen und entscheiden, sondern sie lassen sich durch von ihnen gewählte Personen vertreten. Die Bürgerinnen und Bürger der Gemeinde wählen auf fünf Jahre den Gemeinderat. Dieser vertritt dann ihre Interessen und entscheidet in allen wichtigen Angelegenheiten der Gemeinde. In Städten führt die Gemeindevertretung die Bezeichnung Stadtrat.

Die gewählten Vertreter sind ehrenamtlich tätig. Sie bekommen für ihre Tätigkeit keine Bezahlung. Die Gemeinderäte, die der gleichen Partei oder freien Wählergruppe angehören, also die gleichen Ansichten vertreten, bilden jeweils eine Fraktion. Im Schaubild unten gibt es drei Fraktionen: Fraktion A, Fraktion B und Fraktion C.

Der Bürgermeister oder die Bürgermeisterin beruft die Sitzung des Gemeinderats ein und führt dort den Vorsitz. Die Einwohner der Gemeinde können an den Sitzungen teilnehmen, die Diskussionen verfolgen und am Ende auch Fragen stellen. Dies gilt aber nur für den öffentlichen Teil der Sitzung. Im sogenannten nichtöffentlichen Teil beraten die gewählten Gemeinderäte ohne Zuhörer, zum Beispiel über Personalangelegenheiten.

Der Gemeinderat bildet Ausschüsse, zum Beispiel den Haushaltsausschuss, den Bildungsausschuss oder den Jugendhilfeausschuss. In den Ausschüssen werden die Entscheidungen des Gemeinderats vorbereitet. Die Gemeinderätinnen und Gemeinderäte beraten dort die anstehenden Probleme. Der Gemeinderat kontrolliert den Bürgermeister bzw. die Bürgermeisterin, außerdem kontrolliert er die Gemeindeverwaltung.

Die Bürgerinnen und Bürger der Gemeinde wählen auf acht Jahre den hauptamtlichen Bürgermeister oder die hauptamtliche Bürgermeisterin. In kleineren Gemeinden gibt es keinen hauptamtlichen, sondern nur einen ehrenamtlichen Bürgermeister, der für fünf Jahre gewählt wird. In größeren Städten führt der hauptamtliche Bürgermeister die Bezeichnung Oberbürgermeister. Ein Oberbürgermeister hat in der Regel zwei Stellvertreter, die ehrenamtlich als Bürgermeister tätig sind.

Der Bürgermeister bzw. die Bürgermeisterin ist im Gemeinderat stimmberechtigt. Der Bürgermeister vertritt die Gemeinde nach außen, leitet die Gemeindeverwaltung und führt die Beschlüsse des Gemeinderats aus.

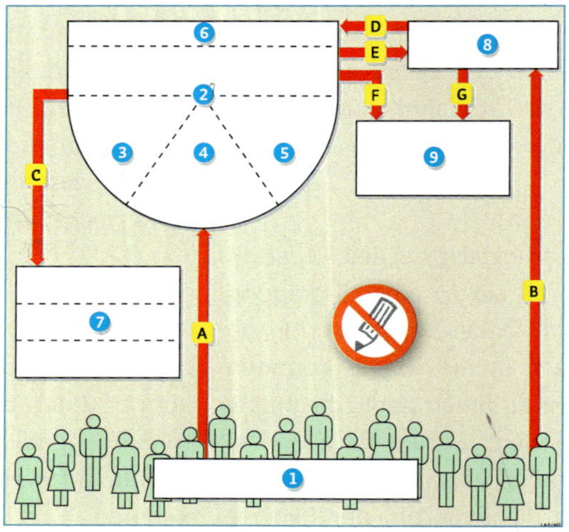

- Wie heißt euer Bürgermeister/Oberbürgermeister bzw. eure Bürgermeisterin/Oberbürgermeisterin?
- Welcher Partei gehört er bzw. sie an?
- Welche Parteien und Wählervereinigungen sind in eurem Gemeinderat bzw. Stadtrat vertreten?
- Wie viele Sitze haben sie jeweils inne?
- Wie viele Sitze hat euer Gemeinderat bzw. Stadtrat insgesamt?

WEBCODE
SDL-11077-101
Kommunalwahlen

1 Im Schaubild fehlen die blau und gelb unterlegten Begriffe. Füge sie ein. Benutze dazu das Arbeitsblatt oder notiere zur jeweiligen Nummer/zum jeweiligen Buchstaben den Begriff.
2 Formuliere eine passende Überschrift für das Schaubild.
3 Informiere dich über euren Bürgermeister und euren Gemeinderat.

3 Hilfe
Beachte dazu die Fragen im Kasten.

Besonderheiten des Kommunalwahlrechts: Kumulieren und Panaschieren

Ausgabe der Stimmzettel in einem Wahllokal

Wahlberechtigte geben ihre Stimme geheim ab

Die Mitglieder des Gemeinderats werden von den Bürgern der Gemeinde direkt gewählt. Ihre Amtszeit beträgt fünf Jahre. Wahlberechtigt ist jeder Deutsche und andere EU-Bürger, der das 18. Lebensjahr vollendet hat und seit mindestens drei Monaten in der Gemeinde wohnt. Wählbar ist jeder Wahlberechtigte.

Die Wähler haben so viele Stimmen, wie der zu wählende Gemeinderat Sitze hat. Die Mitgliederzahl eines Gemeinderats richtet sich nach der Einwohnerzahl der Gemeinde und liegt zwischen sechs und 60.

Bei der Wahl erhält die Wählerin bzw. der Wähler für jeden Wahlvorschlag einer Partei oder Wählervereinigung einen Stimmzettel. Jeder Stimmzettel enthält die Namen der Bewerber und hinter jedem Namen drei Kästchen, außerdem oben einen Kreis. Will die Wählerin bzw. der Wähler jedem Kandidaten einer bestimmten Partei eine Stimme geben, so muss sie bzw. er auf dem Stimmzettel nicht hinter jedem Bewerber ein Kreuz setzen, es genügt in diesem Fall ein Kreuz oben im Kreis.

Viele Wählerinnen und Wähler wollen bei der Gemeinderatswahl über Parteigrenzen hinweg die Bewerber auswählen, die sie für geeignet halten. Das können sie durch Kumulieren bzw. Panaschieren erreichen:

Kumulieren bedeutet das Anhäufen von bis zu drei Stimmen auf einen Bewerber. Die Wählerin oder der Wähler kann also die Chancen eines bestimmten Kandidaten, in den Gemeinderat einzuziehen, dadurch erhöhen, indem sie oder er hinter dem betreffenden Namen zwei oder drei Kästchen ankreuzt.

Panaschieren bedeutet, seine Stimme auf mehrere Parteien zu verteilen, also auf verschiedenen Stimmzetteln Kandidaten anzukreuzen. Dabei kann man auch kumulieren, also zum Beispiel einer Bewerberin auf der Liste A drei Stimmen und einem Bewerber auf der Liste C zwei Stimmen geben.

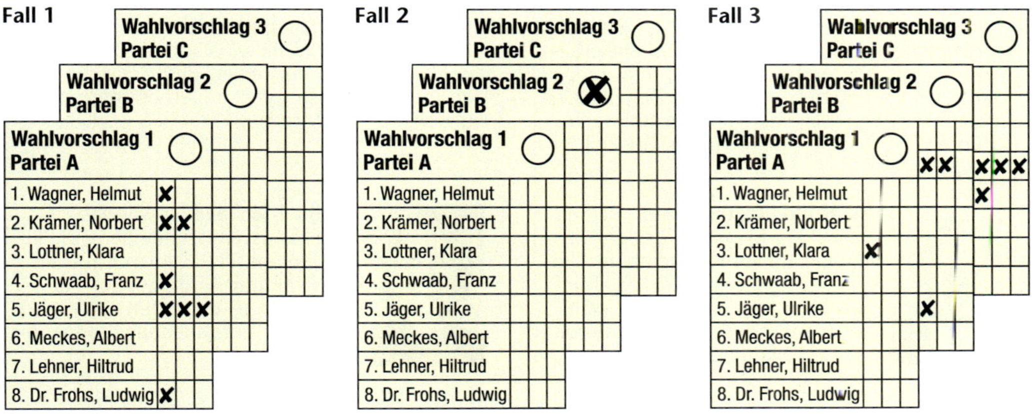

1. Untersuche die Fälle 1, 2 und 3. Beschreibe das jeweilige Wahlverhalten, wie es sich aus den Kreuzen auf den drei Stimmzetteln ablesen lässt.
2. Erläutere, warum es die Möglichkeiten Kumulieren und Panaschieren bei der Kommunalwahl gibt.

Kommunalwahlrecht mit 16 Jahren?

V

Die rot-grüne Landesregierung in Rheinland-Pfalz ist im April 2013 mit dem Plan gescheitert, ein Kommunalwahlrecht schon ab 16 Jahren einzuführen. Die notwendige Zwei-Drittel-Mehrheit für eine Verfassungsänderung kam im Landtag nicht zustande, da die CDU gegen ein Kommunalwahlrecht mit 16 war.

Pro

VON WINFRIED KRETSCHMANN

Davon, dass die jungen Menschen genauso rational und klug abstimmen werden wie die volljährigen Wahlberechtigten, bin ich überzeugt. Schließlich sind Vernunft, der Sachverstand und der Grad an Informiertheit der Bürgerinnen und Bürger in Bezug auf Parteien und deren Programme nicht altersabhängig. Und ist es nicht gerade der große Charme der Demokratie, dass die Stimme eines Genies und die eines Dummkopfes gleich viel zählt? Denn wenn nur noch intelligente und politisch kompetente Menschen wählen dürften, dann hätten wir keine Demokratie mehr, sondern eine Expertendiktatur. Der Bau eines Sportplatzes, die Schließung eines Jugendtreffs oder die Ausgestaltung der kommunalen Sozialarbeit – junge Menschen und ihr Lebensumfeld sind in starkem Maße von Entscheidungen auf kommunaler Ebene betroffen. Deshalb sollte ihnen auch das Recht und dadurch die Möglichkeit gegeben werden, sich einzubringen und zu partizipieren. In Baden-Württemberg wird die Landesregierung deshalb auf kommunaler Ebene das Mindestalter für das aktive Wahlrecht von 18 auf 16 Jahre absenken, sodass ab 2014 16-Jährige bei Kommunalwahlen abstimmen können.

Die Absenkung des aktiven Wahlalters führt indes nicht automatisch zu einem größeren politischen Interesse bei den Jugendlichen. Stattdessen muss diese Maßnahme nicht nur von einer verständlichen und transparenteren Politik, sondern auch von einer verbesserten politischen Bildung in den und außerhalb der Schulen begleitet werden. Die Erfahrungen aus den sieben anderen Bundesländern, die 16-Jährigen das Kommunalwahlrecht bereits zugestehen, zeigen eines: Die jungen Leute machen von ihrem Wahlrecht in mindestens demselben Maße Gebrauch wie das restliche Wahlvolk. Zwar ist das Wahlrecht ab 16 Jahren kein Allheilmittel gegen Politikverdrossenheit und Demokratiemüdigkeit – aber es ist ein probates Mittel, um junge Menschen vor Ort frühzeitig an die Demokratie mitsamt ihren Entscheidungsprozessen heranzuführen und ihre politische Urteilsfähigkeit zu stärken.

Winfried Kretschmann ist seit Mai 2011 Ministerpräsident des Landes Baden-Württemberg. Die Landesregierung plant, das Mindestalter für das aktive Wahlrecht auf kommunaler Ebene von 18 auf 16 Jahre abzusenken.

Kontra

VON JULIA KLÖCKNER

Ja, junge Menschen müssen frühzeitig an die Politik herangeführt werden. Wir müssen sie für Politik interessieren und ihre Anliegen einbinden. Darüber besteht parteiübergreifend Einigkeit. Kann eine Absenkung des Wahlalters dabei helfen und Politikverdrossenheit bekämpfen?

Ich meine, nein! Denn empirische Studien zeigen, dass die Einführung des Wahlrechts ab 16 nicht zu einem höheren Politikinteresse in dieser Altersgruppe führt. Im Gegenteil In den Bundesländern Bremen und Sachsen-Anhalt, in denen das Wahlrecht mit 16 bereits seit über zehn Jahren gilt, zeigt sich, dass die Wahlbeteiligung dieser Gruppe unterdurchschnittlich ist – mit stetig weiter absinkender Tendenz. Darüber hinaus stehen viele Jugendliche selbst der Absenkung des Wahlalters kritisch gegenüber. Das zeigt die bundesweite Shell-Jugendstudie und das belegt auch eine Umfrage der Grünen Jugend Ost-Alb. Bei einer Befragung von 550 Schülern lehnten 58 Prozent eine Absenkung des Wahlalters ab. Sie fühlen sich zu schlecht vorbereitet und überfordert, um eine fundierte Wahlentscheidung treffen zu können. Die Konsequenz daraus kann eigentlich nur in einer Intensivierung der politischen Bildungsarbeit bestehen. Kindern und Jugendlichen muss deutlicher vermittelt werden, dass politische Entscheidungen Einfluss auf ihr tägliches Leben haben. Eine Abkoppelung des Wahlalters von der Volljährigkeit ist außerdem in sich nicht schlüssig. Das sah schon SPD-Altkanzler Willy Brandt so. In seiner Amtszeit wurde die Volljährigkeit von 21 auf 18 Jahre herabgesetzt. Eine Absenkung der Volljährigkeit auf 16 Jahre fordert indes heute niemand – auch nicht die Befürworter des Wahlrechts mit 16. Warum aber soll jemand das zentrale Bürgerrecht wahrnehmen dürfen, den die Gesellschaft nicht für reif genug hält, alleine Auto zu fahren oder nach Mitternacht eine Disco zu besuchen? Das passt nicht zusammen. Wenn wir also über die Absenkung des Wahlalters reden, dann müssen wir konsequenterweise auch andere Altergrenzen auf den Prüfstand stellen.

Julia Klöckner ist Landes- und Fraktionsvorsitzende der CDU in Rheinland-Pfalz. Auch im Mainzer Landtag wird über das Wahlrecht ab 16 debattiert. Klöckner ist eine entschiedene Gegnerin des Vorschlags.

(http://www.politik-kommunikation.de/ressorts/artikel/pro-kontra/kommunales-wahlrecht-ab-16-jahren / Abrufdatum: 13.05.2014)

partizipieren
Anteil haben, teilnehmen

probat
erprobt, bewährt

Konsequenz
Folge, Folgerung, auch: Beharrlichkeit, Zielstrebigkeit

Intensivierung
Verstärkung, Steigerung

1 Analysiere die Aussagen und arbeite stichwortartig die wichtigsten Pro- und Kontra-Argumente heraus.

2 Kommunalwahlrecht mit 16 Jahren? Diskutiert über diese Frage

Fallbeispiel: Skaterpark – von der Idee zum Beschluss

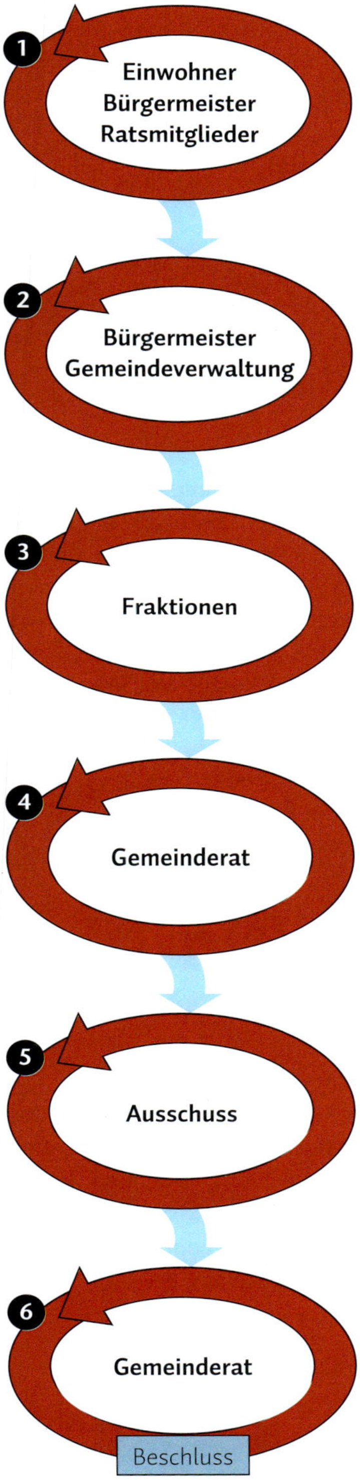

A In den Fraktionen beraten die Ratsmitglieder über die Vorlage der Gemeindeverwaltung. Sie überlegen sich, welchen Standpunkt sie einnehmen wollen.

B Im Ausschuss für Jugend und Sport wird die Vorlage eingehend beraten. Es wird z.B. über folgende Fragen gesprochen: Wie groß soll der Skaterpark sein? Wie lassen sich Zerstörung, Vandalismus und Vermüllung vermeiden? Wer ist für den Park verantwortlich? – Trotz gründlicher Diskussion können sich die Mitglieder des Ausschusses nicht auf einen gemeinsamen Standpunkt einigen.

C Der Bürgermeister wird zu einem Expertengespräch mit Schülerinnen und Schülern einer Realschule eingeladen. Zum Abschluss des Gesprächs überreichen ihm die Schüler eine Unterschriftenliste, mit der sie sich für die Errichtung eines Skaterparks aussprechen. – Der Bürgermeister verspricht, das Projekt von der Verwaltung prüfen zu lassen, den Gemeinderat darüber zu informieren und Gespräche mit betroffenen Einwohnern zu führen.

D In der ersten öffentlichen Sitzung des Gemeinderats zum Thema „Skaterpark“ legen die Vorsitzenden der Fraktionen ihre Standpunkte dar. Fraktion A vertritt die gleichen Vorstellungen wie die Gemeindeverwaltung und plädiert für den Skaterpark. Die Fraktionen B und C sind dagegen. Da man zu keinem Ergebnis kommt, wird die Vorlage der Gemeindeverwaltung zur weiteren, nicht öffentlichen Aussprache in den Ausschuss für Jugend und Sport verwiesen.

E Bei der nächsten öffentlichen Sitzung des Gemeinderats soll es zum Beschluss kommen. Der Bürgermeister eröffnet die Sitzung.

F Die Fachleute in der Gemeindeverwaltung (z.B. Bauamt, Jugendsozialarbeiter) prüfen das Projekt und erarbeiten für den Bürgermeister eine umfassende Vorlage. In dieser Vorlage wird z.B. festgehalten und begründet, warum ein Skaterpark benötigt wird, wie er baulich zu gestalten ist, was er kosten wird, wie er zu finanzieren ist und wer sich um den Betrieb kümmert. Die Vorlage endet mit dem Beschlussvorschlag der Gemeindeverwaltung: „Die Mitglieder des Gemeinderats beschließen die Errichtung eines Skaterparks.“ Der Bürgermeister setzt das Thema auf die Tagesordnung der nächsten Sitzung des Gemeinderats.

1 Das Ablaufschema zeigt, wie es zu einem Beschluss im Gemeinderat kommt. Ordne jeder Station (1 bis 6) einen Textblock (A bis F) zu.

1 Hilfe
Station 1 – Text C
Station 2 – Text …

Fallbeispiel: Skaterpark – der Rat beschließt

Bürgermeister
Meine Damen und Herren, ich eröffne die heutige Sitzung unseres Rates. Ich stelle fest, dass Ihnen die Einladung mit den Sitzungsunterlagen ordentlich zugegangen ist. Ich stelle ferner fest, dass wir beschlussfähig sind. Es fehlen zwei Gemeinderäte. Sie sind ordentlich entschuldigt. Ich bitte Sie zur Mitunterzeichnung des heutigen Protokolls zwei Gemeinderäte zu bestätigen. Es sind die Gemeinderäte Lorenz und Winter. Vielen Dank. Damit können wir in die heutige Tagesordnung eintreten. Ich rufe den Tagesordnungspunkt 1 auf: Errichtung eines Skaterparks. Die Ihnen ausgereichte Sitzungsunterlage der Gemeindeverwaltung sieht vor, am Bürgergarten eine Skateranlage zu errichten, die zu einem Freizeitpark für Jugendliche ausgeweitet werden kann. Ich informiere Sie über die Beratungen im Ausschuss für Jugend und Sport zu diesem Thema. Wir haben uns dort sehr eingehend mit dem Projekt befasst. Es gab eine kontroverse Debatte. Die Fraktionen konnten sich auf keine gemeinsame Position verständigen, sodass der Gemeinderat die Vorlage wohl per Mehrheitsbeschluss zu entscheiden hat. Ich darf dazu die Aussprache eröffnen. Ich habe folgende Wortmeldungen notiert: Frau Glotz für die Fraktion A, Herr Keller von der Fraktion B und Frau Dr. Klinkicht für die Fraktion C. Doch lassen Sie mich zunächst die Position der Gemeindeverwaltung vortragen, die das Projekt aus folgenden Gründen befürwortet …

Frau Glotz (Fraktion A)
Herr Bürgermeister, meine Damen und Herren! Wir alle betonen immer wieder, dass wir etwas für die Jugendlichen in unserer Gemeinde tun wollen und tun müssen. Keine Frage, jetzt können wir beweisen, wie ernst wir das meinen. Meine Fraktion ist aus fünf Gründen für den Skaterpark …

Herr Keller (Fraktion B)
Auch wir sind für die Jugend. Das sei ausdrücklich betont. Wir unterstützen z. B. großzügig die Jugendlichen in den Vereinen und im Jugendzentrum. Aber einer Skateranlage stehen wir sehr skeptisch gegenüber. Man muss ja nicht jeden modischen Schnickschnack mitmachen. Und was das kostet! Wir lehnen aus folgenden Gründen die Anlage ab …

Frau Dr. Klinkicht (Fraktion C)
Also, liebe Kolleginnen und Kollegen des Rats, so kommen wir nicht weiter. Was sollen denn die Jugendlichen von uns denken? In unserer Fraktion waren die Meinungen auch sehr unterschiedlich. Wir könnten uns jedoch einen Kompromiss vorstellen, der …

Bürgermeister

Haben Sie noch weitere Wortmeldungen? Dies ist nicht der Fall. Dann treten wir jetzt in die Abstimmung ein. Wir stimmen über den Beschlussvorschlag der Vorlage ab. Er lautet: „Die Mitglieder des Rats beschließen die Errichtung eines Skaterparkes am Bürgergarten, der optional als Freizeitpark für Jugendliche weiterentwickelt werden kann." Ich bitte um Handzeichen: Wer ist dafür? Wer ist dagegen? Gibt es Enthaltungen? Damit ist die Mehrheit *(für oder gegen)* die Errichtung eines Skaterparks am Bürgergarten. Die Vorlage ist somit *(angenommen oder abgelehnt)*.
Punkt 1 der Tagesordnung ist damit erledigt.
Ich rufe Punkt 2 auf ...

Beobachtung einer Ratssitzung

Falls ihr eine Sitzung des Rats eurer Gemeinde besuchen wollt, kann euch diese Doppelseite bei der Erarbeitung der Fragen für euren Beobachtungsbogen helfen: Bildet Gruppen. Jede Gruppe notiert auf Kärtchen Beobachtungsfragen, je Kärtchen eine Frage. Befestigt die Kärtchen an der Pinnwand oder Tafel. Ordnet sie dabei nach verschiedenen Gesichtspunkten, z. B.: Entscheidungssache, Standpunkte der Fraktionen, Verhandlungsleitung, Beschluss. Wählt anschließend die Fragen aus, die ihr auf den Beobachtungsbogen übernehmen wollt.

1. Die Anregung für den Skaterpark geht von den Jugendlichen aus. Welche Argumente haben sie wohl für den Skaterpark entwickelt?
2. Welche Standpunkte nehmen die Fraktionen A, B und C in der ersten Sitzung des Gemeinderats zum Thema „Skaterpark" ein?
3. Im Ausschuss für Jugend und Sport kam es zu keiner Einigung. Zentrale Fragen konnten nicht geklärt werden:
   - Warum wird ein Skaterpark benötigt?
   - Wie ist er baulich zu gestalten?
   - Wie groß soll der Skaterpark sein?
   - Benötigt er eine Beleuchtung?
   - Soll er eingezäunt werden?
   - Wie lassen sich Zerstörung, Vandalismus und Vermüllung vermeiden?
   - Wer ist für den Skaterpark verantwortlich?
   - Gibt es Konflikte wegen Lärmbelästigung?
   - Lassen sich die 50 000 Euro Baukosten nicht sinnvoller einsetzen?
4. Die Debatte findet nun erneut im Gemeinderat statt. Die drei Fraktionen und der Bürgermeister geben ihre Stellungnahmen ab. Überlegt in Gruppen, welche Argumente die einzelnen Personen vorbringen könnten. Bildet vier Gruppen (Gemeindeverwaltung/Bürgermeister, Fraktion A/Frau Glotz, Fraktion B/Herr Keller, Fraktion C/Frau Dr. Klinkicht). Erarbeitet eure Stellungnahme zu den offenen Fragen (vgl. Nummer 3) und tragt sie vor der Klasse vor.
5. Trefft danach eine Entscheidung als Klasse. Bestimmt ein Mitglied eurer Klasse als Bürgermeister, der die Abstimmung durchführt.

1 Analysiere das Fallbeispiel „Skaterpark" mithilfe der Fragen im blauen Kasten.

2 Die gelb unterlegten Textstellen sind Formulierungen von Bürgermeistern oder Bürgermeisterinnen während Sitzungen des Gemeinderats. Vermute für diese Textstellen, worin der Sinn der jeweiligen Formulierung liegen könnte.

2 Hilfe

„Meine Damen und Herren, ich eröffne ..." Damit ist allen klar, dass die Sitzung des Rats beginnt.

Thema: Wir spielen Gemeinderat

Bei einem Planspiel wird die Wirklichkeit gespielt. Ein Problem oder ein Konflikt wird aufgegriffen und in verteilten Rollen durchgespielt. Es werden mehrere Gruppen gebildet. Jede Gruppe übernimmt eine Rolle und stellt das Problem aus ihrer jeweiligen Rolle dar. Man versucht dann, zu einer gemeinsamen Lösung zu kommen. So lernt man, wie politische Entscheidungen im Alltag zustande kommen.

Vorbereitung

Ihr besprecht das Problem, das im Planspiel durchgespielt werden soll. Danach informiert ihr euch, welche Lösungsvorschläge vorliegen. Anschließend bildet ihr Gruppen, die jeweils eine Rolle übernehmen.

Durchführung

Die Gruppen arbeiten sich in ihre Spielrollen ein. Sie suchen nach Argumenten für ihren Standpunkt und verabreden, wie sie vorgehen wollen. Dann beginnt das Planspiel. Im Verlauf des Planspiels muss jede Gruppe auf Entscheidungen der anderen Gruppen reagieren.

Auswertung

Gemeinsam werden das Spielergebnis und der Spielverlauf besprochen. Die Gruppen berichten über ihre Absichten und ob sie mit dem Ergebnis zufrieden sind.

Hinweise zu diesem Planspiel

Vorbereitung

1. Das Problem

Bei einer Ortsbesichtigung durch den Gemeinderat wurden bei der Inspektion des Freibades erhebliche Mängel festgestellt:

- Das Schwimmbeckenecken verliert ständig Wasser.
- Die sanitären Einrichtungen entsprechen nicht mehr den heutigen Anforderungen.
- Die Sitz- und Liegetreppen sind verwittert.

Alle drei Fraktionen im Gemeinderat meinen, dass man nicht einfach das Freibad schließen kann. Man muss den Einwohnern eine andere Möglichkeit anbieten. Die Fraktionen haben jedoch unterschiedliche Vorstellungen.

2. Die Lösungsvorschläge

Fraktion A möchte das Schwimmbad gründlich umbauen. Durch Solaranlage und Wärmepumpe sollen die Betriebskosten gesenkt und die Freibadsaison verlängert werden. Der Eintrittspreis muss erhöht werden. Er soll für Kinder 2 € und für Erwachsene 4 € betragen. Diese Preise decken jedoch nicht die Kosten. Die Gemeinde muss also für die restlichen Kosten aufkommen.

Fraktion B möchte das Freibad schließen. Sie meint, dass nicht jede Gemeinde ihr eigenes Freibad braucht. Ein sehr schönes Freibad befindet sich in der Nachbargemeinde, die nur sechs Kilometer entfernt ist. Man sollte den Einwohnern der Gemeinde eine Verbundkarte anbieten. Dies ist eine Karte, die die Fahrt im Bus zum Freibad und den Eintritt einschließt. Die Verbundkarte soll für Kinder 2 € und für Erwachsene 4 € kosten. Die Verbundkarte könnte man im Rathaus kaufen. Das Freibadgelände könnte zu einem Inliner-Übungsplatz umgestaltet werden.

Fraktion C möchte das Freibad schließen. Dafür soll in Schulnähe ein kleines Hallenbad errichtet werden. Dieses Bad könnte das ganze Jahr genutzt werden, vor allem für den Schwimmunterricht der Schulen. Das Freibadgelände könnte zu einem Gelände für Ballspiele umgestaltet werden.

3. Gruppenbildung

- Bildet drei Fraktionen, zum Beispiel durch Los. Keine Fraktion darf die Mehrheit haben.
- Die Lehrerin bzw. der Lehrer übernimmt die Rolle der Vorsitzenden bzw. des Vorsitzenden des Gemeinderats.

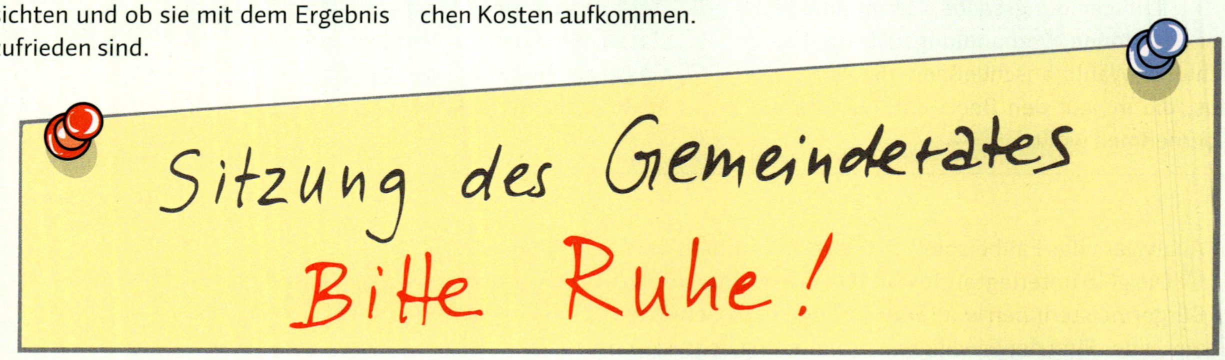

Durchführung

1. Beratung in den Fraktionen

Die drei Fraktionen verteilen sich im Klassenzimmer. Lest noch einmal den Standpunkt eurer Fraktion durch. Überlegt euch dann möglichst viele Argumente für euren Standpunkt. Überlegt auch, mit welchen Gegenargumenten ihr vermutlich rechnen müsst.

2. Beratung im Gemeinderat

- Die Bürgermeisterin/der Bürgermeister eröffnet die Sitzung des Gemeinderats und erteilt den Gemeinderäten das Wort.
- Die Mitglieder der Fraktion A legen ihren Standpunkt dar. Sie erläutern, warum sie für ihren Lösungsvorschlag sind. Die anderen Mitglieder des Gemeinderats hören zu.
- Nun kommen die Mitglieder der Fraktion B an die Reihe und dann die Mitglieder der Fraktion C. Anschließend findet eine Diskussion statt. Jeder darf sich zu Wort melden und Fragen stellen.
- Die Bürgermeisterin/der Bürgermeister beendet die Diskussion und die Sitzung des Gemeinderats. Die drei Fraktionen treffen sich zu weiteren Beratungen.

3. Beratung in den Fraktionen

- Jede Fraktion berät nochmals über ihren eigenen Standpunkt.
- Dann prüft sie, ob sie sich dem Vorschlag einer anderen Fraktion anschließen kann und wo sie kompromissbereit ist.
- Es wird festgelegt, wer als Sprecher der Fraktion den Standpunkt bei der nächsten Sitzung des Gemeinderats vorstellt.

4. Beratung und Beschluss im Gemeinderat

- Die Bürgermeisterin/der Bürgermeister eröffnet die Sitzung des Gemeinderats und erteilt den Gemeinderäten das Wort.
- Die drei Sprecher der Fraktionen tragen die Standpunkte der Fraktionen vor.
- Anschließend findet eine Diskussion statt. Jeder darf sich zu Wort melden und Fragen stellen.
- Danach wird über die Vorschläge abgestimmt. Jeder hat eine Stimme. Ihr seid nicht an den Vorschlag eurer Fraktion gebunden, könnt also auch für den Vorschlag einer anderen Fraktion stimmen.
- Die Bürgermeisterin/der Bürgermeister führt die Abstimmung durch. Stimmenthaltungen werden nicht mitgezählt.

1 Führt das beschriebene Planspiel durch. Beachtet dabei die Hinweise.

2 Wertet euer Planspiel aus. Welches Ergebnis hat es erbracht?

Mitmachen in der Gemeinde

E

Die Lebensqualität in einer Gemeinde hängt auch davon ab, ob sich ihre Einwohner für ihren Wohnort engagieren. Es gibt viele Möglichkeiten, sich aktiv in der Gemeinde einzubringen.

Parteien

Es gibt Menschen, die ähnliche politische Vorstellungen und Ziele haben. Um ihre Ziele auch verwirklichen zu können, schließen sie sich in einer Partei zusammen. Bei den Wahlen möchten sie möglichst viele Wählerstimmen und damit Einfluss bekommen. Wenn sie eine Wahl gewonnen haben, können die Parteien eher ihre Ziele durchsetzen.

Partei
Zusammenschluss von Bürgerinnen und Bürgern, die ähnliche politische Meinungen oder Ziele vertreten.

Vereine

Ein Verein ist ein freiwilliger Zusammenschluss von Personen, die gemeinsame Ziele oder Interessen haben. In fast allen Gemeinden gibt es Vereine, zum Beispiel Sportvereine, Kulturvereine, Naturschutzvereine.

Selbsthilfegruppen

In Selbsthilfegruppen schließen sich Menschen zusammen, die ein gemeinsames Problem haben, zum Beispiel eine Krankheit. Mitglieder von Selbsthilfegruppen treffen sich zu Gesprächen und tauschen ihre Erfahrungen aus und unterstützen sich gegenseitig.

Bürgerinitiative
Eine Bürgerinitiative ist ein zeitweiliger Zusammenschluss von Menschen, die ein ganz bestimmtes Ziel durchsetzen möchten. Eine Bürgerinitiative kann in einer Gemeinde wirksam werden, aber auch über Gemeindegrenzen hinaus in einer Region oder länderübergreifend.

Ehrenämter

Ein Ehrenamt ist eine freiwillige Tätigkeit. Die Personen bekommen dafür keine Bezahlung. Viele Menschen üben eine ehrenamtliche Tätigkeit in Vereinen, bei sozialen Diensten, in der Kirche oder anderen Organisationen aus, zum Beispiel Betreuer für Kinder- und Jugendgruppen, Betreuung älterer oder kranker Menschen, Mitglied der Freiwilligen Feuerwehr oder auch als Rettungsschwimmer. Mit Hilfe ehrenamtlicher Unterstützung können viele Projekte erhalten werden.

Bürgerinitiativen

1
Die Bürgerinnen und Bürger sind mit den bestehenden Verhältnissen nicht zufrieden oder wollen etwas verhindern, zum Beispiel den Ausbau einer Straße.

▼

2
Die Bürgerinnen und Bürger versuchen Gleichgesinnte für ihr Anliegen zu finden. Sie machen auf ihre Ziele aufmerksam, zum Beispiel durch Handzettel, Plakate, Zeitungsartikel. Die Interessierten werden zu einem Treffen eingeladen.

▼

3
Es wird eine Bürgerinitiative gegründet. Die Mitglieder wählen einen Vorstand. Er soll das Anliegen der Bürgerinitiative gegenüber dem Bürgermeister, der Gemeindevertretung oder gegenüber anderen Verantwortlichen deutlich machen. Über die Gründung der Bürgerinitiative wird in der Zeitung oder im Internet berichtet.

▼

4
Die Bürgerinitiative trägt ihr Anliegen den Verantwortlichen vor. Sie fordert sie zu einer Stellungnahme auf, macht in Demonstrationen, auf Plakaten oder in öffentlichen Versammlungen auf das Problem aufmerksam.

▼

5
Die Verantwortlichen greifen das Anliegen auf und suchen nach Lösungsmöglichkeiten.

---

1 Nenne Möglichkeiten, sich in einer Gemeinde zu engagieren.
2 Welche Gruppen beteiligen sich in deiner Gemeinde aktiv am Gemeindeleben?
3 Begründe, warum Engagement in der Gemeinde wichtig ist.

3 Hilfe
Überlege was wäre, wenn sich niemand in der Gemeinde engagieren würde.

E

Bürgerinitiativen: drei Beispiele aus Rheinland-Pfalz

windkraftfreier BOCKSRÜCK

Bürgerinitiative - www.bi-gonbach.de

Wir fordern:

- Dass auf dem Standort „Bocksrück" keine Windkrafträder errichtet werden
- Die Vermeidung wirtschaftlicher Nachteile für Gonbach und Alsenbrück-Langmeil
- Erhaltung der Attraktivität der Wohnorte Gonbach und Alsenbrück-Langmeil
- Die Verhinderung eines nicht wieder gut zu machenden Eingriffes in das Landschaftsbild
- Keine unwiderrufliche Zerstörung der Ortsbilder von Gonbach und Altenbrück-Langmeil
- Die Vermeidung der negativen Auswirkungen für den Tourismus
- Den Schutz der Brutgebiete des Rotmilans in unserer Region
- Den Schutz des großen Goldkäfers, welcher vom Aussterben bedroht ist
- Schutz des jährlichen Kranichfluges
- Kein Fledermausschlag
- Keine Abholzung von alten Baumbeständen
- Aufklärung über die widersprüchlichen Gutachten

(www.bi-gonbach.de)

Selten wurde ein vorgesehenes Bauprojekt in Rheinland-Pfalz so kontinuierlich mit Protesten und kritischen Stimmen begleitet, wie der seit Ende der 1960er-Jahre geplante Bau der Hochmoselbrücke. Wir sprachen mit Frau Dr. Reis, zweite Vorsitzende der Bürgerinitiative Pro Mosel (...).

www.pro-mosel.de
Nein zum Hochmoselübergang

Mehr Demokratie: *Frau Dr. Reis, bitte stellen Sie sich doch kurz vor und erklären Sie uns ihre politische Motivation, sich für die Ziele der Bürgerinitiative Pro Mosel einzusetzen.*

Frau Dr. Reis: Meine aktive Zeit bei der Vereinigung Pro Mosel begann vor eineinhalb Jahren und ist für mich aufgrund der unseriösen Behauptungen, die den Bau der Hochmoselbrücke legitimieren sollen, unumgänglich. In meiner Funktion als zweite Vorsitzende der Bürgerinitiative Pro Mosel, versuche ich mithilfe von Bürgergesprächen und Flugblattaktionen, die Menschen in der Region über dieses überflüssige Verkehrsprojekt, das auf veralteten, militärischen Motiven basiert, hinreichend aufzuklären. Durch unser Engagement versuchen wir, dem allgegenwärtigen Ohnmachtgefühl der Bürger entgegen zu wirken, die meinen, das Bauprojekt ließe sich nicht mehr abwenden. (...)

(http://rlp.mehr-demokratie.de/interview-dr-reis-html?&print=1 / Das Interview führten Markus Schmidgen und Dominik Hübler.)

4 Erläutere die Ziele der drei Bürgerinitiativen. Informiere dich dazu im Internet genauer.

5 Zähle auf, welche Bürgerinitiativen es in deiner Gemeinde, deinem Landkreis oder deinem Stadtteil gibt.

4 Hilfe
www.hunsrueckbahn-so-nicht.de
www.bi-gonbach.de
www.pro-mosel.de

Gemeinde/Kommune

Das Wort „Gemeinde“ stammt von „gemein“ im Sinne von „gemeinsam“ ab. Die Bezeichnung Gemeinde wird auch für Städte gebraucht. Anstatt von Gemeinde spricht man oft auch von Kommune. Dieses Wort kommt aus dem lateinischen und bedeutet „allen gemeinsam“. Beide Begriffe bezeichnen den gleichen Sachverhalt.

Aufgaben der Gemeinde

Die Gemeinde bzw. Kommune erfüllt für ihre Einwohner verschiedene Aufgaben. Es gibt Aufgaben, die jede Gemeinde erfüllen muss. Zu diesen Pflichtaufgaben zählen der Unterhalt von Gemeindestraßen, Feuerwehr und Friedhof sowie die Führung eines Einwohnermeldeamts und eines Standesamts. Die Gemeinden erfüllen darüber hinaus jedoch viele weitere Aufgaben freiwillig. Hierzu gehören zum Beispiel der Unterhalt von Schwimmbädern, Jugendhäusern, Sportplätzen Büchereien und Theatern.

Wegweiser in einem Rathaus

Finanzen der Gemeinde

Für die Bewältigung ihrer Aufgaben kann eine Gemeinde auf Dauer nur so viel ausgeben, wie sie auf der anderen Seite auch einnimmt. Dabei sollen sich Einnahmen und Ausgaben die Waage halten.

Haushaltsplan

Im Haushaltsplan der Gemeinde werden die erwarteten Einnahmen den geplanten Ausgaben gegenübergestellt. Der Haushaltsplan gliedert sich in zwei Teile: den sogenannten Vermögenshaushalt und den Verwaltungshaushalt. Der Vermögenshaushalt führt die Einnahmen und Ausgaben auf, die nicht regelmäßig und dauerhaft veranschlagt werden können. Der Verwaltungshaushalt dagegen weist regelmäßig wiederkehrende Einnahmen und Ausgaben aus. Der Haushaltsplan wird von der Gemeindeverwaltung aufgestellt und vom Gemeinderat beraten und beschlossen. Die Gemeinde muss sich bei der Erfüllung ihrer Aufgaben an den Haushaltsplan halten.

Gemeinderat

Der Gemeinderat entscheidet über alle wichtigen Angelegenheiten der Gemeinde. Die Gemeinderäte und Gemeinderätinnen werden von den Bürgern und Bürgerinnen auf fünf Jahre gewählt.

Bürgermeister/Bürgermeisterin

Der Bürgermeister bzw. die Bürgermeisterin vertritt die Gemeinde, bereitet die Beschlüsse des Gemeinderats vor und führt dort den Vorsitz. In größeren Gemeinden lautet die Amtsbezeichnung Oberbürgermeister bzw. Oberbürgermeisterin. Das Rathaus mit seinen verschiedenen Ämtern ist der Sitz der Gemeindeverwaltung, deren Chef der Bürgermeister ist. Hauptamtliche Bürgermeister werden auf acht, ehrenamtliche Bürgermeister in kleineren Gemeinden auf fünf Jahre gewählt.

Gemeindeverwaltung

Damit eine Gemeinde ihre Aufgaben erfüllen kann, benötigt sie eine Verwaltung. Die Gemeindeverwaltung berät Bürgerinnen und Bürger bei Fragen und Problemen, überwacht die Einhaltung der beschlossenen Regelungen und genehmigt oder lehnt Anträge von Einwohnerinnen und Einwohnern ab. Zu den Ämtern einer Gemeinde gehören zum Beispiel das Standesamt und das Einwohnermeldeamt.

Mitwirkung in der Gemeinde

Die Einwohner haben verschiedene Möglichkeiten, am politischen und kulturellen Leben der Gemeinde mitzuwirken. Sie können Mitglied in Vereinen, Bürgerinitiativen, Parteien oder sonstigen in der Gemeinde aktiven Gruppen werden und dort mitarbeiten.

Bürgerinitiative

Bürgerinitiativen sind freiwillige Zusammenschüsse von Bürgerinnen und Bürgern, die sich gemeinsam für ein Ziel einsetzen. Ist das Ziel erreicht, lösen sich die Bürgerinitiativen meist wieder auf. Bürgerinitiativen können viele unterschiedliche Ziele haben: den Bau eines Spielplatzes, das gemeinsame Vorgehen gegen den Abriss eines Bahnhofs, der Kampf gegen Fluglärm oder die Erhaltung eines Naturschutzgebietes. Zur Durchsetzung der Interessen einer Bürgerinitiative werden meist Unterschriften gesammelt, Demonstrationen organisiert oder Briefe an Verantwortliche geschrieben.

1 Gruppenarbeit: Wie würdet ihr den Konflikt lösen? Die beiden Fälle zeigen typische Konfliktsituationen in Familien. Wählt in der Gruppe einen Fall aus und erarbeitet einen Vorschlag, wie dieser Konflikt gelöst werden könnte. Vergleicht dann euren Vorschlag mit den Lösungsvorschlägen der anderen Gruppen.

Fall 1: Die Lieblingsfernsehsendungen von Jens, 12 Jahre, und Ulla, 11 Jahre, kommen immer in der Zeit, in der die Familie beim Abendessen sitzt. Vater möchte, dass man sich in dieser Zeit ungestört unterhalten kann. Da redet man sich den Ärger vom Hals, plant Gemeinsamkeiten usw. Die Mutter möchte das Abendessen nicht um 45 Minuten verschieben, weil sie nicht so lange in der Küche stehen will. Die Familie hat keinen DVD-Rekorder, weil sie das Geld zurzeit für andere Dinge braucht.

Fall 2: Frau Schulte und ihre beiden Töchter Caro, 14 Jahre, und Silke, 12 Jahre, bewohnen eine kleine Drei-Zimmer-Wohnung. Die Mutter hat sich das kleinste Zimmer als Schlafzimmer genommen, das größte Zimmer bewohnen die beiden Mädchen, das dritte Zimmer wird als Wohnzimmer genutzt. Im „Kinderzimmer" gibt es dauernd Streit, denn Silke ist sehr ordentlich, Caro dagegen lässt alles, wirklich alles herumliegen, auf dem Tisch, auf dem Fußboden … Der tägliche Streit soll nun ein Ende haben.

2 Analysiere die Karikaturen.

(Zeichnung: Dieter Tonn, Bovenden)

(Zeichnung: Jan Tomaschoff)

3 Wertet Pressemeldungen aus. Bildet in der Klasse Gruppen und sammelt zwei Wochen lang Pressemeldungen aus verschiedenen Zeitungen zum Thema „Engagement von Jugendlichen". Stellt das zusammengetragene Material übersichtlich zusammen und berichtet dann den anderen Gruppen.

Sponsorenlauf der Erich-Kästner-Gesamtschule erbrachte ein Rekordergebnis von 2500 Euro

Wettkampf in Bad Suda:
Jugendfeuerwehr stellte Leistungsstärke und Schnelligkeit eindrucksvoll unter Beweis

Pfadfinder-Aktion
Wieder Bautag auf der Neresburg

„Einfach sauber"
Mehr als hundert Jugendliche machen bei Müllsammelaktion mit

Schüler helfen leben – Spenden gehen an Jugendbildungsprojekte in Südosteuropa

Engagement für Straßenkinder in Brasilien
Missionarin auf Zeit wieder zurück in ihrer „alten" Heimat

Auszeichnung für Engagement beim Jugendrotkreuz vergeben

Jugend-Karlspreis für „Diplomaten in Gummistiefeln"
3. Preis für Biologie-AG des ConvoS

4 Lernspiel: Unsere Gemeinde

Auch beim Spielen könnt ihr zeigen, dass ihr über ein Thema Bescheid wisst. Die folgende Anleitung hilft euch bei der Erstellung eines Lernspiels „Unsere Kommune" in Gruppenarbeit, je Gruppe vier bis fünf Schüler.

Arbeitsauftrag für jede Gruppe

Schüler A
- Er erstellt das Spielfeld mit 40 nummerierten Feldern auf einem Blatt aus dem Zeichenblock.
- Alle Felder mit geraden Zahlen werden rot angemalt; dies sind die „Fragefelder" (Ausnahme: Feld 20).
- Feld 20 erhält die Farbe Grün; dieses Feld ist das „Rettungsfeld".
- Vier Felder werden blau angemalt; dies sind die „Aussetzfelder".

Schüler B schneidet aus Karton oder einem festen Papier etwa 30 Fragekarten aus (ca. 10 x 7 cm).

Schüler C, D, E überlegen sich etwa 30 Fragen für die Fragekarten zum Thema „Kommune". Jede Frage wird auf eine Karte geschrieben. Darunter kommt in einer anderen Farbe die Antwort.

Für das Spiel wird ein Würfel und für jeden Spieler eine Spielfigur benötigt.

Spielregeln

Tauscht eure Fragekarten mit denen einer anderen Gruppe. Die Gruppen haben bestimmt unterschiedliche Fragen notiert.

Wer auf ein „Aussetzfeld" kommt, setzt einmal aus. Kommt ein Spieler auf ein „Fragefeld", so zieht ein Mitspieler die Fragekarte und stellt die darauf notierte Frage. Beantwortet der Spieler die Frage richtig, so kann er auf dem Spielfeld bleiben. Die Mitspieler entscheiden im Zweifelsfall durch Abstimmung, ob die Frage richtig beantwortet ist. Beantwortet der Spieler die Frage nicht richtig, muss er zurück zur Startposition. Befindet sich der Spieler jedoch bereits weiter als Feld 20, so muss er nur bis zu diesem „Rettungsfeld" zurück.

Familie in Gesellschaft und Staat

Kapitel 02

Seit Urzeiten gibt es Familien. Menschen leben in Familien zusammen und sorgen durch ihre Kinder dafür, dass die Gesellschaft fortbesteht. Die Familie ist die Grundlage der menschlichen Gesellschaft. Die Werte, die eine Gesellschaft prägen, werden von den Eltern durch die Erziehung an ihre Kinder weitergegeben. Dies wird als Sozialisation bezeichnet. Weil die Familie so wichtig für die Gesellschaft ist, schützt und fördert der Staat sie. Für Kinder und Jugendliche ist die Familie etwas so Gewohntes, dass sie sich kaum Gedanken darüber machen. Bei genauerem Hinsehen verbinden sich mit der Familie jedoch eine Reihe interessanter Fragen, um die es in diesem Kapitel geht.

- Was ist eine Familie? Wie hat sich die Familie im Laufe der Zeit verändert?
- Welche neuen Formen des Zusammenlebens spielen heute eine Rolle?
- Welche Bedeutung hat die Familie für Kinder? Wie wichtig ist die Erziehung?
- Von welchen Zielen lassen sich Eltern bei der Erziehung ihrer Kinder leiten?
- Was versteht man unter elterlichem Sorgerecht?
- Welche besonderen Probleme können sich für alleinerziehende Mütter und Väter ergeben?
- Wie versucht der Staat, die Familie zu schützen und zu fördern? Was bedeutet Familienpolitik?
- Mit welchen Problemen haben berufstätige Frauen zu kämpfen?
- Wie geht es den Armen und Alten in unserer Gesellschaft?

WAS IST EINE FAMILIE?

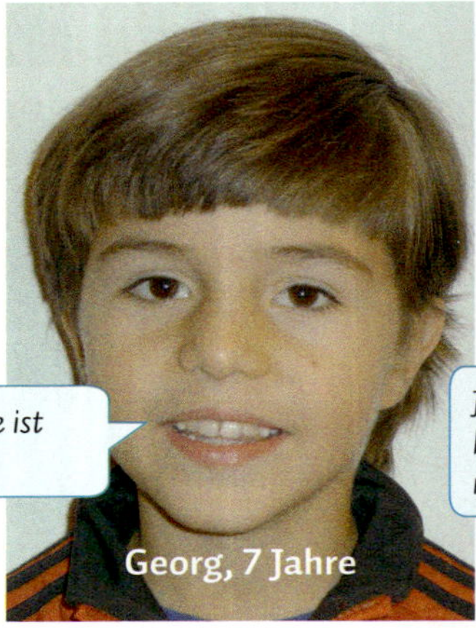

Georg, 7 Jahre

Julia, 11 Jahre

Robert, 18 Jahre

Frau Schubert, 27 Jahre

Frau Lindl, 33 Jahre

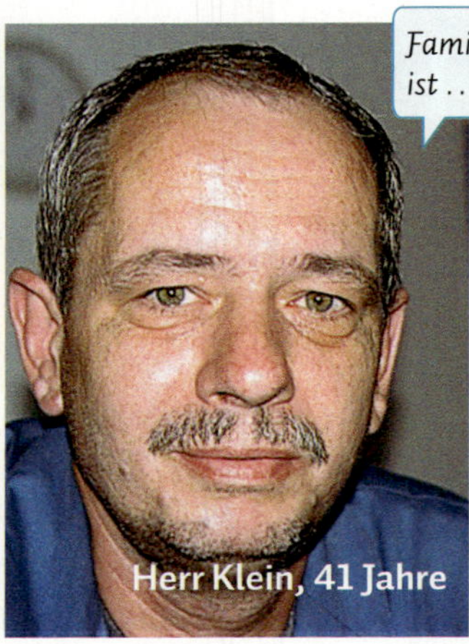

Herr Klein, 41 Jahre

Frau Schneider, 50 Jahre

Antje Hild und Alex Dogan, beide 20 Jahre

Herr Peinl, 72 Jahre

1 Hilfe
Bedenke, dass die Einstellung zur Familie auch vom Alter und den Lebensumständen abhängt.

1. Ergänze die Sprechblasen aus Sicht der abgebildeten Personen zum Thema Familie.
2. Vergleicht eure Sätze untereinander.
3. In Umfragen wird die Familie immer wieder als Voraussetzung für ein glückliches Leben genannt. Suche nach Erklärungen hierfür und berichte.

Methode: Erstellen einer Mind Map

Thema: **Familie**

„Mind Map“ heißt frei übersetzt „Ideen-Landkarte“. Mit einer Mind Map könnt ihr Ideen zu einem Thema übersichtlich notieren und darstellen.

1 Auf einem großen Bogen Papier wird in der Mitte in einen Kreis oder ein Oval stichwortartig das Thema geschrieben, um das es geht. Dieser Kreis ist der zentrale Platz der „Ideen-Landkarte“.

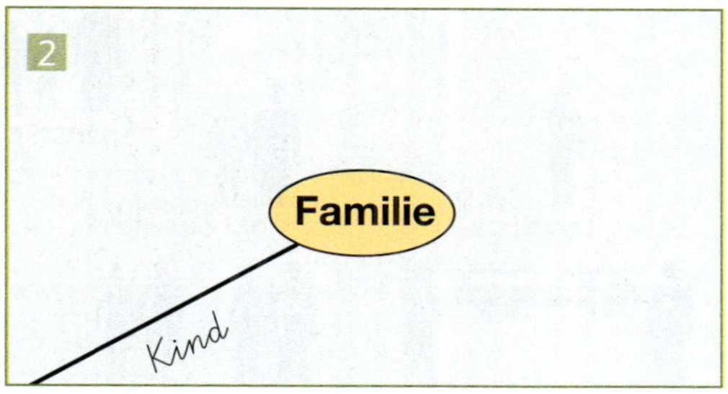

2 Ein Gedanke, der sich mit dem Thema verbindet, wird als „Hauptstraße“ eingezeichnet, die vom zentralen Platz wegführt. Dazu wird ein entsprechendes Stichwort notiert.

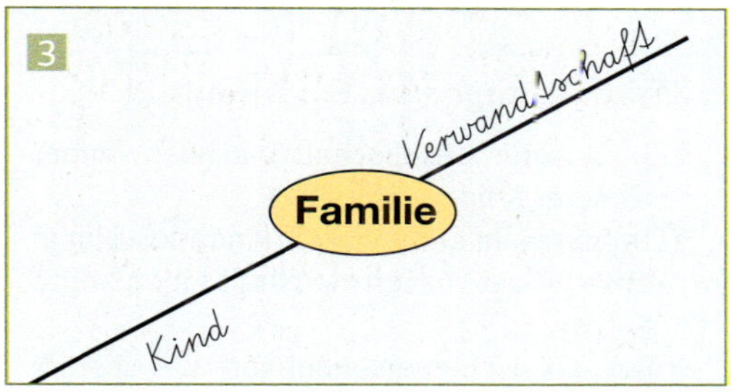

3 Jeder neue Gedanke wird als neue „Hauptstraße“ eingezeichnet und ebenfalls beschriftet.

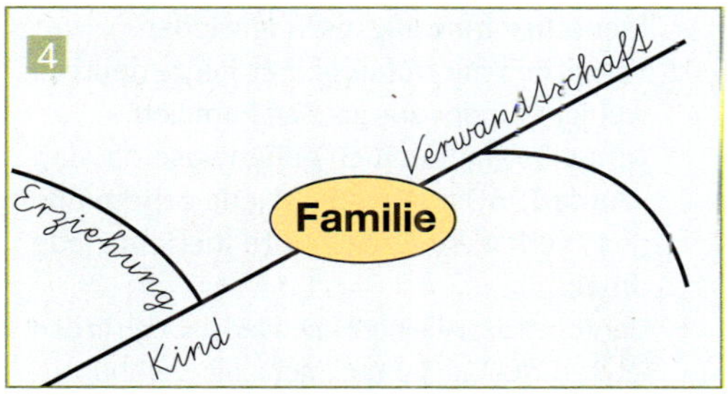

4 Fällt euch etwas ein, was zu einer bereits eingezeichneten „Hauptstraße“ gehört, so wird dieser Gedanke als abzweigende „Nebenstraße“ eingezeichnet.

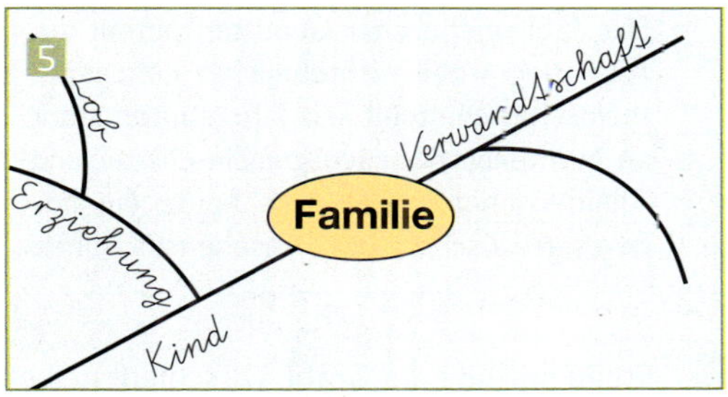

5 Mit einer „Nebenstraße“ kann sich ein neuer Gedanke verbinden. Er wird als weitere Abzweigung in die „Ideen-Landkarte“ eingezeichnet.

Eure Mind Map entwickelt sich während des Überlegens ständig weiter. Die bereits notierten Stichwörter und Gedankenverbindungen können zu immer neuen Ideen führen.

1 Erstelle eine Mind Map zum Thema „Familie“. Übernimm dazu die Vorlage auf ein Blatt Papier (DIN-A4, besser DIN-A3) und arbeite sie weiter aus.

2 Vergleicht eure Mind Maps: Wo sind sie ähnlich, wo unterscheiden sie sich?

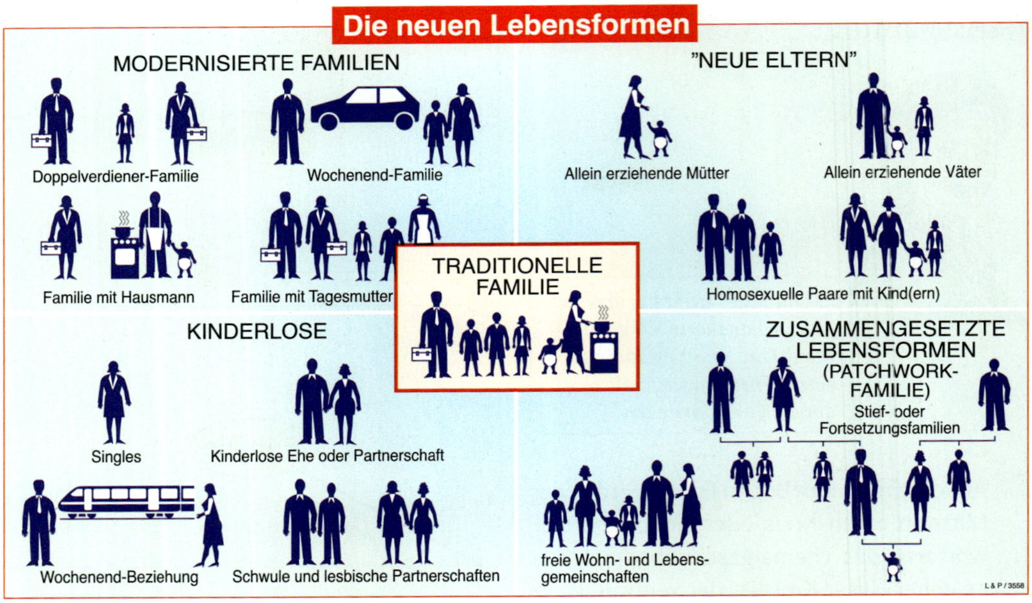

Veränderungen im Familienbild

- In unserer Gesellschaft wachsen immer weniger Kinder auf.
- Immer mehr Ehen bleiben kinderlos. Nur in etwa jedem vierten Haushalt leben heute Kinder.
- Die Zahl der Einpersonenhaushalte ist stark angestiegen, vor allem, weil immer mehr Menschen freiwillig als Single leben.
- Verglichen mit früher gibt es heute deutlich weniger Kinder aus großen Familien.
- Immer mehr Familien gehen auseinander. Wurde 1960 nicht einmal jede zehnte Ehe geschieden, so ist es heute mehr als jede dritte.
- Der Anteil der Alleinerziehenden hat sich in den letzten dreißig Jahren mehr als verdoppelt. 85 % der Alleinerziehenden sind Frauen.
- Die Zahl unehelicher Geburten nimmt zu. Auch der Anteil nichtehelicher Lebensgemeinschaften steigt seit Jahrzehnten stark an. Nichteheliche Lebensgemeinschaften und Alleinerziehende genießen heute ein höheres gesellschaftliches Ansehen als früher.

2015 gab es in Deutschland 41,09 Mio. Haushalte, davon waren:

Ehepaare mit Kind(ern)	7785000	18,95 %
Ehepaare ohne Kind(er)	9702000	23,61 %
Paare mit Kindern	938000	2,28 %
darunter nicht eheliche Lebensgemeinschaften	929000	2,26 %
Paare ohne Kinder	1982000	4,82 %
darunter nicht eheliche Lebensgemeinschaften	1904000	4,64 %
Alleinerziehende	2712000	6,60 %
darunter Väter	404000	0,99 %
darunter Mütter	2307000	5,61 %
Alleinstehende	17971000	43,74 %
darunter Alleinlebende	15997000	38,93 %

(Quelle: Statistisches Bundesamt, eigene Berechnungen)

4 Hilfe
Bei uns wachsen immer weniger Kinder auf, weil … Dies liegt u. a. daran, dass …

1 Stelle mithilfe der Grafik verschiedene Lebensformen vor.
2 Beschreibe die Veränderungen im Familienbild.
3 Werte die Statistik aus.
4 Der Text auf dieser Seite nennt sieben Veränderungen bei den Familien. Wähle drei davon aus und entwickle Vermutungen, warum es zu der jeweiligen Veränderung gekommen ist.

Herr Fox ist geschieden. Sein Sohn Tom lebt bei ihm. Da er sich um Tom kümmern muss, ist Herr Fox nur halbtags berufstätig.

Frau Kleemann ist 54 Jahre alt. Seit sie sich von ihrem Freund getrennt hat, lebt sie allein in ihrer Dachgeschosswohnung. Frau Kleemann arbeitet seit vielen Jahren als Bibliothekarin ganztags in der Stadtbücherei.

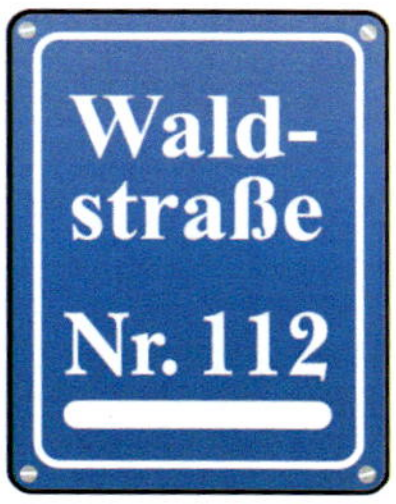

Herr und Frau Kowalski sind verheiratet. Sie haben zwei Kinder: Alexandra und Matthias. Frau Kowalski versorgt den Haushalt und betreut die Kinder, Herr Kowalski geht arbeiten und verdient das Geld.

Sven Klein, 21 Jahre, studiert an einer Fachhochschule. Anja Meisner, 20 Jahre, beendet bald ihre Ausbildung zur Krankenschwester. Chiara Falcone, 23 Jahre, arbeitet in einem Restaurant. Die drei teilen sich die Wohnung, um Mietkosten zu sparen.

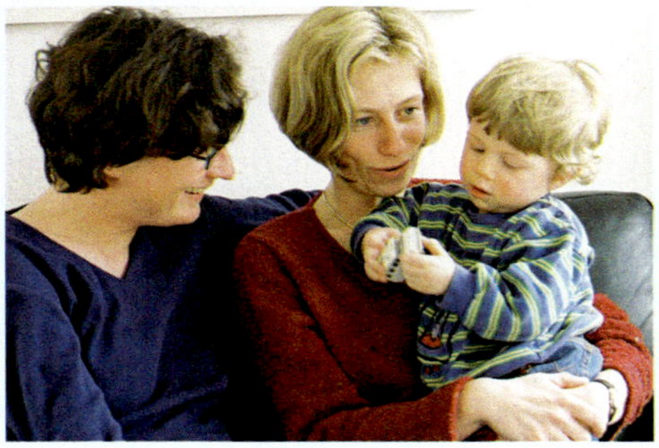

Larissa und Susanne leben seit drei Jahren als Paar zusammen. Susannes Sohn Martin gehört mit zu ihrer Lebensgemeinschaft.

Beate und Klaus Borg haben vor fünf Jahren geheiratet. Lara (4 Jahre) und Anna (3 Jahre) sind ihre gemeinsamen Kinder. Annalena (15 Jahre) stammt aus Beates erster Ehe. Klaus war auch schon einmal verheiratet, sein Sohn Julian lebt bei seiner Exfrau.

5 Vergleiche die sechs Haushalte in der Waldstraße mit der Grafik „Die neuen Lebensformen“ auf Seite 58.
Ordne jedem der sechs Haushalte die entsprechende Bezeichnung aus der Grafik zu.

6 Welche Vorteile oder Probleme können sich aus den verschiedenen Lebensformen ergeben? Nenne einige Beispiele.

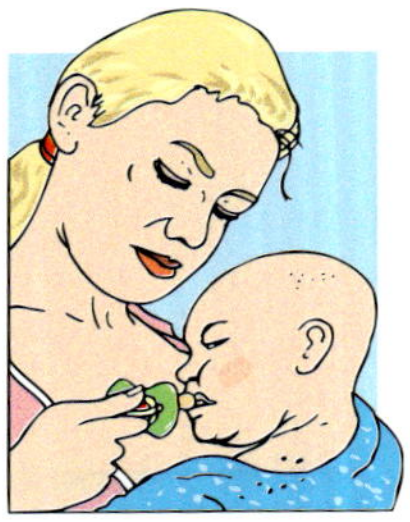

verhätscheln
übertrieben verwöhnen

Kosewort
Wort, das Zärtlichkeit ausdrücken soll

Beispiel Marcus

Frau Layer wollte gerade ihre Geschirrspülmaschine ausräumen, als sie den kleinen Marcus im Kinderzimmer schreien hörte. „Warum schreit er denn", dachte sie, „er ist doch gut versorgt. Ich habe doch erst vorhin nach ihm geschaut." Eigentlich wollte Frau Layer gleich in das Kinderzimmer gehen – aber da fiel ihr ein, dass Frau Huber, die Nachbarin, gesagt hatte, man dürfe Babys nicht verwöhnen. Wer immer gleich renne, wenn das Kleine schreie, verhätschele das Kind nur. Außerdem sei Schreien gesund, weil es die Lungen kräftige.
Während Frau Layer die Spülmaschine ausräumte, nahm Marcus Schreien kein Ende, es steigerte sich sogar noch. Immer wieder blieb Frau Layer mit dem Geschirr in der Hand stehen und schüttelte den Kopf: „Was soll ich denn machen? Ich muss den Kleinen doch von Anfang an richtig erziehen. Aber der hört ja gar nicht mehr auf mit seinem Geschrei."
Schließlich ging Frau Layer in das Kinderzimmer. Sie bemerkte, dass Marcus in die Windeln gemacht hatte. Das Baby wurde schon ruhiger, als sie es zum Wickeltisch trug. Sie hatte die besonders teuren neuen Saug-Windelhöschen gekauft, die im Werbefernsehen so empfohlen wurden. „Für meinen Marcus ist das Beste gerade gut genug", dachte Frau Layer und freute sich darüber, wie gekonnt sie die Windeln wechselte.
Marcus war ruhiger geworden und verfolgte mit seinen Augen die Kopfbewegungen seiner Mutter. Unwillkürlich hatte Frau Layer begonnen, Koseworte zu ihrem Baby zu sprechen. „Er versteht mich ja doch nicht", dachte sie und schwieg dann. Sie trug Marcus zum Kinderbettchen und steckte ihm noch rasch den Schnuller in den Mund, damit er bald einschlafe.
Um 12 Uhr weckte sie Marcus wieder, denn nun war es Zeit, ihn zu stillen. Das Baby schrie zunächst, als sie es aus dem Bettchen holte, wurde dann aber ruhig, als Frau Layer es in den Arm nahm, ihr Kleid aufknöpfte und ihm die Brust gab. Während des Trinkens schmatzte das Baby, seine Augen beobachteten dabei die Mutter, während Frau Layer den Bericht über Kinderpflege in einer Illustrierten las. Nach dem Stillen legte sie Marcus wieder in sein Bettchen. „Jetzt ist er sicher müde", sagte sich Frau Layer und hängte eine Rassel über das Bettchen, damit das Baby etwas zum Spielen habe, wenn es aufwacht.

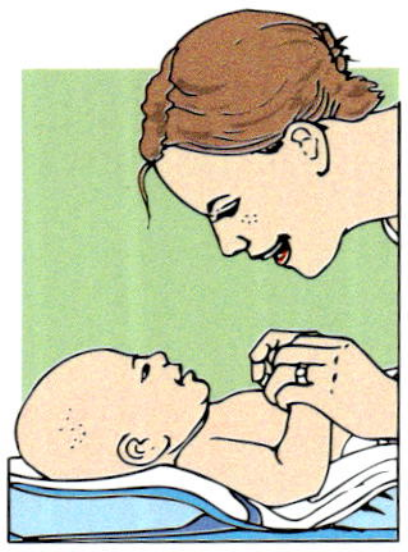

Beispiel Bernd

Frau Brandner war gerade beim Bügeln, als sie im Kinderzimmer den kleinen Bernd schreien hörte. „Gerade jetzt", dachte sie, „vielleicht hat er sich nass gemacht!"
Das Baby wurde schon ruhiger, als sie es zum Wickeltisch trug. Während sie die Windeln wechselte, verfolgten Bernds Augen ihre Kopfbewegungen. Frau Brandner sprach beim Wickeln mit freundlicher, sanfter Stimme. „Natürlich versteht er nicht, was ich sage", dachte Frau Brandner, „Hauptsache, er hört meine Stimme". Bernd lachte glucksend, als Frau Brandner ihm einen Kuss auf den Bauch drückte. Auch der Gummibär, der beim Zusammendrücken quietscht, schien dem kleinen Bernd zu gefallen. Er lächelte und versuchte immer wieder, nach ihm zu greifen.
Zwei Stunden später hörte Frau Brandner das Baby erneut schreien. „Jetzt wird er wohl Hunger haben", dachte sie, „eigentlich etwas früh." Im Körbchen lag Bernd mit rotem Gesicht und strampelte mit den Beinen. Frau Brandner nahm das Baby in den Arm, knöpfte ihr Kleid auf und gab ihm die Brust. Während des Trinkens schmatzte das Baby, seine Augen blickten in die Augen der Mutter. Frau Brandner lächelte und sprach mit freundlicher Stimme auf das Baby ein. Nach dem Trinken legte sie das Baby noch nicht in das Körbchen zurück. „Mit der Rassel spielt er doch so gerne", dachte sie und setzte sich mit dem Säugling an den Tisch. Der kleine Bernd lag entspannt in Frau Brandners Arm und beobachtete, wie sie die Rassel klappernd auftauchen und verschwinden ließ.

Von den Eltern lernt ein Kind nicht nur die Sprache. Es übernimmt im Laufe seiner Entwicklung auch ihre Einstellungen und Verhaltensweisen. Sie werden durch das Vorbild der Eltern sowie Lob und Tadel weitergegeben.

Ein kleines Kind, das seine Umwelt erkundet, begreift zum Beispiel nicht, warum es Bücher nicht zerreißen darf. Es befolgt aber das Verbot der Eltern, weil es deren Liebe nicht verlieren will. Andererseits wird ein Kind von seinen Eltern gelobt, wenn es ein erwünschtes Verhalten zeigt. Das Kind erfährt so durch Zuwendung (Zärtlichkeit, Lob, Anerkennung) oder durch Tadel (ernste Ermahnung, strenger Blick), welche Verhaltensweisen und Einstellungen von den Eltern gewünscht werden.

Gerade Lob ist in der Erziehung eine wichtige Hilfe, wenn Kinder versuchen, Schwierigkeiten zu überwinden. Durch die Anerkennung der Eltern wird ein Kind ermutigt und entwickelt Selbstvertrauen. Ein Kind kann aber auch entmutigt werden, wenn die Eltern ihm nichts zutrauen oder ihm alle Hindernisse aus dem Weg räumen. So hat es keine Möglichkeit, seine Fähigkeiten zu entwickeln und zu erproben. Entmutigt wird ein Kind auch, wenn von ihm Dinge verlangt werden, die es in seinem Alter noch gar nicht leisten kann.

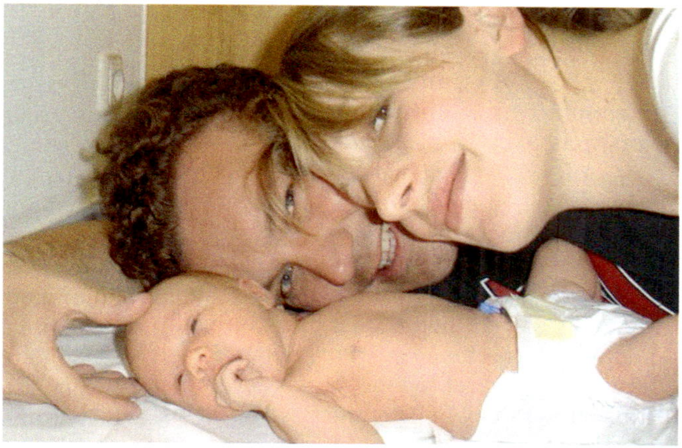

Liebe und Zuwendung sind für die Entwicklung eines Kindes sehr wichtig

(Zeichnung: © Marie Marcks, Heidelberg)

1 Frau Brandner und Frau Layer verhalten sich unterschiedlich beim Schreien des Babys, beim Füttern, beim Spielen und Umgang mit dem Säugling. Beschreibe die Unterschiede.

2 Stelle fest, auf welches Problem die Bildergeschichte hinweist.

3 Was ist deiner Meinung nach bei der Erziehung wichtig? Notiere deine Position.

1 Hilfe

Werte zunächst die Texte stichwortartig mithilfe einer Tabelle aus. Notiere links die genannten Tätigkeiten untereinander und lege dann für jede Mutter eine Spalte für deine Notizen an.

Erziehungsziele – Erziehungsmittel

Erziehungsziele

- Höflichkeit
- Kreativität
- Selbstständigkeit
- Toleranz
- Fleiß
- Ehrlichkeit
- Konfliktfähigkeit
- Sparsamkeit
- Sauberkeit
- Anpassungsfähigkeit
- Offenheit
- Ausdauer
- Pünktlichkeit
- Hilfsbereitschaft
- Unterordnung
- Zuverlässigkeit
- Gutes Benehmen
- Verantwortungsbewusstsein

Kreativität
Ideen-, Einfallsreichtum

Toleranz
bedeutet, neben seiner eigenen Meinung auch andere Meinungen gelten zu lassen und Verständnis dafür aufzubringen

Die 12-jährige Mia lebt mit ihrer alleinerziehenden Mutter in einer Zwei-Zimmer-Wohnung. In den vergangenen Jahren hat Mias Mutter in Teilzeit gearbeitet. Vor einigen Wochen hat sie eine Vollzeitstelle angenommen, um die gestiegenen Lebenshaltungskosten decken zu können. Für die Hausarbeit verbleibt Mias Mutter nun weniger Zeit als früher. Deshalb hat sie mit Mia vereinbart, dass diese einige kleinere Arbeiten im Haushalt übernimmt. Die verabredete Arbeitsteilung funktioniert bisher aber nicht. Mia hat oft keine Lust zur Hausarbeit oder vergisst einfach, den übernommenen Pflichten nachzukommen. Immer häufiger kommt es deshalb zwischen Mutter und Tochter zum Streit.
Die Mutter ärgert sich außerdem über die Unordnung, die ihre Tochter in der Wohnung hinterlässt. In Mias Zimmer sieht es oft wie auf einem „Schlachtfeld" aus: Das Bett ist nicht gemacht, überall liegen Bekleidungsstücke herum, der Schreibtisch ist mit Papieren übersät ... Auch im Wohnzimmer, das der Mutter zusätzlich als Schlafzimmer dienen muss, lässt Mia ihre Sachen herumliegen. Besonders darüber ist die Mutter erbost, wenn sie abends von der Arbeit nach Hause kommt und dann erst aufräumen muss. Früher machte ihr das weniger aus, aber jetzt nach dem langen Arbeitstag ... Als die Mutter einer Arbeitskollegin ihr Leid klagt, meint diese: „Das ist Erziehungssache!" „Ich möchte mit meiner Tochter aber ein partnerschaftliches Verhältnis", entgegnet die Mutter.

Erziehungsmittel

❑ Befehlen	❑ Schlagen
❑ Drohen	❑ Strafen
❑ Fördern	❑ Tadeln
❑ Helfen	❑ Überzeugen
❑ Liebesentzug	❑ Unterstützen
❑ Loben	❑ Vorbild sein

Rollenbilder

„Tanja, räume bitte den Geschirrspüler aus! Ich muss noch einkaufen gehen."
„Warum denn immer ich? Das kann doch auch mal Frank machen!"
„Aber Tanja, Küchenarbeit ist doch nichts für Jungen. Frank hat gestern Vater geholfen, das Kaminholz in den Schuppen zu tragen. Das ist Männerarbeit!"
„Muss ich deswegen immer helfen, die gebügelte Wäsche zusammenzulegen, weil das Frauenarbeit ist?"
„Warum regst du dich denn so auf? Es ist doch gut, wenn du etwas Hausarbeit lernst. Das brauchst du doch später."
„Soll Frank doch bügeln lernen – das wird ihm später auch nützlich sein! Aber er guckt abends mit Vater lieber Sportschau!"

Dieses Gespräch hat mit Rollenvorstellungen zu tun. Rollen ergeben sich aus den Erwartungen an das Verhalten. Früher erwartete man von Mädchen, dass sie zum Beispiel ruhig, fürsorglich und rücksichtsvoll sind. Jungen dagegen sollten stark, ohne Angst und bestimmend sein. Solche Rollenerwartungen – man spricht auch von „Rollenbildern" – werden in der Erziehung meist unbewusst weitergegeben.

Junge oder Mädchen?

- Gefühle zeigen
- sich für Technik interessieren
- keine Schmerzen zeigen
- mit Puppen spielen
- cool bleiben
- folgsam sein
- bei Filmen weinen
- mit Autos spielen
- stark sein
- Schmuck tragen

1 Welche Erziehungsziele hältst du für sehr wichtig, welche für wichtig, welche für nicht so wichtig? Notiere in einer Tabelle mit drei Spalten.
2 Wie sollte Mias Mutter in der Erziehung vorgehen? Lege deine Position dar.
3 Junge oder Mädchen? Sprecht anhand der Stichworte über Rollenbilder in der Erziehung.

2 Hilfe
Überlege, welche Erziehungsmittel sie einsetzen sollte.

Elterliches Sorgerecht

Annika und ihr neuer Freund

Seit einigen Wochen hat die 16-jährige Annika einen Freund, der 23 Jahre alt ist. Der Freund fährt einen flotten Wagen und überhäuft Annika mit Geschenken. Die Eltern haben Annika nach dem Beruf ihres Freundes gefragt, aber Annika hat nur zur Antwort gegeben: „Darüber reden wir nicht." In letzter Zeit kam sie oft später nach Hause als die Eltern es ihr erlaubt hatten und einige Male hatte sie einen angetrunkenen Eindruck gemacht.

Die Eltern versuchen, mit Annika über ihr Verhalten und den Freund zu reden, aber Annika will nichts sagen und schweigt. Als die Eltern den Freund sprechen wollen, blockt Annika ab und meint, er würde so ein Vorstellungsgespräch bei den Eltern sicher altmodisch finden. Da verbieten die Eltern Annika den Umgang mit dem Mann. Annika reagiert wütend: „Ihr könnt nicht entscheiden, mit wem ich mich treffe!"

Aus dem Bürgerlichen Gesetzbuch

§ 1626 Elterliche Sorge; Grundsätze

(1) Die Eltern haben die Pflicht und das Recht, für das minderjährige Kind zu sorgen (elterliche Sorge). Die elterliche Sorge umfasst die Sorge für die Person des Kindes (Personensorge) und das Vermögen des Kindes (Vermögenssorge).
(2) Bei der Pflege und Erziehung berücksichtigen die Eltern die wachsende Fähigkeit und das wachsende Bedürfnis des Kindes zu selbstständigem verantwortungsbewusstem Handeln. Sie besprechen mit dem Kind, soweit es nach dessen Entwicklungsstand angezeigt ist, Fragen der elterlichen Sorge und streben Einvernehmen an.

§ 1631 Inhalt und Grenzen der Personensorge

(1) Die Personensorge umfasst insbesondere die Pflicht und das Recht, das Kind zu pflegen, zu erziehen, zu beaufsichtigen und seinen Aufenthalt zu bestimmen.
(2) Kinder haben ein Recht auf gewaltfreie Erziehung. Körperliche Bestrafungen, seelische Verletzungen und andere entwürdigende Maßnahmen sind unzulässig.

Bürgerliches Gesetzbuch (BGB)
Gesetzbuch mit den wichtigsten gesetzlichen Bestimmungen für die Regelung der Beziehungen zwischen Privatpersonen

minderjährig
ist man, solange man das 18. Lebensjahr noch nicht vollendet hat

Einvernehmen
Verständigung; Übereinstimmung

1. Dürfen die Eltern Annika den Umgang mit dem Freund verbieten? Begründe deine Meinung unter Berücksichtigung der Bestimmungen des Bürgerlichen Gesetzbuches.
2. Beschreibe, wie sich Eltern nach dem Willen des Gesetzgebers in Konfliktfällen mit ihren Kindern verhalten sollten.

2 Hilfe
BGB § 1626 (2)

Hartz IV, Mutter, Kind

Ungerechtes Unterhaltsrecht und steuerliche Benachteiligung: Einer Studie zufolge macht es die Politik Alleinerziehenden in Deutschland schwer. 39 Prozent von ihnen sind auf staatliche Grundsicherung angewiesen – fünfmal mehr als Paarfamilien. Das ließe sich leicht ändern.

Vater, Mutter, Kind – diese Familienform wird in Deutschland immer seltener. Gleichzeitig steigt die Zahl der Alleinerziehenden deutlich – seit 1996 um rund ein Viertel. 2,2 Millionen Kinder leben derzeit in einem Haushalt mit nur einem Elternteil, in etwa einem Fünftel aller Familien erziehen Vater und Mutter den Nachwuchs nicht gemeinsam. Das Problem: Die politischen und rechtlichen Rahmenbedingungen machen diesen Familien das Leben zusätzlich schwer. Zu diesem Ergebnis kommt eine Studie der Bertelsmann-Stiftung.

Demnach leben Kinder in sogenannten Ein-Eltern-Familien fünfmal häufiger von Hartz IV als Kinder in Paarfamilien. 39 Prozent der Alleinerziehenden beziehen der Studie zufolge staatliche Grundsicherung, bei den Familien mit zwei Elternteilen seien es nur sieben Prozent. Von den insgesamt 1,9 Millionen Kindern in Deutschland, die in einer Hartz-IV-Familie leben, wächst jedes zweite mit nur einem Elternteil auf. „Wer Kinderarmut bekämpfen will, muss die rechtlichen und familienpolitischen Rahmenbedingungen für alleinerziehende Eltern verbessern", sagt Jörg Dräger, Vorstand der Bertelsmann-Stiftung.

Schuld an der Situation ist aus Sicht der Experten die Politik. Die „besondere Belastung durch Beruf, Erziehung und Haushalt" werde bei Alleinerziehenden zu wenig berücksichtigt. „Sowohl im Unterhaltsrecht als auch im Steuer- und Sozialrecht haben Reformen der vergangenen zehn Jahre den finanziellen Druck auf Alleinerziehende verschärft", heißt es in der Studie. Besonders betroffen von dem Problem sind Frauen. Neun von zehn Alleinerziehenden sind weiblich. Die Autoren sprechen von einer „Sozialleistungsfalle". Fast die Hälfte der Alleinerziehenden arbeitet in Vollzeit, insgesamt 70 Prozent sind erwerbstätig – dennoch reicht das Einkommen häufig nicht aus. Viele würden einer Umfrage zufolge gerne mehr arbeiten, doch die hohe Belastung durch Steuern und Sozialversicherungsbeiträge schaffe dafür kaum Anreize. Alleinerziehende würden „systematisch benachteiligt".

Vor allem das Unterhaltsrecht sei ein Problem. Wenn das Kind älter als drei Jahre und eine Betreuungsmöglichkeit vorhanden ist, dann müssen Ex-Partner seit der Unterhaltsrechtsreform von 2008 kein Geld mehr für die Erziehungsarbeit zahlen. Häufig reiche der Unterhalt auch gar nicht aus, um das Existenzminimum zu sichern. Und dieses Minimum sei, so die Studie, ohnehin schon niedrig angesetzt: Lebensunterhalt, steigende Kosten für Bildung und gesellschaftliche Teilhabe des Kindes, all das sei „kaum abgedeckt." (...)

(Benjamin Romberg, in: Süddeutsche Zeitung, 10.10.2014 / www.suedeutsche.de/wirtschaft/studie-zu-alleinerziehenden-hartz-iv-mutter-kind-1.1908169)

Grundsicherung
Bezeichnung für die Sozialleistungen zur Sicherung des Lebensunterhaltes

Hartz IV
Bezeichnung für das Arbeitslosengeld II, die gesetzlich geregelte Hilfeleistung des Staates für Arbeitslose. Namensgeber ist der ehemalige Manager Peter Hartz, der 2002 von der damaligen Bundesregierung beauftragt wurde, Reformen am Arbeitsmarkt zu entwickeln.

Alleinerziehende mit Kleinkind

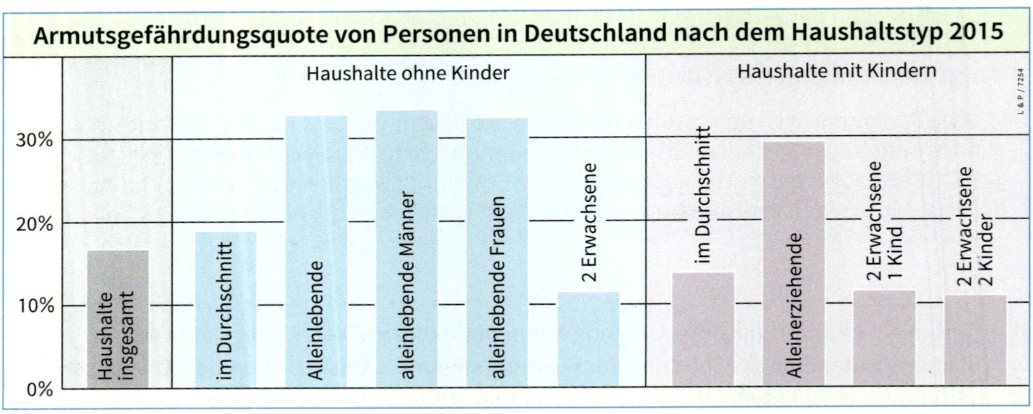

(Zahlen: www.destatis.de / Zugriff: 05.03.2016)

Armut macht erfinderisch

Wie eine alleinerziehende Mutter spart

„Wenn ich mit allen fünf Kindern Schuhe kaufen gehe und die sind nicht heruntergesetzt, dann muss ich 200 Euro mitnehmen. Und wenn die Kinder dann noch schnell wachsen, dann passen sie vielleicht nur zwei Monate – das tut richtig weh." Anita Behr möchte ordentliche Schuhe aus echtem Leder, die nicht so schnell auseinanderfallen. Ohne Sonderangebote geht da gar nichts.

Aber wenn die reduzierten Schuhe einigermaßen bezahlbar sind, gefallen sie den heranwachsenden Töchtern oft nicht. „Und dann will ich sie auch nicht quälen", sagt Anita. Billig und schön – das ist ein seltener Glücksfall. Aber auch die Kinder wissen – ganz ohne Kompromisse geht es nie.

Alle in die gleiche Wanne

Anita spart, wo sie kann. Die Alleinerziehende käme sonst nicht über die Runden. Sohn Ferdi bekommt die Haare von der Mutter geschnitten – ohne Spiegel. „Dann kannst du nicht protestieren zwischendurch", lacht die Mutter. Alle Kinder baden im selben Wasser – und am Ende wischt Anita mit dem Wasser aus der Wanne noch den Boden. (...)

Fastfood ist zu teuer

Beim Einkaufen im Shopping-Paradies sind die vielen Versuchungen fast unwiderstehlich. Doch Anita bleibt hart, auch wenn das Fast-Food-Restaurant mit Billigpreisen lockt. Selber machen spart noch mehr. Kein Fastfood, keine Fertigpizzen – alles, was das Leben leichter macht, ist schlicht zu teuer.

Im Lebensmittelladen schaut die Hausfrau genau auf den Preis. Am liebsten geht sie sonnabends einkaufen, dann ist die frische Ware billiger, damit sie nicht über das Wochenende vergammelt. „Das Kilo Hackfleisch zwei Euro neunzig – das ist okay." Anita greift zu, denn daraus kann sie nicht nur Hamburger selber machen. Hackfleisch kann man auch gut strecken – dann reicht es länger.

(Quelle: http://reporter.zdf.de/ZDF.de)

1 Werte den Text und die Grafik auf der linken Seite aus.

2 „Alleinerziehende unterliegen einem hohen Armutsrisiko." Belege diese Aussage.

3 Lies den Text „Armut macht erfinderisch". Mit welchen Problemen hat Frau Behr zu kämpfen? Wie versucht sie, diese Probleme zu lösen?

Thema: Mithilfe zu Hause

Im Zusammenhang mit dem Thema des Kapitels kann es interessant sein, Kinder und Jugendliche zu befragen, wie sie es mit der Mithilfe zu Hause halten.

Vorbereitung

Zuerst erstellt ihr für eure Umfrage einen Fragebogen. Dazu müsst ihr genau überlegen, welche Fragen ihr stellen wollt. Beispiel für einen Fragebogen:

Junge O Mädchen O Alter:			
Welche Arbeiten zu Hause erledigst du?	oft	gelegentlich	nie
Mein Zimmer aufräumen			
Wohnung/Haus aufräumen			
Staubsaugen			
Abfalleimer leeren			
Bad/Dusche putzen			
Toilette reinigen			
Blumen gießen			
Gehweg fegen			
Einkäufe erledigen			
Frühstück zubereiten			
Beim Kochen helfen			
Geschirrspüler ein-/ausräumen			
Reparaturarbeiten ausführen			
Gartenarbeiten erledigen			
Geschwister beaufsichtigen			

Durchführung

Überlegt, wie ihr die Umfrage durchführen wollt: Sollen Einzelne fragen oder soll die Umfrage von Zweier- oder Dreiergruppen durchgeführt werden? Sollen die Antworten auf einem Fragebogen oder mittels eines MP3-Players festgehalten werden? Soll die Umfrage anonym, also ohne den Namen zu kennen oder danach zu fragen, durchgeführt werden oder sprechen Gründe dafür, die Umfrage nicht anonym durchzuführen?

Auswertung

Die Antworten werden durchgesehen und ausgezählt bzw. ausgewertet. Dabei solltet ihr darauf achten, ob sich deutliche Häufungen bzw. Unterschiede in den Antworten ergeben. Die Ergebnisse der Umfrage werden dann zusammengefasst. Ihr müsst auch überlegen, wie ihr die Ergebnisse eurer Umfrage präsentieren wollt. Ihr könnt zum Beispiel eine Wandzeitung gestalten oder einen Bericht für die Schülerzeitung verfassen.

Bürgerliches Gesetzbuch: § 1619

Das Kind ist, solange es dem elterlichen Hausstand angehört und von den Eltern erzogen oder unterhalten wird, verpflichtet, in einer seinen Kräften und seiner Lebensstellung entsprechenden Weise den Eltern in ihrem Hauswesen Geschäfte und Dienste zu leisten.

Ergebnisse einer Studie des Bundesfamilienministeriums

Jugendliche übernehmen die traditionelle Arbeitsteilung ihrer Eltern. Töchter unterstützen die Eltern im Haushalt täglich rund 1 ½ Stunden und damit um 20 Minuten länger als Söhne. An erster Stelle bei den mithelfenden Töchtern steht das Essenkochen und Putzen. Die Söhne sind im Bereich der handwerklichen Tätigkeiten der aktivere Teil. Wie bei den Vätern ist auch bei den Söhnen die Wäschepflege verpönt. Nahezu das gleiche Engagement bei der Arbeit im Haushalt zeigen Jugendliche in Haushalten von erwerbstätigen Alleinerziehenden. Das betrifft sowohl den Umfang als auch die Arbeitsaufteilung zwischen Töchtern und Söhnen.

Im Haushalt helfen? Ich bin doch keine Putzfrau! Für die Hausarbeit ist meine Mutter zuständig, das hat sie sich schließlich so ausgesucht.

1 Vergleiche die Aussage in der Sprechblase mit der Bestimmung im Bürgerlichen Gesetzbuch.
2 Welche Fragen ergeben sich aus der Studie für eine Befragung Gleichaltriger zum Thema „Mithilfe zu Hause“?
3 Führt eine Umfrage zum Thema „Mithilfe zu Hause“ durch. Ihr könnt euch an dem Fragebogen oben orientieren.

Gleichgeschlechtliche Partnerschaften

Gleich am ersten Geltungstag des neuen Gesetzes wurden in Saarbrücken drei gleichgeschlechtliche Lebenspartnerschaften beurkundet. Ein Paar beim Tausch der Ringe im Rathausfestsaal.

Erster Eintrag einer gleichgeschlechtlichen Lebenspartnerschaft im Bundesland Hessen am 30. 8. 2001. Das Ja-Wort gaben sich die beiden Frauen im Trausaal des Frankfurter Römer.

Gleichgeschlechtliche Beziehungen waren in Deutschland bis vor wenigen Jahren noch gesellschaftlich geächtet und sogar unter Strafe gestellt. Von dort war es ein weiter Weg bis zur rechtlichen Anerkennung homosexueller Partnerschaften, wie sie der Gesetzgeber 2001 beschlossen hat. Seit dem 1. August 2001 können gleichgeschlechtliche Paare in Deutschland ähnlich wie Ehepaare einen Bund für das Leben schließen und zwar in Form der „eingetragenen Lebenspartnerschaft“. Zuständig für die Registrierung der Lebenspartnerschaften sind je nach Bundesland die Standesämter, die Gemeinde- und Kreisverwaltungen oder die Notare. Zur Begründung der Lebenspartnerschaft müssen die beiden Partner oder Partnerinnen persönlich erklären, dass sie miteinander eine Partnerschaft auf Lebenszeit führen wollen.

„Ich kümmere mich um den Haushalt und bin nicht erwerbstätig. Daher ist es gut, dass ich bei meinem Partner versichert bin.“

B „Wenn meine Partnerin später nicht mehr arbeiten kann, werde ich für sie sorgen.“

C „Wenn es mit unserer Beziehung nicht mehr klappen sollte, können wir uns auch wieder trennen.“

D „Wir beide sind nun eine Familie.“

E „Man muss ja an die Zukunft denken. Da beruhigt es mich, dass unser Haus nach meinem Tod meinem Partner gehören wird.“

F „Meine Partnerin hat aus einer früheren Beziehung ein Kind. Ich darf für den 8-jährigen Julian in Angelegenheiten des täglichen Lebens mitentscheiden.“

G „Es freut mich, dass wir nun auch den gleichen Namen haben.“

H „Wir haben in einem Vertrag festgelegt, dass meine Eigentumswohnung ab jetzt auch meinem Partner gehört.“

© Erich Schmidt Verlag 130 267

1 Ordne den Aussagen eine in der Grafik genannte Rechtsfolgen zu.

Familie

Die Familie bildet die Grundlage der menschlichen Gesellschaft. Nach allgemeinem Verständnis umfasst eine Familie verheiratete Eltern und ein oder mehrere Kinder. Zur Familie im weiteren Sinne gehören auch die Verwandten. Die Vorstellung, was unter einer Familie zu verstehen ist, hat sich in den letzten Jahrzehnten mehr und mehr gewandelt.

Lebensformen im Wandel

Die Formen, wie Familien zusammenleben, haben sich stark verändert. Früher gab es vor allem die Großfamilie: Eltern, zahlreiche Kinder, Großeltern und unverheiratete Verwandte lebten und arbeiteten gemeinsam in einem Haushalt. Heute gibt es vor allem die Kleinfamilie (Kernfamilie). Eine Kleinfamilie besteht aus zwei Generationen: Eltern und Kindern. – In den letzten Jahrzehnten hat die Zahl der Scheidungen deutlich zugenommen. Viele Kernfamilien brechen auseinander. Zugleich nimmt die Zahl der Alleinerziehenden zu. Darüber hinaus ziehen immer mehr junge Leute zusammen, ohne zu heiraten. Als nichteheliches Kind auf die Welt zu kommen, ist heute Normalität, früher war dies ein Makel. Immer mehr Frauen und Männer entscheiden sich auch bewusst gegen eine partnerschaftliche Lebensform und leben allein.

Alleinerziehende

Erziehung

Die Eltern sind die wichtigsten Erzieher eines Kindes. Sie beeinflussen sein Verhalten und Denken. Dabei spielt ihr Vorbild eine große Rolle. Durch Lob und Tadel zeigen die Eltern ihrem Kind, welches Verhalten sie für richtig oder für falsch halten. So geben die Eltern ihre Einstellungen und Verhaltensweisen an ihr Kind weiter und bereiten es auf ein Leben in der Gemeinschaft vor. Die Vorstellungen, von denen sich Eltern in ihrer Erziehung leiten lassen, sind ihre Erziehungsziele. Früher waren Gehorsam, Ordnungsliebe und Fleiß wichtige Werte in der Erziehung. Heute wollen Eltern ihre Kinder zur Selbstständigkeit, Kreativität und zur Entfaltung ihrer Persönlichkeit erziehen. Besonders wichtig ist heute auch eine Erziehung zur Toleranz.

Sozialisation

Kinder und Jugendliche übernehmen durch die Erziehung und das Vorbild ihrer Eltern deren Wertvorstellungen. Dabei haben autoritär durchgesetzte Gebote und Verbote heute eine wesentlich geringere Bedeutung als früher. Werte wie zum Beispiel Menschenwürde und soziale Gerechtigkeit spielen heute eine viel größere Rolle. Ein junger Mensch wächst in die Gesellschaft hinein, übernimmt dabei die gesellschaftlichen Werte und Normen, lernt soziale Verhaltensweisen und entwickelt so eine Persönlichkeit. Bei diesem Vorgang, der als Sozialisation bezeichnet wird, spielt die Familie eine große Rolle.

Mithilfe im Haushalt

Elterliches Sorgerecht

Der Staat räumt den Eltern weitgehende Rechte in der Erziehung ihrer Kinder ein. Die Eltern erziehen das Kind, bestimmen seinen Aufenthaltsort, schließen als gesetzliche Vertreter Verträge für das Kind ab und vertreten seine Rechtsansprüche. Bis zu seiner Volljährigkeit mit 18 Jahren tragen die Eltern Verantwortung. Nach den Bestimmungen des elterlichen Sorgerechts sollen die Eltern die wachsende Selbstständigkeit des Kindes berücksichtigen und entwürdigende Erziehungsmaßnahmen unterlassen. Stattdessen sollen sie ein partnerschaftliches Verhältnis zu ihrem Kind suchen und pflegen.

Mitwirkung der Kinder

Zur Mitgestaltung des Familienlebens gehört einerseits, dass auch Kinder und Jugendliche im Haushalt mithelfen. Dies gilt besonders dann, wenn beide Eltern erwerbstätig sind. Andererseits sollen Kinder auch die Möglichkeit zur Mitbestimmung haben, vor allem bei Familienangelegenheiten, die auch sie betreffen.

Alleinerziehende

Viele Kinder werden heute von nur einem Elternteil betreut und erzogen. Ihre Mütter und Väter können ledig, verwitwet, dauernd getrennt lebend oder geschieden sein. Diese Alleinerziehenden stehen vor der Herausforderung, Familie, Beruf und Haushalt allein bewältigen zu müssen. Sie können oft nicht voll berufstätig sein, haben daher ein geringeres Einkommen und sind auch von Armut bedroht.

Staatlicher Schutz für Familien

Grundgesetz Artikel 6

[Ehe – Familie – Kinder]

(1) Ehe und Familie stehen unter dem besonderen Schutze der staatlichen Ordnung.

(2) Pflege und Erziehung der Kinder sind das natürliche Recht der Eltern und die zuvörderst ihnen obliegende Pflicht. Über ihre Betätigung wacht die staatliche Gemeinschaft.

(3) Gegen den Willen der Erziehungsberechtigten dürfen Kinder nur auf Grund eines Gesetzes von der Familie getrennt werden, wenn die Erziehungsberechtigten versagen oder wenn die Kinder aus anderen Gründen zu verwahrlosen drohen.

(4) Jede Mutter hat Anspruch auf den Schutz und die Fürsorge der Gemeinschaft.

(5) Den unehelichen Kindern sind durch die Gesetzgebung die gleichen Bedingungen für ihre leibliche und seelische Entwicklung und ihre Stellung in der Gesellschaft zu schaffen wie den ehelichen Kindern.

zuvörderst
veraltet für: zuerst, an erster Stelle

Das … ① … wird grundsätzlich bis zur Vollendung des 18. Lebensjahres gezahlt, in bestimmten Fällen, z. B. bei Studium oder Berufsausbildung, auch länger.

Beim … ② … ist gesetzlich geregelt, dass jede erwerbstätige Frau sechs Wochen vor der Geburt ihres Kindes und acht Wochen danach nicht beschäftigt werden darf. Von Beginn der Schwangerschaft bis vier Monate nach der Geburt darf ihr grundsätzlich nicht gekündigt werden.

Väter oder Mütter, die ihr neugeborenes Kind selbst betreuen, erhalten … ③ … .

Ziel des Berufsausbildungsförderungsgesetzes (BAföG) ist es, jungen Menschen, die es sich sonst finanziell nicht leisten könnten, eine ihrer Neigung, Eignung und Leistung entsprechende Ausbildung zu ermöglichen. Die Höhe dieser … ④ … richtet sich nach der Art der Ausbildungsstätte, der Unterbringung und dem Einkommen der Eltern.

Der Staat will Ehe und Familie durch … ⑤ … fördern. Verheiratete, von denen nur einer verdient, zahlen weniger Steuern als Alleinstehende.

Durch die … ⑥ … haben Erwerbstätige die Möglichkeit, sich eine längere Zeit ohne Sorgen um den Arbeitsplatz nur ihrem Baby widmen zu können. Es besteht für drei Jahre Kündigungsschutz, d. h. der Arbeitsplatz bleibt garantiert.

- Kindergeld
- Elterngeld
- Elternzeit
- Steuererleichterungen
- Mutterschutz
- Ausbildungsförderung

1 Erläutere, inwiefern die Familie durch das Grundgesetz ausdrücklich geschützt wird.

2 Die Begriffe am Rand nennen Beispiele, wie der Staat Familien durch Gesetze schützt und finanziell unterstützt. Ordne jeder Erklärung einen Begriff zu. Ergänze den Lückentext auf deinem Arbeitsblatt oder notiere von 1 bis 6 in deinem Heft.

1 Hilfe
„Das Grundgesetz schützt die Familien auf verschiedene Weisen …“

Wie der Staat Familien hilft

Ab dem Jahr 2013 ein Recht für alle Eltern: Kinderbetreuung ab dem 2. Lebensjahr

Kinder kosten Geld. Eltern, die sich für Kinder entscheiden, müssen verzichten, haben weniger Geld zur freien Verfügung und können sich weniger leisten als Paare ohne Kinder. Also ist das staatliche Kindergeld auch eine Maßnahme zum Abbau von Ungleichheiten in der Gesellschaft!

Anja Borg (11 Jahre): Mutti, im Fernsehen kam dauernd etwas über Familienpolitik. Kannst du mir erklären, was damit gemeint ist?
Frau Borg: Familienpolitik ist alles, was eine Regierung tut, damit Familien in einem Land einigermaßen gut leben können. Der Staat unterstützt Familien z. B. mit Kindergeld und Elterngeld, außerdem stellt er Betreuungsplätze für Kleinkinder bereit.

Anja: Warum ist Familienpolitik so wichtig?
Frau Borg: Bei uns werden immer weniger Kinder geboren. Das hat schwerwiegende Folgen für unsere Gesellschaft. Deshalb wird versucht, durch eine familienfreundliche Politik wieder mehr Frauen und Männer dazu zu bewegen, sich für Kinder zu entscheiden.

Anja: Woran liegt es denn, dass so wenig Paare Kinder kriegen?
Frau Borg: Ein Grund ist, dass Kinder groß zu ziehen ganz schön viel kostet. Babys brauchen Nahrung, Windeln und Kleidung. Wenn die Kinder größer werden, müssen Spielzeug, Schulsachen, der Beitrag für den Sportverein usw. bezahlt werden. Schau nur dich selbst an: Du möchtest ein eigenes Handy haben, wünscht dir neue Möbel für dein Zimmer, willst zum Reiten gehen... Zudem benötigt eine Familie mit Kindern eine größere und somit teurere Wohnung und ein größeres Auto. Sie verbraucht mehr Heizöl, Strom und Wasser.

Anja: Und deshalb unterstützt der Staat die Familien mit Kindergeld usw.?
Frau Borg: Ja, das könnte man so sagen. Mit dem Kindergeld bekommt jede Familie mit Kindern monatlich eine finanzielle Unterstützung vom Staat.

Anja: Wie viel Kindergeld gibt es denn?
Frau Borg: Für das erste und das zweite Kind werden jeweils 184 Euro im Monat gezahlt, für das dritte Kind 190 Euro und ab dem vierten Kind 215 Euro. Das hört sich zunächst ganz ordentlich an, aber Kinder kosten auch viel. Das Kindergeld wird unabhängig vom Einkommen gezahlt. Jeder, der in Deutschland wohnt und Kinder hat, bekommt Kindergeld, also auch Ausländer, die sich rechtmäßig in Deutschland aufhalten. Kindergeld wird für alle Kinder bis zum 18. Lebensjahr gezahlt.

Anja: Und wenn man nach dem 18. Lebensjahr noch in der Ausbildung ist? Als Lehrling oder Student? Da kommen auf die Eltern ja oft noch Kosten zu.
Frau Borg: Richtig. Daher wird für Kinder in der Ausbildung das Kindergeld bis zum 25. Lebensjahr gezahlt. Ach ja – noch etwas: Eltern mit einem geringen Einkommen haben zusätzlich noch Anspruch auf einen Kinderzuschlag von bis zu 140 Euro monatlich für jedes Kind unter 18 Jahren.

Anja: Und was gibt es sonst noch für Leistungen des Staates für Familien mit Kindern?
Frau Borg: Da muss man auch an die Kinderbetreuung in den Kindergärten denken, was oft übersehen wird. Diese Einrichtungen kosten den Träger, zum Beispiel die Kommune, sehr viel Geld. Seit 2013 haben ja alle Eltern einen Rechtsanspruch auf einen Betreuungsplatz für ihr Kind ab dem zweiten Lebensjahr.

Anja: Die haben im Fernsehen auch etwas von einem Betreuungsgeld gesagt.
Frau Borg: Das Betreuungsgeld ist eine neue staatliche Leistung. Und zwar für Eltern, die für ihr Kind im zweiten und dritten Lebensjahr keinen staatlichen Betreuungsplatz in Anspruch nehmen, sondern ihr Kind zuhause selbst betreuen. Dann bekommen sie in dieser Zeit maximal 22 Monate lang 150 Euro monatlich. Und dann gibt es auch noch die Elternzeit und das Elterngeld.

2 Hilfe
Überlege zunächst, was „Ungleichheit" in diesem Fall bedeutet.

1 Nenne die wesentlichen Fakten zu Kindergeld, Elterngeld und Betreuungsgeld.
2 Nimm Stellung zu der Aussage in der Sprechblase. Stimmst du der Aussage zu oder nicht? Begründe deine Position

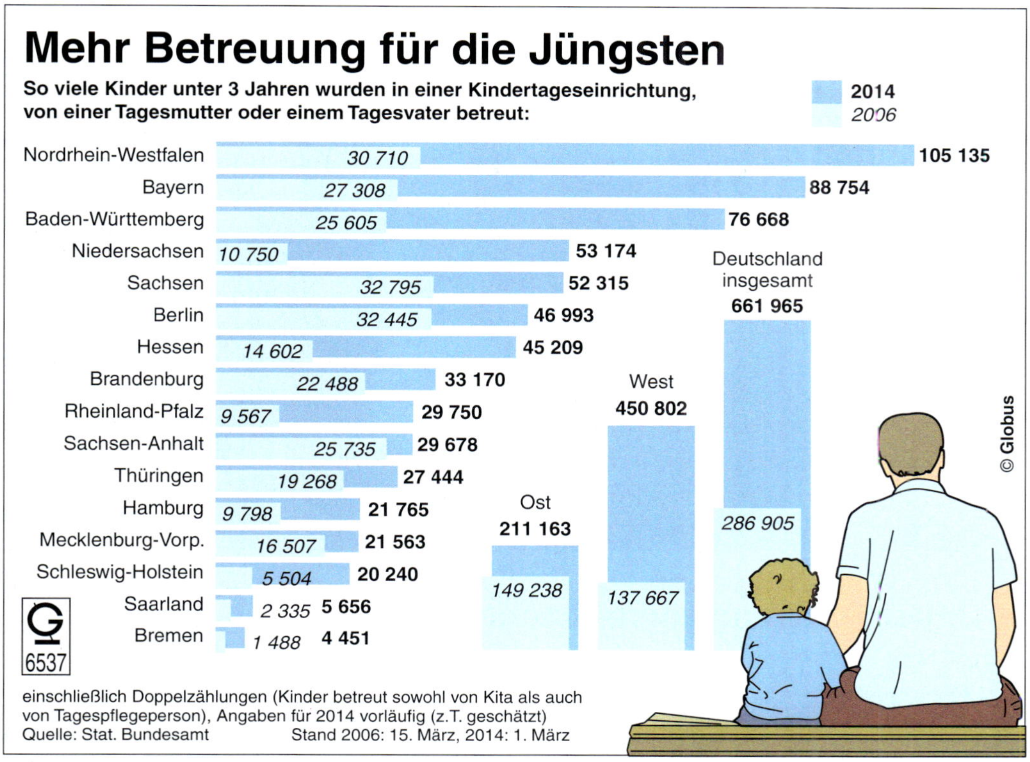

Gegen das Betreuungsgeld wurde vor dem Bundesverfassungsgericht in Karlsruhe Klage erhoben. Informiere dich im Internet über die Entscheidung des Gerichts.

Antworten auf die wichtigsten Fragen zum Betreuungsgeld

Für Familien gibt es ab August 2013 eine neue Form der Unterstützung: das Betreuungsgeld. Frischgebackene Eltern sollen damit wählen können, ob sie ihr Kind zu Hause selbst betreuen oder lieber eine öffentliche Kindereinrichtung nutzen. (...) Wohl kaum ein staatlicher Zuschuss hat so kontroverse Diskussionen ausgelöst wie das Betreuungsgeld. Echte Wahlmöglichkeit für Eltern, so lautet das Argument der Befürworter – „Herdprämie" und „Billigangebot" sagen die Gegner. Trotz aller Streitereien kann die neue Leistung ab dem 1. August beantragt werden. Und zwar von Eltern, deren Kind keine staatlich bezuschusste Kinderkrippe, Kita oder Tagesmutter besucht.

Ab wann und wie lange Betreuungsgeld gezahlt wird

(...) Gezahlt wird es für Kinder im zweiten und dritten Lebensjahr im Anschluss an das Elterngeld, also entweder ab dem 13. Lebensmonat des Kindes (wenn das Elterngeld für zwölf Monate beantragt wurde) oder ab dem 15. Lebensmonat (wenn das Elterngeld für 14 Monate beantragt wurde). Ein gleichzeitiges Beziehen von Elterngeld und Betreuungsgeld ist nicht möglich. Insgesamt wird das Betreuungsgeld maximal 22 Monate gezahlt.

So hoch ist das Betreuungsgeld

Das Betreuungsgeld wird in zwei Etappen eingeführt. Beantragt werden kann es für Kinder, die ab dem 1. August 2012 geboren wurden. Ab dem 1. August 2013 beträgt das Betreuungsgeld 100 Euro für Kinder im zweiten Lebensjahr. Ab dem 1. August 2014 wird es auf 150 Euro monatlich erhöht und für alle Kinder im zweiten und dritten Lebensjahr gezahlt.
(...)

Wann das Betreuungsgeld verrechnet wird

Das Betreuungsgeld wird unabhängig von der Berufstätigkeit der Eltern gezahlt. Eine Reduzierung der Erwerbstätigkeit, wie etwa beim Elterngeld, ist nicht nötig. Auch versteuert werden muss es nicht. Allerdings wird das Betreuungsgeld bei Eltern, die Hartz IV beziehen, als Einkommen angerechnet.

(© *Deutsche Telekom AG 2014*)

kontrovers
entgegengesetzt, strittig, umstritten

Hartz IV
umgangssprachlicher Ausdruck für den Bezug von Arbeitslosengeld

3 Analysiere die Grafik „Mehr Betreuung für die Jüngsten". Hinweise darauf, wie man bei der Analyse einer Grafik vorgehen kann, findest du auf Seite 144.

4 Begründe deine Position zur Frage „Deutschland – ein kinderfreundliches Land?"

Maßnahmen gegen Ungleichheit: Fallbeispiel „Bildungspaket“

Bundesministerium
für Arbeit und Soziales

Plakat des Bundesministeriums für Arbeit und Soziales

Gespräch zwischen Miriam, 13 Jahre, und ihrem Onkel Theo

M: Onkel Theo, du bist doch in der Stadtverwaltung. Kannst du mit erklären, was mit „Bildungspaket“ gemeint ist?

O: Na ja – damit soll den Kindern von Hartz-IV-Empfängern und Geringverdienern geholfen werden.

M: Hartz-IV? Was ist denn das?

O: Mit diesem Begriff sind Leute gemeint, die längere Zeit arbeitslos sind und von staatlicher Unterstützung leben. Und die ist nicht hoch.

M: Wie viel bekommt so ein Hartz-IV-Empfänger?

O: Das sind derzeit etwas mehr als 400 Euro. Und Alleinerziehende bekommen noch bis zu 60 Prozent dazu.

M: Das ist nicht viel. Das reicht ja gerade zum Leben.

O: Das ist der Grundgedanke. Bei uns soll niemand hungern müssen. Wer, aus welchem Grund auch immer, arm ist, dem sichert der Staat seine Existenz. Man spricht deshalb auch von „Grundsicherung“.

M: Aber nur 400 Euro im Monat? Warum gibt der Staat nicht mehr? 500 oder 600 Euro wären doch besser. Der Staat hat doch viel Geld.

O: Der Staat hat kein eigenes Geld. Alles, was er ausgibt, muss er vorher von seinen Bürgerinnen und Bürgern holen – als Steuern, Abgaben usw.

M: Ach so. Aber wie ist das nun mit dem „Bildungspaket“?

O: Kinder, deren Eltern von der staatlichen Grundsicherung leben müssen, sind benachteiligt. Diese Eltern können es sich finanziell meist nicht leisten, ihre Kinder zu fördern. Sie können den Beitrag für den Sportverein oder für den Musikunterricht nicht bezahlen, haben kein Geld für Nachhilfeunterricht oder für Ausflüge mit der Klasse oder im Kindergarten. Das Bildungspaket soll da einen Ausgleich schaffen.

M: Und was steckt in diesem „Paket“?

O: Zum Beispiel wird jede warme Mahlzeit in der Schule oder in der Kindertagesstätte bis auf einen Eigenanteil von einem Euro vom Staat bezahlt. Für Turn- oder Musikvereine gibt es maximal zehn Euro im Monat, für Schulbedarf 100 Euro jährlich, die Kosten für Tagesausflüge in der Schule oder Kita werden komplett übernommen, ebenso die Schülerbeförderungskosten. Und wenn Nachhilfeunterricht nötig ist, können die Eltern einen Antrag auf Kostenübernahme stellen. Über 700 Millionen Euro stellt der Staat in seinem Bildungspaket jährlich bereit.

M: Das ist viel Geld. Aber warum müssen Anträge gestellt werden? Wäre es nicht einfacher, man würde den monatlichen Geldbetrag für diese Kinder erhöhen?

O: Da gibt es ein Problem: Würden die Eltern zusätzliches Geld tatsächlich für die Förderung ihrer Kinder oder für Zigaretten und Alkohol ausgeben? Deswegen hat der Gesetzgeber beschlossen, zur Förderung dieser Kinder vor allem Sach- und Dienstleistungen zur Verfügung zu stellen, die beantragt werden müssen.

Herr Gerber

Warum sollen nur die Kinder von Arbeitslosen und Sozialhilfeempfängern vom Staat gefördert werden? Eine Familie mit normalem Einkommen könnte solche Hilfen auch gut gebrauchen!

Warum soll der Staat Geld dafür bezahlen, dass Kinder von Armen in einen Sportverein gehen oder Musikunterricht erhalten? Sportlich aktiv sein oder Musizieren kann man doch auch ohne Verein!

Frau Klein

Was heißt hier Ausgleich von Benachteiligungen? Wenn der Staat den Nachhilfeunterricht nur für die Kinder von Armen bezahlt, schafft er damit doch neue Ungleichheiten.

Herr Schwarz

Frau Weber

Dass die Millionen an Steuergeldern nicht direkt ausgezahlt werden, sondern die Eltern Anträge auf Sach- und Dienstleistungen stellen müssen, verursacht einen großen und unnötigen Verwaltungsaufwand. Außerdem unterstellt man Hartz-IV-Empfängern, sie würden sich nicht um ihre Kinder kümmern und Gelder zur Förderung für sich verwenden.

1 Erläutere den Grundgedanken des „Bildungspakets“.

2 Stimmst du den vier Aussagen zu oder nicht? Begründe jeweils deine Position.

1 Hilfe
Gehe dabei auch auf den Kernsatz der Anzeige „Mitmachen möglich machen“ ein.

Vereinbarkeit von Beruf und Familie

E

In Deutschland gibt es rund sechs Millionen berufstätige Frauen zwischen 20 und 59 Jahren mit mindestens einem Kind. Viele von ihnen haben Kinder zu versorgen, die noch nicht zur Schule gehen. Auch wenn sie verheiratet sind, müssen diese Frauen sehen, wie sie Beruf und Familie unter einen Hut bringen. Das führt im Betrieb manchmal zu Konflikten. Die Fehlzeiten nehmen zu, Mitarbeiterinnen kommen öfter zu spät oder lehnen Führungspositionen wegen Familienpflichten ab. Zu Spannungen kommt es im Betrieb besonders dann, wenn Kleinkinder von Mitarbeiterinnen erkranken und niemand die Betreuung übernehmen kann.

1 *Mich ärgert, dass ich weniger verdiene als meine männlichen Kollegen.*

2 *Mich ärgert, dass meine Arbeitszeiten so unflexibel sind.*

unflexibel unbeweglich, nicht anpassungsfähig

3 *Mich ärgert, dass mir von den Vorgesetzten nicht so viel zugetraut wird, wie meinen männlichen Kollegen.*

4 *Mich ärgert, dass ich weniger Möglichkeiten für Weiterbildung und Qualifizierung in Anspruch nehmen kann als meine männlichen Arbeitskollegen.*

5 *Mich ärgert, dass ich auf eine bessere Position verzichten muss, nur weil ich Kinder habe.*

6 *Mich ärgert, dass mir immer die weniger qualifizierten Arbeiten zugeschoben werden.*

Qualifizierung hier: Erwerb von Kenntnissen für den beruflichen Aufstieg

7 *Mich ärgert, dass die Öffnungszeiten der Kindergärten und die Schulzeiten auf meine Berufstätigkeit keine Rücksicht nehmen.*

8 *Mich ärgert, dass mein Mann viel weniger im Haushalt tut als ich.*

1. Beschreibe, welche Probleme berufstätige Frauen deiner Meinung nach besonders belasten.
2. Entwickelt zu einigen dieser Probleme Lösungsvorschläge.

Thema: **Familienförderung**

Eine Podiumsdiskussion dient dazu, verschiedene Interessen und Meinungen zu hören und darüber zu diskutieren. Ziel ist es dabei, die Informationen zu vermitteln und unterschiedliche Standpunkte kennenzulernen. In den Unterricht müssen dazu verschiedene Fachleute eingeladen werden.

Vorbereitung

Als Erstes legt ihr ein ganz konkretes Thema fest, über welches ihr mit Experten diskutieren möchtet. Die Festlegung des Themas kann innerhalb eines Unterrichtsgesprächs oder durch eine Gruppenarbeit erfolgen.

Die Schülerinnen und Schüler bilden bei einer Podiumsdiskussion das Publikum. Sie haben die Aufgabe, die Diskussion zu beobachten, sich Notizen zu machen und gegebenenfalls ein Protokoll anzufertigen. Eine Schülerin oder ein Schüler fungiert als Diskussionsleiterin bzw. Diskussionsleiter. Möglich ist es auch, dass ein Schüler oder eine Schülerin als Experte bzw. Expertin auf dem Podium Platz nimmt.

Wichtig ist es, Experten zu gewinnen, die an der Podiumsdiskussion teilnehmen. Teilt den Experten das genaue Thema mit und ladet sie offiziell zu euch ein. Achtet bei der Auswahl der Experten darauf, dass sie in der Lage sind, auch schwierige Zusammenhänge einfach zu erklären.

Checkliste

- Wer soll eingeladen werden?
- Welche Fragen sollen angesprochen werden?
- Welcher Termin ist günstig?
  Eine langfristige Terminplanung ist wichtig.
- Wo soll die Podiumsdiskussion stattfinden?
- Wie soll der Raum für die Diskussion gestaltet werden?
- Kennen alle Beteiligten die Gesprächsregeln?

Durchführung

Die Moderation einer Podiumsdiskussion ist eine verantwortungsvolle und anspruchsvolle Aufgabe, von der das Gelingen der Diskussion abhängt. Aus diesem Grund sollte die Lehrerin bzw. der Lehrer oder ein fähiger Schüler bzw. eine fähige Schülerin diese Aufgabe übernehmen.

Nach der Begrüßung aller Teilnehmer wird die Diskussionsleitung jeden Gast auf dem Podium vorstellen sowie in das Thema einführen. Nun erhalten alle Gäste die Möglichkeit, sich zur ersten Fragestellung zu äußern. Dafür wird ein Zeitrahmen festgelegt. In der zweiten Runde sollen die geäußerten Positionen untereinander diskutiert werden. Der Moderator leitet die Diskussion, indem er Kontroversen verschärft oder entschärft. Er kann nachfragen oder neue Aspekte aufwerfen. Dies ist wichtig, damit die Zuhörer die unterschiedlichen Positionen deutlich erkennen.

Der Moderator entscheidet, ob er die Diskussion am Ende für alle öffnet. Dann können auch die Zuhörer ihre Meinung sagen oder Fragen an die Gäste stellen.

Das Ende der Podiumsdiskussion muss der Moderator einleiten. Er fasst die Diskussion zusammen und bedankt sich bei allen Anwesenden.

1 Führt eine Podiumsdiskussion durch.

Armut in Deutschland

V

Was ist Armut? Ist jemand arm, der zu verhungern droht? Ist jemand arm, der weniger besitzt als die meisten anderen? Oder ist der arm, der sich selbst für arm hält? Eine allgemeingültige Definition dafür, was Armut ist, gibt es nicht. Es haben sich aber verschiedene Begriffsbestimmungen dafür etabliert, wie Armut näher umschrieben werden kann. Mit Blick auf die Entwicklungsländer ist es üblich, von absoluter Armut zu sprechen, wenn eine Person weniger als einen US-Dollar täglich zum Leben hat. Die Europäische Kommission definiert Armut anders. Sie verwendet das Konzept der „relativen Armut". Danach sind Menschen arm, wenn ihnen die finanziellen Mittel fehlen, um am üblichen sozialen und kulturellen Leben teilzuhaben. Nach dieser Definition sind über zehn Millionen der Deutschen, also etwa jeder achte, arm oder von Armut bedroht. Auf der anderen Seite gibt es in Deutschland eine kleine Gruppe von Bürgerinnen und Bürgern, die über enorme Vermögen verfügen.

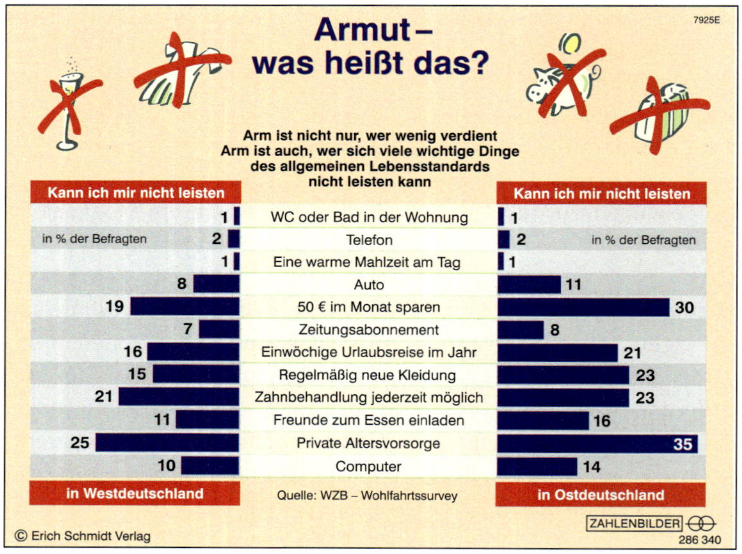

Die Schere zwischen ARM und REICH klafft immer weiter auseinander.

Reiches Deutschland, armes Deutschland

So viele Erwerbstätige wie nie, aber auch ein höheres Armutsrisiko als in den vergangenen Jahren: Zu diesem beunruhigenden Ergebnis kommt der Datenreport 2013. Die Armut wirkt sich auch auf die Gesundheit der Menschen aus.

Im Datenreport 2013 haben Statistiker und Sozialforscher aktuelle Zahlen und Befunde in einen größeren Zusammenhang gestellt. (...)

- In Deutschland gibt es so viele Erwerbstätige wie nie zuvor. Im vergangenen Jahr hatten 41,6 Millionen Menschen einen Job.
- Dennoch haben mehr Menschen mit Armut zu kämpfen als in den vergangenen Jahren. Zu diesem, auf den ersten Blick paradoxen Ergebnis kommt der Datenreport 2013. 2011 lag der Anteil armutsgefährdeter Personen in Deutschland bei 16,1 Prozent, stellen die Autoren fest – ein Anstieg um 0,9 Prozentpunkte im Vergleich zum Jahr 2007. Als armutsgefährdet gilt in diesem Zusammenhang, wer im Vergleich zum Durchschnitt der Bevölkerung eine festgelegte Einkommensgrenze unterschreitet.
- Besonders armutsgefährdet waren 2010 zwei Altersgruppen. 19 Prozent der 18- bis 24-Jährigen und 20,4 Prozent der 55- bis 64-Jährigen. Die Armutsgefährdung junger Menschen lässt sich damit erklären, dass sie sich oft noch in einer Ausbildung oder erst am Anfang ihres Berufslebens befinden.
- In zwei Altersgruppen zeigt sich zudem: Frauen sind öfter von Armut betroffen als Männer. So waren fast 22 Prozent der jungen Frauen armutsgefährdet, unter den gleichaltrigen Männern waren es nur 16,2 Prozent. Ähnlich hoch war der Geschlechterunterschied bei 65-Jährigen und Älteren, 16,2 Prozent der Frauen und nur 12 Prozent der Männer waren von Armut betroffen.
- Die dauerhafte Armut hat zugenommen. Als arm galt 2011, wer weniger als 980 Euro im Monat zur Verfügung hatte. Von den im Jahr 2011 armutsgefährdeten Personen war mehr als ein Drittel bereits in den fünf Jahren zuvor arm.
- Mögliche Gründe für das zunehmende Armutsrisiko trotz Beschäftigungsbooms könnten in der Art der Jobs liegen. (...)

Jeder fünfte Erwerbstätige hatte 2012 eine atypische Beschäftigung, also etwa eine Zeitarbeit oder Teilzeitarbeit.

(...)

(www.sueddeutsche.de/wirtschaft/2.220/datenreport-mehr-armut-trotz-beschaeftigungsrekords-1.1828048 /26.11.2013)

paradox
(scheinbar) widersinnig, umgangssprachlich auch: sonderbar

atypisch
nicht typisch, nicht üblich

V

„Mit leerem Magen lernt sich's schlecht."
(Thomas Plaßmann)

Plakat der Caritas

Die offizielle Armutsdefinition der Europäischen Union lautet:
„Arm sind Einzelpersonen, Familien und Personengruppen, die über so geringe materielle, kulturelle und soziale Mittel verfügen, dass sie von der Lebensweise ausgeschlossen sind, die in dem Mitgliedstaat, in dem sie leben, als Minimum hinnehmbar ist."

Wachsende Armut bei Kindern und jungen Leuten

Studie: 14 Prozent der Bevölkerung gelten inzwischen als arm. (...)

Die Armut in Deutschland wächst rapide. Inzwischen sind mehr als elf Millionen Menschen betroffen – ein Drittel mehr als noch vor zehn Jahren. Zu diesem Ergebnis kommt eine Studie des Deutschen Instituts für Wirtschaftsforschung (DIW). Danach sind bereits 14 Prozent der Bevölkerung gefährdet, in die Armut abzugleiten, vor allem kinderreiche Familien und junge Leute. Jeder vierte junge Erwachsene lebt unter der Armutsschwelle.

In Deutschland sind vor allem junge Erwachsene und Haushalte mit mehr als zwei Kindern betroffen: Unter den 19- bis 25-Jährigen lebte 2008 knapp ein Viertel unterhalb der Armutsschwelle, ergab die DIW-Studie. Massiv gestiegen sind auch die Finanznöte großer Familien. Für Familien mit drei Kindern liege das Armutsrisiko bereits bei knapp 22 Prozent, bei vier und mehr Kindern erreiche es 36 Prozent, erklärte der Koautor der Studie, Joachim Frick. Dies sei ein beträchtlicher Zuwachs gegenüber 1998 – „und das, obwohl der Ausbau der Kinderbetreuungsplätze und das Elterngeld diese Entwicklung bereits entlastet haben". Mit einem Armutsrisiko von mehr als 40 Prozent weisen Alleinerziehende mit minderjährigen Kindern nach wie vor die größten Armutsraten auf.

apn/dpa

(aus: Stuttgarter Zeitung, 18.02.2010, S. 4)

1 Verfasse einen kurzen Bericht zum Thema „Armut – was heißt das?"
2 Werte den Text „Reiches Deutschland, armes Deutschland" aus und formuliere eine Gesamtaussage.
3 Erläutere die Aussageabsichten der Karikatur und des Plakats.
4 Verfasse eine Stellungnahme zu dem Thema „Wann ist der Mensch arm?"

1 Hilfe
Notiere zuerst stichwortartig, welche Angaben aus dem Text „Wachsende Armut bei Kindern und jungen Leuten" und aus der Grafik dir wichtig erscheinen. Ordne dann diese Notizen für deinen Bericht.

Hygiene
Maßnahmen zur Erhaltung und Pflege der Gesundheit

WEBCODE
SDL-11077-201
Demografischer Wandel

Die Lebenserwartung der Deutschen ist in den vergangenen hundert Jahren stark angestiegen. Dazu haben vor allem Fortschritte in der Medizin und verbesserte Hygienevorkehrungen, eine bessere Ernährung und erträglichere Wohnverhältnisse und Arbeitsbedingungen beigetragen. Kinder, die damals geboren wurden hatten als Jungen eine durchschnittliche Lebenserwartung von etwa 47 Jahren, als Mädchen von knapp 50 Jahren. Heute geborene Kinder haben eine durchschnittliche Lebenserwartung von mehr als 77 Jahren (Jungen) und 82 Jahren (Mädchen).

Die steigende Lebenserwartung der Menschen hat zu starken Veränderungen bei den verschiedenen Altersgruppen geführt. Im Jahr 1960 waren in Deutschland bei einer Gesamtbevölkerung von etwa 73 Millionen etwa 22 Millionen Menschen unter 20 Jahre alt und 12,7 Millionen über 60 Jahre alt. Für das Jahr 2050 schätzt man, dass es bei einer Gesamtbevölkerung von 74 Millionen etwa 11,4 Millionen junge Menschen unter 20 Jahren und 28,7 Millionen über 60-Jährige geben wird.

Die unterschiedlichen Lebenserwartungen von Mädchen und Jungen haben dazu geführt, dass Frauen ihr Alter meist ohne Ehemann verbringen. Etwa 70 Prozent, also 70 von 100, der über 80-Jährigen sind Frauen.

Früher war das Alter oft eine Zeit bitterer Armut. Das ist heute anders. Im Durchschnitt können Senioren-Ehepaare monatlich über 2350 Euro verfügen. Allerdings gibt es deutliche Unterschiede: Alleinstehende ältere Frauen haben weniger Geld in der Tasche als Männer und die Renten im Osten sind niedriger als im Westen.

Man spricht heute von „aktiven Alten", die im Alter, wenn sie es sich leisten können, vieles von dem bisher Versäumten nachholen. Sie sind für einige Branchen eine wichtige Konsumentengruppe, z. B. für Reiseveranstalter, die Seniorinnen und Senioren lang aufgeschobene Fernreisen anbieten.

Etwa 2,5 Millionen alte Menschen in Deutschland sind pflegebedürftig. Ein Drittel dieser „Hochbetagten" wird in Heimen, zwei Drittel werden zu Hause von Angehörigen, meist Frauen, betreut.

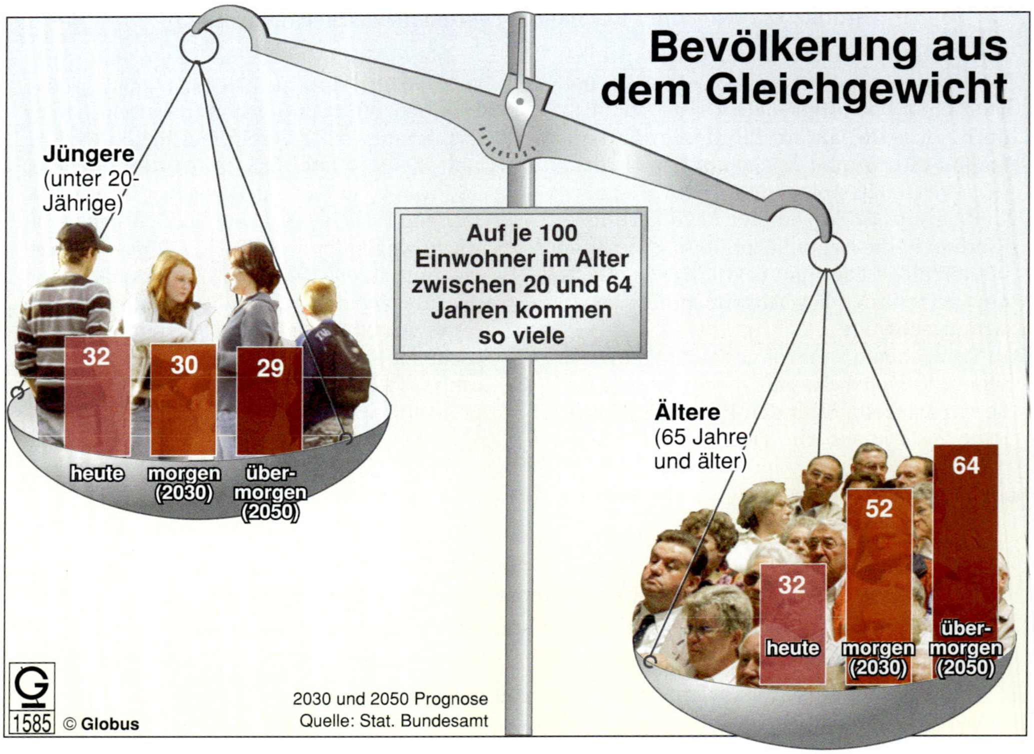

Meine perfekten Großeltern

Geschrieben von Pauline Fleischmann am 8. Januar 2010

Als kleines Mädchen waren meine Großeltern für mich die Größten. Sie konnten alles, wussten alles, hatten immer Zeit für mich. Sie schienen nur dafür da zu sein, mir spannende Geschichten zu erzählen, mir selbst gebackene Kuchen zu verfüttern und mit mir zu basteln. (...)

Damals eröffnete mir mein Opa neue Welten. Er gab mir eines seiner alten Bücher und entzifferte die mir völlig fremden Zeichen der Frakturschrift. Er brachte mir sogar bei, diese selbst zu lesen. Mit Omas Hilfe wurden aus einem gescheckten Badehandtuch zwei allerliebste Stoffhasen, Hoppel und Moppel. (...)

Ich war vielleicht 13 Jahre alt, als ich mir wünschte einfach wieder Kind sein zu können, mich in die Arme meiner perfekten Großeltern zu werfen und nicht wissen zu müssen, dass sie – so wie alle anderen Menschen auch – sterblich waren. Ich wollte nicht sehen, dass ihre Kräfte nachließen. Meine unermüdliche Oma sagte nun immer wieder nach dem Essen, dass sie sich erst einmal ausruhen müsse. Mein Opa bewegte sich langsamer, er sah und hörte schlecht und ließ sogar meine Oma ans Steuer beim Autofahren.

Heute bin ich 20, mein Opa ist 93 Jahre alt und meine Oma 85. Sie pflegt ihn und ich bewundere sie beide dafür. Er sitzt im Rollstuhl und ist beinahe blind. Er ist krank, braucht regelmäßig Bluttransfusionen. Unser Alltag könnte nicht unterschiedlicher sein. Jede Aktion wie beispielsweise die Krankengymnastik, muss im Voraus geplant werden. Für jeden Handgriff muss genug Zeit eingeplant werden.

Ich bin mittlerweile eine viel beschäftigte Studentin. Hier in der Hauptstadt, wo ich studiere, muss immer alles schnell gehen. Wenn ich dann sonntags mit meinen Großeltern in Norddeutschland telefoniere, muss ich mich ermahnen langsam zu sprechen, damit mein Opa mich versteht. Aber auch heute noch bestätigen meine Großeltern mich immer wieder bei dem, was ich tue. Sie freuen sich, wenn ich von einer gelungenen Hausarbeit erzähle oder wenn ich ihnen berichte, dass ich einen Praktikumsplatz gefunden habe. Und für mich ist so ein Lob die schönste Anerkennung, die es geben kann.

Pauline Fleischmann ist 20 Jahre alt und studiert Philosophie und Biologie in Berlin. Alte Menschen sind für mich Experten fürs Leben, weil sie einen unschätzbaren Erfahrungsschatz haben.

(http://blog.experten-fuers-leben.de/meine-perfekten-grosseltern/181/ 16.01.2010)

(http://blog.experten-fuers-leben.de/Plakate-anzeigen)

Frakturschrift
Eine in Deutschland im 16. Jahrhundert geschaffene Form der Schrift. Sie war jahrhundertelang üblich, wurde dann jedoch von der heute gewohnten Schrift abgelöst.

1 Fasse die Angaben aus der Grafik und dem Text von Seite 78 in einer Mind Map unter dem Titel „Alt sein in Deutschland" zusammen.
2 Lege dar, was der Text „Meine perfekten Großeltern" für dich zum Ausdruck bringt.
3 Eine soziale Organisation führte eine öffentliche Aktion unter dem Titel „Experten fürs Leben" durch. Erläutere die Absicht der dabei verwendeten Plakate genauer.
4 Beschreibe deinen Kontakt zu alten Menschen. Wie könnten sie „Experten" für dich sein?

1 Hilfe
Lies auf Seite 57 nach, wie man beim Erstellen einer Mind Map vorgeht.

Vertrauensvolles Verhältnis zwischen Mutter und Tochter

Kindergärten bieten professionelle Betreuung für die Kleinsten der Gesellschaft

Schüler unterstützt Senioren im Umgang mit dem Computer

Seniorinnen und Schülerinnen und Schüler nach einem gemeinsamen Projekt

Staatlicher Schutz der Familie

Das Grundgesetz bestimmt, dass die Familie unter dem besonderen Schutz des Staates steht. Dieser Schutz zeigt sich unter anderem darin, dass der Staat Familien mit Kindern finanziell unterstützt. So sollen die beträchtlichen Kosten, die Kinder verursachen, zu einem Teil wieder ausgeglichen werden. Solche finanziellen Hilfen sind das Kindergeld, das Elterngeld, die Ausbildungsförderung und Steuererleichterungen für Familien mit Kindern. Weitere Bestimmungen sind zum Beispiel der Mutterschutz und die Elternzeit.

Kindergeld

Durch das Kindergeld unterstützt der Staat Familien mit Kindern und trägt dadurch zu ihrer finanziellen Entlastung bei. Das Kindergeld wird unabhängig vom Einkommen gezahlt. Kindergeld gibt es grundsätzlich für alle Kinder bis zum 18. Lebensjahr. Für arbeitslose Kinder und Kinder in der Ausbildung wird es länger gezahlt.

Elterngeld

Das Elterngeld ist eine Unterstützung für Familien nach der Geburt eines Kindes. Es soll einen Einkommenswegfall auffangen, wenn Eltern nach der Geburt eines Kindes ihre berufliche Arbeit unterbrechen oder einschränken. Elterngeld wird maximal 14 Monate lang gezahlt.

Kleinkindbetreuung

Seit dem Jahr 2013 haben alle Eltern einen Rechtsanspruch auf Betreuung ihrer Kinder ab dem zweiten Lebensjahr. Eltern, die für ein Kind im zweiten Lebensjahr keine öffentlich geförderte Betreuung in Anspruch nehmen, können Betreuungsgeld erhalten.

Abbau von Ungleichheiten

In jeder Gesellschaft gibt es Ungleichheiten. Der Staat versucht diese Ungleichheiten abzubauen, zum Beispiel durch die Zahlung von Kindergeld oder durch Fördermaßnahmen wie die beim „Bildungspaket“.

Armut

Ob es Armut in einer Gesellschaft gibt, ist zunächst eine Frage der Definition von Armut. Die Grenze zur Armut lässt sich definieren. Ein Haushalt ist danach arm, wenn sein Nettoeinkommen unter dem als Armutsgrenze festgelegten Betrag liegt. In den Entwicklungsländern gilt ein Mensch erst als absolut arm, wenn er weniger als einen US-Dollar pro Tag zur Verfügung hat. In den entwickelten Ländern, also auch bei uns, wird Armut anders, nämlich relativ formuliert. Danach gilt ein Haushalt als arm, wenn er weniger als 60 Prozent des durchschnittlichen Nettoeinkommens vergleichbarer Haushalte zur Verfügung hat. Untersuchungen in Deutschland zeigen, dass die Armut in den letzten 25 Jahren zugenommen hat.

Alte Menschen

Zu den Alten zählt man die über 60-Jährigen. Man spricht auch von Senioren, Rentnern oder Pensionären. Durch die steigende Lebenserwartung gibt es immer mehr alte Menschen. Viele von ihnen können, wenn sie körperlich gesund sind, noch lange Zeit ihr Leben bewusst gestalten. Man spricht hier von „aktiven Alten“, die manches bisher im Leben Versäumte im Alter nachholen. Anderen alten Menschen ist dies nicht möglich, weil sie pflegebedürftig sind und in Heimen wohnen oder zu Hause von Angehörigen betreut werden.

1 **Löse das Rätsel.** Benutze dazu das Arbeitsblatt oder notiere die gesuchten sieben Wörter untereinander in deinem Heft. Die Buchstaben in der grün unterlegten Spalte ergeben das Lösungswort.

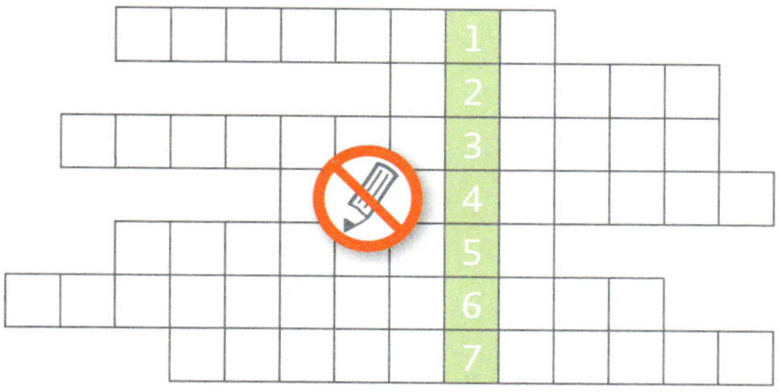

1. Von Kindern und Jugendlichen wird die ... im elterlichen Haushalt erwartet.
2. In der Auffassung, was eine Familie ist, hat sich ein starker ... vollzogen.
3. In der früheren ... lebten Eltern, zahlreiche Kinder, Großeltern und unverheiratete Verwandte zusammen.
4. Eine ... ist eine Zeichnung, in der durch Übertreibung auf ein Problem aufmerksam gemacht werden soll.
5. Die Arbeiten im ... werden auch heute noch überwiegend von den Frauen erledigt.
6. Die heutige Familie aus Eltern und wenigen Kindern wird auch ... genannt.
7. Früher lebten die ... meistens zu Hause bei ihren Kindern; heute sind sie oft im Seniorenheim untergebracht.

2 **Erstelle eine Mind Map** zum Thema „Familienpolitik in Deutschland".

3 **Was meinen die Parteien?**

CDU
www.cdu.de

CSU
www.csu.de

SPD
www.spd.de

BÜNDNIS 90 DIE GRÜNEN
www.gruene.de

DIE LINKE.
www.die-linke.de

Über die Ziele und Maßnahmen der Familienpolitik wird in der Öffentlichkeit und auch in der Politik immer wieder diskutiert. Ihr sollt euch darüber informieren, wie sich die im Bundestag vertretenen Parteien eine gute Familienpolitik vorstellen.

Erarbeitet zuerst gemeinsam ein Schreiben, in dem ihr euer Anliegen erklärt und Fragen stellt. Bittet um für Jugendliche verständliche Antworten und weist auch darauf hin, dass das Schreiben an alle im Bundestag vertretenen Parteien geht.

Teilt euch in fünf Gruppen auf, für jede Partei eine Gruppe. Jede Gruppe informiert sich im Internet über eine geeignete Postanschrift, z.B. die Bundesgeschäftsstelle der Partei, schreibt den Brief und wertet die Antwort der Partei aus. Falls Punkte näher erklärt werden sollten, schreibt die Gruppe einen weiteren Brief.

Zu einem vereinbarten Zeitpunkt stellt jede Gruppe den Standpunkt der von ihr befragten Partei über eine gute Familienpolitik den Mitschülerinnen und Mitschülern vor.

4 Untersuche die beiden Karikaturen. Erläutere, was der Zeichner mit seiner Karikatur jeweils zum Ausdruck bringen will. Nimm Stellung zur Aussage des Karikaturisten.

(Zeichnung: Ioan Cozacu, Erfurt)

(Zeichnung: Erich Rauschenbach)

5 Analysiere den Leserbrief. Erarbeitet dann in der Gruppe einen Antwortbrief.

Unmöglich!

In der vergangenen Woche stand im „Kurier" etwas über das „Bildungspaket". Ich habe den Artikel genau gelesen und finde das Vorhaben unmöglich! Da ist von über 700 Millionen Euro jährlich die Rede, die für die Förderung von Kindern aus armen Familien ausgegeben werden. 700 Millionen Euro dafür, dass Kinder von Hartz-IV-Empfängern in Sportvereine gehen, Musikunterricht besuchen können und Nachhilfeunterricht erhalten? Das ist doch Aufgabe der Eltern! Wenn Eltern wollen, dass ihre Tochter Geige spielen lernt, dann sollen sie auch den Unterricht dafür bezahlen – aber nicht den Steuerzahler dafür zur Kasse bitten!

Für uns Rentner hat der Staat kaum etwas übrig. Die Preise steigen jedes Jahr stärker als die Rentenerhöhungen. Jahr für Jahr können wir Rentner uns weniger leisten. Aber keiner käme auf die Idee, ein millionenschweres „Bildungspaket" für ältere Mitbürgerinnen und Mitbürger zu fordern! Warum sollen Kinder von Sozialhilfeempfängern den Klassenausflug und den Flötenunterricht vom Steuerzahler bezahlt bekommen? Wir Rentner müssen die Kaffeefahrt am Nachmittag und den Opernbesuch am Abend aus der eigenen Tasche finanzieren!

Um es klar zu sagen: Ich will kein „Bildungspaket" für Rentner. 70 Jahre lang habe ich mir alles selbst verdient und habe keine staatlichen Wohltaten erhalten. Deswegen bin ich auch gegen ein „Bildungspaket" für Kinder aus sozial schwachen Familien. Existenzsicherung ja, hungern soll bei uns keiner müssen. Aber nein zu Millionen für Bildungsförderung – das sind Wohltaten, die wir uns nicht leisten können!

Alois Gruber, Neudorf

Leben in der Mediengesellschaft

Kapitel 03

Wir alle nutzen täglich Medien: zur Information, Kommunikation und Unterhaltung. Eine moderne Gesellschaft ist ohne Medien gar nicht denkbar, wobei die elektronischen Medien immer wichtiger werden. Auch für die Politik sind die Medien unentbehrlich. Rund um die Uhr wird über politische Ereignisse berichtet. Die Massenmedien liefern die Informationen, auf denen Menschen ihre politischen Überzeugungen aufbauen. Damit kommt ihnen eine große politische und gesellschaftliche Bedeutung zu. Einer demokratischen Gesellschaft kann es deshalb nicht gleichgültig sein, wie die Medien ihre Aufgaben wahrnehmen und wie frei die Berichterstattung ist. Dieses Kapitel beschäftigt sich mit der Rolle der Medien in Politik, Wirtschaft und Gesellschaft und gibt Antworten auf die folgenden Fragen:

- Was sind Medien? Welche Medien gibt es? Was versteht man unter „Massenmedien"?
- Welche Printmedien lassen sich unterscheiden?
- Worin unterscheiden sich die öffentlich-rechtlichen und die privaten Fernsehsender? Wer bringt was?
- Welche Möglichkeiten bietet das Internet? Welche Gefahren sind mit seiner Nutzung verbunden? Wie kann man sich schützen?
- Was sind „soziale Netzwerke"? Woran sollte man denken, wenn man daran teilnimmt?
- Welcher Gedanke liegt dem Urheberrecht zugrunde? Was ist bei Downloads unbedingt zu beachten?
- Welche Medien nutzen Jugendliche hauptsächlich?
- Welche Aufgaben haben die Massenmedien? Welche Bedeutung kommt ihnen als Informationsträger der Politik zu? Welche Macht haben sie in diesem Zusammenhang?
- Was ist gemeint, wenn von „Manipulation" in den Medien die Rede ist? Welche Verantwortung haben die Medien?
- Was versteht man unter „Pressefreiheit"? Wie sieht es mit der Pressefreiheit weltweit aus?

1

Woher weißt du denn das alles?

Ganz einfach: aus den Medien.

Medien? Was ist denn das genau?

Zeitung und Fernsehen zum Beispiel. Genau genommen alle Einrichtungen und Mittel, mit denen man anderen etwas mitteilen, ihnen Informationen zukommen lassen kann.

Dann gehört mein Handy auch dazu? Und der Computer, wenn man eine E-Mail verschickt?

Ja, beides gehört zu den elektronischen Medien.

Wie Fernsehen und Radio.

Stimmt! Das sind Massenmedien, weil man damit eine große Zahl von Leuten erreichen kann. Zu den Massenmedien zählen aber auch Printmedien.

Printmedien? Hat das was mit dem englischen Wort „print" zu tun?

Ja, da kommt der Begriff her.

2

3
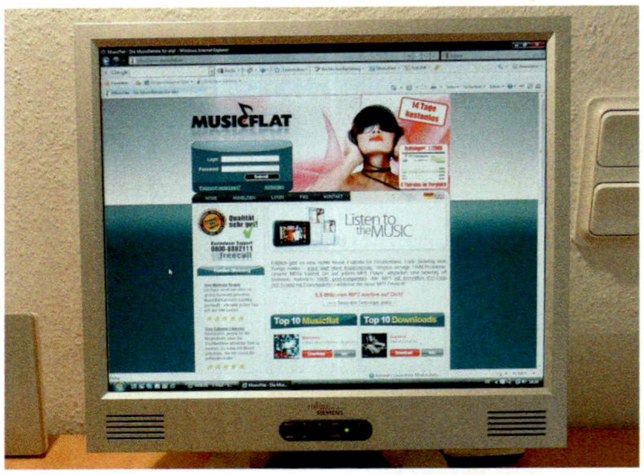

4

print (engl.): Druck, Abdruck

Z	E	I	T	S	C	H	R	I	F	T	A
E	F	N	Z	C	O	M	P	U	T	E	R
I	O	T	S	I	R	O	D	X	Y	L	R
T	G	E	F	E	R	N	S	E	H	E	N
U	R	R	B	I	D	U	A	L	C	F	A
N	O	N	U	A	F	D	V	D	E	O	K
G	E	E	C	H	H	Ö	R	F	U	N	K
M	G	T	H	A	N	D	Y	A	N	I	N
M	X	E	Y	D	Z	I	A	E	B	N	C

5

6

Erklärungen

1. Berichtet in erster Linie über aktuelle Ereignisse, stellt sie mehr oder weniger ausführlich dar.
2. Fest angebrachtes Gerät, das Gespräche mit anderen ermöglicht.
3. Hat das Leben in den Familien am stärksten verändert; verführt zu allzu langer Nutzung an jedem Tag und verhindert dann eigene Aktivitäten.
4. Viele hören damit im Alltag Musik. Bietet auch Informationen.
5. Bietet einzelnen Themen meist größeren Raum, Texte sind durch viele Bilder illustriert; attraktive Aufmachung.
6. Sehr altes Medium; verlangt Vorstellungskraft; eine längere und vertiefte Auseinandersetzung damit ist möglich.
7. Wurde eigentlich dafür entwickelt, Arbeiten zu erleichtern; ist aber auch ein beliebtes Medium zur Freizeitgestaltung geworden.
8. Möglichkeit, z. B. Filme auch über den Computer abzuspielen und zu bearbeiten.
9. Einrichtung, die es ermöglicht, weltweit Informationen einzuholen und Nachrichten auszutauschen.
10. Kleines Gerät, durch das an jedem beliebigen Ort Verbindung mit anderen aufgenommen werden kann.

Welche Medien würdest du nutzen, wenn du dich informieren willst über …

… das Wetter von morgen?

… den Vulkanausbruch in Japan?

… den Besuch des französischen Staatspräsidenten in Berlin?

… den Unfall vor der Schule?

… die aktuelle Verkehrslage?

… die neuesten Nachrichten?

… den Termin, an dem ein bestimmter Film im Kino läuft?

1 Benenne die in den Fotos dargestellten Medien.

2 Zähle auf, welche Printmedien und welche elektronischen Medien du kennst.

3 In dem Buchstabenfeld oben sind waagerecht und senkrecht zehn Medien versteckt. Nenne die zehn Begriffe und ordne jedem die passende Erklärung (1 bis 10) zu.

4 Beantworte die Fragen in dem Kasten „Welche Medien würdest du nutzen, wenn du dich informieren willst über …“. Begründe deine Wahl jeweils.

2 Hilfe

Zeichne eine Tabelle mit zwei Spalten in dein Heft und trage die Antworten ein.

Printmedien sind gedruckte Informationsquellen. Neben den Büchern kann man die Printmedien im Wesentlichen in die Massenmedien Zeitungen und Zeitschriften unterteilen.

Die **Zeitung** ist das klassische Massenmedium. Sie erscheint regelmäßig. Ihre Leserinnen und Leser werden über aktuelle Geschehnisse aus der Region und/oder der ganzen Welt und viele Themen informiert.

Eine **Zeitschrift** bringt weniger Nachrichten, dafür mehr Hintergrundinformationen. Meist konzentriert sie sich auf einen bestimmten Themenbereich (z. B. Sport, Mode) oder eine bestimmte Zielgruppe (z. B. Jugendliche).

Bücher sind Printmedien, zählen aber nicht zu den Massenmedien

Tageszeitungen (lokale) berichten über Politik, Wirtschaft, Kultur und Sport. Sie behandeln dabei viele regionale Themen.

Tageszeitungen (überregionale/nationale) berichten ausführlich über Politik, Wirtschaft, Kultur und Sport. Sie werden in der Regel in ganz Deutschland gelesen.

Wochenzeitungen schreiben aufgrund ihres wöchentlichen Erscheinungstermins mehr zu den Hintergründen und ordnen aktuelle Themen in größere Zusammenhänge ein.

Sonntagszeitungen erscheinen nur sonntags. Sie beschäftigen sich mit aktuellen Themen und Hintergründen.

Boulevard (franz.): bezeichnet eine breite Straße. Der Begriff Boulevardzeitung entstand, weil diese Art von Zeitungen ursprünglich vorwiegend im Straßenverkauf angeboten wurden.

Boulevardzeitungen sind auffällig und mit großen Überschriften gestaltet. Sie enthalten zwar Nachrichten, berichten aber bevorzugt über Skandale, Klatsch und Tragödien. Sie haben eher einen unterhaltenden als einen informativen Charakter.

Nachrichtenmagazine illustrieren lebendig geschriebene Berichte und Kommentare mit vielen Fotos. Sie bringen Hintergrundinformationen und Reportagen.

Fachzeitschriften setzen sich detailliert mit einem fest umrissenen Thema auseinander, sei es eine Sportart wie Fußball, eine Fachwissenschaft wie die Biologie oder der Computer.

Publikumszeitschriften richten sich an ein bestimmtes Publikum und sind überwiegend unterhaltend. Jugendzeitschriften z. B. sind poppig aufgemacht und bieten alles, was die Jugendlichen über ihre Stars wissen wollen. Sie gehen auf die Themen ein, die ihre jugendlichen Leserinnen und Leser interessieren.

1 Erkläre, wie sich Zeitungen und Zeitschriften genauer unterteilen lassen.
2 Nenne Printmedien, die du liest. Ordne sie den genannten Kategorien zu.
3 Begründe, warum Bücher nicht zu den Massenmedien zählen.

Wie kommt die Nachricht in die Zeitung?

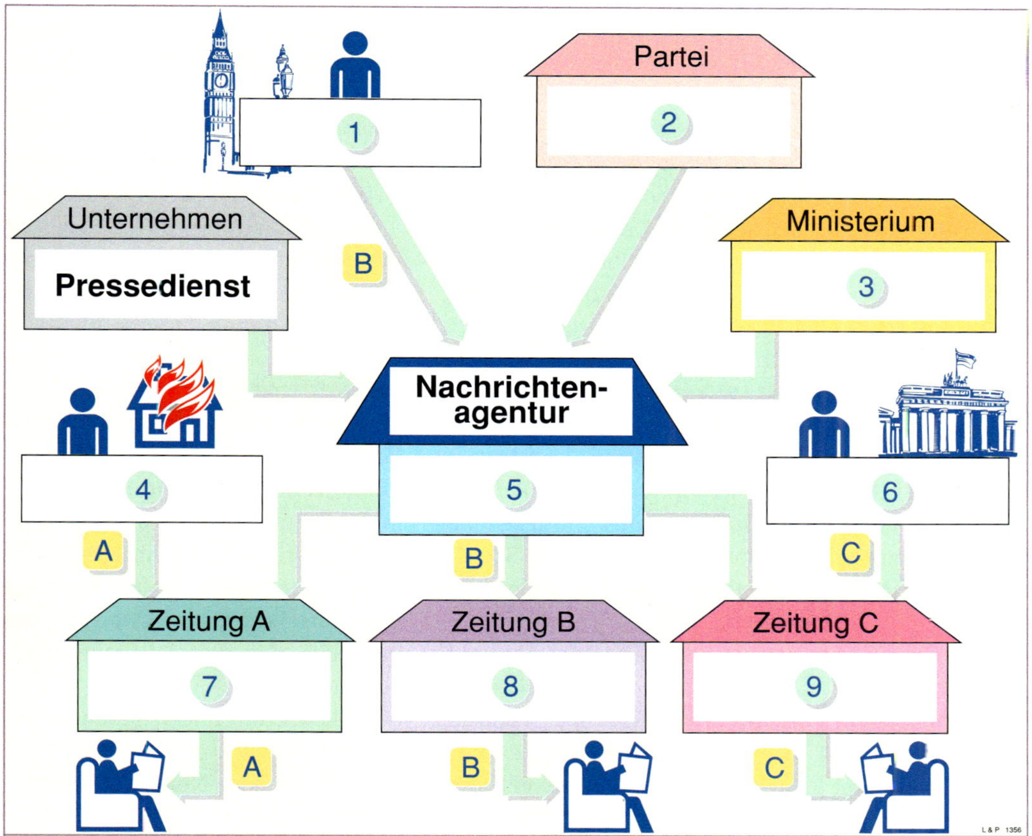

Reporterin/ Reporter | Korrespondentin/ Korrespondent | Redaktion | Pressedienst | Redaktion | Redaktion | Redaktion | Pressedienst | Korrespondentin/ Korrespondent

Redaktion
In ihr werden von Journalistinnen und Journalisten Meldungen ausgewertet, gekürzt und zusammengefasst, Fakten recherchiert, Artikel geschrieben, Kommentare verfasst usw.

Reporter/Reporterin
Berichterstatter/Berichterstatterin

Korrespondent/ Korrespondentin
Auswärtiger Berichterstatter/ auswärtige Berichterstatterin, z. B. in Berlin oder im Ausland

Pressedienst
Unternehmen, Parteien, Ministerien usw. geben in Pressediensten Mitteilungen über ihre Aufgaben und ihre Arbeit heraus.

Nachrichtenagenturen
Sie liefern Nachrichten, Berichte und Bilder zu allen Themen und Lebensbereichen aus aller Welt. Wichtige Nachrichtenagenturen sind:
- dpa (Deutsche Presse-Agentur)
- AFP (Agence France Press, Frankreich)
- rtr (Reuters, Großbritannien)
- AP (Associated Press, USA)

1. Ordne die neun Begriffe dem Schaubild zu. Notiere zu jeder Zahl den entsprechenden Begriff in deinem Heft oder trage die Begriffe auf deinem Arbeitsblatt ein.
2. Beschreibe für die Pfeile A, B und C den Weg der Nachricht bis zur Leserin, zum Leser genauer.

Thema: Eine Zeitungsseite gestalten

Ein Projekt ist eine gemeinsame Aktion einer Klasse, die ein sichtbares Ergebnis zum Ziel hat, z.B. eine Ausstellung, eine Aufführung oder die Herstellung und den Verkauf von Gegenständen. Bei einem Projekt können Schülerinnen und Schüler durch praktische Arbeit Erfahrungen machen und lernen.

Vorbereitung

Ein Projekt wird von den Schülerinnen und Schülern und den Lehrkräften gemeinsam geplant und durchgeführt. In der Planungsphase müsst ihr euch zuerst über das gemeinsame Ziel verständigen.

- Überlegt, ob ihr die von euch erarbeitete Seite in eurer Schülerzeitung oder in einer regionalen Zeitung veröffentlichen wollt. Sprecht hierzu mit einem Verantwortlichen der entsprechenden Zeitung.
- Sammelt möglichst viele Ideen zur Realisierung eurer Zeitungsseite, z.B. im Brainstorming. Die Vorschläge können auf Kärtchen notiert und diese an der Tafel oder Pinnwand übersichtlich zu einem Projektablauf angeordnet werden. Daraus ergibt sich euer Zeitplan für die Projektdurchführung.

Durchführung

Projekte werden meist in arbeitsteiliger Gruppenarbeit durchgeführt. Damit das angestrebte Ziel erreicht werden kann, muss sich jede Arbeitsgruppe an den vorgesehenen Zeitrahmen halten bzw. bei Schwierigkeiten rechtzeitig die anderen informieren.

- Verteilt die Themen für eure Zeitungsseite auf die einzelnen Gruppen. In den Gruppen erarbeitet ihr dann die Inhalte eures Gruppenbeitrags. Dabei gilt, dass jeder etwas zum Ergebnis beiträgt.
- Abschließend wird aus den einzelnen Beiträgen die endgültige Zeitungsseite gestaltet. Hierfür ist es sinnvoll, mit je einem Vertreter aus jeder Projektgruppe eine neue Gruppe zu bilden. Ihr könnt euch für die abschließende Gestaltung auch Hilfe von einem Redakteur der Zeitung holen, in der ihr eure Seite veröffentlichen wollt.

Auswertung

Ein Projekt schließt mit einem sichtbaren Ergebnis ab, z.B. der Veröffentlichung eurer Zeitungsbeiträge in der Schülerzeitung oder einer örtlichen Zeitung. Zum Abschluss der Projektarbeit sollt ihr rückblickend über eure Projektarbeit nachdenken und euch zum Beispiel Fragen stellen wie:

- Welche Erfahrungen haben wir bei unserer Projektarbeit gemacht?
- Was haben wir Neues gelernt?
- Sind wir mit dem Projektergebnis zufrieden?
- Hätten wir etwas anders machen sollen?

Auf der Suche nach Anregungen

Aus euren Texten und Bildern wird zum Schluss die Seite gestaltet.

1 Führt ein Projekt durch und gestaltet eine Seite für eine Zeitung, z. B. für eure Schülerzeitung oder die Lokalzeitung an eurem Ort.

Fernsehen: Wer bringt was?

E

Die Fernseh- und Hörfunksendungen werden von Rundfunkanstalten produziert und ausgestrahlt. Grundsätzlich lassen sich zwei Arten von Rundfunkanstalten unterscheiden: die öffentlich-rechtlichen und die privaten Sender. Die öffentlich-rechtlichen Rundfunkanstalten haben sich zur ARD zusammengeschlossen. Ihr gemeinsames Programm ist das Erste. Der Südwestrundfunk (SWR) gehört der ARD an. Neben der ARD gibt es das Zweite Deutsche Fernsehen (ZDF) mit Sitz in Mainz. ARD und ZDF sind zur sogenannten „Grundversorgung verpflichtet. Das heißt, dass sie auch Sendungen zu Politik, Bildung und Kultur ausstrahlen müssen. Solche Sendungen sind in einer demokratischen Gesellschaft wichtig, auch wenn sie nicht von so vielen Zuschauern gesehen werden, wie die beliebten Unterhaltungssendungen.

Für ARD und ZDF müssen die Zuschauer monatliche Gebühren entrichten. Nur ein Teil der Kosten für ihre Programme wird durch Werbeeinnahmen gedeckt. Die privaten Sender hingegen müssen fast die gesamten Kosten für ihre Programme aus den Werbeeinnahmen finanzieren. Deshalb ist der Anteil, den die Werbespots an der Sendezeit einnehmen bei den privaten Sendern besonders groß.

ARD
Arbeitsgemeinschaft der öffentlich-rechtlichen Rundfunkanstalten Deutschlands

Herr Wolf: Frau May, Sie als Medienfachfrau können mir bestimmt sagen, was beim Fernsehen mit Einschaltquote gemeint ist.

Frau May: Gern. Die Einschaltquote ist der prozentuale Anteil der Zuschauer einer bestimmten Fernsehsendung im Vergleich zur Gesamtheit der Zuschauer.

Wolf: Wie wird die Einschaltquote denn gemessen und das ermittelt?

May: Für alle TV-Zuschauer in Deutschland hat die Gesellschaft für Konsumforschung, kurz GfK, repräsentativ 5000 Haushalte ausgewählt. Diese Haushalte haben eine „Quotenbox“, die im 1-Sekunden-Takt registriert und speichert, welcher Sender geschaut wird. Diese Daten werden nachts um 3 Uhr von der GfK abgerufen und ausgewertet.

Wolf: Aber im einen Haushalt lebt ein Single, im anderen ein Paar und im dritten Haushalt eine Familie mit drei Kindern ...

May: Stimmt! Deswegen wird jede im Haushalt lebende Person durch eine Zahl identifiziert, z. B. Vater 1, Mutter 2, Kind 3 usw. Jeder, der Fernsehen schaut, muss seine Taste an der Quotenbox drücken. Beispiel: Die Mutter schaut einen Spielfilm und hat die Taste 2 gedrückt. Kommt nun die Tochter hinzu, drückt diese die Taste 3 – und der Film hat von dieser Sekunde an einen Zuschauer mehr.

Wolf: Es geht also bei der Einschaltquote um die Anzahl der Zuschauer, nicht um die Anzahl der eingeschalteten Fernsehgeräte?

May: Richtig! Die angegebenen Zahlen beziehen sich auf die tatsächlichen Zuschauer. Und im besten Fall sitzen in Deutschland 40 Millionen Zuschauer gleichzeitig vor dem Fernseher.

Wolf: Also sagen die Einschaltquoten aus, welcher Sender zu einem bestimmten Zeitpunkt die höchsten Zuschauerzahlen hatte?

May: Ja, man spricht auch vom Marktanteil.

Wolf: Und für wen sind die Einschaltquoten und Marktanteile wichtig?

May: In erster Linie für die privaten Sender, denn diese müssen sich über die Werbung finanzieren. Je höher die Einschaltquoten, desto interessanter wird der Sender für Werbekunden. Das wiederum hat Auswirkungen auf das Programmangebot.

Wolf: Wie meinen Sie das?

May: Die privaten Sender müssen sich stärker als die öffentlich-rechtlichen nach dem Geschmack der Zuschauer richten, um hohe Einschaltquoten zu erzielen. Daher bieten sie z. B. viel weniger Kultur- oder Informationssendungen als ARD und ZDF, dafür erheblich mehr Filme, Serien, Shows usw.

1 Beschreibe Unterschiede zwischen dem öffentlich-rechtlichen und dem privaten Fernsehen.

2 Erläutere den Zusammenhang zwischen Einschaltquote, Marktanteil und Programmangebot.

3 Vergleicht Programmangebote von öffentlich-rechtlichen und privaten Sendern.

3 Hilfe
Bildet Gruppen. Jede Gruppe vergleicht in einer Programmzeitschrift zum gleichen Tag das Angebot von ARD oder ZDF oder einem Dritten Programm mit jeweils einem Privatsender.

E

Eine Fernsehserie ist eine Abfolge von Filmen mit festen Figuren, die üblicherweise zur selben Zeit an gleichbleibenden Wochentagen im Fernsehen ausgestrahlt wird. Typisch für eine Fernsehserie ist die gleichbleibende Dauer der Folgen und die in sich abgeschlossene Handlung einer Folge. Die Serienstars sind den Zuschauern vertraut wie Nachbarn oder Bekannte. „Gute Zeiten, schlechte Zeiten“ ist eine der bekanntesten Serien, die von dem Privatsender RTL seit 1992 montags bis freitags am Vorabend ausgestrahlt wird.

Fragen zur Beobachtung einer Serie

1. Wer sind die Hauptpersonen der Serie?
2. Schätzt das Alter der Hauptpersonen ein.
3. Wo, in welchem Umfeld spielt die Serie?
4. Welche Schwierigkeiten, Probleme und Konflikte tauchen immer wieder auf?
5. Welche Berufe üben die Darsteller aus?
6. Welche Werbespots werden vor, während und nach der Folge eingeblendet?

Fragen zur Auswertung einer Serie

1. Wird in der Serie das tägliche Leben treffend oder verzerrt dargestellt?
2. Wie werden die Schwierigkeiten, Probleme und Konflikte gelöst?
3. Welche Szenen sprechen euch besonders an?
4. Welche Personen gefallen euch besonders, welche nicht?
5. Warum ist diese Serie bei vielen Jugendlichen beliebt?
6. Untersucht die Werbespots: Wofür wird geworben? An wen richtet sich die Werbung?

1 Ermittelt in der Klasse, welche Fernsehserien gesehen werden.

2 Führt in der Klasse eine Untersuchung zu einigen der täglichen Fernsehserien durch. Die Fragen zur Beobachtung und zur Auswertung einer Serie helfen euch dabei.

Das Internet und seine Nutzung

(Zeichnung: Karl Gerd Striepecke)

(Zeichnung: Thomas Plaßmann)

1 *Ich erledige meine Bankgeschäfte online.*

2 *Im Internet chatte ich mit meinen Freundinnen.*

3 *Ich schaue mir häufig Filme im Internet an.*

4 *Ich kaufe Bücher im Internet. Onlineshopping ist bequem.*

5 *Ich mache bei Internetauktionen mit. Kürzlich habe ich eine Nähmaschine ersteigert.*

6 *Ich benötige das Internet beruflich.*

7 *Meinen Freunden schreibe ich oft E-Mails.*

8 *Mich interessieren am meisten die Computerspiele im Internet.*

9 *Wenn ich für ein Referat etwas wissen will, recherchiere ich im Internet.*

10 *Mit dem Smartphone pflegen wir den Kontakt zu unseren Verwandten in Kanada.*

Unsere Internetnutzung

Wenn ihr wissen wollt, wie das Internet von euch hauptsächlich genutzt wird, könnt ihr so vorgehen:

1. Jede/r von euch schreibt auf einem Blatt fünf Möglichkeiten auf, wie sie/er das Internet nutzt. Dahinter notiert sie/er die Zahlen 1 bis 5. 5 bedeutet, dass diese Nutzung die wichtigste oder häufigste ist, 4 steht für eine etwas weniger häufige Nutzung usw. Wer das Internet für sich nicht nutzt, notiert „keine Internetnutzung". Der Name wird nicht angegeben. Lediglich mit einem „J" oder einem „M" könnt ihr kennzeichnen, ob das Blatt von einem Mädchen oder Jungen stammt.

2. Die Auswertung der Blätter erfolgt an der Tafel. Jede Nutzungsmöglichkeit wird bei der ersten Erwähnung notiert. Dann werden alle dafür genannten Zahlen notiert. Zählt ihr sie am Ende zusammen, seht ihr, wie das Internet in eurer Klasse genutzt wird.

3. Ihr könnt die Auswertung getrennt nach Mädchen und Jungen vornehmen, z. B. die Zahlen in unterschiedlichen Farben notieren. So könnt ihr leicht im Vergleich sehen, ob es Unterschiede im Nutzungsverhalten zwischen Mädchen und Jungen gibt.

1 Vermute, welche Aussagen zur Nutzung des Internets in den Sprechblasen von Jugendlichen und welche von Erwachsenen stammen.

2 Nenne weitere Möglichkeiten der Internetnutzung. Denke auch an Politik.

3 Analysiere die beiden Karikaturen.

4 Führt in eurer Klasse eine Befragung „Unsere Internetnutzung" durch. Ordnet die Ergebnisse und erläutert sie.

4 Hilfe

Erstellt dazu eine Liste mit Teilfragen.

V

WEBCODE
SDL-11077-301
Internet-Demokratie

Petition
Eingabe, Bitte oder Beschwerde an die zuständige Behörde oder die Volksvertretung; im engeren Sinn eine Bitte von Bürgern an das Parlament, Gesetze zu ändern oder zu beschließen

Formen der E-Demokratie

Direktdemokratische Formen

- **Internetwahlen** bieten die Möglichkeit, bei Wahlen oder Referenden die Stimme über das Internet abzugeben.
- **E-Protest** schafft Verknüpfungen für Protestaktionen, etwa über die Webpräsenz einer Bürgerinitiative.
- **E-Partizipation** ermöglicht Bürgerinnen und Bürgern eine Einflussnahme auf politische Entscheidungen über das Internet, etwa bei Bauvorhaben.

Indirektdemokratische Formen

- **E-Information** dient als Einstieg in die elektronische Willensbildung, etwa über eine Bereitstellung von Informationen auf der Webpräsenz einzelner Politiker.
- **E-Parliament** bezieht den Bürger in parlamentarische Arbeit ein, etwa durch Diskussionsforen auf der Webpräsenz der Parlamente.
- **E-Party** bietet Parteimitgliedern Möglichkeiten zur Mitarbeit über das Internet.
- **E-Petitioning** (Online-Petition) bietet Bürgern die Möglichkeit den Petitionsausschüssen der Parlamente direkt Fragen zu stellen und Missstände aufzuzeigen.

(aus Wikipedia, der freien Enzyklopädie)

Beispiel für eine Online-Petition

Wahlalter-ab-16-in-RLP

Wir fordern die Abgeordneten des rheinland-pfälzischen Landtages auf, die politische Beteiligung junger Menschen zu stärken und eine Absenkung des Wahlalters bei Kommunal- und Landtagswahlen auf 16 Jahre zu beschließen.

(openPetition von: Landesjugendring Rheinland-Pfalz e.V.)

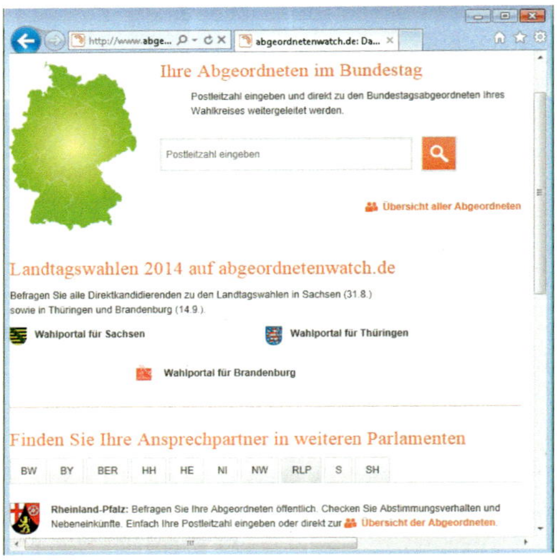

www.abgeordnetenwatch.de (Startseite: Ausschnitt)

Das Internet bietet den Bürgerinnen und Bürgern vielfältige Möglichkeiten der politischen Beteilung. Sie können z. B. in Foren mitdiskutieren oder E-Petitionen einreichen. Sogar die direkte Kontaktaufnahme mit Bundestagsabgeordneten, Landtagsabgeordneten und Abgeordneten des Europäischen Parlaments ist möglich. Kritische Fragen stellen, herausfinden, wie die oder der Abgeordnete bei Abstimmungen im Parlament entschieden hat: alles kein Problem dank Internet. „Sind Sie für oder gegen ein Kommunalwahlrecht mit 16 Jahren?", „Sind Sie für oder gegen Studiengebühren?", oder Fragen mit lokalem Bezug zum Wahlkreis der oder des Abgeordneten: Politikerinnen und Politiker legen ihren Wählerinnen und Wählern Rechenschaft ab.

Eine gute und übersichtliche Internetseite ist hier www.abgeordnetenwatch.de. Alle Bundestagsabgeordneten sind erreichbar, außerdem die Abgeordneten vieler Landesparlamente, unter anderen die von Rheinland-Pfalz. Auch wenn ein Teil der von Bürgern gestellten Fragen unbeantwortet bleibt bzw. mit Standardformulierungen abgewimmelt wird, die meisten Politikerinnen und Politiker nehmen die Anfragen der Bürger ernst. Von einigen ist sogar bekannt, dass sie die Anfragen persönlich beantworten, andere lassen das von ihren Büros erledigen.

Nicht nur Projekte wie Abgeordnetenwatch tragen zu mehr Transparenz in der Politik bei. Auch die offiziellen Internetseiten des Deutschen Bundestages, der Europäischen Kommission und die Seiten von einzelnen Abgeordneten belegen digitale Bürgernähe. Reden, Gesetzentwürfe u. v. a. m. lassen sich dort aktuell zum Download finden. Kommunikation im Internet bietet den Politikerinnen und Politikern die Chance, ihr Image aufzupolieren. Viele Bundestagsabgeordnete legen sogar ihre Bezüge und Nebeneinkommen auf ihren Homepages offen.

1. Beschreibe Möglichkeiten der politischen Beteiligung über das Internet.
2. Überlegt euch in der Klasse zwei Fragen: eine mit regionalem Bezug, eine zu einem gesellschaftspolitischen Problem. Entscheidet, welche Abgeordneten für die jeweilige Frage geeignete Ansprechpartner sind und stellt die Fragen per Internet.

Thema: **Umgang mit dem Internet**

Jugendliche an Internetarbeitsplätzen in einem Berufsinformationszentrum

Die Methode Lernen an Stationen ist eine gute Möglichkeit für euch, ein Thema selbstständig zu bearbeiten. Jede Station umfasst dabei ein Gebiet des Themas. Diese Methode ermöglicht euch eine eigenständige Auseinandersetzung mit dem Thema. Innerhalb eines festgelegten Zeitrahmens könnt ihr euer Arbeitstempo selbst bestimmen. Ihr könnt meistens selbst entscheiden, in welcher Reihenfolge ihr die Stationen bearbeitet.

Vorbereitung

Die Lehrerin oder der Lehrer informiert euch über die Lernstationen, gibt den Zeitrahmen vor und legt fest, ob ihr in Einzel-, Partner- oder Gruppenarbeit vorgeht. Ihr erfahrt auch, wie ihr eure Ergebnisse vorstellen sollt. Bei einem Rundgang orientiert ihr euch zunächst über die Aufgabenstellungen und das Material an den einzelnen Lernstationen. Danach entscheidet ihr euch für die Station, die ihr zuerst bearbeiten möchtet.

Onlinenutzung in Deutschland 2015
nach Geschlecht und Alter, mindestens einmal wöchentlich genutzt, in %

	gesamt	Frauen	Männer	14–29 J.	30–59 J.	ab 60 J.
Senden/Empfangen von E-Mails	78	77	79	71	83	73
Informationen suchen	76	71	80	83	78	59
Berichte im Internet lesen	59	53	64	68	61	43
Aktuelle Nachrichten nutzen	53	47	58	63	54	36
Videos	53	43	62	86	47	25
Onlinebanking	34	31	36	29	39	24
Digitale Landkarten nutzen	28	25	30	28	31	20
Chatten	27	24	31	60	20	4
Onlinespiele	21	16	25	37	17	9
Onlineshopping	20	20	21	24	22	10
Audios	33	25	41	59	28	13
An Internetforen teilnehmen	12	10	13	22	10	2
An Versteigerungen teilnehmen	9	7	10	7	11	4
Kontakt-/Partnerbörsen nutzen	3	2	4	3	4	2

(www.ard-zdf-onlinestudie.de/index.php?id=531 / 04.02 2016)

Durchführung

Ihr nehmt das an der ausgewählten Station vorgelegte Material, sucht euch einen ungestörten Arbeitsplatz und bearbeitet die Aufgaben. Für inhaltliche Nachfragen oder bei technischen Problemen wendet ihr euch an eure Lehrerin bzw. euren Lehrer.

Auswertung

Die Arbeitsergebnisse zu den verschiedenen Lernstationen werden der Klasse präsentiert. Nach der Präsentation kann in der Klasse besprochen werden, welche Erfahrungen ihr mit der Methode des Stationenlernens gemacht habt.

1 Führt das Stationenlernen zum Thema „Umgang mit dem Internet“ wie beschrieben durch. Ihr könnt die vier Stationen (Seite 94 bis 97) in Einzel-, Partner- oder Gruppenarbeit angehen.

Station 1: Gefahren aus dem Netz

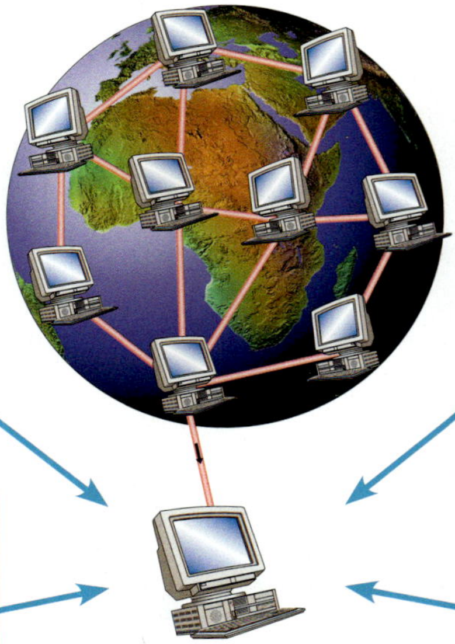

Cookies
Viele Anbieter verwenden Cookies, um Vorgänge auf der Webseite zu vereinfachen. Cookies sind Dateien, die kleine Mengen an Informationen enthalten und vom Webserver gelesen werden können. Werden diese Daten verarbeitet, können Anbieter unterschiedlicher Waren gezielt Kunden zu ihrem Angebot hinführen. Besuchte Internetseiten oder Besuche in Online-Shops können darüber Aufschluss geben.

Vereinsamung
Ein immer größer werdendes Problem ist die Vereinsamung, die übermäßige Computernutzung mit sich bringen kann. Viele Jugendliche verlieren den Kontakt zu Gleichaltrigen, weil Internet und Computerspiele ihren Tagesablauf bestimmen. Sie nehmen sich nicht mehr die Zeit für Unternehmungen mit Freunden oder die Sportstunde im Verein. Selbst gegessen wird am Computer. Die mangelnde Bewegung kann zu gesundheitlichen Schäden führen.

Dialer
Mit Hilfe von Dialern, kleinen Computerprogrammen für den Zugang ins Internet, wählt sich ein PC zu einem bestimmten Anbieter ein. Schwarze Schafe unter den Anbietern legen zuvor aktivierte Dialer lahm und leiten Verbindungen zu extrem teuren Anwahlnummern um. Oft wird dies erst wegen einer hohen Telefonrechnung bemerkt. Spezielle Software bietet Schutz vor diesen ungebetenen Einwahlnummern.

E-Mails und Datenhandel
Durch die Internetnutzung werden erfasste Daten gewerblich genutzt. Marketingfirmen kaufen diese Daten. Die Folge sind Werbe-E-Mails, Anrufe und Postsendungen. Werden die einzelnen Daten zusammengeführt, so lässt sich ein aufschlussreiches Profil des Computernutzers erstellen. Versicherungen oder Banken z. B. können dann genau und zielgerichtet ihre Kunden aussuchen oder andere Personen, die sie als weniger interessant für sich ansehen, ablehnen.

Trojaner
Wie Cookies sind Trojaner kleine Spionageprogramme, die sich – als „normale“ nützliche Programme getarnt – auf dem Computer installieren und heimlich Daten übermitteln.

Viren
Viren tauchen meist als Anhänge von E-Mails auf. Auch auf Internetseiten können sie zu finden sein. Computerviren sind Programme, die häufig Dateien zerstören. Deshalb sollte man immer mit aktiven Virenschutzprogrammen im Internet surfen und keine dubiosen E-Mails öffnen.

Hacker
Hacker sind Personen, die illegal in fremde Computernetze eindringen. Sie können nicht nur Daten ausspähen, sondern auch Schaden auf dem Computer anrichten.

Spyware
E-Mails können als Anhang sogenannte Spyware-Software auf den Computer übertragen. Diese Software spioniert Daten auf dem Computer aus und übermittelt sie an Dritte.

Internetspuren
Jeder hinterlässt beim Surfen Spuren. So werden mit dem Aufruf von Internetseiten bestimmte Daten übermittelt. Auch auf dem eigenen Computer sind Daten der zuletzt aufgerufenen Seiten gespeichert. Sie können von jedem Computernutzer gelesen werden.

WEBCODE
SDL-11077-302
Datenschutz im Netz

1 Hilfe
Orientiere dich an den blau gedruckten Begriffen und formuliere dazu jeweils eine kurze Aussage.

1 Nenne Gefahren, die bei der Nutzung des Internets auftreten können.
2 Begründe an zwei Beispielen, wie persönliche Daten zu einem Problem werden können, wenn sie in falsche Hände geraten.
3 Erkläre, was Dialer-Programme bewirken und wie man sich vor ihnen schützen kann.
4 Erläutere, was Computerviren sind und welche Folgen ein Virenbefall haben kann.

Station 2: Wie sich schützen?

Zwölf Maßnahmen zur Absicherung gegen Angriffe aus dem Internet

(...) Wenn Sie die folgenden Maßnahmen umsetzen, dann erhöhen Sie die Sicherheit Ihres Rechners und Ihre Sicherheit im Internet bereits erheblich.

1. Installieren Sie regelmäßig von den jeweiligen Herstellern bereitgestellte .... ① ... für Ihr Betriebssystem und die von Ihnen installierten Programme (zum Beispiel Internet-Browser, Office, Flash Player, Adobe Reader) – idealerweise über die Funktion „Automatische Updates". Diese Funktion können Sie in der Regel im jeweiligen Programm einstellen, meist unter dem Menüpunkt „Optionen" oder „Einstellungen".

2. Setzen Sie ein ... ② ... schutzprogramm ein und aktualisieren Sie dieses regelmäßig, idealerweise über die Funktion „Automatische Updates".

3. Verwenden Sie eine ... ③ ... . Diese ist in den meisten modernen Betriebssystemen bereits integriert und soll Ihren Rechner vor Angriffen von außen schützen. Dazu kontrolliert sie alle Verbindungen des Rechners in andere Netzwerke und überprüft sowohl die Anfragen ins Internet als auch die Daten, die aus dem Internet an Ihren Rechner gesendet werden.

4. Nutzen Sie für den ... ④ ... ausschließlich ein Benutzerkonto mit eingeschränkten Rechten, keinesfalls ein Administrator-Konto. Alle gängigen Betriebssysteme bieten die Möglichkeit, sich als Nutzer mit eingeschränkten Rechten anzumelden.

5. Seien Sie zurückhaltend mit der Weitergabe ... ⑤ ... . Seien Sie misstrauisch. Klicken Sie nicht automatisch auf jeden Link oder jeden Dateianhang, der Ihnen per E-Mail gesendet wird. Überprüfen Sie gegebenenfalls telefonisch, ob der Absender der Mail authentisch ist. Wenn Sie Software herunterladen möchten, dann sollten Sie dies möglichst ausschließlich von der Webseite des jeweiligen Herstellers tun.

6. Verwenden Sie einen modernen Internet-Browser mit fortschrittlichen Sicherheitsmechanismen wie etwa einer Sandbox. Konsequent umgesetzt wird dieser Schutz gegenwärtig zum Beispiel von Google Chrome. Zudem sollte der Browser über einen ... ⑥ ... verfügen, der Sie vor schädlichen Webseiten warnt, bevor Sie diese ansurfen. (...)

7. Nutzen Sie möglichst sichere ... ⑦ ... . Verwenden Sie für jeden genutzten Online-Dienst – zum Beispiel E-Mail, Online Shops, Online Banking, Foren, Soziale Netzwerke – ein anderes, sicheres Passwort. Ändern Sie diese Passwörter regelmäßig. Vom Anbieter oder Hersteller voreingestellte Passwörter sollten Sie sofort ändern. (...)

8. Wenn Sie im Internet persönliche Daten übertragen wollen, etwa beim Online Banking oder beim Online Shopping, dann sollten Sie dies ausschließlich über eine ... ⑧ ... tun. Jeder seriöse Online-Dienst bietet eine solche Möglichkeit an, beispielsweise durch die Nutzung des sicheren Kommunikationsprotokolls „HTTPS". Sie erkennen dies an der von Ihnen aufgerufenen Internetadresse, die stets mit „https://" beginnt und an dem kleinen Schloss-Symbol (...).

9. Deinstallieren Sie nicht benötigte ... ⑨ ... . Je weniger Anwendungen Sie nutzen, desto kleiner ist die Angriffsfläche Ihres gesamten Systems.

10. Erstellen Sie regelmäßig ... ⑩ ... („Backups") Ihrer Daten, um vor Verlust geschützt zu sein. Hierzu können Sie beispielsweise eine externe Festplatte nutzen.

11. Wenn Sie ein WLAN („Wireless LAN", drahtloses Netzwerk) nutzen, dann sollte dies stets mittels des ... ⑪ ... WPA2 verschlüsselt sein. (...)

12. Überprüfen Sie in regelmäßigen Abständen den ... ⑫ ... Ihres Computers. (...)

(https://www.bsi-fuer-buerger.de/BSIFB/DE/Wissenswertes_Hilfreiches/Service/Checklisten/Massnahmen_gegen_Internetangriffe.html / Abruf: 27.03.2016)

- Viren
- Zugriff auf das Internet
- persönlicher Informationen
- Sicherheits-updates
- Personal Firewall
- verschlüsselte Verbindung
- Programme
- Verschlüsselungsstandards
- Sicherheits-status
- Filter-mechanismus
- Passwörter
- Sicherheits-kopien

1 Ordne die am Rand aufgeführten Stichworte den „Zwölf Maßnahmen ..." zu. Benutze dazu das Arbeitsblatt oder notiere zur jeweiligen Nummer den passenden Begriff.

2 Das Bundesamt für Sicherheit in der Informationstechnik bietet leicht verständliche Informationen zur persönlichen Computersicherheit. Informiere dich über das Angebot.

2 Hilfe

Das in Bonn ansässige Bundesamt für Sicherheit in der Informationstechnik berät Behörden, Firmen und Privatleute. Bürgerinnen und Bürger erhalten Ratschläge unter: www.bsi-fuer-buerger.de

Station 3: Soziale Netzwerke – Privates im Internet

Soziale Netzwerke sind beliebt, insbesondere auch bei Jugendlichen. In der Gunst der Nutzer liegt Facebook vorn. Über die Facebook-Plattform können Mitglieder Bilder und Mitteilungen austauschen. Viele Datenschützer sehen Facebook eher kritisch. Daten können z.B. gespeichert bleiben, selbst wenn sie von den Nutzern bereits gelöscht wurden.

(Globus 26.06.2015)

Logo von WhatsApp Messenger, einer mobilen Nachrichten-App, die bei Jugendlichen beliebter als Facebook ist. Weltweit nutzten im Februar 2016 etwa 1 Milliarde Menschen WhatsApp.

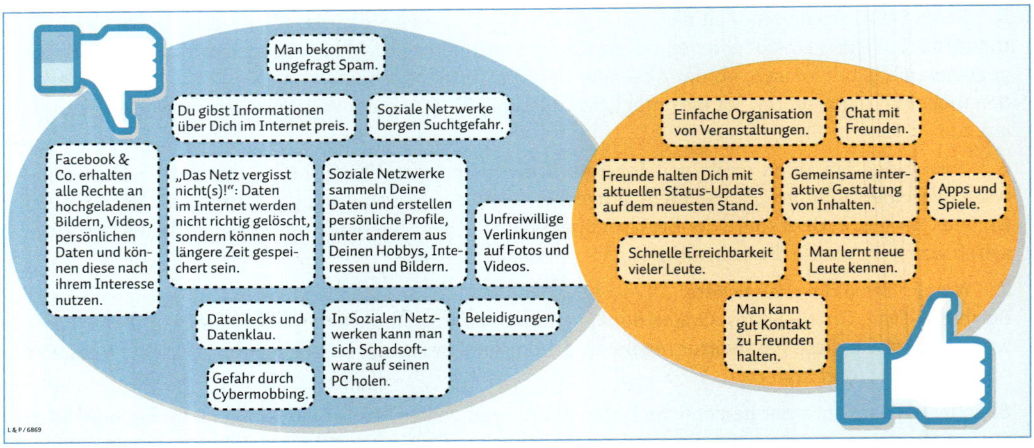

(nach: mach's klar! Ausgabe 1/2012, Soziale Netzwerke. Hg.: Landeszentrale für politische Bildung Baden-Württemberg)

(Zeichnung: Peter Butschkow)

(Zeichnung: Gerhard Mester)

2 Hilfe
Orientiere dich dabei an den auf Seite 19 notierten Tipps für die Auswertung einer Karikatur.

1 Werte die Materialien aus: Was spricht für, was gegen die Teilnahme an sozialen Netzwerken? Begründe deine Position stichwortartig.

2 Analysiere die beiden Karikaturen.

Station 4: Vorsicht im Umgang mit dem Internet!

In Internet lauern Gefahren. Viele davon könnt ihr umgehen, wenn ihr die folgenden Verhaltensweisen befolgt: Gebt Fremden in Chats keine Telefonnummern, sonst droht Telefonterror. Seid vorsichtig, wenn ihr E-Mails bekommt, deren Absender ihr nicht kennt. In den Anhängen können z. B. Viren stecken. Schutz bietet ein Virenscanner. Über Suchmaschinen oder auch durch Tippfehler kann man auf Seiten gelangen, die für Kinder und Jugendliche nicht geeignet sind. Gegen Seiten mit pornografischen oder rechtsradikalen Inhalten z. B. gibt es Filterprogramme, die eure Eltern auf dem Rechner installieren sollten.

Das Internet ist ein Medium, mit dem der richtige Umgang gelernt sein will. Es ist dabei nicht nur wichtig, wie man technisch damit umgeht, sondern auch, wie man es persönlich nutzt. Hier ist Eigenverantwortung gefordert.

Datenschutz, Privatsphäre, Mobbing

Zu den negativen Begleiterscheinungen der neuen Medienangebote zählen neben Fragen der Datensicherheit auch der Schutz der Privatsphäre und das Thema Mobbing. Immer häufiger erfährt die Öffentlichkeit von ungewollten oder unerlaubten Datenpannen bei Netzbetreibern und es ist kein Geheimnis mehr, dass die Nutzungsdaten in sozialen Netzwerken kontinuierlich erfasst und gegen Zahlung auch an Dritte weitergegeben werden. (...)
Doch um welche persönlichen Daten geht es hier genau? 67 Prozent der Internet-Nutzer haben in ihrer Community oder sonst wo im Internet Fotos oder Filme von sich selbst hinterlegt, (...). Informationen über Hobbies und Freizeitaktivitäten haben 62 Prozent öffentlich gemacht, bei 43 Prozent gilt dies auch für die E-Mail-Adresse. Sehr viel sparsamer sind die Jugendlichen, wenn es um die eigene Telefon- oder Handynummer geht (5 %). (...) Im Vergleich zum Vorjahr gehen Jugendliche mit Informationen über die eigene Person sehr viel sparsamer um (...). Das Posten von Bildern und Filmen ist dagegen etwas beliebter als zuvor. (...)
Ein anderes Thema ist es, wenn per Internet oder Handy wissentlich unwahre oder verschmähende Dinge über eine Person in die Welt gesetzt werden. Durch den hohen Vernetzungsgrad der Jugendlichen sind solche Unwahrheiten nicht nur sehr schnell, sondern auch an besonders viele Menschen unwiderruflich in Umlauf gebracht. Aktuell berichten zwölf Prozent der Internet-Nutzer, dass Falsches oder Beleidigendes über sie verbreitet wurde (...).
Auch unter der Verbreitung peinlicher oder beleidigender Videos oder Fotos hat ein Achtel der Internet-Nutzer schon zu leiden gehabt. Mädchen (13 %) und Jungen (12 %) gleichermaßen (...).
Ob es sich bei diesen Aktionen schon um Mobbing handelt, kann nicht bestimmt gesagt werden, wohl aber, dass es sich um erste Indizien handelt. Aktuell berichten 32 Prozent, dass in ihrem Bekanntenkreis schon einmal jemand per Handy oder Internet „fertig gemacht" wurde. Besonders betroffen sind Mädchen (37 %, Jungen: 27 %). Mobbing erfolgt aber quer durch alle Altersgruppen, auch wenn hier wieder die mittleren Jahrgänge stärker betroffen sind (12–13 Jahre: 22 %, 14–15 Jahre: 37 %, 16–17 Jahre: 38 %, 18–19 Jahre: 30 %). Mobbing findet vor allem in den Communities statt, Handy oder Chatforen sind hiervon weniger betroffen. (...)
Selbst schon einmal Opfer geworden sind 2013 sieben Prozent der Internet-Nutzer. Entsprechend den Angaben zum Bekanntenkreis sind auch hier mehr Mädchen (9 %) als Jungen (5 %) betroffen, vor allem 14- bis 15-Jährige (9 %) und die Altersgruppe darüber (16-17 Jahre: 8 %) (...). Schüler an Gymnasien sind weniger betroffen (4 %) als an Real- (10 %) und Hauptschulen (11 %).

(aus: JIM-Studie 2013. Jugend, Information, (Multi-)Media. Basisuntersuchung zum Medienumgang 12- bis 19-Jähriger in Deutschland. Hg.: Medienpädagogischer Forschungsverbund, Stuttgart, Nov. 2013, S. 41–44. Autoren: Sabine Feierabend, Ulrike Karg, Thomas Rathgeb / www.mpfs.de)

1 Beschreibe die Gefahren, die im Internet lauern. Wie kann man sich dagegen schützen? Die Texte auf dieser Seite geben Hinweise.

2 Erläutere, was mit „Eigenverantwortung" bei der Nutzung des Internets gemeint ist.

1 Hilfe
Notiere deine Antwort in einer Tabelle mit zwei Spalten: Gefahr / Schutz.

Aus einem Gespräch zwischen einer Schülerin und einem Rechtsexperten

(Zeichnung: Roger Schmidt, Brunsbüttel)

S: Urheberrecht? Raubkopien? Das geht mich als Schülerin doch nichts an – oder?

R: Kopierst du aus Büchern? Lädst du Fotos aus dem Internet herunter? Tauschst du Musik oder Computerspiele? Wenn ja, dann hast auch du mit dem Urheberrecht zu tun.

S: Wer ist denn eigentlich ein „Urheber"?

R: Jeder, der kreativ etwas erschaffen hat, sei es in der Literatur, in der Kunst, in der Wissenschaft. Wer ein Computerprogramm erfindet, ist ein Urheber ebenso wie ein Fotograf oder Schriftsteller.

S: Dann sind Texter von Musik-Hits und Comic-Zeichner auch Urheber?

R: Richtig!

S: Und welcher Grundgedanke steckt im Urheberrecht?

R: Ganz einfach: Wer etwas geschaffen hat, soll davor geschützt werden, dass andere ohne zu fragen oder ohne zu zahlen seine Leistung für sich verwenden.

S: Na ja, das leuchtet irgendwie ein. Aber dann dürfte man ja ohne Genehmigung nichts aus der Zeitung kopieren oder aus dem Internet holen.

R: Im Prinzip dürfte man keine Musik-CD für den Freund brennen, keine Sicherungskopie vom gekauften Computerspiel anfertigen, keinen Schriftsteller zitieren, kein Arbeitsblatt kopieren – außer man hätte vorher die Nutzungsrecht erworben und im Zweifelsfall dafür bezahlt.

S: Na, das wäre aber sehr kompliziert!

R: Eben! Deswegen sieht das Urheberrecht Ausnahmen vor. In bestimmten Fällen darf man die Werke anderer nutzen ohne zu fragen – und in manchen Fällen ohne dafür zu zahlen. So erlaubt es der Gesetzgeber zum Beispiel, für private Zwecke Kopien von urheberrechtlich geschützten Werken anzufertigen.

S: Dann darf ich also eine CD kopieren?

R: Ja, für dich und Freunde oder Familienangehörige. Aber nur, wenn die CD nicht kopiergeschützt ist. Den Kopierschutz zu umgehen, ist auch für Privatkopien verboten.

S: Und wie ist es mit dem Herunterladen von Musik aus dem Internet?

R: Das Gesetz sagt, dass das Herunterladen von Dateien nicht zulässig ist, wenn diese „offensichtlich rechtswidrig" online gestellt wurden.

S: Woher soll ich das denn wissen?

R: Das ist zugegebenermaßen nicht einfach. Wenn zum Beispiel ein Film, der gerade im Kino angelaufen ist, in einer Tauschbörse im Internet angeboten wird, dann liegt der Verdacht nahe, dass er illegal ins Netz gestellt wurde. Grundsätzlich kann ich nur raten, jeden Download von urheberrechtlich geschützten Musikstücken oder Filmen aus Tauschbörsen zu unterlassen, weil das rechtswidrig ist.

1 Nenne Beispiele, wer „Urheber" sein kann.

2 Beschreibe den Grundgedanken des Urheberrechts.

3 Beurteile die beiden Fälle: Petra will von einer Musik-CD eine Kopie für ihre Freundin machen. Timo will von einer Musik-CD zehn Kopien brennen, um sie zugunsten eines Hilfsprojekts seiner Schule zu verkaufen.

4 Analysiere die Karikatur.

2 Hilfe
Gehe vom Urheber aus und denke an seine Arbeit.

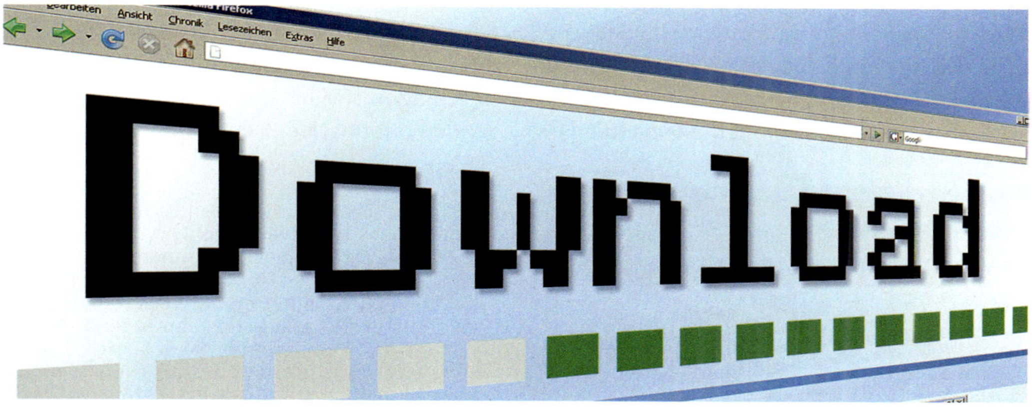

Raubkopien und Tauschbörsen im Internet

Was geht, was nicht?
So mancher Internetnutzer ist verunsichert, weiß nicht mehr, was erlaubt, was verboten oder sogar strafbar ist. Oft lässt sich der Unterschied bei der Angebotsflut nicht erkennen. Die Nutzer merken daher nicht, dass sie sich auf dubiosen Seiten bewegen und versehentlich kopieren oder vervielfältigen.

Die Rechtslage
Grundsätzlich braucht man eine Genehmigung des Urhebers oder des Rechteinhabers, um einen geschützten Inhalt zu vervielfältigen. Bei einer informativen Internetseite ist davon auszugehen, dass der Betreiber einen Abruf sogar wünscht. Bei kostenfrei online abrufbaren Musikdateien dagegen fehlt in der Regel die Zustimmung der Urheber und sonstigen Rechteinhaber wie Plattenfirmen.

Allerdings hat der Gesetzgeber hier die Privatkopienschranke eingeführt, die das Kopieren von geschützten Inhalten für private Zwecke gestattet. Demnach darf man dem besten Freund eine legal aus dem Internet oder im Plattenladen gekaufte CD brennen und zum Geburtstag schenken oder auch eine Datei (zum Beispiel mp3) per E-Mail verschicken, ohne ein schlechtes Gewissen zu haben.

„Als wichtige Einschränkung gilt jedoch, dass beim Kopieren kein Kopierschutz geknackt oder umgangen werden darf“, warnt Martin Müsgens, Diplom-Soziologe und Referent der EU-Initiative Klicksafe. Ein Kopierschutz sei – auch wenn leicht zu umgehen – ein offensichtliches Zeichen dafür, dass kopieren unzulässig ist.

Verboten: File-Sharing in Tauschbörsen
File-Sharing-Programme findet man kostenlos im Netz, sie sind nicht verboten. Wer jedoch Musiktitel auf den eigenen Computer herunterlädt (wie zum Beispiel BearShare), merkt oft nicht, dass er auch einem Upload zustimmt. Damit wird gleichzeitig anderen Interessierten der Musiktitel zum Download angeboten. Handelt es sich bei den Dateien um urheberrechtlich geschütztes Material, sind solche Vorgänge illegal. Da man die übrigen Nutzer der Tauschbörsen in der Regel nicht persönlich kennt, gilt die Privatkopienschranke hier nicht. (...)

So kommt's raus
Das Austauschen von Daten kann einfach nachvollzogen werden, weil jeder PC – wenn er online ist – eine IP-Adresse besitzt. Diese gleicht etwa dem Kfz-Kennzeichen eines Autos. Lädt man sich Dateien über ein File-Sharing-Netzwerk, wie BearShare, können Ermittlungsdienste die IP-Adresse leicht abfischen. Ermittelt werden Datum, Uhrzeit und der Musiktitel, den man heruntergeladen hat. Mit der IP-Adresse und dem Verdacht der Urheberrechtsverletzung ist der Internetanbieter verpflichtet den Namen des Anschlussinhabers preiszugeben. Gegen ihn wird auch juristisch vorgegangen. Ist er unschuldig muss er den Beweis erbringen.

(http://wiso.zdf.de/ZDFde/inhalt/26/0,1872,8355578,00.html, 04.10.2011)

dubios
zweifelhaft, unsicher

legal
gesetzmäßig, gesetzlich

File-Sharing-Programme
Software-Programme, die den direkten Datenaustausch zwischen Computern von Endnutzern ermöglichen.

illegal
gesetzwidrig

1 Werte den Text durch Unterstreichen oder Markieren aus. Benutze dazu das Arbeitsblatt.
2 Formuliere zu jedem der sechs Textabschnitte den Kerngedanken.

Jugendliche und Mediennutzung

Medien spielen im Alltag von Jugendlichen eine wichtige Rolle. Sie nutzen sie für Kommunikation, Information und Unterhaltung. Detaillierte Angaben über den Medienumgang der 12- bis 19-Jährigen in Deutschland liefert die jährlich erscheinende JIM-Studie (Jugend, Information, (Multi-)Media), aus der die folgenden Informationen entnommen sind.

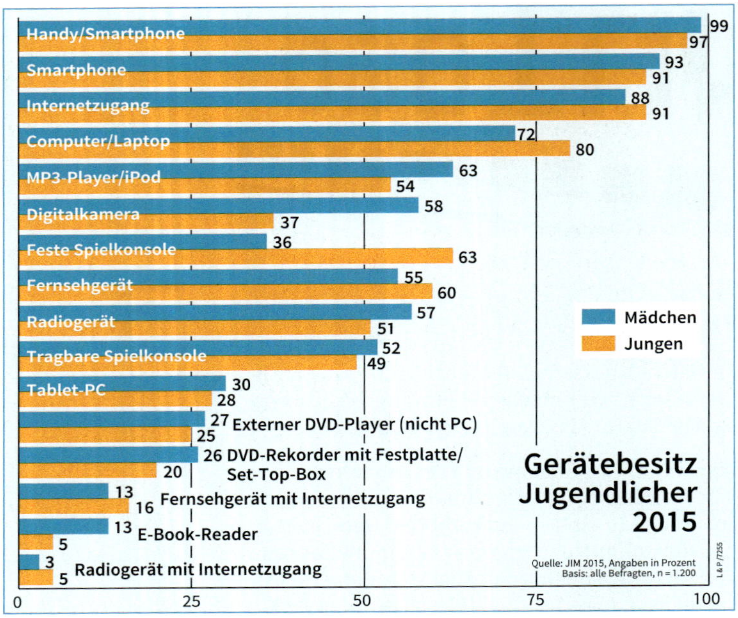

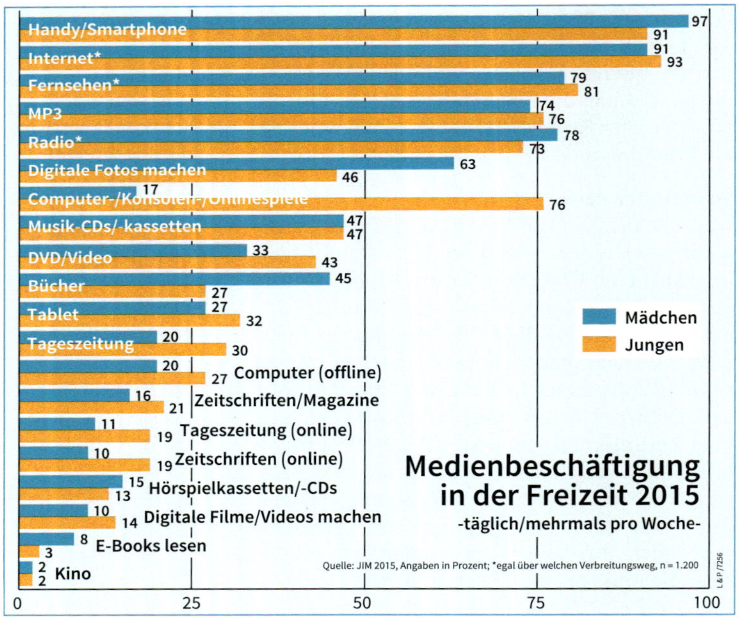

(Digitale) Medien zu nutzen ist im Alltag Jugendlicher selbstverständlich. Die heute Zwölf- bis 19-Jährigen (...) kennen kein Leben ohne Internet oder Handys. (...) Im Hinblick auf die tägliche Nutzung steht das Handy klar an erster Stelle, neun von zehn Jugendlichen nutzen ihr Mobiltelefon täglich. Auf Platz zwei folgt das Internet, dessen Dienste vier Fünftel täglich in Anspruch nehmen. Drei von fünf Befragten hören täglich MP3-Dateien und gut die Hälfte zählt zu den täglichen Radiohörern und Fernsehzuschauern. (...)
Neben der Betrachtung der Nutzungshäufigkeit ist die subjektive Wichtigkeit der Medien ein weiterer Indikator für deren Stellenwert im Alltag der Jugendlichen. (...) Bei der Betrachtung (...) kommt dem Internet (90 %), dem Hören von Musik (87 %) und dem Handy (86 %) die größte Bedeutung zu. Für die Hälfte der Jugendlichen haben Radio (51 %) und Bücher (50 %) einen zentralen Stellenwert. Ebenso sind Fernsehen (46 %) und digitale Spiele (44 %) für knapp jeden Zweiten von besonderer Alltagsrelevanz. Die Tageszeitung (31 %) ist für etwa jeden dritten Jugendlichen (sehr) wichtig. (...)
Hinsichtlich der Nutzungsdauer (Selbsteinschätzung der Jugendlichen) zeigt sich erneut ein Anstieg um eine Viertelstunde auf nunmehr 208 Minuten (2014: 192 Min., 2013: 179 Min.). Allerdings zeigt sich hier zwischen den Altersgruppen ein deutlicher Nutzungsanstieg. Während die Zwölf- bis 13-Jährigen im Schnitt 156 Minuten online sind, steigt dieser Wert bei den 18- bis 19-Jährigen auf 260 Minuten an (14–15 Jahre: 191 Min., 16–17 Jahre: 223 Min.). (...)
Um den Aspekt der Kommunikation im Internet inhaltlich detaillierter darstellen zu können, gaben die Jugendlichen anhand vorgegebener Anwendungen bzw. Dienste deren jeweilige Nutzungshäufigkeit an. Hier liegt WhatsApp in der täglichen Nutzung mit 85 Prozent uneinholbar vorne, Online-Communities allgemein (39 %) bzw. Facebook (38 %) folgen mit weitem Abstand. Jeweils knapp ein Viertel der Jugendlichen verschickt oder empfängt täglich E-Mails (23 %) bzw. nutzt Snapchat (23 %). Etwa jeder Zehnte kommuniziert per Online-Spiel (12 %) oder Skype (10 %). Twitter (7 %) oder Google plus (4 %) bleiben vergleichsweise irrelevant. (...)

(JIM 2015 - Jugend, Information, (Multi-)Media, Basisstudie zum Medienumgang 12- bis 19-Jähriger in Deutschland. Hg.: Medienpädagogischer Forschungsverbund Südwest, Stuttgart, Nov. 2015, S. 8, 11, 12, 14, 30, 32. www.mpfs.de)

2 Hilfe
Aktuellste JIM-Studie unter: www.mpfs.de

1 Vergleiche, ob sich dein Umgang mit Medien mit den Untersuchungsergebnissen deckt.
2 Recherchiere die neuesten Entwicklungen bei der Mediennutzung Jugendlicher.

Thema: Wir führen ein Medientagebuch

Jeder von uns nutzt Medien und hat seine eigenen Mediengewohnheiten. Um genauer zu erfahren, welche Medien ihr wie häufig nutzt, könnt ihr ein Medientagebuch erstellen.

Vorbereitung
Besprecht in eurer Klasse, welche Medien ihr nutzt. Ihr könnt euch dabei an dem unten abgedruckten Medientagebuch orientieren.

Durchführung
Jeder von euch legt ein Medientagebuch an, in dem er alle Medien einträgt, die er normalerweise nutzt. Notiert dort eine Woche lang für jeden Tag die Nutzungsdauer, die ihr mit dem betreffenden Medium verbringt.

Auswertung
Erstellt eine gemeinsame Tabelle mit allen Medien, die von den Schülerinnen und Schülern eurer Klasse genutzt werden. Notiert in dieser Tabelle, wie viele Schülerinnen und Schüler welches Medium überhaupt nutzen.
Errechnet anschließend die durchschnittliche Nutzungszeit für ein Medium. Addiert dazu die Zeiten aller Schülerinnen und Schüler eines Mediums und teilt diese durch die Gesamtschülerzahl.
Formuliert dann eure Ergebnisse, zum Beispiel:
Die Schülerinnen und Schüler unserer Klasse schauen im Durchschnitt ..... Minuten pro Tag Fernsehen.

Medientagebuch von ....

(Angaben in Minuten)	Montag	Dienstag	Mittwoch	...	
Fernsehen	90 min				
Musik hören	60 min				
Radio hören	–				
PC benutzen	150 min				
Smartphone benutzen	45 min				
Zeitung lesen	–				
Zeitschriften/Magazine lesen	23 min				
Bücher lesen	20 min				
Filme ansehen	–				
Comics lesen	40 min				
Ins Kino gehen	–				
Telefonieren	20 min				

Massenmedien

Von besonderer Bedeutung sind die Medien, mit denen einer großen Zahl von Menschen etwas mitgeteilt werden kann. Solche Medien nennt man Massenmedien. Dazu gehören z. B. Fernsehen, Radio, Zeitungen.

Zeitungen/Zeitschriften

Zeitungen kann man danach unterscheiden, wie sie vertrieben werden. Abonnementszeitungen werden ihren Lesern durch Zusteller oder per Post zugestellt, aber auch im Zeitschriftenhandel angeboten. Boulevardzeitungen werden auf der Straße, in Kiosken oder Läden verkauft. Es gibt Zeitungen, die täglich erscheinen, und solche, die wöchentlich erscheinen. Neben den Zeitungen gibt es eine Vielzahl an Zeitschriften. Diese lassen sich in Fachzeitschriften (Beispiel: Computerzeitschrift) und Publikumszeitschriften (Beispiel: Jugendzeitschrift) unterteilen.

Fernsehen

Das Fernsehen wird wie der Hörfunk von Rundfunkanstalten gemacht und ausgestrahlt. Bei den Rundfunkanstalten muss man zwischen den öffentlich-rechtlichen und den privaten unterscheiden. An die öffentlich-rechtlichen Sendeanstalten müssen die Zuschauer und Zuhörer monatliche Gebühren bezahlen. Die privaten Sender finanzieren sich nur durch Einnahmen aus der Werbung. Daher ist es ihnen besonders wichtig, dass ihre Sendungen hohe Einschaltquoten erzielen. So werden sie für Kunden, die Werbung schalten wollen, attraktiver.

Neue Medien

Abhängig vom Entwicklungsstand der Technik ändert sich die Form der Medien. In unserer Zeit spielt als neue Technologie die Elektronik eine große Rolle. Wenn man heute von „neuen Medien" spricht, meint man meist elektronische Medien wie Internet, Handy, DVD, iPod.

Massenmedium Internet

Das Internet ist ein dezentrales weltweites Netzwerk zum Austausch digitaler Daten. Es ist ein neuartiges Massenmedium, das verschiedene Dienste anbietet, z. B. E-Mail für den schnellen Austausch von Mitteilungen. World Wide Web (www) ist ein anderer Internetdienst, der Informationen unterschiedlichster Art und Herkunft zur Verfügung stellt.

Datensicherheit im Internet

Vom Internet gehen vielfältige Gefahren für den eigenen PC und die eigenen Daten aus, z. B. durch Computerviren oder E-Mail-Würmer. Kriminelle versuchen, Passwörter oder vertrauliche Informationen auszuspähen, unverschlüsselte E-Mails können von anderen gelesen werden. Manche Internetseiten hinterlassen kleine Dateien („Cookies"), durch die andere ein Benutzerprofil erstellen können. Durch Sicherheitsmaßnahmen, z. B. Virenschutzprogramme, kann man sich schützen.

Privates im Internet

Immer mehr Menschen stellen ihre privaten Daten ins Netz. Damit sind sie für jeden zugänglich. Vor allem junge Leute versuchen, durch Netzgemeinschaften – auch Communitys oder „soziale Netzwerke" genannt – neue Freunde zu finden. Wenn sie dazu ihre persönlichen Daten eingeben, vergessen viele, dass diese von anderen auch missbraucht werden können. Außerdem sind Onlineprofile häufig über viele Jahre abrufbar. Witzig gemeinte Fotos oder Texte können zum Beispiel später, wenn man sich um ein Praktikum, eine Lehrstelle oder einen Arbeitsplatz bewirbt, von Personalchefs eingesehen werden. Daher gilt, dass man mit der Weitergabe von persönlichen Daten (Name, Adresse, Telefonnummer, Kontonummer usw.) sehr vorsichtig umgehen sollte: Je weniger, desto besser.

Urheberrecht

Das Urheberrecht will Autoren, Musiker, Künstler davor schützen, dass andere ihre Werke ohne Gegenleistung vermarkten. Durch die technischen Möglichkeiten sind Raubkopien von Musikkassetten, CDs, DVDs, Blurays usw. zu einem Problem geworden. Das Urheberrecht lässt Kopien nur für private Zwecke zu und verbietet das Umgehen des Kopierschutzes.

Mediennutzung

Die Mediennutzung ist abhängig vom Alter und von den Interessen der Nutzer. Die tägliche Nutzungsdauer hat in den letzten Jahrzehnten zugenommen. Im Durchschnitt wird die meiste Zeit für den Hörfunk und das Fernsehen aufgewendet. Das Lesen von Zeitungen, Zeitschriften und Büchern spielt im Vergleich dazu eine geringere Rolle. Kinder und Jugendliche schauen im Fernsehen vor allem Serien und Spielfilme. Das Fernsehen bietet ihnen Gesprächsstoff, Vorlagen für ihr Spiel und liefert Rollenvorbilder. Viele Jugendliche orientieren sich – oft ohne es zu merken – an den Stars, die sie im Fernsehen sehen. In den vergangenen Jahren immer wichtiger geworden ist, gerade auch bei Jugendlichen, die Nutzung von Computer und Internet. Für viele ist das Internet längst die wichtigste Informationsquelle überhaupt.

Information

Meinungsbildung

Unterhaltung

Kontrolle

A Medien decken politische, gesellschaftliche und wirtschaftliche Missstände auf. Damit tragen sie dazu bei, dass die Verantwortlichen ausfindig gemacht und zur Rechenschaft gezogen werden.

B In einer Demokratie gibt es unterschiedliche Ansichten und Interessen. Die Probleme sollen in freier und offener Diskussion erörtert werden. So besteht die Chance, dass sich jeder eine eigene Meinung bilden kann. Den Medien kommt bei diesem Meinungsbildungsprozess eine große Bedeutung zu.

Was gehört zusammen?

C Die Massenmedien sollen sachlich, vollständig und so verständlich wie möglich informieren. Die Mediennutzer können so das öffentliche Geschehen verfolgen und die Zusammenhänge erkennen.

D Die Medien sollen auf vielfältige Art und Weise zur Unterhaltung beitragen. Jeder hat so die Möglichkeit, aus dem Angebot das Gewünschte auszuwählen.

1 Streit zwischen den Parteien um Tempolimit für Kleinlaster auf den deutschen Autobahnen

2 Konzert der neuen Boy Group ein Riesenerfolg

3 Deutlicher Rückgang der Verkehrsunfälle im Stadtgebiet von Mainz im letzten Halbjahr

4 Geschäftsführer muss wegen Unterschlagung zurücktreten

1 Ordne jeder Aufgabe der Medien (Information, Meinungsbildung, Unterhaltung, Kontrolle) die passende Abbildung und die entsprechende Erklärung (A–D) zu.

2 Begründe, welche Schlagzeile (1–4) zu welcher Aufgabe der Medien gehört.

2 Hilfe

Schlagzeile 1: Die Formulierung lässt darauf schließen, dass in dem Artikel die verschiedenen Meinungen der Parteien zum Tempolimit beschrieben werden …
Schlagzeile 2: …

V

WEBCODE
SDL-11077-303
Medien in der Demokratie

(Zeichnung: Ulrich Kieser)

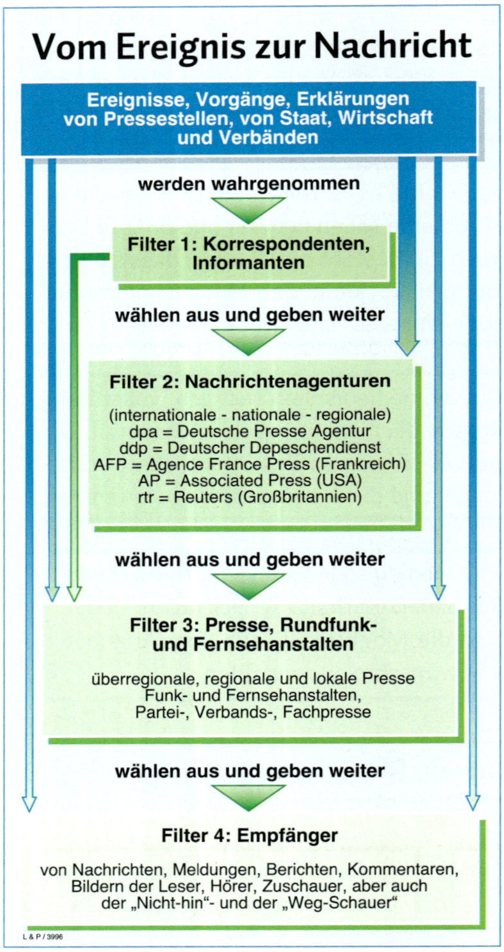

Eine Schulklasse hatte einen Journalisten zum Gespräch eingeladen. Die Schüler und Schülerinnen wollten mehr darüber wissen, wie Medien die Meinungsbildung beeinflussen und welche Macht sie haben.

Selma: Jeden Tag passiert so viel auf der Erde. Wie wählen Medienleute aus, was sie davon als Nachricht bringen?

Journalist: Das Grundprinzip bei der Auswahl ist die Frage: Was interessiert den Leser, Zuhörer oder Zuschauer.

Leo: Aber die Antwort auf diese Frage bestimmen doch Sie, oder?

Journalist: Nicht ich allein, wir arbeiten ja in einer Redaktion zusammen. Aber das Grundproblem bleibt: Wir Nachrichtenmacher wollen zwar objektiv – also sachlich und neutral – sein, aber letztlich müssen wir nach unserer persönlichen Einschätzung auswählen.

Timo: Was spielt dabei eine Rolle?

Journalist: Da gilt zum Beispiel Aktualität und Überraschung – das Ereignis sollte also neu sein. Wichtig ist auch, ob die Personen, um die es dabei geht, bekannt sind – Prominente also. Spannung ist wichtig, das Ereignis sollte einen Konflikt beinhalten. Gut ist auch, wenn das Ereignis vom Üblichen abweicht. „Hund beißt Mann" ist keine Nachricht, „Mann beißt Hund" ist eine. Dann spielt auch noch die Nähe zu uns eine Rolle.

Henry: Wie meinen Sie das?

Journalist: Ein Beispiel: Würden Schüsse an der Grenze zwischen Deutschland und Polen fallen, dann wäre das ganz sicher eine Nachricht in fast allen Medien. Wären die gleichen Schüsse im fernen Afrika an der Grenze zwischen Kenia und Tansania gefallen, würde das wohl kaum bei uns gemeldet. Bei Fernsehnachrichten spielt die Frage der Bilder eine große Rolle. Liegt kein Videomaterial zu einem Ereignis vor, sinken die Chancen stark, dass es zur Nachricht wird. Und dann wird auch auf die Konkurrenz geachtet.

2 Hilfe

Zu den Gefahren: Setze bei „werden wahrgenommen" und „wählen aus und geben weiter" an.

1 Analysiere die Karikatur auf dieser Seite.

2 Werte das Schaubild „Vom Ereignis zur Nachricht" aus und beschreibe mögliche Gefahren für eine Nachricht auf dem Weg zum Empfänger.

V

Aische: Können Sie das genauer erklären?
Journalist: Nun: Für die Auswahl der abendlichen Fernsehnachrichten ist zum Beispiel sehr wichtig, was die „Bild"-Zeitung an diesem Tag berichtet hat. Die „Bild"-Zeitung wird täglich von so vielen Leuten gelesen, dass sie die Macht hat, Themen zu setzen.
Silke: Über manche Ereignisse wird tagelang berichtet.
Journalist: Ja. Neuigkeiten müssen immer aktuell sein, sie brauchen aber auch einen Wiedererkennungswert – also etwas, das der Zuschauer oder Leser schon kennt und in das er die neue Information einordnen kann. Man nennt das auch „Themenkarriere". Ist ein Ereignis erst einmal zur Nachricht geworden, wird darüber gerne ständig weiterberichtet.
Henry: Ist das so, wenn zum Beispiel ein Politiker etwas falsch gemacht hat oder eine Firma einen Skandal verursacht?
Journalist: Ja. Gerade politische Affären, also peinliche, unangenehme Vorfälle, wurden maßgeblich von den Medien aufgedeckt und weiterverfolgt. Natürlich ist es die Aufgabe der Medien, Vermittler zwischen Politik und Öffentlichkeit zu sein. Die Medien sind daneben aber auch die Kritiker und Kontrolleure der Mächtigen im Staat. So sind die großen politischen Skandale der letzten Jahrzehnte nicht von den Parlamenten, sondern von Journalisten aufgedeckt worden.
Simon: Wie ist denn das Verhältnis zwischen Massenmedien und Politik?
Journalist: Für viele Bürgerinnen und Bürger sind die Medien der einzige Zugang zu politischen Fragen. Was die Massenmedien thematisieren, bewegt die Öffentlichkeit. In einer Demokratie müssen die Politiker die Öffentlichkeit von ihren Anliegen überzeugen, das heißt sie brauchen die Massenmedien als Vermittler ihrer Vorstellungen. Die Massenmedien wiederum brauchen die Politiker, denn sie liefern ihnen interessante Schlagzeilen.

(Karikatur: Starke, Arnstadt)

Affären-Chronik (Auswahl)

1991	„Traumschiff-Affäre" führt zum Rücktritt von Ministerpräsident Lothar Späth (CDU) in Baden-Württemberg
1993	„Amigo-Affäre" führt zum Rücktritt des bayerischen Ministerpräsidenten Max Streibl (CSU)
1999	„CDU-Spendenaffäre des früheren Bundeskanzlers Helmut Kohl
2001	„Rabatt-Affäre" des damaligen sächsischen Ministerpräsidenten Kurt Biedenkopf (CDU)
2002	„Spendenskandal" der SPD in Köln
2008	Skandal wegen Steuerhinterziehung führt zum Rücktritt des Vorstandsvorsitzenden der Deutschen Post, Klaus Zumwinkel
2010	„Plagiat-Affäre" des damaligen Bundesverteidigungsministers Karl Theodor zu Guttenberg (CSU)
2011	„Kredit-Affäre" führt zum Rücktritt des damaligen Bundespräsidenten Christian Wulff (CDU)
2013	„NSA-Spionageaffäre" belastet die diplomatischen Beziehungen zwischen Deutschland und den USA

Skandal
Ärgernis; aufsehenerregendes, schockierendes Vorkommnis

Plagiat
wissenschaftliches oder künstlerisches Werk, das durch Nachahmen oder Übernahme fremder geistiger Leistungen (z. B. Ideen, Texte) entstanden ist

3 Fasse zusammen, was der Journalist zur Nachrichtenauswahl sagt.

4 „Medien üben große Macht aus!" Nimm zu dieser Aussage Stellung und beziehe dabei die Aussagen des Journalisten, die Affären-Chronik und die Karikatur auf dieser Seite ein.

4 **Hilfe**
Die linke Person in der Karikatur ist der damalige Bundeskanzler Helmut Kohl. Beachte, was die Personen in den Händen halten.

Aus der Fülle des Angebots der öffentlichen Kommunikation bestimmen die Massenmedien, welche Themen sie dem Publikum anbieten und welche nicht. (...) Wer mit seiner Botschaft oder seinem Anliegen den Sprung in die Medien nicht schafft, hat keine Chance gehört zu werden. Es ist so, als ob es das Thema oder die Botschaft nicht gäbe. Für Politiker und andere von der Öffentlichkeit abhängige Berufsgruppen ist also die Frage, wie sie in die Medien kommen und wie sie darin dargestellt werden, eine Überlebensfrage. Darum beschäftigen zahlreiche Institutionen, Organisationen und Firmen ganze Heerscharen von Medienexperten, Pressesprechern und für Öffentlichkeitsarbeit zuständige Leute, die immerzu darüber nachdenken, wie sie die Aufmerksamkeit der Medien erhaschen und bestimmte Themen in die Öffentlichkeit lancieren können. Wenn das Thema alle angeht, ist das völlig in Ordnung. Wenn es ausschließlich dem Urheber dient, hat es in einem Massenmedium nichts zu suchen, es sei denn als Werbeanzeige bzw. -spot.

lancieren
auf geschickte Weise bewirken, dass etwas in die Öffentlichkeit gelangt, bekannt wird

(aus: Ludwig Maaßen: Massenmedien. Hüthig-Verlag Heidelberg 1996, S. 102)

(Karikatur oben: Burkhard Mohr)
(Karikatur unten: Klaus Stuttmann)

Auf der Suche nach vielen Kunden wenden sie viele der Regeln des Pop auf ihre Berichte über die Politik an. Politik wird auf das verkürzt, was unterhaltsam ist. Eine persönliche Rivalität zwischen zwei Politikern erscheint wie ein sportlicher Machtkampf – wer wird Sieger? Von einer stundenlangen Debatte werden Sekundenausschnitte gezeigt, die Aufmerksamkeit erregen, vielleicht gerade der Augenblick mit einer Beleidigung des Gegners oder seinem Hohngelächter. Von einem Treffen der Staatslenker sehen wir das Vor- und Abfahren der großen Autos, den Prunk der Paraden, die Gesichter der Prominenten. Von einem schwierigen Konflikt, etwa in Afghanistan, werden uns vor allem die fasziniert fremdartigen Gestalten gezeigt und vielleicht noch Bilder von fremd anmutendem Tun. Die schwierigen Prozesse der Politik schrumpfen in der Bearbeitung der Medien für ein großes Publikum häufig auf unterhaltsame Bilder der Stars der Politik, schöner und faszinierender Kulissen und Showereignisse zusammen. (...)

Die Massenmedien wissen aus langer und täglich erneuerter Erfahrung, was sie zeigen müssen, um viele Kunden zu befriedigen. Oft gelingt ihnen das sehr gut, aber um den Preis, dass von der Politik selbst, um die es dabei ja immerhin auch noch gehen sollte, das, was eigentlich wichtig ist, gar nicht mehr vorkommt. (...) Politik braucht in der Demokratie ja die Zustimmung der Bürgerinnen und Bürger, ganz allgemein. Die einzelnen Politiker und Parteien suchen natürlich die größtmögliche Zustimmung für sich selbst und ihre Angebote in der Konkurrenz zu dem der anderen Politiker und Parteien. Sie brauchen das größtmögliche Publikum. Wie sie das erreichen können, haben ihnen die Massenmedien ja nun schon vorgemacht. Sie studieren genau, wie die Massenmedien es machen, und tun es ihnen gleich. Zusammen mit ihren Beratern stellen sie nun sich selbst und das, was sie machen und planen, möglichst ganz genau so dar, wie es die publikumsträchtigen Regeln der Massenmedien vormachen. (...)

Rivalität
Nebenbuhlerschaft, Kampf um den Vorrang

Debatte
Erörterung bzw. Aussprache, die zu einem bestimmten, festgelegten Thema geführt wird, wobei die verschiedenen Meinungen dargelegt werden

(Thomas Meyer: Pop und Politik/www.hypermaschine.de 2003)

Der mediale Auftritt beispielsweise in einer Talkshow im Fernsehen gehört inzwischen zum Arbeitsalltag der Politiker und Politikerinnen.

Interview mit dem ehemaligen Bundestagsvizepräsidenten Wolfgang Thierse

Das Parlament: Die Presse wird in Analogie zu Legislative, Exekutive und Judikative gerne als vierte Gewalt im Staat bezeichnet. Kommt ihr damit ein zu hohes Maß an Macht zu?

Thierse: Diese Frage ist nicht so einfach zu beantworten. Es gibt ganz ohne Zweifel eine wirkliche Medienmacht. Es gibt Politiker; die meinen, Politik zu machen, indem sie Journalisten etwas „stecken". Und ebenso versuchen Journalisten, Macht auszuüben, wenn sie bestimmte Politiker „machen". Dagegen hilft nur journalistische Vielfalt. – Es ist die fundamentale Aufgabe der Medien in einer Demokratie, Politik sowohl zu vermitteln wie auch kritisch zu beleuchten, also zu kontrollieren. Und weil diese Aufgabe zu wichtig ist, stellt die Pressefreiheit ein kostbares und unbedingt zu verteidigendes Gut dar. Sie steht deshalb ja auch unter dem Schutz unserer Verfassung. Es ist allerdings eine andere Frage, inwieweit sich Medien und Journalisten dieser Verantwortung bewusst sind. (...)

Das Parlament: Sie haben vor einiger Zeit kritisiert, dass sich gesellschaftlich relevante Debatten zunehmend aus dem Plenarsaal des Deutschen Bundestages in politische Talkshows verlagert haben. Glauben Sie, dass dieser Prozess umkehrbar ist?

Thierse: Dass Talkshows einen Beitrag zur Vermittlung von Politik leisten, das will und kann ich nicht kritisieren. Was mich aber beunruhigt ist, dass der Ernst und die Verantwortung von Politik überdeckt wird durch den Eindruck folgenloser Streitereien, den die Zuschauer bekommen. Aber zum Glück wird über Gesetze oder etwa Militäreinsätze nicht in Talkshows, sondern im Bundestag entschieden. Erst im Parlament wird es ernst. Daran muss hin und wieder erinnert werden (...). Dass sich wirklich wichtige Debatten verlagert hätten, das behaupte ich auch gar nicht, denn sie finden im Bundestag ja nach wie vor statt. Allerdings, und das ist ein Problem der Wahrnehmung durch die Bürger, finden sie im Bundestag häufig später statt, wenn auch sorgfältiger und fundierter als im Fernsehen. Gelegentlich hört dann aber keiner mehr zu, (...).

(aus: *Das Parlament*, 03./10.03.2003, S. 3)

Wolfgang Thierse

Analogie Entsprechung, Übereinstimmung

Legislative, Exekutive und Judikative gesetzgebende, ausführende und rechtsprechende Gewalt

fundamentale grundlegende

relevante bedeutsame, wichtige

1 Werte die beiden Texte auf Seite 106 aus.
2 Fasse stichwortartig zusammen, was Wolfgang Thierse zum Verhältnis zwischen Medien und Politik sagt. Was stört ihn an politischen Talkshows?
3 Analysiere die beiden Karikaturen.

1 Hilfe
Gib die Kerngedanken in eigenen Worten wieder.

Medienfreiheit und Manipulation

Die Vielfalt der Medien hat auch ihre Nachteile. Es tobt ein harter Kampf um Einschaltquoten und Auflagen. Je höher die Einschaltquote, desto höher die Werbeeinnahmen des Senders. Der Kampf um den Zuschauer und den Leser wird immer heftiger. Dabei halten sich nicht alle immer an die Regeln. Sensationell aufgemachte Nachrichten mit aufregendem Bildmaterial kommen bei Zuschauern und Lesern gut an und verkaufen sich. Selbst dann wenn die Bilder dazu nachgestellt sind.

Ein besonderes Problem ist die Manipulation. Damit ist der Versuch gemeint, andere durch Täuschung in ihrer Meinung zu beeinflussen. In den Medien können immer wieder Manipulationen vorkommen. Sehr schwer sind versteckte Manipulationen zu erkennen, zum Beispiel einseitige Nachrichtenauswahl, verfälschende Kameraeinstellungen, beeinflussende Schlagzeilen oder Bildunterschriften. Darüber hinaus lassen sich heute am Computer Bilder auf vielfältige Weise verändern.

Zeitungsschlagzeilen

A

Finanzminister zockt uns ab

Loch in der Haushaltskasse – Steuern müssen erhöht werden

B

Große Demonstration in der Innenstadt gegen Sozialabbau

Verkehrschaos in der Innenstadt wegen linker Demonstranten

C

Neue Umgehungsstraße: Gefahr für die Innenstadt, wenn die Käufer ausbleiben

Umgehungstraße wird gebaut: Endlich ungestörte Nachtruhe!

Zeitungsmeldungen

1 Mit Beginn des neuen Schuljahres werden mehr Schüler eingeschult als bisher. Statt wie bisher 20 Kinder pro Klasse werden jetzt 28 Schülerinnen und Schüler gemeinsam lernen. Es müssen keine neuen Lehrer eingestellt werden. Einige äußern aber auch Bedenken, dass die Klassenräume zu klein sein könnten.

2 Der Flug nach New York ist gebucht, das Ticket bezahlt – aber an Bord der Maschine darf man trotzdem nicht. Die Fluggesellschaften verkaufen seit Jahren mehr Tickets, als sie Plätze an Bord haben, um sicher zu gehen, dass ihr Flieger auch wirklich voll wird. Betroffene Passagiere erhalten jetzt in diesen Fällen eine Entschädigung.

Beispiel 1

Beispiel 1: Um zu verbergen, dass bei einem Waffentest im Juli 2008 eine Rakete aufgrund einer Fehlzündung am Boden blieb, ließ die iranische Regierung das Foto des Starts bearbeiten. Über die am Boden gebliebene Rakete wurde ein Bildausschnitt mit einer gestarteten Rakete kopiert: ein klassischer Fall von Bildmanipulation.

Beispiel 2

Beispiel 2: Das farbige Originalbild in der Mitte zeigt einen irakischen Soldaten umgeben von zwei US-Soldaten während des Irak-Krieges im Jahr 2003. In der Presse wurden sowohl der linke als auch der rechte Bildausschnitt veröffentlicht. Der Vergleich zeigt eindrucksvoll die unterschiedlichen Wirkungen, die durch das Beschneiden eines Fotos erzielt werden können.

Medienfreiheit

Meinungsäußerungs- und Medienfreiheit enden dort, wo fremde Rechte verletzt werden. Andererseits dürfen diese Rechte nicht so weit ausgedehnt werden, dass die Medien ihre öffentliche Aufgabe nicht mehr wahrnehmen können.
So müssen die Medien die Möglichkeit haben, Missstände aufzudecken und eine Debatte darüber zu führen, wie diese zu beheben sind. Dazu dürfen sie beispielsweise das Verhalten von Politikern, Behörden, Wirtschaftsunternehmen oder Prominenten, etwa Fußballspielern, kritisieren. Diese müssen die Kritik auch dann hinnehmen, wenn sie ihr öffentliches Ansehen schädigt oder ihre Geschäfte stört.
Um die Grenzen der Medienfreiheit zu bestimmen, ist ein Mittelweg zu finden, der das berechtigte Informationsinteresse des Publikums einerseits und die Schutzinteressen der Betroffenen andererseits angemessen berücksichtigt. So dürfen die Medien keine unwahren Behauptungen verbreiten, die das Ansehen eines anderen schädigen. Demgegenüber sind Meinungsäußerungen in politischen Auseinandersetzungen umfassend geschützt. Deshalb kann sich beispielsweise ein Politiker gegen kritische, auch überzogen negative, polemische oder sarkastische Äußerungen nicht erfolgreich zur Wehr setzen, solange es um einen Streit in der Sache geht.
Personenfotos dürfen grundsätzlich nur mit Einwilligung des Abgebildeten veröffentlicht werden (Recht am eigenen Bild). Es ist aber erlaubt, Bilder von Menschen zu verbreiten, die wegen ihrer gesellschaftlichen Stellung dauerhaft im Blickpunkt der Öffentlichkeit stehen oder durch ihr eigenes Verhalten das öffentliche Interesse auf sich gelenkt haben, sogenannte Personen der Zeitgeschichte. Fotos, die das Privatleben solcher Personen zeigen, dürfen allerdings nur veröffentlicht werden, soweit sie für die öffentliche Meinungsbildung wichtig sind. Besonderen Schutz genießen Kinder. (...)

polemische scharfe, unsachliche

sarkastische spöttische, höhnische

(aus: Informationen zur politischen Bildung, Heft 309: Massenmedien, Bonn 2010, S. 10f.)

Prinzessin Caroline unterliegt im Streit um Urlaubsfoto

Wegen der Veröffentlichung von Urlaubsbildern in der Boulevardpresse zog Caroline von Monaco bis vor den Europäischen Gerichtshof für Menschenrechte. Der hat jetzt ein Urteil gefällt.
Prinzessin Caroline von Monaco ist im Streit gegen die deutsche Justiz um die Veröffentlichung eines Urlaubsfotos vor dem Europäischen Menschenrechtsgerichtshof unterlegen. Der Abdruck des Fotos aus dem Jahr 2002, das die heute 55-Jährige und ihren Mann Ernst August von Hannover im Nobel-Wintersportort Sankt Moritz zeigt, verstoße nicht gegen die europäische Menschenrechtskonvention, urteilten die Straßburger Richter am Dienstag. Prinzessin Caroline und ihr Mann hatten beklagt, dass die deutschen Gerichte die Veröffentlichung des Fotos nicht unterbunden hätten. Dadurch sei ihr Recht auf Privatleben, das in Artikel acht der Menschenrechtskonvention verankert ist, verletzt worden. Die Richter entschieden nun, es könne nicht behauptet werden, dass die Prinzessin und ihr Mann gewöhnliche Privatpersonen seien. Außerdem hätten die Beschwerdeführer keine Beweise dafür vorgelegt, dass das Foto „in einem Klima der allgemeinen Belästigung" zustande gekommen sei.

(www.tagesspiegel.de, 07.02.2012)

1. Die Beispiele A bis C auf Seite 108 zeigen unterschiedliche Schlagzeilen zum gleichen Sachverhalt. Beschreibe den Eindruck, der jeweils erweckt wird.
2. Erprobe selbst, wie die Wortwahl einer Schlagzeile den Eindruck der Meldung bestimmen kann. Formuliere für jede der zwei Zeitungsmeldungen unterschiedliche Überschriften.
3. Erläutere, warum in Beispiel 1 das Foto manipuliert wurde.
4. Formuliere zu jedem der drei Bildausschnitte von Beispiel 2 eine Bildunterschrift.
5. „Bilder können nicht lügen!" Beurteile diese Aussage.
6. „Mein Privatleben geht die Medien nichts an!" Nimm Stellung zu dieser Aussage und gehe dabei auf den Text oben und das Urteil im Fall „Prinzessin Caroline" ein.

1 Hilfe
A: Mit „abzocken" ist gemeint, jemand auf betrügerische Art um sein Geld zu bringen. Die Steuererhöhung wird dadurch in der ersten Schlagzeile in ein schlechtes Licht gerückt. Bei der zweiten Schlagzeile hingegen ...

Massenmedien: Pro und Kontra

E

Manipulation
bewusster und gezielter Einfluss auf Menschen ohne deren Wissen und oft gegen deren Willen; absichtliche Verfälschung von Informationen durch Auswahl, Zusätze oder Auslassungen

Pro

- Massenmedien schaffen Öffentlichkeit für gesellschaftlich wichtige Themen und Probleme:
  Herstellung von Öffentlichkeit
- Demokratie setzt informierte Bürger voraus. Die Medien vermitteln zwischen den Politikern und den Bürgern:
  Vermittlungsfunktion, Kommunikationsfunktion
- Medien informieren und unterstützen die Meinungsbildung:
  Informationsfunktion
- Der Kultur- und Bildungsauftrag der öffentlich-rechtlichen Medien sichert die informelle Grundversorgung der Menschen:
  Bildungsauftrag und Grundversorgung
- Massenmedien bringen eine Gesellschaft auch zusammen:
  Integrationsfunktion
- Medien ermöglichen die Orientierung in der Informationsflut:
  Orientierungsfunktion

Kontra

- Durch die Massenmedien werden nicht die wirklich wichtigen Themen öffentlich, sondern bloß die besonders sensationellen. Die Medien zeichnen so ein falsches Bild der Wirklichkeit:
  Verfälschung
- Sie müssen Informationen auswählen, die Auswahlkriterien werden nicht offengelegt:
  Gefahr der Manipulation
- Gesellschaftliche Randgruppen haben weniger Chancen, in den Medien zu Wort zu kommen. Medien zementieren also eher bestehende Machtverhältnisse:
  Stabilisierungstendenz
- Die zunehmende Medienkonzentration führt zu einer einseitigen Medienlandschaft:
  Verlust der Vielfalt
- Durch zunehmende Kommerzialisierung steigt der Druck auf die Redaktionen – auch auf die öffentlich-rechtlichen Medien –, immer mehr „Blut- und Schande"-Themen zu bringen, damit die Quote oder die Auflage stimmt:
  Verflachung
- Medien vermitteln nur eine bestimmte Sicht der Welt:
  Einseitigkeit
- Medien können im Interesse einzelner Gruppen Politik machen:
  Wirtschaftliche oder politische Abhängigkeiten

(aus: Politik & Unterricht 1/2002, MEDIEN, S. 24 f. Hg.: Landeszentrale für politische Bildung Baden-Württemberg, Stuttgart)

1 Setzt euch mit den Pro- und Kontra-Argumenten zu Massenmedien auseinander und führt dazu eine Klassendiskussion.

„Wenn ich Journalist wäre …“

Zwischen dem 16. und 18. August 1988 hielt das sogenannte Gladbecker Geiseldrama ganz Deutschland in Atem. Besonders kritisiert wurde im Nachhinein die Rolle von Medienvertretern, die mit den schwer bewaffneten Geiselgangstern vor laufender Kamera Interviews führten. Nach der Verhaftung der Gangster waren drei Tote zu beklagen.

Im Frühjahr des Jahres 2000 entführten auf den Philippinen Kidnapper Touristen und hielten diese monatelang gefangen. Fernsehreporter aus aller Welt, auch aus Deutschland, reisten an, um über die Geiselnahme zu berichten. Dabei besuchten sie das Dschungelcamp, in dem die Entführer die Geiseln gefangen hielten.

Gladbeck im Urwald

Wie sich Medien am Geiseldrama berauschen

(…) Die Bilder von der Urwaldhölle gehen um den Globus. Wir blicken in die sadistisch grinsenden Gesichter der Geiselnehmer, wir sehen auch die entführten Urlauber, verzweifelt und ausgezehrt, in deren Gewalt. Vielleicht kommen sie davon, vielleicht steht ihnen ein schreckliches Ende bevor. (…)
Kein Zweifel, dass sich die Gangster über solche Drohwirkungen der Aufnahmen freuen. Doch sie filmen, fotografieren und befragen nicht selbst, sie lassen filmen, lassen fragen. Sie gestatten Journalisten, vermutlich gegen entsprechende Bezahlung, dass sie bis zu ihren Urwaldcamps vordringen dürfen; sie erlauben gnädig den Blick auf die zu Tode Geängstigten – wie auf Tiere hinter den Gittern im Zoo.
Und die einen, die Gefangenen, sind im Dunkeln, und die anderen, die Journalisten, keinen Meter davon entfernt, sind im Licht, sagen freundlich guten Tag, leihen ihr Mobiltelefon aus, damit die Opfer womöglich kurz vor ihrem Untergang noch mal zu Hause anrufen können. Dann nimmt der Herr Journalist sein Handy, sagt tschüss, winkt ein bisschen und geht zu seinem Jeep. (…)
(…) Und wie man den einen von dannen ziehen sieht und die anderen so schrecklich ungetröstet hinterherschauen, da fragt man sich natürlich, wie sich der Zurückbleibende fühlt, was in dem leichtfüßig wieder in sein zivilisiertes Leben Eilenden vorgeht und ob es Reporterpflicht ist, Verbrechern die Hand zu schütteln, um der Welt vom Unglück der Gekidnappten möglichst hautnah zu berichten.
Oh ja, werden alle neunmalklugen Puristen sagen: die Öffentlichkeit habe ein Recht darauf zu erfahren, was da vorgeht, nichts dürfe geheim bleiben, sonst sei die Pressefreiheit in Gefahr. Eine Zensur gibt es natürlich nicht, auch keine Selbstzensur. (…)

sadistisch
grausam

(Sibylle Krause-Burger, in: Stuttgarter Zeitung, 20. 05. 2000, S. 37)

	„Wenn ich Journalist wäre …“	Begründung
1	… würde ich alle Informationen weglassen, die Vorurteile bestärken können. ○ stimme zu ○ stimme nicht zu	
2	… würde ich auch Terroristen zu Wort kommen lassen. ○ stimme zu ○ stimme nicht zu	
3	… würde ich bei Straftaten von Ausländern die Nationalität verschweigen. ○ stimme zu ○ stimme nicht zu	
4	… würde ich mehr Positives, also Erfreuliches, Gutes, Schönes, berichten. ○ stimme zu ○ stimme nicht zu	
5	… würde ich alles bringen, was Auflagenhöhe und Einschaltquote steigern kann. ○ stimme zu ○ stimme nicht zu	

1 Beschreibe das Problem, das in dem Bericht „Gladbeck im Urwald“ angesprochen wird.

2 „Wenn ich Journalist wäre würde ich …“. Kreuze auf dem Arbeitsblatt an oder notiere auf einem Blatt. Schreibe dann zu jeder Entscheidung eine kurze Begründung auf.

Thema: Wir spielen Redaktion

Simulieren heißt „so tun als ob" oder „übungshalber nachahmen". Bei dieser Simulation sollt ihr einmal das machen, was Redakteure ständig tun: aus vielen Meldungen auswählen.

Vorbereitung

Ihr benötigt sechs Exemplare einer Tageszeitung. Wichtig ist, dass es die gleiche Zeitung vom gleichen Tag ist. Vereinbart, wer die Zeitungen mitbringt. Außerdem benötigt ihr Scheren, Klebstoff und einige größere Bogen Papier.

Durchführung

Bildet sechs Gruppen. Jede Gruppe bekommt ein Zeitungsexemplar und einen Papierbogen in der Größe einer Zeitungsseite. Von den sechs Gruppen wählen jeweils zwei einen dieser drei Bereiche: Politik, Wirtschaft, Lokales. Jede Gruppe hat dann die Aufgabe, zu ihrem Bereich aus den vielen Berichten, Fotos usw. der Zeitung eine eigene Seite zusammenzustellen. Die ausgeschnittenen Artikel werden auf den Papierbogen so aufgeklebt, dass er wie eine Zeitungsseite aussieht.

Auswertung

Zu jedem Bereich stellen die beiden Gruppen ihre Seite vor. Es wird gemeinsam verglichen, ob und wie unterschiedlich die Auswahl an Texten, Fotos usw. jeweils ausgefallen ist. Jede Gruppe begründet dann ihre Auswahl.

Was ist wichtig?

Es geschieht viel in der Welt. Nicht alles ist wichtig. Was wichtig ist und was nicht, entscheiden wir Journalisten. Nach welchen Kriterien?
Das verletzte Knie eines Bundesliga-Fußballers ist zweifellos wichtig. Die Schwangerschaft der zeitweiligen Geliebten des Vaters einer Weltklasse-Tennisspielerin war so wichtig, dass darüber monatelang berichtet wurde. Der Tod eines Obdachlosen bei Frost im Stadtwald ist unwichtig.
Dass einem jungen Deutschen in einem südostasiatischen Land wegen Heroin-Schmuggels die Todesstrafe droht, vermelden wir. Dass dort 20 oder 30 einheimische Drogenhändler hingerichtet werden, ist nicht so wichtig. (...) Kriege können wichtig oder unwichtig sein. Der Krieg in Angola ist unwichtig. Über ihn berichten wir nicht, obwohl er seit Jahren so viele Menschenleben kostet wie kaum ein anderer. (...) Verstöße gegen die Menschenrechte sind wichtig oder unwichtig, je nachdem, wem sie anzulasten sind. (...)
Politiker sind wichtig. Wir sind in der Lage, sie zu ungeheurer Wichtigkeit aufzublasen. Zu Dutzenden erscheinen wir bei bloßen Show-Veranstaltungen von Berufspolitikern. Wenn zwei Fernsehanstalten präsent sind, dürfen die anderen nicht fernbleiben. Je mehr Journalisten bei einem Ereignis anwesend sind, desto wichtiger muss es sein.

(Eckart Spoo, in: Spiegel Special Heft 1/1995, S. 121)

---

1 Beschreibe das Problem, auf das der Text „Was ist wichtig?" hinweist.
2 Der Text „Was ist wichtig?" stammt aus dem Jahr 1995. Diskutiert in der Klasse, ob die Aussagen des Journalisten auch heute noch aktuell sind.
3 Führt die Simulation wie beschrieben durch.

Pressefreiheit

Die Pressefreiheit ist für Demokratien wichtig. Durch das Recht, unbeschränkt über Ereignisse in Politik, Verwaltung und Wirtschaft zu berichten, werden häufig Missstände aufgedeckt, die sonst verborgen bleiben würden. So üben die Medien über die Mächtigen im Land eine Kontrolle aus. Häufig führt ein Anfangsverdacht dazu, dass die Massenmedien selbst weitere Nachforschungen anstellen. Durch die Pressefreiheit werden Fehlentscheidungen, Lügen, Unterschlagungen aufgedeckt.

Die Pressefreiheit ist bei uns durch das Grundgesetz garantiert. Keine staatliche Behörde darf Zeitungen kontrollieren oder Sendungen verbieten. Journalisten und Journalistinnen müssen ihre Berichte von keinem Amt genehmigen lassen und brauchen keine Angst zu haben, für die Kritik an Mächtigen verhaftet zu werden. Dieses Fehlen von Druck und Zwang nennt man „äußere Pressefreiheit". Mit „innerer Pressefreiheit" ist die Unabhängigkeit von Journalisten gemeint. Sie sollen das schreiben können, was sie für richtig halten, ohne auf mögliche Wünsche ihres Arbeitgebers, ihrer Leser und Leserinnen oder von Anzeigenkunden eingehen zu müssen.

In vielen Ländern der Erde versuchen Diktatoren und undemokratische Regierungen, eine freie Berichterstattung zu unterbinden. Kritische Zeitungen werden verboten, unliebsame Journalisten verhaftet, gefoltert, ermordet. Die Organisation „Reporter ohne Grenzen" berichtet laufend über die Verletzungen der Pressefreiheit."

Grundgesetz

Artikel 5

(1) Jeder hat das Recht, seine Meinung in Wort, Schrift und Bild frei zu äußern und zu verbreiten und sich aus allgemein zugänglichen Quellen ungehindert zu unterrichten. Die Pressefreiheit und die Freiheit der Berichterstattung durch Rundfunk und Film werden gewährleistet. Eine Zensur findet nicht statt.

Zensur
staatliche Kontrolle der Berichterstattung in den Medien

„Keinen Tag länger Redakteur bei ihrem Wurschtblatt! Ich geh zum Express!

„Habe ich gestern gekauft!"

(Zahlen: www.reporter-ohne-grenzen.de / Abruf: 20.03.2016)

1 Beschreibe, wie Pressefreiheit und Demokratie zusammenhängen.

2 Erkläre, was mit „innerer" und mit „äußerer" Pressefreiheit gemeint ist.

3 Wertet in der Gruppe die von der Organisation „Reporter ohne Grenzen" vorgelegten Zahlen aus. Welche Probleme werden deutlich?

2 Hilfe
Beziehe bei der Antwort die Karikatur ein.

Pressefreiheit – nicht selbstverständlich

Diese Karikatur des französischen Zeichners J. J. Grandville erschien 1847 in einer Zeitschrift, die mit der Zensur in Konflikt geraten war. Die Unterschrift lautete: „Süße heilige Zensur, lass uns gehen auf deiner Spur, leite uns an deiner Hand, Kindern gleich, am Gängelband."

DDR-Zeitungen (1973)

Diktator
Person, die die uneingeschränkte Herrschaft in einem Staat ausübt

Staatspartei
Partei, die alles im Staat beherrscht. Kennzeichen für eine Diktatur

REPORTER OHNE GRENZEN
FÜR INFORMATIONSFREIHEIT

Aktuelle Informationen über die Verletzung der Pressefreiheit weltweit unter: www.reporter-ohne-grenzen.de

Die Meinungs- und Pressefreiheit musste im Laufe der Geschichte erkämpft werden. Zu allen Zeiten haben die Herrschenden versucht, diese Freiheit einzuschränken und zu unterdrücken. So gab es schon kurze Zeit nach der Erfindung des Buchdrucks Anordnungen von Kirche und Staat, die den Druck von Schriften ohne vorherige Genehmigung untersagten. Später, zu Beginn des 19. Jahrhunderts, führten die deutschen Fürsten in ihren Staaten eine strenge Zensur ein, um ein Übergreifen der Gedanken der Französischen Revolution auf ihr Herrschaftsgebiet zu verhindern.
Diktatoren und undemokratische Regierungen setzten zu allen Zeiten verschiedene Mittel ein, um eine freie Berichterstattung zu unterbinden. Kritische Zeitungen werden verboten, unliebsame Journalisten verhaftet, gefoltert, ermordet. Neben solchen offenen Unterdrückungsmaßnahmen werden auch versteckte Methoden angewandt: Nur regierungstreue Zeitungen erhalten Druckpapier, Anhänger der Staatspartei werden als Chefredakteure eingesetzt, regierungskritische Journalisten als Spione angeklagt. Eine weitere Methode, um die Pressefreiheit einzuschränken ist die „Lenkung" der Presse. So gab es in der früheren DDR zwar verschiedene Zeitungen, alle mussten jedoch das Gleiche berichten. Von der Regierung erhielten die Redaktionen Anweisungen, worüber berichtet werden soll, wie Ereignisse zu werten seien und welche Themen unerwünscht sind. Auch heute ist in vielen Ländern der Erde die Presse nicht frei. Die Organisation „Reporter ohne Grenzen" berichtet laufend über die Verletzungen der Pressefreiheit. Eine neue Form, die freie Berichterstattung zu behindern, ist die Kontrolle der Kommunikationsverbindungen. So wurden z. B. im Iran im Frühsommer 2009 die Internet- und Mobilfunkverbindungen abgeschaltet um zu verhindern, dass über Massendemonstrationen gegen die Staatsführung berichtet wird.

1 Erläutere, warum die Pressefreiheit ständig gefährdet war und ist.
2 Die Pressefreiheit kann auf sehr unterschiedliche Art und Weise verletzt werden. Beschreibe einige Methoden.
3 Erkläre, was die beiden Abbildungen mit der Verletzung der Pressefreiheit zu tun haben.

Thema: Pressefreiheit weltweit

„Reporter ohne Grenzen" wurde 1985 in Frankreich gegründet. Ziel der Organisation ist es, Verstöße gegen die Pressefreiheit zu erfassen, bekannt zu machen und Aktionen dagegen durchzuführen. Journalisten aus aller Welt schicken der Zentrale in Paris Berichte über die Situation der Pressefreiheit in ihren Ländern. Im Internet werden diese Meldungen weiter verbreitet und so über den Zustand der Pressefreiheit berichtet. Am Beispiel der Homepage von „Reporter ohne Grenzen" könnt ihr trainieren, wie man sich gezielt Informationen im Internet beschaffen kann. Gleichzeitig erfahrt ihr, wie es weltweit um die Pressefreiheit steht.

Erkundung der Internetseite

1. Klicke das Stichwort „Länder" an:
- Welche Unterthemen enthält dieses Stichwort?
- Klicke „Afrika" an und dann „Sudan": Was wird über die Pressefreiheit in diesem Staat berichtet?
- Klicke das Unterthema „Barometer" an: Worüber wird hier berichtet?
- Welche Informationen enthält das Unterthema „Rangliste"?

2. Klicke das Stichwort „Themen" an:
- Welche Unterthemen enthält dieses Stichwort?
- Gehe auf das Stichwort „Internetfreiheit" und dann auf „Feinde des Internets": Worüber wird berichtet?
- Über wen wird bei „Helden der Pressefreiheit" an erster Stelle berichtet?

3. Klicke das Stichwort „Mitmachen" an:
- Welche Unterthemen enthält dieses Stichwort?
- Wähle ein Unterthema aus: Worum geht es hier?

1 Erkunde die Homepage von „Reporter ohne Grenzen". Beantworte die Erkundungsfragen.

2 Gib bei der Suchmaschine www.google.de das Stichwort „Pressefreiheit weltweit" ein. Wie viele Seiten auf Deutsch werden aufgeführt? Welche Internetadressen werden an den ersten Stellen genannt?

Jede Tageszeitung enthält einen umfangreichen Teil zu Politik und Zeitgeschehen

Nachrichtensendungen im Fernsehen – für viele eine wichtige Informationsquelle

Von der Organisation „Reporter ohne Grenzen" initiierte Demonstration für Pressefreiheit

Aufgaben der Medien

Die Massenmedien haben neben der Aufgabe der Unterhaltung drei politische Aufgaben: informieren, zur Meinungsbildung beitragen, kontrollieren. Die Medien sollen so vollständig, sachlich und verständlich wie möglich informieren, damit die Bürgerinnen und Bürger in der Lage sind, das öffentliche Geschehen zu verfolgen. Für die Meinungsbildung sind die Medien wichtig, weil in einer Demokratie politische Fragen in freier und öffentlicher Diskussion erörtert werden sollen. Die Medien bringen Missstände, Fehler und Fehlverhalten in Politik und Wirtschaft an die Öffentlichkeit; dadurch üben sie eine Kontrollfunktion aus.

Macht der Medien

Durch ihre Berichterstattung beeinflussen die Medien die Meinungsbildung vieler Menschen. Weil es in einer Demokratie möglich ist, Missstände im Staat aufzudecken und Politiker und Politikerinnen zu kritisieren, üben die Medien Macht aus. Daher werden die Massenmedien oft neben den gesetzgebenden Parlamenten, den Regierungen und den Gerichten als „vierte Gewalt" im demokratischen Staat bezeichnet.

Medien und Politik

Für viele Bürgerinnen und Bürger sind die Medien der einzige Zugang zu politischen Fragen. Was die Massenmedien zum Thema machen, bewegt die Öffentlichkeit. In einer Demokratie müssen Politiker und Politikerinnen ihre Anliegen und Überzeugungen der Öffentlichkeit nahebringen, d. h., sie brauchen die Massenmedien als Vermittler ihrer Vorstellungen. Die Massenmedien wiederum brauchen die Politikerinnen und Politiker, die ihnen interessante Schlagzeilen liefern.

Pressefreiheit

Das Grundgesetz garantiert in Artikel 5 neben der Meinungsfreiheit auch die Pressefreiheit. Sie gilt für alle Massenmedien. Die Pressefreiheit ist nichts Selbstverständliches. Es gibt viele Staaten, in denen die freie Arbeit für Journalistinnen und Journalisten schwierig und gefährlich ist. In Diktaturen dürfen die Medien nur über das berichten, was den Machthabern genehm ist.

Einschränkungen der Pressefreiheit

Pressefreiheit bedeutet nicht Schrankenlosigkeit. In Artikel 5 des Grundgesetzes heißt es auch: „Diese Rechte finden ihre Schranken in den Vorschriften der allgemeinen Gesetze, den gesetzlichen Bestimmungen zum Schutze der Jugend und in dem Recht der persönlichen Ehre." Das bedeutet z. B., dass Journalisten andere nicht durch Lügen verleumden dürfen. Über das Privatleben eines Menschen dürfen sie nur berichten, wenn daran – wie z. B. bei Politikern oder Stars – ein öffentliches Interesse besteht. Mit Rücksicht auf Jugendliche soll auf sensationsheischende Darstellungen von Gewalt und Brutalität verzichtet werden.

Verantwortung der Medien

Wer von Pressefreiheit in den Massenmedien Gebrauch macht, hat auch eine entsprechende Verantwortung. Der Kampf um Auflagenhöhe und Einschaltquoten darf nicht dazu führen, Sachverhalte aufzubauschen oder gar zu verfälschen. Immer wieder besteht die Gefahr der Manipulation, also der Beeinflussung anderer durch Täuschung. Einseitige Nachrichtenauswahl, verfälschende Kameraeinstellungen, beeinflussende Schlagzeilen sind Beispiele für versteckte Manipulationen.

1 Löse das Rätsel. Verwende dazu das Arbeitsblatt oder notiere von 1 bis 8 in deinem Heft. Die Buchstaben in der grün unterlegten Spalte ergeben von oben nach unten gelesen das Lösungswort.

1 Die Tages... ist nach wie vor eine der wichtigsten Informationsquellen, wenn es um Politik und Zeitgeschehen geht.

2 Mit dem Begriff ... wird eine staatliche Kontrolle der Berichterstattung in den Medien bezeichnet.

3 In einer ... unterhalten sich meist prominente Personen aus Politik, Wirtschaft, Kultur über ein vorher festgelegtes Thema.

4 Die Organisation Reporter ... setzt sich weltweit für die Pressefreiheit ein.

5 Die vier Aufgaben der Medien sind: ..., Meinungsbildung, Unterhaltung und Kontrolle.

6 Der Oberbegriff für Medien wie Fernsehen, Rundfunk, Zeitungen und Internet ist ... .

7 In Artikel 5 des Grundgesetzes wird die ... gewährleistet. Das bedeutet, dass die Medien frei und ohne staatliche Kontrolle berichten können.

8 Die Medien werden oft als ... bezeichnet, da sie neben Legislative, Exekutive und Judikative eine wichtige Aufklärungs- und Kontrollfunktion im Staat wahrnehmen.

2 Analysiere die Karikatur. Nimm Stellung zur Aussage des Zeichners.

(Zeichnung: Reinhold Löffler)

3 Informiert eure Mitschülerinnen und Mitschüler über die Gefahren des Internets. Ihr könnt zu diesem Zweck zum Beispiel eine Wandzeitung gestalten, einen Artikel für die Schülerzeitung verfassen oder eine Plakatserie erstellen.

4 Verfasse einen Leserbrief. Der nachfolgende Textauszug stammt aus einem Leserbrief in einer Zeitung. Nimm Stellung dazu, indem du in einem eigenen Leserbrief antwortest.

... Man muss heute doch von einer regelrechten Medienverseuchung sprechen, wenn man den Alltag unserer Jugend betrachtet. Für viele ist Freizeit gleichzusetzen mit Computerspiel. Persönliche Kontakte zu Gleichaltrigen werden vernachlässigt, Sport und Spiel draußen kennen manche nur noch vom Hörensagen. Die virtuelle Welt ist ihnen wichtiger als die reale.

Hinzu kommt der Handy-Wahn. Ständig tippen die Kinder und Jugendlichen auf den Dingern herum und schicken sich belanglose Nachrichten zu. Und jene, die gerade nicht mit dem Verfassen einer SMS beschäftigt sind, telefonieren mit Freunden, die nur 500 m entfernt um die Ecke wohnen.

Das dritte Übel ist der maßlose Fernsehkonsum. Das Abendessen nehmen viele Kids vor der Glotze und nicht, was wünschenswert wäre, gemeinsam mit der Familie ein. Völlig ausgeschlossen, dass auch nur auf eine einzige Folge der geliebten Fernsehserie verzichtet wird!

Alles in allem kommen so schnell acht oder zehn Stunden Medienkonsum zusammen. Die Eltern sind dagegen machtlos. Ich fordere deshalb, dass der Staat eingreift und gesetzlich klare Regeln vorgibt. Man sollte z. B. verbieten, dass Jugendliche nach 22 Uhr noch vor dem PC sitzen und Kinder unter 14 Jahren ein Handy besitzen dürfen. Und die auf Jugendliche zugeschnittenen Vorabendserien sollten schnellstens aus den Programmen der Fernsehsender herausgenommen werden. ...

5 **Löse das Rätsel.** Benutze dazu das Arbeitsblatt oder notiere die gesuchten Begriffe in deinem Heft und markiere anschließend die Lösungsbuchstaben. Sie ergeben von 1 bis 16 gelesen die Bezeichnung für Kommunikationsplattformen im Internet, die heute von vielen Personen, insbesondere auch Jugendlichen, genutzt werden.

1 Die Nutzung des __________ hat in den letzten Jahren weltweit sprunghaft zugenommen. Es gibt Länder, in denen bereits mehr als 90 Prozent der Bevölkerung „online" sind.

2 Man sollte immer mit einem aktiven __________ im Internet surfen und keine zweifelhaften E-Mails öffnen um sicherzugehen, dass man sich keine Computerviren auf den Rechner holt.

3 E-__________ ermöglicht Bürgerinnen und Bürgern eine Einflussnahme auf politische Entscheidungen über das Internet, zum Beispiel, wenn es um den Bau einer neuen Umgehungsstraße geht.

4 Zugang zum Internet erhält man über einen sogenannten __________. Das Verb zu diesem englischen Begriff lautet übersetzt „versorgen, beschaffen".

5 Wichtige Daten sollte man in regelmäßigen Abständen auf einer externen __________ oder auf CD ROM bzw. DVD abspeichern. So verhindert man einen eventuellen Verlust der Daten, falls der PC von einem Schädling infiziert wird oder die eingebaute Festplatte Schaden nimmt.

6 Eine der häufigsten Nutzungsarten des Internets ist das Versenden von __ – ______. Fast jeder Internetnutzer macht von der Möglichkeit Gebrauch, so Mitteilungen an Freunde oder Geschäftspartner zu versenden.

7 Die Preisgabe persönlicher __________ im Internet wird insbesondere von Jugendlichen oft viel zu leichtfertig vorgenommen. Sie bedenken nicht, dass die Daten über einen langen Zeitraum für jedermann zugänglich sind.

8 Mit __________ ist gemeint, dass über das Internet Käufe getätigt werden können.

9 Weltweit gibt es sogenannte __________, in denen man Computer und Internet nutzen kann. So ist es kein Problem, von unterwegs Kontakt mit Freunden und Bekannten aufzunehmen.

10 In sogenannten ______ – __________ kommunizieren viele Jugendliche im Internat miteinander.

11 Dem __________ kommt eine große Bedeutung zu, da das Internet auch von Betrügern und zur Ausspähung von persönlichen Daten genutzt werden kann.

12 Über die Internetadresse www.__________.de kann Kontakt zu allen Bundestagsabgeordneten und Landtagsabgeordneten aufgenommen werden.

13 Chatten, Flirten, Spielen – vieles lässt sich heute am Computer erledigen. So mancher gerät in eine Abhängigkeit, man spricht dann von __________. Betroffen sind davon insbesondere junge Männer.

14 Von ______ – __________ spricht man, wenn im Internet über jemanden etwas Falsches oder Beleidigendes verbreitet wird.

15 Als __________ bezeichnet man Personen, die illegal in fremde Computernetze eindringen. Sie können nicht nur Daten ausspähen, sondern auch großen Schaden auf den angeschlossenen Computern verursachen.

16 Man sollte die __________ vornehmen, die in unregelmäßigen Abständen auf dem Computerbildschirm angezeigt werden, um sein Betriebssystem und installierte Software zu schützen.

Wirtschaft

Kapitel 04

Die Schaufenster sind voll mit Waren, in den Regalen locken Sonderangebote, die Werbung fordert zum Kauf auf. Auch Kinder und Jugendliche sind für die Unternehmen eine wichtige Konsumentengruppe. Für den Verbraucher ist es wichtig, überlegt einzukaufen. Die Unternehmen müssen bei der Produktion und dem Verkauf ihrer Waren Gesetze und Verordnungen beachten, können also nicht einfach tun, was sie wollen. Der Staat legt diese Rahmenbedingungen fest, bestimmt also die Wirtschaftsordnung einer Gesellschaft. In den letzten Jahren hat die weltweite Vernetzung der Wirtschaft stark zugenommen. Diese Globalisierung bringt Exportnationen wie Deutschland Vorteile, andererseits weiten sich Finanz- und Wirtschaftskrisen rasch weltweit aus. Um das wirtschaftliche Handeln des Einzelnen, unsere Wirtschaftsordnung und die Rolle Deutschlands in einer globalisierten Wirtschaft geht es im folgenden Kapitel. Dabei wird auf diese Fragen eingegangen:

- Was ist ein „Markt“? Was versteht man unter dem „ökonomischem Prinzip“?
- Warum sind Kinder und Jugendliche eine interessante Zielgruppe für Produzenten?
- Welche Gesichtspunkte können bei Kaufentscheidungen eine Rolle spielen?
- Welche Informationsmöglichkeiten für Verbraucher und Verbraucherinnen gibt es?
- Welche Grundmodelle einer Wirtschaftsordnung gibt es? Worin liegen jeweils Vorteile und Nachteile?
- Was versteht man unter einer „sozialen Marktwirtschaft“? Welche Merkmale hat diese Wirtschaftsordnung?
- Vor welchen Problemen steht unser Sozialstaat?
- Wie entwickelt sich die weltweite wirtschaftliche Zusammenarbeit? Bringt die Globalisierung für Deutschland Vorteile oder Nachteile?
- Wie verändern sich die Erwerbstätigkeit und die Arbeitswelt?
- Was versteht man unter „nachhaltigem Handeln“?

Was ist ein Markt?

WEBCODE
SDL-11077-401
Das Marktmodell

1

2

3
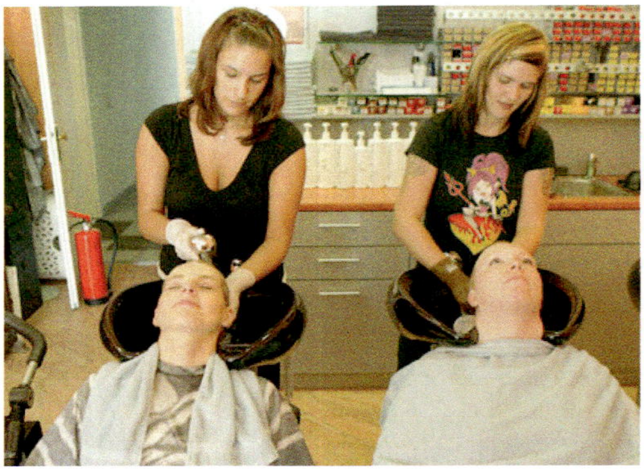

4

5

6

7

8

9

10

In Städten erinnern Namen wie „Marktplatz“ oder „Am Markt“ an frühere Märkte. Manche dieser Plätze dienen auch heute noch als Standorte für Wochenmärkte. Das Marktgeschehen spielt sich heute jedoch in erster Linie in den Geschäften, Kaufhäusern und Einkaufszentren ab. Daneben gibt es spezielle Märkte wie Messen, Börsen, Flohmärkte. Märkte müssen aber noch nicht einmal einen festen Ort haben. So kommt durch die Zeitungsanzeige (Stellenmarkt, Automarkt, Immobilienmarkt usw.), auf die sich ein Interessent meldet, ebenso ein Markt zustande, wie durch das Angebot im Internet, wenn es einen Käufer findet. Immer, wenn Angebot und Nachfrage zusammentreffen, entsteht also ein Markt. Für jede Ware oder Dienstleistung gibt es einen oder mehrere Märkte. Wie sich die Situation auf dem Markt für ein bestimmtes Produkt oder eine bestimmte Dienstleistung darstellt, wird wesentlich durch die Zahl der Anbieter und die Zahl der Nachfrager bestimmt. Diese kann von vielen verschiedenen Faktoren abhängen.

Marktsituationen

Anzahl Anbieter	Anzahl Nachfrager	Beispiel
viele	viele	?
viele	wenige	?
einer	viele	?
wenige	viele	?
wenige	wenige	?
wenige	einer	?

- Studienreise in die Mongolei
- einziges Kino in der Umgebung
- Zeitungen am Kiosk in einer Großstadt
- Panzer für die Bundeswehr
- nur zwei Buchhandlungen in einer Stadt
- Essen und Getränke bei einem völlig verregneten Stadtfest

1 Die Fotos zeigen zehn verschiedene Märkte. Beschreibe diese Märkte in einer Tabelle.

Nr.	Was wird angeboten?	Wer bietet an?	Wer fragt nach?	Wo treffen Angebot und Nachfrage zusammen?
1				
2				
3				
4				
5				
…				

2 Ordne die sechs Beispiele in der Randspalte in der Tabelle „Marktsituationen“ zu.

2 Hilfe
viele Anbieter, viele Nachfrager: Beispiel: Zeitungen am Kiosk …

Wie hängen Angebot, Nachfrage und Preis zusammen?

- Wegweiser
- Preis
- Angebot
- Nachfrage
- Sommer
- Winter
- ausgeglichen
- Geld
- aufeinander-treffen
- Märkten
- senken
- größer
- steigen

Es gibt also Angebot und Nachfrage. Wie wir im Unterricht gelernt haben, entsteht immer dann ein Markt, wenn die beiden … ① … . Dann bilde ich sogar mit „Tante Emma“ für kurze Zeit einen Markt, wenn ich mir in ihrem Laden eine Limo kaufe. So gesehen sind alle Menschen ständig von ungeheuren Mengen von … ② … umgeben.

Natürlich kosten die Waren und Dienstleistungen, die man haben möchte, … ③ …, aber nicht immer gleich viel. Der … ④ … richtet sich nach Angebot und Nachfrage, wie man sehr gut beim Obst und Gemüse sehen kann. Im … ⑤ …, wenn die Früchtchen nur so von den Bäumen und Stängeln purzeln, ist das … ⑥ … größer als die Nachfrage. Wenn der Händler nicht auf seiner Ware sitzenbleiben will, muss er die Preise … ⑦ … . Im … ⑧ …, wo jeder scharf ist auf was Grünes und die Vitamine, ist die … ⑨ … nach frischem Obst und Gemüse oft … ⑩ … als das Angebot. Dann … ⑪ … die Preise, und zwar so lange, bis sich Angebot und Nachfrage … ⑫ … haben.

So kann man eigentlich sagen, dass der Preis so eine Art … ⑬ … ist, nicht nur für die Verbraucher, sondern auch für die Anbieter.

Marktmechanismus

„Preisbildungs-Automat“

Angebot	Nachfrage	Preis
	bleibt	sinkt
sinkt	sinkt	
sinkt		steigt
bleibt		steigt
	steigt	bleibt
steigt	sinkt	
	bleibt	bleibt
sinkt	bleibt	
bleibt		sinkt

„Begriffe-Box“

Angebot	Nachfrage	Preis
steigt steigt bleibt	sinkt steigt steigt	sinkt steigt bleibt

Wochenmarkt in einer Kleinstadt

1 Hilfe
① *aufeinander-treffen*
② …

1 Setze in dem scherzhaften Schüleraufsatz die fehlenden Begriffe ein.

2 „Spiele“ mit dem „Preisbildungs-Automat“. Entnimm die Begriffe aus der „Begriffe-Box“ und übertrage sie in die freien Felder. Es ergeben sich neun Marktsituationen, die sich alle voneinander unterscheiden.

Das ökonomische Prinzip

Fall 1
Frau Bayer hat sich für die digitale Spiegelreflexkamera T 2000 der Firma Toby entschieden. Diese Kamera möchte sie nun möglichst billig kaufen. Daher vergleicht sie die Angebote der Fotohändler und kauft bei dem Händler, der die Kamera T 2000 am billigsten anbietet.

Fall 2
Eine Fabrik benötigt bei der Produktion sehr viel Strom. Die Ursache hierfür sind die relativ alten Maschinen, mit denen produziert wird. Die Unternehmensleitung beschließt, neue Maschinen zu kaufen, die bei gleicher Leistung weniger Strom als die alten Maschinen benötigen.

Fall 3
Familie Renner hat einen Heizölvorrat von 7 000 Litern in ihrem Tank im Keller. Mit diesem Vorrat versucht sie, so lange wie möglich auszukommen.

Fall 4
In einer Jeans-Firma werden Bluejeans hergestellt. In der Fertigungsabteilung wird versucht, möglichst viele Jeansteile aus den Stofflagen auszuschneiden. Die verschiedenen Teile und Größen werden daher mit Hilfe eines Computers zu einem optimalen Gesamtschnittbild zusammengestellt. Nach diesem Gesamtschnittbild werden die Stofflagen vollautomatisch zugeschnitten.

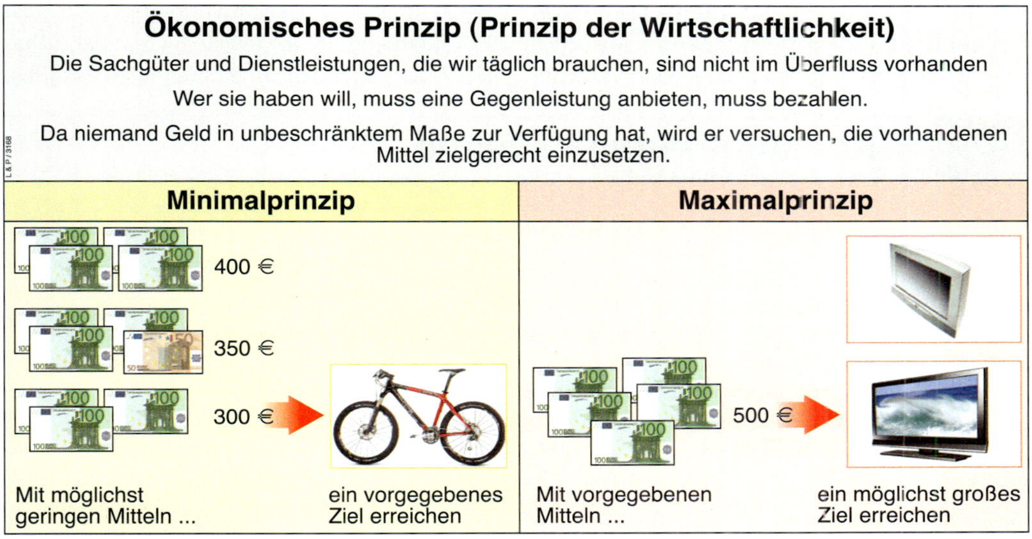

Herr Geiger kauft ein Putzmittel, das nachweislich sehr umweltfreundlich, jedoch teurer als Konkurrenzprodukte ist.

Unternehmerin Hiller kauft eine Abgasfilteranlage, die die gesetzlich vorgeschriebenen Werte weit übertrifft und daher teurer ist.

1 Ordne die vier Fälle dem Minimalprinzip oder dem Maximalprinzip zu.
2 Beschreibe eine Entscheidung, bei der du in letzter Zeit nach einem dieser Prinzipien wirtschaftlich gehandelt hast.
3 Nimm zum Verhalten von Herrn Geiger und zum Verhalten von Frau Hiller Stellung.

3 Hilfe
Beide handeln wirtschaftlich unvernünftig, weil …
Aber …

Dienstleistung
Arbeit in der Wirtschaft, die nicht direkt der Herstellung einer Ware dient, z. B. die Behandlung durch den Arzt oder die Reparatur einer Tür durch eine Schreinerin

Waren und Dienstleistungen werden von Verkäufern angeboten und von Käufern nachgefragt. Immer wenn Angebot und Nachfrage zusammentreffen, entsteht ein Markt. Der Ort dieses Zusammentreffens kann ganz unterschiedlich sein, beispielsweise bei Gemüse der Wochenmarkt, bei Kleidung das Kaufhaus oder bei einem Kauf am PC das Internet. Wer Waren kauft oder Dienstleistungen in Anspruch nimmt, ist wirtschaftlich gesehen ein Verbraucher. Ein Fachwort dafür ist „Konsument“. Auch Kinder und Jugendliche sind Konsumenten, z. B. wenn sie eine Jeans oder eine DVD kaufen oder mit dem Smartphone telefonieren. Kinder und Jugendliche sind für die Wirtschaft in Deutschland eine wichtige Konsumentengruppe. Die Sechs- bis 19-Jährigen verfügen heute über ein Gesamtvermögen von fast 25 Milliarden Euro an Taschengeld, Sparguthaben, Geldgeschenken und Einnahmen aus Jobs.

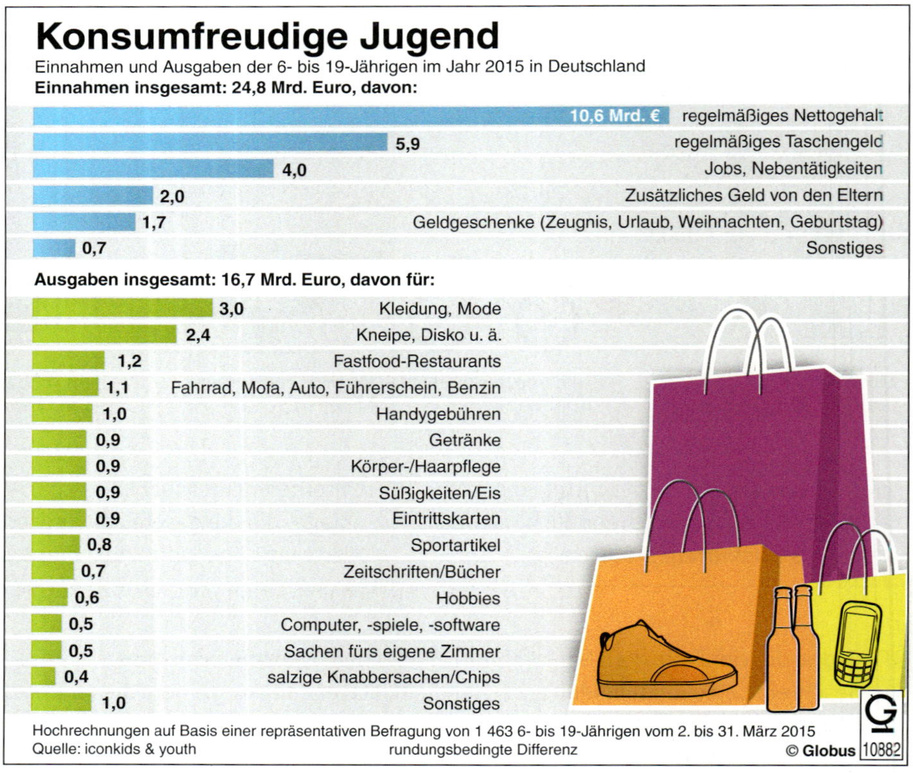

Jung und für Milliarden gut: die Bedürfnisse der Jugendlichen

Interview mit Matthias Marbach, Geschäftsführer der Werbeagentur RENO, über die Bedürfnisse der Jugendlichen

Frage: „Wie verhalten sich Jugendliche Ihrer Zielguppe?"

Marbach: „Das lässt sich etwa so beschreiben: Sie möchten sich gern in einem T-Shirt von Hollister oder H&M zeigen. An den Füßen trägt der junge Mann von Welt mit Vorliebe Schuhe von Nike oder Chucks. Bei Jeans stehen verschiedene Marken hoch im Kurs, Closed, der Dauerbrenner Levis, Diesel und andere. Zum Frühstück wird Nutella verspeist. Getrunken werden Energy-Drinks, zum Beispiel von Red Bull. Und vergessen wir nicht das so überaus wichtige Smartphone. Das ist natürlich im Idealfall ein iPhone oder wenigstens ein Galaxy von Samsung."

Frage: „Wie erklären Sie sich das außergewöhnlich starke Markenbewusstsein der Jugendlichen?"

Marbach: „Marken befriedigen besondere Bedürfnisse. Wer die richtigen Klamotten trägt, gehört einfach dazu. Das Selbstwertgefühl ist dann stärker. Über die Marken werden auch Freundschaften definiert. Wer nicht die richtigen Turnschuhe trägt, ist einfach ‚out'. Die Hierarchie innerhalb der Clique hängt sehr stark von dem Statussymbol der richtigen Marke ab. Dabei definiert die Gruppe, wer ‚hip' oder ‚cool' ist."

Frage: „Welche Bedeutung haben die Bedürfnisse der Jugendlichen für die Wirtschaft?"

Marbach: „Durch die Neigungen und Vorlieben der Jugendlichen werden heute Millionen bewegt. Es gibt sehr viele Produkte im Haushalt, bei deren Anschaffung die Kids mitreden. Der Einfluss der Jugendlichen bei Einkäufen ist so bedeutend, dass man sie mit Recht als die heimlichen Herrscher der Familienkasse ansehen muss. Deshalb sind auch die Kids die große Zielgruppe unserer Agentur."

Frage: „Warum machen denn die Eltern dieses Spielchen mit?"

Marbach: „Die haben natürlich auch das Bedürfnis, dass ihre Kids nicht abseits stehen. Eltern wollen aber auch über die Designer-Klamotten ihrer Sprösslinge Sozialprestige nach außen tragen unter dem Motto: ‚Guckt mal, was wir uns leisten können'. Außerdem sind Eltern richtig stolz auf die Produktkompetenz der Kinder. Das gilt besonders für Computer, Autos und natürlich Smartphones."

Hierarchie
durch Über- und Unterordnung bestimmte Rangfolge innerhalb einer Gruppe

Statussymbol
Gegenstand, der die hohe soziale Stellung seines Besitzers verdeutlichen soll

Designer
Person, die sich beruflich mit Produktgestaltung beschäftigt

1 Erläutere, was ein „Konsument" ist und warum Kinder und Jugendliche eine wichtige Konsumentengruppe sind.
2 Notiere stichwortartig wesentliche Informationen, welche die Grafik auf Seite 124 unten und der Text oben enthalten.
3 Verfasse auf der Grundlage deiner Stichwortnotizen einen kurzen Text zum Thema „Konsumverhalten von Jugendlichen".

1 Hilfe
Bedenke auch den Einfluss, den Jugendliche auf die Kaufentscheidungen ihrer Eltern haben.

Gesichtspunkte bei Kaufentscheidungen

PREIS LEBENSDAUER MENGE FOLGEKOSTEN UMWELTVERTRÄGLICHKEIT
AUSSEHEN NEBENWIRKUNGEN QUALITÄT AUSSTATTUNG KUNDENDIENST

Einige Umweltzeichen

Dieses Prüfsiegel wird an besonders umweltschonende Produkte und Dienstleistungen vergeben.

Das FSC-Siegel garantiert, dass Holz- und Papierprodukte aus verantwortungsvoll bewirtschafteten Wäldern stammen.

Mit dem EU-Eco-Label werden umweltfreundliche Produkte gekennzeichnet.

Viele Verbraucherinnen und Verbraucher achten zunehmend darauf, dass ihr Konsum umweltverträglich ist, also der Umwelt möglichst wenig schadet. Umweltverträglich – man sagt auch ökologisch dazu – ist es, wenn bei der Herstellung eines Produktes keine oder kaum Verunreinigungen von Wasser, Luft und Boden entstehen und der Gebrauch des Produkts die Umwelt möglichst nicht belastet. Weil das für die Verbraucherin oder den Verbraucher beim Kauf eines Produkts schwer zu entscheiden ist, spielen Umweltzeichen oder Öko-Labels eine große Rolle.

Immer mehr Verbraucherinnen und Verbraucher berücksichtigen bei ihren Kaufentscheidungen nicht nur wirtschaftliche und ökologische Aspekte. Sie denken auch an die Bedingungen, unter denen die Ware hergestellt wurde. Sie lehnen es ab, Produkte nur wegen des günstigen Preises zu kaufen, wenn sie wissen, dass die Ware unter menschenunwürdigen Bedingungen produziert wurde, z. B. durch Kinderarbeit. Allerdings sind die Produktionsbedingungen oft nicht oder nur schwer zu beurteilen. Hier helfen Hinweise auf einen „fairen Handel".

Fair Trade – gerechter Handel

„Fair Trade" ist englisch und bedeutet wörtlich übersetzt „gerechter Handel". Bezeichnet wird mit dem Begriff ein kontrollierter Handel, bei dem die Erzeuger für ihre Waren einen angemessenen Preis erhalten. Dabei geht es hauptsächlich um Erzeuger von landwirtschaftlichen Produkten wie Kakao, Kaffee, Bananen, Orangen usw. und von Handwerkswaren in Entwicklungsländern. Weltweit haben sich Menschen zusammengetan, um sich dafür einzusetzen, dass die Bauern und Handwerker mit ihrer Arbeit ein verlässliches Einkommen erzielen können. Verkauft werden die Fairtrade-Produkte bei uns in Supermärkten, Bioläden, Kaufhäusern, Drogeriemärkten und Weltläden. Wer Produkte mit dem Fairtrade-Siegel kauft, hat die Gewissheit, dass die Lebens- und Arbeitsbedingungen von Bauern und Beschäftigten in Entwicklungsländern durch die Fairtrade-Preise verbessert werden. Illegale Kinderarbeit und Zwangsarbeit sind verboten.

Fair Trade-Siegel

Spielzeug aus der Hölle

Von Wolfgang Mendel

Die deutsche Weihnacht ist ein Exportprodukt aus China. 80 Prozent des Spielzeugs auf unseren Gabentischen stammen aus der chinesischen Boomprovinz Guangdong, fast alle deutschen Marken lassen dort produzieren. An den Kindergeschenken haften jedoch häufig Schweiß und Blut, denn die Arbeitsbedingungen in Guangdongs Fabriken brechen elementarste Menschenrechte.

Ich halte den Atem an, immer wieder, bekomme erst Kopfweh, drückend von der Schädeldecke her, dann wird mir schwindlig. Ich stehe in Chinas Weihnachtsparadies, einer von Tausenden Spielzeugfabriken, die in den vergangenen Jahren entstanden sind. „Die arbeiten nicht schnell genug", flucht mein Begleiter, Joey Wong, der hier 5000 Miniatur-Raumschiffe fertigen lässt. Er führt mich durch einen adventlichen Albtraum. „Das sind dumme Bauern vom Land, denen musst du alles zehnmal einbläuen."

Es faucht und zischt in der Halle, bunter Lack schießt aus Dutzenden Sprühpistolen, die 70 Arbeiter über winzigste Plastikstücke halten. Ganz nah ans Gesicht halten sie die Lacksprüher, damit Joey sie nicht anbrüllt, sie präzise genug sein können. Bis zu 16 Stunden am Tag atmen die jungen Männer und Frauen die giftigen Lackstoffe ein, die Lösungsmittel, die das Gehirn schädigen, Niere, Leber, Herz. Die ihnen auf Dauer die Lunge zerfressen.

Die Gesichter von vielen sind von Ausschlägen vernarbt, an den Armen platzen rote Blasen auf. Nur wenige tragen Mundschutz, Mullmasken, die nur gegen Staub schützen, nicht gegen die giftigen Dämpfe. Ich habe es nie anders gesehen in Guangdongs Spielzeugfabriken, auch nicht in denen, die für Deutschlands namhafteste Unternehmen herstellen. (...)

Wie lange die Marathonmaloche am Fließband wird, erfahren sie meist erst im Laufe des Tages. Zur Hochsaison zwischen Juni und August, wenn sie für Weihnachten produzieren, sind es nicht selten 18 Stunden. Manchmal – bei Eilaufträgen – arbeiten sie die ganze Nacht. Drei Tage und Nächte Schufterei sind Yus persönlicher Rekord. Einen freien Tag gibt es selbst in der Nebensaison nur einmal im Monat. Der Verdienst – nach allen Abzügen für Kantine und Wohnheim – liegt im Schnitt bei 60 Euro. Die meisten Abteilungen sind ohne Klimaanlage, die Temperaturen werden im Sommer unerträglich. Fünfmal am Tag dürfen Frauen auf Toilette, dreimal die Männer, für maximal fünf Minuten. Wer häufiger muss, zahlt Strafe, die vom Gehalt abgezogen wird.

Internationale Hilfsorganisationen und die Kirchen kritisieren regelmäßig die Zustände in Chinas Spielzeugfabriken. Jetzt hat die Industrie nach langem Zögern mit Kontrollen der Arbeitsbedingungen begonnen. Der Weltspielzeugverband „ICTI" schickt seit zwei Jahren Inspekteure durch das Teddybärenland, um die extremste Ausbeutung der Beschäftigten zu verhindern. (...)

In einer Spielzeugfabrik in China

(www.focus.de/..de/kultur/weihnachten/made-in-china_aid_121210.html. Artikel vom 17.12.2006)

1 Nenne zu den auf Seite 126 genannten Gesichtspunkten weitere Gesichtspunkte, die bei einer Kaufentscheidung eine Rolle spielen können.

2 Erkunde in deinem Umfeld, ob du Produkte mit Umweltzeichen findest. Berichte dann in der Klasse darüber.

3 Erkläre die Bedeutung von „Fair Trade".

4 „Hauptsache das Spielzeug aus China ist billig!" Setze dich mit dieser Aussage auseinander.

Thema: **Kaufen Sie gerecht gehandelte Produkte?**

Bei einer Umfrage geht es darum, von einer größeren Anzahl von Personen Informationen zu einem bestimmten Thema zu erhalten oder deren Meinung dazu zu erfragen.

Vorbereitung

Ihr müsst überlegen, welche Fragen ihr stellen wollt. Dabei gibt es zwei Möglichkeiten:

1 Fragen können so gestellt werden, dass nur mit Ja oder Nein geantwortet werden kann. Beispiel: „Soll es in diesem Jahr ein Schulfest geben?"
Vorteil: Es ist im Anschluss leicht, auszuzählen, wie viele der Befragten dafür und wie viele dagegen sind.
Nachteil: Jeder Befragte kann nur zu den vorgegebenen Meinungen Stellung nehmen. Vielleicht hätte er jedoch etwas anderes zum Thema sagen wollen.

2 Fragen können so gestellt werden, dass jeder Befragte seine eigene Antwort geben kann. Beispiel: „Wie soll das Schulfest gestaltet werden?"
Vorteil: Die Befragten können ihre eigene Meinung äußern.
Nachteil: Die Auswertung ist schwierig. Es kann nicht einfach ausgezählt werden, wie viele der Befragten dafür oder dagegen sind.

Vor einer Umfrage müsst ihr außerdem überlegen, wie ihr diese organisiert: Sollen Einzelne fragen oder soll die Umfrage von Zweier- oder Dreierteams durchgeführt werden? Sollen die Antworten auf einem Fragebogen festgehalten oder auf einem Tonträger aufgezeichnet werden?

Durchführung

Führt die Umfrage anonym durch, also ohne nach dem Namen zu fragen. Wenn es für die spätere Auswertung eine Rolle spielt, sollten Alter und/oder Geschlecht der Befragten festgehalten werden.

Auswertung

Die Antworten werden durchgesehen. Dabei solltet ihr darauf achten, ob sich deutliche Häufungen bzw. Unterschiede in den Einschätzungen ergeben. Die Ergebnisse der Umfrage werden dann zusammengefasst. Wenn es für das Thema interessant ist, könnt ihr eine zusätzliche Auswertung nach Alter und/oder Geschlecht der Befragten vornehmen.
Ihr müsst auch überlegen, wie ihr die Ergebnisse eurer Umfrage präsentieren wollt. Ihr könnt z. B. eine Wandzeitung gestalten oder einen Bericht für die Schülerzeitung verfassen.

Wo finde ich fair gehandelte Produkte?

Die besten Anlaufstellen:

Bio-Läden und Bio-Supermärkte: Bieten nicht automatisch nur faire Produkte, haben aber im Vergleich zu normalen Märkten eine deutlich größere Auswahl.

Naturkostläden und Reformhäuser: Sie wirken heute ein bisschen angestaubt, doch auch sie bieten neben vielen Bio- auch fair gehandelte Waren.

Weltläden: Diese Läden (...) verkaufen schon seit 40 Jahren fair gehandelte Produkte, sie sind die Pioniere des fairen Handels. Wichtig hier: Traditionell unterhalten Weltläden eigene Beziehungen zu Produzenten, das heißt, viele Produkte haben keine „Siegel", obwohl sie fair gehandelt wurden.

Online-Fair-Shops: Gute Beispiele sind der Contigo-Shop, der GEPA-Shop, die Shops von El Puente, dwp und Globo, aber auch der kirchennahe Eine-Welt-Shop und fairtradeshop.com.

Nachhaltige Shops mit fairen Produkten: Neben echten Fair-Shops gibt's noch spezialisierte Shops, die „auch" Fairhandelsprodukte anbieten, etwa das Greenpeace-Warenhaus, der Avocado Store oder Memolife.

Supermärkte, Discounter, andere Läden: Nicht nur gehobene Supermärkte wie Rewe oder Edeka haben eine stattliche Zahl von fairen Produkten im Angebot oder sogar ganze Regale, inzwischen findet man Waren mit Fairtrade-Zertifizierung auch beim Discounter. Bei letzteren sollte man allerdings bedenken, dass Discounter mit ihren eigenen Mitarbeitern nicht immer fair umgehen und vor allem preisgetrieben arbeiten.

(Auszug aus: Andreas Winterer: Fairtrade und fairer Handel: die wichtigsten Fragen und Antworten., 2. Juni 2015. https://news.utopia.de/ratgeber/fair-trade-fairer-handel-fragen-antworten/)

1 Führt die Umfrage „Kaufen Sie gerecht gehandelte Produkte?" durch.

Verbraucherberatung

E

In jedem Bundesland gibt es eine Verbraucherzentrale. Sie hat die Aufgabe, die Interessen der Verbraucher zu vertreten, zu informieren und bei Problemen weiterzuhelfen. Bei der Verbraucherzentrale Rheinland-Pfalz in Mainz kann man sich – ebenso wie in den weiteren Beratungsstellen im Land – persönlich, telefonisch oder auch per E-Mail schriftlich beraten lassen. Die Verbraucherzentrale bietet Fachberatungen zu diesen Themen an:

- Bau- und Wohnberatung
- Energie-Einsparberatung
- Energierechtsberatung
- Ernährungsberatung
- Finanzberatung
- Gesundheits- und Pflegeberatung
- Telekommunikationsberatung
- Rechtsberatung
- Versicherungsberatung.

In der Verbraucherzentrale Mainz und in den Beratungsstellen vor Ort kann sich der Verbraucher über Testberichte der Stiftung Warentest und aus unterschiedlichen Fachzeitschriften informieren. Es gibt auch viele Broschüren mit Ratschlägen zu unterschiedlichen Themen.

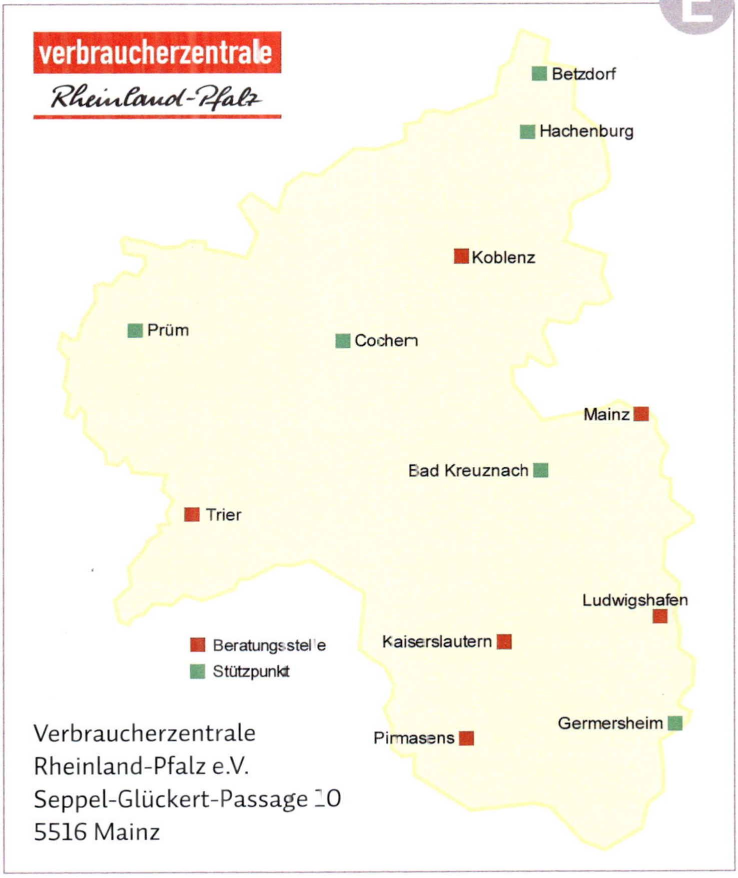

Ich möchte wissen, ob es einen neueren Testbericht zu Digitalkameras gibt.

Ich möchte eine Lebensversicherung abschließen. Jetzt habe ich fünf Angebote und frage mich, welches das günstigste ist.

Unsere Heizkosten sind viel zu hoch. Wie können wir Energiekosten einsparen, ohne frieren zu müssen?

1 Mache Vorschläge, wie sich die drei Ratsuchenden jeweils bei der Verbraucherzentrale informieren könnten.

2 Begründe, warum Beratungsstellen wichtig sind.

3 Ermittelt, wo sich – von eurem Schulort aus gesehen – die nächste Beratungsstelle der Verbraucherzentrale Rheinland-Pfalz befindet.

2 Hilfe
Überlege dir zuerst einige unterschiedliche Probleme, die Verbraucher haben könnten. Formuliere dann eine zusammenfassende Antwort.

E Thema: Verbraucherzentrale Rheinland-Pfalz

Die Verbraucherzentrale Rheinland-Pfalz bietet auch Information für Verbraucher im Internet an. Wenn man diese Internetseiten aufsucht und planvoll vorgeht, kann man viel über die Arbeit der Verbraucherzentrale und ihre Angebote erfahren. Die Internetadresse der Verbraucherzentrale Rheinland-Pfalz lautet:

www.verbraucherzentrale-rlp.de

Gibt man die Adresse ein, findet man erste Informationen auf der Startseite.

Der obere Teil der Startseite enthält verschiedene Rubriken, die beim Anklicken weitere Unterthemen aufführen.

Der linke und der untere Teil der Startseite enthält Schaltflächen mit Fotos und Kurzhinweisen auf aktuelle Verbraucherthemen. Klickt man eine dieser Schaltflächen an, erhält man ausführliche Informationen zum Thema.

Im rechten Teil der Startseite finden sich – unterteilt nach „Themen" und „Beratung" – Hinweise, wie man sich zu einer bestimmten Frage genauer informieren kann. Klickt man z. B. bei „Themen" die Rubrik „Versicherung" an, dann öffnen sich 14 Verweise auf unterschiedliche Versicherungsthemen. Klickt man dann einen dieser Verweise an, erscheinen Hinweise auf Artikel zur jeweiligen Thematik, Broschüren und Verweise auf Info-Texte der Stiftung Warentest. Klickt man bei „Beratung" eine der Möglichkeiten an, wird aufgelistet, über welche Themen man sich auf diesem Weg beraten lassen kann und wie man weiter vorgehen muss.

1 Erkunde die Internetseite der Verbraucherzentrale mithilfe der Erkundungsfragen.

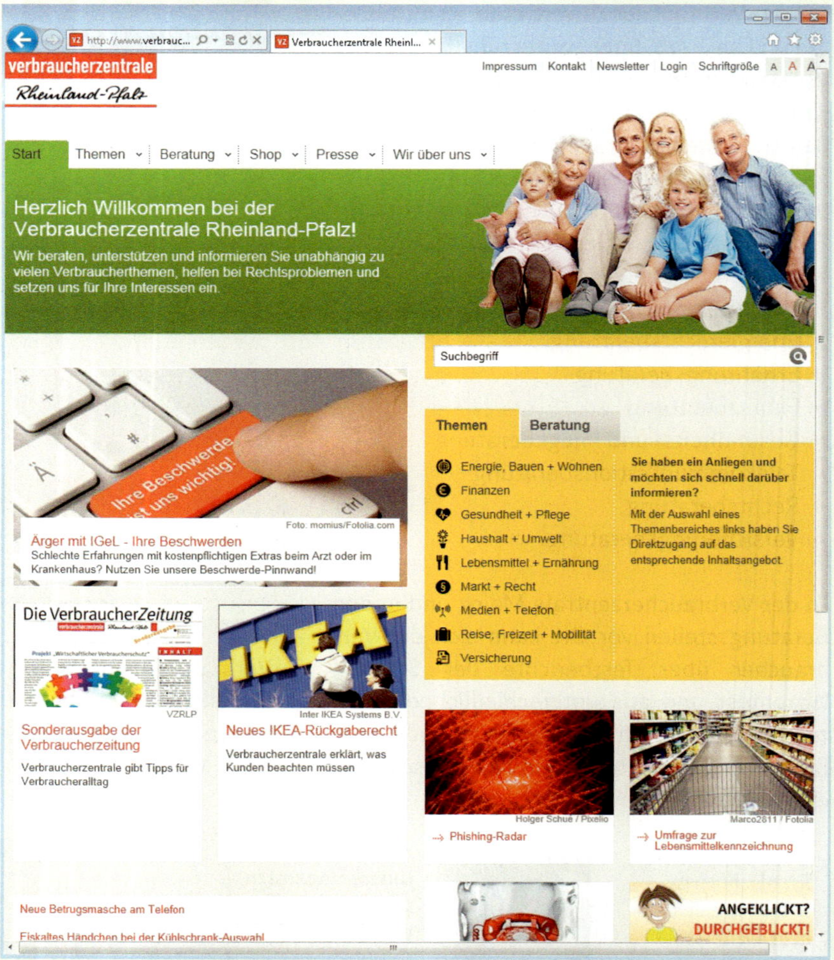

Erkundungsfragen

1. Welche Unterthemen werden angeboten, wenn man bei „Themen" das Stichwort „Finanzen" anklickt?
2. Welche Stelle der Startseite muss man anklicken, wenn man etwas zum Thema „Nahrungsergänzung" erfahren will?
3. Wie viele Artikel zu Urteilen im Reiserecht enthält das aktuelle Informationsangebot?
4. Zu welchen Themen kann man sich telefonisch beraten lassen?
5. Wie viel kostet bei telefonischer Beratung aus dem Mobilfunknetz eine angefangene Minute?
6. Wie viel kostet eine E-Mail-Beratung?
7. Welche Öffnungszeiten hat die von euch aus gesehen nächstgelegene Beratungsstelle der Verbraucherzentrale?

Das Wichtige in Kürze

Markt
Waren und Dienstleistungen werden von Verkäufern (Anbietern) angeboten und von Käufern (Nachfragern) nachgefragt. Immer dann, wenn Angebot und Nachfrage zusammentreffen, entsteht ein Markt. Der „Ort" dieses Zusammentreffens kann ganz unterschiedlich sein, z. B. bei Gemüse der Wochenmarkt, bei Bekleidung die Modeboutique, beim Kauf am PC das Internet. Auf dem Markt haben Verkäufer und Käufer unterschiedliche Interessen. Die Verkäufer sind an einem hohen Preis interessiert, die Käufer an einem niedrigen.

Preisbildung
Der Preis bringt auf dem Markt die unterschiedlichen Interessen von Verkäufern und Käufern zum Ausgleich. Er bildet sich durch Angebot und Nachfrage. In der Regel werden die Preise bei großem Angebot und geringer Nachfrage sinken, bei kleinem Angebot und großer Nachfrage steigen.

Das ökonomische Prinzip
Sachgüter und Dienstleistungen sind nicht im Überfluss vorhanden. Wer sie haben möchte, muss eine Gegenleistung anbieten, muss dafür bezahlen. Da niemand Geld in unbeschränktem Maße zur Verfügung hat, wird er die ihm zur Verfügung stehenden Mittel zielgerecht einsetzen, d. h. er wird wirtschaftlich vorgehen. Es gibt zwei Möglichkeiten, das ökonomische Prinzip zu verwirklichen: (1) mit möglichst geringen Mitteln ein vorgegebenes Ziel erreichen (Minimalprinzip), (2) mit vorgegebenen Mitteln ein möglichst großes Ziel erreichen (Maximalprinzip).

Zielgruppe Kinder und Jugendliche
Kinder und Jugendliche sind eine wichtige Zielgruppe für Werbung. Sie verfügen über eine Kaufkraft von vielen Milliarden Euro und beeinflussen außerdem die Kaufentscheidungen ihrer Eltern. Die Jugendlichen orientieren sich in ihrem Konsum hauptsächlich an Gruppen, denen sie angehören möchten. Daher versucht die Werbung die Modetrends in den Gruppen zu nutzen. Markenprodukte spielen beim Kaufverhalten der Jugendlichen eine große Rolle.

Verbraucherbewusst einkaufen
In Deutschland ist das Angebot an Waren und Dienstleistungen sehr vielfältig. Wer verbraucherbewusst einkaufen will, informiert sich gezielt über das Angebot. Die Güte eines Produkts kann man erst beurteilen, wenn man weiß, welche Produkteigenschaften wichtig sind. Solche Informationen über das Produkt selbst erhält man oft durch eine Markterkundung. Gleichzeitig gewinnt man dabei eine Übersicht, wo und zu welchen Preisen das Produkt auf dem Markt angeboten wird.

Verbraucherberatung
Unabhängige Produktinformationen und Hinweise auf die Marktsituation bekommt eine Käuferin oder ein Käufer von Verbraucherberatungsstellen. Dazu gehört auch die von der Bundesregierung gegründete „Stiftung Warentest". Sie führt vergleichende Warentests durch und veröffentlicht die Ergebnisse in der Zeitschrift „test". In jedem Bundesland gibt es eine Verbraucherzentrale mit örtlichen Beratungsstellen. Sie beraten die Verbraucherinnen und Verbraucher, helfen bei Reklamationen und unterrichten die Öffentlichkeit über aktuelle Verbraucherfragen. Die Verbraucherzentrale Rheinland-Pfalz hat ihren Sitz in Mainz. Beratungsstellen und Stützpunkte unterhält sie in Betzdorf, Hachenburg, Koblenz, Prüm, Cochem, Trier, Bad Kreuznach, Ludwigshafen, Kaiserslautern, Pirmasens und Germersheim.

Märkte weltweit: Gemüsemarkt in Mumbay (Indien), Kamelmarkt in Aschgabat Turkmenistan), Souvenirmarkt in Kapstadt (Südafrika), Fischmarkt in Tokio (Japan)

Erwartungen an die Wirtschaft

Alexandra

Im nächsten Jahr bin ich fertig mit der Schule. Dann will ich einen guten Ausbildungsplatz. Aber ich höre, dass es schwierig werden kann, weil es immer weniger Lehrstellen gibt.

Ich muss für meine Familie einkaufen. Ich finde es nicht gut, wenn die Preise ständig steigen. Wie soll ich denn da mit dem Haushaltsgeld auskommen?

Frau Tews

Als Verbraucher ist man doch den Unternehmen ausgeliefert. Die machen viel Werbung – aber ob die stimmt, kann man als Kunde nicht nachprüfen. Ich will eine Lebensversicherung zur Altersvorsorge abschließen – aber keiner kann mir sagen, welches Angebot das günstigste ist.

Herr Adler

Seit 12 Jahren arbeite ich in diesem Supermarkt als Kassiererin. Ich finde, mein Gehalt ist viel zu niedrig, vor allem wenn ich höre, was unsere Geschäftsführer verdienen. Das müsste gerechter geregelt werden!

Frau Friese

Seit 25 Jahren bin ich in der Firma. Und jetzt heißt es, der Betrieb wird die Fertigungsabteilung nach Ungarn verlagern, weil dort die Lohnkosten geringer sind. Was soll dann aus mir werden?

Herr Wenzel

Als Unternehmer kann ich nur sagen: So kann es nicht weitergehen! Seit 25 Jahren stellt mein Betrieb mit 20 Mitarbeitern hochwertige optische Geräte her. Aber inzwischen drängt die ausländische Konkurrenz mit Billigprodukten so auf den Markt, dass wir einfach nicht mehr mithalten können.

Herr Henning

Frau Storm

Meine Idee, einen Party-Service speziell für Firmenjubiläen aufzubauen, ist gut. Wenn es klappt, könnte ich bald einige Mitarbeiter einstellen. Und das sollen wir doch: Arbeitsplätze schaffen! Aber jetzt habe ich Schwierigkeiten. Keiner will mir das Kapital geben, damit ich mit meiner Firma starten kann.

1 Gib wieder, welche Forderungen an die Wirtschaft die sieben Aussagen jeweils enthalten.
2 Benenne Forderungen, die du an die Wirtschaft hättest.
3 Diskutiert in der Gruppe über jede dieser Forderungen.

3 Hilfe
Wer könnte die Forderungen erfüllen? Welche Probleme könnte dies mit sich bringen?

Grundmodelle der Wirtschaftsordnung

Marktwirtschaft

In der Marktwirtschaft befinden sich die Unternehmen in Privateigentum. Jedes Unternehmen entscheidet, welche Güter es produzieren möchte und zu welchen Preisen es sie anbietet. Das Unternehmen richtet sich dabei nach dem Markt. Der Markt zeigt, ob für ein Angebot überhaupt Nachfrage vorhanden ist. Eine Marktwirtschaft besteht aus einer Vielzahl von Märkten, innerhalb derer sich Anbieter und Nachfrager gegenseitig beeinflussen. Der Staat greift nicht in das Marktgeschehen ein.

Zentralverwaltungswirtschaft

Die Zentralverwaltungswirtschaft wird oft auch als Planwirtschaft bezeichnet. In der Zentralverwaltungswirtschaft bzw. Planwirtschaft befinden sich die Unternehmen in Staatseigentum. Das gesamte wirtschaftliche Geschehen wird von einer zentralen Stelle geplant, gelenkt und verwaltet. Sie richtet sich dabei nach den Vorgaben der Regierung. Die Planungsbehörde, also der Staat, bestimmt die Produktion, die Verteilung und die Preise aller Waren und Dienstleistungen.

Güter
alle Mittel, die der Befriedigung menschlicher Bedürfnisse dienen

Dienstleistungen
Güter werden nach Sachgütern, also Waren, und Dienstleistungen unterschieden. Wer z. B. ein Buch kauft, hat ein Sachgut erworben. Wer im Kino einen Film anschaut, hat hingegen eine Dienstleistung in Anspruch genommen.

A Der Gewinn ist der Maßstab für den wirtschaftlichen Erfolg.

B Die Betriebe gehören dem Staat. Es gibt kein Privateigentum an Produktionsmitteln.

C Die Unternehmen stehen miteinander im Wettbewerb.

D Die Erfüllung des Plans ist der Maßstab für den wirtschaftlichen Erfolg.

E Die Preise der Waren und Dienstleistungen werden von einer staatlichen Behörde festgelegt.

F Die Unternehmen befinden sich in Privateigentum.

G Die Betriebe erhalten ihre Aufträge von der staatlichen Planungsbehörde. Daher machen sie sich keine Konkurrenz.

H Angebot und Nachfrage werden von der staatlichen Planungsbehörde festgelegt.

I Der Preis bildet sich aufgrund von Angebot und Nachfrage.

J Die Arbeitnehmer werden den Betrieben von der staatlichen Planungsbehörde zugeteilt. Die Betriebe müssen die zugeteilten Arbeitnehmer einstellen.

K Die langfristigen Planungen führen dazu, dass auf neue Verbraucherwünsche nur mit zeitlicher Verzögerung reagiert werden kann.

L Die Unternehmen entscheiden, was sie anbieten, die Verbraucher, was sie nachfragen.

M Die Arbeitnehmer können ihren Arbeitsplatz frei wählen. Die Unternehmen entscheiden, ob und wen sie einstellen.

N Die fehlende Konkurrenz zwischen den Betrieben führt dazu, dass weniger geleistet wird.

O Wenn die Unternehmen nicht genügend Aufträge haben, müssen sie Arbeitnehmer entlassen.

P Durch den Zusammenschluss von Unternehmen kann es zu einer Konzentration von Macht in den Händen weniger kommen.

In der einen Wirtschaftsordnung läuft die Ware dem Käufer nach, in der anderen der Käufer der Ware.

1 Marktwirtschaft oder Zentralverwaltungswirtschaft? Ordne die Beschreibungen A bis P den beiden Wirtschaftsordnungen zu.

2 Erläutere, was mit der Aussage in der Sprechblase gemeint ist.

1 Hilfe
Acht Beschreibungen passen zur Marktwirtschaft, acht zur Zentralverwaltungswirtschaft.

Merkmale der sozialen Marktwirtschaft

WEBCODE
SDL-11077-402
Der Staat in der sozialen Marktwirtschaft

Die Wirtschaftsordnung der Bundesrepublik Deutschland ist die soziale Marktwirtschaft. Ihre Einführung nach dem Zweiten Weltkrieg ist vor allem dem Politiker Ludwig Erhard zu verdanken. Er ist einer der „geistigen Väter" der sozialen Marktwirtschaft. Im Grundgesetz gibt es mehrere Artikel, die auf wichtige Merkmale der sozialen Marktwirtschaft hinweisen. So garantiert der Artikel 14 das Privateigentum, der Artikel 12 die Gewerbe- und Berufsfreiheit und Artikel 20 den Sozialstaat. Allerdings steht der Begriff soziale Marktwirtschaft nicht ausdrücklich in unserer Verfassung.

Nach dem Prinzip der freien Preisbildung planen die Unternehmen ihre Produktion und die Verbraucher ihren Konsum. Dabei haben beide unterschiedliche Interessen. Die Unternehmen wollen möglichst viel Gewinn erzielen, die Verbraucher möglichst günstig einkaufen. Auf dem Markt treffen dann das Angebot der Unternehmen und die Nachfrage der Verbraucher aufeinander. Es bildet sich ein Preis, der die unterschiedlichen Interessen ausgleicht.

Da neben dem Preis auch die Qualität und der Service wichtige Gesichtspunkte bei der Kaufentscheidung sind, stehen die Unternehmen im Wettbewerb. Sie entwickeln daher neue, bessere und billigere Produkte, um gegenüber der Konkurrenz einen Vorsprung zu haben. Dies führt dazu, dass die Verbraucher gute Qualitäten zu günstigen Preisen kaufen können. Es verbessert sich die Versorgung der Bevölkerung mit Gütern und der Wohlstand wächst. Damit der Wettbewerb auf Dauer erhalten bleibt, erlässt der Staat Gesetze zu seinem Schutz.

Die Unternehmer können die notwendigen Entscheidungen jedoch nur dann treffen, wenn ihnen das Unternehmen auch gehört. Nur wer Gefahr läuft, durch Verluste sein eingesetztes Kapital zu verlieren, handelt risikobewusst und vermeidet Verschwendung. Das Privateigentum an den Produktionsmitteln ist somit ein wichtiges Merkmal der sozialen Marktwirtschaft.

Nach dem Prinzip des sozialen Ausgleichs schützt der Staat vor allem die sozial Schwachen. Am Arbeitsmarkt werden die Arbeitnehmer nach Leistungsgesichtspunkten entlohnt. Damit aber diejenigen, die nur begrenzt leistungsfähig sind, auch ein sicheres Einkommen haben, erhalten sie vom Staat sogenannte soziale Leistungen, z. B. Sozialhilfe und Wohngeld.

Konsum
Sammelbegriff dafür, dass Waren gekauft und Dienstleistungen in Anspruch genommen werden

Kapital
Geldmittel

Produktionsmittel
alle für die Herstellung von Gütern erforderlichen Gegenstände wie Gebäude, Maschinen, Rohstoffe usw.

6 Begriffe

- Tarifordnung
- Eigentumsordnung
- Wettbewerbsordnung
- Planung
- Preisbildung
- Sozialordnung

6 Fragen

1 *Wer plant die Produktion? Wer entscheidet über den Konsum?*

2 *Wem gehören die Produktionsmittel?*

3 *Wie wird die Leistungsbereitschaft der Marktteilnehmer aufrechterhalten?*

4 *Wie werden die Entgelte für die Arbeitnehmer festgelegt?*

5 *Wie bilden sich die Preise?*

6 *Wie wird Menschen geholfen, die am Markt kein Einkommen erzielen?*

6 Antworten

A *Der Staat schafft einen sozialen Ausgleich und sichert die Existenzgrundlage, z. B. durch Sozialhilfe, gesetzliche Sozialversicherung, Wohngeld.*

B *Angebot und Nachfrage bilden auf dem Markt die Preise.*

C *Die Unternehmen befinden sich in Privateigentum.*

D *Die Konkurrenz am Markt führt dazu, dass sich die besseren Anbieter durchsetzen. Der Staat sichert den Wettbewerb durch Gesetze.*

E *Gewerkschaften und Arbeitgeberverbände legen die Löhne und Gehälter in Tarifverhandlungen fest. Der Staat mischt sich dabei nicht ein.*

F *Die Unternehmen planen, was sie produzieren wollen. Die Konsumenten entscheiden, was sie kaufen.*

Ludwig Erhard, Bundeswirtschaftsminister von 1949–1963. Unter ihm wurde in der Bundesrepublik Deutschland die soziale Marktwirtschaft eingeführt.

„Meine Herren, beachten Sie bitte auch das Kleingedruckte!"

1 Beschreibe das Prinzip der sozialen Marktwirtschaft. Ergänze dazu die Satzanfänge sinnvoll.
2 Ordne zu: Welcher Begriff, welche Frage und welche Antwort gehören jeweils zusammen?
3 Im Zusammenhang mit der sozialen Marktwirtschaft wird oft gesagt: „So viel Markt wie möglich, so viel Staat wie nötig!" Erläutere, was mit dieser Aussage gemeint ist.
4 Analysiere die Karikatur.

4 Hilfe
Überlege, für wen die dargestellten Personen jeweils symbolisch stehen.

Methode: Karikaturen auswerten

Thema: Soziale Marktwirtschaft

Eine Karikatur ist ein zeichnerisch gestalteter Kommentar zu einem politischen oder gesellschaftlichen Thema. Dabei versucht der Zeichner oder die Zeichnerin, durch eine übertreibende Darstellung auf ein Problem hinzuweisen oder Kritik an einem Sachverhalt zu üben.

Wie man eine Karikatur auswertet, ist auf Seite 19 beschrieben.

(Karikatur: Gerhard Mester)

(Zeichnung: Eckart Munz)

(Karikatur: Reiner Schwalme)

1. Werte die drei Karikaturen zunächst allein aus.
2. Vergleicht anschließend eure Auswertungsergebnisse in der Klasse: Wo gibt es Übereinstimmung, wo Unterschiede in der Deutung?

Die Wettbewerbsordnung

Nach verschiedenen Gesetzen zum Schutz des Wettbewerbs ist folgendes Verhalten in unserer sozialen Marktwirtschaft unzulässig:

1. Aussagen über eine Ware zu machen, die unwahr oder irreführend sind oder missverstanden werden können;
2. übertriebenes Anlocken der Kunden mit Mitteln, die nicht branchenüblich sind und nichts mit der Ware zu tun haben;
3. Warenzeichen anderer Firmen zu verwenden;
4. die Verbreitung von geschäftsschädigenden Behauptungen über die Konkurrenz;
5. Erfindungen auszunützen, die ein anderer für sich durch Patent geschützt hat;
6. die Zusendung unbestellter Ware, außer Ware mit geringem Wert, z. B. Postkarten;
7. die Bestechung von Angestellten durch Geschenke, um im Wettbewerb bevorzugt zu werden;
8. das Absprechen von Preisen;
9. seine Marktmacht dazu zu benutzen, hohe Preise am Markt zu verlangen.

Patent
Schutzrecht auf eine Erfindung

A In einem Landkreis gibt es nur einen Anbieter für den Empfang von Radio und Fernsehen mittels Kabel. Dieser Anbieter verdoppelt seinen Preis im Vergleich zu einem anderen Anbieter in einem anderen Landkreis.

E Die Gemeinde Burgstein möchte ein neues Rathaus bauen. Der Bauunternehmer Schoch schenkt dem Leiter des Bauamtes der Gemeinde eine Reise in die USA, damit die Firma Schoch den Auftrag zum Bau des Rathauses erhält.

B Herr Wagner betreibt ein Dachdeckergeschäft. Über seine Mitarbeiter lässt Herr Wagner das Gerücht verbreiten, dass die von dem Konkurrenten gedeckten Häuser nicht regenfest und reparaturanfällig seien.

C Ein Sportschuhhersteller bringt einen neuen Turnschuh auf den Markt. Der Schuh trägt auffällig den Schriftzug „Mike".

D Die Firma Kurz stellt Kunstfaserdecken her. Sie wirbt auf einem Werbeplakat für ihre Kunstfaserdecken mit einem Kamel.

F Mehrere größere Baustoffhersteller sprechen miteinander ab, für eine Tonne Zement den gleichen Preis zu verlangen.

G Die Firma Kuma baut ein patentiertes Konkurrenzprodukt nach, da es sich auf dem Markt gut verkauft.

H Der Einzelhändler Muk annonciert in der Zeitung: „Wenn Sie bei uns einkaufen, holen wir Sie kostenlos von zu Hause ab."

I Das Elektrogeschäft Simchen möchte mehr Toaster verkaufen. Da Herr Simchen die Gewohnheiten und Einstellungen der Einwohner seiner Gemeinde gut kennt, sendet er Toaster an all die Haushalte, von denen er annimmt, dass sie einen Toaster gebrauchen können.

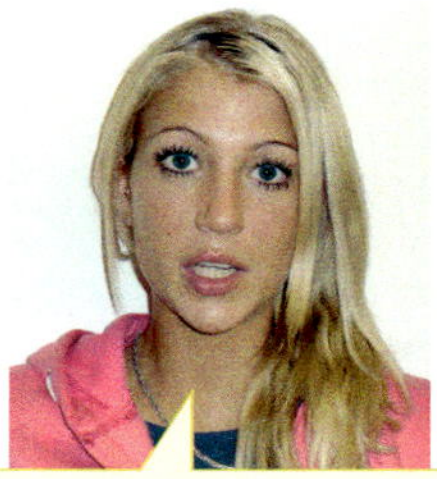

Schutz des Wettbewerbs – wenn ich das schon höre! Die Anbieter machen doch sowieso, was sie wollen. Und wenn sie erwischt und bestraft werden, zahlen letztendlich die Konsumenten das Bußgeld, weil die Unternehmen es in die Preise ihrer Waren einrechnen.

1 Ordne zu: Welcher Fall gehört zu welchem gesetzlichen Verbot?

2 Erläutere, warum der Staat zum Schutz des Wettbewerbs durch Gesetze in das Marktgeschehen eingreift.

3 Setze dich mit der Aussage in der Sprechblase auseinander.

2 Hilfe
Denke daran, was eine soziale von einer freien Marktwirtschaft unterscheidet.

Gewerkschaften und Arbeitgeberverbände

Gewerkschafts-Demonstration gegen Sozialdumping

Sozialdumping
hier: sehr niedrige Löhne

Zu den großen Verbänden in Deutschland gehören die Organisationen der Arbeitnehmer und der Arbeitgeber. Das Grundgesetz garantiert in Artikel 9 ausdrücklich das Recht, zur Wahrung und Förderung der Arbeits- und Wirtschaftsbedingungen Vereinigungen zu bilden. Die Interessenvertretung der Arbeitnehmer sind die Gewerkschaften, die Arbeitgeber haben sich in Arbeitgeberverbänden organisiert. Man nennt die Gewerkschaften und die Arbeitgeberverbände auch Sozialpartner, da sie die Bedingungen in der Arbeitswelt weitgehend in eigener Verantwortung regeln. Für alle Wirtschaftszweige und Beschäftigungsgruppen treffen sie verbindliche Vereinbarungen über Löhne und Arbeitsbedingungen. Damit haben sie großen Einfluss auf die wirtschaftliche Entwicklung und auf die Wirtschaftspolitik.

Die Gewerkschaften entstanden in Deutschland in der Zeit um 1860, um die Lebensumstände der Arbeiterschaft zu verbessern. Die größte Arbeitnehmerorganisation ist heute der Deutsche Gewerkschaftsbund (DGB), der 1949 als Dachorganisation verschiedener Gewerkschaften gegründet wurde. Zum DGB gehören acht Einzelgewerkschaften, z. B. die IG Metall, wobei IG die Abkürzung für Industriegewerkschaft ist.

Dachorganisation
Organisation, die mehreren Organisationen übergeordnet ist

Bei den DGB-Gewerkschaften gilt das Prinzip: „Ein Betrieb, eine Gewerkschaft!". Das bedeutet z. B. dass in einem Unternehmen der Metallbranche alle gewerkschaftlich organisierten Arbeitnehmer in der IG Metall sind, auch der Pförtner am Werkstor oder die Köchin in der Kantine. Der Deutsche Gewerkschaftsbund hat zurzeit knapp 6,1 Millionen Mitglieder. Daneben gibt es weitere Arbeitnehmerorganisationen, z. B. den Deutschen Beamtenbund mit etwas unter 1,3 Millionen, den Christlichen Gewerkschaftsbund mit etwa 280 000 und den Deutschen Bundeswehr-Verband mit rund 190 000 Mitgliedern.

Auf der Seite der Arbeitgeber gibt es je nach Wirtschaftszweig und Bundesland eine Vielzahl von Einzelverbänden. Sie alle sind in der Bundesvereinigung der Deutschen Arbeitgeberverbände (BDA) als Dachorganisation zusammengeschlossen. Die BDA vertritt die gemeinsamen, über den Bereich eines Landes oder Wirtschaftszweiges hinausgehenden Interessen der Arbeitgeber.

Zentrale Aufgabe von Gewerkschaften und Arbeitgeberverbänden ist das Aushandeln der Lohnhöhe und die Festlegung der Arbeitsbedingungen wie Arbeitszeit, Urlaubsdauer usw. Die Vereinbarungen werden in Tarifverträgen festgehalten, man spricht daher auch von Tarifverhandlungen und bezeichnet Gewerkschaften und Arbeitgeberverbände als Tarifpartner. Das Grundgesetz bestimmt, dass der Staat sich nicht in Tarifverhandlungen einmischen darf. Auf die Politik, vor allem auf die Wirtschaftspolitik, können die Verhandlungsergebnisse der Tarifpartner großen Einfluss haben. Bei hohen Lohnabschlüssen besteht z. B. die Gefahr, dass Unternehmen ihre Produktion in das kostengünstigere Ausland verlagern und damit die Arbeitslosigkeit in

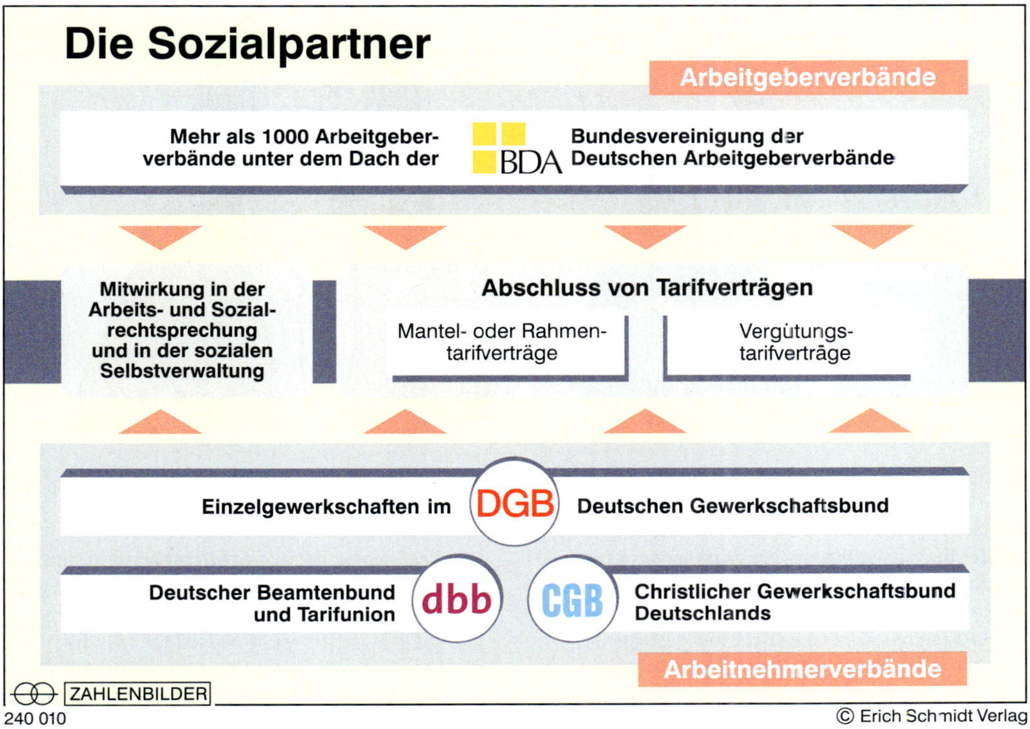

Geschäftsstelle der Dienstleistungsgewerkschaft ver.di

Deutschland wächst. Niedrige Lohnabschlüsse wiederum können dazu führen, dass weniger gekauft wird. So wird die Wirtschaftsentwicklung durch mangelnde Nachfrage gebremst.

Wie alle Interessenverbände versuchen auch die Gewerkschaften und die Arbeitgeberverbände, politische Entscheidungen in ihrem Sinne zu beeinflussen. Die Gewerkschaften haben dabei vor allem durch die große Zahl ihrer Mitglieder, die zugleich Wähler sind, Gewicht in der politischen Auseinandersetzung. Die Arbeitgeber wiederum führen wirtschaftliche Argumente ins Feld, weisen auf Schaden für die Wettbewerbsfähigkeit der deutschen Wirtschaft und einen Anstieg der Arbeitslosigkeit hin, um bestimmte politische Entscheidungen zu beeinflussen.

Deutscher Gewerkschaftsbund (DGB)
IG Metall
Vereinte Dienstleistungsgewerkschaft ver.di
IG Bergbau, Chemie, Energie
IG Bauen – Agrar – Umwelt
Gewerkschaft Erziehung und Wissenschaft
Eisenbahn- und Verkehrsgewerkschaft
Gewerkschaft Nahrung – Genuss – Gaststätten
Gewerkschaft der Polizei

Bundesvereinigung der Deutschen Arbeitgeberverbände (BDA)	
50 Bundesfachverbände:	
Industrie	21
Handel	2
Finanzwirtschaft	2
Verkehr	5
Handwerk	2
Dienstleistung	16
Landwirtschaft	2

(Stand: Feb. 2016)

1 Beschreibe die Bedeutung der Gewerkschaften und die Bedeutung der Arbeitgeberverbände in der Politik.

2 Erkläre die Begriffe „Sozialpartner“ und „Tarifpartner“.

3 Nenne Beispiele, wie Gewerkschaften und Arbeitgeberverbände Einfluss auf politische Entscheidungen nehmen können.

3 Hilfe

Gehe auch darauf ein, welche „Machtmittel“ jede Seite einsetzen kann.

Tarifparteien und Tarifvertrag

WEBCODE
SDL-11077-403
Ablauf von Tarifverhandlungen

Nur durch die Leistung der Arbeitnehmer entstehen die Gewinne der Unternehmen. Für eine gute Arbeitsleistung müssen sie daher auch gut bezahlt werden. Daher fordern wir einen gerechten Anteil am Gewinn. In den letzten Jahren ist die Belastung am Arbeitsplatz ständig gestiegen. Die Herstellungstechniken werden immer komplizierter und der Arbeitsdruck nimmt zu. Wo früher drei Arbeiter eine Aufgabe erledigten, sind es heute zwei. Das geht nicht ohne Mehrbelastung und dafür wollen wir einen Ausgleich. Hinzu kommt, dass nur durch ein höheres Einkommen der Lebensstandard der Arbeitnehmer gesichert wird. Die Steuern und Abgaben sind in den letzten Jahren gestiegen. Auch die Preise für Waren und Dienstleistungen steigen. Die Arbeitnehmer brauchen einen Ausgleich. Es darf doch nicht sein, dass die Unternehmen mehr Gewinne machen und die Arbeitnehmer weniger Geld in ihrer Tasche haben als im Vorjahr.

Wir wissen doch alle: Höhere Löhne bedeuten höhere Kosten und höhere Kosten bedeuten weniger Gewinn. Wenn die Unternehmen weniger Gewinn machen, können sie auch nicht mehr so viel investieren, z. B. in neue Techniken und neue Produkte. Da Investitionen Arbeitsplätze schaffen, gibt es bei weniger Investitionen auch weniger Arbeitsplätze. Hinzu kommt, dass viele mittelständische und kleine Unternehmen keine weiteren Lohnerhöhungen verkraften. Sie können höhere Lohnkosten nicht durch höhere Verkaufspreise ausgleichen. Wir dürfen nicht teurer sein als die ausländische Konkurrenz. Wenn unsere Preise nicht konkurrenzfähig sind, bekommen wir weniger Aufträge. Und wenn wir Aufträge verlieren, müssen wir Arbeitnehmer entlassen. Zu hohe Lohnkosten führen auch dazu, dass immer mehr Unternehmen die Produktion ins Ausland verlagern, um kostengünstiger herzustellen. Dadurch gehen bei uns auch Arbeitsplätze verloren.

Ab Dienstag wird in der Stahlindustrie gestreikt

IG METALL FORDERT 6 %

Urabstimmung über Verhandlungskompromiss

Schlichter erfolglos – Stahlindustrie steht vor dem Streik

Arbeitgeber
2% – mehr ist nicht drin

Tarifpartner kehren wieder an den Verhandlungstisch zurück

URABSTIMMUNG ÜBER STREIK

Arbeitgeber sperren aus – Stahl-Streik verschärft sich drastisch

Warnstreiks in der Stahlindustrie

Tarifverhandlungen gescheitert – Ruf nach dem Schlichter

70% stimmen für Streik-Ende

Einigung: 4% mehr

Die Tarif-Prozedur

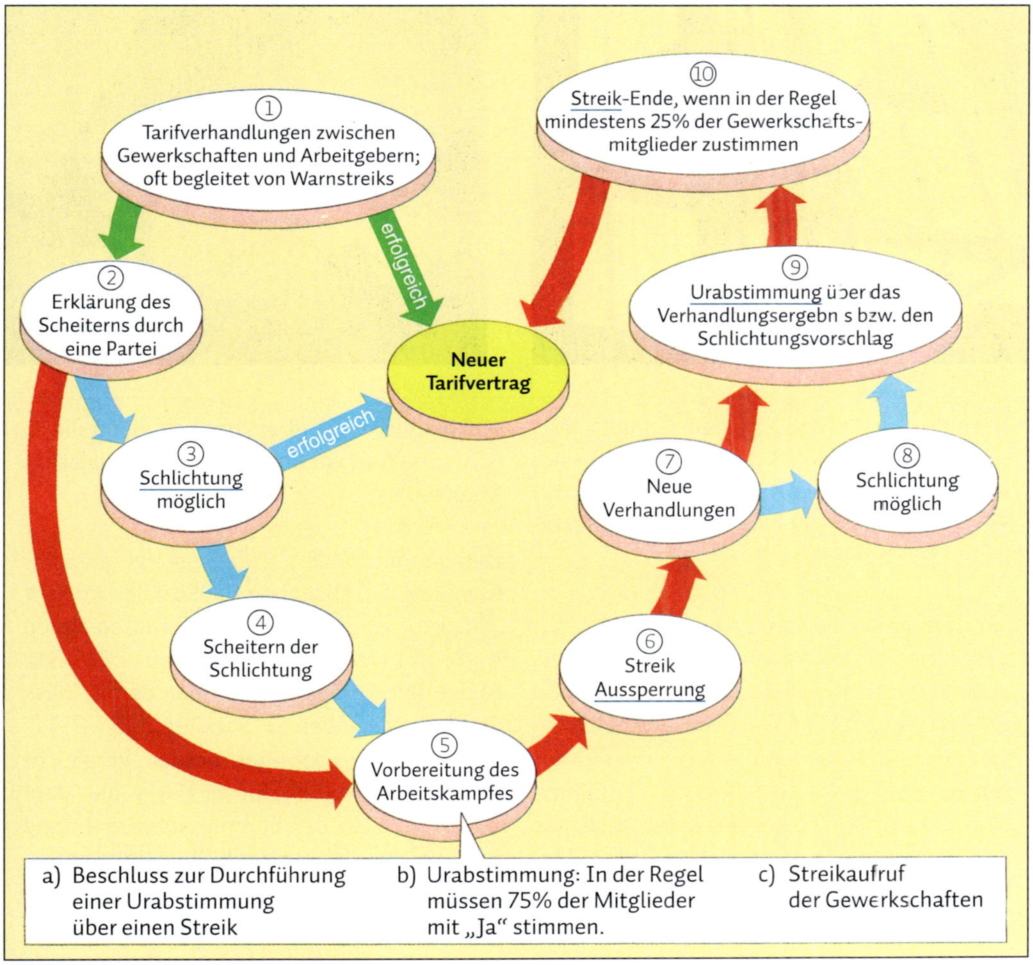

Streik
gemeinsame vorübergehende Arbeitsniederlegung der gewerkschaftlich organisierten Arbeitnehmer und Arbeitnehmerinnen

Urabstimmung
Abstimmung aller Stimmberechtigten, z. B. einer Gewerkschaft

Schlichtung
Kompromiss-Suche durch eine von beiden Seiten akzeptierte neutrale Person

Aussperrung
Arbeitnehmer werden vom Arbeitgeber von der Arbeit ausgeschlossen und bekommen keinen Lohn

1 Welche Meinungsäußerung auf Seite 140 oben stammt von dem Vertreter einer Gewerkschaft, welche von dem Vertreter eines Arbeitgeberverbandes? Warum argumentieren der Vertreter und die Vertreterin so unterschiedlich?

2 Bringe die Schlagzeilen auf Seite 140 in die zeitlich richtige Reihenfolge. Stelle dabei fest, zu welcher Phase der „Tarif-Prozedur“ die jeweilige Schlagzeile gehört.

2 Hilfe
Phase 1: IG Metall fordert 6 % / Arbeitgeber: 2 % – mehr ist nicht drin
Phase 2: …

E

WEBCODE
SDL-11077-404
Sozialversicherungssystem

1
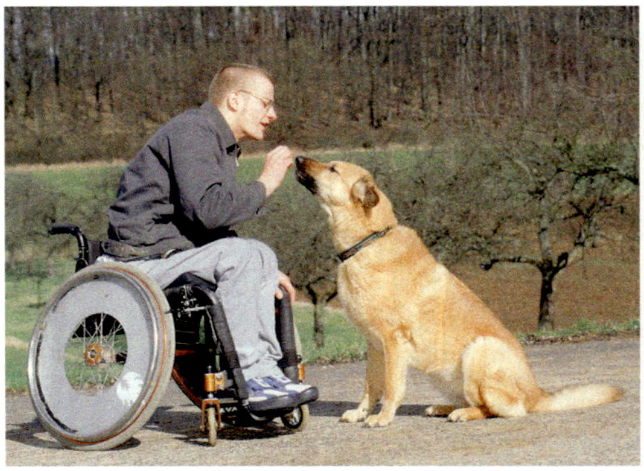

2

3

4

Nach unserer Verfassung, dem Grundgesetz, ist die Bundesrepublik Deutschland ein demokratischer und sozialer Bundesstaat. Der Staat hat somit unter anderem die Pflicht, die ... ① ... zu fördern.

Im Sozialstaat Deutschland wurde das sogenannte ... ② ... in den vergangenen Jahrzehnten immer weiter ausgebaut. „Große Knoten" im sozialen Netz wie beispielsweise die ... ③ ... wurden durch „kleinere Knoten" wie beispielsweise die ... ④ ... ergänzt. Drei große ... ⑤ ... sorgen dafür, dass das soziale Netz nicht reißt: der Staat, die Unternehmen und die privaten Haushalte. Da der Staat seinen Anteil über Steuern finanziert und die Unternehmen ihren Anteil in die Preise der Waren und Dienstleistungen einkalkulieren, sind es letztlich allein die ... ⑥ ... und Konsumenten, die den Sozialstaat finanzieren.

Die Summe aller ... ⑦ ... steigt ständig. Machten die Ausgaben für Soziales im Jahr 2009 ... ⑧ ... Milliarden Euro aus, so waren es 2012 bereits 782 und im Jahr 2013 812 Milliarden Euro. Man rechnet damit, dass 2017 die Ausgaben für Soziales über ... ⑨ ... Milliarden Euro betragen werden. Vergleicht man die Ausgaben für Soziales mit dem ... ⑩ ... , also der Summe aller im Inland produzierten Waren und Dienstleistungen, so machen sie etwa 30 Prozent der ... ⑪ ... aus. Fast jeder ... ⑫ ... erwirtschaftete Euro wird somit jährlich für Sozialleistungen ausgegeben.

Bruttoinlandsprodukt | soziale Gerechtigkeit | dritte | Steuerzahler
Wirtschaftsleistung | Geldgeber | soziale Netz | 750
900 | Pflegeversicherung | Sozialleistungen | Rentenversicherung

E

A Grundlage ist die Mitgliedschaft des Versicherten, in deren Rahmen er sich verpflichtet, Beiträge an die Versicherung zu erbringen. Durch diese Beiträge erwirbt der Versicherte einen Rechtsanspruch auf die Leistungen. Bei Vorliegen bestimmter Voraussetzungen (Versicherungsfall) erhält er dann Leistungen aus der Versicherung. Bedürftigkeit ist dabei keine Voraussetzung. Kennzeichnend für das ... ist, dass der Versicherte innerhalb bestimmter Grenzen selbst den Umfang der Leistungen und damit die Höhe seiner Beiträge bestimmen kann. Das ... entspricht am ehesten der Marktwirtschaft. Nur hier kann es einen Wettbewerb zwischen mehreren Anbietern geben. Die Leistungen sind selbst erworbene Ansprüche, und deren Umfang kann in einem gewissen Rahmen selbst bestimmt werden.

B Grundlage ist die Zugehörigkeit zu einer bestimmten Gruppe. Es kommt vor allem im staatlichen Bereich zur Anwendung. Beispiele für dieses Prinzip sind die Pensionen, Beihilfen und ähnliche Leistungen für Beamte oder die Leistungen für die Kriegsopfer und Hinterbliebenen. Diese Leistungen werden nicht aus Beiträgen, sondern aus dem allgemeinen Haushalt finanziert. Auch hier besteht ein Rechtsanspruch, der unabhängig von der individuellen Bedürftigkeit ist.

Pension
Ruhegeld für Beamte

C Das ... setzt keinerlei Vorleistungen für den Bezug von Leistungen voraus. Ausschlaggebend ist hierbei nur der Grad der Bedürftigkeit. Dabei wird in der Regel das Vermögen des Betreffenden und das seiner engsten Familienangehörigen berücksichtigt. Das ... ist das leistungsfeindlichste, aber auch das flexibelste Prinzip einer sozialen Absicherung. Aufgrund seines starken Almosencharakters eignet es sich vor allem für die Fälle, die durch die anderen Maschen des sozialen Netzes nicht aufgefangen werden.

Almosen
milde Gabe

1 Begründe die Pflicht des Staates, den Menschen auf den Beispielfotos zu helfen.
2 Ergänze den Lückentext auf Seite 142 unten mit den darunter aufgeführten Begriffen.
3 Ordne die Erläuterungen A, B und C den drei Prinzipien der sozialen Sicherung zu. Nenne einige typische Merkmale für jedes Prinzip.

E Thema: Sozialstaat

Gesellschaftliche Sachverhalte haben viel mit Zahlen und Statistiken zu tun; Zahlenmaterial wiederum lässt sich durch grafische Darstellungen veranschaulichen. Um eine Grafik zu verstehen, muss man vor allem wissen, was die Zahlen bedeuten. Dazu müssen die Zahlen und erklärenden Texte im Zusammenhang betrachtet werden. Grafiken zeigen Zusammenhänge. Diese können durch Vergleich der Zahlen erkannt werden. Zusammenhänge können etwas Bemerkenswertes zum Thema der Grafik aufzeigen und Erkenntnisse ermöglichen. In Grafiken gibt es oft Zahlen, die sich beim gleichen Sachverhalt auf unterschiedliche Zeiträume beziehen. Es ist daher wichtig, die Zahlen genau zu betrachten.
Nachdem man die Bedeutung einzelner Zahlen herausgearbeitet hat, gilt es, die Grafik auch in allen anderen Punkten auszuwerten. Dazu sind weitere Arbeitsschritte notwendig.

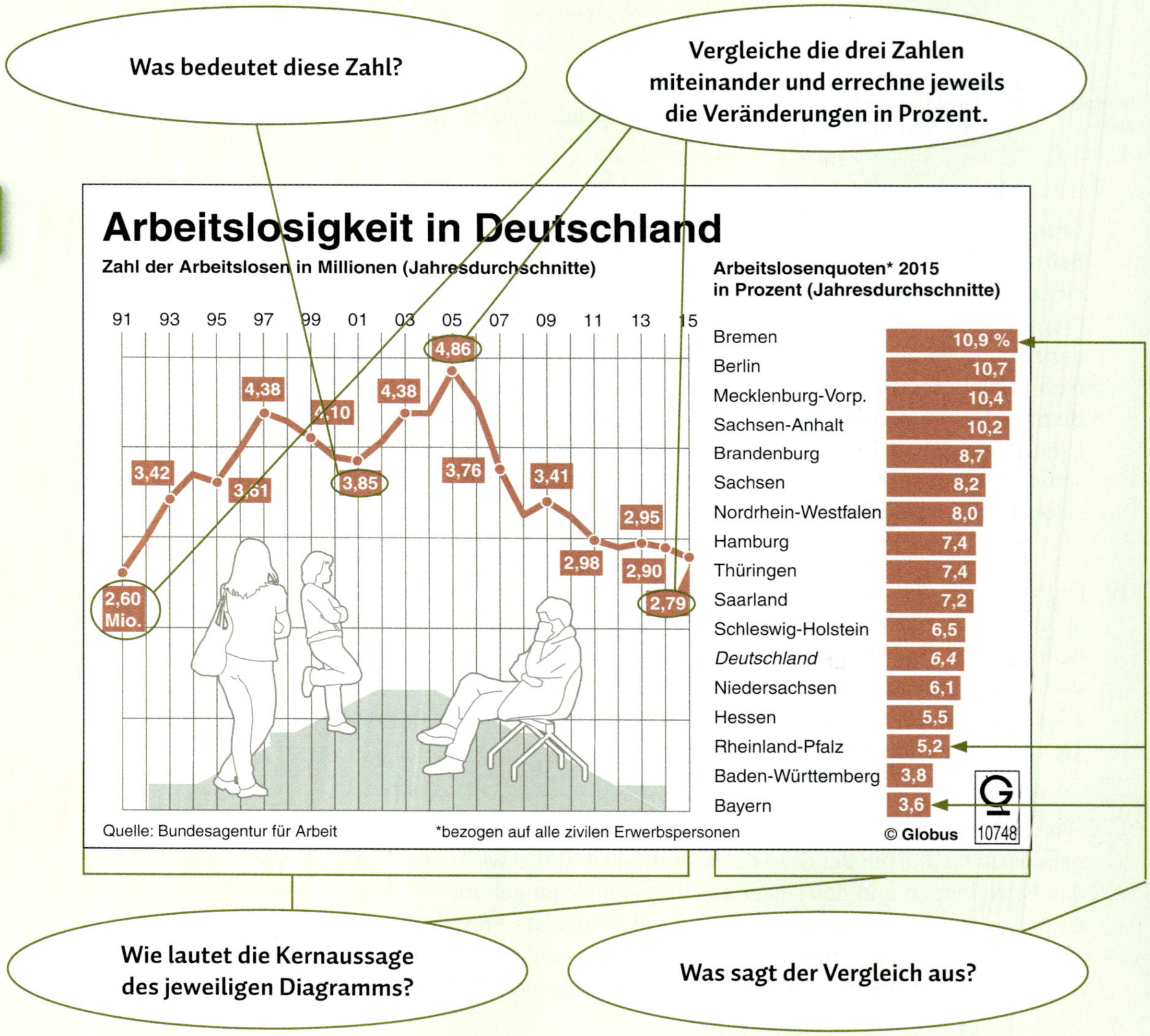

1 Beantworte die vier Fragen zur Grafik „Arbeitslosigkeit in Deutschland“.

2 Trainiert in Gruppenarbeit die Auswertung von Grafiken. Geht dazu so vor:
- Sucht in den Medien nach zwei oder drei geeigneten aktuellen Grafiken.
- Jede Gruppe erhält von jeder Grafik eine Kopie und wertet die Grafik aus, indem sie einen Text dazu formuliert.
- Vergleicht eure Texte und diskutiert über die Gruppenergebnisse.

Das Wichtige in Kürze

Marktwirtschaft

In der Marktwirtschaft befinden sich die Unternehmen in Privateigentum. Jedes Unternehmen entscheidet für sich, welche Güter es produzieren möchte und zu welchen Preisen es sie anbietet. Es richtet sich dabei nach dem Markt. Auf ihm steht es in Wettbewerb mit anderen Unternehmen. Der Markt zeigt, ob für ein Angebot überhaupt Nachfrage vorhanden ist. Auf dem Markt bilden sich die Preise durch Angebot und Nachfrage. Der Markt koordiniert somit die Pläne der Produzenten mit den Plänen der Konsumenten.

Marktwirtschaft in der Bundesrepublik Deutschland

Nachdem Deutschland 1945 den Zweiten Weltkrieg verloren hatte, wurde es von den Siegermächten besetzt. Die ersten Jahre nach dem Krieg waren in Deutschland wirtschaftlich von Not und Armut gekennzeichnet. Aus der amerikanischen, britischen und französischen Besatzungszone entstand 1949 die Bundesrepublik Deutschland. Trotz der wirtschaftlichen Not setzte die neue deutsche Regierung, unterstützt von den westlichen Siegermächten, auf die Marktwirtschaft. Der damalige Wirtschaftsminister Ludwig Erhard wollte die Vorteile einer freien Marktwirtschaft wie wirtschaftliche Leistungsfähigkeit und hohe Güterversorgung verwirklichen, gleichzeitig aber deren Nachteile wie zerstörerischer Wettbewerb und soziale Ungerechtigkeit vermeiden. Dies sollte durch das Konzept der sozialen Marktwirtschaft erreicht werden.

Merkmale der sozialen Marktwirtschaft

Die soziale Marktwirtschaft verbindet das Prinzip der Freiheit auf dem Markt mit dem Prinzip des sozialen Ausgleichs. Produzenten planen ihre Produktion, die Konsumenten ihre Käufe (Planung). Die Preise bilden sich aufgrund von Angebot und Nachfrage (Preisbildung). Die Unternehmen befinden sich in Privateigentum (Eigentumsordnung). Durch Gesetze sichert der Staat, dass die Unternehmen den Wettbewerb nicht ausschalten (Wettbewerbsordnung) und soziale Härten des Marktes gelindert werden (Sozialordnung). Die Tarifpartner, also die Gewerkschaften und die Arbeitgeberverbände legen gemeinsam die Höhe der Arbeitsentgelte und die Arbeitsbedingungen fest (Tarifordnung).

Tarifpartner

Die Gewerkschaften sind die Interessenvertretung der Arbeitnehmer, die Arbeitgeberverbände die Interessenvertretung der Arbeitgeber. In Tarifverhandlungen regeln die Gewerkschaften und die Arbeitgeberverbände Fragen der Entlohnung und der Arbeitsbedingungen. Das Grundgesetz garantiert die Tarifautonomie. Dies bedeutet, dass Gewerkschaften und Arbeitgeberverbände völlige Selbstständigkeit bei den Tarifverhandlungen haben. Der Staat, z. B. die Bundesregierung, mischt sich nicht in die Tarifverhandlungen ein.

Sozialstaat

Nach dem Grundgesetz ist die Bundesrepublik Deutschland ein Sozialstaat. Er ist darauf ausgerichtet, die soziale Gerechtigkeit zu fördern. Deshalb gibt es bei uns das sogenannte soziale Netz. Ein wichtiger Bestandteil des sozialen Netzes sind die verschiedenen Zweige der gesetzlichen Sozialversicherung: die Kranken-, Pflege-, Unfall-, Arbeitslosen- und Rentenversicherung. Das soziale Netz und die gesetzliche Sozialversicherung müssen laufend der gesellschaftlichen Entwicklung angepasst werden.

Demonstration für mehr soziale Gerechtigkeit und gegen Lohndumping

Globalisierung – Kennzeichen und Dimensionen

1 Globalisierung bezieht sich heute auf alles und nichts. Das Wachstum des Welthandels und die Entstehung von weltumspannenden Konzernen fallen ebenso darunter wie die Tatsache, dass Coca-Cola und McDonalds auf allen Kontinenten zu finden sind. Auch die weltweite Verbreitung von Computern, Popkultur und Formel-1-Rennen gilt als Ausdruck von Globalisierung; unter dieser Perspektive erhalten Bill Gates, Michael Jackson und Michael Schumacher trotz aller Unterschiede den Status von Globalisierungshelden.

2 Entgegen landläufigen Vorurteilen ist Globalisierung keineswegs ein rein ökonomisches Phänomen. Sie bezeichnet nicht nur die Ausweitung des internationalen Handels, die Herausbildung von „Global Players" und das Anwachsen internationaler Kapitalströme. Globalisierung bezieht sich ebenso auf politische, kulturelle und ökologische Zusammenhänge, und nicht wenige schätzen die außerökonomischen Globalisierungsprozesse auch als wichtiger ein als die ökonomischen.

3 Es stellt sich die Frage, was das Gemeinsame der verschiedenen Phänomene ist und wie sich Globalisierung übergreifend charakterisieren lässt. Eine durchaus brauchbare Antwort liefert der englische Soziologe Anthony Giddens, der Globalisierung mit einer „Intensivierung weltweiter sozialer Beziehungen" gleichsetzt. Intensivierung bedeutet dabei weit mehr als die bloße Zunahme von Kontakten. Von Globalisierung sollte vielmehr nur dann geredet werden, wenn „Ereignisse an einem Ort durch Vorgänge an einem viele Kilometer entfernten Ort geprägt werden und umgekehrt".

4 So gesehen verweist Globalisierung vor allem darauf, dass der Austausch von Menschen, Waren und Informationen zwischen verschiedenen Erdteilen kontinuierlich steigt. Dies wiederum hat Folgen. Denn der wachsende Austausch von Menschen, Waren und Informationen führt zu neuartigen Verknüpfungen und Vernetzungen, die sich vor allem dadurch auszeichnen, dass die traditionellen Grenzen von Raum und Zeit außer Kraft gesetzt werden.

5 Die Vernetzung unterschiedlicher Raum- und Zeitzonen lässt sich an zahlreichen Beispielen studieren. Die Entwicklung der Börsenkurse in Tokio oder New York macht sich Sekunden später in Frankfurt bemerkbar. Ebenso gilt, dass Konjunktur- wie Strukturkrisen in fernen Ländern die wirtschaftliche Situation in Europa binnen kurzem verändern können. Gerade für ein exportorientiertes Land wie Deutschland ist es daher keineswegs egal, wenn in „Hongkong ein Sack Reis umfällt" und sich irgendwo auf der Welt Angebots- und Nachfragestrukturen verändern.

(Wolfgang Bonß: Globalisierung, Chancen und Gefahren, in: IFDT Informationen für die Truppe, Zeitschrift für Innere Führung, Nr. 1/2005, Hg.: Streitkräfteamt, Informations- und Medienzentrale der Bundeswehr, S. 39)

Konzern
Zusammenschluss von gleichartigen, rechtlich selbstständigen Unternehmen unter gemeinsamer Leitung und Verwaltung

ökonomisch
wirtschaftlich

Phänomen
Erscheinung

Soziologe
Wissenschaftler, der sich mit dem gesellschaftlichen Leben und dem Verhalten der Menschen in der Gesellschaft befasst

kontinuierlich
ununterbrochen

traditionell
herkömmlich, gemäß einem überlieferten Brauch

Konjunktur- und Strukturkrisen
hier: schwierige Lage eines Landes durch Probleme in der Wirtschaft

1 Hilfe

1 Die Globalisierung umfasst viele Bereiche.
2 …

1 Die Texte sind Ausschnitte aus einem längeren Artikel über die Globalisierung. Gib zu jedem Ausschnitt den Kerngedanken mit deinen Worten wieder.

2 Erarbeite zum Begriff „Globalisierung" einen Eintrag für ein Schülerlexikon.

Die weltweite und gleichzeitige Vernetzung nicht nur von Akteuren, sondern auch von Themenbereichen, gehört zu den Besonderheiten der Globalisierung. Daher spricht man auch davon, dass die Globalisierung eine wirtschaftliche, ökologische, politische, kulturelle und gesellschaftliche Dimension aufweist. Diese Dimensionen hängen eng zusammen und bilden unterschiedlich große Schnittmengen mit „Globalisierung".

Akteur
Handelnder, auch (Schau-)Spieler

Dimension
Ausdehnung, Ausmaß, Bereich

WEBCODE
SDL-11077-405
Globalisierung

A Globalisierung zeigt sich auch in einem weltweiten Massengeschmack. Die Unterhaltungsindustrie aus „Hollywood" gilt als Vermittler von Lebensweisen und dient gerade Jugendlichen oft als Orientierung für Geschmack, Mode und Stil.

B Globalisierung und Standortwettbewerb schränken den Handlungsspielraum für nationales Handeln ein. Entwicklungen wie weltweite Finanzkrisen oder die Bekämpfung des Terrorismus sind Beispiele für Probleme, auf die nur international angemessen reagiert werden kann. Das weitgehend noch territorial und im nationalstaatlichen Rahmen organisierte Handeln muss neue Aktionsformen finden.

territorial
zu einem Gebiet gehörend, ein Gebiet betreffend

C Der Abbau der Handelsschranken, die Mobilität des Kapitals, sinkende Transport- und Kommunikationskosten und die sich weltweit angleichenden Verbraucherwünsche sind Triebfedern dieser Dimension der Globalisierung. Nationalstaaten verlieren in diesem Bereich ihre traditionelle Regelungskompetenz, transnational operierende Großkonzerne gewinnen an Einfluss.

D Probleme wie die Erwärmung der Erdatmosphäre, das Ozonloch oder die Abholzung der tropischen Regenwälder veranschaulichen eindrücklich die Globalisierung, weil solche negativen Entwicklungen nur durch weltweite Bemühungen abgemildert werden können.

Ozonloch
durch Treibgase verursachte Zerstörung der oberen Schichten der Erdatmosphäre

E Das Internet steht beispielhaft dafür, dass die Welt zum „Global Village", zum globalen Dorf, wird. Neuartige Netzwerke und Kommunikationsgemeinschaften treten über große Entfernungen hinweg zu traditionellen Gemeinschaften wie Familie, Freundeskreis oder Nachbarschaft hinzu.

3 Ordne den Texten A bis E je eine der in dem Schaubild genannten Dimensionen der Globalisierung zu.

4 Veranschauliche die Dimensionen der Globalisierung.

4 Hilfe
z. B. durch eine Collage aus Fotos, Zeichnungen und Schlagwörtern

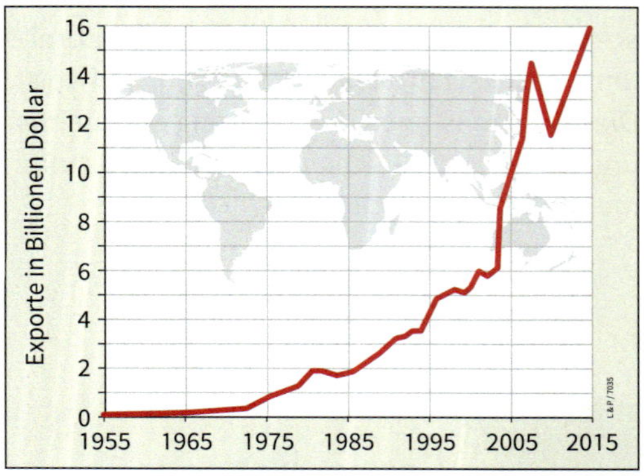

Entwicklung des Welthandels

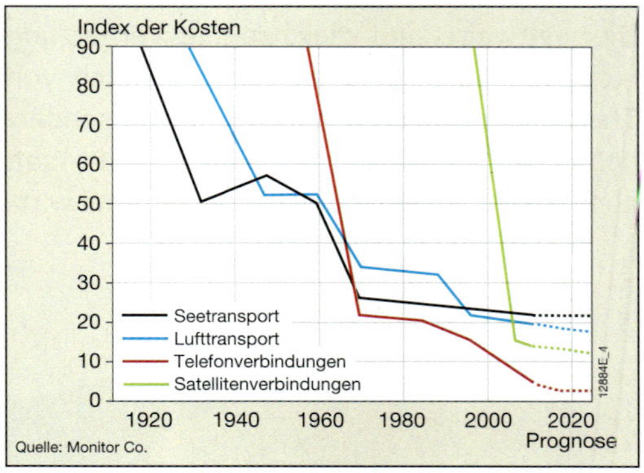

Kostensenkung im Welthandel

Besonders deutlich zeigt sich die Globalisierung in der Ausweitung der weltweiten Warenströme. Nie zuvor in der Geschichte waren die Völker und Staaten der Erde so stark durch Handel miteinander verbunden. Der globale Handel, der in den vergangenen Jahrzehnten rasant gewachsen ist, konnte sich auch deshalb so gut entwickeln, weil die Kosten für den Transport und für die Telekommunikation sehr stark gesunken sind.

Zudem intensivierte sich nicht nur der Handel zwischen den einzelnen Ländern. Staaten schlossen sich auch zu Wirtschaftsbündnissen zusammen, die den Handel untereinander einfacher machen. Bündnisse dieser Art sind z. B. die ASEAN-Staaten in Asien und die NAFTA in Amerika. Auch die aus der Montan-Union hervorgegangene Europäische Union ist ein solches Bündnis.

ASEAN
Abkürzung für englisch: Association of South-East Asian Nations, deutsch: Vereinigung südostasiatischer Staaten

NAFTA
Abkürzung für englisch: North American Free Trade Agreement, deutsch: Nordamerikanisches Freihandelsabkommen

Container – Kisten, die die Welt bewegen

Ohne Container würde es den weltweiten Warenaustausch, wie wir ihn heute kennen, nicht geben. Von Experten wurde er schon als die wichtigste Art der Verpackung nach der Tüte beschrieben. Der Container wurde 1956 in den USA erfunden. Schon bald danach wurden die Maße genormt, und auf der ganzen Welt entstanden Terminals zum Verladen. Gerade die einheitliche Größe hat zu den günstigen Transportpreisen beigetragen. Wurden 1950 für den Transport noch fast 6 Dollar pro Tonne Ware verlangt, so sind dies heute nur noch 16 Cent.

Das größte Containerschiff auf der Welt kann 5800 Container laden. Es gehört zur Post-Panamax-Klasse, also der Art von Schiffen, die den Panamakanal erst nach seiner Erweiterung wieder passieren können.

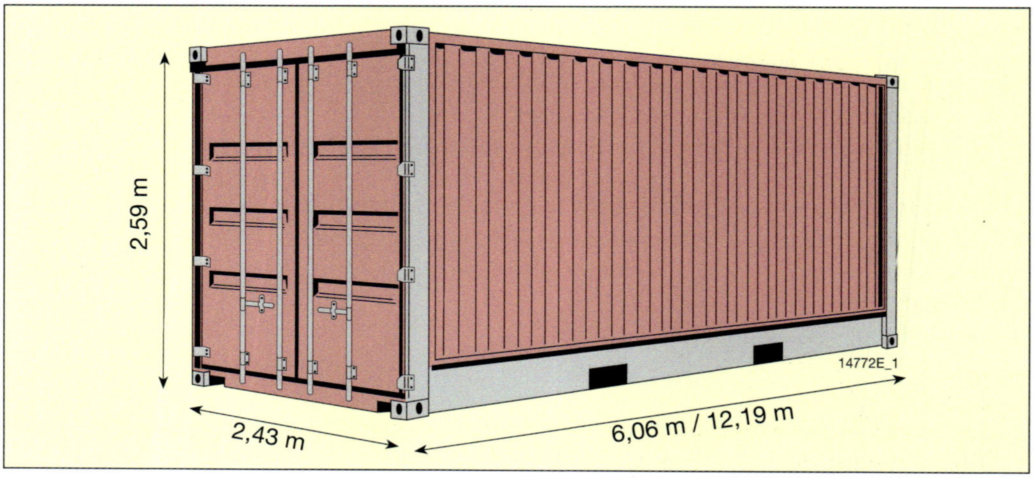

Container – ein genormtes Transportmittel

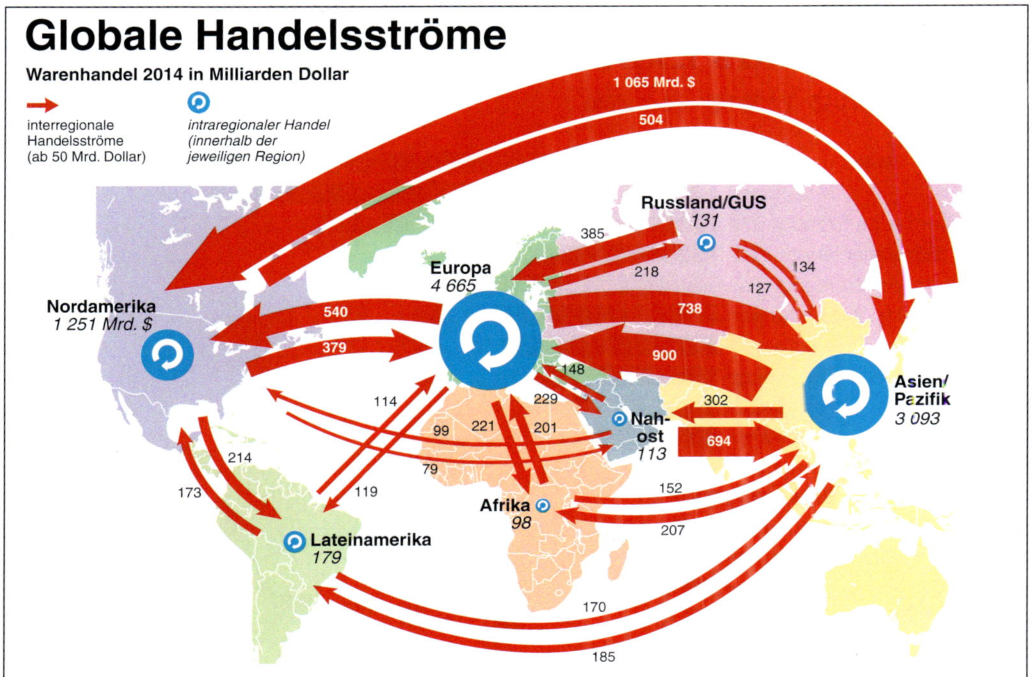

Dieses Schaubild verdeutlicht die Ausmaße des weltweiten Handels und beziffert die Geldströme, die zwischen den Handelspartnern fließen. *(Quelle: WTO)*

WTO-Logo

Die Welthandelsorganisation (WTO)

Globale Märkte brauchen international verbindliche Regeln, damit es nicht zu Auseinandersetzungen oder gar Handelskriegen kommt. Deshalb gibt es seit 1995 die Welthandelsorganisation (World Trade Organization, WTO) mit Sitz in Genf in der Schweiz. Ihr gehören derzeit 159 Staaten an. In der Präambel des WTO-Vertrages werden als Ziele der Organisation genannt:

- Erhöhung des Lebensstandards
- Verwirklichung der Vollbeschäftigung
- Steigerung der wirksamen Nachfrage
- Ausweitung von Produktion und Handel
- optimale Nutzung der Ressourcen der Welt im Einklang mit dem Ziel einer nachhaltigen Entwicklung
- Schutz und Erhaltung der Umwelt und Entwicklung

Das wichtigste Organ der WTO ist die Konferenz der Wirtschafts- und Handelsminister. Sie tagt mindestens alle zwei Jahre. Ein Allgemeiner Rat führt die laufenden Geschäfte. Die WTO ist nicht nur eine Handelsorganisation, die sich für freie Märkte und den Abbau aller Handelsbeschränkungen einsetzt, sie ist darüber hinaus auch zur Hüterin der Weltwirtschaftsordnung geworden. Die WTO hat dafür ein wirksames Streitschlichtungssystem entwickelt. Mit ihm können Staaten vermeintliche Rechtsverletzungen anderer Staaten feststellen lassen. Im Streitschlichtungsgremium (Dispute Settlement Board) werden Handelsstreitigkeiten zwischen Mitgliedsländer beigelegt, die nicht direkt zwischen den betroffenen Länder geklärt werden konnten. Jährlich werden zwischen 20 bis 40 Streitfälle geschlichtet.

Präambel
Vorwort

1 Stelle anhand der Materialien die Entwicklung des Welthandels dar.
2 Beschreibe mithilfe der Karte die globalen Handelsströme.
3 Erläutere die Bedeutung der Welthandelsorganisation.

2 Hilfe
Gehe dabei auch auf die Geldströme ein.

V

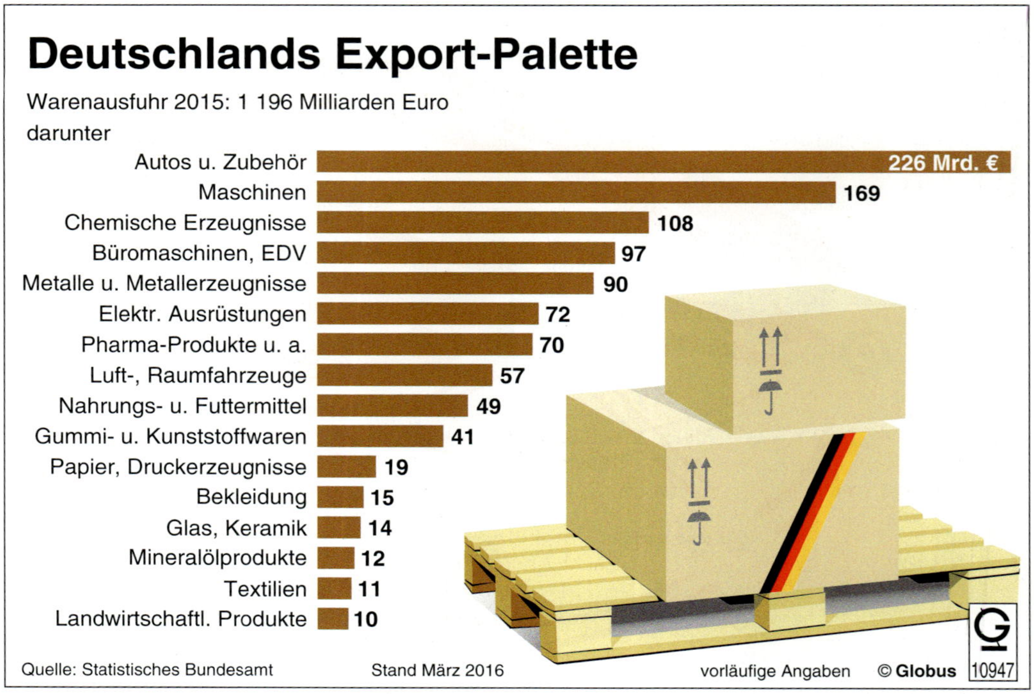

Die globale Finanz- und Wirtschaftskrise hat 2009 in den meisten Branchen zu einem drastischen Einbruch der deutschen Exporte geführt.

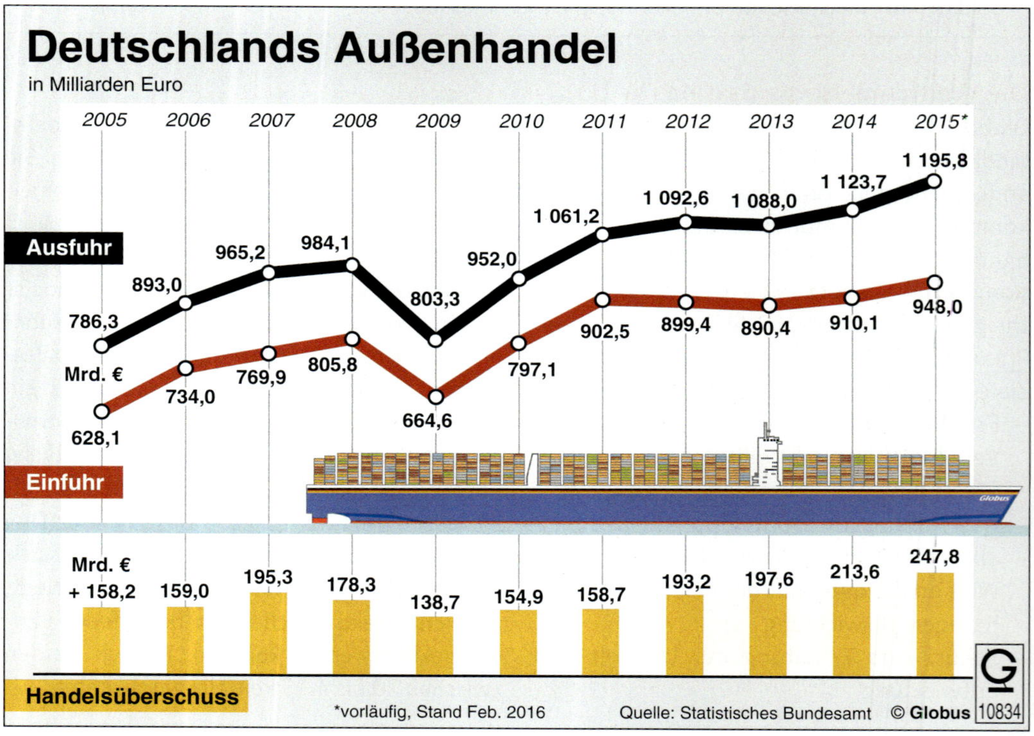

(Globus 19.02.2016)

1 Analysiere die beiden Grafiken. Formuliere jeweils eine Gesamtaussage.

2 Erkläre den Zusammenhang zwischen Globalisierung und deutschen Exporten.

2 Hilfe

Beachte auch die Entwicklung, die die Grafik „Deutschlands Außenhandel“ zeigt.

V

Containerterminal im Hamburger Hafen

Mittelstand profitiert von Globalisierung

Der Mittelstand in Deutschland setzt verstärkt auf das Ausland als Quelle und Abnehmer von Produkten. Der Umsatz deutscher Unternehmen, der im Ausland gemacht wird, steigt stetig.

Das Ausland spielt eine wichtige Rolle für den deutschen Mittelstand. Die Hälfte mittelständischer Unternehmen machte im vergangenen Jahr Umsätze im Ausland oder importierte Waren und Dienstleistungen. Einer Umfrage der KfW-Bankengruppe zufolge, ist vor allem der Import von Waren und Dienstleistungen gestiegen. Waren es im Jahr 2009 noch 47 Prozent die importierten, sind es jetzt deutlich über zwei Drittel der Unternehmen. (...)
Die 1300 befragten Unternehmen aus dem Mittelstand gaben mehrere Gründe für die verstärkte Tätigkeit im Ausland an. Die wichtigsten Gründe waren dabei Potenziale neuer Absatz- und Beschaffungsmärkte zu nutzen. Weitere Gründe waren die Nutzung von ausländischem Know-How und der Zugang zu qualifiziertem Personal. (...)

(Deutsche Mittelstands Nachrichten, 18.07.2011)

Industrieländer sind Globalisierungsgewinner

Deutschland verdankt nach einer Analyse der Bertelsmann-Stiftung 20 Prozent seines Wachstums in den vergangenen knapp 25 Jahren der weltweiten Wirtschaftsvernetzung. Schwellenländer wie China haben überraschend am wenigsten profitiert.

In den vergangenen zwei Jahrzehnten hat die Globalisierung vor allem den Wohlstand der Industrienationen vermehrt. Schwellen- und Entwicklungsländer konnten kaum von der Vernetzung profitieren. Während das Pro-Kopf-Bruttoinlandsprodukt (Pro-Kopf-BIP) in den Top-20-Industriestaaten durchschnittlich um etwa 1000 Euro jährlich stieg, wuchs es in Ländern wie Brasilien, Russland, Indien und China um weniger als 130 Euro. Das ist das zentrale Ergebnis einer Prognos-Studie im Auftrag der Bertelsmann-Stiftung zu den Effekten der Globalisierung in 42 Staaten. Unter dem Strich profitieren zwar alle untersuchten Nationen von der Globalisierung, dies aber so unterschiedlich, dass sich die Schere zwischen armen und reichen Länder weiter öffnet.
Deutschland gehört zu den größten Gewinnern der Globalisierung und belegt hinter Finnland, Dänemark und Japan Rang vier. Die weltweite Verflechtung ließ das reale Bruttoinlandsprodukt zwischen 1990 und 2011 im Durchschnitt jedes Jahr um rund 100 Milliarden Euro wachsen. Das entspricht etwa 20 Prozent des Wirtschaftswachstums Deutschlands. Auch die durchschnittlichen Einkommen in Deutschland stiegen im untersuchten Zeitraum allein durch die Effekte der Globalisierung pro Jahr um 1240 Euro, wie die Studie zeigt. In den Schwellenländern fiel der Anstieg des Pro-Kopf-Einkommens gering aus: in Indien nur um 20 Euro, in China um 80 Euro. Hierbei müsse jedoch das enorme Bevölkerungswachstum in diesen Ländern berücksichtigt werden, das dazu führe, dass sich der wachsende Wohlstand auf mehr Personen verteile, heißt es in der Studie. (...)

(Philipp Obergassner, in: Stuttgarter Zeitung, 25.03.2014, S. 9)

Schwellenländer
Entwicklungsländer, die wirtschaftlich gesehen an der „Schwelle" zu einem Industrieland stehen

Entwicklungsländer
Industriell, wirtschaftlich und sozial im Vergleich zu Industriestaaten unterentwickelte Länder

Bruttoinlandsprodukt
Wert aller in einem Land produzierten Güter und erbrachten Dienstleistungen. Das Bruttoinlandsprodukt (BIP) ist die in Geld ausgedrückte Gesamtleistung einer Volkswirtschaft in einem Jahr. Beim BIP pro Kopf wird die Gesamtleistung durch die Anzahl der Einwohner geteilt.

Effekte
Wirkungen, Erfolge

3 Erläutere, inwiefern nicht nur Großkonzerne die Gewinner der Globalisierung sind.
4 Beurteile anhand des Textes unten die Bedeutung der Globalisierung für Deutschland

3 Hilfe
Analysiere dazu den Text oben.

Globalisierung – Pro und Kontra

V

Dritte-Welt-Länder
Oberbegriff für die Entwicklungsländer

Billiglohnländer
Oberbegriff für Länder, in denen meist sehr niedrige Löhne gezahlt werden

Dumpinglöhne
Von Dumping spricht man, wenn eine Ware unter Wert, also zu einem geringen Preis verkauft wird. Davon abgeleitet versteht man unter Dumpinglöhnen geringe Arbeitseinkommen, die unter dem Wert der geleisteten Arbeit liegen.

variable Kosten
veränderliche, mengenabhängige Produktionskosten

Binnennachfrage
Nachfrage nach Gütern und Dienstleistungen innerhalb eines Landes

Aspekte Pro Globalisierung

Globalisierung wird sehr häufig mit dem Begriff der Chancengleichheit verbunden. Dadurch dass die Weltwirtschaft ständig wächst, können zahlreiche Länder von den Vorteilen profitieren, gerade der internationale Handel kann durch eine gezielte Arbeitsteilung für eine Verbesserung des Wohlstands, vor allem in den Dritte-Welt-Ländern sorgen. Länder und Regionen haben die Möglichkeit, eigene Erzeugnisse auf einem großen Markt zu präsentieren und zu vermarkten, eine fördernde Entwicklung der Wirtschaft kann auch von Gegnern nicht abgestritten werden. Durch die vermehrte wirtschaftliche Tätigkeit kann auch die Gesellschaft profitieren, besonders der Wohlstand nimmt aufgrund der Globalisierung flächendeckend zu. Durch den gezielten Kommunikationsaustausch und die vielfältigen Möglichkeiten der Kommunikation in der ganzen Welt können Beziehungen und Kontakte geknüpft werden. Das Warenangebot hat durch den internationalen Handel ständig zugenommen, heute zählen exotische Früchte, Kaffee und Tee für viele zum Alltag und sind aus dem alltäglichen Leben kaum mehr wegzudenken. (...) Das Reisen ist für den Einzelnen unkomplizierter geworden. Durch den Wegfall von Grenzkontrollen und Zöllen ist das weltweite Reisen im beruflichen und privaten Bereich einfacher geworden, gleiches gilt für die Ein- und Ausfuhr von Waren jeglicher Art. Im Bereich der Wissenschaft, Forschung und Technologie sind durch die Globalisierung enorme Möglichkeiten entstanden. Dadurch dass sich Experten aus Forschung und Wissenschaft zusammenschließen, können effektivere Ergebnisse erzielt werden, besonders der Bereich Technik und Medizin bzw. Gesundheitswesen hat in den vergangenen Jahren enorm von der Globalisierung profitiert. Auch in der Politik hat die Globalisierung viele positive Veränderungen geschaffen. Führende Nationen treffen gemeinsame Entscheidungen, politische Auseinandersetzungen können friedlich geklärt werden. Die Wirtschaft profitiert in vielfältiger Hinsicht. Auf dem Arbeitsmarkt kann vom verstärkten Handel enorm profitiert werden, die wirtschaftliche Gesamtleistung wird durch die Globalisierung gestärkt. Einzelne Menschen können dank der Globalisierung auch Arbeitsplätze im Ausland annehmen. Gleiches gilt in einer etwas abgewandelten Form für Firmen, welche verschiedene Standorte bedienen und neue Arbeitsplätze schaffen können. (...) Die Globalisierung bietet Chancen. Aufgrund des stetigen Wachstums der Weltwirtschaft können viele Länder die Vorteile der Globalisierung nutzen und davon profitieren. (...)

Aspekte Kontra Globalisierung

Wo Gewinner sind, gibt es auch Verlierer, Pro und Kontra. Viele Kritiker bemängeln, dass die Löhne in den Industrieländern durch die Globalisierung gedrückt würden. Immer mehr Unternehmen greifen bei der Auftragsvergabe auf Angebote aus Billiglohnländern zurück, dadurch werden innerhalb der Industrieländer die Umsätze angepasst. Nicht nur einzelne Aufträge werden an Billiglohnländer abgegeben, auch ganze Produktionsbereiche werden heute dahin verlagert. Hohe Arbeitslosenquoten im eigenen Land werden häufig mit einer zunehmenden Globalisierung begründet. Ein deutlicher Verlierer sind die kleinen Unternehmen in armen Ländern, diese haben durch die Globalisierung kaum noch Überlebenschancen. Dazu sieht sich die Umwelt enormen Auswirkungen ausgesetzt, Massen an Waren müssen auf dem Globus von „A nach B“ bewegt werden, darüber hinaus bestehen in Drittländern häufig keine strengen Umweltauflagen, wie es in Europa der Fall ist. Der enorme Konkurrenzkampf auf dem Markt ist nicht immer ein Vorteil. Unternehmen, die sich heute auf dem Weltmarkt behaupten wollen, sind sehr häufig den Billig-Anbietern aus dem Ausland ausgesetzt. Häufig wird Globalisierung von vielen Gegnern mit dem Begriff „Dumpinglöhne“ in Verbindung gebracht. Firmen aus Ländern mit einem niedrigen Lohnniveau drängen auf den heimischen Markt, wodurch auch die Preise indirekt gedrückt werden. Gerade Firmen aus Industrienationen müssen häufig Einsparungen im Personalbereich vornehmen, um die Produktionskosten zu senken. Bei den variablen Kosten sparen viele Unternehmen dann an den Gehältern und Löhnen, was gleichbedeutend mit weniger Einkommen für den einzelnen Arbeitnehmer ist. Durch die Verringerung des Einkommens haben die Arbeitnehmer weniger Einkommen zur Verfügung, was sich negativ auf die Binnennachfrage und die Konsumentscheidungen der Verbraucher auswirkt. Folglich stellt sich bei den Unternehmen, aufgrund der niedrigen Binnennachfrage, geringere Nachfrage ein. Wenn Aufträge und Gewinne bei den heimischen Unternehmen sinken, führt das wiederum zu erneuten Einsparungen, sodass mit Recht von einem „Teufelskreis“ gesprochen werden kann. Reiche Länder können den armen Ländern Bedingungen vorgeben. Durch den Welthandel profitieren, nach kritischen Stimmen, immer die Großkonzerne. (...) Die Großkonzerne haben durch ihre Weltmarktposition eine beherrschende Stellung, sodass sie den schwächeren Handelspartnern ihre Bedingungen diktieren können. (...)

(www.globalisierung-fakten.de/globalisierung-informationen/globalisierung-pro-und-contra/ Abrufdatum: 12.05.2014)

V

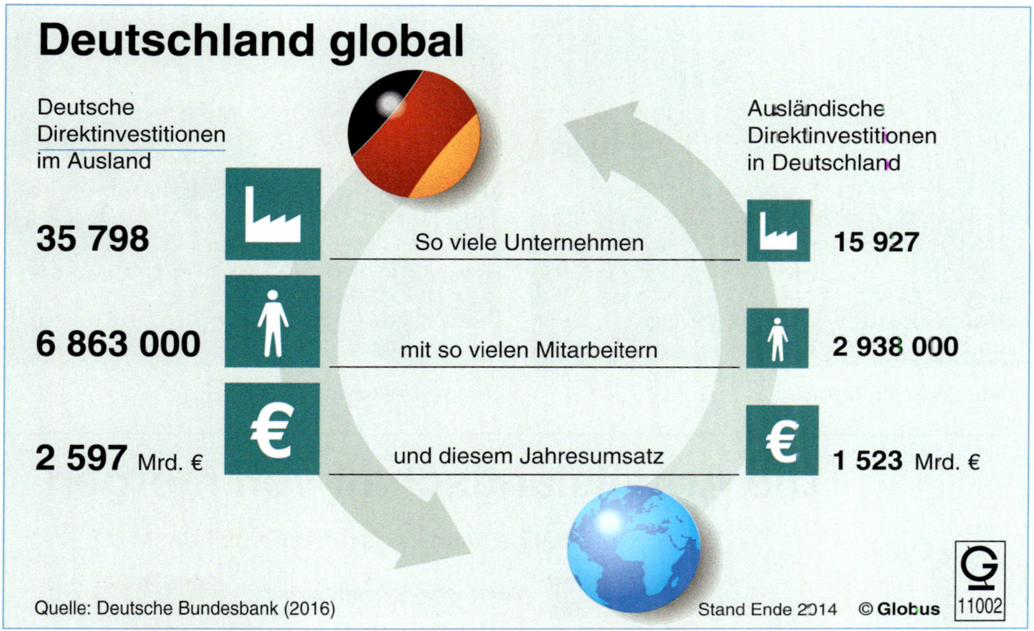

Direktinvestitionen Kapitalanlagen eines Unternehmens zur Gründung von Firmen oder Produktionsstätten im Ausland

A Durch die Globalisierung sind in Deutschland nur Arbeitsplätze mit einfachen Tätigkeiten gefährdet.

B Die großen Konzerne nutzen die Globalisierung, um durch Arbeitsplatzverlagerungen aus Deutschland ihre Gewinne zu vergrößern.

C Eine gute Ausbildung schützt auch in Zeiten der Globalisierung vor Arbeitsplatzverlust.

D Nur Betriebe mit wirtschaftlichen Problemen sind von einer Verlagerung in das Ausland bedroht.

E Multinationale Konzerne kümmert es wenig, wie sich ihre Entscheidungen auf die Belegschaften auswirken.

F Bei den hohen Arbeitskosten bei uns müssen sogar kleine Betriebe Arbeitsplätze ins Ausland verlagern.

G Globalisierung nein – es schadet der deutschen Wirtschaft doch nur, wenn Güter aus dem Ausland bei uns auf den Markt kommen.

H Deutsche Unternehmen müssen im Ausland Werke bauen, damit sie dort neue Märkte erschließen können. Das nützt letztlich auch den Arbeitnehmern im deutschen Stammwerk.

I Globalisierung ja – aber die Waren sollten in Deutschland hergestellt werden.

1 Zähle die auf Seite 152 genannten Argumente für und gegen die Globalisierung auf.
2 Analysiere die Grafik „Deutschland global" unter dem Aspekt, welche Bedeutung die Globalisierung für Deutschland hat.
3 Diskutiert in der Gruppe über die Aussagen A bis I.

V

Arbeiter in der Montagehalle

Die erste Fließbandproduktion

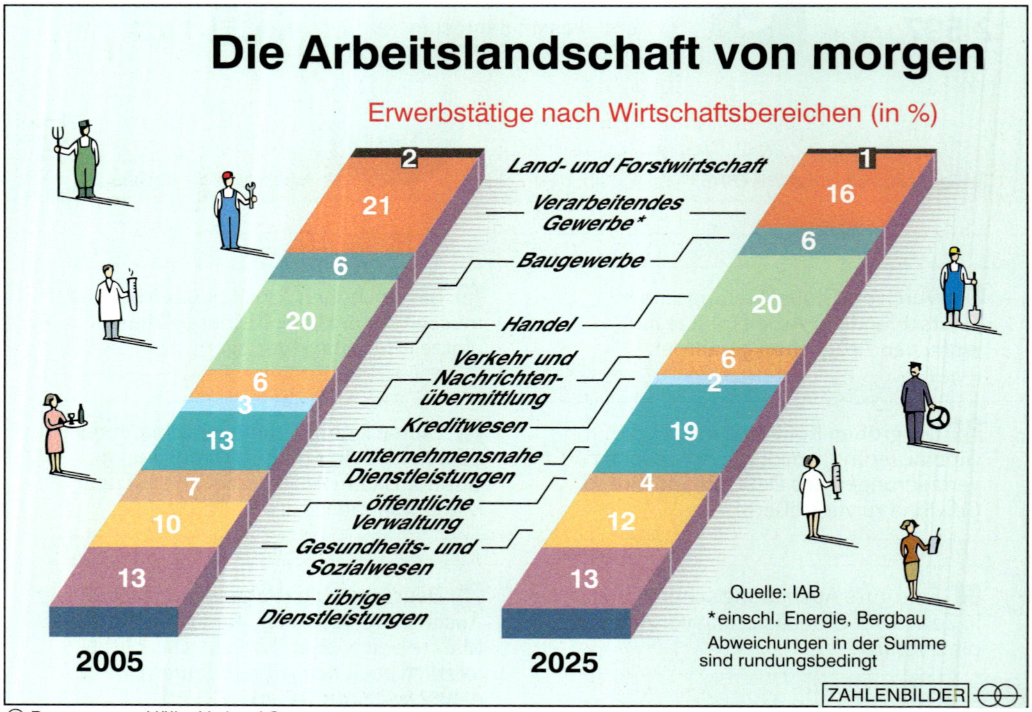

247 133

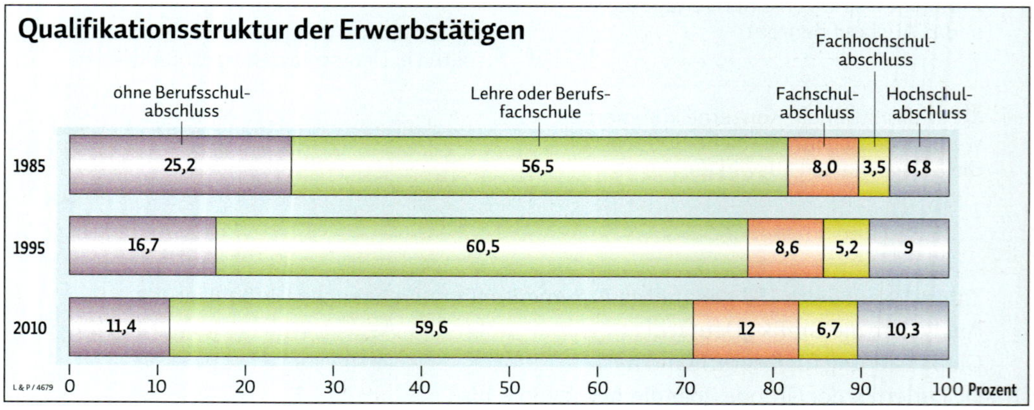

V

Arbeiter beim Zusammenbau eines PKW

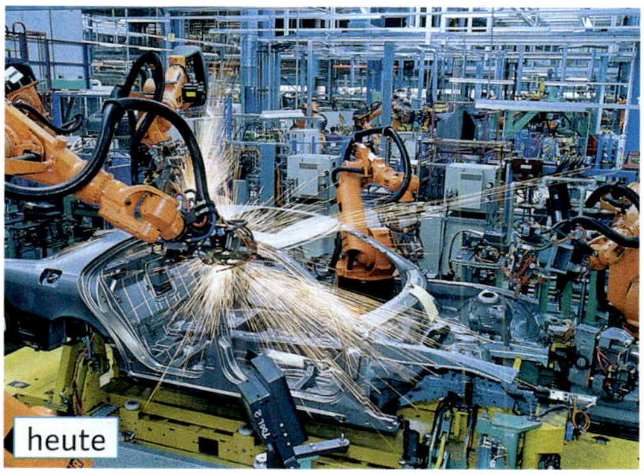

Roboter beim Schweißen einer Karosserie

Aussagen zu den Beschäftigungsstrukturen

1 *In Zukunft werden die Erwerbstätigen im Bereich Verkehr und Nachrichtenübermittlung stark gefragt sein.*

2 *Im Bereich der Dienstleistungen entstehen viele neue Arbeitsplätze.*

3 *Der Bedarf an Fachkräften mit einer Lehre oder einem Berufsfachschulabschluss bleibt in etwa gleich.*

4 *Immer mehr Menschen arbeiten in der Land- und Forstwirtschaft.*

5 *Im Bereich „übrige Dienstleistungen" werden in Zukunft mehr Menschen arbeiten.*

6 *Im Handel stehen zukünftig in etwa gleich viele Arbeitsplätze zur Verfügung wie im Jahr 2000.*

7 *Erwerbstätige mit Fachhochschulabschluss oder Hochschulabschluss sind in Zukunft mehr gefragt.*

8 *Es wird eine Zunahme im Wirtschaftsbereich Staat geben.*

9 *Erwerbstätige ohne Berufsschulabschluss haben gute Berufschancen.*

10 *Im Baugewerbe wird es zukünftig weniger Beschäftigte geben.*

1 Begründe, welche Aussage trifft zu, welche nicht? Verwende dazu das Arbeitsblatt oder arbeite in deinem Heft.

2 Erläutere zusammenfassend, wie sich die Erwerbstätigkeit verändert.

1 Hilfe
Zur Beantwortung helfen die Angaben in den beiden Grafiken.

Thema: Den Wandel in der Arbeitswelt erkunden

Ein Projekt ist eine gemeinsame Aktion einer Klasse, die ein sichtbares Ergebnis zum Ziel hat, z. B. eine Ausstellung oder die Herstellung von Gegenständen für den Verkauf auf dem Schulfest. Bei einem Projekt können also Schülerinnen und Schüler durch praktische Arbeit Erfahrungen sammeln und lernen. Bei diesem Projekt geht es darum, etwas über die Arbeitswelt früher durch Befragung Älterer herauszufinden. Informationen zur Vorbereitung, Durchführung und Auswertung eines Projektes enthält die Seite 88.

Der Ablauf eines Projektes – ein Beispiel

Um das herauszufinden, führten die Schülerinnen und Schüler ein Projekt durch. Das Projekt lief wie folgt ab:

Zuerst wurde in der Lokalzeitung ein Artikel veröffentlicht. Darin baten die Schülerinnen und Schüler ältere Mitbürgerinnen und Mitbürger, sich als Interviewpartner zur Verfügung zu stellen und über ihre Lehrzeit früher Auskunft zu geben.
Im Unterricht stellten die Schülerinnen und Schüler dann die Fragen für die Interviews zusammen und übten in Rollenspielen, wie man sich bei der Befragung verhält.
Danach wurden für die Befragungen Zweier-Teams gebildet. Jedes Team erhielt die Adresse von einem Interviewpartner.
Die Befragungsteams verabredeten selbstständig Termine für die Interviews, führten in ihrer Freizeit die Befragungen durch, gaben die Interviewtexte in den Computer ein und druckten sie aus.
Die verschiedenen Interviewberichte wurden zu einem Projektheft zusammengestellt, von dem jede Schülerin und jeder Schüler ein Exemplar erhielt. Das Projektheft bildete dann die Grundlage für die gemeinsame Projektauswertung im Unterricht.
Zum Abschluss lud die Klasse die Befragten an einem Nachmittag zu Kaffee und Kuchen ein, berichtete über die Projektergebnisse und übergab jedem Befragten ein Projektheft.

1

In meinem Beruf gibt es im Vergleich zu früher große Unterschiede. Heute arbeitet man meist mit computergesteuerten Maschinen. Solche gab es zu meiner Zeit noch nicht. Auch die Arbeit mit den Werkzeugen – das ist ein Unterschied wie Tag und Nacht!

2

Einen Waschraum gab es in unserem Betrieb nicht. Hinten in der Werkstatt war in einer Ecke ein Waschbecken angebracht. Dort wuschen wir uns nach der Arbeit abends so gut es ging. Der Kleiderwechsel fand in der Werkstatt statt.

3

Als Lehrling musste man so ziemlich alles machen, z. B. auch Steine schleppen, das Gerüst aufbauen, einfach alles. Rücksicht wurde da nicht genommen. Das war Knochenarbeit, gerade für uns junge Leute. Mit heute ist das überhaupt nicht vergleichbar.

4

Ich musste von Montag bis Freitag jeden Tag zehn Stunden arbeiten. Während der Ausbildung hatte ich vier Wochen Urlaub im Jahr, als Geselle dann nur noch 14 Tage.

5

Zu meiner Zeit musste noch sehr viel von Hand gearbeitet werden. Es gab nur wenige Werkzeuge: Biegezange, Rohrschneider, Kabelmesser, Handbohrer, Hammer, Meißel, Biegevorrichtung, Gewindeschneider und so.

6

Im ersten Lehrjahr bekam ich brutto monatlich 25 DM, im zweiten 35 und im dritten 45. DM ist die Abkürzung für „Deutsche Mark". Das war unsere Währung früher, bevor der Euro kam. Zwei DM damals waren etwa so viel wert wie heute ein Euro. Weil mein Vater im Krieg gefallen war, hat der Lehrherr meine Fahrkarte bezahlt. Die anderen Lehrlinge mussten ihre Zugfahrkarte selbst bezahlen, weil ihre Väter noch lebten und verdienten.

7

Es gab nur wenige Lehrstellen und schon gar nicht die, die man sich gewünscht hätte. Viele von uns haben einfach den Beruf erlernt, für den sie eine Lehrstelle bekamen. Mit der Verwirklichung der eigenen Berufsvorstellungen hatte das wenig zu tun.

8

Man musste körperlich hart arbeiten – unabhängig vom Alter. Da wurde von uns viel verlangt. Und nie wurde gefragt: „Kannst du das? Bist du dazu körperlich in der Lage?"

9

Ich musste morgens als erste an der Arbeitsstelle sein: Büro putzen, Papierkörbe und Aschenbecher ausleeren, Zigarren für den Chef kaufen … Und samstags musste ich in der Firma Fenster putzen. Das war damals so üblich, da hat sich niemand beschwert.

10

„Lehrjahre sind keine Herrenjahre", hieß es. Für meine Lehre traf das zu.

Schusterwerkzeuge früher

Schreinerwerkzeuge früher

Schriftsetzer früher bei der Arbeit. Heute wird diese Arbeit am Computer erledigt.

1 Bewerte die Projektdurchführung in dem auf Seite 156 geschilderten Beispiel: Was haben die Schülerinnen und Schüler durch ihr Projekt gelernt? Was hätten sie anders machen können?

2 Oben sind einige Antworten der Befragten wiedergegeben. Formuliere mögliche Fragen, die die Schülerinnen und Schüler jeweils gestellt haben könnten.

3 Erarbeitet Fragen, die ihr älteren Menschen zu deren Lehrzeit stellen würdet.

4 Führt ein Projekt zum Thema „Arbeitswelt im Wandel" durch.

Nachhaltigkeit im Spannungsfeld von Ökonomie und Ökologie

Wenn heute Spielplätze gesperrt werden müssen, weil der Boden verseucht ist, sieht man, dass hier früher unverantwortlich mit der Umwelt umgegangen wurde. Der Umweltschutz heute will auch ein Verhalten fördern, das auf die nachfolgenden Generationen Rücksicht nimmt. Das ist mit „nachhaltiger Entwicklung“ gemeint. Der Begriff Nachhaltigkeit ist in Deutschland seit dem Ende des 18. Jahrhunderts bekannt und gilt als Grundprinzip in der Forstwirtschaft. Er besagt, dass nur so viel Holz geschlagen werden sollte, wie im Wald wieder nachwächst. Das Prinzip Nachhaltigkeit lässt sich auf fast alle Lebensbereiche übertragen. Im Jahr 1971 veröffentlichte der „Club of Rome“, ein Zusammenschluss führender Unternehmer, Wissenschaftler und Ökonomen, die Studie „Grenzen des Wachstums“. In dieser Studie wurde vor einer bedrohlichen Rohstoffknappheit gewarnt. 1983 wurde von den Vereinten Nationen eine „Weltkommission für Umwelt und Entwicklung“ gebildet, die Leitlinien für eine nachhaltige Entwicklungspolitik entwickeln sollte. In dem im Jahr 1987 veröffentlichten Abschlussbericht der Kommission wurde zum ersten Mal von einer „nachhaltigen Entwicklung“ als einer der wichtigsten Leitlinien für zukunftsgerichtetes Handeln gesprochen. Dazu wurden drei Dimensionen nachhaltigen Handelns definiert.

WEBCODE
SDL-11077-406
Nachhaltigkeit

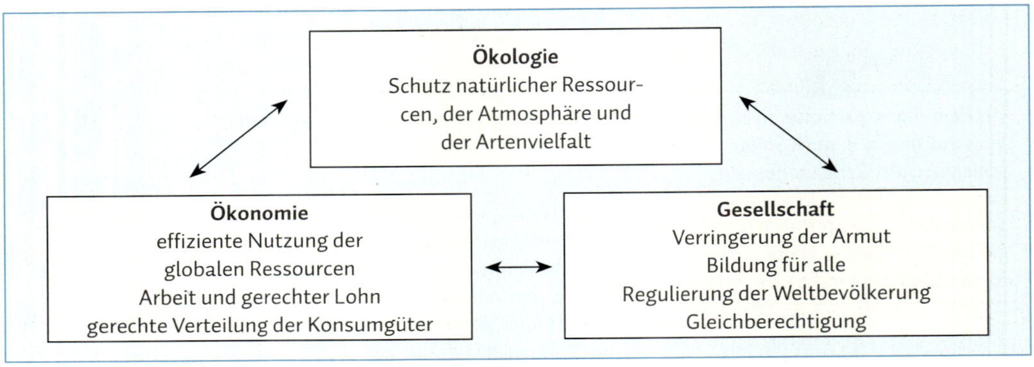

Eine Entwicklung gilt als nachhaltig, wenn sie den Bedürfnissen der heutigen Generation entspricht, ohne die Möglichkeiten künftiger Generationen zu gefährden, ihre eigenen Bedürfnisse zu befriedigen und ihren eigenen Lebensstil zu wählen. Das bedeutet: Notwendig ist eine Entwicklung, die langfristig für das Ökosystem tragfähig ist. Dieser Grundsatz gilt nicht nur für die nachfolgenden Generationen, sondern in gleicher Weise auch für die jetzt lebenden Menschen auf der ganzen Erde. Eine dauerhaft umweltgerechte Entwicklung soll deshalb auch dazu beitragen, die großen Unterschiede zwischen den armen und reichen Staaten zu verringern, den Nord-Süd-Konflikt zu entschärfen.

(http://www.politikunterricht.de/4_99/lokaleagenda4.htm)

Wenn wir heute über den Begriff Nachhaltigkeit diskutieren, sollten wir (...) das Thema nicht auf eine ökonomisch-ökologische Sichtweise verengen. Wir sollten es ganzheitlich betrachten, als eine ethische Grundhaltung, eine Lebensweise. (...) Wir wissen, dass wir in den industriell entwickelten Gesellschaften Opfer bringen, unseren Lebensstil ändern, Wachstum stärker qualitativ (...) betrachten müssen. Dieses Denken und Handeln sollte unser gesamtes Leben umfassen. Nachhaltigkeit, wie ich sie verstehe, bedeutet vor allem verantwortliches Denken und Tun, das stets die Konsequenzen im Blick behält. Alles, was wir tun, hat Auswirkungen und Konsequenzen, kurz-, mittel- und langfristig, auch für unsere Gesellschaft.

(Notker Wolf: Respice finem (Bedenke das Ende), in: Wirtschaftswoche 14, 03.04.2010, S.38)

ethisch
vom sittlichen Verhalten bestimmt

Ökosystem
ein natürlicher Lebensraum mit Lebewesen

Der ökologische Fußabdruck – ein Indikator für Nachhaltigkeit

Der Schweizer Forscher Mathias Wackernagel und sein kanadischer Kollege Professor William E. Rees stellten sich die Frage, wie man messen kann, wie stark die Umwelt durch den eigenen Lebensstil belastet wird. Dazu entwickelten sie das Konzept des ökologischen Fußabdruckes (ecological footprint). Die Idee, die die beiden Forscher damit verbanden, war, dass alles, was wir tun, Auswirkungen auf die Umwelt hat. Denn alles, was wir konsumieren, z. B. unsere Ernährung, wie wir wohnen oder wie wir uns fortbewegen, hat ökologische Folgen. Dabei wird die Belastung durch die verbauten Flächen für Häuser und Straßen mit eingerechnet. Mit dem Modell des ökologischen Fußabdrucks lässt sich somit die Fläche berechnen, die wir durch unser Handeln verbraucht haben. Je höher die Belastung der Umwelt durch unser eigenes Handeln ist, umso größer ist der ökologische Fußabdruck.

Zum Vergleich betrachtet man die sogenannte „Biokapazität" einer Region. Sie zeigt an, wie gut die Umwelt in diesem Gebiet die produzierten Schadstoffe abbauen und die verbrauchten Rohstoffe neu erzeugen kann. Wenn der Fußabdruck kleiner als die Biokapazität ist, dann leben die Menschen nachhaltig. Wenn aber der Fußabdruck größer ist, dann leben die Menschen auf Kosten der Umwelt. Ist dieser Zustand dauerhaft, dann kann das globale Ökosystem dieses Ungleichgewicht nicht mehr ausgleichen.

Nach Angaben des Global Footprint Network und der European Environment Agency überschreiten jetzt schon der weltweite Rohstoffverbrauch und die dabei entstehenden Abfälle die Biokapazität unserer Erde um 25 %. Man geht davon aus, dass bei gleich bleibendem Verbrauch die Menschheit bis zum Jahre 2035 zwei Planeten bräuchte, um ihren Bedarf zu decken. Der Fußabdruck ist in den verschiedenen Ländern aber sehr unterschiedlich. In Deutschland werden pro Jahr und pro Kopf 4,5 Hektar verbraucht, die Biokapazität reicht dort aber nur für 1,7 Hektar. Ein Amerikaner verbraucht 9,6 Hektar, wobei in einem Entwicklungsland wie Indien der Fußabdruck derzeit nur 0,8 Hektar beträgt.

Der ökologische Fußabdruck

„So leben wir, so leben wir, so leben wir alle Tage ..."
(Zeichnung: Jupp Wolter / Haus der Geschichte, Bonn)

1 Erkläre die ursprüngliche Bedeutung des Begriffs „nachhaltiges Handeln".
2 Erläutere anhand der beiden Definitionen das heutige Verständnis von Nachhaltigkeit.
3 Begründe, inwiefern die Karikatur „So leben wir, so leben wir, so leben wir alle Tage ..." geeignet ist, das Thema Nachhaltigkeit zu veranschaulichen.
4 Erkläre das Konzept des „ökologischen Fußabdrucks".
5 Berechne deinen eigenen „ökologischen Fußabdruck".

5 Hilfe
Im Internet gibt es dazu verschiedene Informationsseiten mit Berechnungsprogrammen, z. B. www.footprint-deutschland.de oder www.myfootprint.org.

IKEA-Filiale in China

Chinesische BMW-Arbeiter

Wasser – ein knappes und kostbares Gut

Globalisierung

Mit Globalisierung wird im weiteren Sinn das weltweite Zusammenwachsen in allen Bereichen der Gesellschaft, Politik, Kultur usw. bezeichnet. Es wird auch davon gesprochen, dass die Globalisierung eine wirtschaftliche, ökologische, politische, kulturelle und gesellschaftliche Dimension aufweist. Im engeren Sinn ist mit Globalisierung die zunehmende Internationalisierung der Wirtschaft gemeint. Die weltumspannende Verflechtung des Wirtschaftslebens führt zur Herausbildung eines einzigen, die gesamte Erde umfassenden Marktes.

Welthandel

Durch die Globalisierung hat der Welthandel stark zugenommen. Dies lag auch daran, dass die Transportkosten stark gesunken sind. Die Volkswirtschaften wuchsen zu einer globalen Weltwirtschaft zusammen. Am stärksten ist der internationale Warenaustausch zwischen Asien und Nordamerika, Europa und Asien, Nordamerika und Europa.

Deutschland und die Globalisierung

Deutschland spielt als eine den größten Exportnationen eine führende Rolle im Welthandel. Die Globalisierung birgt Chancen, aber auch Risiken, z. B. wenn bei einer weltweiten Wirtschaftskrise die deutschen Exporte einbrechen. Die deutschen Verbraucher profitieren von billigen Einfuhren. Andererseits verlagern deutsche Unternehmen aus Kostengründen ihre Produktion ins Ausland. Dadurch gehen in Deutschland Arbeitsplätze in der Fertigung verloren. Allerdings können deutsche Firmen auf diese Weise qualifizierte Arbeitsplätze, z. B. in der Forschung und Entwicklung, im Inland erhalten, weil sie im Ausland kostengünstiger produzieren können und auch auf den ausländischen Märkten präsent sind.

Erwerbstätigkeit im Wandel

Grundsätzlich lassen sich drei Wirtschaftsbereiche unterscheiden: Landwirtschaft, Forstwirtschaft, Fischerei; Waren produzierendes Gewerbe; Dienstleistungen. In den beiden erstgenannten Bereichen wird die Zahl der Erwerbstätigen in den nächsten Jahren weiter sinken, während sie im Dienstleistungssektor weiter zunehmen wird. Die Qualifikation der Erwerbstätigen nimmt ständig zu.

Belastung der Umwelt

Unsere Umwelt wird auf unterschiedliche Weise belastet. Aus den privaten Haushalten stammen z. B. Abfälle und Abwässer, die entsorgt werden müssen. Die Produktion von Gütern und ihr Vertrieb ist nicht möglich, ohne die Umwelt zu benutzen und damit auch zu belasten. Denn ohne Rohstoffe und ohne Energie können keine Produkte hergestellt werden. Luft, Wasser und Boden werden dabei in vielfältiger Weise gebraucht und verbraucht. Die dabei entstehenden Verschmutzungen belasten die Umwelt stark.

Nachhaltiges Handeln

Die Weltkommission für Umwelt und Entwicklung definiert Nachhaltigkeit als eine „Entwicklung, die die Bedürfnisse der Gegenwart befriedigt, ohne die Möglichkeiten künftiger Generationen zu gefährden, ihre Bedürfnisse zu befriedigen." Um diesem Anspruch gerecht zu werden, müssen wir unsere Lebensweise umstellen. Es geht darum, mit den Ressourcen schonender umzugehen und der Umwelt keinen weiteren Schaden zuzufügen.

1 **Löse das Rätsel.** Bilde aus den Silben im Wortspeicher die fehlenden Wörter. Benutze dazu das Arbeitsblatt oder notiere auf einem gesonderten Blatt. Die Buchstaben in den grün unterlegten Kästchen ergeben von oben nach unten gelesen das Lösungswort. Erläutere, was unter diesem Begriff zu verstehen ist.

A – AN – AR – AU – BEIT – BER – BOT – BRAU – CHER – DEL – EI – EX – GE – GE – GE – GEN – HAN – LE – MARKT – MEN – MIE – NA – NEH – NO – ON – PORT – PRI – RIF – SCHAF – SCHAFT – SO – TA – TEN – TER – TI – TO – TUM – UN – VER – VAT – WELT – WERK – WIRT – ZI

1. Die ________ ________ ist die Wirtschaftsordnung der Bundesrepublik Deutschland.
2. In einer Marktwirtschaft bilden sich die Preise nach ________ und Nachfrage.
3. Mit ________ ist gemeint, dass der Staat sich nicht in die Lohnverhandlungen zwischen Gewerkschaften und Arbeitgeberverbänden einmischen darf.
4. In der Marktwirtschaft befinden sich die Unternehmen in ________.
5. Der ________ zahlt Lohn für eine Arbeitsleistung.
6. Von ________ werden Waren produziert und Dienstleistungen bereitgestellt.
7. Die ________ sind einer beiden Tarifpartner.
8. Durch die Globalisierung hat der ________ stark zugenommen.
9. Eine ________ ist ein Land, das viele Waren in das Ausland verkauft.
10. Konsumenten bezeichnet man auch als ________.

2 **Beurteile die folgenden Aussagen** unter dem Gesichtspunkt eines verbraucherbewussten Verhaltens.

Frau Marx

Mir ist beim Kauf die Beratung sehr wichtig. Deshalb gehe ich stets in ein Fachgeschäft und erkundige mich dort. Das Gerät, das mir die Verkäuferin oder der Verkäufer empfiehlt, das nehme ich. Schließlich sind das die Fachleute!

Frau Ott

Wenn ich etwas Größeres anschaffe, zum Beispiel einen Fernseher, neue Gartenmöbel oder Küchengeräte, dann schaue ich in erster Linie auf den Preis! Schließlich will ich Geld sparen. Je günstiger, desto besser!

Frau Ude

Ich verlasse mich beim Einkauf auf die Verbraucherberatung. Wenn ich etwas brauche, schaue ich in meinen „test"-Heften nach. Und das Produkt, das die beste Bewertung erhalten hat, das nehme ich. Schließlich will ich Qualität!

3 Eure Ratschläge sind gefragt!

Denis H. ist vierzehn Jahre alt und bekommt von seinen Eltern monatlich 50 Euro Taschengeld. Durch kleine Hilfsarbeiten kann er sein „Einkommen“ manchmal noch etwas aufbessern. So führt er gelegentlich für seine Nachbarin den Hund aus, mäht zu Hause oder auch für Nachbarn den Rasen und wäscht samstags für seinen Onkel das Auto. Mit seinem Taschengeld und den zusätzlichen Einnahmen muss er alles finanzieren, was zu seiner Freizeitgestaltung gehört. Daneben muss er davon auch Schreibwaren für die Schule und anderen Kleinkram kaufen. Teure Artikel wie Bekleidung oder das neue Fahrrad bezahlen seine Eltern.
In letzter Zeit kommt Denis mit dem Taschengeld kaum noch aus. Er fürchtet, dass es im nächsten Monat nicht mehr reichen könnte. Was soll er machen? – Schreibt Ratschläge für Denis auf.

4 Führt in Gruppen eine Markterkundung durch.

Einigt euch dazu in der Klasse auf ein bestimmtes Produkt. Denkt an Befragungen zur Produktinformation, an Erkundungen im Internet und bei der Verbraucherberatung und an die Auswertung von Testergebnissen usw. Stellt dann die Ergebnisse eurer Markterkundung in einer Wandzeitung übersichtlich dar.

5 Verfasst in Gruppenarbeit einen Vorschlag.

Eine Stiftung für politische Bildung will Jugendliche mehr für wirtschaftspolitische Themen interessieren. Dazu plant sie eine Anzeigenkampagne in Schülerzeitungen, bei der Zeichnungen oder Fotos die Aufmerksamkeit der Schülerinnen und Schüler erregen sollen. Es fehlen noch eine pfiffige Schlagzeile und ein kurzer Text, der das Anliegen verdeutlicht. Damit Schlagzeile und Text bei Jugendlichen ankommen, bittet die Stiftung Schulklassen um Vorschläge.

6 Führt eine Umfrage durch.

Ein Institut für Demoskopie veröffentlichte dieses Umfrageergebnis. Führt zur gleichen Fragestellung eine Umfrage unter Jugendlichen durch. Stellt für eure Schülerzeitung das Ergebnis grafisch dar und verfasst einen Text dazu, in dem ihr euer Umfrageergebnis mit dem des Demoskopie-Instituts vergleicht.

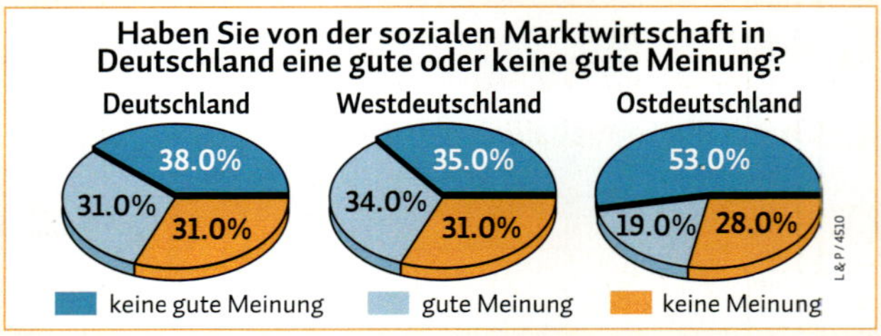

7 Analysiere die Karikatur.

(Zeichnung: P. Bensch)

Die politische Ordnung der Bundesrepublik Deutschland

Kapitel 05

Die Bundesrepublik Deutschland ist eine Demokratie. Das klingt so selbstverständlich, dass viele sich gar nicht mehr fragen, was eine demokratische Gesellschaft ausmacht. Dazu gehört, dass jede Bürgerin und jeder Bürger verschiedene Rechte hat, auch das Recht am politischen Leben mitzuwirken. Viele interessieren sich jedoch nicht für Politik. Damit eine Demokratie im Alltag funktioniert, müssen jedoch viele zusammenarbeiten und gemeinsam Verantwortung tragen. Eine besondere Rolle spielen dabei die Politikerinnen und Politiker und die Parteien. Denn von den Politikerinnen und Politikern wird zum Beispiel im Bundestag über vieles entschieden, das uns alle betrifft. Wichtig ist außerdem, Probleme in der Demokratie zu erkennen und die Demokratie vor ihren Feinden zu schützen. Um all dies geht es auf den folgenden Seiten. Dabei erhaltet ihr Antworten auf diese Fragen:

- Welche Grundprinzipien kennzeichnen unsere Demokratie? Welche Rolle spielen die Parteien?
- Wie können die Bürgerinnen und Bürger mitwirken? Was sind Interessengruppen und Verbände? Wie versuchen sie, auf die Politik Einfluss zu nehmen?
- Was hat es mit den Wahlen auf sich? Welche Wahlsysteme lassen sich unterscheiden? Nach welchem System wird der Bundestag gewählt?
- Welche Feinde bedrohen die Demokratie? Wie kann sie sich schützen? Was versteht man in diesem Zusammenhang unter Rechts- und Linksextremismus?
- Welche Aufgaben haben Bundestag und Bundesrat? Wie wirken diese beiden Organe zusammen?
- Wofür ist die Bundesregierung zuständig? Wie wird sie gebildet? Wer kontrolliert sie?
- Welche Bedeutung kommt der Opposition zu?
- Wie kommt ein Bundesgesetz zustande?
- Wofür ist das Bundesverfassungsgericht zuständig? Welche Aufgaben hat der Bundespräsident?
- Wie funktioniert unser föderales System? Wie ist das Bundesland Rheinland-Pfalz darin eingebunden? Wer hat im Land das Sagen?

Methode: Ampelspiel

Thema: Wir und die Demokratie

Wenn über ein Thema mit mehreren diskutiert wird, stimmt der eine einer Aussage zu, der andere lehnt sie jedoch ab und ein Dritter kann sich vielleicht noch nicht entscheiden. Mit dem Ampelspiel kann für alle Teilnehmer sichtbar gemacht werden, welche Aussagen zu einem Thema Zustimmung, Ablehnung oder Enthaltung finden. So erhält man ein Stimmungsbild, in das auch Teilnehmer einbezogen sind, die sich mündlich nicht äußern würden.

Vorbereitung

Jede Schülerin und jeder Schüler benötigt eine rote, eine gelbe und eine grüne Karte etwa in Postkartengröße. Die Karten könnt ihr aus farbigem Papier oder Karton ausschneiden.

Durchführung

Die Lehrkraft liest die einzelnen Aussagen vor. Nach jeder Aussage zeigen die Schülerinnen und Schüler mit ihrer Farbkarte an, ob sie der Aussage zustimmen (grüne Karte), sie ablehnen (rote Karte) oder ob sie sich enthalten (gelbe Karte). Die Zahl der Zustimmungen, Ablehnungen und Enthaltungen wird notiert. Es erfolgt jedoch keine Diskussion.

Auswertung

Anhand der festgehaltenen Aussagen ergibt sich das Meinungsbild der Klasse. Es kann auch festgestellt werden, bei welcher Aussage die größte Übereinstimmung bzw. größte Meinungsverschiedenheit besteht. Man könnte außerdem noch nachfragen, bei welcher Aussage die Entscheidung besonders schwerfiel.

1. *Die Demokratie ist die beste aller bisher praktizierten Staatsformen.*
2. *Aktivitäten von Jugendlichen werden von den Politikern und Politikerinnen sehr gewünscht.*
3. *Mit dem Begriff „Demokratie“ verbinde ich keine besondere Bedeutung.*
4. *Die Verfassung der Bundesrepublik Deutschland, das Grundgesetz, hat sich bis heute bewährt.*
5. *Die Gewaltenteilung stärkt die Demokratie.*
6. *Ohne Politikerinnen und Politiker gäbe es keine Demokratie.*
7. *Die Parteien haben den Kontakt zu den Bürgerinnen und Bürgern doch längst völlig verloren.*
8. *Politikerinnen und Politiker denken immer nur an ihre eigenen Interessen.*
9. *Manchmal sind politische Ereignisse richtig spannend.*
10. *Kinder und Jugendliche werden von der Politik stark vernachlässigt.*
11. *Die Interessen des kleinen Mannes zählen in der Politik doch gar nicht.*

1 Führt das Ampelspiel zum Thema „Wir und die Demokratie“ durch.

Demokratie – Grundlage unseres Staates

Demokratie

Der Begriff kommt aus dem Griechischen und bedeutet „Herrschaft des Volkes“. In Deutschland gibt es diese Staatsform seit 1949, zuvor gab es sie bereits einmal von 1918 bis 1933. Demokratie heißt: Alle Bürger und Bürgerinnen haben die gleichen Rechte und Pflichten. Über sie herrscht kein Kaiser, auch kein König und kein General. Alle Menschen dürfen frei ihre Meinung sagen, sich versammeln, sich informieren. Es gibt unterschiedliche Parteien, die ihre Vorstellungen in sogenannten Parteiprogrammen kundtun. Die Bürger wählen Personen und Parteien, von denen sie eine bestimmte Zeit lang regiert werden wollen. Und wenn die Regierung ihre Arbeit schlecht macht, kann das Volk bei der nächsten Wahl eine andere Regierung wählen. In einer Demokratie muss alles, was der Staat tut, nach den Regeln der Verfassung und der geltenden Gesetze erfolgen. In Deutschland stehen diese Regeln im Grundgesetz. Der demokratische Staat ist also immer auch ein Rechtsstaat. In Deutschland gab es von 1949 bis 1990 einen zweiten deutschen Staat, die „Deutsche Demokratische Republik“, abgekürzt DDR. Obwohl im Staatsnamen der Begriff „Demokratie“ vorkam, war die DDR aber keine Demokratie.

Warum darf die Demokratie nicht aufgegeben werden? Nachgefragt ?	Demokratische Werte, zum Beispiel Freiheit und Gleichheit, gehören zu den grundlegenden Werten unserer Gesellschaft. Wenn wir diese Grundwerte aufgeben würden, würden wir unseren Staat mit seinen Freiheiten, dem Schutz der Menschenrechte etc. aufgeben. Gerade wir in Deutschland haben ja mit dem Nationalsozialismus gesehen, welche furchtbaren Folgen es haben kann, wenn ...

(Gerd Schneider/Christiane Toyka-Seid: Das junge Politik-Lexikon von www.hanisauland.de, Bonn: Bundeszentrale für politische Bildung, 2013. www.bpb.de/nachschlagen/lexika/das-junge-politik-lexikon/160964/demokratie)

1

2

3

4

1 Stelle einen Zusammenhang zwischen den Bildern und dem Demokratiebegriff her.

2 „Nachgefragt“: Vervollständige die Antwort auf die Frage schriftlich.

1 Hilfe

Das Foto 1 zeigt Wahlwerbung eines Kandidaten der Sozialdemokratischen Partei Deutschlands. Die Parteien sind für die Demokratie ...

Demokratie als Regierungsform

V

Der Sultan von Brunei mit einer seiner Ehefrauen bei den Feierlichkeiten zu seinem 62. Geburtstag am 15. Juli 2008

Den Wert der Demokratie kann man leicht erkennen, wenn man sich vor Augen führt, was an ihrer Stelle stehen könnte:

- eine Regierungsform, in der Recht durch gewaltsame Auseinandersetzungen gesetzt wird (= Recht des Stärkeren);
- Anarchie (= Herrschafts-, Gesetzlosigkeit);
- Diktatur (= unumschränkte Herrschaft einer Person oder Gruppe, die im Rahmen ihrer Herrschaftsausübung alle Personen und Gruppen verfolgt und unterdrückt, die andere Meinungen vertreten);
- absolute Monarchie (= unumschränkte Herrschaft eines Monarchen, z. B. eines Königs, Kaisers oder Sultans).

Das genaue Gegenteil von Demokratie ist die Herrschaft eines Einzelnen über viele, z. B. im Rahmen einer Erbmonarchie, in der die Herrschaft von Generation zu Generation vererbt wird. Es gibt nur noch wenige Länder, in denen ein Herrscher uneingeschränkt regiert. Dazu zählt das Sultanat Brunei auf der Insel Borneo. Dort folgte 1967 Sultan Haji Hassanal Bolkiah seinem Vater auf den Thron.
Nachdem im Jahr 2008 in Nepal die Republik ausgerufen wurde, gibt es weltweit noch 45 Länder mit Monarchen. Absolute Monarchien bestehen nur noch in Asien, z. B. in Bahrein, Saudi-Arabien und Brunei. Auch in Europa finden sich Monarchien; diese Staaten haben allerdings alle eine demokratische Verfassung. Den Königshäusern kommen überwiegend nur repräsentative Funktionen zu, d. h., der König oder die Königin vertritt das Land als Staatsoberhaupt.
In den Staaten, die sich als Demokratien verstehen, gibt es nicht in allen die gleichen Freiheitsrechte. Die US-amerikanische Nichtregierungsorganisation „Freedom House", die den Freiheitsgrad von Staaten anhand bestimmter Indikatoren (z. B. Freiheit bei Wahlen, Freiheit der Religionsausübung, Meinungs- und Pressefreiheit) bemisst, erstellt seit 1973 dazu einen jährlichen Bericht „Freedom in the World". Im Bericht für das Jahr 2015 bezeichnet Freedom House von den weltweit 195 Staaten 89 als frei, 55 als teilweise frei und 51 als nicht frei. In mehr als der Hälfte aller Länder sind also die Freiheitsrechte mehr oder weniger stark eingeschränkt.

Nichtregierungsorganisation
Abgekürzt NRO oder englisch NGO (Non Governmental Organization). Zu den NRO zählen z. B. die Menschenrechtsorganisation Amnesty International und die Umweltorganisation Greenpeace.

Indikator
Merkmal, das als Anzeichen oder als Hinweis auf etwas anderes dient

Exekutive
ausführende, vollziehende Staatsgewalt, an deren Spitze die Regierung steht

Formen der Demokratie

Direkte Demokratie: Die Bürgerinnen und Bürger üben die Staatsgewalt unmittelbar, also „direkt", aus, z. B. in einer Volksversammlung oder durch Volksabstimmungen. Der Umfang der Themen, über die sie direkt entscheiden, kann variieren. Es können z. B. Verfassungsänderungen betroffen sein, aber auch allgemein die Gesetzgebung oder andere Streitfragen.

Parlamentarische/repräsentative Demokratie: Die Bürgerinnen und Bürger wählen Abgeordnete (Repräsentantinnen bzw. Repräsentanten) und beauftragen diese dadurch für einen bestimmten Zeitraum, Regelungen für die Gemeinschaft zu treffen und eine Exekutive zu bestimmen. Sie üben Herrschaft also mittelbar, „indirekt", aus.

Präsidialdemokratie: Die Bürgerinnen und Bürger bestimmen einen Präsidenten oder eine Präsidentin, der bzw. die Funktionen des Staatsoberhaupts und des Regierungschefs auf sich vereint. Gleichzeitig wählen sie ein Parlament, das dem Präsidenten oder der Präsidentin zur Seite steht und die Amtsausführung überwacht.

(Zeichnung: Holger Appenzeller, Stuttgart)

1. Unterscheide direkte und indirekte Demokratie.
2. Formuliere einen Text, in dem du begründest, warum die Demokratie gegenüber diktatorischen Systemen, absoluten Monarchien oder einem Zustand der Anarchie ein Gewinn ist.
3. Verfolge eine Woche lang die Berichterstattung in den Medien über Staaten in der Welt. Notiere, wo diese Staaten liegen und welche Regierungsform sie jeweils haben.

Kennzeichen unseres Staates

Grundgesetz: Artikel 20

(1) Die Bundesrepublik ist ein demokratischer und sozialer Bundesstaat.

(2) Alle Staatsgewalt geht vom Volke aus. Sie wird vom Volke in Wahlen und Abstimmungen und durch besondere Organe der Gesetzgebung, der vollziehenden Gewalt und der Rechtsprechung ausgeübt.

(3) Die Gesetzgebung ist an die verfassungsmäßige Ordnung, die vollziehende Gewalt und die Rechtsprechung sind an Gesetz und Recht gebunden.

Demokratie **Bundesstaat** **Rechtsstaat** **Sozialstaat**

1 *Die Bundesrepublik Deutschland besteht aus 16 Bundesländern.*

2 *Die Verwaltung hat sich bei allem, was sie tut, an die gesetzlichen Grundlagen zu halten.*

3 *Bei Wahlen hat jeder gleichviel Stimmen, unabhängig von Herkunft, Geschlecht, Religion, Beruf, Einkommen oder politischem Informationsstand.*

4 *Bei der Verabschiedung von Bundesgesetzen sind die Länder durch den Bundesrat beteiligt.*

5 *Die Gerichte entscheiden ohne Beeinflussung durch die Regierung oder andere Staatsorgane allein nach den Gesetzen.*

6 *Zwischen dem Bund und den Bundesländern sind die Aufgaben aufgeteilt.*

7 *Bei Wahlen und Abstimmungen ist maßgebend, was die Mehrheit will.*

8 *Menschen, die z. B. wegen Arbeitslosigkeit oder zu geringer Rente ihren Lebensunterhalt nicht bestreiten können, haben Anspruch auf Sozialhilfe.*

9 *Niemand darf für eine Tat bestraft werden, die vorher nicht durch Gesetz verboten war.*

10 *Wohngeld ermöglicht es einkommensschwachen Familien, in einer angemessenen Wohnung zu leben.*

11 *Das Volk oder dessen gewählte Vertreter entscheiden in der Politik.*

12 *In der gesetzlichen Krankenversicherung sind 90 Prozent aller Arbeitnehmer versichert. Sie übernimmt weitgehend die Kosten für Arzt, Zahnarzt, Arzneimittel, Krankenhaus usw.*

1 Drei Aussagen gehören jeweils zu „Demokratie", „Bundesstaat", „Rechtsstaat", „Sozialstaat". Ordne jedem dieser vier Begriffe die zugehörigen Aussagen zu.

1 Hilfe
Demokratie: 3, 7, …
Bundesstaat: 1, …

... zum Beispiel in einer Partei

www.junge-union.de

www.jusos.de

www.linksjugend-solid.de

www.gruene-jugend.de

www.julis.de

www.jungealternative.de

Logos der Jugendorganisationen von CDU/CSU, SPD, DIE LINKE, BÜNDNIS '90/DIE GRÜNEN, FDP und AfD

Hallo Saskia,

vielleicht hast du schon gehört, dass wir im September wieder Bundestagswahlen haben. Ich denke, dass nicht so viele Leute zur Wahl gehen werden, denn viele wissen nicht, was sie wählen sollen.

In der Schule haben wir über Politikverdrossenheit gesprochen. Eine neue Jugendstudie hat belegt, dass sich immer weniger Jugendliche für Politik interessieren. Mein Bruder Benjamin, vor Kurzem achtzehn geworden, will nicht zur Wahl gehen und damit „ein Zeichen setzen". Was er damit meint, ist mir unklar geblieben. Wer nicht wählt, unterstützt doch die Partei, die er noch weniger will.

Ich glaube, dass man etwas ändern kann, wenn man sich engagiert. Seit fast einem halben Jahr arbeite ich nun in der Jugendorganisation einer Partei mit. Ich hätte nie gedacht, dass das so interessant sein könnte. Die eine oder andere Sitzung mag zwar etwas langweilig sein, auf der anderen Seite habe ich schon an einem Kommunikationsseminar teilgenommen. Dort haben wir unter anderem gelernt, Argumente griffig zu formulieren. Das hilft mir jetzt auch in der Schule.

Einmal in der Woche treffen wir Youngster uns und beraten Vorschläge, die wir machen wollen. Die „alten Hasen" in unserem Kreisverband staunen dann nicht schlecht, wenn wir zu unseren Vorschlägen auch gleich mögliche Lösungswege aufzeigen. Die wissen ja oft nicht im Geringsten, was uns so bewegt! Ich bin überrascht, wie positiv viele unserer Vorschläge aufgenommen werden. Wer sich zu Wort meldet und gut argumentiert, wird auch gehört.

Letztes Wochenende war ich zu einer Tagung, bei der es um Gewalt zwischen Jugendlichen ging. Unglaublich, welche Fälle da zur Sprache kamen! Eine Psychologin hat in einem Vortrag Möglichkeiten vorgestellt, wie man schon im Vorfeld Gewalt verhindern kann. Die Besichtigung eines tollen Jugendzentrums stand außerdem auf dem Programm. So eine moderne Jugendbegegnungsstätte – das wäre auch etwas für unsere Kleinstadt!

Im Herbst werden sechs von uns an einem einwöchigen Seminar zum Thema „Kommunalpolitik aktiv mitgestalten" teilnehmen. Und dann fahren wir alle Ende Dezember zu einer Skifreizeit in die Berge. Das wird bestimmt toll, auch weil in unserer Gruppe witzige Typen dabei sind.

So viel für heute, liebe Grüße,
deine Kerstin

Brief von Kerstin an ihre Freundin Saskia, die für ein Jahr zu einem Schüleraustausch in London ist

1. Beschreibe die Gründe, die Kerstin für ihr politisches Engagement in ihrem Brief aufführt.
2. Nenne die Aktivitäten ihrer Partei, an denen Kerstin bisher teilgenommen hat.
3. Informiere dich im Internet über die Jugendorganisation einer Partei, die dich interessiert. Die Internetadressen der verschiedenen Parteien stehen unter den Logos.

... zum Beispiel in einer Bürgerinitiative

Oft schließen sich Bürgerinnen und Bürger einer Gemeinde oder Region in einer Bürgerinitiative zusammen, um gemeinsam ein bestimmtes Anliegen durchzusetzen oder um ein geplantes Vorhaben zu verhindern.

Drei Beispiele für Bürgerinitiativen in Rheinland-Pfalz findet ihr auf Seite 51.

Ich bin für Bürgerinitiativen. Sie müssen sich aber klarmachen, dass zu demokratischen Rechten auch die Verpflichtung gegenüber dem Gemeinwohl gehört. Es ist schlimm, dass immer mehr Menschen kommen und sagen:

- Natürlich will ich ein Auto fahren, aber die Straße soll gefälligst in einem anderen Stadtteil gebaut werden.
- Natürlich habe ich einen Kühlschrank, einen Geschirrspüler, eine Waschmaschine, einen Wäschetrockner, Fernsehgeräte usw., brauche also viel Strom, aber ein Kraftwerk in meiner Nähe – auf gar keinen Fall!
- Natürlich will ich mit dem ICE und der S-Bahn fahren, aber neue Gleisanlagen bitte nicht vor meiner Tür.
- Natürlich ist der Staat verpflichtet, für Arbeitsplätze zu sorgen, aber eine neue Fabrik in unserem Stadtteil kommt nicht infrage.
- Natürlich besitze ich ein Handy, aber ein Funkmast in der Nähe meiner Wohnung geht nun wirklich zu weit.

Dies alles hat mit Demokratie nur der Form nach etwas zu tun. Bürgerinitiativen sind im Grunde etwas Positives. Da regen sich Bürgerinnen und Bürger und setzen sich für etwas ein. Das ist ein Punkt, wo man mit ihnen reden kann. Sie haben ja auch manchmal recht, amtliche Pläne können verfehlt sein. Bürgerinitiativen von vornherein abzuschmettern, halte ich für falsch. Sie bieten einen guten Ansatzpunkt, um mit den Menschen zu reden: über das Abwägen der Güter, der privaten Interessen auf der einen und der öffentlichen Interessen, des Gemeinwohls, auf der anderen Seite.

Ein Politiker über seine Einstellung zu Bürgerinitiativen

4 Erkundige dich: Gibt oder gab es bei euch in der Gemeinde oder Region eine Bürgerinitiative? Worin besteht bzw. bestand ihr Anliegen?
5 Worin sieht der Politiker die Vorteile von Bürgerinitiativen, worin sieht er Nachteile?
6 Formuliere die Aussage der Karikatur.

4 Hilfe
Erkundungsmöglichkeiten: Eltern, Nachbarn, Gemeinde-/Stadtverwaltung, Zeitung, Internet ...

Interessenkonflikt in der Politik – Beispiel Fußgängerzone

Interessenkonflikte gibt es nicht nur in der Familie oder in der Clique sondern auch in der Politik. Das nachfolgende Beispiel zeigt eine solche Konfliktsituation. Die Straße soll in die bereits vorhandene städtische Fußgängerzone einbezogen werden. Die Erwartungen und Wünsche der Personen sind ganz unterschiedlich. Daraus resultiert ein politischer Konflikt.

Für uns Kinder wäre eine Fußgängerzone klasse! Da müssten wir nicht immer so auf die Autos aufpassen.

Unsere Kleinste geht dort vorn in die Grundschule. Der Verkehrslärm stört den Unterricht doch beträchtlich.

Wir wohnen seit vielen Jahren hier. Der Verkehrslärm hat in den letzten Jahren sehr zugenommen – da muss unbedingt etwas passieren!

Ich will hier bummeln und ungestört von durchfahrenden Autos einkaufen.

Der Stadtbus soll hier auch nicht mehr fahren. Das wäre schade, weil diese Haltestelle sehr zentral liegt.

Wir befürchten, dass ein Teil unserer Kunden ausbleiben wird, wenn sie nicht mehr direkt vor dem Geschäft parken können.

Fußgängerzone? Das bedeutet nächtlichen Krach und Randale!

Die Straße ist die direkte Verbindung in unser Wohngebiet. Wird sie für den Durchfahrtverkehr gesperrt, müssen wir einen großen Umweg machen.

Ich treffe mich in diesem Straßen-Cafe schon seit Jahren mit meinen Freundinnen. Keine Autos mehr – das wäre wunderbar! Dann könnten wir uns ungestörter unterhalten.

Ich wohne in diesem Block nach hinten raus. Wenn die Fußgängerzone kommt, ist mein Anwohnerparkplatz futsch. Und wo soll ich dann parken?

Noch eine Straße weniger für uns Autofahrer! Das heißt noch weniger Parkplätze in der Innenstadt!

Wir glauben, dass eine schön gestalte Fußgängerzone mehr Passanten in unsere Straße locken würde. Davon profitieren doch alle Läden.

1. Stelle stichwortartig die Argumente für und gegen die Fußgängerzone gegenüber.
2. Formuliere den politischen Konflikt, den das Beispiel enthält, mit deinen Worten.
3. Wie könnte dieser Konflikt gelöst werden? Sammelt Vorschläge in der Klasse und diskutiert diese.

Interessengruppen und Verbände

In einer demokratischen Gesellschaft gibt es Interessengruppen, z. B. Verbände, Gewerkschaften, Vereine, Bügerinitiativen. Diese Gruppen sind für das soziale und politische Leben in unserer demokratischen Gesellschaft wichtig. Die Interessengruppen beeinflussen auch politische Entscheidungen, die mit ihren Interessen zu tun haben. Bei Gesetzesvorhaben werden oft Vertreter dieser Gruppen als Experten befragt. Diese versuchen dabei, Abgeordnete für ihre Interessen zu gewinnen.

In seinem ursprünglichen Sinn meint das Wort Lobby die Vorhalle eines Parlaments, in der sich Abgeordnete mit Bürgern zu Gesprächen treffen können. Daraus entstand der politische Begriff „Lobby", der Personen und Organisationen meint, die im Vorfeld politischer Entscheidungen die gewählten Volksvertreter und Regierungsbeamten in ihrem Sinne zu beeinflussen versuchen. Verbände und viele große Unternehmen unterhalten heute eigene Lobbyvertretungen in Berlin, dem Sitz von Bundestag und Bundesregierung. Zugang zu den Abgeordneten, zur Ministerialbürokratie und zu den Angehörigen im Bundestag haben die Vertreter von Interessenverbänden, die sich in einem vom Deutschen Bundestag eingerichteten Verzeichnis („Lobby-Liste") haben registrieren lassen. Während diese Liste in den 1970er-Jahren nur etwa 700 Eintragungen aufwies, sind es heute über 2150 Einträge.

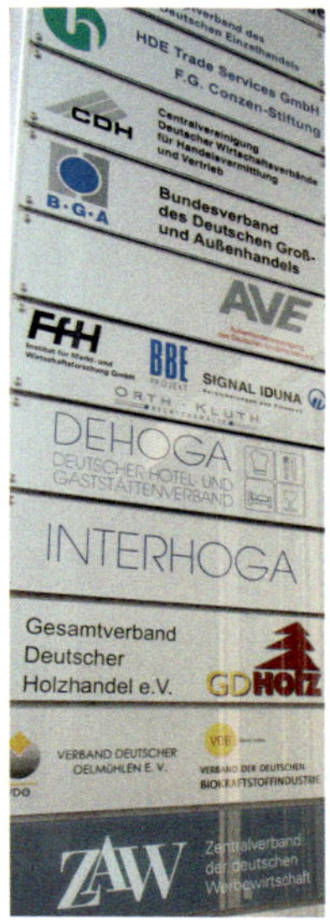

Lobbyisten wählen ihren Standort politiknah: Das Verbändehaus Handel-Dienstleistung-Tourismus befindet sich in kurzer Entfernung zum Bundestag und den Abgeordnetenbüros.

Argumente: PRO

- Verbände vertreten die Interessen ihrer Mitglieder. Verbandsvertreter sind Experten auf ihrem Gebiet. Dieses Expertenwissen wird bei der Vorbereitung von Gesetzen und Regierungsentscheidungen benötigt.
- Die Vielzahl der Verbände entspricht unserer freiheitlichen und pluralistischen Gesellschaft. Es kommen alle wichtigen Interessen zu Wort. In vielen Fragen des politischen Lebens erweisen sich die Verbände als „Motoren" von notwendigen Veränderungen.
- Verbände stehen in gegenseitigem Wettbewerb. Sie konkurrieren um Mitglieder und haben dabei die gleichen Chancen. Es kommt zu einem Machtausgleich zwischen den Verbänden. Kein Verband kann so zu stark werden.

Argumente: KONTRA

- Verbände vertreten egoistisch doch nur ihre eigenen Interessen. Sie nehmen keine oder zu wenig Rücksicht auf die Interessen der Allgemeinheit. Bei einer machtvollen Vertretung von Einzelinteressen leidet das Gemeinwohl.
- Verbände haben einen unterschiedlich großen Einfluss. Die Lobby der Autofahrer ist mächtiger als die der Fußgänger oder die der Hausfrauen. Deshalb setzen sich die Interessen der Autofahrer in unserer Gesellschaft eher durch als die der Fußgänger oder Hausfrauen.
- Verbände machen bei Entscheidungen, die ihre Interessen berühren, politischen Druck. Sie versuchen, die Abgeordneten zu ihrem Vorteil zu beeinflussen. Wenn ihnen das gelingt, siegt das Interesse einer bestimmten Gruppe zulasten des Gemeinwohls.

pro familia – Deutsche Gesellschaft für Familienplanung, Sexualpädagogik + Sexualberatung e.V.

AMNESTY INTERNATIONAL

BDI – Bundesverband der Deutschen Industrie e.V.

Off Road Kids

verbraucherzentrale – Bundesverband

1 Informiere dich über die Interessen der abgebildeten Verbände.

2 Wäge die Pro- und Kontra-Argumente ab und formuliere deine persönliche Position gegenüber Verbänden.

3 Im Zusammenhang mit der Arbeit von Verbänden wird oft der Begriff Lobbyismus gebraucht. Erkläre den Begriff.

3 Hilfe

Überlege, woher du den Begriff Lobby kennst.

Die Parteien und ihre Aufgaben

„Die Zukunft der Jugend hängt am seidenen Faden!“

Viele Parteien verfügen über Nachwuchsorganisationen. Spektakuläre Aktion der Jungen Liberalen zu Problemen Jugendlicher

Für eine repräsentative und parlamentarische Demokratie sind Parteien unverzichtbar. In ihnen finden sich Bürgerinnen und Bürger zusammen, die gleiche politische Grundüberzeugungen teilen und politisch Einfluss nehmen wollen. In der Öffentlichkeit treten die Parteien für ihre jeweiligen politischen Ansichten und Ziele ein und wetteifern um Zustimmung. Im Artikel 21 des Grundgesetzes wird über die Parteien und ihre Aufgaben ausgeführt: „Die Parteien wirken bei der politischen Willensbildung des Volkes mit. Ihre Gründung ist frei. Ihre innere Ordnung muss demokratischen Grundsätzen entsprechen.“ Im Parteiengesetz ist dieser Verfassungsauftrag der Parteien ausführlicher beschrieben.

Gesetz über die politischen Parteien (Parteiengesetz) § 1

Die Parteien sind ein verfassungsrechtlich notwendiger Bestandteil der freiheitlichen demokratischen Grundordnung. Sie erfüllen mit ihrer freien, dauernden Mitwirkung an der politischen Willensbildung des Volkes eine ihnen nach dem Grundgesetz obliegende und von ihm verbürgte öffentliche Aufgabe. Die Parteien wirken an der Bildung des politischen Willens des Volkes auf allen Gebieten des öffentlichen Lebens mit, indem sie insbesondere ...

1	... auf die Gestaltung der öffentlichen Meinung Einfluss nehmen,	Die Mitgliederversammlung einer Partei wählt die Kandidatin, die dann zur Landtagswahl aufgestellt wird.	A
2	... die politische Bildung anregen und vertiefen,	Die Bundestagsfraktion einer Partei wendet sich in einer Pressemitteilung gegen einen Gesetzentwurf der Regierung.	B
3	... die aktive Teilnahme der Bürgerinnen und Bürger am politischen Leben fördern,	Im Bürgerbüro eines Abgeordneten können die Bürgerinnen und Bürger ihre Anregungen und Beschwerden vorbringen.	C
4	... zur Übernahme öffentlicher Verantwortung befähigte Bürgerinnen und Bürger heranbilden,	Die Parteien werben in der Öffentlichkeit um Zustimmung für ihre Programme und Argumente.	D
5	... sich durch Aufstellung von Bewerbern an den Wahlen in Bund, Ländern und Gemeinden beteiligen,	Eine von einer Partei eingerichtete Stiftung führt Seminare für Schulklassen zu unterschiedlichen politischen Themen durch.	E
6	... auf die politische Entwicklung in Parlament und Regierung Einfluss nehmen,	Eine Partei wirbt dafür, dass die Bürger und Bürgerinnen bei der nächsten Bundestagswahl auf jeden Fall ihre Stimme abgeben.	F
7	... die von ihnen erarbeiteten politischen Ziele in den Prozess der staatlichen Willensbildung einführen und ...	Der Kreisverband einer Partei führt ein Rhetorikseminar für Gemeinderatskandidatinnen und -kandidaten durch.	G
8	... für eine ständige lebendige Verbindung zwischen dem Volk und den Staatsorganen sorgen.	Eine Partei setzt die Aussagen ihres Programms zur Umweltpolitik in einen konkreten Vorschlag für eine Ökosteuer um.	H

Rhetorik
Redekunst

1 Hilfe
1 und D
2 und ...

1 Ordne auf deinem Arbeitsblatt der jeweiligen Textstelle aus dem Parteiengesetz das entsprechende Beispiel zu oder notiere jeweils zur Ziffer den passenden Buchstaben.

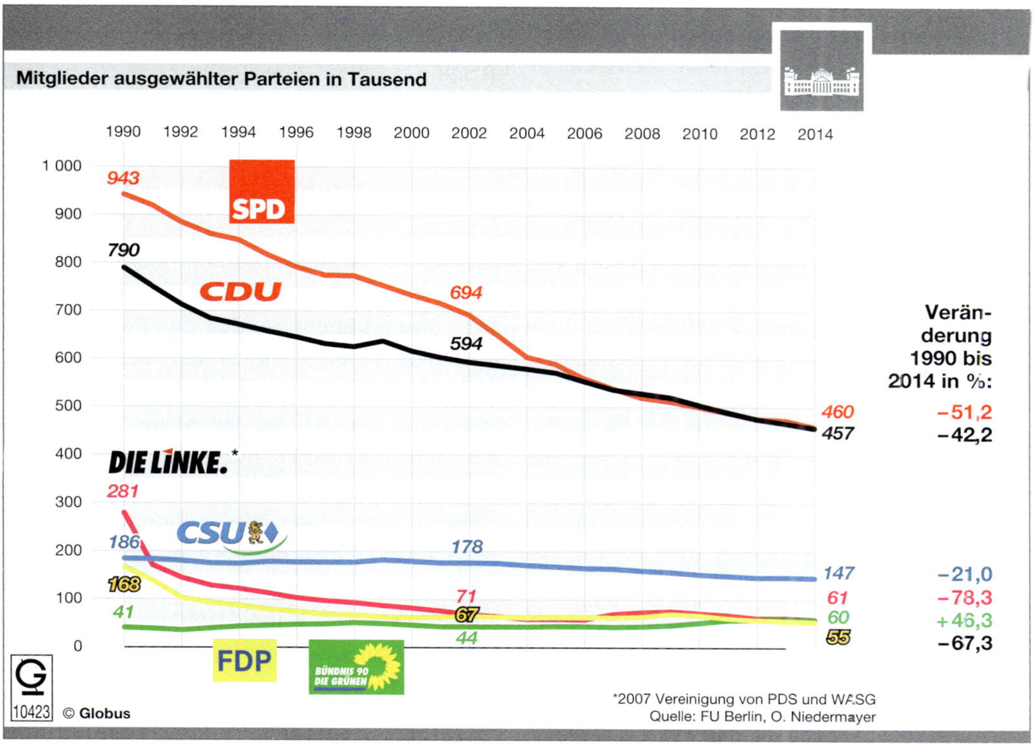

In der Bundesrepublik Deutschland existiert eine Vielzahl von Parteien, von denen einige jedoch sehr klein oder nur in bestimmten Regionen vertreten sind. 34 Parteien nahmen an der Bundestagswahl 2013 teil. Fünf dieser Parteien sind im 18. Bundestag vertreten: die CDU, die SPD, BÜNDNIS´90/DIE GRÜNEN und DIE LINKE. Hinzu kommt die bayerische CSU, die mit der CDU, die in Bayern nicht antritt, im Bundestag eine Fraktionsgemeischaft bildet.

Diese sogenannten Volksparteien sind Parteien, die sich bemühen, über ihre Programme und politischen Inhalte Mitglieder aller gesellschaftlichen Schichten und unterschiedlicher Weltanschauung anzusprechen und als Wählerinnen und Wähler zu gewinnen.

In den Medien lassen sich immer wieder Schlagzeilen finden wie:

- „Volksparteien in der Krise"
- „Parteien unbeliebt bei den Bürgern"
- „Ende der Volksparteien"
- „Volkspartei ohne Volk".

Gesellschaftliche, wirtschaftliche und politische Gründe geben Anlass, über die Zukunft der Volksparteien nachzudenken.

Warum sollte ich mich in einer Partei engagieren? Das kostet doch nur Zeit und Mühe. Sollen das doch andere machen!

Fraktionsgemeinschaft
fester Zusammenschluss zweier Parteien mit ähnlichen politischen Zielen und Inhalten zu einer gemeinsamen Fraktion im Parlament

1 Erläutere den Begriff „Volksparteien".
2 Werte die Grafik unter der Fragestellung der Seite aus.
3 Diskutiert über Möglichkeiten, Jugendliche für die Mitgliedschaft in Parteien zu gewinnen.

Wahlsystem

Alle Wähler haben in einer Demokratie das gleiche Stimmrecht. Doch welche Wirkung die abgegebene Stimme hat, wie sie die Wahl beeinflusst, das hängt vom Wahlsystem ab. Es gibt zahlreiche Wahlsysteme. Sie lassen sich aber alle auf zwei Grundmodelle zurückführen, und zwar auf die Mehrheitswahl oder auf die Verhältniswahl.

Mehrheitswahl

Das gesamte Wahlgebiet wird in so viele Wahlkreise eingeteilt, wie Mandate zu vergeben sind. In den einzelnen Wahlkreisen stellen sich verschiedene Kandidaten zur Wahl. Gewählt ist der Kandidat, der die Stimmenmehrheit auf sich vereinigt. Die Zahl der Sitze, die eine Partei erhält, bestimmt sich nach der Zahl der von ihren Bewerbern gewonnenen Wahlkreise. Splitterparteien haben bei einer Mehrheitswahl kaum eine Chance, es sei denn, sie verfügen über regionale Schwerpunkte. Zu unterscheiden sind die relative Mehrheitswahl und die absolute Mehrheitswahl.

Splitterpartei
Partei, die weniger als 5 Prozent der gültigen Wählerstimmen erhält und somit nicht im Bundestag oder in den Länderparlamenten vertreten ist

Relative Mehrheitswahl

Bei der relativen Mehrheitswahl ist der Abgeordnete gewählt, der mehr Stimmen als jeder seiner Mitbewerber erhält, auch wenn sein Vorsprung nur eine einzige Stimme betragen sollte. (Beispiel: In einem Wahlkreis bewerben sich drei Kandidaten. Es werden 77 000 Stimmen abgegeben. Kandidat A erhält 28 000, Kandidat B 29 100 und Kandidat C 19 900 Stimmen. Kandidat B ist gewählt.)

Absolute Mehrheitswahl

Bei der absoluten Mehrheitswahl ist der Abgeordnete gewählt, der mehr als die Hälfte der in seinem Wahlkreis abgegebenen Stimmen auf sich vereint. Gelingt das im ersten Wahlgang keinem der Kandidaten, dann findet zwischen den beiden erfolgreichsten Bewerbern des ersten Wahlgangs eine Stichwahl statt. Gewählt ist dann der Kandidat, der die meisten Stimmen erhält.

Zweitstimme
Bei der Bundestagswahl hat jede Wählerin und jeder Wähler zwei Stimmen. Mit der Erststimme wird eine Kandidatin oder ein Kandidat im Wahlkreis gewählt, mit der Zweitstimme eine Partei, deren Bewerber auf einer Landesliste stehen.

Verhältniswahl

Bei der Verhältniswahl fallen keine Stimmen wirkungslos weg, sondern die Abgeordnetensitze im Parlament werden den Parteien proportional zu den Stimmzahlen, das heißt entsprechend ihrem Anteil am Wahlergebnis, zugeteilt. Der Wähler gibt seine Stimme für die Liste (deswegen auch „Listenwahl" genannt) einer bestimmten Partei ab, nicht für einzelne Personen. Die gewonnenen Sitze werden Wahlbewerbern in der Regel entsprechend der Reihenfolge auf den von den Parteien aufgestellten Kandidatenlisten zugeteilt. Das Verhältniswahlrecht führt dazu, dass das Parlament das genaue Spiegelbild der abgegebenen Stimmen darstellt.

Wahlsystem bei der Bundestagswahl

Auf Bundesebene wird zunächst errechnet, wie viele Sitze jeder Partei aufgrund der auf sie entfallenen Zweitstimmen zustehen. Dann werden diese entsprechend ihrem Stimmenanteil in den einzelnen Ländern auf die jeweiligen Landeslisten verteilt. Damit weiß man, wie viele Abgeordnete der Partei A beispielsweise aus Rheinland-Pfalz einen Sitz im Bundestag erhalten. In einer letzten Rechenstufe wird die Zahl der direkt gewählten Abgeordneten einer Partei in den Wahlkreisen abgezogen. Die verbleibenden Sitze werden den Kandidaten entsprechend der Reihenfolge auf der Landesliste zugeteilt. Der Bundestag wird daher nach dem Verhältniswahlrecht gewählt, in das Elemente des Mehrheitswahlrechts (Wahlkreissieger) integriert sind.

1 Untersuche die dargestellten Wahlsysteme hinsichtlich der Kriterien Gerechtigkeit, Vertretung verschiedener gesellschaftlicher Gruppen, Verständlichkeit des Wahlrechts und Verbindung von Wählern und Abgeordneten.

2 Erläutere die Bezeichnung „personalisierte Verhältniswahl" bei der Bundestagswahl.

2 Hilfe
Beachte, dass ein Wahlberechtigter zwei Stimmen vergeben kann.

Wahlrecht und Wahlgrundsätze

Grundgesetz

Artikel 38 (Wahl)

(1) Die Abgeordneten des Deutschen Bundestages werden in allgemeiner, unmittelbarer, freier, gleicher und geheimer Wahl gewählt. ...

(2) Wahlberechtigt ist, wer das achtzehnte Lebensjahr vollendet hat; wählbar ist, wer das Alter erreicht hat, mit dem die Volljährigkeit eintritt.

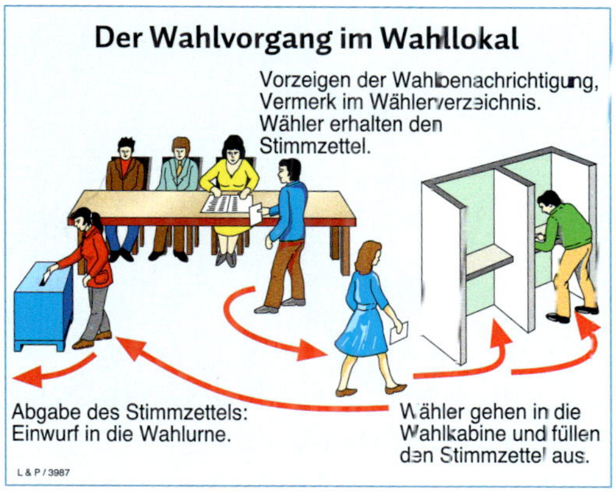

Ich bin vorigen Monat 18 Jahre alt geworden und darf dieses Jahr somit das erste Mal an der Bundestagswahl teilnehmen. Natürlich werde ich zur Wahl gehen, denn jetzt kann ich endlich politisch mitbestimmen.

Wahlgrundsätze: Erklärungen und Gegenbeispiele

A Die Wählerinnen und Wähler wählen die Abgeordneten. Es gibt keine Zwischeninstanz, die dann die Abgeordneten wählt.

B Die Wählerinnen und Wähler können ihre Stimme ohne staatlichen Druck und ohne Angst vor Nachteilen abgeben.

C Jeder Bürger und jede Bürgerin darf wählen. Keine Gruppe ist ausgeschlossen.

D Alle Wählerinnen und Wähler haben gleich viele Stimmen mit gleichem Gewicht.

E Die Wählerinnen und Wähler können ihre Stimme unbeobachtet abgeben.

1 Frauen durften im Deutschen Reich bis 1918 nicht wählen.

2 In Diktaturen ist eine solche Stimmabgabe kaum möglich. Oft fehlen Wahlkabinen.

3 In Diktaturen wird oft eine bestimmte Stimmabgabe erzwungen.

4 In Preußen hatte bis 1918 ein Wähler, der viel Steuern bezahlte, mehr Stimmen als ein Wähler, der wenig Steuern bezahlte.

5 Bei der Präsidentschaftswahl in den USA werden zunächst Wahlmänner gewählt, die dann den Präsidenten wählen.

1 Ordne jedem der fünf Wahlgrundsätze die passende Erklärung und das entsprechende Gegenbeispiel zu. Benutze dazu das Arbeitsblatt oder notiere in einer Tabelle.

2 Weise anhand der Zeichnung „Der Wahlvorgang ..“ nach, dass Wahlen bei uns geheim sind.

3 Erkläre den Unterschied zwischen aktivem und passivem Wahlrecht.

1 Hilfe
allgemein – C – 1
unmittelbar ...

Bundestagswahl 2013: Wahlplakat der CDU

Wahlplakat der SPD

WEBCODE
SDL-11077-501
Bundestagswahl

Leon darf dieses Jahr zum ersten Mal wählen. Zwischen ihm und seiner Mutter kommt es vor der Wahl zu folgendem Gespräch:

L: *In der Zeitung war ein Stimmzettel abgebildet. Danach habe ich zwei Stimmen. Warum denn das?*

M: Es gibt 598 Mandate im Bundestag. Davon werden 299 über Wahlkreise gewählt. Mit der Erststimme entscheiden die Wähler direkt darüber, welcher Kandidat aus ihrem Wahlkreis in den Bundestag kommt. Gewählt ist, wer die meisten Erststimmen erhält. Mit der Zweitstimme wählt man eine Partei bzw. deren Landesliste.

Stimmzettel

für die Wahl zum Deutschen Bundestag im Wahlkreis 205 Montabaur am 22. September 2013

Sie haben 2 Stimmen

hier 1 Stimme für die Wahl eines/einer Wahlkreis-abgeordneten

Erststimme

hier 1 Stimme für die Wahl einer Landesliste (Partei)
- maßgebende Stimme für die Verteilung der Sitze insgesamt auf die einzelnen Parteien -

Zweitstimme

1	**Dr. Nick**, Andreas – Hochschullehrer, Montabaur – CDU – Christlich Demokratische Union Deutschlands	CDU – Christlich Demokratische Union Deutschlands – Prof. Dr. Maria Böhmer, Peter Bleser, Bernhard Kaster, Norbert Schindler, Dr. Michael Fuchs	1
2	**Weber**, Gabi – Angestellte, Wirges – SPD – Sozialdemokratische Partei Deutschlands	SPD – Sozialdemokratische Partei Deutschlands – Andrea Nahles, Gustav Herzog, Sabine Bätzing-Lichtenthäler, Michael Hartmann, Doris Barnett	2
3	**Dr. Mifka**, Kai – Ingenieur, Buch – FDP – Freie Demokratische Partei	FDP – Freie Demokratische Partei – Dr. Volker Wissing, Rainer Brüderle, Manuel Höferlin, Sandra Weeser, Marco Weber	3
4	**Weber**, Andrea – Lehrerin, Großseifen – GRÜNE – BÜNDNIS 90/DIE GRÜNEN	GRÜNE – BÜNDNIS 90/DIE GRÜNEN – Tabea Rößner, Dr. Tobias Lindner, Corinna Rüffer, Josef Philip Winkler, Felicitas Flörchinger	4
5	**Klein**, Martin – Altenpfleger, Stein-Wingert – DIE LINKE – DIE LINKE	DIE LINKE – DIE LINKE – Alexander Ulrich, Katrin Werner, Brigitte Freihold, Jochen Bülow, Bettina Lau	5
6	**Nauheim**, Maik	Piratenpartei Deutschland	6

L: *Dann könnte ich meine Erststimme dem CDU-Kandidaten und meine Zweitstimme den GRÜNEN geben?*

M: Ja, das nennt man Stimmensplitting.

L: *Und wie wird dann ausgezählt?*

M: Die 598 Mandate werden nach dem Verhältnis der Zweitstimmen auf die Parteien verteilt. Man spricht deshalb von einer Verhältniswahl. Wenn eine Partei 50 Prozent der Zweitstimmen erhält, stehen ihr 299 Mandate zu.

L: *Welche Kandidaten erhalten dann diese 299 Mandate?*

M: Zunächst kommen die Kandidaten zum Zuge, die ihren Wahlkreis gewonnen haben. Dies sind die sogenannten Direktmandate. Die dann noch verbleibenden Mandate werden an Kandidaten vergeben, die in einer bestimmten Reihenfolge auf der Landesliste stehen.

L: *Wenn also einer Partei 250 Mandate zustehen und sie in 100 Wahlkreisen ein Direktmandat bekam, erhält sie noch 150 Sitze über die Landesliste?*

M: Ja, so ist es.

L: *Du hast gesagt, es gibt 598 Mandate, der letzte Bundestag hatte aber mehr Sitze.*

M: Dies kommt dann vor, wenn eine Partei z. B. 12 Direktmandate erringt, ihr aber nach dem Verhältnis der Zweitstimmenauszählung nur 9

Wahlplakat DIE LINKE

Wahlplakat B'90/GRÜNE

Wahlplakat der FDP

Wahlplakat der AfD

Wahlplakat der PIRATENPARTEI

Mandate zustehen. Dann gibt es für diese Partei 3 Überhangmandate. Die Gesamtzahl der Sitze im Bundestag erhöht sich damit.

L: *Und was besagt die 5-Prozent-Klausel?*

M: Dass bei der Zuteilung der Mandate nach der Zweitstimmenauszählung nur solche Parteien berücksichtigt werden, die mindestens 5 Prozent der Stimmen erreicht haben.

L: *Wenn eine Partei nur 4 Prozent der Stimmen erhält, kommt sie nicht in den Bundestag?*

M: Stimmt! Sollte sie jedoch Direktmandate erringen, kommen diese Kandidaten hinein.

Ergebnis der Bundestagswahl 2013
(Parteien mit mehr als 2 % der Zweitstimmen)

	Erststimmen		Zweitstimmen	
	Anzahl	%	Anzahl	%
Wahlberechtigte	61 946 900	–	61 946 900	–
Wähler	44 309 925	71,5	44 309 925	71,5
Ungültige	684 883	1,5	583 069	1,3
Gültige	43 625 042	98,5	43 726 856	98,7
CDU	16 233 642	37,2	14 921 877	34,1
SPD	12 843 458	29,4	11 252 215	25,7
DIE LINKE	3 585 178	8,2	3 755 699	8,6
GRÜNE	3 180 299	7,3	3 694 057	8,4
CSU	3 544 079	8,1	3 243 569	7,4
FDP	1 028 645	2,4	2 083 533	4,8
AfD	810 915	1,9	2 056 985	4,7
PIRATEN	963 623	2,2	959 177	2,2

(© Der Bundeswahlleiter – www.bundeswahlleiter.de/... 29.10.2013)

Klausel
Vorbehalt, beschränkende oder erweiternde Bestimmung

	Aussagen: 5-mal richtig, 5-mal falsch
1	Es werden immer genau 598 Abgeordnete in den Bundestag gewählt.
2	Die Erststimmen sind für eine Partei wichtiger als die Zweitstimmen, denn nach den Erststimmen wird bestimmt, wie viele Abgeordnete die Partei überhaupt in den Bundestag bringt.
3	Jeder Wähler kann seine Erststimme nur dem Wahlkreiskandidaten geben, dessen Partei bzw. Landesliste er mit der Zweitstimme wählt.
4	Wegen der Zweitstimmen ist die Wahl eine Verhältniswahl, durch die Erststimmen wird sie personalisiert.
5	Ein Kandidat, der in einem Wahlkreis direkt gewählt wird, kommt auf jeden Fall in den Bundestag.
6	Eine Partei kann auch in den Bundestag gelangen, wenn keiner ihrer Kandidaten seinen Wahlkreis gewinnt.
7	Will ein Wahlkreiskandidat seinen Wahlkreis gewinnen, muss er mehr als 50 % der Stimmen erhalten.
8	Wer kein Direktmandat gewinnt, kann über eine Landesliste in den Bundestag gelangen.
9	Höchstens 320 Mandate können an die Gewinner in den Wahlkreisen vergeben werden.
10	Wenige Stimmen können darüber entscheiden, ob eine Partei in den Bundestag kommt oder nicht.

1 Entscheide, ob die Aussagen richtig oder falsch sind. Stelle die falschen Aussagen richtig.

2 Was fällt dir bei den Ergebnissen der Bundestagswahl 2013 auf?

2 Hilfe
Zum Beispiel: Wahlbeteiligung? Verhältnis Erststimmen und Zweitstimmen bei den einzelnen Parteien?

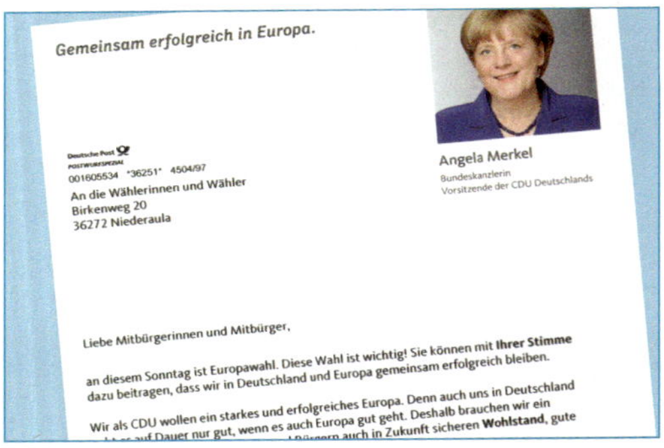
Gemeinsam erfolgreich in Europa.

Deutsche Post
POSTWURFSPEZIAL
001605534 *36251* 4504/97
An die Wählerinnen und Wähler
Birkenweg 20
36272 Niederaula

Angela Merkel
Bundeskanzlerin
Vorsitzende der CDU Deutschlands

Liebe Mitbürgerinnen und Mitbürger,

an diesem Sonntag ist Europawahl. Diese Wahl ist wichtig! Sie können mit **Ihrer Stimme** dazu beitragen, dass wir in Deutschland und Europa gemeinsam erfolgreich bleiben.

Wir als CDU wollen ein starkes und erfolgreiches Europa. Denn auch uns in Deutschland geht es auf Dauer nur gut, wenn es auch Europa gut geht. Deshalb brauchen wir ein … Bürgern auch in Zukunft sicheren **Wohlstand**, gute

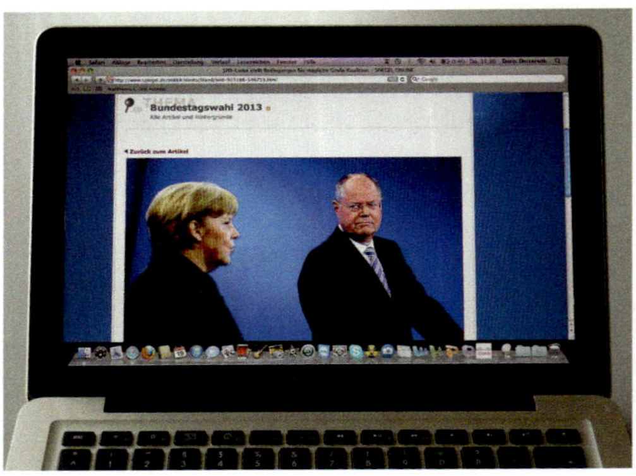

Außer den Wahlen zum Bundestag finden in Deutschland allgemeine Wahlen zu den Parlamenten der Bundesländer und zu den Parlamenten in Städten, Kreisen und Gemeinden statt. Hinzu kommen in zahlreichen Bundesländern außerdem Direktwahlen von Landräten und Bürgermeistern.

Jede Wahl wird von einem Wahlkampf begleitet. Darunter werden im engeren Sinn Werbemaßnahmen von Parteien und Kandidaten um Stimmen vor der Wahl verstanden. Im weiteren Sinn lässt sich ein Großteil des Verhaltens von Parteien oder Kandidaten vor der Wahl als Wahlkampf ansehen.

Zu den direkten Wahlkampfmitteln zählen u. a.: öffentliche Wahlkampfreden, Ansprache von Bürgerinnen und Bürgern durch Kandidaten, Informationsstände in Fußgängerzonen. Zu den indirekten Mitteln zählen u. a.: Wahlplakate, Wahlzeitungen, Informationsbriefe der Parteien, Flugblätter.

Eine immer größere Bedeutung kommt dem Wahlkampf in den elektronischen Medien zu. Werbespots, Fernsehdebatten und TV-Duelle zwischen den Spitzenkandidaten der Parteien werden von Millionen von Wählerinnen und Wählern gesehen. Ganz neue Möglichkeiten bietet das Internet. Hier geht es um die Ansprache von Wählern, Multiplikatoren und Spendern, zum Beispiel über E-Mail-Newsletter oder Websites.

Dem Wahlkampf kommen zwei Hauptaufgaben zu: Er soll die Unterstützer und Sympathisanten einer Partei motivieren und außerdem die noch unentschlossenen Wählerinnen und Wähler zur Stimmabgabe für die werbende Partei gewinnen. Der Wahlkampf gewinnt auch deshalb immer größere Bedeutung, weil die traditionelle Bindung an Parteien immer mehr abnimmt. Wählten früher viele ein Leben lang die gleiche Partei, so gibt es heute viele Wechselwähler, die je nach Wahl und augenblicklichen politischen Gegebenheiten ihre Wahlentscheidung treffen.

2 Hilfe
Bedenke, welche Möglichkeiten moderne Medien, wie das Internet, den Parteien eröffnen.

1 Ordne die Abbildungen den im Text genannten Wahlkampfmitteln zu.
2 Benenne weitere mögliche Formen des Wahlkampfs.
3 Diskutiert, ob Wahlkampf Wahlentscheidungen wirklich beeinflussen kann.

Methode: Pro-Kontra-Diskussion

V

Thema: **Sollen künftig Abstimmungen mittels Internet stattfinden?**

Argumente: PRO

- Es würden sich mehr Bürgerinnen und Bürger an den Abstimmungen beteiligen als bisher an Wahlen, weil sie das Gefühl hätten, direkt etwas bewirken zu können.
- Die Bürgerinnen und Bürger müssten sich mehr und intensiver mit den politischen Fragen beschäftigen.
- Das Volk hätte endlich die Möglichkeit, direkt mitzuregieren.
- Die Bürgerinnen und Bürger würden viel deutlicher merken, dass der demokratische Staat von allen getragen werden muss.

Argumente: KONTRA

- Wenn man schnell im Internet abstimmen kann, tun dies viele, ohne vorher gründlich zu überlegen.
- Die Bürgerinnen und Bürger wären bei schwierigen politischen Fragen überfordert, da sie zu wenig Zeit haben, sich damit zu befassen.
- Man kann nicht alle politischen Sachfragen so vereinfachen, dass dann mit „Ja/nein" oder mit Ankreuzen einer von drei, vier Möglichkeiten abgestimmt werden kann.
- Viele würden bei der Abstimmung nur an ihren Vorteil, nicht aber an das Gemeinwohl denken (z. B. bei Steuergesetzen).

Im Leben gibt es viele Dinge, zu denen man eine unterschiedliche Position einnehmen kann. Der eine ist dafür (lateinisch: pro), der andere dagegen (lateinisch: contra). Oft ist es notwendig, die eigene Position klarzumachen. Dies ist die Voraussetzung dafür, dass man andere von seinen Ansichten und Haltungen überzeugen kann. Andererseits ist es notwendig, für die Argumente anderer offenzubleiben und dazu bereit zu sein, sie anzunehmen, wenn man von ihrer Richtigkeit überzeugt wird. Bei einem Gespräch mit Andersdenkenden ist es stets wichtig, die eigene Position möglichst gut zu begründen, ihre Richtigkeit zu beweisen, also überzeugend zu argumentieren. Wem es gelingt, die eigenen Ansichten auf sachliche Art und Weise vor anderen zu vertreten, dabei aber gleichzeitig auch auf die Diskussionspartner einzugehen, hat gute Chancen, dass seine Position von anderen nachvollzogen und gegebenenfalls auch komplett übernommen wird. So zu argumentieren, könnt ihr in einer Pro-Kontra-Diskussion üben.

Vorbereitung

Nicht jedes Thema eignet sich für eine Pro-Kontra-Diskussion gleichermaßen. Es muss sich um eine Streitfrage handeln, für die es ein klares „Für" (Pro) oder „Dagegen" (Kontra) gibt und die sich deutlich formulieren lässt, zum Beispiel: Bist du für oder gegen eine Abschlussprüfung? Die Streitfrage muss, bevor die Diskussion beginnt, herausgestellt werden. Wesentliche Informationen müssen bekannt sein oder jetzt vermittelt werden.

Dann erfolgt die erste Abstimmung: Wer ist dafür (pro)? Wer ist dagegen (kontra)? Das Ergebnis wird zahlenmäßig festgehalten.

Jede Gruppe überlegt sich dann ihre Argumente und bereitet sich auf die zu erwartenden Argumente der anderen Seite vor. Dann wird von jeder Gruppe eine Teilnehmerin oder ein Teilnehmer für das Gespräch ausgewählt. Das Gespräch zwischen den ausgewählten Sprechern soll geordnet ablaufen, deshalb muss man eine Gesprächsleiterin oder einen Gesprächsleiter wählen.

Durchführung

Die beiden ausgewählten Schüler führen das Pro-Kontra-Gespräch durch. Die Gesprächsleiterin oder der Gesprächsleiter nennt am Anfang nochmals die Frage, um die es geht, und erteilt dann abwechselnd das Wort. Die Gesprächsleitung achtet darauf, dass jedem der beiden Diskussionsteilnehmer die gleiche Zeit zukommt. Beim Austausch der Meinungen sollte man die Regeln einhalten, mit denen man einen Konflikt zwischen den Gesprächspartnern vermeiden kann.

Auswertung

Nach dem Gespräch erfolgt die zweite Abstimmung: Wer ist jetzt dafür? Wer ist jetzt dagegen? Es wird festgestellt, ob sich die Zahlen gegenüber der ersten Abstimmung verändert haben. Es kann gefragt werden: Wer hat besonders geschickt argumentiert? Wer ist auf den anderen eingegangen? Wer ist sachlich geblieben? Wer seine Meinung geändert hat, kann, wenn er will, mitteilen, welche Argumente ihn überzeugt haben.

1 Führt die Pro-Kontra-Diskussion wie beschrieben in der Klasse durch.

Gefährdete Demokratie – Extremismus

E

Menschen, die dem Extremismus anhängen, lehnen die Regeln ab, nach denen unser demokratischer Staat funktioniert. Sie wollen sie sogar abschaffen. Wer extremistisch ist, will keine Toleranz und Offenheit gegenüber Menschen, die anderer Meinung sind. Da sich Extremisten mit demokratischen Mitteln nicht durchsetzen können, neigen sie zur Anwendung von Gewalt.

Das Bundeskriminalamt registrierte für das Jahr 2014 insgesamt 32 700 politisch motivierte Straftaten. Davon waren knapp 3 370 Delikte der politisch motivierten Gewaltkriminalität zuzuordnen. Das Bundesamt für Verfassungsschutz bezifferte im Verfassungsschutzbericht 2014 die Anzahl der als extremistisch einzuschätzenden Personen wie folgt: Linksextremisten 27 200, Rechtsextremisten 21 000, Islamisten 43 890, extremistische Ausländer (ohne Islamisten) 29 330.

WEBCODE
SDL-11077-502
Extremismus

Demonstration des „Schwarzen Blocks“

Neonazi-Aufmarsch

Rote Armee Fraktion (RAF)
linksextreme Gruppe, die zwischen 1971 und 1993 in der Bundesrepublik Deutschland mit Anschlägen und Morden den „staatlichen Herrschaftsapparat“ zerstören wollte

Aus einem Politiklexikon

Extremismus
(lat.) Im politischen Sinne bedeutet E. die prinzipielle, unversöhnliche Gegnerschaft gegenüber Ordnungen, Regeln und Normen des demokratischen Verfassungsstaates sowie die fundamentale Ablehnung der mit ihm verbundenen gesellschaftlichen und ökonomischen Gegebenheiten. Extremistische Einstellungen basieren i. d. R. auf grundsätzlicher Ablehnung gesellschaftlicher Vielfalt, Toleranz und Offenheit und stellen häufig den Versuch dar, die aktuellen politischen, ökonomischen und sozialen Probleme auf eine einzige Ursache zurückzuführen.

Linksextremismus
L. bezeichnet die fundamentale, politisch-ideologische Ablehnung des modernen demokratischen Verfassungsstaates durch Personen oder Gruppen, die der äußersten Linken des politischen Spektrums zugerechnet werden. L. akzeptiert und wendet Gewalt gegen Personen und Sachen als Mittel der politischen Auseinandersetzung an. Für den deutschen Linksextremismus steht insbesondere die sog. Rote Armee Fraktion (RAF).

Rechtsextremismus
R. bezeichnet eine politische Einstellung, die sich gegen die Ordnung des demokratischen Verfassungsstaates stellt und gesellschaftliche Vielfalt sowie freie Wirtschaftssysteme fundamental ablehnt. Charakteristisch für den R. ist die Aufspaltung in Gruppen und Untergruppen, die i. d. R. auf persönlichen Gefolgschaften (Führer und Gefolge) beruhen. R. basiert auf Intoleranz und Vorurteilen (z. B. gegen Ausländer und Minderheiten), fördert autoritäres Verhalten, verherrlicht Macht und Gewalt. Rechtsextreme Ideologien führen alle aktuellen politischen, ökonomischen und sozialen Probleme auf eine einzige Ursache zurück und setzen dagegen ein autoritäres, menschenverachtendes Weltbild, dessen Fundament i. d. R. ein aggressiver, expansionistischer Staat ist.

(aus: Klaus Schubert / Martina Klein: Politiklexikon. Lizenzausgabe für die Bundeszentrale für politische Bildung. © 2006 Verlag J.H.W. Dietz Nachf. GmbH, Bonn. 4., aktualisierte Auflage, S. 105, 247/248, 186)

2 Hilfe
Geeignete Internetadressen sind: www.verfassungsschutz.de; www.verfassungsschutz.rlp.de

1 Beschreibe Gemeinsamkeiten zwischen Linksextremisten und Rechtsextremisten.

2 Recherchiere zusätzliche Daten zu den verschiedenen extremistischen Gruppen.

Rechtsextremismus

E

Der Begriff „Rechtsextremismus" bezeichnet ein vielschichtiges politisches und soziales Glaubens- und Handlungssystem. Als historisches Vorbild dient den Rechtsextremisten der nationalsozialistische Staat. Sie verherrlichen den Nationalsozialismus und leugnen bzw. verharmlosen seine Verbrechen, z. B. den Holocaust. Rechtsextremisten verneinen Freiheit und Demokratie, Humanität und Toleranz, Frieden und Völkerverständigung. Sie bekämpfen die Demokratie und lehnen es ab, Menschen grundsätzlich als gleichwertig und gleichberechtigt anzusehen. Es gibt verschiedene Strömungen in der rechten Szene. Sie reichen von unreflektierter, dumpfer Gewaltbereitschaft bis hin zu intellektuellem, eiskalt berechnendem Vorgehen. Bei aller Unterschiedlichkeit haben sie aber folgende gemeinsame Merkmale:

- Die Nation wird in ihrer Bedeutung unangemessen übersteigert. Bisweilen ist dieser übersteigerte Nationalismus mit einem Großmachtstreben oder zumindest mit einer feindseligen Haltung gegenüber anderen Staaten oder Völkern verbunden.
- Rechtsextremisten bejahen Führerprinzip und Gehorsam. Sie wollen eine autoritäre Herrschaftsform (Diktatur), z. B. einen „Führer, hinter dem das Volk wie ein Mann steht".
- Rechtsextreme eint die Ablehnung von Fremden und Andersdenkenden. Ausländer, Farbige, Juden und andere Minderheiten gelten als minderwertig. Häufig wird diesen Minderheiten die Schuld an Arbeitslosigkeit, Kriminalität und anderen sozialen Missständen zugeschrieben.
- Rechtsextremisten sind häufig bereit, zu Gewalt zu greifen, um ihre Ziele durchzusetzen.
- Rassistisches Denken ist ein weiteres Merkmal, das Rechtsextremisten kennzeichnet. In ihren Augen steht das eigene Volk in der Wertigkeit über den anderen Völkern.
- Die Rechtsextremen wollen eine Einheit der Gedanken herstellen. Statt einer Vielfalt von Ansichten (Pluralismus) soll nur noch ihre Meinung zählen (Antipluralismus).
- Rechtsextremisten bejahen in wesentlichen Teilen die Abschaffung von Grund-/Menschenrechten. Dazu gehören u. a. das Recht auf Leben und körperliche Unversehrtheit, Gedanken-, Gewissens- und Religionsfreiheit, freie Meinungsäußerung, freie Entfaltung der eigenen Persönlichkeit.

Holocaust
die Judenvernichtung während des Nationalsozialismus

Humanität
Menschlichkeit, die auf die Würde des Menschen und auf Toleranz gegenüber anderen Gesinnungen ausgerichtet ist

Toleranz
Duldung, Verständnis

Öffentlicher Protest gegen Rechts

Aufmarsch von Rechtsextremisten

Richtig oder falsch?

Rechtsextreme ...

... sehen alle Menschen als gleichwertig an. (1)
... garantieren die Meinungsfreiheit. (2)
... versuchen, ihre Ziele mit Gewalt zu erreichen. (3)
... suchen die Ursachen für Missstände im eigenen Land beim eigenen Volk. (4)
... lehnen die Demokratie als Herrschaftsform ab. (5)
... stellen das eigene Volk über andere Völker. (6)
... streben eine pluralistische Gesellschaft an. (7)
... sehen im Nationalsozialismus ein Vorbild. (8)
... wollen eine autoritäre Herrschaftsform. (9)

Am 6. Mai 2013 begann vor dem Oberlandesgericht in München der sogenannte NSU-Prozess. Das Gerichtsverfahren richtet sich gegen mehrere Personen, denen in Verbindung mit der rechtsextremistischen Vereinigung Nationalsozialistischer Untergrund (NSU) vorgeworfen wird, schwere Verbrechen begangen zu haben. Die Angeklagten müssen sich unter anderem wegen der Mittäterschaft in zehn Mordfällen, schwerer Brandstiftung und Mitgliedschaft in einer terroristischen Vereinigung verantworten. Der Prozess findet in München statt, weil die Strafprozessordnung vorschreibt, dass sich der Gerichtsstand in einem Bundesland befinden muss, in dem einer der Tatorte liegt. In Bayern wurden fünf der NSU-Morde begangen.

1. Richtig oder falsch? Entscheide, welche Aussagen zutreffen und welche nicht. Stelle anschließend die falschen Aussagen richtig.
2. Informiere dich in den Medien über den Fortgang des NSU-Prozesses.

Thema: Gegen Rechts!

Eine Klasse, die eine Info-Ausstellung gestaltet, will eine größere Öffentlichkeit über einen Sachverhalt informieren, mit dem sie sich ausführlich beschäftigt hat. Dazu werden Plakate, Texte, Zeichnungen, Statistiken, Fotos usw. zusammengetragen bzw. angefertigt und ausgehängt. Die Ausstellung kann in der Schule (freie Wandfläche, Stellwände usw.) stattfinden, aber auch außerhalb der Schule gezeigt werden, z.B. im Rathaus, in der Stadtbücherei, in einer Bank.

Vorbereitung

Die Klasse legt Thema, Adressaten und Zielsetzung ihrer Info-Ausstellung fest, z.B. dass Mitschülerinnen und Mitschüler oder andere interessierte Personen über das Thema „Gegen Rechts!" informiert werden sollen. Die Klasse klärt, wo die Ausstellung stattfinden kann. Das Thema wird in Gruppenarbeit bearbeitet, z.B. führt eine Gruppe eine Erkundung durch, eine andere macht eine Umfrage, eine dritte wertet Zeitungsberichte aus. Das erarbeitete Material wird gemeinsam gesichtet und der Inhalt der Ausstellung konkretisiert. Außerdem organisiert eine Gruppe die benötigten Materialien (Plakatkarton, Stifte, Klebstoff, Stellwände, ...).

Durchführung

Eine Info-Ausstellung muss übersichtlich sein. Die Texte sollten noch aus einem Meter Abstand lesbar sein. Besser wenig Text in großer Schrift, dafür Fotos und Zeichnungen. Hinweis aufnehmen, wer die Ausstellung gemacht hat. Die einzelnen Teile zunächst nur vorläufig platzieren, durch Hin- und Herschieben kann dann die beste Gestaltung herausgefunden werden. Es kann sinnvoll sein, dass Schüler anwesend sind, um Besuchern die Ausstellung zu erklären.

Auswertung

Beobachtet, wie die Besucher auf eure Info-Ausstellung reagieren. Ihr könnt auch ihre Meinung erfragen oder Platz für schriftliche Stellungnahmen lassen.

Für Aufsehen sorgte ein während des Bundestagswahlkampfs von der NPD in Hessen eingesetztes Plakat mit dem Titel „Guten Heimflug!". Es führte zu einem Ermittlungsverfahren wegen des Verdachts der Volksverhetzung gegen die NPD-Funktionäre Jörg Krebs (NPD-Landesvorsitzender Hessen*) und Daniel Lachmann (NPD-Landesgeschäftsführer). Im Rahmen des Verfahrens durchsuchte die Polizei die Privaträume beider Personen, die für das Aufstellen der Plakate in Hessen verantwortlich waren. Im Wetteraukreis, in dem die NPD verstärkt plakatiert hatte, beschlagnahmte die Polizei die Plakate zwecks Beweissicherung. Die Generalstaatsanwaltschaft Frankfurt am Main bestätigte die Strafwürdigkeit des genannten Plakats für ganz Hessen.

Volksverhetzung im Wahlkampf

*(aus: Verfassungsschutz in Hessen, Bericht 2009, Stand Juli 2010 / 2. überarbeitete Auflage. Hg.: Hessisches Ministerium des Innern und für Sport, Wiesbaden, S. 94. *Der Zusatz in der Klammer wurde von der Redaktion eingefügt, ist im Originaltext nicht enthalten.)*

Unsere Info-Ausstellung „Gegen Rechts!" soll Mitschüler und Mitschülerinnen vor rechtsextremem Gedankengut warnen. Aber wie sollen wir das konkret machen?

Wir zeigen an Beispielen, wie die Rechten gegen Ausländer und gegen unsere Demokratie hetzen! Die Beispiele finden wir in den Verfassungsschutzberichten.

Und was machen wir mit den Beispielen?

Einen Liedtext wie diesen könnten wir z. B. vergrößern, die extremistischen Stellen kennzeichnen und etwas dazu schreiben – in diesem Fall, wer Rudolf Hess wirklich war oder was die mit „System zerstören" meinen.

Die bekannteste rechtsextremistische Musikgruppe aus Hessen ist **Hauptkampflinie (HKL)**. Sie wurde 1997 im Raum Kassel gegründet und hat bisher mehr als 30 Tonträger (eigene sowie Sampler) herausgebracht. Im Berichtszeitraum wurden die CD's „Die Weiße Botschaft des Ian Stuart Donaldson auf Deutsch", „Ultranational" sowie ein Soloprojekt des Bandleaders „Oliver", „Elf völkische Balladen" veröffentlicht. Des Weiteren ist HKL auf dem im Berichtsjahr erschienenen Sampler „Lieder für einen neuen Zeitgeist – Teil 2" vertreten.

Bei dem Tonträger „Die Weiße Botschaft des Ian Stuart Donaldson auf Deutsch!" handelt es sich um eine Zusammenstellung von bereits veröffentlichten, aber nunmehr erstmals ins Deutsche übertragenen Liedern der englischen Band **Skrewdriver**. Die entsprechende CD, „The Best auf Skrewdriver Volume 1", wurde bereits 2006 von der Bundesprüfstelle für jugendgefährdende Medien (BPjM) indiziert. Der Inhalt der Lieder propagiert lauf BPjM die nationalsozialistische Ideologie, ist rassistisch sowie in Teilen gewaltverherrlichend und verrohend.

Auf Grund der Indizierung vermied es **HKL**, die Texte aus dem Original direkt zu übersetzen. Vielmehr entschied sich die Band für eine Übertragung, bei der Textabschnitte verändert oder weggelassen wurden. Dennoch ist der rechtsextremistische Charakter der CD deutlich erkennbar. In dem Lied „Morgen ist's vielleicht zu spät" wird klar zum Kampf gegen das „System" (d. h. die freiheitliche demokratische Grundordnung der Bundesrepublik Deutschland) aufgerufen. Dabei nimmt der Text zudem noch Bezug auf einen hohen Funktionsträger der NSDAP:

**„Du sagst mir was Du machen willst, ich will davon nichts hören
Mein einziges Interesse ist, das System zu zerstören
Wir müssen das Volk aufrütteln, für unseren Kampf gewinnen
Wenn wir etwas verändern wollen sollten wir heute beginnen
(...)
Wir müssen weiterkämpfen, wir müssen rebellieren
gegen die Verbrecher, die Unschuldige inhaftieren
Nie vergessen wir das Opfer des Märtyrers Rudolf Hess
Lasst unsere Kameraden raus, sonst gibt es richtig Stress!"**

(Textabschrift aus dem Booklet, Schreibweise wie im Original)

Eine Drohung wird in dem Lied „Wer Deutschland nicht liebt ..." auf der **HKL**-CD „Ultranational" ausgesprochen: „Hey! Wer Deutschland nicht liebt, soll Deutschland verlassen. Weil wir alle dreckigen Volksverräter hassen. Wer Deutschland nicht liebt, soll Deutschland verlassen. Irgendwann und irgendwo kriegen wir euch zu fassen."

(aus: Verfassungsschutz in Hessen, Bericht 2009, Stand Juli 2010 / 2., überarbeitete Auflage. Herausgeber: Hessisches Ministerium des Innern und für Sport, Wiesbaden, S. 112)

1 Erarbeitet eine Info-Ausstellung zum Thema „Gegen Rechts!" Bezieht dabei die Materialien auf dieser Doppelseite und die Abbildungen auf Seite 180 unten und Seite 181 mit ein. Macht euch bei der Umsetzung des Themas die Hinweise in den Sprechblasen zunutze. Weitere Materialien und Informationen findet ihr im Internet, z. B. unter: www.verfassungsschutz.de, www.verfassungsschutz.rlp.de

E

Linksextremisten sind erklärte Gegner der Staats- und Gesellschaftsordnung der Bundesrepublik Deutschland. Die Aktionsformen der Linksextremisten sind vielfältig. Sie umfassen öffentliche Kundgebungen, das Verfassen von Flugblättern, Plakataufrufe, elektronische Kommunikationsmedien sowie die Beteiligung an Wahlen und Versuche der verdeckten Einflussnahme in unterschiedlichen gesellschaftlichen Gruppen. Einige Linksextremisten sehen aber auch in Gesetzesverletzungen einen Weg zur Durchsetzung ihrer politischen Ziele. Sie verüben Straftaten, z. B. Sachbeschädigungen oder Körperverletzungen. Häufig sind auch unzulässige „militante Zusammenrottungen". Seit Jahren bedrohen so militante Linksextremisten die innere Sicherheit der Bundesrepublik Deutschland.

„Blockupy" stürzt Frankfurt ins Chaos

Brennende Polizeiautos, explodierende Kanonenschläge, fliegende Pflastersteine – Hunderte Aktivisten des kapitalismuskritischen Bündnisses „Blockupy" haben die Bankenmetropole Frankfurt Mittwochvormittag ins Chaos gestürzt. Die Gewalt eskalierte bei Protesten kurz vor der feierlichen Eröffnung des Neubaus der Europäischen Zentralbank (EZB). Rund 100 Polizisten und Feuerwehrleute wurden bei den Ausschreitungen verletzt.

Für die Organisatoren von „Blockupy", einem linken, banken- und kapitalismuskritischen Bündnis aus mehr als 90 Organisationen, ist die neue Frankfurter EZB-Zentrale (Baukosten rund 1,3 Milliarden Euro) das Symbol einer völlig verfehlten Krisenpolitik in den südlichen Euro-Ländern. Sie werfen der EZB vor, mit ihrer Politik die Armen immer ärmer und die Reichen immer reicher zu machen.
Doch die Proteste am Mittwoch in der Frankfurter-City schlugen in massive Gewalt um: Schwarz vermummte Chaoten warfen Steine auf Polizisten, zündeten Feuerwerkskörper, schmissen Schaufenster ein, steckten Polizeiautos, Müllcontainer und von einem Autohändler geklaute Reifen in Brand. Kaum eine Kreuzung im Frankfurter Ostend, auf der keine Flammen loderten. (...) Die Polizei setzte Wasserwerfer und Pfefferspray ein, nahm 18 Chaoten fest.
„Das Ausmaß der Gewalt spricht dafür, dass solche Aktionen seit Langem geplant waren", sagte Bundesinnenminister Thomas de Maizière und betonte: „Alle, die sich hier missbräuchlich auf Freiheitsrechte berufen, müssen mit der vollen Härte des Rechtsstaats rechnen." De Maizière machte „linksextremistische Gewalttäter" für die Ausschreitungen verantwortlich. (...)

Eine Polizeiwache wurde angegriffen, mehrere Streifenwagen gingen in Flammen auf

(www.bz-berlin.de/berlin/explosion-der-gewalt-bei-demo-gegen-die-ezb / 18.03.2015)

1 Lege dar, wie der Bericht typisches Handeln gewaltbereiter Linksextremisten zeigt.
2 Informiere dich im Internet über den Linksextremismus in Deutschland.

Repräsentative Demokratie

Nach Artikel 20 des Grundgesetzes ist die Bundesrepublik Deutschland ein demokratischer Staat, in dem alle Staatsgewalt vom Volke ausgeht. Die Bürgerinnen und Bürger entscheiden durch Wahlen, welche Abgeordneten sie in den Parlamenten repräsentieren, also vertreten. Man bezeichnet ein solches Regierungssystem deshalb auch als parlamentarische oder repräsentative Demokratie.

Bundesstaat, Rechtsstaat, Sozialstaat

Die Bundesrepublik Deutschland ist ein Bundesstaat. Dieser besteht aus 16 Bundesländern. Die Zuständigkeiten sind zwischen dem Bund und den Ländern aufgeteilt. Die Bundesrepublik Deutschland ist ein Rechtsstaat. Dieser sorgt dafür, dass Gesetze demokratisch zustande kommen. Die Bundesrepublik Deutschland ist ein Sozialstaat. Dieser strebt an, die soziale Gerechtigkeit zu fördern.

Interessengruppen

In einer Demokratie gibt es Interessengruppen, z. B. Verbände, Gewerkschaften, Bürgerinitiativen. Diese Gruppen sind für das soziale und politische Leben in unserer demokratischen Gesellschaft wichtig.

Lobbyismus

Die Interessengruppen beeinflussen auch politische Entscheidungen. Bei Gesetzesvorhaben werden oft Vertreter dieser Gruppen als Experten gefragt. Sie versuchen dabei, Abgeordnete für ihre Interessen zu gewinnen. Früher geschah dies vor allem in den Wandelhallen der Parlamentsgebäude (engl. Lobby), daher spricht man von Lobbyismus, wenn man Beeinflussung von Abgeordneten durch Interessengruppen meint.

Parteien

Die Parteien haben den Auftrag, bei der politischen Willensbildung des Volkes mitzuwirken. Eine Demokratie kann ohne sie nicht funktionieren. Die Parteien legen ihre politischen Zielvorstellungen in Programmen fest. So bündeln sie die unterschiedlichen Interessen und Vorstellungen der Bürgerinnen und Bürger. Die Parteien werben in der Öffentlichkeit um Zustimmung für ihre Programme und Standpunkte. Über die Beteiligung an den Wahlen konkurrieren sie um die Macht im Staat.

Wahlen

Nach unserem Wahlrecht müssen Wahlen allgemein, unmittelbar, frei, gleich und geheim sein. Die Bundestagswahl ist eine personalisierte Verhältniswahl. Jede und jeder Wahlberechtigte hat zwei Stimmen. Die Zweitstimmen allein bestimmen darüber, mit wie viel Sitzen die Parteien im Bundestag vertreten sind. Mit der Erststimme wird eine Wahlkreiskandidatin oder ein Wahlkreiskandidat gewählt. Ein Stimmen-Splitting ist möglich. Bundestagswahlen finden alle vier, die Wahl zum Landtag alle fünf Jahre statt.

Extremismus

Parteien, Organisationen und Gruppen, welche die freiheitliche demokratische Grundordnung beseitigen wollen, werden als extremistisch bezeichnet. Da sie sich mit demokratischen Mitteln nicht durchsetzen können, greifen sie oft zu Gewalt. Es wird zwischen Rechtsextremisten und Linksextremisten unterschieden. Eine besondere Rolle spielen in Deutschland mittlerweile extremistische Organisationen von Ausländern, die für die Veränderung der Verhältnisse in ihren Herkunftsländern kämpfen.

Rechtsextremismus

Rechtsextremisten wollen die freiheitliche demokratische Grundordnung der Bundesrepublik Deutschland durch ein autoritäres, diktatorisches Regime ersetzen. Sie vertreten einen völkischen Nationalismus und wollen dementsprechend die Gesellschaft zu einer „reinrassigen Volksgemeinschaft“ umgestalten. Freiheit, Individualität, Pluralität und Toleranz verachten sie. Ihr aggressiver Rassismus und Antisemitismus äußert sich häufig in Gewalttaten. Rechtsextremisten bekämpfen die Demokratie sowie deren Institutionen und diffamieren deren Repräsentanten. Den Holocaust, die systematische Ermordung der europäischen Juden, und die zurzeit des Nationalsozialismus begangenen anderen Verbrechen gegen die Menschlichkeit leugnen oder relativieren sie. Dem rechtsextremistischen Lager werden Parteien wie die NPD (Nationaldemokratische Partei Deutschlands) und DVU (Deutsche Volksunion) sowie rechtsextremistische Gruppierungen wie die Skinheads zugerechnet.

Linksextremismus

Linksextremisten lehnen die demokratische Staats- und Gesellschaftsordnung der Bundesrepublik Deutschland ab, die sie für rassistisch, faschistisch und kapitalistisch halten. Die bekannteste linksextreme Gruppierung war die Rote Armee Fraktion, die von Anfang der 1970er-Jahre bis 1998 (Selbstauflösung) zahlreiche terroristische Anschläge und Morde verübte. Das linksextreme Lager hat kein einheitliches Programm, autonome Randalierer werden ihm genauso zugeordnet wie Parteigänger der Partei DIE LINKE wegen ihrer ideologischen Nähe zur ehemaligen DDR-Staatspartei SED (Sozialistische Einheitspartei Deutschlands).

Charles de Montesquieu (1689–1755)

Gesetzgebende Gewalt (Legislative)

Vollziehende Gewalt (Exekutive)

Rechtsprechende Gewalt (Judikative)

Die Teilung der Gewalten und ihre gegenseitige Kontrolle ist das wichtigste Kennzeichen der Demokratie. Bereits im 17. Jahrhundert entwarf der französische Staatsdenker C. de Montesquieu das Modell der Gewaltenteilung und der gegenseitigen Machtkontrolle. Die staatliche Macht sollte nicht mehr konzentriert und damit missbraucht werden können. Montesquieu schlug vor, sie auf verschiedene Organe zu verteilen.

„Demokratie" kommt aus dem Griechischen und bedeutet übersetzt „Herrschaft des …①…". Eigentlich müsste das gesamte …②… sich selbst die Regeln des Zusammenlebens, also die Gesetze, geben und sie vollziehen. Da dies nicht möglich ist, entscheiden die Bürgerinnen und Bürger durch …③…, welche Abgeordneten sie in den …④… repräsentieren, also vertreten. Man bezeichnet dies auch als parlamentarische oder repräsentative Demokratie. …⑤…, also Volksentscheide, sind nach dem Grundgesetz nur dann vorgesehen, wenn das Bundesgebiet neu gegliedert werden soll. Dies ist z. B. der Fall, wenn …⑥… zusammengelegt werden sollen. 1996 wurde in den Bundesländern Berlin und Brandenburg durch eine …⑦… gegen die geplante Zusammenlegung dieser beiden Länder entschieden.

Als …⑧… ist die Bundesrepublik Deutschland in 16 Bundesländer gegliedert. Die Aufgaben und Zuständigkeiten sind also zwischen dem Bund und den …⑨… aufgeteilt. Man nennt dies auch die vertikale, also senkrechte Gewaltenteilung.

Organe der …⑩…, der vollziehenden Gewalt und der …⑪… gibt es sowohl auf Bundesebene als auch auf Länderebene. Die Teilung in gesetzgebende, …⑫… und rechtsprechende Gewalt auf jeder Ebene bezeichnet man auch als horizontale, also waagrechte Gewaltenteilung.

Durch den …⑬… sind die Bundesländer sogar an der …⑭… auf der Bundesebene beteiligt.

Bei Streitigkeiten zwischen Bund und Bundesländern entscheidet das …⑮… in Karlsruhe.

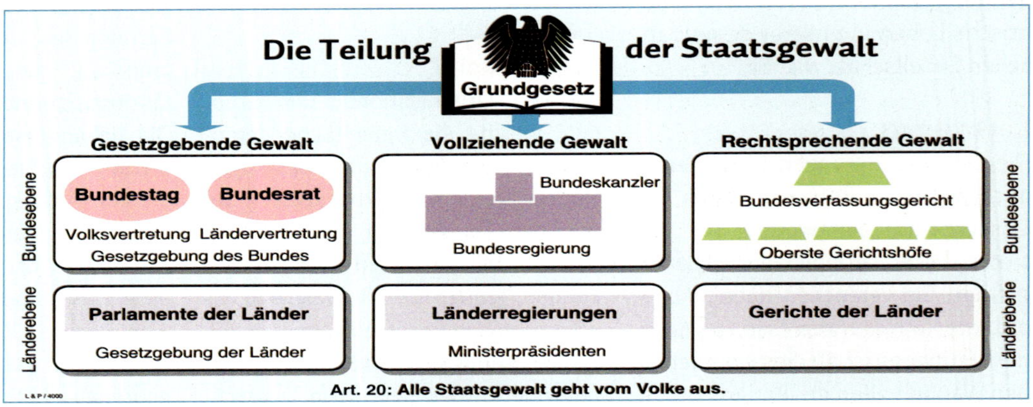

1 Hilfe
Hinweis: Dabei können sich Wortendungen ändern, weil du die Einzahl statt der Mehrzahl brauchst usw.

1 Setze in den Lückentext Begriffe aus Artikel 20 des Grundgesetzes (siehe Seite 167) oder der Grafik „Die Teilung der Staatsgewalt" ein. Benutze das Arbeitsblatt oder notiere zur jeweiligen Nummer den passenden Begriff.

Der Deutsche Bundestag

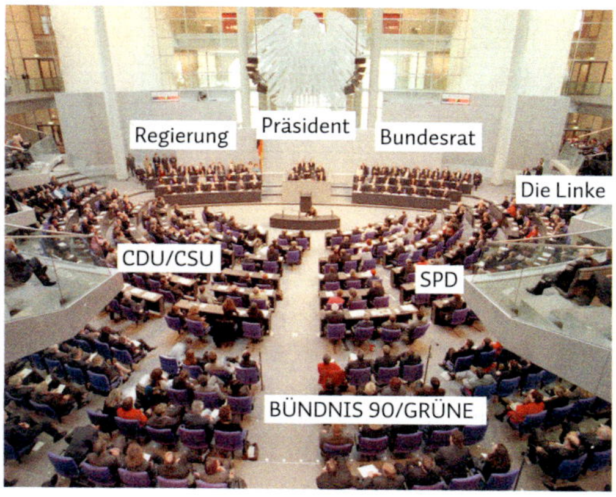

Blick in den Plenarsaal des Deutschen Bundestages

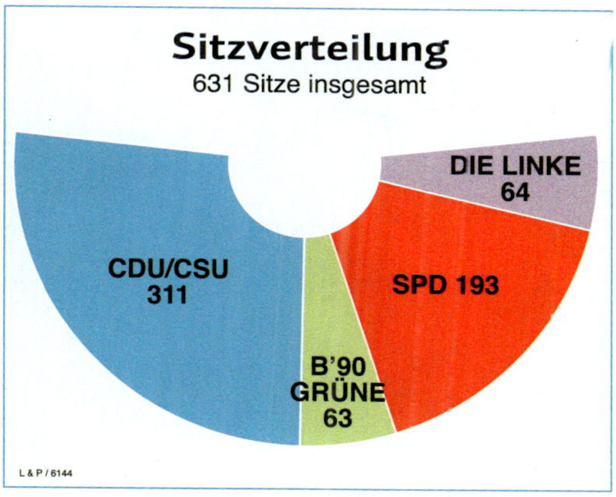

Sitzverteilung im 18. Deutschen Bundestag

Der Bundestag ist das Parlament der Bundesrepublik Deutschland. Seine Abgeordneten werden vom Volk auf vier Jahre gewählt. Sie sind nach Artikel 38 des Grundgesetzes „Vertreter des ganzen Volkes, an Aufträge und Weisungen nicht gebunden und nur ihrem Gewissen unterworfen". Man spricht deshalb auch von einem „freien Mandat".

Zu den wichtigsten Aufgaben des Bundestages gehören die Wahl des Bundeskanzlers bzw. der Bundeskanzlerin, die Gesetzgebung, die Verabschiedung des Bundeshaushalts, die Mitwirkung bei der Wahl des Bundespräsidenten und die Genehmigung der von der Regierung mit anderen Staaten und internationalen Organisationen ausgehandelten Verträge. Zudem kommt dem Parlament die Aufgabe zu, die Exekutive, also die Regierung zu kontrollieren.

Im Zentrum der parlamentarischen Arbeit stehen die Fraktionen. Damit sich Abgeordnete zu Fraktionen zusammenschließen können, ist eine bestimmte Mindestgröße vorgeschrieben. So wie die Sperrklausel im Wahlgesetz beträgt diese fünf Prozent der Parlamentssitze insgesamt. Außerdem dürfen nur Abgeordnete der gleichen Partei eine Fraktion bilden.

Der 18. Bundestag besteht aus vier Fraktionen: CDU/CSU, SPD, Bündnis90/Die Grünen, Die Linke. Obwohl jeder Abgeordnete in der Ausübung seines Mandats prinzipiell frei ist, gibt es in der Praxis einen „Fraktionszwang". Das bedeutet, dass die Abgeordneten in aller Regel im Sinne ihrer Fraktion argumentieren und abstimmen. Notwendig ist die Fraktionsdisziplin, um ein geschlossenes Auftreten im Parlament und damit einen größeren Machteinfluss zu erreichen. Die Fraktionen versuchen mittels verschiedener Sanktionen auf „Abweichler" Druck auszuüben, damit diese sich der Fraktionsdisziplin unterwerfen. Unterwirft sich ein Abgeordneter nicht der Fraktionsdisziplin, muss er z. B. damit rechnen, bei der nächsten Wahl nicht mehr als Kandidat aufgestellt zu werden. Die schärfste Sanktion, die eine Partei beschließen kann, ist der Parteiausschluss.

Gemessen an ihrem Anteil an der Bevölkerung sind Frauen im Bundestag noch immer unterrepräsentiert. Mit einer Quote von über 36 Prozent liegt Deutschland im internationalen Vergleich allerdings auf einem der vorderen Plätze (zum Vergleich: Schweden 43,6 %, Frankreich 26,2 %, USA 19,4 %, Japan 9,5 %; Stand: 12/2015).

Parlament
So bezeichnet man die gewählte Volksvertretung in einer Demokratie.

Bundeshaushalt
Nach Artikel 110 des Grundgesetzes hat der Bund die Pflicht, einen nach Jahren getrennten Haushaltsplan aufzustellen. In diesem werden alle geplanten und erwarteten Einnahmen und Ausgaben des Bundes gegenübergestellt.

Fraktion
Zusammenschluss der Abgeordneten einer Partei im Parlament

Sanktion
Zwangsmaßnahme

1 Erkläre anhand der Grafik „Sitzverteilung", welche Koalitionen zur Regierungsbildung möglich gewesen wären. Welche Koalition wurde gebildet?

2 Das Grundgesetz garantiert in Artikel 38 das freie Mandat für Abgeordnete, in der Praxis gibt es jedoch die Fraktionsdisziplin. Die einen sehen darin einen Widerspruch, die anderen nicht. Erläutere die Argumente, die jeweils angeführt werden können.

3 Prüfe, wie hoch der Frauenanteil in den verschiedenen Bundestagsfraktionen ist. Recherchiere dazu im Internet.

3 Hilfe
Gib dazu bei einer Suchmaschine als Stichworte ein: Frauenanteil, Bundestagsfraktion.

Die Arbeit im Bundestag

Der Reichstag in Berlin ist seit 1999 der Sitz des Deutschen Bundestages. Alle 5 Jahre tritt hier auch die Bundesversammlung zur Wahl des Bundespräsidenten zusammen. Das Gebäude wurde von 1884 bis 1894 errichtet und beherbergte im deutschen Kaiserreich bis 1918 den Reichstag und anschließend das Parlament der Weimarer Republik. Der durch einen Brand 1933 und die Auswirkungen des Zweiten Weltkrieges schwer beschädigte Bau wurde in den 1960er-Jahren wiederhergestellt und nach der deutschen Wiedervereinigung in den 1990er-Jahren grundlegend umgestaltet und mit der markanten Glaskuppel versehen.

Der Reichstag aus der Vogelperspektive. Im Gebäude dahinter befindet sich die Mehrzahl der Abgeordnetenbüros.

Durch das gläserne Dach kann man die Abgeordneten im Plenarsaal beobachten.

Die Parlamentsdebatten lassen sich auch live von der Besuchertribüne des Bundestages aus verfolgen.

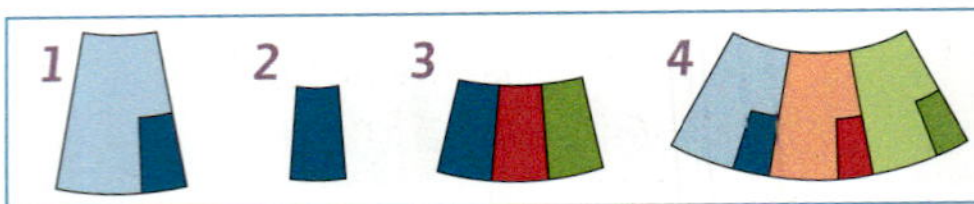

Ausschuss | **Plenum** | **Arbeitskreis** | **Fraktion**

A In ihr sind die Abgeordneten, die der gleichen Partei angehören, zusammengeschlossen. Aus ihr geht ein großer Teil der politischen Vorschläge für die Parlamentsarbeit hervor. Die Sitzordnung des Parlaments sieht vor, dass die Abgeordneten der gleichen Partei beieinander in einem Block sitzen. Vor Sitzungen lässt sich meistens abschätzen, welcher Anteil dieser Abgeordneten zustimmen oder ablehnen wird.

B Er ist der Ort für gründliche und ins Einzelne gehende Beratungen unter den Fachleuten aller Fraktionen. Er befasst sich nur mit Angelegenheiten, die ihm vom Plenum überwiesen worden sind. Die Beschlüsse des Plenums bereitet er mit vor, sodass Mehrheiten zustande kommen können. In „Hearings" werden auch außerparlamentarische Sachverständige und Betroffene angehört.

C Es ist die Vollversammlung des Parlaments. Von ihm werden die Beschlüsse gefasst. Es ist auch der Ort für die öffentlichen politischen Debatten sowie für Regierungserklärungen. Wichtige Debatten werden im Fernsehen gezeigt. In der Regel finden alle vier Wochen jeweils zwei oder drei Sitzungen statt, die vom Präsidenten oder einem Vizepräsidenten geleitet werden. Die Beschlüsse werden in den Fraktionen und Ausschüssen vorbereitet.

D Er wird innerhalb der Fraktion für die verschiedenen Sachgebiete gebildet, für die es auch Ausschüsse und Ministerien gibt. In ihm bereiten sich die Fachleute der Fraktion auf die Sitzungen des entsprechenden Ausschusses vor, denn sie vertreten auch die Fraktion im jeweiligen Ausschuss. Diese Fachleute bereiten auch Beschlüsse der Fraktion im jeweiligen Sachgebiet vor.

1 Ein zeichnerisches Element (1 bis 4), ein Begriff (Ausschuss, ...) und eine Beschreibung (A bis D) gehören jeweils zusammen. Ordne auf deinem Arbeitsblatt entsprechend zu oder notiere auf einem Blatt.

1 Hilfe
1 – Fraktion – A
2 ...

Regierungsbildung

Parteien, deren Programme nicht allzu stark voneinander abweichen, …	… führen dann die eigentlichen Koalitionsverhandlungen.
Wenn keine Partei bei der Wahl die absolute Mehrheit gewinnt, …	… haben oft schon im Wahlkampf eine Koalitionsaussage gemacht.
Wenn sich die Parteien im Wahlkampf nicht auf Koalitionspartner festgelegt haben, …	… die dann vom Bundespräsidenten ernannt und vor dem Bundestag vereidigt werden.
Die Parteien, die zusammen regieren wollen, …	… müssen sich Parteien zu einer Koalition zusammenschließen.
Die Koalitionsparteien einigen sich auf ein Sachprogramm der künftigen Regierung, …	… führt die Partei, die die meisten Sitze hat, als erste Gespräche mit anderen.
Gegen Ende der Koalitionsverhandlungen spricht man auch ab, …	… ohne Aussprache gewählt, anschließend ernannt sowie vor dem Bundestag vereidigt.
Die Bundeskanzlerin wird auf Vorschlag des Bundespräsidenten vom Bundestag …	… wobei jede versucht, viel von ihrem Programm und den Wahlaussagen durchzusetzen.
Die Bundeskanzlerin schlägt dem Bundespräsidenten die Bundesminister/innen vor, …	… welche Koalitionsparteien in der neuen Regierung welche Ministerien erhalten.

WEBCODE
SDL-11077-503
Regierungsbildung

Bundeskanzlerin Angela Merkel beim Ablegen des Amtseides

„Ich schwöre, dass ich meine Kraft dem Wohle des deutschen Volkes widmen, seinen Nutzen mehren, Schaden von ihm wenden, das Grundgesetz und die Gesetze des Bundes wahren und verteidigen, meine Pflichten gewissenhaft erfüllen und Gerechtigkeit gegen jedermann üben werde. So wahr mir Gott helfe."

Der Amtseid kann auch ohne religiöse Beteuerung geleistet werden. Die Bundesminister und Bundesministerinnen leisten den gleichen Amtseid.

1 Verbinde die Teile der Sätze in der linken und rechten Spalte so, dass sich ein Bericht über den Ablauf der Regierungsbildung ergibt. Benutze dazu das Arbeitsblatt oder notiere die vollständigen Sätze in der richtigen Reihenfolge.

1 Hilfe
Parteien, deren Programme nicht allzu stark voneinander abweichen … … haben oft schon im Wahlkampf eine Koalitionsaussage gemacht.

Bundeskanzler/in und Bundesregierung

Sitzung des Bundeskabinetts unter Leitung von Bundeskanzlerin Angela Merkel (17.12.2013)

- Richtlinienkompetenz
- Vertrauensfrage
- Kollegialprinzip
- Misstrauensvotum
- Kabinett
- Ressortprinzip

Grundgesetz: Die Bundesregierung

Artikel 62
Die Bundesregierung besteht aus dem Bundeskanzler und aus den Bundesministern. (A)

Artikel 65
Der Bundeskanzler bestimmt die Richtlinien der Politik und trägt dafür die Verantwortung. (B) Innerhalb dieser Richtlinien leitet jeder Bundesminister seinen Geschäftsbereich selbstständig und unter eigener Verantwortung. (C) Über Meinungsverschiedenheiten zwischen den Bundesministern entscheidet die Bundesregierung. ... (D)

Artikel 67
Der Bundestag kann dem Bundeskanzler das Misstrauen nur dadurch aussprechen, dass er mit der Mehrheit seiner Mitglieder einen Nachfolger wählt ... (E)

Artikel 68
Findet ein Antrag des Bundeskanzlers, ihm das Vertrauen auszusprechen, nicht die Zustimmung der Mehrheit der Mitglieder des Bundestages, so kann der Bundespräsident auf Vorschlag des Bundeskanzlers binnen einundzwanzig Tagen den Bundestag auflösen. ... (F)

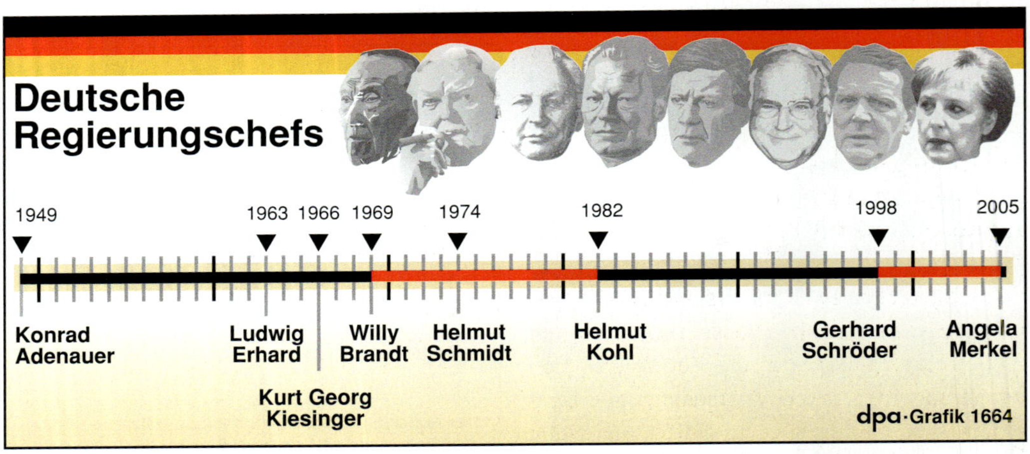

2 Hilfe
Lies dazu nach, was im Grundgesetz zum Amt des Bundeskanzlers festgelegt ist.

3 Hilfe
Startet eure Recherche mit: www.bundesregierung.de

1 Ordne jeder Textstelle (A bis F) aus dem Grundgesetz den passenden Fachbegriff zu.
2 Erläutere, worin sich die besondere Machtstellung der Bundeskanzlerin ausdrückt.
3 Führt eine Internetrecherche zum Thema „Bundesministerien" durch und erstellt zu jedem Ministerium einen Steckbrief: Bezeichnung des Ministeriums, Name des Ministers bzw. der Ministerin, Hauptaufgaben, aktuelle Nachrichten. Teilt dazu die Arbeit auf.

Kontrolle der Regierung durch den Bundestag

© Erich Schmidt Verlag 66 250

Die Kontrolle der Bundesregierung ist eine wichtige Aufgabe des Parlaments. Da die Regierungsmehrheit im Bundestag die Regierung unterstützt, ist es vorrangig die Opposition, die die Arbeit der Regierung kritisch hinterfragt. Der Bedeutung der Opposition entsprechend, hat das Bundesverfassungsgericht das „Recht auf Bildung und Ausübung einer Opposition" zu den grundlegenden Prinzipien unserer freiheitlichen demokratischen Grundordnung erklärt.

Dem Bundestag stehen verschiedene Mittel zur Kontrolle der Bundesregierung zur Verfügung. In erster Linie sind hier die verschiedenen Fragerechte zu nennen (siehe Grafik). Daneben gibt es weitere Anlässe und Mittel, um Einfluss auszuüben und die Kontrollfunktion wahrzunehmen: 1) Verabschiedung des Bundeshaushalts, 2) Grundsatzdebatte im Plenum, 3) Antrag, 4) Verfassungsklage, 5) Ausschussberatung, 6) Untersuchungsausschuss.

A Eine Oppositionspartei schlägt bei der Beratung eines Gesetzentwurfs im Ausschuss eine Änderung des Entwurfs vor.

B Es soll aufgeklärt werden, ob der Verdacht stimmt, dass ein Minister ein teures Geschenk von einem Lobbyisten angenommen hat.

C Der Fraktionsvorsitzende einer Oppositionspartei verlangt in einer Rede im Plenum, dass die Bundesregierung mehr Geldmittel für den sozialen Wohnungsbau vorsehen soll.

D Mitglieder einer Oppositionspartei beantragen schriftlich bei der Regierung, die Mittel des Bundespresseamtes für Informationsschriften zu kürzen. Dazu wird von der Regierung eine Stellungnahme vorgelegt. Dann wird über die Sache im Bundestag diskutiert und abgestimmt.

E Eine Oppositionsfraktion lässt beim Bundesverfassungsgericht prüfen, ob ein Gesetz, das gegen ihre Stimmen zustande kam, mit dem Grundgesetz vereinbar ist.

F Die Vorsitzende der größten Oppositionspartei wirft der Regierung vor, sie habe sich zu wenig für die politische Stärkung des Europäischen Parlaments eingesetzt.

Lobbyisten
Interessenvertreter (z. B. der Wirtschaft, von Gewerkschaften, von Umweltverbänden), die Einfluss auf politische Entscheidungsprozesse nehmen wollen

1 Erläutere die Unterschiede zwischen einer Großen Anfrage und einer Kleinen Anfrage sowie zwischen einer Fragestunde und einer Aktuellen Stunde.

2 Lege dar, welcher Vorgang (A bis F) zu welchem Mittel der Kontrolle (1 bis 5) gehört.

2 Hilfe
Vorgang A: 5 Ausschussberatung
Vorgang B: …

Zum Rollenverständnis der Opposition

E

Die klassische Lehre von der Gewaltenteilung entspricht heute nicht mehr der Wirklichkeit. Das Parlament steht nicht mehr als Ganzes der Regierung gegenüber, vielmehr wird die Regierung von der Regierungsmehrheit im Parlament unterstützt. Die Kontrolle muss daher vorrangig von der Minderheit im Parlament, die in Opposition zu der Regierung steht, ausgeübt werden.

1 *Die Opposition ist genauso wichtig wie die Regierung. Ob ein politisches System demokratisch ist oder nicht, zeigt sich insbesondere auch darin, ob es eine Opposition gibt, die in ihrer Arbeit nicht behindert wird.*

2 *Wenn das Wahlergebnis zu einer großen Koalition führt, ist das vom Wähler so gewollt. Die Opposition kann doch dann nicht daherkommen und für sich Sonderrechte einfordern, nur weil sie zahlenmäßig besonders klein ist.*

3 *Die Bedeutung der Opposition wird überbewertet. Alle Abgeordneten sind in ihren Entscheidungen frei, das garantiert ihnen das Grundgesetz. Damit ist doch schon sichergestellt, dass sich der Wille der Mehrheit durchsetzt und nicht nur das zählt, was die Regierung will.*

4 *Die Opposition ist dazu da, die Regierung zu kontrollieren und deren Macht zu begrenzen. Dazu müssen ihr die notwendigen Mittel an die Hand gegeben werden. Das gilt insbesondere dann, wenn die Opposition der Regierungsmehrheit zahlenmäßig deutlich unterlegen ist.*

Eine ganz große Koalition legt Minderheitsrechte fest

Opposition Die Grünen verständigen sich mit Union und SPD auf mehr Rechte. Die Linkspartei ist sauer, aber beugt sich.

Bei der Stärkung der Minderheitenrechte im Bundestag zeigt sich wieder einmal: Es gibt keine Koalition in der Opposition. Seit der Wahl im Herbst wurde darum gerungen, wie die Rechte der mit 127 Sitzen außergewöhnlich kleinen Opposition gegenüber der ungewöhnlich großen Koalitionsmehrheit von 504 Parlamentariern sichergestellt werden können. Dabei geht es vor allem um die Möglichkeit, Untersuchungsausschüsse einzusetzen, Anhörungen und Enquetekommissionen durchzusetzen und um die Redezeiten im Bundestag. Ein gutes halbes Jahr nach der Bundestagswahl haben sich die Grünen nun mit der Union und der SPD darauf geeinigt, die nötigen Anpassungen in der Geschäftsordnung des Bundestags vorzunehmen und auf Gesetzesänderungen zu verzichten. Heute wird der Bundestag diese Änderungen endgültig beschließen.

Der wichtigste Punkt, auf den sich Union, Sozialdemokraten und Grüne verständigt haben, ist die Möglichkeit für die Opposition, dass sie bereits mit 120 Stimmen einen Untersuchungsausschuss einsetzen kann. Eigentlich ist im Gesetz dafür eine Quote von 25 Prozent vorgesehen, die Grüne und Linkspartei aufgrund ihrer geringen Größe aber strukturell verfehlen. (...)

(Bärbel Krauß, in: Stuttgarter Zeitung, 03.04.2014, S. 4)

Opposition
Fraktionen im Parlament, die nicht zur Regierungskoalition gehören und den Absichten und Handlungen der Regierung eigene Entwürfe entgegenstellen

Koalition
Bündnis unabhängiger Partner, die ein gemeinsames Ziel verfolgen. Der Begriff wird insbesondere für Fraktionen verwendet, die sich verbünden, um gemeinsam die Regierung zu bilden (Regierungskoalition).

Untersuchungsausschuss
Kontrollinstrument des Parlaments, das Missstände im öffentlichen Leben oder Fehlverhalten von Personen, z. B. Abgeordneten oder Regierungsmitgliedern, aufklären soll. Im Bundestag können grundsätzlich mindestens 25 % der Abgeordneten erzwingen, dass ein U. eingesetzt wird. Alle Fraktionen des Parlaments sind entsprechend ihrer Fraktionsgröße in einem U. vertreten.

Enquetekommission
Kommission, die von Parlamenten mit dem Auftrag eingesetzt wird, Material zusammenzutragen, damit eine politische Entscheidung möglichst gut vorbereitet ist

1. Beschreibe die Aufgaben einer parlamentarischen Opposition.
2. Beziehe Position zu den Aussagen in den Sprechblasen: Welcher Aussage stimmst du zu, welcher nicht? Begründe jeweils deine Meinung.
3. Erläutere, worum es in dem Auszug aus dem Zeitungsartikel geht.

Thema: Politiker – ein Traumjob?

Viele Unterrichtsthemen beschäftigen sich mit Sachverhalten, mit denen Erwachsene beruflich zu tun haben oder mit denen sie sich gut auskennen. Wenn Schülerinnen und Schüler solche Erwachsenen befragen, können sie viel über ihr Unterrichtsthema erfahren. Mit „Expertenbefragung" ist also gemeint, dass eine fachkundige Person zu ihrer Tätigkeit, ihren Erfahrungen, ihrem Wissen befragt wird.
Experten oder Expertinnen können zur Befragung in den Unterricht eingeladen werden. Die Klasse kann den Experten aber auch an seinem bzw. ihrem Wirkungsort aufsuchen, z. B. eine Unternehmerin in ihrem Büro, und dort die Fragen stellen.

Vorbereitung

Es sollte möglichst frühzeitig bei dem Experten oder der Expertin angefragt werden, ob und wann er bzw. sie zu einer Befragung bereit ist. Bei diesem Gespräch sollte auch angesprochen werden, in welchem Zusammenhang die Befragung zum Unterrichtsthema steht, worum es der Klasse dabei vor allem geht, ob die Befragung in der Schule oder vor Ort beim Experten stattfinden soll.
Die Klasse sammelt Fragen und erstellt gemeinsam einen Fragenkatalog. Dann wird festgelegt, wer dem Experten bzw. der Expertin die Fragen stellt. Es wird außerdem verabredet, wie die Antworten festgehalten werden sollen.

Durchführung

Die Befragung sollte mit einer Begrüßung beginnen und mit einem Dank für das Gespräch enden. Wichtig ist, immer nachzufragen, wenn man etwas nicht verstanden hat.

Auswertung

Zunächst werden die Befragungsergebnisse in der Klasse zusammengetragen und eventuelle Unklarheiten gemeinsam geklärt. Dann werden die Erkenntnisse aus der Expertenbefragung zusammengefasst und festgehalten, zum Beispiel von jedem einzelnen Schüler, jeder einzelnen Schülerin als Hefteintrag oder gemeinsam von der Klasse auf einem Wandplakat.

1 *Was hat Sie bewogen, Bundestagsabgeordneter zu werden?*

2 *Haben Sie sich schon als Schüler für Politik interessiert?*

3 *Können Sie uns Ihren politischen Werdegang kurz schildern?*

4 *Welche Eigenschaften und Fähigkeiten sollte ein Politiker mitbringen?*

5 *Wie hoch ist die Arbeitsbelastung eines Bundestagsabgeordneten?*

6 *Wird von Ihnen erwartet, dass Sie immer so abstimmen, wie es Ihre Fraktion wünscht?*

7 *Haben Sie schon einmal anders als Ihre Fraktion gestimmt?*

8 *Was gefällt Ihnen ganz besonders gut an Ihrer Arbeit als Abgeordneter?*

9 *Was würden Sie sich anders wünschen?*

10 *Wofür braucht man eigentlich Politiker?*

11 *Was halten Sie vom aktiven Wahlrecht ab 16?*

12 *Wie versuchen Sie, Jugendliche für Politik zu interessieren?*

Eine neunte Klasse im Gespräch mit einem Bundestagsabgeordneten

1 Nehmt Kontakt zu einer Politikerin oder einem Politiker auf.

2 Organisiert die Expertenbefragung.

3 Sammelt Fragen, die ihr stellen wollt. Die Sprechblasen enthalten Anregungen.

Bundestagsabgeordnete im Spannungsfeld unterschiedlicher Interessen

Auszüge aus einem Interview mit der Bundestagsabgeordneten Dr. Katarina Barley

Katarina Barley, Juristin, seit 1994 in der Politik, Bundestagsabgeordnete seit Oktober 2013, Generalsekretärin der SPD seit 2015

Grundgesetz Artikel 38

Die Abgeordneten des Deutschen Bundestages (...) sind Vertreter des ganzen Volkes, an Aufträge und Weisungen nicht gebunden und nur ihrem Gewissen unterworfen. (...)

Als Abgeordnete vertreten Sie das Volk. Woher wissen Sie eigentlich, was das Volk will?

Sorgen, Wünsche, Ideen und Interessen werden auf unterschiedlichen Wegen von ganz verschiedenen Akteuren an mich herangetragen. Vereine, Verbände, Unternehmen wenden sich per Brief, E-Mail, über Facebook oder persönlich an mich. Da kommt sowohl in meinem Trierer als auch in meinem Berliner Büro einiges zusammen. Den direkten Kontakt zu den Bürgerinnen und Bürgern in meinem Wahlkreis pflege ich am liebsten durch persönliche Gespräche bei den Leuten vor Ort. Deshalb bin ich viel in der Region Trier unterwegs, besuche Feste, Versammlungen, Firmen und Veranstaltungen. So bekomme ich einen Überblick, was die Menschen in meinem Wahlkreis bewegt. Für konkrete Fragen stehe ich in einer Bürgersprechstunde zur Verfügung. Diese persönlichen Begegnungen sind ein besonders schöner Teil meiner Arbeit.

Müssen Sie bei Abstimmungen so abstimmen, wie es ihre Partei vorgibt?

Nein, aber in der Regel diskutieren wir Abgeordneten in der Fraktion, welche Position wir möglichst einheitlich vertreten können. Das ist wichtig für die Stabilität unserer parlamentarischen Demokratie. Denn die Bundesregierung ist von der parlamentarischen Mehrheit abhängig. Aber weder die Bundeskanzlerin noch der Fraktions- oder Parteivorsitzende ordnen Entscheidungen an, sondern am Ende entscheidet die Mehrheit innerhalb der Fraktion. Das ist ein demokratisches Prinzip.

Im Wahlkampf erhalten die Parteien Spenden. Wie groß ist der Druck für Abgeordnete, später im Sinne der Spender zu entscheiden?

Persönlich empfinde ich keinen Druck. In meinem Wahlkampf habe ich nur Einzelspenden von Privatpersonen bekommen, die mich unterstützen wollten, nicht von Firmen. Unternehmen verteilen in Deutschland ihre Spenden häufig auf mehrere Parteien. Der Großteil der Einnahmen der SPD stammt aber von den Mitgliedern, die Beiträge zahlen. Im Bundestag entscheide ich nach Abwägung verschiedener Argumente und dem Meinungsbildungsprozess in der Bundestagsfraktion so, dass ich es mit meinem Gewissen vereinbaren kann. Vermeintliche Einzelinteressen von Spendern spielen dabei keine Rolle.

Wie sehr denken Sie bei ihrer politischen Arbeit an eine Wiederwahl bei der nächsten Wahl?

In erster Linie versuche ich, in Berlin und in meinem Wahlkreis einen guten Job zu machen. Schließlich habe ich den Ehrgeiz, die Interessen der Menschen in der Region Trier in Berlin gut und erfolgreich zu vertreten. Nur wenn mir das gelingt und die Bürgerinnen und Bürger von meiner Arbeit überzeugt sind, habe ich Chancen bei der nächsten Bundestagswahl. Denn in Anlehnung an eine alte Fußballweisheit gilt auch in der Politik: Nach der Wahl ist vor der Wahl.

Haben Sie Kontakt zu jungen Leuten? Was tun Sie für deren Interessen?

Die Diskussion mit Jugendlichen ist mir wichtig. Junge Leute sollen sich politisch und gesellschaftlich einbringen können. Dabei können sie ruhig laut, kreativ und auch mal frech sein. Regelmäßig besuche ich Schulen und Vereine. Gern empfange ich Schulklassen oder Besuchergruppen aus meinem Wahlkreis auch in Berlin. In meinem Schwerpunkt Europa erfahre ich in der Regel eine sehr große Offenheit bei jungen Menschen. Interrail, der Euro und Erasmus-Austauschprogramme sind heute Selbstverständlichkeiten. Für ein Europa, das vor allem auch die Jüngeren und ihre Chancen im Blick hat, setze ich mich ein.

(Interview der Autoren mit Frau Dr. Barley, Berlin, 23.07.2014)

1 Hilfe

Weitere wichtige Informationen zum Thema findet ihr auf Seite 187.

1 Diskutiert in der Klasse die Frage „Wie frei sind Abgeordnete bei ihren Entscheidungen?" Bezieht dabei den Artikel 38 GG und die Antworten der Bundestagsabgeordneten ein.

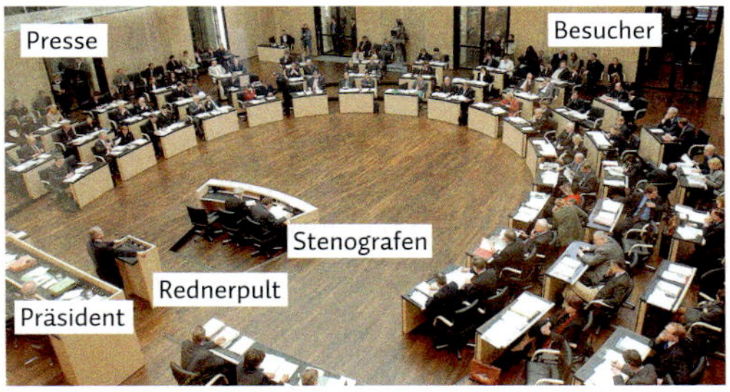

Sitzung des Bundesrates

Grundgesetz

Artikel 50: Durch den Bundesrat wirken die Länder bei der Gesetzgebung und Verwaltung des Bundes und in Angelegenheiten der Europäischen Union mit.

Artikel 51: (1) Der Bundesrat besteht aus Mitgliedern der Regierungen der Länder, die sie bestellen und abberufen. (...)

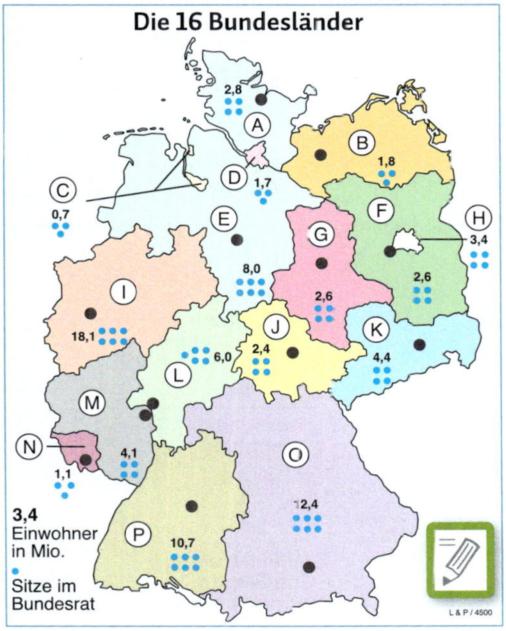

Baden-Württemberg
Bayern
Berlin
Brandenburg
Bremen
Hamburg
Hessen
Mecklenburg-Vorpommern
Niedersachsen
Nordrhein-Westfalen
Rheinland-Pfalz
Saarland
Sachsen
Sachsen-Anhalt
Schleswig-Holstein
Thüringen

In einem föderalen Staat schließen sich mehrere Gliedstaaten zu einem Bündnis zusammen. So bilden die 16 deutschen Bundesländer den Bundesstaat Bundesrepublik Deutschland. Die Zuständigkeiten sind zwischen dem Bund und den Ländern aufgeteilt. Der Bund ist für die Aufgaben zuständig, die in allen Ländern einheitlich geregelt werden müssen (z. B. Passwesen), und für Bereiche, in denen es um das Verhältnis zu anderen Staaten geht (z. B. Außenpolitik). Die Bundesländer sind für die Aufgaben zuständig, die nicht einheitlich geregelt sind (z. B. Schulwesen, Hochschulen, Kultur, Polizei, Landesplanung).
Das Bindeglied zwischen dem Bund und den Ländern ist der Bundesrat. Er ist die Interessenvertretung der Länder auf Bundesebene. Über ihn wirken die Länder an der Bundesgesetzgebung mit. Der Bundesrat kann eigene Gesetzentwürfe einbringen, außerdem werden ihm die Gesetzentwürfe der Bundesregierung zur Stellungnahme zugeleitet. Wenn Gesetzentwürfe die Finanzen der Länder berühren, in ihre Verwaltung eingreifen oder Änderungen des Grundgesetzes betreffen, hat der Bundesrat ein Vetorecht. Deshalb nennt man diese Gesetze zustimmungspflichtige Gesetze. Bei den anderen, den einfachen Gesetzen kann der Bundesrat Änderungswünsche einbringen, der Bundestag hat aber das letzte Wort und trifft die Entscheidung.
Der Bundesrat muss auch zu den meisten Rechtsverordnungen der Bundesregierung seine Zustimmung geben. Als z. B. der Bundesverkehrsminister die Helmpflicht für Motorradfahrer einführte, war die Zustimmung des Bundesrates erforderlich, während der Bundestag nicht gefragt werden musste. Über den Bundesrat wirken die Bundesländer außerdem in Angelegenheiten der Europäischen Union mit.

Vetorecht
veto (lat.) bedeutet „ich verbiete"; offizieller Einspruch, durch den das Zustandekommen oder die Durchführung eines Beschlusses verhindert wird

Rechtsverordnung
Verordnung, die aufgrund einer gesetzlichen Ermächtigung ergeht und die einem Gesetz gleichkommt, Beispiel: Straßenverkehrsordnung

1. Ordne die 16 Bundesländer der Karte zu und schreibe jeweils auch den Namen der Landeshauptstadt auf. Benutze dazu das Arbeitsblatt oder notiere zu jedem Buchstaben das betreffende Land und die Landeshauptstadt.
2. Begründe, warum nach dem Grundgesetz die einzelnen Länder unterschiedlich viele Stimmen im Bundesrat haben.
3. Die Landtagswahlen werden auch als „indirekte Bundesratswahlen" bezeichnet. Vermute, was damit gemeint sein könnte.

3 Hilfe
Beachte dabei den Artikel 51 des Grundgesetzes.

Der Weg eines Gesetzes

	PHASE
Gesetzentwürfe können von der Bundesregierung, aus dem Bundestag oder vom Bundesrat eingebracht werden.	1
Sie dient der Darlegung und der Erörterung der Grundsätze der Vorlage. Es erfolgt noch kein Beschluss.	2
Der Gesetzentwurf wird in dem fachlich zuständigen Bundestagsausschuss beraten. Der Ausschuss kann dem Plenum eine Abänderung, Annahme oder Ablehnung des Gesetzentwurfs empfehlen.	3
Sie erfolgt auf der Grundlage der Ausschussempfehlung. Über die einzelnen Bestimmungen des Entwurfs wird beraten und abgestimmt. Bei Ablehnung aller Teile einer Vorlage findet keine weitere Beratung statt.	4
Sie erfolgt auf die zweite Beratung und beginnt noch einmal mit einer Grundsatzaussprache. Am Ende dieser Beratung steht die Schlussabstimmung.	5
Der Bundesrat berät über das Gesetz.	6
Bei Meinungsverschiedenheiten zwischen Bundestag und Bundesrat wird versucht, im Vermittlungsausschuss einen Kompromiss zu finden.	7
Bei einfachen Gesetzen kann der Bundestag den Einspruch des Bundesrats und den Vermittlungsvorschlag zurückweisen. Bei zustimmungsbedürftigen Gesetzen muss nach dem Bundestag auch noch der Bundesrat den Vermittlungsvorschlag annehmen.	8
Nach der Verabschiedung eines Gesetzes wird es dem zuständigen Minister und dem Bundeskanzler vorgelegt, die durch ihre Unterzeichnung die politische Verantwortung dafür übernehmen.	9
Das Gesetz wird vom Bundespräsidenten unterzeichnet.	10
Das Gesetz wird im Bundesgesetzblatt verkündet und tritt somit in Kraft.	11

WEBCODE
SDL-11077-504
Gesetzgebung

1 Hilfe
In den Ausschüssen sitzen Fachleute aus den verschiedenen Fraktionen, die sich mit den jeweiligen Sachverhalten besonders gut auskennen.

1 Beschreibe anhand des Ablaufschemas den Weg eines Gesetzes. Erkläre dabei, warum es verschiedene Beratungen gibt und welche Bedeutung die Ausschussberatung hat.

Fallbeispiel: Gesetzgebung

Früher galt in Deutschland diese Regelung: Kinder, die deutsche Eltern hatten oder bei denen ein Elternteil deutsch war, erhielten mit der Geburt die deutsche Staatsangehörigkeit. Zum Januar 2000 trat ein Gesetz in Kraft, das das Staatsangehörigkeitsrecht neu regelte. Durch die Geburt in Deutschland erhielt nun auch ein Kind ausländischer Eltern automatisch die deutsche Staatsangehörigkeit neben derjenigen der Eltern („Doppelpass"). Voraussetzung war, dass ein Elternteil sich seit mindestens acht Jahren rechtmäßig in Deutschland aufhielt. Zwischen dem 18. und 23. Geburtstag musste sich das Kind dann für eine der beiden Staatsbürgerschaften entscheiden. 2014 wurde das Gesetz geändert. Jetzt dürfen Jugendliche beide Staatsbürgerschaften behalten, wenn sie mindestens acht Jahre in Deutschland gelebt und sechs Jahre lang eine deutsche Schule besucht oder eine Berufsausbildung abgeschlossen haben.
Die folgenden Zeitungsmeldungen stammen aus der Zeit, als damals das neue Gesetz zum Staatsangehörigkeitsrecht im Bundestag beraten wurde. Sie sind typisch für den Gang bei einem Gesetzgebungsverfahren.

A Der Bundestag debattierte in zweiter und dritter Beratung vier Stunden lang über die Reform des Staatsbürgerschaftsrechts. Der Bundesinnenminister bezeichnete das neue Gesetz als einen Kompromiss von „historischer Dimension". Am Schluss sprachen sich in namentlicher Abstimmung 365 Abgeordnete dafür, 184 dagegen aus, 39 Parlamentarier enthielten sich der Stimme.

B Der Bundesrat hat die Reform des Staatsbürgerschaftsrechts beraten. In der Diskussion gaben der bayerische Ministerpräsident und der Bundesinnenminister zu dem Gesetz unterschiedliche Erklärungen ab.

C Der Bundespräsident hat das Gesetz zur Reform des Staatsbürgerrechts unterzeichnet.

D Der Innenausschuss des Bundestages hat sich bei seiner letzten Sitzung zum neuen Staatsbürgerschaftsrecht vor allem mit Klärungen bei Verfahrensfragen befasst.

E Der Bundestag debattierte über den gemeinsamen Gesetzentwurf der Regierungsfraktion von SPD und BÜNDNIS 90/DIE GRÜNEN und den Entwurf der CDU/CSU-Fraktion zur Neuregelung des Staatsangehörigkeitsrechts in erster Beratung. Anschließend wurden die Vorlagen an die zuständigen Ausschüsse zur Weiterberatung überwiesen.

F Unbemerkt von der Öffentlichkeit wurde das neue Gesetz zur Staatsbürgerschaftsreform im Bundesgesetzblatt verkündet. Das neue Gesetz trat am 01.01.2000 in Kraft.

Doppelpass: Bis 2014 musste sich der Inhaber zwischen dem 18. und 23. Geburtstag für eine der Staatsbürgerschaften entscheiden.

1. Fasse kurz zusammen, was damals im Gesetz zur Reform des Staatsangehörigkeitsrechts beschlossen wurde.
2. Stelle mithilfe des Ablaufschemas auf Seite 196 zu jeder Zeitungsmeldung fest, zu welcher Phase im Gesetzgebungsprozess sie gehört. Bringe dann die sechs Zeitungsmeldungen in die zeitlich richtige Reihenfolge.
3. Nimm Stellung zu der folgenden Aussage: „Es dauert viel zu lange, bis bei uns in Deutschland ein neues Gesetz gemacht ist."

V

Das Bundesverfassungsgericht in Karlsruhe wacht über die Einhaltung des Grundgesetzes für die Bundesrepublik Deutschland. Seit seiner Gründung im Jahr 1951 hat das Gericht dazu beigetragen, der freiheitlich-demokratischen Grundordnung Ansehen und Wirkung zu verschaffen. Das gilt vor allem für die Durchsetzung der Grundrechte. Zur Beachtung des Grundgesetzes sind alle staatlichen Stellen verpflichtet. Kommt es dabei zum Streit, kann das Bundesverfassungsgericht angerufen werden. Seine Entscheidung ist unanfechtbar. An seine Rechtsprechung sind alle übrigen Staatsorgane gebunden.

Die Arbeit des Bundesverfassungsgerichts hat auch politische Wirkung. Das wird besonders deutlich, wenn das Gericht ein Gesetz für verfassungswidrig erklärt. Das Gericht ist aber kein politisches Organ. Sein Maßstab ist allein das Grundgesetz. Fragen der politischen Zweckmäßigkeit dürfen für das Gericht keine Rolle spielen. Es bestimmt nur den verfassungsrechtlichen Rahmen, innerhalb dessen sich die Politik entfalten kann. Die Begrenzung staatlicher Macht ist ein Kennzeichen des modernen demokratischen Verfassungsstaates.

(www.bundesverfassungsgericht.de/DE/Das-Gericht/Aufgaben/aufgaben_node.html / Stand: Mai 2016)

Das Bundesverfassungsgericht wird nur auf Antrag tätig. Ein Katalog von Verfahrensarten schreibt vor, wann es angerufen werden kann. Eine Verfassungsbeschwerde kann jeder erheben, der sich durch eine Behörde, das Urteil eines Gerichts oder ein Gesetz in seinen Grundrechten verletzt fühlt. Sie ist in der Regel erst zulässig, wenn die sonst zuständigen Gerichte erfolglos angerufen wurden. Wenn die vorgebrachte Grundrechtsverletzung kein besonderes Gewicht hat, kann die Beschwerde abgewiesen werden. Von 1951 bis 2014 wurden 207088 Verfassungsbeschwerden eingereicht, von denen nur ein kleiner Teil angenommen wurde. Erfolgreich waren 4761 Beschwerden.

In einem Normenkontrollverfahren wird festgestellt, ob ein Gesetz, also eine Norm, mit dem Grundgesetz vereinbar ist oder nicht. Wenn ein Gericht ein Gesetz für verfassungswidrig hält und es deshalb nicht anwenden will, muss es zuvor die Entscheidung des BVG einholen. Darüber hinaus können die Bundesregierung, eine Landesregierung oder ein Drittel der Mitglieder des Bundestages überprüfen lassen, ob eine Rechtsnorm, z. B. ein Gesetz, verfassungsgemäß ist.

Von einem Verfassungsstreit spricht man, wenn zwischen Verfassungsorganen oder zwischen Bund und Ländern Meinungsverschiedenheiten über die gegenseitigen verfassungsmäßigen Rechte und Pflichten bestehen. Gegenstand eines Verfassungsstreits können Fragen des Wahl-, Parteien- oder Parlamentsrechts sein. Beim Bund-Länder-Streit geht es meistens um Kompetenzabgrenzungen. Das Bundesverfassungsgericht ist auch für Parteiverbote und Verfassungsbeschwerden von Gemeinden zuständig.

Weitere Informationen über das Bundesverfassungsgericht findest du unter: www.bundesverfassungsgericht.de

2 Hilfe
Wer wendet sich jeweils an das Bundesverfassungsgericht? Warum?

1 Beschreibe, warum das Bundesverfassungsgericht als „Hüter der Verfassung" gilt.

2 Benenne wesentliche Unterschiede zwischen einer Verfassungsbeschwerde und einem Normenkontrollverfahren.

Thema: Onlinedurchsuchung – ein Eingriff in die Privatsphäre?

V

Unter einem Konflikt versteht man eine Auseinandersetzung zwischen einzelnen Personen oder Gruppen. Der Kern jedes Konfliktes ist das Ringen um die Lösung einer Streitfrage. Diese Lösung kann durch eine Verständigung zwischen den Konfliktparteien oder durch die Vermittlung Außenstehender erreicht werden.

Bei der Konfliktanalyse geht es darum, ein möglichst klares Bild über Ursachen, Verlauf und Struktur eines Konfliktes zu erhalten. Dies ist die Grundlage für eine begründete eigene Stellungnahme. Die Vorgehensweise bei der Konfliktanalyse ist prinzipiell gleich, egal ob sich einzelne Personen oder Staaten streiten. Da über politische Konflikte viel in den Medien berichtet wird, ist es für Schulklassen eher möglich, solche Konflikte zu analysieren.

Vorbereitung

Zunächst müssen möglichst viele Informationen über den Konflikt gesammelt werden. Bei einem internationalen politischen Konflikt bieten sich diese Informationsquellen an:

- Auswertung der Berichterstattung in den Medien (Fernsehen, Tageszeitungen usw.),
- Recherchen im Internet und in Bibliotheken,
- Auskünfte von Organisationen oder Fachleuten.

Durchführung

Das gesammelte Informationsmaterial wird – am besten in Gruppenarbeit – nach den folgenden Fragestellungen ausgewertet:

1. Welche Ursachen, welche Vorgeschichte hat der Konflikt?
2. Um welche Streitfrage bzw. welche Streitfragen geht es?
3. Wer sind die gegnerischen Gruppen in dem Konflikt?
4. Welche Interessen vertreten die gegnerischen Gruppen jeweils?
5. Welche Machtmittel werden zur Durchsetzung der jeweiligen Interessen eingesetzt?
6. Welche Vorstellungen zur Lösung des Konfliktes haben die gegnerischen Gruppen?

Auswertung

Die Gruppen stellen vor, was sie bei der Auswertung ihrer Materialien erarbeitet haben, und vergleichen ihre Ergebnisse mit denen der anderen. Dann werden die Gesamtergebnisse der Konfliktanalyse gemeinsam übersichtlich dargestellt, am besten in einer Wandzeitung. Vor diesem Hintergrund erarbeitet dann jede Schülerin, jeder Schüler die eigene Stellungnahme. Dabei können diese Fragen helfen:

- Was ist meine Überzeugung? Warum habe ich diese Überzeugung?
- Werden meine Interessen von diesem Konflikt berührt?
- Welchen Lösungsvorschlag bevorzuge ich? Aus welchem Grund?
- Kann ich möglicherweise selbst aktiv werden, z. B. an Aktionen teilnehmen?

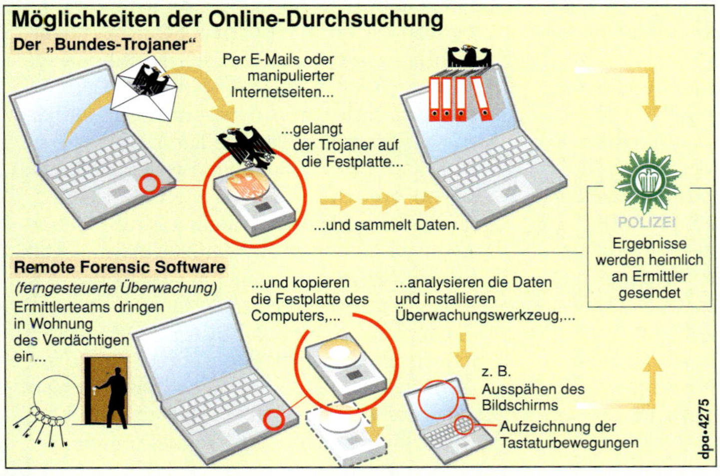

Übersicht zu den technischen Möglichkeiten der digitalen Überwachung

Klage gegen die Onlinedurchsuchung vor dem BVG

1 Führt mithilfe der Materialien auf dieser und den Seiten 200 bis 201 eine Konfliktanalyse zum Thema „Onlinedurchsuchung – ein Eingriff in die Privatsphäre?“ durch.

V

Kriminelle und Terroristen nutzen das Internet. Sicherheitsexperten geben an, dass sich auf Tausenden von Seiten im Internet Baupläne zum Bombenbau befänden. Terrororganisationen diene das weltweite Datennetz als Kommunikationskanal, Rekrutierungsplattform und als Planungswerkstatt für Anschläge. Daher wird von den einen die Möglichkeit für die Polizei gefordert, die Festplatten in Computern heimlich durchsuchen zu dürfen. Andere sehen darin einen unzulässigen Eingriff in die Grundrechte der Bürger. Unter dem Schlagwort „Onlinedurchsuchung" gab es 2007 darüber in Deutschland einen heftigen politischen Streit, bis Anfang 2008 das Bundesverfassungs gericht (BVG) dazu ein Urteil fällte.

Rekrutierungsplattform
Das Internet wird zur Anwerbung von Anhängern genutzt.

Aus einer Rede von Wolfgang Schäuble, Bundesinnenminister von 2005–2009:

Wolfgang Schäuble (CDU)

Der Rechtsstaat muss seine Aufgabe, das Recht zu wahren und durchzusetzen, auch in einer sich verändernden Gesellschaft erfüllen. Denn die gesellschaftlichen Veränderungen (...) bleiben nicht vor Kriminellen stehen, sondern werden von ihnen intensiv genutzt. (...)
Der Rechtsstaat hat immer darauf geachtet, dass es keine Rückzugsräume für Kriminelle gibt. Er muss auch heute darauf achten, dass keine entstehen. Deswegen brauchen wir die Onlinedurchsuchung. (...)
Wir müssen operativ auf der Höhe von Kriminellen bleiben und die technischen Mittel anwenden und kontrollieren, die Kriminelle (...) im 21. Jahrhundert nutzen. (...)
Datenschutz bedeutet nicht, dass der Staat wegschauen muss, wenn es um die Vorbereitung schwerster Straftaten geht. Datenschutz bedeutet, dass der Gesetzgeber transparente Grundlagen dafür schafft, wer welche Daten wofür erhebt, welche Daten vernetzt werden können, wie lange sie gespeichert werden – das heißt: klare rechtliche Regelungen und richterliche Kontrolle, aber kein bewusster Verzicht auf Informationen, die notwendig sind, um den staatlichen Sicherheitsauftrag wahrnehmen zu können.

(DIE ZEIT, 15. 11. 2007, S. 4 f.)

Aus einem Artikel von Dieter Grimm, Richter am BVG von 1987–1999:

Mit Ausnahme des Luftsicherheitsgesetzes, das den Einsatz der Luftwaffe im Inneren vorsah, betrafen die Gesetze allesamt die heimliche Informationsgewinnung. Das ist charakteristisch für die Bekämpfung neuartiger Gefahren wie organisierte Kriminalität, Waffenschmuggel und eben Terrorismus. Der Staat setzt in diesem Kampf auf Prävention. Er sucht der Straftat zuvorzukommen und die Gefahr schon im Keim zu ersticken. (...) Angesichts der neuartigen Bedrohungen ist die Prävention aber immer weiter nach vorn verschoben worden. Es geht heute nicht mehr nur darum, einen Verdächtigen zu observieren, sondern überhaupt erst Anhaltspunkte für einen Verdacht (...) zu finden. (...) Wo erst Verdachtsmomente gesammelt werden sollen, trifft sie potenziell jeden und alles, weil bei der Verdachtssuche nichts unverdächtig ist, nicht das Buch aus der Bibliothek, nicht der Wecker auf dem Nachttisch (...) Jeder muss befürchten, dass seine Kommunikation überwacht wird. Niemand kann sicher sein, dass ihm daraus keine unangenehmen Folgen erwachsen. Ist man einmal im Verdachtsraster hängen geblieben, sind Beschattung und Ausforschung der Nachbarn, Beförderungsverweigerungen im Flugzeug, der Verlust des Arbeitsplatzes wegen Sicherheitsbedenken nicht mehr völlig fern. Daher muss man dem staatlichen Informationshunger Grenzen ziehen. (...) Der Grundsatz der Verhältnismäßigkeit ist für die Lösung von Konflikten zwischen Sicherheit und Freiheit aber unverzichtbar. (...)

Prävention
Vorbeugung

(Aus der Balance, in: DIE ZEIT, 29. 11. 2007, S. 14)

V

(Karikatur: Gerhard Mester)

„Keine Störungen, hatte ich gesagt!"

(Karikatur: Rolf Henn)

Demonstranten protestieren 2007 vor dem Bundesverfassungsgericht gegen den sogenannten Bundestrojaner.

Trojaner
Computerprogramm, das als nützliches Programm getarnt ist, aber im Hintergrund andere Funktionen ausführt, z.B. Daten ausspäht. „Trojaner" meint „Trojanisches Pferd" und bezieht sich auf eine griech. Sage, laut der sich mit einem hölzernen Pferd Zugang zur befestigten Stadt Troja verschafft wurde.

Hohe Hürden für Onlinefahnder

Bundesverfassungsgericht erlaubt heimliche PC-Durchsuchungen nur bei konkreter Gefahr

KARLSRUHE / BERLIN. Union und SPD wollen möglichst rasch heimliche Onlinedurchsuchungen von Computern erlauben. Dazu soll das Gesetz über das Bundeskriminalamt ergänzt werden. Zuvor hatte das Bundesverfassungsgericht hohe rechtliche Hürden für solche Durchsuchungen aufgestellt und die entsprechenden Regelungen aus Nordrhein-Westfalen für verfassungswidrig erklärt.

Das Bundesverfassungsgericht hat ein neues Grundrecht auf „Gewährleistung der Vertraulichkeit und Integrität informationstechnischer Systeme" aus dem allgemeinen Persönlichkeitsrecht abgeleitet. Dieses neue Computergrundrecht erlaubt der Polizei und den Geheimdiensten das heimliche Eindringen und Ausspähen von privaten Computern nur in eng begrenzten Ausnahmefällen. (...) Das Ausspähen ist nur zulässig, wenn eine „konkrete Gefahr für ein überragend wichtiges Rechtsgut" existiert. Erlaubt ist die Onlinedurchsuchung nur, wenn es um Terrorismus oder aber „Leib, Leben und Freiheit" von Menschen geht. Jenseits solch „existenzieller Bedrohungslagen" ist die Onlinedurchsuchung nicht gestattet, weil sie „die Persönlichkeit des Betroffenen einer weitgehenden Ausspähung preisgibt", so Gerichtspräsident Hans-Jürgen Papier zur Begründung. Damit ist das Ausspähen fast im gesamten Bereich der Vorfeldaufklärung des Terrorismus künftig tabu. Das Verfassungsgericht schreibt zwingend eine vorherige richterliche Anordnung der Onlinedurchsuchung vor – auch für die Geheimdienste. Der „Kernbereich privater Lebensführung", beispielsweise Tagebuchaufzeichnungen, muss besonders geschützt werden; sie dürfen nicht verwertet werden. (...)

Integrität
Unverletzlichkeit

(Stefan Geiger / Armin Käfer, in: Stuttgarter Zeitung, 28. 02. 2008, S. 1)

V

Der Bundespräsident

absolute Mehrheit
mehr als die Hälfte aller möglichen Stimmen

einfache Mehrheit
mehr als die Hälfte der gültigen abgegebenen Stimmen

Der Bundespräsident ist das Staatsoberhaupt der Bundesrepublik Deutschland. Er wird alle fünf Jahre von der Bundesversammlung gewählt, traditionell am 23. Mai, dem Tag der Verabschiedung des Grundgesetzes. Die Bundesversammlung besteht aus den Mitgliedern des Bundestags und der gleichen Anzahl an Wahlmännern und -frauen, die von den Landtagen der Bundesländer je nach Fraktionsstärke entsandt werden. Die Parteien können dabei auch Bürgerinnen und Bürger als Delegierte benennen, die kein politisches Amt bekleiden. Bei den vergangenen Wahlen gaben so immer wieder Prominente aus verschiedenen gesellschaftlichen Bereichen ihre Stimme ab. Für die Wahl des Bundespräsidenten bzw. der Bundespräsidentin ist die absolute Mehrheit erforderlich. Wird diese im ersten oder zweiten Wahlgang nicht erreicht, genügt im dritten Wahlgang die einfache Mehrheit. Die Aufgaben des Bundespräsidenten sind im Grundgesetz festgelegt.

Bundespräsident Joachim Gauck (Amtszeit 2012–2017)

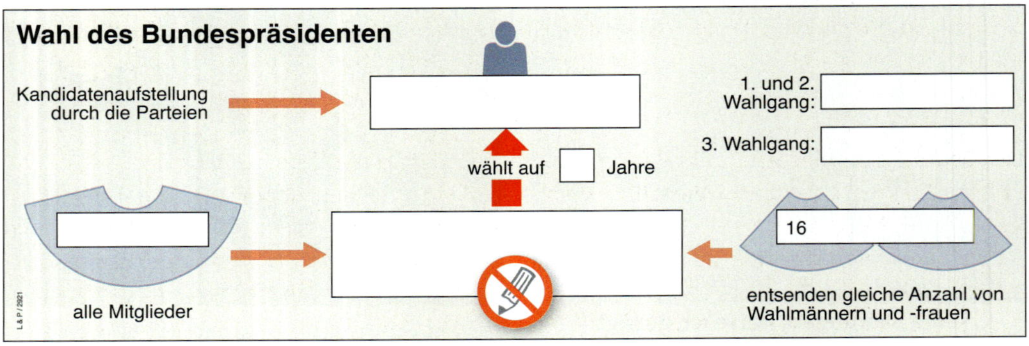

Nähere Informationen über den Bundespräsidenten und seine Aufgaben findest du unter: www.bundespraesident.de.

A Der Bundespräsident wirkt bei der Regierungsbildung mit. Er schlägt den Bundeskanzler oder die Bundeskanzlerin vor und ernennt ihn bzw. sie nach erfolgter Wahl durch den Bundestag. Auf Vorschlag des Kanzlers oder der Kanzlerin ernennt und entlässt er die Minister und Ministerinnen.

B Der Bundespräsident oder sein Bevollmächtigter, z.B. der Außenminister, unterzeichnet die Verträge mit anderen Staaten. Sie kommen vorher durch Verhandlungen der Regierungen zustande. Der Bundestag muss den Verträgen zugestimmt haben.

C Der Bundespräsident unterzeichnet die Gesetze, bevor sie im Bundesgesetzblatt verkündet werden. Hat er verfassungsrechtliche Bedenken, kann er die Unterschrift verweigern.

D Der Bundespräsident übt für den Bund das Begnadigungsrecht aus. Er kann somit Strafen abmildern, z.B. bei Verurteilungen wegen Spionage oder terroristischen Straftaten.

E Der Bundespräsident empfängt auswärtige Gesandte. Er muss deren Entsendung zustimmen.

F Der Bundespräsident kann durch Reden und Gespräche die Aufmerksamkeit auf wichtige politische Probleme lenken, die gelöst werden müssen.

G Der Bundespräsident vertritt die Bundesrepublik Deutschland völkerrechtlich. Er empfängt und besucht ausländische Politiker, Staats- und Regierungschefs und führt politische Gespräche. Dabei stimmt er sich mit der Bundesregierung ab.

H Der Bundespräsident verleiht Orden und Ehrenzeichen, z.B. das Bundesverdienstkreuz. Zudem unterstützt er durch Ehrenpatenschaften Institutionen und Aktionen in Deutschland.

1 Hilfe
Die notwendigen Informationen enthält der Text. Genaueres kannst du im Grundgesetz nachlesen.

1 Vervollständige auf dem Arbeitsblatt das Schaubild zur Wahl des Bundespräsidenten.

2 Diskutiert in der Klasse, weswegen die Parteien auch Bürgerinnen und Bürger als Delegierte in die Bundesversammlung entsenden, die kein politisches Amt innehaben.

3 Der Bundespräsident hat Aufgaben im Inland und Aufgaben gegenüber dem Ausland. Ordne die Aufgaben A bis H diesen beiden Aufgabenbereichen zu.

Gewaltenteilung

Auf Bundesebene wie auf Länderebene ist die Macht zwischen der gesetzgebenden Gewalt (Legislative), der vollziehenden Gewalt (Exekutive) und der rechtsprechenden Gewalt (Judikative) aufgeteilt. Diese drei Gewalten kontrollieren sich gegenseitig. Man bezeichnet dies als horizontale Gewaltenteilung. Damit sind im parlamentarischen System das Parlament, die Regierung mit Ministerialbürokratie und die Gerichtsbarkeit gemeint.

Bundestag

Der Deutsche Bundestag ist das Parlament der Bundesrepublik Deutschland. Seine Mitglieder werden vom Volk für vier Jahre gewählt. Der Bundestag wählt die Bundeskanzlerin oder den Bundeskanzler, kontrolliert die Bundesregierung und erlässt die Bundesgesetze (Legislative), z. T. in Zusammenarbeit mit dem Bundesrat. Die Beschlüsse des Bundestages werden in den Fraktionen, Ausschüssen und Arbeitskreisen vorbereitet.

Bundesregierung

Wenn bei der Bundestagswahl keine Partei eine absolute Mehrheit erreicht hat, müssen sich zwei oder mehr Parteien zu einem Regierungsbündnis, einer sogenannten Koalition zusammenschließen. Die Koalitionsparteien einigen sich auf das Sachprogramm der künftigen Regierung. Die Bundesregierung hat mithilfe der Verwaltung die Gesetze zu vollziehen (Exekutive). Bei wichtigen politischen Fragen fällt die Bundeskanzlerin bzw. der Bundeskanzler die Grundsatzentscheidungen (Richtlinienkompetenz). Innerhalb dieser Richtlinien leitet jede Ministerin und jeder Minister sein Ministerium selbstständig und unter eigener Verantwortung.

Parlamentarische Kontrolle

Die Bundesregierung wird durch den Bundestag kontrolliert. Dies geschieht vor allem durch Anfragen, Anträge, Fragestunden, Aktuelle Stunden und Debatten sowie bei der Verabschiedung des Bundeshaushaltes. Die Kontrolle wird insbesondere von den Fraktionen wahrgenommen, die nicht die Regierung tragen, also von der Opposition.

Föderalismus

Von Föderalismus spricht man, wenn sich mehrere Länder zu einem Bundesstaat zusammenschließen und die Regierungen von Bund und Ländern eng zusammenarbeiten.

Bundesrat

Durch den Bundesrat wirken die 16 Bundesländer an der Gesetzgebung im Bund sowie in Angelegenheiten der Europäischen Union mit. Im Bundesrat haben die Länder – je nach Einwohnerzahl – drei bis sechs Stimmen. Das Bundesland Brandenburg hat vier Stimmen.

Gesetzgebung

Der Bundestag hat die gesetzgebende Gewalt (Legislative). Bevor ein Gesetzentwurf zum Bundesgesetz wird, müssen drei Beratungen im Bundestag stattfinden und der zuständige Ausschuss muss sich mit der Vorlage befassen. Auch der Bundesrat muss beteiligt werden; dabei wird zwischen einfachen und zustimmungspflichtigen Gesetzen unterschieden. Der Bundespräsident unterzeichnet das Gesetz. Erst wenn es im Bundesgesetzblatt verkündet wurde, tritt es in Kraft.

Bundesverfassungsgericht

Das Bundesverfassungsgericht (BVG) in Karlsruhe wacht über die Einhaltung des Grundgesetzes. Wenn Meinungsverschiedenheiten im Zusammenhang mit dem Grundgesetz entstehen, entscheidet das Bundesverfassungsgericht.

Bundespräsident

Der Bundespräsident ist das Staatsoberhaupt der Bundesrepublik Deutschland. Er hat insbesondere Aufgaben, bei denen er den Staat repräsentiert. So vertritt er die Bundesrepublik Deutschland völkerrechtlich gegenüber dem Ausland. In seinem Handeln und seinem Auftreten steht der Bundespräsident über den politischen Parteien, er ist parteipolitisch neutral. Seine Amtszeit beträgt fünf Jahre, eine Wiederwahl ist einmal möglich.

Die ehemaligen Bundespräsidenten

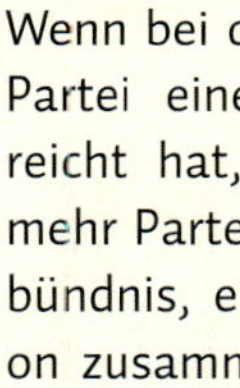
Theodor Heuss 1949 – 1959

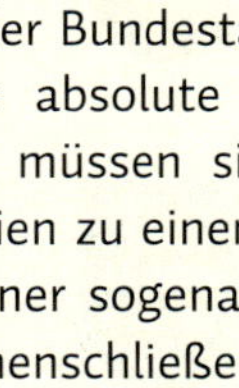
Heinrich Lübke 1959 – 1969

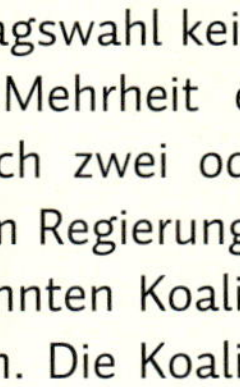
Gustav Heinemann 1969 – 1974

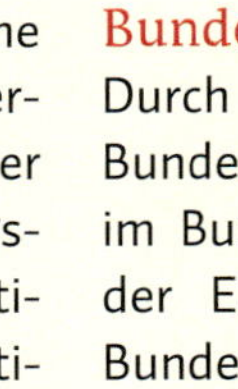
Walter Scheel 1974 – 1979

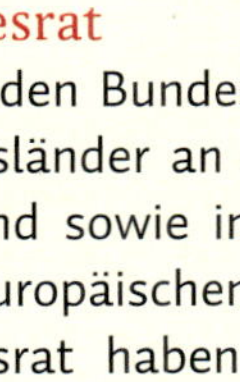
Karl Carstens 1979 – 1984

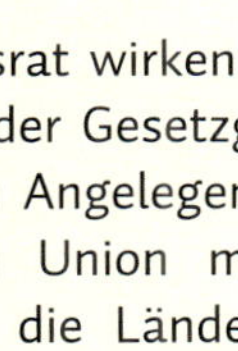
Richard von Weizsäcker 1984 – 1994

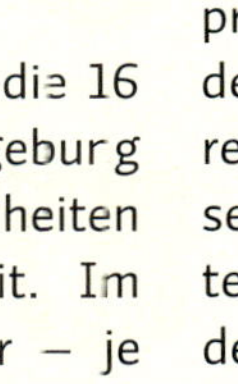
Roman Herzog 1994 – 1999

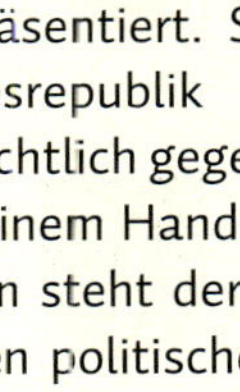
Johannes Rau 1999 – 2004

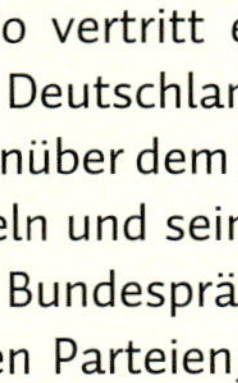
Horst Köhler 2004 – 2010

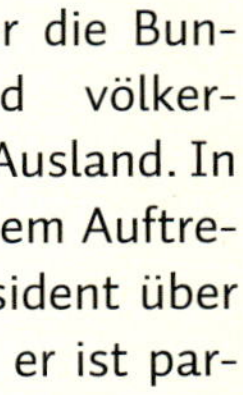
Christian Wulff 2010 – 2012

Alliierte
Verbündete, die eine Allianz (Bündnis) geschlossen haben. Hier: die Großmächte (hauptsächlich Großbritannien, Vereinigte Staaten von Amerika, China, später auch Frankreich), die sich im Zweiten Weltkrieg gegen die Achsenmächte (Deutschland, Italien, Japan) verbündeten

Föderalismus
Selbstständigkeit der einzelnen Länder innerhalb eines gemeinsamen Staates

WEBCODE
SDL-11077-505
Föderalismus

Nach dem Zweiten Weltkrieg stellten die Alliierten eine wichtige Bedingung für die Gründung eines neuen deutschen Staates: Er sollte föderal aufgebaut sein. In einem föderalen Staat (von lat.: foedus = Bündnis) schließen sich mehrere Gliedstaaten zu einem Bündnis zusammen. Die Alliierten wollten so verhindern, dass sich in Deutschland noch einmal eine Alleinherrschaft bzw. Diktatur bildet. Die Terrorherrschaft der Nationalsozialisten war unter anderem deshalb möglich geworden, weil die Macht und die politische Gewalt sich in der Hand Hitlers und seiner Gefolgsleute konzentrierte. So kam es zu einem bis dahin nicht gekannten Machtmissbrauch. In einem auf dem Föderalismus beruhenden Staat hingegen wird die politische Macht und die Verwaltung des Staates auf mehrere Ebenen verteilt.

Die Bundesrepublik Deutschland wird durch die 16 Bundesländer gebildet. Der Bund und die Länder teilen sich die Zuständigkeiten. Der Bund ist in erster Linie für Aufgaben zuständig, die in allen Ländern einheitlich geregelt sein müssen, z. B. für das Passwesen, oder bei denen es um das Verhältnis zu anderen Staaten geht, z. B. die Außenpolitik.
Die Bundesländer sind für Aufgaben zuständig, die nicht zwangsläufig einheitlich geregelt werden müssen, z. B. Landesplanung, Kultur, Polizei, Schulwesen, Hochschulen. Deshalb kann es sein, dass eine Abschlussprüfung in Baden-Württemberg oder Mecklenburg-Vorpommern anders aussieht als in Rheinland-Pfalz. So ist bei uns in der Bundesrepublik Deutschland vieles einheitlich, vieles aber auch unterschiedlich.

Die Bundesrepublik Deutschland und ihre Bundesländer

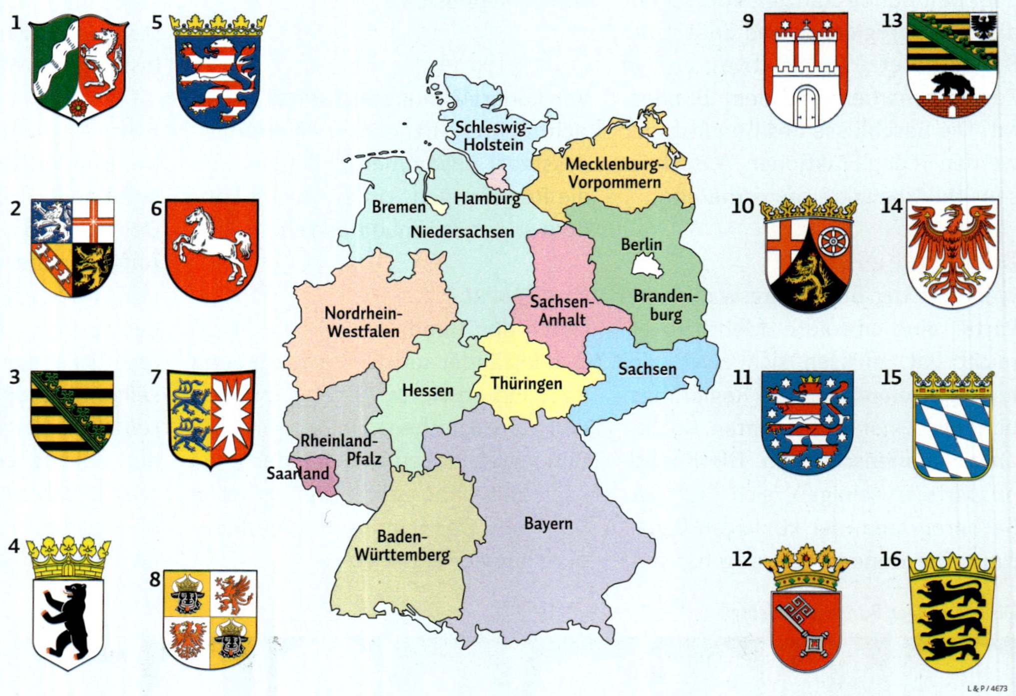

3 Hilfe
Du kannst im Internet auf den Homepages der Bundesländer recherchieren oder auch unter dem Suchbegriff „Wappen, Bundesländer" suchen.

1 Beschreibe in eigenen Worten das Wesen eines föderalen Staates.
2 Erkläre, warum die Bundesrepublik Deutschland ein föderaler Staat ist und beschreibe, wie sie organisiert ist.
3 Ordne die Wappen den einzelnen Bundesländern zu.

Föderaler oder zentralistischer Staat?

Nicht jeder Staat ist ein Bundesstaat wie die Bundesrepublik Deutschland. Beispielsweise ist unser Nachbarland Frankreich ein sogenannter zentralistischer Staat, der von der Hauptstadt Paris aus zentral regiert wird. Von hier ausgehend werden alle Angelegenheiten des Staates bestimmt oder den örtlichen politischen Behörden zur Ausführung übertragen, wobei Letztere keine eigenen politischen Rechte haben. In einem zentralistischen Staat gibt es keine Länder mit eigener politischer Selbstständigkeit.

Der föderale Staat beruht auf einem Ordnungsprinzip, das die weitgehende Unabhängigkeit einzelner Einheiten, z. B. Bundesländer, wahrt. Zusammen bilden diese Einheiten eine politische Ordnung. Die staatlichen Aufgaben werden zwischen Gesamtstaat und Einzelstaat geteilt.

Zentralistischer Staat

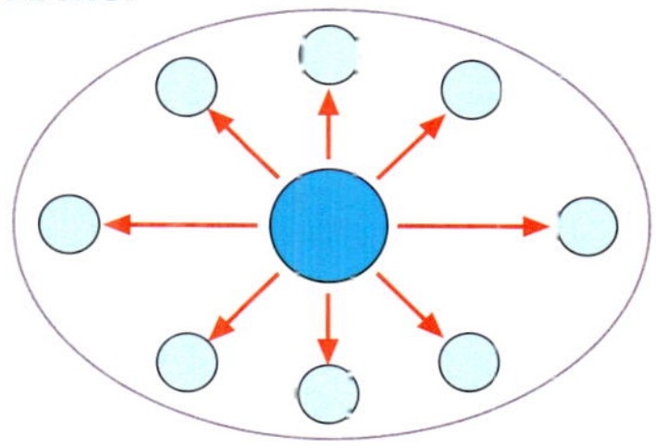

Föderaler Staat

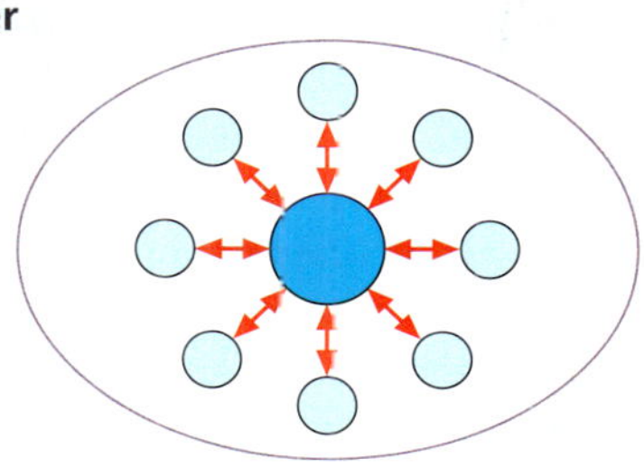

	Merkmale des bundesstaatlichen Systems	Vorteil	Nachteil
1	Nicht nur auf der Bundesebene gibt es eine Aufteilung der Staatsgewalten (Legislative, Exekutive, Judikative), sondern auch zwischen dem Bund und den Ländern. Machtverteilung bedeutet Machtkontrolle und Schutz vor Machtmissbrauch.		
2	Die Bürgerinnen und Bürger können des Öfteren von ihrem Wahlrecht Gebrauch machen. Sie haben die Möglichkeit, auf Gemeindeebene (Kommunalwahlen), Landesebene (Landtagswahlen) und Bundesebene (Bundestagswahlen) zu wählen.		
3	Die Aufteilung in kleinere staatliche Einheiten erleichtert es den Bürgerinnen und Bürgern, politische Entscheidungen und staatliches Handeln zu überschauen und zu verstehen.		
4	Die Eigenstaatlichkeit der Länder fördert die Entwicklung von Selbstständigkeit und Selbstbewusstsein. Der Wettbewerb der Länder untereinander belebt den Fortschritt in ganz Deutschland und beugt bundesweiten Fehlentwicklungen vor.		
5	Bei der Vielzahl von Behörden, Ämtern und sonstigen politischen Einrichtungen ist oft unklar, wer für welche Politikbereiche und Fragen zuständig ist.		
6	Die Bürgerinnen und Bürger haben kurze Wege zu den staatlichen Stellen. Sie können eher Kontakte zu Behörden, Politikern und Politikerinnen bekommen als in einem zentralistischen Staat mit einer anonymen, fernen Zentrale.		
7	Föderalismus kostet viel Geld. Denn jedes Bundesland hat sein eigenes Parlament, eine eigene Regierung und eigene Verwaltungen.		
8	Parlamente, Regierungen und Verwaltungen von Bund und Ländern müssen gegenseitig auf Entscheidungen warten und langwierige Verhandlungen miteinander führen, um zu gemeinsamen Lösungen zu kommen. Das kostet viel Zeit.		
9	Die Gliederung des Bundes in Länder ermöglicht, dass viele wirtschaftliche, politische und kulturelle Eigenheiten und Zentren erhalten bleiben und weiterentwickelt werden können. Diese Vielfalt kann zu mehr persönlicher Freiheit führen.		
10	Die vielen politischen Entscheidungszentren im Bund und in den Ländern müssen zusammenarbeiten und aufeinander Rücksicht nehmen. Dabei begrenzen sie sich bisweilen untereinander, was für die Bürger oft schwer zu verstehen ist.		

1 Erläutere den Unterschied zwischen einem föderalen und einem zentralistischen Staat.

2 a) Beschreiben die Aussagen in der Tabelle jeweils einen Vorteil oder einen Nachteil des Föderalismus? Kreuze auf dem Arbeitsblatt an oder notiere von 1 bis 10 in deinem Heft.

b) Diskutiert eure Ergebnisse.

1 Hilfe

Achte bei den Abbildungen oben darauf, in welche Richtung die Pfeile zeigen.

Rheinland-Pfalz – eins von 16 Bundesländern

Verordnung Nr. 57

Artikel 1: Es wird hiermit ein Land geschaffen, welches die Pfalz und die gegenwärtigen Regierungsbezirke Trier, Koblenz und Montabaur umfasst. (...)

Artikel 3: Eine beratende Versammlung , die sich aus den erwählten Vertretern der im Artikel 1 bezeichneten Gebiete zusammensetzt, wird alsbald nach den Wahlen am 13. Oktober (...) gebildet, (...)

Artikel 5: Die beratende Versammlung wird im Einvernehmen mit der vorläufigen Regierung einen Verfassungsentwurf ausarbeiten (...). Über den Verfassungsentwurf wird durch Volksentscheid entschieden werden. (...)

Landeswappen

Die Kurfürsten Peter von Mainz, Balduin von Trier und Pfalzgraf Rudolf unter ihren Wappen (aus dem Bilderzyklus des Codex Balduini Trevirensis)

Das heutige Bundesland Rheinland-Pfalz kam nach dem Zweiten Weltkrieg durch Betreiben der französischen Besatzungsmacht zustande. „Il est créé un Land ..." – mit diesen Worten verfügte der Oberkommandierende der französischen Truppen in Deutschland, General Pierre-Marie Koenig, am 30. August 1946 mit der „Verordnung Nr. 57" die Gründung von Rheinland-Pfalz. Gemäß Artikel 5 dieser Verordnung wurde eine Landesverfassung ausgearbeitet. Durch einen Volksentscheid nahm die Mehrheit der Bevölkerung die neue Verfassung am 18. Mai 1946 an. In Artikel 74 seiner Verfassung hatte sich das Land festgelegt: „Rheinland-Pfalz ist ein demokratischer und sozialer Gliedstaat Deutschlands".

Anfangs glaubten nur wenige, dass dieses neue, künstliche territoriale Gebilde lange Bestand haben würde. Denn man hatte hier willkürlich Gebietsteile zusammengefügt, die in kultureller, konfessioneller, wirtschaftlicher und politischer Hinsicht eine sehr unterschiedliche Geschichte aufwiesen und in der Vergangenheit zum großen Teil nur wenig miteinander zu tun hatten. Entgegen aller Unkenrufe hat sich das Land aber bis heute als außerordentlich stabil erwiesen.

Als Gliedstaat des Bundesstaates Bundesrepublik Deutschland hat Rheinland-Pfalz ein eigenes Landesparlament, den Landtag, eine eigene Landesregierung und einen eigenen Verfassungsgerichtshof. Dieser entscheidet als „Hüter der Landesverfassung" zum Beispiel darüber, ob ein Gesetz verfassungswidrig ist oder ein Verfassungsorgan verfassungswidrig gehandelt hat.

Das Hambacher Fest

Am 27. Mai 1832 kamen in der Pfalz etwa 30000 demokratische, liberale und republikanische Bürger aus allen Bevölkerungsschichten zu einer Kundgebung zusammen, die als „Hambacher Fest" in die Geschichte einging. Mit Fahnen in den heutigen Nationalfarben Schwarz-Rot-Gold zogen sie von Neustadt an der Weinstraße zum Hambacher Schloss. Ihre Hauptforderungen waren die nationale Einheit sowie grundrechtlich gesicherte Freiheits- und politische Bürgerrechte. Das Hambacher Fest gilt als eine der Geburtsstunden der Demokratie in Deutschland. Zum 175. Jahrestag hat die Deutsche Post eine Sondermarke herausgegeben, um an dieses wichtige Ereignis in der deutschen Geschichte zu erinnern.

Bundesland Rheinland-Pfalz

Landesfläche:	19854 km²
Waldfläche:	42 %
Landwirtschaftsfläche:	41,8 %
Siedlungsfläche/Verkehrsfläche:	14 %
Landeshauptstadt:	Mainz
Bevölkerung:	3999117
▸▸ Anteil Frauen:	50,8 %
▸▸ Anteil Männer:	49,2 %
▸▸ mit Migrationshintergrund:	19 %
Bevölkerungsdichte:	201,4
Geburtenrate (Kinder je Frau)	1,36
Größte Städte (Einwohnerzahl in Tausend, gerundet)	
Mainz:	201
Ludwigshafen:	166
Koblenz:	107
Trier:	106
Erwerbstätige:	1925800
Arbeitslose:	111079
Arbeitslosenquote	5,3 %

Landwirtschaft: Weinberge an der Mosel bei Cochem

Zeugnis der Geschichte: Feste Ehrenbreitstein

Medienstandort: das ZDF-Sendezentrum in Mainz

Rheinland-Pfalz: Landkreise und kreisfreie Städte

Die Stadt der Edelsteine und des Schmucks: Idar-Oberstein

Erfinder der Druckkunst: Gutenberg-Denkmal in Mainz

Zeugnis römischer Vergangenheit: die Porta Nigra in Trier

Meisterwerk der Romanik: der Kaiserdom zu Speyer

Industriestandort: BASF in Ludwigshafen

1 Beschreibe, wie das Bundesland Rheinland-Pfalz entstanden ist. Recherchiere zur Entstehungsgeschichte des Landes weitere Fakten im Internet.

2 Nenne einige Aufgaben, die ein Bundesland hat.

3 Erläutere, wie das Wappen von Rheinland-Pfalz entstanden ist.

4 Verfasse ein Kurzporträt (ca. eine DIN A4-Seite) „Mein Bundesland Rheinland-Pfalz“.

1 Hilfe
www.rlp.de/unser-land/geschichte/
de.wikipedia.org/wiki/Geschichte_von_Rheinland-Pfalz

Wahlplakate aus dem Landtagswahlkampf Rheinland-Pfalz 2016 (Wahl am 13.03.2016), von links nach rechts: SPD, BÜNDNIS 90/DIE GRÜNEN, CDU, PIRATENPARTEI, FDP, DIE LINKE

Landtagswahl am 13.03.2016	**Wahlkreisstimmen**		**Landesstimmen**		**Sitze**		
					Wahlkreis-Abgeordnete	Abgeordnete über Landesliste	Abgeordnete insgesamt
Wahlberechtigte	3 071 864		3 071 864				
Wähler / Wahlbeteiligung	2 161 633	70,4 %	2 161 633	70,4 %			
ungültige Stimmen	55 790	2,6 %	31 213	1,4 %			
gültige Stimmen und Sitze	2 105 843	97,4 %	2 130 420	98,6 %	51	50	101
davon:							
SPD	759 117	36,0 %	771 709	36,2 %	27	12	39
CDU	733 767	34,8 %	677 502	31,8 %	24	11	35
AfD	147 591	7,0 %	267 813	12,6 %	–	14	14
FDP	143 867	6,8 %	132 262	6,2 %	–	7	7
BÜNDNIS 90 / DIE GRÜNEN	135 697	6,4 %	113 287	5,3 %	–	6	6

In der Übersicht sind nur die Parteien berücksichtigt, die Sitze im Landtag errungen haben.

(Landeswahlleiter Rheinland-Pfalz / www.wahlen.rlp.de/ltw/wahlen/2016/land/index/html / 21.03.2016)

Sitz des Landtags Rheinland-Pfalz ist das Deutschhaus – auch Deutschordenshaus genannt. Das barocke Palais wurde in den Jahren 1730-35 erbaut. 1945 wurde der Bau bei Bombenangriffen stark zerstört, aber bereits 1950/51 wieder aufgebaut. Dabei stattete man das Innere zweckmäßig aus, nur die Fassade wurde stilgerecht restauriert. Seither dient das Deutschhaus als Plenargebäude des Landtags. Anfang November 2015 wurde mit Sanierungsarbeiten an dem Gebäude begonnen.

1 Vergleiche die Wahlplakate der sechs Parteien: Was fällt auf?

2 Erkläre, welche Koalitionen aufgrund des Wahlergebnisses möglich gewesen wären.

Wie wird der Landtag gewählt?

Die Abgeordneten des Landtags Rheinland-Pfalz werden für jeweils fünf Jahre nach den Grundsätzen einer mit einer Personenwahl verbundenen Verhältniswahl gewählt (Artikel 80 Abs. 1 und 83 Abs. 1 der Verfassung für Rheinland-Pfalz).

Das Nähere regelt das Landeswahlgesetz, insbesondere in den §§ 26 bis 30. Danach besteht der Landtag im Regelfall aus 101 Abgeordneten. Davon werden 51 nach Wahlkreisvorschlägen in den Wahlkreisen gewählt. Die übrigen 50 werden nach Landes- und Bezirkswahlvorschlägen (sog. Landes- und Bezirkslisten) gewählt.

Die Wahlberechtigten haben zwei Stimmen: eine Stimme für die Wahl eines Wahlkreisabgeordneten (Wahlkreisstimme) und eine Stimme für die Wahl einer Landes- oder Bezirksliste (Landesstimme).

Mit den Landesstimmen entscheiden die Wähler über die Zusammensetzung des Landtags nach Parteien und Wählervereinigungen, mit den Wahlkreisstimmen darüber, welche Abgeordneten direkt gewählt sind.

Dies geschieht folgendermaßen: Die 101 Sitze werden auf die Parteien und Wählervereinigungen im Verhältnis der für sie abgegebenen Landesstimmen verteilt. Dabei bleiben Listen unberücksichtigt, die landesweit weniger als fünf Prozent der Stimmen erhalten haben (Fünf-Prozent-Klausel).

Gleichzeitig wird in jedem der 51 Wahlkreise mit den Wahlkreisstimmen je ein Abgeordneter gewählt. Gewählt ist der Bewerber mit den meisten Stimmen, d.h. die einfache Mehrheit genügt. Für die Wahlkreisbewerber gilt die landesweite Fünf-Prozent-Klausel nicht. Somit können auch parteiunabhängige Einzelbewerber gewählt werden oder Bewerber von Parteien oder Wählervereinigungen, die landesweit an der Fünf-Prozent-Klausel gescheitert sind.

Das Wahlsystem der Landtagswahl

Die Volksabstimmungen (Landtagswahlen und Volksentscheide) sind allgemein, gleich, unmittelbar, geheim und frei (Artikel 76 Absatz 1 der Verfassung).

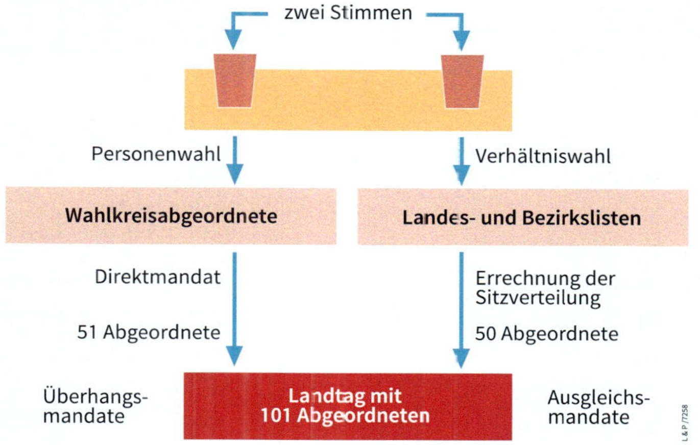

Die Abgeordnetensitze werden sodann wie folgt besetzt: Jede Partei oder Wählervereinigung mit mehr als fünf Prozent der Stimmen erhält von den 101 Abgeordnetensitzen so viele, wie ihr nach ihrem Landesstimmen-Anteil zusteht. Hiervon werden die Sitze der von der Partei oder Wählervereinigung errungenen Wahlkreismandate abgezogen. Die verbleibenden Sitze werden aus der Landes- oder Bezirksliste in der dort festgelegten Reihenfolge besetzt. (...)

(© 2016 Landtag Rheinland-Pfalz. http://www.landtag.rlp.de)

Es kann vorkommen, dass eine Partei mehr Direktmandate erringt, als ihr nach der Verteilung der Landesstimmen zustehen würden. In diesem Fall kommen trotzdem alle direkt Gewählten in den Landtag. So entstehen Überhangmandate. Diese werden durch Ausgleichmandate anderer Parteien ausgeglichen. Der Landtag hat dann mehr als 101 Abgeordnete.

Landtagswahl: 5-mal richtig, 5-mal falsch	richtig	falsch
1 Es werden immer genau 101 Abgeordnete in den Landtag gewählt.		
2 51 Mandate werden an die Gewinner in den Wahlkreisen vergeben.		
3 In den Landtag kommen nur Kandidaten, die ihren Wahlkreis gewinnen.		
4 Wer ein Direktmandat gewinnt, kommt über die Landesliste in den Landtag.		
5 Ausgleichsmandate können zu mehr als 101 Landtagsabgeordneten führen.		
6 Seinen Wahlkreis gewinnt, wer mehr als 50 % der Stimmen erhält.		
7 Wenige Stimmen können entscheiden, ob eine Partei in den Landtag kommt.		
8 Eine Partei ohne Wahlkreisgewinner kann nicht in den Landtag kommen.		
9 Für die Bewerber in den Wahlkreisen gilt die 5 Prozent-Klausel nicht.		
10 Man kann Landesstimme und Wahlkreisstimme verschiedenen Parteien geben.		

3 Kreuze auf deinem Arbeitsblatt bei jeder Aussage an, ob sie richtig oder falsch ist.

4 Stelle die falschen Aussagen richtig.

3 Hilfe

Ziehe dazu die Informationen oben und den Sprechblasentext heran.

Ressort
Geschäfts- oder Amtsbereich; Arbeits- bzw. Aufgabenbereich

Landesregierung Rheinland-Pfalz – Ressorts

Inneres, Sport und Infrastruktur

Finanzen

Justiz und Verbraucherschutz

Soziales, Arbeit, Gesundheit und Demografie

Wirtschaft, Klimaschutz, Energie und Landesplanung

Bildung, Wissenschaft, Weiterbildung und Kultur

Umwelt, Landwirtschaft, Ernährung, Weinbau und Forsten

Integration, Familie, Kinder, Jugend und Frauen

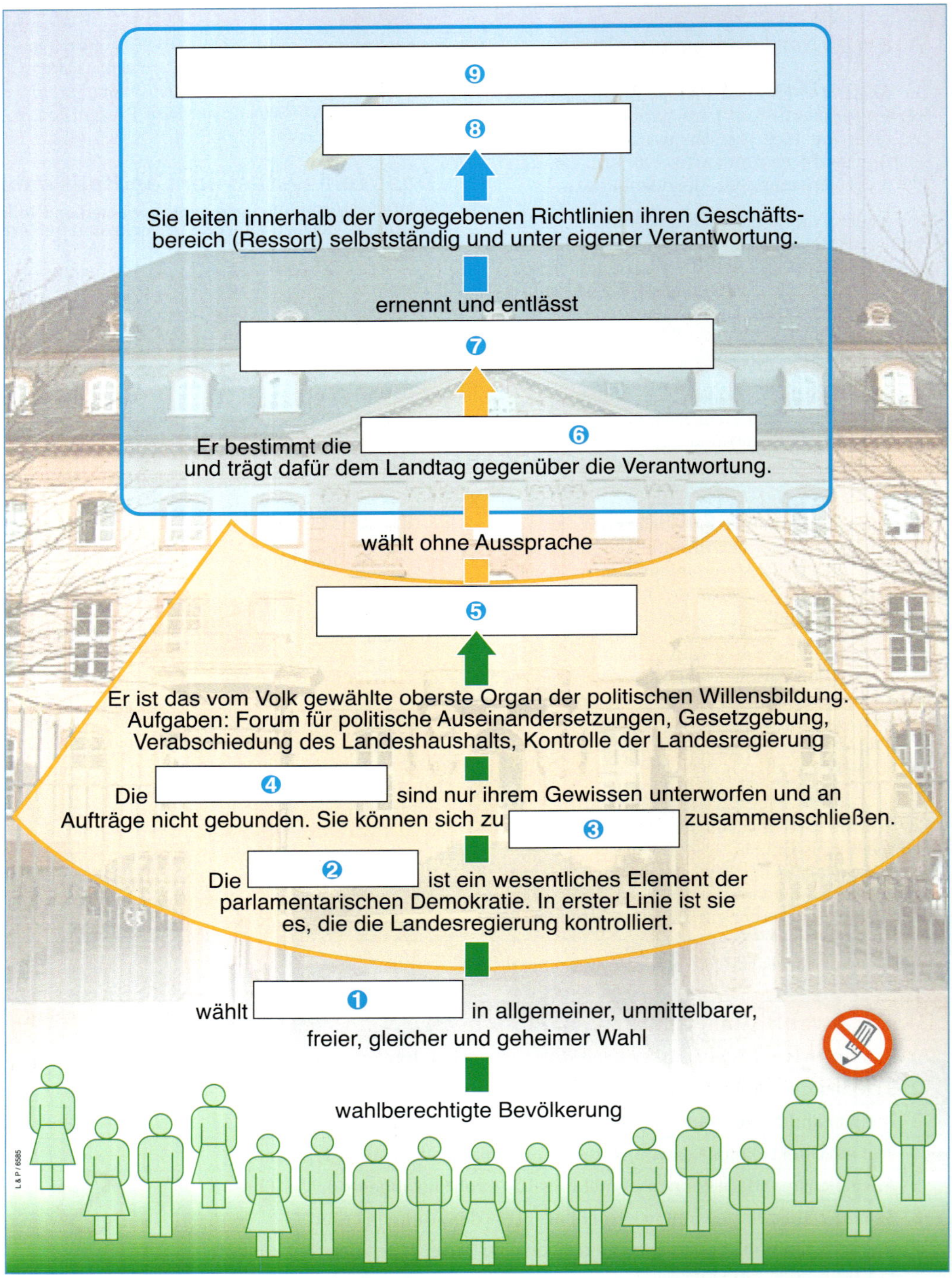

2 Hilfe
www.landtag.rlp.de

3 Hilfe
www.rlp.de

1 Ergänze im Schaubild die im Auszug aus der Verfassung gelb unterlegten Begriffe. Verwende dazu das Arbeitsblatt oder notiere von (1) bis (9).

2 Informiere dich über die Sitzverteilung im derzeitigen Landtag von Rheinland-Pfalz. Welche verschiedenen Parteien sind im Landtag vertreten? Wie viele Abgeordnete stellen sie jeweils?

Verfassung von Rheinland-Pfalz (Auszüge)

Artikel 74 (Demokratie und Sozialstaat, Volkssouveränität)
(1) Rheinland-Pfalz ist ein demokratischer und sozialer Gliedstaat Deutschlands.
(2) Träger der Staatsgewalt ist das Volk.
(3) Landesfarben und Landeswappen bestimmt ein Gesetz.

Artikel 79 (Landtag, Landtagsabgeordnete)
(1) Der Landtag ist das vom Volk gewählte oberste Organ der politischen Willensbildung. Er vertritt das Volk, wählt den Ministerpräsidenten und bestätigt die Landesregierung, beschließt die Gesetze und den Landeshaushalt, kontrolliert die vollziehende Gewalt und wirkt an der Willensbildung des Landes mit in der Behandlung öffentlicher Angelegenheiten, in europapolitischen Fragen und nach Maßgabe von Vereinbarungen zwischen Landtag und Landesregierung.
(2) Der Landtag besteht aus vom Volk gewählten Abgeordneten. Sie sind Vertreter des ganzen Volkes, nur ihrem Gewissen unterworfen und an Aufträge nicht gebunden.

Artikel 80 (Landtagswahl)
(1) Die Abgeordneten werden nach den Grundsätzen einer mit der Personenwahl verbundenen Verhältniswahl gewählt.
(2) Wählbar ist jeder Stimmberechtigte, der das Alter erreicht hat, mit dem die Volljährigkeit eintritt.

Artikel 83 (Wahlperiode und Zusammentritt des Landtages)
(1) Der Landtag wird ... auf fünf Jahre gewählt. ...

Artikel 85 a (Fraktionen)
(1) Abgeordnete können sich zu Fraktionen zusammenschließen. ...

Artikel 85 b (Parlamentarische Opposition)
(1) Parlamentarische Opposition ist ein grundlegender Bestandteil der parlamentarischen Demokratie.
(2) Die Fraktionen und die Mitglieder des Landtags, welche die Landesregierung nicht stützen, haben das Recht auf ihrer Stellung entsprechende Wirkungsmöglichkeiten in Parlament und Öffentlichkeit. ...

Artikel 98 (Zusammensetzung der Landesregierung, Wahl des Ministerpräsidenten)
(1) Die Landesregierung besteht aus dem Ministerpräsidenten und den Ministern.
(2) Der Landtag wählt ohne Aussprache den Ministerpräsidenten mit der Mehrheit der gesetzlichen Mitgliederzahl. Der Ministerpräsident ernennt und entlässt die Minister. Die Regierung bedarf zur Übernahme der Geschäfte der ausdrücklichen Bestätigung des Landtags. Zur Entlassung eines Ministers ist die Zustimmung des Landtags erforderlich.
(3) Treten der Ministerpräsident, die Landesregierung oder ein Minister zurück, so haben sie die Geschäfte so lange weiterzuführen, bis ein neuer Ministerpräsident gewählt, eine neue Regierung oder ein neuer Minister bestätigt worden ist.

Artikel 101 (Vertretung des Landes, Staatsverträge)
Der Ministerpräsident vertritt das Land Rheinland-Pfalz nach außen. Staatsverträge bedürfen der Zustimmung des Landtags durch Gesetz.

Artikel 104 (Richtlinienkompetenz, Ressortprinzip)
Der Ministerpräsident bestimmt die Richtlinien der Politik und ist dafür dem Landtag verantwortlich. Innerhalb dieser Richtlinien leitet jeder Minister seinen Geschäftsbereich selbstständig und unter eigener Verantwortung gegenüber dem Landtag. ...

Artikel 105 (Ministerpräsident und Landesregierung)
(1) Der Ministerpräsident führt den Vorsitz in der Landesregierung. Bei Stimmengleichheit gibt seine Stimme den Ausschlag.

3 Erstelle einen Steckbrief zur derzeitigen Landesregierung: (1) Welche Parteien bilden die Regierung? (2) Wie heißt die Ministerpräsidentin bzw. der Ministerpräsident? Welcher Partei gehört sie bzw. er an? (3) Welche Ressorts gibt es? Wie heißen die Ministerinnen bzw. Minister jeweils? Welcher Partei gehören sie an? (4) Notiere für jedes Ministerium zwei, drei wichtige Aufgaben.

Souveränität
Hoheitsgewalt; die höchste Herrschaftsgewalt eines Staates

Landeshaushalt
Zusammenstellung des Landes, welche Einnahmen im kommenden Jahr zu erwarten und welche Ausgaben vorgesehen sind

Fraktion
Zusammenschluss von Abgeordneten der gleichen Partei im Parlament. Auch Mitglieder verschiedener Parteien, die gleichgerichtete politische Ziele verfolgen, können sich zu einer Fraktion zusammenschließen (Beispiel: CDU/CSU-Fraktion im Bundestag).

Opposition
(lat. opponere: sich entgegenstellen) diejenigen Fraktionen im Parlament, die nicht zur Regierungskoalition gehören und den Absichten und Handlungen der Regierung eigene Entwürfe entgegenstellen

Malu Dreyer (SPD), Ministerpräsidentin von Rheinland-Pfalz, Amtsantritt: 16.01.2013

Der Landtag als Kontrollorgan

Als Abgeordneter der Regierungsfraktion halte ich mich im Landtag mit Kritik an der Landesregierung zurück, selbst dann, wenn ich anderer Meinung bin. Meine Kritik findet auch nicht vor den Mikrofonen der Medien statt, sondern nur hinter verschlossenen Türen. Wir ringen in den Arbeitskreisen und Ausschüssen um die richtige Lösung der anstehenden Probleme. Aber in den meisten Fragen stimme ich sowieso mit meinen Parteifreunden überein.

Als Abgeordnete der Oppositionsfraktion äußere ich meine Kritik ohne Rücksicht auf die Landesregierung zu nehmen. Und wenn ich die Möglichkeit habe, über die Medien eine größere Öffentlichkeit zu erreichen, dann bringe ich meine Kritik lautstark vor. Wir von der Opposition müssen den Bürgerinnen und Bürgern die Alternativen zur Regierungsarbeit klar und deutlich aufzeigen. Die eigentliche Kontrolle der Regierung leisten wir von der Oppositionsfraktion!

Untersuchungsausschuss

Aktuelle Stunde

Kleine Anfrage

Mündliche Frage

Misstrauensvotum

Große Anfrage

Kontrollmöglichkeiten des Landtags

Jede Abgeordnete und jeder Abgeordnete des Landtags ist berechtigt, eine ... ① ... zu stellen. Diese wird in der Fragestunde des Landtags direkt von dem zuständigen Mitglied der Landesregierung beantwortet. Die Fragestunde dient der schnellen und unmittelbaren Information.

Durch die ... ② ... kann jede Abgeordnete und jeder Abgeordnete Auskunft von der Landesregierung verlangen. Sie wird schriftlich vorgelegt und darf sich nur auf einen eingegrenzten Sachverhalt beziehen. Oft werden damit Probleme aus dem Wahlkreis der Fragestellerin bzw. des Fragestellers aufgegriffen.

Die ... ③ ... ist von außerordentlichem politischem Interesse und kann nur von einer Fraktion oder von mindestens acht Abgeordneten gestellt werden. Sie soll knapp gefasst und kurz begründet sein. Sie wird nach der Beantwortung fast immer im Plenum erörtert.

Aus aktuellem Anlass haben die Fraktionen bzw. mindestens acht Mitglieder des Landtags auch die Möglichkeit, eine ... ④ ... zu beantragen.

Ein besonderes parlamentarisches Kontrollinstrument besteht darin, einen ... ⑤ ... einzusetzen. Seine Befugnisse sind in einem besonderen Gesetz geregelt.

Die Abgeordneten haben auch das Recht, die von ihnen gewählte Ministerpräsidentin bzw. den Ministerpräsidenten abzuwählen, aber auch einzelne Ministerinnen oder Minister oder auch die gesamte Landesregierung. Das geschieht durch ein ... ⑥ ..., das heißt, der Landtag kann der oder dem Betroffenen das Misstrauen aussprechen. Falls der Landtag der gesamten Landesregierung das Vertrauen entzieht, muss er innerhalb von vier Wochen einer neuen Regierung sein Vertrauen aussprechen, ansonsten gilt er als aufgelöst.

1 Beschreibe das Verhältnis zwischen Opposition, Regierungsfraktion und Regierung, wie es in den Äußerungen in den Sprechblasen oben deutlich wird.

2 Die sechs Begriffe in der Randspalte bezeichnen Kontrollmöglichkeiten des Landtags. Setze auf dem Arbeitsblatt die Begriffe in den Lückentext ein oder notiere von 1 bis 6.

Petitionsrecht und Bürgerbeauftragter

V

Verfassung des Landes Rheinland-Pfalz

Artikel 11: Jedermann hat das Recht, sich mit Eingaben an die Behörden oder an die Volksvertretung zu wenden.

Der Petitionsausschuss

Das Grundgesetz und entsprechende Artikel der Landesverfassung geben jeder Bürgerin und jedem Bürger des Landes das Recht, sich schriftlich mit ... ① ... an Behörden oder die Volksvertretung, also den ... ② ... zu wenden.

Für solche „Eingaben" ist dann der ... ③ ... des Landtags zuständig. Er ist sozusagen der „Kummerkasten" der Bürgerinnen und Bürger und nimmt die Briefe entgegen, in denen einzelne Bürgerinnen und Bürger oder eine Gruppe von Bürgern ihre Bitten, Sorgen oder Gründe für eine Beschwerde darstellen. Diese Bitten oder Beschwerden können sich auf Gesetze oder auf das Verhalten von ... ④ ... beziehen (z. B. Ausländerrecht, Baurecht, Renten).

Petitionen sind somit ein wichtiges ... ⑤ ..., denn durch sie erfahren die Abgeordneten des Landtags unmittelbar, wo die Bürger „der Schuh drückt" und wo es zum Beispiel Ärger mit Behörden gegeben hat. Die Mitglieder des Petitionsausschusses haben die ... ⑥ ..., der Sache nachzugehen. Sind sie der Meinung, dass die Beschwerde berechtigt ist, versuchen sie den Bürgerinnen und Bürgern zu helfen. Dabei ist der Petitionsausschuss oft ... ⑦ ... .

Mittel der Kontrolle | Landtag | Pflicht | Petitionsausschuss | erfolgreich | Behörden | Bitten oder Beschwerden

Landtag Rheinland-Pfalz
Petitionsausschuss
Deutschhausplatz 12
55116 Mainz

Alfred Pingel
Birkenweg 22
Hochdorf

Sehr geehrte Damen und Herren,

wir wohnen in der kleinen Ortschaft Hochdorf, wo es keine Schulen gibt. Seit Sommer besucht meine Tochter die Astrid-Lindgren-Schule in Tiefenhausen. Dorthin muss sie, wie viele Kinder aus Hochdorf, mit dem Bus fahren. Der Bus fährt in Mittelhausen los und ist in Hochdorf bereits so überfüllt, dass meine Tochter immer stehen muss. Ich finde es unverantwortlich, Kinder in einem überfüllten Bus stehend zu befördern! Die Gefahr, zum Beispiel bei einer Vollbremsung verletzt zu werden, ist sehr groß. Ich bitte Sie, darauf hinzuwirken, dass in den Bussen für Schüler ausreichend viele Sitzplätze mit Sicherheitsgurten zur Verfügung stehen.

Mit freundlichen Grüßen
Alfred Pingel

Jede Bürgerin und jeder Bürger kann sich schriftlich, telefonisch, per Fax oder E-Mail an den Bürgerbeauftragten wenden. Auch für ein persönliches Gespräch steht er an Sprechtagen zur Verfügung. Informationen: www.derbuergerbeauftragte.rlp.de

Der Bürgerbeauftragte des Landes

Vor mehr als 35 Jahren wurde in Rheinland-Pfalz das Amt des Bürgerbeauftragten geschaffen. Seither wurden mehr als 100 000 Petitionen bearbeitet. Heute sind es etwa 5000 Bürgerinnen und Bürger, die sich jährlich an den Bürgerbeauftragten wenden und Hilfe bei der Bewältigung ihrer Probleme mit rheinland-pfälzischen Behörden suchen.
Der Bürgerbeauftragte hat seinen Sitz beim Landtag Rheinland-Pfalz und arbeitet eng mit dem Petitionsausschuss des Landtags aber auch dem Petitionsausschuss des Deutschen Bundestages und dem Europäischen Bürgerbeauftragten zusammen. (...)
Häufig fühlen sich Bürgerinnen und Bürger von Verwaltungen und Behörden nicht gerecht behandelt oder zweifeln deren Entscheidungen an. Der Bürgerbeauftragte unterstützt die Hilfe suchenden Menschen und vermittelt bei Beschwerden gegenüber Verwaltungen und Behörden. In zwei von drei Fällen werden so für beide Seiten akzeptable Lösungen gefunden. (...)

(www.landtag.rlp.de/Parlament/Buergerbeauftragter-und-Beauftragter-fuer-die-Landespolizei/ Stand: Juni 2016)

1 Setze im Text „Der Petitionsausschuss" die fehlenden Wörter ein.

2 „Herr Pingel übertreibt doch! Deshalb schreibt man doch nicht an den Petitionsausschuss!" Nimm Stellung zu dieser Aussage.

3 Verfasse einen kurzen Info-Text über den Bürgerbeauftragten des Landes Rheinland-Pfalz.

Bundesland Rheinland-Pfalz

Rheinland-Pfalz ist eins der 16 Bundesländer, die zusammen die Bundesrepublik Deutschland bilden. Das Land Rheinland-Pfalz wurde nach dem Zweiten Weltkrieg auf Betreiben der französischen Besatzungsmacht gebildet. Rheinland-Pfalz hat knapp vier Millionen Einwohner, seine Landesfläche beträgt knapp 20 000 km². Die Landeshauptstadt ist Mainz, mit etwas über 200 000 Einwohnern auch die größte Stadt des Landes.

Landtag

Der Landtag ist die gewählte Volksvertretung des Landes. Ihm obliegt die gesetzgebende Gewalt (Legislative). Die Plenarsitzungen des Landtags sind öffentlich. Jede Bürgerin und jeder Bürger hat grundsätzlich das Recht, an den Sitzungen als Zuhörerin oder Zuhörer teilzunehmen. Eine vorherige Anmeldung ist allerdings erforderlich. Zudem besteht die Möglichkeit, insbesondere auch für Gruppen und Schulklassen, sich für Führungen im Landtag anzumelden. Das Programm dieser Führungen wird an den Vorkenntnissen und Interessen der jeweiligen Gäste ausgerichtet.

Landtagswahl

Die Landtagswahl findet alle fünf Jahre statt. Es ist eine personalisierte Verhältniswahl, bei der jede Wählerin und jeder Wähler zwei Stimmen hat. Mit der einen Stimme wird eine Wahlkreisabgeordnete bzw. ein Wahlkreisabgeordneter gewählt (Wahlkreisstimme), mit der anderen die Landes- oder Bezirksliste einer Partei oder Wählervereinigung (Landesstimme). Der Landtag hat mindestens 101 Sitze. Davon werden 51 Sitze an die Gewinnerinnen und Gewinner in den Wahlkreisen vergeben. Die anderen 50 Sitze werden nach den erzielten Stimmenanteilen nach den vorher aufgestellten Landes- und Bezirkslisten der Parteien vergeben. Wahlberechtigt bei der Landtagswahl ist jede und jeder Deutsche, die bzw. der das 18. Lebensjahr vollendet und seit mindestens drei Monaten seinen Wohnsitz oder Lebensmittelpunkt in Rheinland-Pfalz hat. Wählbar ist jede und jeder Wahlberechtigte, die bzw. der 18 Jahre alt ist und seit mindestens einem Jahr in Rheinland-Pfalz wohnt.

Landesregierung

Die Abgeordneten des Landtags wählen aus ihrer Mitte die Ministerpräsidentin oder den Ministerpräsidenten. Sie oder er bestimmt und ernennt die Landesministerinnen und -minister. Die Ministerpräsidentin bzw. der Ministerpräsident und die Ministerinnen und Minister bilden die Landesregierung. Die Landesregierung stellt die Exekutive des Landes dar und ist für die aktuelle rheinland-pfälzische Politik zuständig. Bei wichtigen politischen Fragen fällt die Ministerpräsidentin bzw. der Ministerpräsident die Grundsatzentscheidungen (Richtlinienkompetenz). Innerhalb der vorgegebenen Richtlinien leitet jede Ministerin und jeder Minister ihren bzw. seinen Geschäftsbereich (Ressort) in eigener Verantwortung.

Blick in den Plenarsaal des rheinland-pfälzischen Landtags

Petitionsausschuss

Eine Petition ist eine Eingabe, Bitte oder Beschwerde an die zuständige Behörde oder die Volksvertretung. Im engeren Sinne handelt es sich bei Petitionen um Bitten von Bürgerinnen und Bürgern an das Parlament, Gesetze zu ändern bzw. zu beschließen. Die Zulässigkeit von Petitionen ist ein allgemein anerkannter Bestandteil demokratischer Grundrechte. Petitionen an Parlamente (Landtag, Bundestag) werden an den jeweiligen Petitionsausschuss weitergeleitet, der sie prüft und beantwortet.

Bürgerbeauftragter

Der Bürgerbeauftragte ist ständiger Beauftragter des Landtags und hat seinen Sitz auch dort. Jede Bürgerin und jeder Bürger des Landes kann sich mit Bitten oder Beschwerden an ihn wenden, wenn sie bzw. er sich ungerecht von einer Behörde des Landes behandelt fühlt. Jährlich wenden sich etwa 5 000 Bürgerinnen und Bürger an den Bürgerbeauftragten. In etwa zwei von drei Fällen gelingt es ihm, zwischen den Bürgern und den Behörden zu vermitteln

1 Ergänze die Grafik. Setze dazu die am Rand notierten Begriffe in die Leerfelder ein.

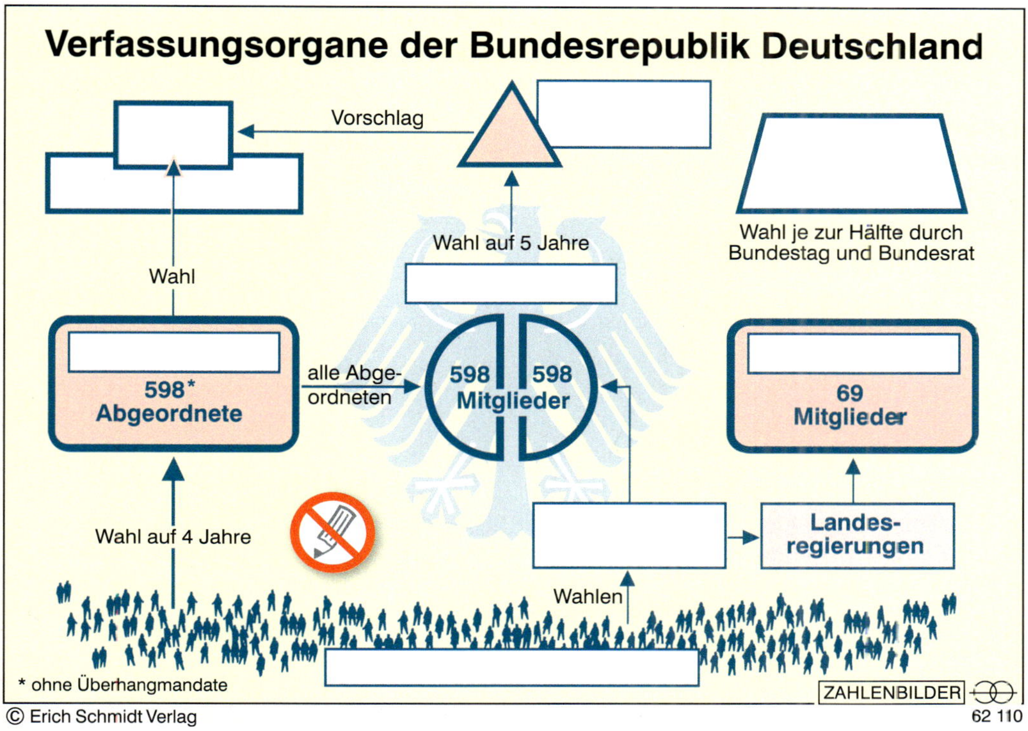

Bundesregierung
Bundespräsident/in
wahlberechtigte Bürgerinnen und Bürger
Landesparlamente
Bundesrat
Bundeskanzler/in
Bundesversammlung
Bundestag
Bundesverfassungsgericht

2 Setzt euch in der Gruppe mit der Aussage auseinander und entwickelt eure Position.

„Klar bin ich für Demokratie! Demokratie heißt doch soviel wie „Herrschaft des Volkes" – und wer will da schon dagegen sein? Aber es muss auch erlaubt sein, auf Mängel hinzuweisen. Ich finde es zum Beispiel problematisch, dass bei Wahlen jede Stimme gleich viel zählt. Man muss sich doch nur einmal vorstellen, wie das in der Praxis läuft: Da haben wir den Bürger A und den Bürger B. Beide geben bei der Landtagswahl ihre Stimme ab. Der Bürger A hat sich gründlich auf seine Wahlentscheidung vorbereitet. Er hat sich mit den Programmen der Parteien beschäftigt, war auf verschiedenen Wahlveranstaltungen, hat ausführlich die Positionen vergleichen und sich dann nach langem Überlegen für eine Partei entschieden. Der Bürger B interessiert sich überhaupt nicht für Politik, hat keine Ahnung, was die jeweilige Partei will, geht zur Wahl nur aus Gewohnheit und wählt die Partei, deren Plakat ihm zufällig gefallen hat. So darf es doch nicht sein! Soll die Stimme eines ahnungslosen Wählers gleich viel wert sein wie die eines informierten Wählers?"

3 Analysiere die Karikatur. Gehe bei der Auswertung der Karikatur wie auf Seite 19 beschrieben in vier Schritten vor.

(Zeichnung: Jan Tomaschoff)

4 Löse das Rätsel. Die Buchstaben in der hervorgehobenen Spalte ergeben von oben nach unten gelesen das Lösungswort. So bezeichnet man ein wichtiges Verfassungsorgan.

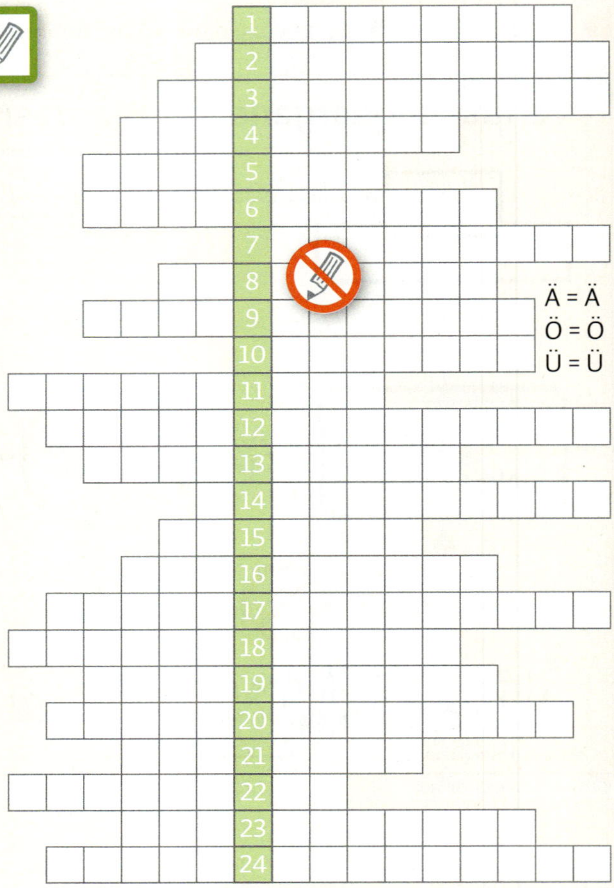

1 Der ... ist das gesetzgebende Organ auf Bundesebene. Er tagt im Reichstagsgebäude in Berlin.
2 Nach Artikel 20 des Grundgesetzes ist die Bundesrepublik ein demokratischer und sozialer ...
3 Seit Jahren bedrohen militante ... Gruppierungen die innere Sicherheit der Bundesrepublik Deutschland. Zu ihnen gehören die Autonomen.
4 Der ... ist die Interessenvertretung der Länder auf Bundesebene. Durch ihn wirken die Bundesländer an der Gesetzgebung des Bundes mit.
5 In einer parlamentarische Demokratie sind ... unerlässlich. In ihnen finden sich Bürger mit gleichen politischen Grundüberzeugungen zusammen, um im Staat Einfluss zu nehmen.
6 Die gesetzgebende Gewalt wird auch als ... bezeichnet.
7 Das Grundgesetz ist die ... unseres Staates.
8 Die ausführende Gewalt wird auch als ... bezeichnet. An ihrer Spitze steht die Bundesregierung.
9 ... meint, dass sich mehrere Gliedstaaten zu einem Bundesstaat zusammenschließen.
10 Die Abgeordneten, die der gleichen Partei angehören, bilden im Parlament eine ... .
11 ... stammt vom griechischen Wort „demos" ab und bedeutet Volksherrschafft.
12 Die ... besteht aus der Bundeskanzlerin und den Bundesministerinnen und –ministern.
13 Die Parteien, die nicht an der Regierung beteiligt sind, bilden im Bundestag die ... .
14 Die eigentliche parlamentarische Arbeit wird in den ... geleistet. Dort beraten die Fachleute aller Fraktionen z.B. die Gesetzentwürfe.
15 Der ... ist die gewählte Volksvertretung im Land Rheinland-Pfalz.
16 Die Parteien legen ihre Überzeugungen und politischen Absichten in ... nieder.
17 Das Staatsoberhaupt der Bundesrepublik Deutschland ist der ... .
18 Die ... ist die wichtigste Aufgabe des Deutschen Bundestags.
19 Personen oder Gruppen, welche die freiheitliche demokratische Grundordnung der Bundesrepublik Deutschland bekämpfen, gelten als ... .
20 Nach dem ... leitet jede Ministerin und jeder Minister den übertragenen Geschäftsbereich selbstständig im Rahmen der vorgegebenen Richtlinien.
21 ... ist eine andere Bezeichnung für die Regierung.
22 Aktives ... bedeutet, dass man wählen darf.
23 Die Ministerpräsidentin bzw. der Ministerpräsident bestimmt die ... der Regierungspolitik im Land.
24 Die Trennung von Legislative, Exekutive und Judikative wird als ... bezeichnet.

5 Ladet Abgeordnete ein. Ladet Landtagsabgeordnete aus eurem Wahlkreis zu einem Gespräch in den Unterricht ein. Überlegt euch ein Thema aus der Landespolitik, das euch interessiert. Erarbeitet dann gemeinsam ein Schreiben, das ihr an die Abgeordneten richtet und in dem ihr euer Anliegen erklärt. Wer euren Wahlkreis im Landtag vertritt, erfahrt ihr unter: www.landtag.rlp.de/abgeordnete/ Link: Wahlkreise, Link: Abgeordnete nach Wahlkreisen.

Recht und Rechtsprechung

Kapitel 06

Niemand lebt für sich allein. Jede und jeder muss mit anderen auskommen, in der Familie, in der Schule, im Betrieb. Wenn Menschen miteinander auskommen müssen, brauchen sie Regeln. Alle müssen wissen, was sie tun dürfen und was nicht und nach welchen Regeln Konflikte gelöst werden. Dies alles hat mit „Recht" zu tun. Damit sind die Verhaltensvorschriften gemeint, deren Einhaltung für alle verbindlich vorgeschrieben ist. Die Rechtsvorschriften setzen den Rahmen für die Ordnung des Zusammenlebens. Alle Menschen eines Landes sind dieser Rechtsordnung unterworfen. Um Fragen im Zusammenhang mit der Rechtsordnung geht es auf den folgenden Seiten.

- Welche Menschenrechte sind als Grundrechte in unserer Verfassung festgeschrieben? Warum sind Grundrechte wichtig?
- Welche Aufgaben hat das Recht? Was ist mit „Gewaltmonopol" gemeint?
- Welche Rechte und Pflichten haben Jugendliche? Gibt es für sie besondere Vorschriften?
- Warum begehen Jugendliche Straftaten? Gibt es Besonderheiten beim Jugendstrafprozess?
- Welche Überlegung steht bei der Bestrafung von jugendlichen Straftätern im Vordergrund?
- Worin unterscheiden sich Zivilprozess und Strafverfahren?
- Wie läuft eine Gerichtsverhandlung ab?

Menschenrechte im Grundgesetz

Französische Revolution
Die Französische Revolution dauerte von 1789 bis 1799. Durch sie wurde die absolutistische, also die uneingeschränkte Herrschaft des Königs beseitigt.

Jeder Mensch hat Rechte, die ihm von Natur aus zustehen, die ihm angeboren sind. Diese Menschenrechte wurden erstmals 1789 in der Französischen Revolution feierlich erklärt. Wenn Menschenrechte in Verfassungen als grundlegende Rechte des Einzelnen schriftlich festgelegt sind, spricht man von Grundrechten. In der Verfassung der Bundesrepublik Deutschland, dem Grundgesetz, sind die Menschenrechte an erster Stelle unter „Die Grundrechte" (Artikel 1 bis 19) aufgeführt.

Die Grundrechte, also die Menschenrechte, bilden die Grundlage unseres Zusammenlebens. Von ihrer Zielrichtung her können Grundrechte in drei Gruppen eingeteilt werden:

- Unverletzlichkeitsrechte bieten Schutz vor staatlichen Übergriffen.
- Freiheitsrechte schützen die persönliche Freiheit und garantieren die Teilnahme an der politischen Willensbildung.
- Gleichheitsrechte zielen darauf ab, dass alle Personen gleich behandelt werden.

1

2

3

WEBCODE
SDL-11077-601
Grundrechte

Grundgesetz: Die Grundrechte

Artikel 1:	Die Menschenwürde steht unter dem Schutz des Staates
Artikel 2:	Recht auf Leben, körperliche Unversehrtheit und freie Entfaltung der Persönlichkeit
Artikel 3:	Recht auf Gleichheit vor dem Gesetz und Gleichberechtigung von Mann und Frau
Artikel 4:	Recht auf Glaubens- und Gewissensfreiheit
Artikel 5:	Recht auf freie Meinungsäußerung und ungehinderte Information
Artikel 6:	Schutz von Ehe und Familie; Elternrecht auf Erziehung
Artikel 7:	Schule und Staat; Eltern bestimmen über Teilnahme am Religionsunterricht
Artikel 8:	Versammlungsfreiheit
Artikel 9:	Recht, Vereine und Gesellschaften zu bilden
Artikel 10:	Unverletzlichkeit des Brief-, Post- und Fernmeldegeheimnisses
Artikel 11:	Recht auf Freizügigkeit im ganzen Bundesgebiet
Artikel 12:	Recht auf freie Wahl des Berufs und des Arbeitsplatzes
Artikel 13:	Unverletzlichkeit der Wohnung
Artikel 14:	Gewährleistung des Eigentums und des Erbrechts
Artikel 15:	Möglichkeit der Vergesellschaftung von Privateigentum gegen Entschädigung
Artikel 16:	Recht auf Staatsangehörigkeit und Schutz vor Auslieferung an das Ausland
Artikel 16 a:	Asylrecht für politisch Verfolgte
Artikel 17:	Recht, Bitten und Beschwerden an das Parlament zu richten
Artikel 18:	Verwirkung von Grundrechten, wenn sie zum Kampf gegen die freiheitliche demokratische Grundordnung missbraucht werden
Artikel 19:	Recht, ein Gericht anzurufen, wenn man sich durch die öffentliche Gewalt in seinen Rechten verletzt fühlt

Grundrechte können nicht schrankenlos, also nicht ohne Grenzen gelten. Der Artikel 2 des Grundgesetzes nennt in Absatz 1 die Grenzen des jedem zustehenden Rechtsanspruchs auf freie Entfaltung der Persönlichkeit: Man darf nicht gegen die Rechte anderer, die verfassungsmäßige Ordnung und die Sittengesetze verstoßen. Solche Einschränkungen dürfen jedoch nur aufgrund von Gesetzen erfolgen, die keinesfalls ein Grundrecht in seinem Wesensgehalt antasten dürfen.

4

5

1 Frau Schwarz hat beim sonntäglichen Kaffee vergessen, die brennende Kerze zu löschen. Während sie nun durch den Stadtpark spaziert, brennt es in ihrer Wohnung. Ihre Nachbarn, durch den Brandgeruch aufmerksam geworden, brechen die Wohnungstür auf.

2 Der notwendige Erweiterungsbau einer Schule verzögert sich, weil ein Grundstückseigentümer das dafür benötigte Grundstück nicht verkaufen will. Die Stadt will das Grundstück nun gegen eine angemessene Entschädigung enteignen lassen.

3 Frau Schulz besitzt eine Zwei-Zimmer-Wohnung, die sie an Herrn Sabin vermietet hat. Sie hegt den Verdacht, dass ihr Mieter die Wohnung nicht ausreichend pflegt. Frau Schulz hat einen Schlüssel zur Wohnung und will nachsehen, ob Herr Sabin Brandflecken in den Teppichboden gemacht hat.

4 Die 19-jährige Susanne wohnt während der Ausbildung bei einer Tante in der Stadt. Diese ist bestürzt, als Susanne eines Tages einen Brief von der Justizbehörde erhält. Ob Susanne in Schwierigkeiten geraten ist, die sie nicht erzählen will? Die besorgte Tante öffnet den Brief, schließlich will sie ihrer Nichte ja helfen.

5 Herr Ulrich ist in den Verdacht geraten, einer internationalen Bande von Geldfälschern anzugehören. Sein Telefon wird deshalb von der Polizei überwacht.

1 Die fünf Fotos weisen auf bestimmte Grundrechte hin. Ordne jedes Foto dem entsprechenden Artikel des Grundgesetzes zu.

2 Lege dar, welche Artikel Unverletzlichkeitsrechte, welche Freiheitsrechte, welche Gleichheitsrechte enthalten. Notiere die Nummern der Artikel, bei denen du dies entscheiden kannst.

3 Mit welchen Grundrechten haben die fünf Fälle zu tun? Lies in einer Textausgabe des Grundgesetzes die betreffenden Artikel nach und notiere, ob die im Fall beschriebene Einschränkung zulässig ist oder nicht.

1 Hilfe

Überlege zuerst, mit welchem Schlagwort man jedes Foto kennzeichnen könnte. Suche dann den Artikel, der mit dem jeweiligen Schlagwort zu tun hat.

V

Thema: Verletzung der Menschenrechte

Mit der Methode der Kartenabfrage kann die Vielfalt der Meinungen, Eindrücke und Empfindungen in einer Klasse zusammengefasst, geordnet und dargestellt werden.

Vorbereitung

Jede Schülerin, jeder Schüler erhält die gleiche Anzahl Kärtchen und einen dicken Filzstift. Jede Gruppe benötigt zur Präsentation ihrer Ergebnisse einen Klebestift und ein Leerplakat.

Durchführung

Zuerst notiert jede Schülerin und jeder Schüler in Stichworten auf den Kärtchen, was ihr bzw. ihm zum Thema einfällt. Danach beginnt die Gruppenarbeit. In der Gruppe werden die Aussagen bzw. Stichworte auf den Kärtchen vorgestellt, wobei Verständnisfragen, nicht jedoch Bewertungen zulässig sind. Anschließend ordnet die Gruppe die verschiedenen Stichworte nach Gemeinsamkeiten, klebt die geordneten Kärtchen entsprechend auf das Leerplakat und versucht, die gewählte Gliederung durch Oberbegriffe, Symbole, Pfeile, farbliche Gestaltung usw. zu visualisieren.

Auswertung

Die Gruppenergebnisse werden in der Klasse vorgestellt. Dazu erläutert ein Gruppenmitglied, wie die Gruppe beim Ordnen der Kärtchen vorgegangen ist und welche Überlegungen bei der Gestaltung des Plakats ausschlaggebend waren.

1 Führt die Kartenabfrage zum Thema „Verletzung der Menschenrechte“ durch.

Leben auf der Straße: Mutter mit Kind in Indien

Zeitungsmeldungen

Steinbruch statt Schule
Millionen Kinder in aller Welt werden als billige Arbeitskräfte ausgebeutet. Gesetzliche Verbote werden missachtet, auch deshalb, weil viele Familien ohne den Verdienst der Kinder nicht überleben könnten.

Ehemann oder Freund als Täter
Studie belegt hohes Maß von Gewalt gegen Frauen in Deutschland. Gerade zu Hause werden Frauen gedemütigt und geschlagen.

UN-Report dokumentiert Massaker
Regierungstruppen und Rebellen stehen wegen fortwährender „Verbrechen gegen die Menschlichkeit“ am Pranger.

Haftbefehl gegen die Menschenrechte
Türkischer Menschenrechtlerin soll der Prozess wegen Beleidigung des Militärs gemacht werden.

Menschenrechte in Fesseln
Die Zahl der Exekutionen und die Zensur haben in China deutlich zugenommen.

Polizeiverhöre mit tödlichem Ausgang
In Russland werden Festgenommene auf Polizeiwachen häufig misshandelt und gefoltert. Betroffen sind vor allem Jugendliche, Obdachlose und Kaukasier. Kommt einmal ein Fall vor Gericht, können die Polizisten mit Nachsicht rechnen.

Müllsammler in Lateinamerika

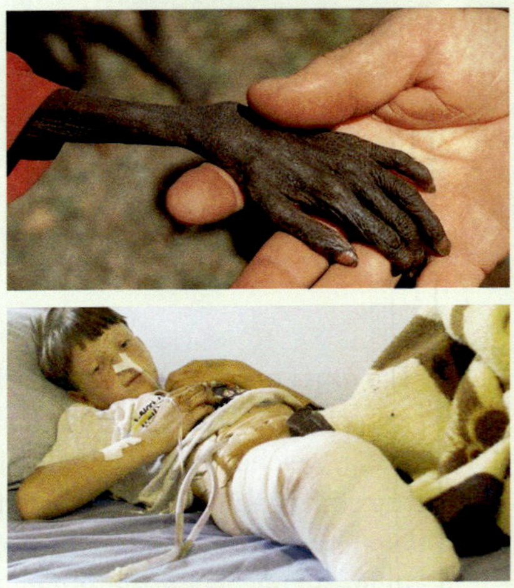

Unterernährung, Minenopfer

Grundrechte im Zielkonflikt

Eine Sitzblockade ist eine Form des politischen Protestes. Die Beteiligten setzen sich auf den Boden und verhindern so den regulären Betrieb beispielsweise auf einer Straße oder Zufahrt. Häufig geschieht dies an Orten, die symbolhaft für die bekämpften politischen Ziele stehen, z.B. vor Atomkraftwerken. Entweder beenden die Beteiligten den Sitzprotest selbst nach einer gewissen Zeit oder sie werden von Polizisten weggetragen. Sitzblockaden gelten als Form des zivilen Ungehorsams bzw. des zivilen Widerstandes.

Strafrechtlich wurde eine Sitzblockade früher stets als Nötigung bewertet. 1985 relativierte das Bundesverfassungsgericht (BVerfG) diese damals von der Rechtsprechung vertretene strenge Sichtweise des strafrechtlichen Gewaltbegriffs. Im Jahr 1995 entschied das BVerfG, dass die Sitzblockade vor ‚einem' Fahrzeug noch keine Gewalt darstelle (...). Eine Sitzblockade verbunden mit Anketten, Einhaken oder aktivem Widerstand gegen das Wegtragen wird auch vom BVerfG im Regelfall als Nötigung angesehen. (...)

(www.uni-protokolle.de/Lexikon/Sitzblockade.html / Abrufdatum: 20.03.2016)

Ich sitze nur auf den Schienen und rühre keinen Finger. Das soll Gewalt sein? Ich will doch nur verhindern, dass diese gefährlichen Atomtransporte weiter durch unser Land rollen.

Da zerren uns die Polizisten von den Gleisen, als wären wir Schwerverbrecher. Dabei wollen wir doch nur zum Nutzen aller gegen eine menschenverachtende Technologie demonstrieren. Umweltengagement ist viel wichtiger als das Einhalten kleinlicher Rechtsvorschriften.

Wo kommen wir denn hin, wenn einige meinen, ihr Anliegen sei so wichtig, dass sie beim Demonstrieren das Recht nicht mehr beachten müssen? Die Nächsten werfen dann Bomben, um für ihre „heilige Sache" zu kämpfen ...

In einer Demokratie darf jeder die Meinung vertreten, die er für richtig hält. Er muss sich dabei aber an die Spielregeln halten, die für alle gelten. Sitzblockaden gehören nicht dazu.

Wie sollen wir denn sonst die Menschen auf den Wahnsinn der Atomenergie aufmerksam machen? Ich habe Angst um die Zukunft der Menschheit – und da will man uns dann wegen der Teilnahme an einer Sitzblockade bestrafen?

Wer Straßen oder Eisenbahngleise blockiert, nimmt anderen die Bewegungsfreiheit. In einem Rechtsstaat darf das unter keinen Umständen geduldet werden, egal, wie die Demonstranten ihr Handeln begründen.

1 Setze dich anhand des Beispiels „Sitzblockade" mit der Problematik zwischen zivilem Ungehorsam und staatlichem Gewaltmonopol auseinander.

Aufgaben des Rechts

Menschen leben in Gemeinschaften zusammen. Dazu ist es erforderlich, dass Vorschriften und Verabredungen das Verhalten der Menschen regeln. Verhaltensregeln können sich aus überlieferten Lebensgewohnheiten, Glaubens- und Moralvorstellungen ergeben. Die Einhaltung solcher sozialen Normen wird zwar erwartet, man ist dazu jedoch nicht verpflichtet. Anders ist es beim Recht. Damit sind Verhaltensvorschriften gemeint, deren Einhaltung für alle verbindlich vorgeschrieben ist. Die Rechtsvorschriften setzen den Rahmen für die Ordnung des Zusammenlebens. Alle Menschen eines Landes sind dieser Rechtsordnung unterworfen.

Norm
Richtschnur, Vorschrift

Aufgaben des Rechts

A Das Recht sichert den Frieden
In einer Gesellschaft gibt es unterschiedliche Interessen, die unausweichlich zu Konflikten führen. Das Recht sorgt dafür, dass sie auf friedliche Weise in einem geregelten Verfahren ausgetragen werden.

B Das Recht gewährleistet die Freiheit
Das Recht gewährleistet die Freiheit des Einzelnen. In einer Gesellschaft, in der viele Menschen auf engem Raum zusammenleben, kann es aber keine uneingeschränkte Freiheit geben. Freiheit endet dort, wo das Recht des anderen beginnt.

C Das Recht gestaltet die Gesellschaft
In einem sozialen Rechtsstaat werden alle Bereiche des persönlichen, sozialen und wirtschaftlichen Lebens durch rechtliche Regelungen gestaltet. Gesetzliche Regelungen schützen die Schwächeren und sorgen für den Ausgleich sozialer Gegensätze.

D Das Recht regelt die privaten Rechtsbeziehungen
Das Recht schützt nicht nur Frieden und Freiheit, es stellt auch ein System von rechtlichen Regeln für Privatpersonen bereit. Innerhalb dieser für alle verbindlichen Regelungen handelt jeder Einzelne, wie er es für richtig hält.

Beispiele

1 Eine Journalistin darf in der Zeitung die Mächtigen kritisieren. Eine Zensur ist verboten.

2 Wenn ein Arbeitnehmer entlassen wird, hat er Anspruch auf Arbeitslosengeld.

3 Wer von einem anderen beleidigt wird, darf nicht einfach zuschlagen. Er muss Anzeige erstatten.

4 Wer will, kann durch ein Testament bestimmen, wie sein Vermögen auf die Erben aufgeteilt werden soll.

5 Gewalt verherrlichende Filme sind für Kinder und Jugendliche verboten.

6 Wer von einem anderen Geld zu bekommen hat, darf ihm nicht einfach etwas wegnehmen. Er muss sich an ein Gericht wenden.

7 Demonstranten dürfen ihre Meinung vertreten, auch wenn die Mehrheit der Bevölkerung anderer Ansicht ist.

8 Bei einer Ehescheidung wird die Unterhaltspflicht für die gemeinsamen Kinder geregelt.

Blane war ein Cowboy auf der Shiloh-Ranch. 6000 Rinder und so viel Land, dass man einen ganzen Tag brauchte, um von einem zum anderen Ende zu reiten. Zwischen dem Great River und den Torrey-Canyons gab es nichts anderes. Blane blickte in die untergehende Sonne. Ein freies Land, dachte er, mit freien Männern. …
Vor drei Tagen musste Blane einen Farmer erschießen. Komischer Vogel. Dachte, er könne sich mit ihm messen. Blane war immer noch schneller als alle anderen in der Gegend. Shiloh hatte den Sheriff hinausgeworfen, als er vorgestern auf die Ranch kam. Die Sache war doch klar, was wollte der denn noch. Blane sollte besoffen gewesen sein und den verdammten Typ provoziert haben. Der hätte sich gar nicht schießen wollen. Obwohl er einen Colt hatte. Wo kommen wir denn hin, wenn ich einem solchen Drecksack keine Kugel zwischen die Rippen feuern könnte? dachte Blane und gab seinem Pferd die Sporen. Ein Mann ist nur so viel wert wie sein Colt. Das ist hier im Westen das Gesetz. (…) V. Th.

(aus: Spiel mir das Lied vom Tod…, in: PZ Nr. 49 / Mai 1987, S. 20. Hg.: Bundeszentrale für politische Bildung, Bonn)

Sitzblockade von Kernkraftgegnern gegen den Transport von Atommüll

Der Staat ist verpflichtet, die Geltung des Rechts notfalls mit Gewalt zu erzwingen. Dafür hat er besondere Einrichtungen, z. B. die Gerichte, Polizei. Nur der Staat ist berechtigt, Gewalt auszuüben. Dieses staatliche Gewaltmonopol verhindert eine Herrschaft der Stärkeren und sichert so die Freiheit und das friedliche Zusammenleben der Bürger.

Monopol
Vorrecht, alleiniger Anspruch

1 Zu jeder Aufgabe des Rechts gehören zwei Beispiele. Ordne zu, indem du zur jeweiligen Überschrift die Nummern der beiden Beispiele notierst.
2 Erläutere das grundsätzliche Problem, das sich im Beispiel „Shiloh-Ranch“ zeigt.
3 Begründe, warum der Staat das „Gewaltmonopol“ besitzen muss.
4 „Jeder Mensch weiß doch, was richtig und was falsch ist. Wenn sich alle danach verhalten, braucht man keine Rechtsvorschriften!“ – Widerlege diese Behauptung.

1 Hilfe
Orientiere dich an den Kernbegriffen „Frieden“, „Freiheit“, „Gesellschaft“, „privat“

2 Hilfe
Wie verhält sich Blane? Wie begründet er sein Verhalten?

4 Hilfe
Überlege: Welcher Teil der Behauptung ist falsch? Warum ist er falsch?

Rechte und Pflichten von Jugendlichen

WEBCODE
SDL-11077-602
Stufen der Mündigkeit

Die Rechtsfähigkeit des Menschen beginnt mit seiner Geburt. Rechtsfähig sein heißt, in eigener Person Rechte und die damit zusammenhängenden Pflichten zu haben. So kann zum Beispiel ein Minderjähriger erben oder auch verpflichtet sein, Steuern zu zahlen – natürlich nur, wenn er Vermögen besitzt. Wer noch nicht 14 Jahre alt ist, ist nach dem Recht ein Kind. Die für Kinder wohl bedeutsamste Pflicht ist die Schulpflicht. Mit zunehmendem Alter wachsen Rechte und Pflichten. Mit 18 Jahren wird man volljährig, das bedeutet, dass man nun alle Rechte voll in Anspruch nehmen kann, aber auch die Pflichten voll tragen muss.

Die Rechte der Kinder und Jugendlichen (bis 18 Jahre)

Lebensalter

0 jedes Kind ist von Geburt an rechtsfähig

5 Namensänderung nur mit Einwilligung des Kindes

6 Beginn der allgemeinen Schulpflicht nach den Landesschulgesetzen; Kinobesuch bis 20 Uhr; Filme, PC-Spiele usw. „ab 6 Jahren“, mit Eltern auch Filme „ab 12 Jahren“

7 beschränkt geschäftsfähig; selbstständige Käufe mit dem eigenen Taschengeld; zivilrechtlich beschränkt deliktsfähig

12 Zustimmung bei einem Religionswechsel; Filme, PC-Spiele usw. „ab 12 Jahren“

13 leichte und geeignete Arbeiten sind stundenweise erlaubt

14 religionsmündig; Anhörungs- bzw. Mitentscheidungsrecht in familien- und sorgerechtlichen Fragen; bedingt strafmündig; Kinobesuch bis 22 Uhr

15 nach 9 Schuljahren endet die allgemeine Schulpflicht; Ende des Beschäftigungsverbots

Lebensalter

16
- ausweispflichtig
- meldepflichtig
- beschränkt testierfähig
- eidesfähig
- Eheschließung mit Zustimmung des Familiengerichts
- Besuch von Gaststätten, Discos und Kinos bis 24 Uhr
- Filme, PC-Spiele usw. mit Freigabe „ab 16“
- Bierkonsum in der Öffentlichkeit erlaubt
- Wahl zur betrieblichen Jugend- und Auszubildendenvertretung
- aktives Wahlrecht bei Kommunalwahlen*
- Führerschein A1, L, M, T

18
- volljährig
- voll geschäftsfähig
- prozessfähig
- deliktsfähig
- schuldfähig
- ehemündig
- aktives und passives Wahlrecht bei allgemeinen Wahlen
- Wahlrecht zum Betriebs- oder Personalrat
- Ende der Berufsschulpflicht**
- Führerschein Klasse A, B, BE, C, C1, CE, C1E

* in einigen Ländern
** alternativ; mit dem 21. Lebensjahr, mit Abschluss der Berufsausbildung

Quelle: Bergmoser + Höller Verlag AG   L&P / 6147

zivilrechtlich
Das Zivilrecht befasst sich mit Rechtsstreitigkeiten zwischen Privatpersonen.

deliktsfähig
Damit ist die Einsicht gemeint zu wissen, dass man etwas Strafbares tut oder eine unerlaubte Handlung begeht.

testierfähig
Mit Testierfähigkeit ist die Berechtigung gemeint, ein Testament abzufassen.

eidesfähig
Damit ist die Fähigkeit gemeint, eine Aussage vor Gericht durch einen Eid bekräftigen zu können.

Kommunalwahlen
Wahl zum Beispiel des Gemeinderats

prozessfähig
Damit ist die Fähigkeit gemeint, eine Gerichtsverhandlung selbst oder durch einen bestellten Vertreter führen zu dürfen.

aktives Wahlrecht
das Recht, wählen zu dürfen

passives Wahlrecht
das Recht, gewählt werden zu können

Erklärungen

1 Man muss einen Personalausweis besitzen.
2 Schon ein Säugling kann zum Beispiel erben oder klagen, also Rechtsgeschäfte tätigen. Für ihn handeln die Eltern oder der Vormund.
3 Vor Gericht kann man als Zeuge vernommen und vereidigt werden.
4 Jeder kann seine Religionszugehörigkeit selbst bestimmen, also zum Beispiel auch aus dem Religionsunterricht oder der Kirche austreten.
5 Unter bestimmten Voraussetzungen (zum Beispiel Zustimmung des Vormundschaftsgerichtes) darf man heiraten, wenn der Ehepartner volljährig ist.
6 Kinder können über ihr Taschengeld selbst verfügen.
7 Man darf wählen und kann sich zur Wahl aufstellen lassen.
8 Man wird bestraft, wenn man bei der Begehung der Tat von seiner Entwicklung her reif genug war zu wissen, dass man ein Unrecht begeht.
9 Unter bestimmten Voraussetzungen muss ein Kind für den Schaden haften, den es verursacht hat.
10 Ohne Genehmigung der Eltern darf nun geheiratet werden.
11 Man darf unbeschränkt Verträge abschließen und ist für alle eingegangenen Verpflichtungen haftbar.

Vormund
eine vom Gericht beauftragte Person, die die Fürsorge für eine Minderjährige, einen Minderjährigen wahrnimmt

1 Ordne den gelb unterlegten Fachausdrücken auf Seite 224 die Erklärungen 1 bis 11 zu.
2 Für euch gelten bereits eine Reihe dieser Bestimmungen. Nenne die, die dir bekannt sind.
3 Vervollständige die Sätze in den Sprechblasen mit den folgenden Bezeichnungen für die Altersstufen: Volljährige, Kind, Jugendlicher, Minderjährige.

3 Hilfe
Versuche zuerst, die Altersstufen in Form einer Tabelle aufzulisten.

Das Jugendschutzgesetz

In der Öffentlichkeit sind Kinder und Jugendliche vielfältigen Gefährdungen ausgesetzt. Das Jugendschutzgesetz will die noch nicht Erwachsenen vor diesen Gefahren und schädlichen Einflüssen schützen. Es regelt zum Beispiel den Verkauf und den Konsum von Tabak und Alkohol, den Verkauf und Verleih von Filmen und Computerspielen sowie den Aufenthalt in Gaststätten und bei Tanzveranstaltungen, etwa in Diskotheken. Bei Verstößen gegen das Jugendschutzgesetz werden nicht die Kinder oder Jugendlichen bestraft, sondern die Erwachsenen, zum Beispiel die Wirte oder Veranstalter.

Silke ist 14 Jahre alt geworden. Zu ihrem Geburtstag hat sie sich gewünscht, an einem Samstagabend mal ganz lange tanzen zu gehen. Ihr Vater hat ihr versprochen, mit ihr in der Kreisstadt in eine Diskothek zu gehen.

Fall 1

Ulrike und **Kareen**, beide 13 Jahre alt, freuen sich auf die Disco-Party, die der Stadtjugendring in ihrem Stadtteil veranstaltet. Da am nächsten Tag keine Schule ist, wollen die beiden möglichst lange bleiben und erst um 22 Uhr nach Hause gehen.

Fall 2

Carsten ist 12 Jahre alt. Als er von der Schule nach Hause kommt, findet er auf dem Küchentisch Geld und einen Zettel. Darauf steht, dass seine Mutter überraschend in die Kreisstadt fahren musste, weil der Opa ins Krankenhaus eingeliefert worden sei. Da sie erst spät zurückkommen würde, solle Carsten in der Gaststätte an der Ecke etwas essen.

Fall 3

Jugendschutzgesetz

§ 4 Gaststätten

(1) Der Aufenthalt in Gaststätten darf Kindern und Jugendlichen unter 16 Jahren nur gestattet werden, wenn eine personensorgeberechtigte oder erziehungsbeauftragte Person sie begleitet oder wenn sie in der Zeit zwischen 5 Uhr und 23 Uhr eine Mahlzeit oder ein Getränk einnehmen. Jugendlichen ab 16 Jahren darf der Aufenthalt in Gaststätten ohne Begleitung einer personensorgeberechtigten oder erziehungsbeauftragten Person in der Zeit von 24 Uhr bis 5 Uhr morgens nicht gestattet werden.

(2) Absatz 1 gilt nicht, wenn Kinder oder Jugendliche an einer Veranstaltung eines anerkannten Trägers der Jugendhilfe teilnehmen oder sich auf Reisen befinden.

§ 5 Tanzveranstaltungen

(1) Die Anwesenheit bei öffentlichen Tanzveranstaltungen ohne Begleitung einer personensorgeberechtigten oder erziehungsbeauftragten Person darf Kindern und Jugendlichen unter 16 Jahren nicht und Jugendlichen ab 16 Jahren längstens bis 24 Uhr gestattet werden.

(2) Abweichend von Absatz 1 darf die Anwesenheit Kindern bis 22 Uhr und Jugendlichen unter 16 Jahren bis 24 Uhr gestattet werden, wenn die Tanzveranstaltung von einem anerkannten Träger der Jugendhilfe durchgeführt wird oder der künstlerischen Betätigung oder der Brauchtumspflege dient.

§ 10 Rauchen in der Öffentlichkeit, Tabakwaren

(1) In Gaststätten, Verkaufsstellen oder sonst in der Öffentlichkeit dürfen Tabakwaren an Kinder und Jugendliche weder abgegeben noch darf ihnen das Rauchen gestattet werden.

personensorgeberechtigt
Personensorgeberechtigte sind die Eltern oder – in Ausnahmefällen – ein vom Familiengericht bestellter Vormund.

erziehungsbeauftragt
Erziehungsbeauftragte können Personen über 18 Jahre sein, die Erziehungsaufgaben wahrnehmen, zum Beispiel Lehrkräfte oder Ausbilder.

Jugendhilfe
Sammelbegriff für die staatlichen Maßnahmen zur Förderung von Kindern und Jugendlichen. Diese werden vom Land, vom Kreis oder von der Gemeinde durchgeführt.

Alterskennzeichen für Computer- und Videospiele in Deutschland

Seit dem 1. April 2008 gilt eine Erweiterung des Jugendschutzes. Die neuen Bestimmungen zielen vor allem darauf ab, Kindern und Jugendlichen den Zugang zu gewaltverherrlichenden Computerspielen und Videofilmen zu erschweren. Dazu wurde unter anderem Folgendes geregelt:
Wie schon bisher für Filme und Videos wird auch für Computerspiele eine Altersfreigabe eingeführt: freigegeben ab 6, 12, 16 oder 18 Jahren. Die Computerspiele dürfen nur an Kinder und Jugendliche abgegeben werden, die das erlaubte Alter haben. Verstößt ein Händler gegen diese Bestimmung, wird er mit einem Bußgeld bestraft. Die Alterskennzeichnung der Spiele muss auf der Hülle und direkt auf dem Datenträger ersichtlich sein.

Schon bisher konnte die Bundesprüfstelle jugendgefährdende Medien nach Prüfung auf eine Liste, den „Index" setzen. Was auf dieser Index-Liste steht, also „indiziert" wurde, darf an Kinder und Jugendliche nicht verkauft oder verliehen werden. Allerdings durfte die Bundesprüfstelle früher nur tätig werden, wenn ein Antrag gestellt wurde, zum Beispiel von einem Jugendamt. Nach der neuen Regelung kann die Bundesprüfstelle nun auch ohne Antrag prüfen, also von sich aus nach jugendgefährdenden Medien suchen.
Bücher, Videos, CDs, CD-ROMs und DVDs, die den Krieg verherrlichen oder Gewaltdarstellungen zeigen, sind für Kinder und Jugendliche grundsätzlich verboten, also auch ohne Indizierung durch die Bundesprüfstelle.

Bundesprüfstelle
Die Bundesprüfstelle ist zuständig für das Verbot jugendgefährdender Medien.

	Aussagen zum Jugendschutzgesetz	richtig	falsch
1	Das Jugendschutzgesetz soll Kinder und Jugendliche vor den Gefährdungen schützen, denen sie in der Öffentlichkeit ausgesetzt sind.		
2	Wenn ihre Eltern es ihnen erlauben, dürfen sich Kinder und Jugendliche zu jeder Zeit in Gaststätten aufhalten.		
3	Der Besuch einer öffentlichen Tanzveranstaltung ist Kindern und Jugendlichen unter 16 Jahren generell untersagt.		
4	Computerspiele dürfen an Kinder und Jugendliche nur dann abgegeben werden, wenn sie das Alter haben, ab dem das Spiel freigegeben ist.		
5	DVDs, die Gewaltdarstellungen zeigen und den Krieg verherrlichen, sind für Jugendliche nur dann verboten, wenn sie auf der Index-Liste stehen.		
6	Das Jugendschutzgesetz schützt Schüler und Schülerinnen auch gegen eine ungerechte Notengebung in der Schule.		
7	Verkauft ein Händler einem Jugendlichen eine für diesen noch verbotene CD, wird der Händler und nicht der Jugendliche bestraft.		

1 Untersuche die drei Fälle auf Seite 226.
2 Bei Verstößen gegen das Jugendschutzgesetz werden nicht die Kinder oder Jugendlichen bestraft, sondern die Erwachsenen, zum Beispiel Wirte oder Veranstalter. Erkläre, warum.
3 Notiere stichwortartig, wie durch die Erweiterung des Jugendschutzgesetzes versucht wird, Kinder und Jugendliche vor Gewaltdarstellungen zu schützen.
4 Notiere zu jeder Aussage in der Tabelle, ob sie richtig oder falsch ist. Stelle anschließend die falschen Aussagen richtig.

1 Hilfe
Entscheide zuerst, um welchen der Paragrafen es geht. Vergleiche dann genau die Gegebenheiten des Falls mit dem Gesetzestext. Was erlaubt jeweils das Jugendschutzgesetz?

Jugend und Rauchen

Rauchen hat viele unangenehme Folgen. Nicht nur, dass die Klamotten stinken und der Atem von Rauchern schon nach kurzer Zeit nach „Aschenbecher“ riecht. Viele Raucher bekommen Pickel und die Zähne verfärben sich im Laufe der Zeit gelb. Meistens tritt schon bei der ersten Zigarette ein Hustenreiz auf und beim ersten Lungenzug bekommen nicht wenige einen Hustenanfall. Spätestens daran müsste eigentlich jeder merken, wie schädlich das Rauchen für den Körper ist. Der Rauch enthält mehr als 250 giftige oder krebserregende Stoffe, darunter Nikotin, ein Zellgift. Das Nikotin einer einzigen verschluckten Zigarette ist beispielsweise für ein Kleinkind tödlich. Außerdem ist Nikotin eine Droge, von der man rasch abhängig werden kann. Ist jemand erst einmal abhängig, muss er immer mehr Zigaretten rauchen, obwohl er merkt, dass sein Körper allmählich davon zerstört wird.

Nicht alle Raucher und Raucherinnen erkranken an Krebs oder einer anderen durch das Rauchen ausgelösten Krankheit, aber das Risiko ist groß. Raucher sterben dreimal häufiger an einem Herzinfarkt als Nichtraucher. Als Raucher hat man im Durchschnitt eine sieben bis zehn Jahre kürzere Lebenserwartung. Allein in Deutschland sterben durch die Folgen des Zigarettenkonsums vorzeitig mehr Menschen als durch Alkohol, gesetzlich verbotene Drogen, Verkehrsunfälle, Aids, Morde und Selbsttötungen zusammen.

Schon das Rauchen von wenigen Zigaretten am Tag schädigt die Gesundheit. Es vermindert die Fitness und schränkt die sportliche Leistungsfähigkeit ein. Je mehr man raucht, desto eher geht einem „die Puste aus“.

Zigarettenrauch verpestet die Luft zehnmal stärker als moderne Dieselmotoren. Er ist nicht nur für die Raucher selbst gefährlich, auch die Menschen in ihrer Umgebung atmen den giftigen Rauch ein. Das nennt man Passivrauchen. Mehrere tausend Nichtraucher sterben jedes Jahr an Erkrankungen, die durch den Qualm von Rauchern verursacht wurden.

Rauchen kostet außerdem viel Geld. Wenn jemand z. B. täglich eine Schachtel Zigaretten raucht, kommt in einem Jahr eine Summe von fast 2000 Euro zusammen! Damit könnte man zum Beispiel eine tolle Urlaubsreise machen.

1 Erkläre, weshalb das Rauchen in Schulen grundsätzlich verboten ist.
2 Ermittle aus dem Text die negativen Seiten des Rauchens und notiere diese stichwortartig.
3 Nimm Stellung zu den Aussagen der drei Schüler.

Thema: Werbung gegen das Rauchen

Ein **Plakat** ist eine Gestaltung aus Bild und Text, die öffentlich ausgehängt wird. Ein Plakat soll Blicke anziehen und die Betrachter zum Nachdenken und Handeln anregen.

Vorbereitung

Ihr müsst zunächst festlegen, wen ihr ansprechen wollt und welche Aussage das Plakat enthalten soll. Dann müsst ihr überlegen, mit welchen Mitteln ihr euer Ziel erreichen könnt. Dabei geht es zum Beispiel um diese Fragen: Welches Wort oder welche Worte sollen besonders auffallen? Welche Zeichnung oder welches Foto passt dazu? Wie soll Farbe eingesetzt werden? Denkt bei all euren Überlegungen an den Leitsatz: „Ein gutes Plakat hat eine Idee (nicht zwei!), einen pfiffigen Slogan, ist spannend gestaltet und muss vom Autofahrer an der Ampel begriffen werden!" Überlegt auch, wo ihr die Plakate aufhängen wollt und wen ihr dafür um Erlaubnis fragen müsst.

Durchführung

Besorgt euch das notwendige Material, z. B. alte Tapeten- oder Papierrollen oder andere Plakate, deren Rückseite ihr verwenden könnt. Denkt an Farben, Stifte, Lineal, Zirkel usw. Buchstaben und Farbflächen könnt ihr aus farbigem Tonpapier ausschneiden. Fertigt zuerst Entwürfe und prüft sie kritisch: Versteht man auf Anhieb die Aussage des Plakats? Werden sich die Adressaten angesprochen fühlen? Ist die Gestaltung auffallend? Ihr könnt eure Entwürfe auch anderen zur Beurteilung vorlegen. Fertigt dann euer Plakat an.

Der **Galeriegang** stellt eine Möglichkeit dar, die Ergebnisse einer Gruppenarbeit zu präsentieren. Dies geschieht in Form von Plakaten o. Ä., die wie in einer Kunstgalerie aufgehängt oder auf Tischen ausgelegt werden. Von Galeriegang spricht man, weil bei dieser Methode jede Gruppe von einem Plakat zum nächsten geht, bis sie wieder an ihrem Ausgangspunkt angekommen ist.

Vorbereitung

Zunächst muss jede Gruppe ein Plakat, eine Wandzeitung, ein Bild oder einen Comic erstellen, auf dem das Arbeitsergebnis der Gruppe festgehalten wird. Die Plakate der verschiedenen Gruppen werden dann für den Galeriegang aufgehängt oder ausgelegt. Wichtig ist, den Klassenraum falls notwendig so umzuräumen, dass ein hindernisfreier Rundgang möglich ist. Außerdem sollte jedes Plakat mit einer Nummer versehen werden.

Durchführung

Die Schülerinnen und Schüler jeder Gruppe schauen sich zunächst ihr eigenes Plakat an und notieren, was ihnen wichtig erscheint. Dabei sollte auf folgende Fragen eingegangen werden:

- Welche Aussage oder Information enthält das Plakat?
- Was ist bei dem Plakat gut, was weniger gut gelungen?
- Sollte auf dem Plakat etwas anders dargestellt oder die zugrundeliegende Idee anders umgesetzt werden?
- Welche konkreten Vorschläge für Veränderungen, Verbesserungen und/oder Ergänzungen können festgehalten werden?

Auf Ansage der Lehrkraft wechselt jede Gruppe zum nächsten Plakat und die Schülerinnen und Schüler machen sich zu diesem Plakat Notizen. Während des Galeriegangs herrscht Sprechverbot. Am Ende steht jede Gruppe wieder vor ihrem eigenen Plakat.

Auswertung

An den Galeriegang schließt sich eine Diskussion über die Ausstellung an. Als Grundlage dienen dabei die Notizen zu den ausgestellten Plakaten, die jede Gruppe bei ihrem Rundgang angefertigt hat.

1 Gestaltet in Gruppenarbeit Plakate, die eure Mitschüler davon abhalten sollen, Raucher zu werden.

2 Führt den Galeriegang zum Thema „Werbung gegen das Rauchen" wie beschrieben durch.

Menschenrechte

Jeder Mensch hat Rechte, die ihm von Natur aus zustehen, ihm angeboren sind. Zu diesen Menschenrechten gehören u. a. das Recht auf Leben, das Recht auf persönliche Freiheit, das Recht auf Gleichheit vor dem Gesetz und das Recht auf Meinungsfreiheit. Die Menschenrechte sind unantastbar, d. h. keine Regierung darf einem Menschen diese Rechte absprechen.

Grundrechte im Grundgesetz

Wenn Menschenrechte in Verfassungen als grundlegende Rechte des Einzelnen schriftlich festgehalten sind, spricht man von Grundrechten. In unserer Verfassung, dem Grundgesetz, sind sie an erster Stelle in dem Abschnitt „Die Grundrechte" aufgeführt. Das Grundgesetz nennt in weiteren Abschnitten Rechte des Einzelnen, die als grundrechtsgleiche Bestimmungen" bezeichnet werden. Ein wesentlicher Gedanke in den Grundrechten ist der Schutz des Bürgers vor Übergriffen durch den Staat. Die Unverletzlichkeit der Wohnung, der Schutz vor Auslieferung an das Ausland oder der Anspruch auf den gesetzlichen Richter sind Beispiele für Unverletzlichkeitsrechte. Viele Grundrechte sollen die freie Entfaltung der Person sichern, wozu auch die Möglichkeiten zur Teilnahme an der politischen Willensbildung gehört. Zu den Freiheitsrechten zählen z. B. die Glaubensfreiheit, das Recht auf freie Meinungsäußerung und die Versammlungsfreiheit. Bestimmte Grundrechte sollen gewährleisten, dass jeder gleich behandelt wird und dass es keine Bevorzugung oder Benachteiligung durch den Staat gibt. Zu diesen Gleichheitsrechten gehören z. B. das Grundrecht auf Gleichheit vor dem Gesetz und die Gleichberechtigung von Mann und Frau.

Aufgaben des Rechts

In einer Gesellschaft gibt es unterschiedliche Interessen, die zu Konflikten führen. Das Recht ermöglicht es, diese Konflikte in geregelten Verfahren auf friedliche Weise auszutragen. So sichert das Recht den inneren Frieden. Weitere Aufgaben des Rechts sind, die Freiheit des Einzelnen zu gewährleisten, durch Regeln die Beziehungen zwischen den Menschen zu ordnen und die Entwicklung der Gesellschaft zu gestalten, z. B. durch rechtliche Regelungen zum Schutz der Schwächeren.

Jugendliche im Rechtsleben

Kinder und Jugendliche haben noch nicht die gleichen Pflichten, aber auch nicht die gleichen Rechte wie Erwachsene. Mit zunehmenden Alter wachsen Rechte und Pflichten. Ein Kind ab dem 7. Lebensjahr ist nur beschränkt geschäftsfähig und beschränkt deliktsfähig. Ein Jugendlicher ab dem 14. Lebensjahr ist bedingt strafmündig. Mit 18 Jahren wird man volljährig. Das bedeutet, dass man nun alle Rechte voll in Anspruch nehmen kann, z. B. Geschäftsfähigkeit, Ehemündigkeit. Man muss aber auch die Pflichten voll tragen, z. B. volle Strafmündigkeit.

Jugendschutzgesetz

In der Öffentlichkeit sind Kinder und Jugendliche vielfältigen Gefährdungen ausgesetzt. Das Jugendschutzgesetz will die noch nicht Erwachsenen vor diesen Gefahren und schädlichen Einflüssen schützen. Es unterscheidet dabei zwischen Kindern und Jugendlichen. Im Sinne des Gesetzes ist jeder unter 14 Jahren ein Kind. Ein Jugendlicher ist, wer zwischen 14 und 18 Jahre alt ist. Bei Verstößen gegen das Jugendschutzgesetz werden nicht die Kinder oder Jugendlichen bestraft, sondern die Erwachsenen, z. B. die Wirte oder Veranstalter.

Rauchen

Nach dem Jugendschutzgesetz dürfen Tabakwaren an Kinder und Jugendliche nicht verkauft werden. Es darf ihnen das Rauchen in der Öffentlichkeit nicht gestattet werden. Für manche Jugendliche hat Rauchen jedoch den Reiz des Verbotenen. Sie halten den Konsum von Zigaretten für „cool" und wollen damit in ihrer Clique angeben. Sie übersehen dabei, dass Rauchen gesundheitsschädlich ist, vor allem wenn man früh damit beginnt. Als Raucher hat man im Durchschnitt eine sieben bis zehn Jahre geringere Lebenserwartung.

Auch für Jugendliche gelten rechtliche Vorschriften

Der Zivilprozess

Rechtsstreitigkeiten zwischen Privatleuten werden in Zivilprozessen entschieden. Bei Streitigkeiten mit einem Wert bis 5000 € ist das Amtsgericht zuständig, bei einem höheren Streitwert das Landgericht. Die Familiengerichte bei den Amtsgerichten sind zuständig für Ehescheidungen und damit zusammenhängende Fragen, z. B. elterliche Sorge für die Kinder aus geschiedenen Ehen.

Beim Amtsgericht kann man die Klage entweder selbst schriftlich einreichen oder sie mündlich zu Protokoll geben. Beim Landgericht muss die Klage schriftlich durch einen Anwalt eingereicht werden. Aus der Klage muss hervorgehen, wen der Kläger verklagt, worum der Streit geht, wie der Anspruch begründet wird und welchen Antrag der Kläger stellt. Der Richter prüft, ob die Behauptungen des Klägers den Klageantrag rechtfertigen. Dann setzt er einen Verhandlungstermin fest und stellt dem Beklagten die Klageschrift zu. Kläger und Beklagter – auch „Parteien" genannt – stehen sich bei der mündlichen Verhandlung gleichberechtigt gegenüber. Das Gericht darf sich zur Wahrheitsfindung nur auf das stützen, was die beiden Parteien vorbringen (Zeugenaussagen, Gutachten usw.); es darf also nicht von sich aus Nachforschungen anstellen.

Ein Zivilprozess kann vor einem Urteil auch auf andere Weise beigelegt werden:

- Oft schließen Kläger und Beklagter einen Vergleich und legen den Streit durch gütliche Einigung bei.
- Der Kläger kann mit Zustimmung des Beklagten die Klage zurücknehmen.
- Der Beklagte macht die Klage gegenstandslos, z. B. indem er die vom Kläger geforderte Summe bezahlt.

Kommt es jedoch zu einem Urteil, dann muss das Gericht entscheiden, ob der Klage ganz oder teilweise stattgegeben oder ob sie abgewiesen wird. Im Urteil sind die Gründe aufgeführt, die für die Entscheidung des Gerichts maßgeblich waren. Im Urteil steht auch, welcher der Prozessbeteiligten die Kosten des Rechtsstreites zu tragen hat.

Protokoll
Bezeichnung für die Niederschrift einer Verhandlung oder Aussage

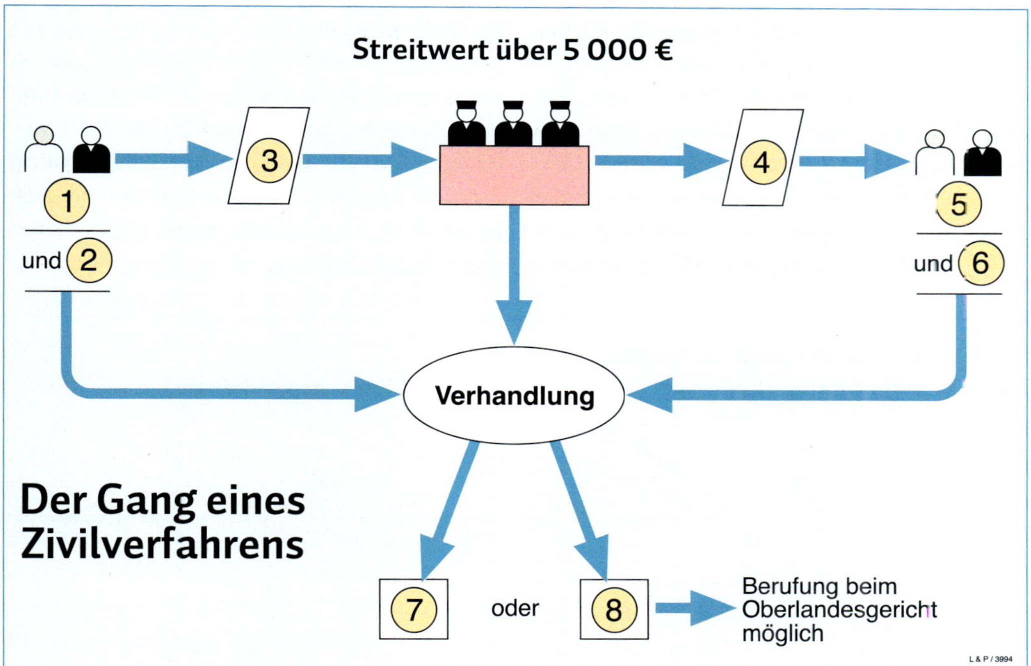

1 Beschreibe, worum es in einem Zivilprozess gehen kann. Notiere drei typische Beispiele.

2 Vervollständige das Schaubild, indem du die fehlenden acht Begriffe einsetzt. Verwende dazu das Arbeitsblatt oder notiere zu jeder Ziffer den zutreffenden Begriff.

1 Hilfe
Es muss um Rechtsstreitigkeiten zwischen Privatleuten gehen.

Der Strafprozess

Eine strafbare Handlung wird grundsätzlich vom Staat verfolgt. Die Polizei hat die Pflicht, alle Straftaten der Staatsanwaltschaft zu melden. Jeder, der von einer strafbaren Handlung erfährt, kann eine Strafanzeige erstatten.

Im **Vor- oder Ermittlungsverfahren** prüft die Staatsanwaltschaft, ob es sich wirklich um eine Straftat handelt und wer der mutmaßliche Täter ist. Zu diesen Ermittlungen beauftragt die Staatsanwaltschaft die Polizei. Während des Ermittlungsverfahrens kann die Staatsanwaltschaft beim Ermittlungsrichter beantragen, den Beschuldigten in Untersuchungshaft zu nehmen, z. B. bei Fluchtgefahr. Auch Maßnahmen wie z. B. die Durchsuchung der Wohnung, die Beschlagnahme von Gegenständen oder die Überwachung des Telefons müssen vom Richter genehmigt werden.

Die Staatsanwaltschaft ist verpflichtet, bei ihren Ermittlungen nicht nur belastende, sondern auch entlastende Gesichtspunkte zu berücksichtigen. Wenn der Verdacht begründet erscheint, erhebt die Staatsanwaltschaft beim zuständigen Gericht Anklage. Grundsätzlich kann nur die in der Anklageschrift beschriebene Tat später Gegenstand der Gerichtsverhandlung und des Urteils sein. Bei weniger gewichtigen Straftaten kann die Staatsanwaltschaft, statt Klage zu erheben, unter bestimmten Voraussetzungen einen Strafbefehl beantragen, den das Gericht dann ohne Hauptverhandlung erlässt. Die weitaus größte Zahl der Ermittlungsverfahren endet mit der Einstellung, z. B. wenn der Täter nicht ermittelt werden kann oder wenn sich kein hinreichender Tatverdacht ergeben hat. Das Verfahren kann auch eingestellt werden, wenn die Schuld des Täters gering ist und kein Interesse der Allgemeinheit an der Strafverfolgung besteht. Das zuständige Gericht muss damit jedoch einverstanden sein. Im **Zwischenverfahren** prüft das zuständige Gericht die Anklageschrift der Staatsanwaltschaft und entscheidet, ob ein hinreichender Verdacht auf eine strafbare Handlung vorliegt. Wenn nicht, lehnt das Gericht eine Verhandlung ab. Ist jedoch mit Wahrscheinlichkeit eine Verurteilung zu erwarten, dann eröffnet das Gericht das sogenannte Hauptverfahren und setzt den Termin für die Hauptverhandlung fest.

Die Verhandlung im **Hauptverfahren** ist grundsätzlich öffentlich, allerdings können die Zuhörer in bestimmten Fällen ausgeschlossen werden. Die Verhandlung beginnt mit der Vernehmung des Angeklagten zur Person, dann verliest der Staatsanwalt die Anklage. Bevor der Richter den Angeklagten zu den Vorwürfen befragt, belehrt er ihn über sein Recht zur Aussageverweigerung. Wenn er will, kann der Angeklagte sich durch einen Rechtsanwalt verteidigen lassen. Wenn es um eine Straftat geht, die mit einer Freiheitsstrafe von mindestens einem Jahr geahndet wird, ist ein Verteidiger vorgeschrieben.

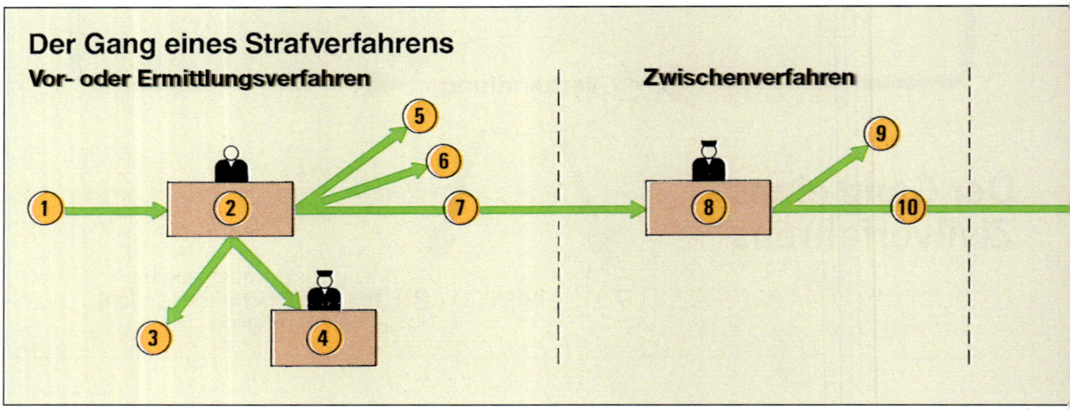

1 Notiere zu jeder Ziffer eines der unterlegten Stichwörter oder benutze das Arbeitsblatt.

Strafvollzugsanstalt

Häftling in seiner Zelle

Die Beweisaufnahme ist ein wichtiger Teil der Hauptverhandlung. Oft werden Zeugen vernommen. Sie sind verpflichtet die Wahrheit zu sagen und müssen damit rechnen, dass sie ihre Aussage beschwören müssen. Wer bewusst eine falsche Aussage beschwört, macht sich wegen Meineid strafbar. Auch aus Nachlässigkeit falsch gemachte Zeugenaussagen werden bestraft. Zur Beweisaufnahme können auch die Vernehmung von Sachverständigen oder die Besichtigung des Tatortes gehören. Nach der Beweisaufnahme kommt zuerst der Staatsanwalt, dann der Verteidiger zu Wort. Beide tragen in ihren Schlussreden dem Gericht ihre Ansicht über den Fall vor und beantragen eine bestimmte Strafe oder Freispruch. Danach erhält der Angeklagte grundsätzlich noch einmal das Wort. Das Gericht zieht sich dann zur nichtöffentlichen Urteilsberatung zurück. Zum Schluss der Hauptverhandlung verkündet der Richter „Im Namen des Volkes“ das Urteil und begründet es. Das Urteil kann entweder eine bestimmte Strafe aussprechen, auf Freispruch lauten oder die Einstellung des Verfahrens anordnen. Werden innerhalb einer Woche keine Rechtsmittel eingelegt, wird das Urteil also nicht angefochten, dann ist es rechtskräftig.

Schlussrede
Auch Plädoyer genannt. Am Ende einer Gerichtsverhandlung tragen Staatsanwalt und Verteidiger ihre Ansicht über den Fall vor und welches Urteil sie beantragen.

Rechtsmittel
eine gesetzlich vorgesehene Möglichkeit, ein noch nicht rechtskräftiges Urteil anzufechten

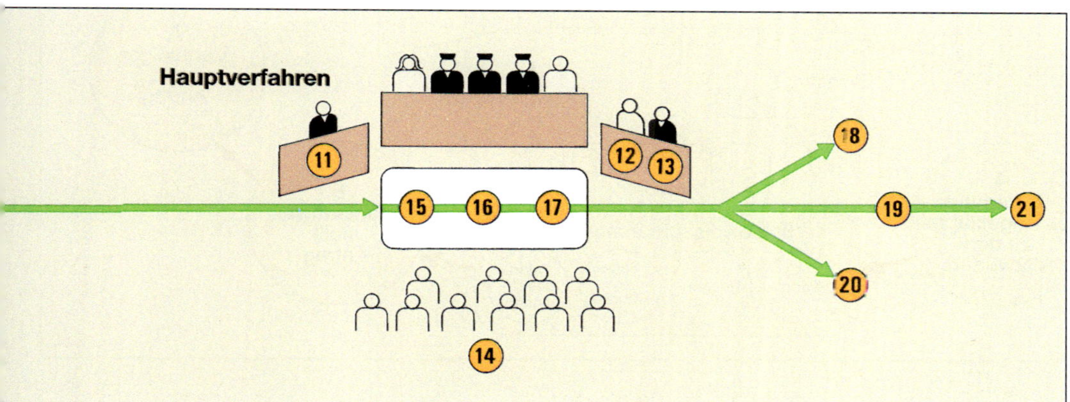

2 Begründe: Warum muss jeder Schritt in einem Strafverfahren genau festgelegt sein?

2 Hilfe
Denke dabei auch an Grundsätze wie Gleichheit und Öffentlichkeit.

Thema: Gerichtsverhandlung

Verhandlungen gegen Jugendliche sind grundsätzlich nicht öffentlich. Schulklassen können den Ablauf eines Strafprozesses jedoch bei einer Verhandlung gegen einen Erwachsenen kennenlernen. Meist werden dazu in einem Amtsgericht Verhandlungen vor einem Einzelrichter oder vor einem Schöffengericht besucht. Ein Prozess kann mitunter lange dauern, sodass man nur einen Teil der Verhandlung beobachten kann. Dann sollte man später nachfragen, wie der Prozess ausgegangen ist. Eine Möglichkeit dazu besteht darin, den Richter zu einem Gespräch in den Unterricht einzuladen. Die Übersicht zeigt den Ablauf einer Hauptverhandlung. Er ist bei allen Verhandlungen gleich, also beim Einzelrichter ebenso wie beim Schöffengericht.

Fragen zum äußeren Ablauf

1. Vor welchem Gericht wird die Verhandlung durchgeführt?
2. Wie viele Personen sind am Prozess beteiligt?
3. Hat der Angeklagte einen Verteidiger?
4. Treten Zeugen auf? Werden sie vereidigt?
5. Gibt es Sachverständige?
6. Gibt es weitere Zuhörer?
7. Ist die Presse vertreten?
8. Beobachtungen zum äußeren Ablauf, z. B. Kleidung der Richter, Auftreten von Polizeibeamten …

Fragen zum verhandelten Fall

1. Was wird dem Angeklagten vom Staatsanwalt vorgeworfen?
2. Über welche Rechte wird er vom Richter belehrt?
3. Welche Beweismittel werden in der Beweisaufnahme vorgebracht?
4. Welche Meinung vertritt der Staatsanwalt in seinem Plädoyer, also seiner Schlussrede? Welchen Antrag stellt er?
5. Welche Meinung vertritt der Verteidiger in seiner Schlussrede? Welchen Antrag stellt er?
6. Wie lautet das Urteil?

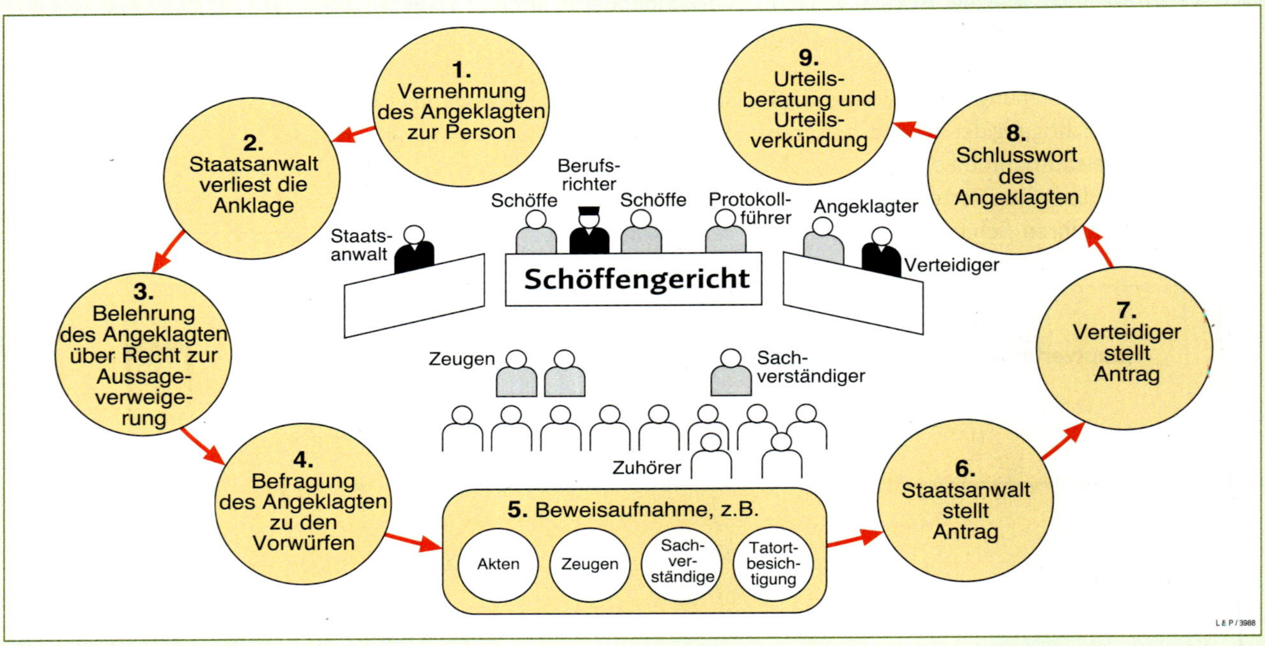

1 Gerichtsverhandlung: Welche Teile der Hauptverhandlung konntest du beobachten?
2 Verwende den Fragenkatalog zum Notieren deiner Beobachtungen.

A Die Staatsanwältin beauftragt die Polizei, in der Gaststätte „Krone“ Ermittlungen durchzuführen. Dabei erinnert sich Clara Weißgerber wieder an ihre Beobachtung und gibt den Polizeibeamten den Hinweis auf Sven Neumann.

B Clara Weißgerber, die 56-jährige Bedienung in der „Krone“, steht am Schanktisch und trocknet gespülte Gläser ab. Dabei fällt ihr Blick durch die offene Tür in den Gang zur Toilette und zum Nebenzimmer. In dem Gang hängt neben der Garderobe ein Spiegel. Im Spiegel sieht sie Sven Neumann, den sie als Stammgast gut kennt. Sie sieht, wie er eine Kamera vor seine Augen hebt. Komisch, denkt sie, was will der denn fotografieren? In diesem Augenblick ruft ein Gast seine Bestellung.

C Eine Richterin des Amtsgerichts erhält die Anklageschrift der Staatsanwältin zur Prüfung.

D In der Gaststätte „Krone“ findet am Abend im Nebenzimmer eine Geburtstagsfeier statt. Die Gäste haben ihre Mäntel und Jacken an die Garderobenhaken im Gang vor dem Nebenzimmer gehängt. Tanja Volz, eine 32-jährige Reiseverkehrskauffrau, hat ihren Mantel dort ebenfalls aufgehängt. In der linken Manteltasche steckt ihre kleine Digitalkamera, für die sie erst vor kurzem 549 Euro bezahlt hat.

E Die Staatsanwältin beantragt bei der zuständigen Ermittlungsrichterin eine Durchsuchung der Wohnung von Sven Neumann. Dabei finden die Polizeibeamten die Kamera von Frau Volz. Sven Neumann streitet den Diebstahl zunächst ab, gibt ihn dann aber doch zu.

F Da ein hinreichender Verdacht auf eine strafbare Handlung vorliegt, für die das Gesetz als Strafrahmen eine Freiheitsstrafe bis zu fünf Jahren vorsieht, eröffnet die die Anklageschrift prüfende Richterin das Hauptverfahren und setzt einen Termin für die Gerichtsverhandlung fest.

G Am Stammtisch in der „Krone“ sitzt an diesem Abend auch der 24-jährige Sven Neumann. Er hat schon einige Bier getrunken und muss auf die Toilette. Auf dem Rückweg streift er die im Gang aufgehängte Garderobe der Geburtstagsgäste. Er spürt in einem Mantel einen Gegenstand – die Digitalkamera von Tanja Volz. Neugierig geworden nimmt er sie aus der Manteltasche, betrachtet sie, hebt sie vor seine Augen. Eine solche Kamera will er schon lange haben! Er steckt sie in seine Tasche. Sven Neumann ist sich sicher, dass niemand seinen Diebstahl beobachtet hat.

H Die Anzeige wird an die zuständige Staatsanwaltschaft weitergeleitet und dort bearbeitet.

I Die Staatsanwältin erhebt beim zuständigen Amtsgericht Anklage gegen Sven Neumann wegen Diebstahls.

J In der Nacht auf dem Heimweg bemerkt Tanja Volz das Fehlen ihrer Digitalkamera. Da sie sicher ist, dass sie diese in der Manteltasche hatte, erstattet sie am nächsten Vormittag Anzeige bei der örtlichen Polizeidienststelle.

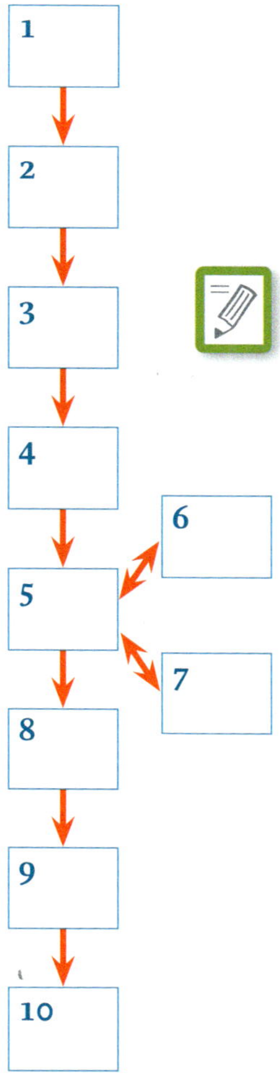

Die Hauptverhandlung zu diesem Fall könnt ihr als Rollenspiel durchführen. Die Informationen dazu findet ihr auf den nächsten Seiten.

1 Die zehn Beschreibungen zum Fall sind ungeordnet. Bringe sie in die richtige Reihenfolge. Benutze das Arbeitsblatt und notiere in jedes Kästchen den entsprechenden Buchstaben.

2 Notiere in jedes Kästchen ein passendes Stichwort.

Thema: Gerichtsverhandlung

Bei einem Rollenspiel übernimmt man eine Rolle und spielt das Verhalten einer anderen Person in einer vorgegebenen Situation. Eine Rollenspielerin oder ein Rollenspieler versetzt sich also in die Lage einer anderen Person und versucht, deren Interessen und Ansichten im Spiel zu verdeutlichen. Durch Rollenspiele können menschliche Verhaltensweisen dargestellt, beobachtet und besprochen werden.

Mit diesem Rollenspiel soll die Hauptverhandlung des auf Seite 235 beschriebenen Diebstahl-Falles dargestellt werden. Wie die Hauptverhandlung eines Strafprozesses abläuft, zeigt das Schema auf Seite 233.

Besprecht zunächst die Ausgangslage gemeinsam. Dann werden die Rollen auf Gruppen aufgeteilt. Jede Gruppe überlegt sich für ihre Rolle Argumente, Verhaltensweisen usw. Dann wählt die Gruppe eine Spielerin oder einen Spieler aus. Die anderen beobachten das Spiel und machen sich Notizen.

Im Zusammenhang mit diesem Rollenspiel sind die folgenden Bestimmungen aus dem Strafgesetzbuch von Bedeutung:

§ 242 Diebstahl

(1) Wer eine fremde bewegliche Sache einem anderen in der Absicht wegnimmt, die Sache sich oder einem Dritten rechtswidrig zuzueignen, wird mit Freiheitsstrafe bis zu fünf Jahren oder mit Geldstrafe bestraft.
(2) Der Versuch ist strafbar.

§ 56 Strafaussetzung

(1) Bei der Verurteilung zu Freiheitsstrafe von nicht mehr als einem Jahr setzt das Gericht die Vollstreckung der Strafe zur Bewährung aus, wenn zu erwarten ist, dass der Verurteilte sich schon die Verurteilung zur Warnung dienen lassen und künftig auch ohne die Einwirkung des Strafvollzugs keine Straftaten mehr begehen wird. Dabei sind namentlich die Persönlichkeit des Verurteilten, sein Vorleben, die Umstände seiner Tat, sein Verhalten nach der Tat, seine Lebensverhältnisse und die Wirkung zu berücksichtigen, die von der Aussetzung für ihn zu erwarten sind.
(2) ...

Rollenkarten

Rollenkarte: Angeklagter

Du bestreitest die Tat nicht, willst aber darauf hinweisen, dass das ein einmaliger „Ausrutscher“ war. Du hast die Tat nicht geplant, sondern bist durch die Umstände der Versuchung erlegen. Vielleicht hattest du an dem Abend der Tat zu viel Alkohol getrunken. Du findest es unverantwortlich, wenn andere ihre Wertgegenstände so einfach in Taschen stecken lassen. Da wird man ja geradezu zum Diebstahl verlockt.

Rollenkarte: Richterin
Rollenkarte: Schöffin/Schöffe

Ihr bildet zu dritt das Gericht, das am Ende der Gerichtsverhandlung nach einer Beratung das Urteil fällen muss. Vorher führt die Richterin als Vorsitzende die Verhandlung. Die Schöffen dürfen selbstverständlich auch Fragen stellen. Bei der Urteilsfindung seid ihr an den Strafrahmen des Gesetzes gebunden. Ihr müsst auch prüfen, ob eine Strafaussetzung zur Bewährung möglich und angebracht ist. Euer Urteil enthält das Strafmaß und eine Begründung, die eure Sichtweise zur Straftat und zum Täter zusammenfasst.

Rollenkarte: Staatsanwältin

Aufgrund der Ermittlungen der Polizei musstest du Anklage gegen Sven Neumann erheben. Als Anklägerin vertrittst du die Interessen der Allgemeinheit, die daran interessiert ist, strafbare Handlungen zu verhüten und die Rechtsordnung zu verteidigen. In der Verhandlung ist es deine Aufgabe, die Schuld des Angeklagten zu beweisen. Am Ende der Verhandlung stellst du einen Antrag, wie die Strafe lauten soll. Dabei musst du den gesetzlichen Strafrahmen berücksichtigen. Du musst auch überlegen, ob die Strafe möglicherweise zur Bewährung ausgesetzt werden kann.

Rollenkarte: Strafverteidiger

Du bist als Rechtsanwalt mit der Verteidigung des Angeklagten beauftragt. Die Staatsanwaltschaft hat dich über die Anklage informiert. Du hast die Möglichkeit, Fragen an Zeugen und den Angeklagten zu stellen. Du vertrittst die Interessen des Angeklagten und bist daher bestrebt, alles zur Sprache zu bringen, was günstig, entlastend für ihn sein könnte. Am Ende der Verhandlung fasst du deine Argumente zusammen und stellst einen Antrag. Der darf nicht unrealistisch sein und muss das Ergebnis der Verhandlung und den Strafrahmen des Gesetzes berücksichtigen.

Rollenkarte: Zeugin

Als Zeugin bist du verpflichtet, das zu berichten, was du wahrgenommen hast. Du darfst nichts hinzufügen und nichts weglassen. Da du mit dem Angeklagten nicht verwandt bist, hast du kein Recht auf Zeugnisverweigerung. Wenn sich herausstellt, dass du absichtlich eine falsche Aussage gemacht hast, wirst du bestraft.

1 Führt die Gerichtsverhandlung als Rollenspiel durch.

Integration
Eingliederung von Personen oder Personengruppen in die Bevölkerungsmehrheit

Aggression
Angriffsverhalten mit dem Ziel, andere zu schädigen oder zu verletzen

Jugendliche Ladendiebin

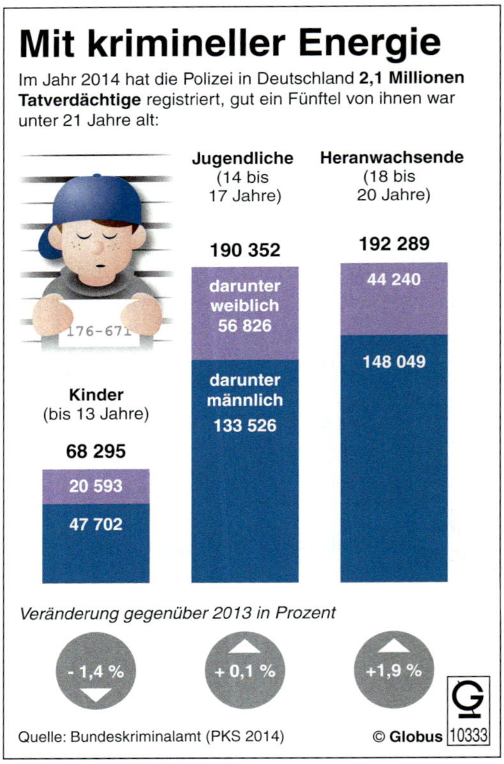

1
Viele Jugendliche sind auf „Haben" programmiert. Hinzu kommt der Gruppenzwang. Um in der Clique mithalten zu können, sind dann auch illegale Mittel wie Klauen geeignet.

2
Mängel bei der Integration junger Ausländer sind häufig die Ursache für Kriminalität. Sie sprechen kaum deutsch, haben Schulschwierigkeiten und sind stark von Arbeitslosigkeit betroffen. Hinzu kommen oftmals Konflikte mit den Eltern und Großeltern. Fehlende Kontakte zur einheimischen Bevölkerung, mangelndes Vertrauen in den Staat, Abschottung, Gruppenbildung, Aggression und Gewalt sind oft die weiteren Stationen auf dem Weg in die Kriminalität.

3
Insbesondere die fehlende Zukunftsperspektive macht Jugendliche aggressiv, z. B., wenn sie feststellen müssen, dass ihr Schulabschluss nicht ausreicht, um eine Lehrstelle zu bekommen.

4
Manche Jugendliche wollen durch Gewalt und Mobbing das eigene Gefühl der Unterlegenheit ausgleichen. Das äußert sich dann in Gewalt gegen andere Jugendliche, denn die sind es ja, an denen man sich selbst misst.

5
Viele Menschen, die sich wirtschaftlich am Rande fühlen, streben danach, mithalten zu können – notfalls auch mit kriminellen Mitteln. Dadurch gleiten Jugendliche in Delikte wie Ladendiebstahl, Diebstahl und Raub hinein.

„Er sagt: Schuldig sei die Vernachlässigung der Jugend, der Mangel an jugendgerechtem Städtebau und die Nachahmungswirkung des Fernsehens."

1 Analysiere die Grafik „Mit krimineller Energie".
2 In den Sprechblasen nennen Fachleute Ursachen zur Jugendkriminalität. Notiere jede Ursache in einem Satz.
3 Interpretiere die Karikatur.

3 Hilfe
Wer zählt die Schuldigen auf? Was sagt das aus?

Als Jugendlicher vor Gericht

E

Wird eine Straftat aufgedeckt, erfolgt eine Anzeige. Die Staatsanwaltschaft ermittelt dann den Sachverhalt. Ist der Tatverdächtige jünger als 21 Jahre, dann wird der Fall von einem besonders geschulten Staatsanwalt – dem Jugendstaatsanwalt – bearbeitet. Im Auftrag der Staatsanwaltschaft untersucht die Polizei die Umstände der Tat, befragt Zeugen oder vernimmt den Beschuldigten. Bei Jugendlichen wird die Jugendgerichtshilfe, z. B. ein Sozialarbeiter des Jugendamtes, eingeschaltet. Er berichtet über die Persönlichkeit des Jugendlichen, seine Entwicklung und seine Lebensumstände.

Sind die Ermittlungen abgeschlossen, dann entscheidet der Jugendstaatsanwalt, ob eine Einstellung des Verfahrens, z. B. wegen Geringfügigkeit, möglich ist oder ob er Anklage erheben muss. In leichteren Fällen kann der Jugendstaatsanwalt dem Jugendgericht vorschlagen, auf eine Verhandlung zu verzichten

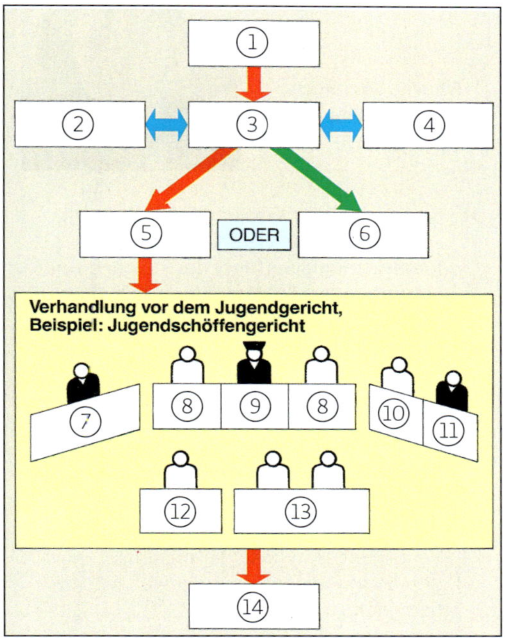

Während einer Gerichtsverhandlung

und dafür bestimmte Erziehungsmaßnahmen anzuordnen. Kommt es zur Anklage, wird eine Jugendgerichtsverhandlung durchgeführt. Es hängt von der Schwere der Straftat ab, ob beim Amtsgericht der Jugendrichter als Einzelrichter oder das Jugendschöffengericht (ein Berufsrichter und zwei Schöffen) zuständig ist. Für besonders schwere Strafen ist beim Landgericht die Jugendkammer (drei Berufsrichter, zwei Schöffen) zuständig. Schöffen sind ehrenamtliche Richter, wobei Jugendschöffen in der Erziehung besonders erfahren sein sollten.

Die Anklage wird vom Jugendstaatsanwalt erhoben. Ein jugendlicher Angeklagter kann sich von einem Rechtsanwalt verteidigen lassen. Bei der Verhandlung ist ein Vertreter der Jugendgerichtshilfe anwesend, der über die persönliche Entwicklung des Angeklagten berichtet oder zu Maßnahmen des Gerichts Stellung nimmt. Die Erziehungsberechtigten des Angeklagten dürfen und sollen an der Verhandlung teilnehmen. Sonst jedoch ist eine Verhandlung gegen Jugendliche nicht öffentlich.

Die Verhandlung endet mit dem Urteil. Entweder wird der jugendliche Angeklagte freigesprochen oder es wird eine Maßnahme des Jugendstrafrechts auf ihn angewendet.

1 Ordne die im Text gelb unterlegten Wörter so in die Grafik ein, dass der Ablauf eines Strafverfahrens gegen Jugendliche deutlich wird. Benutze dazu entweder das Arbeitsblatt oder notiere zu den Kreisziffern ① bis ⑭ jeweils den passenden Begriff.

2 Beschreibe, worin sich ein Strafverfahren gegen Jugendliche von einem Prozess gegen Erwachsene unterscheidet. Warum gibt es wohl Unterschiede?

2 Hilfe
Vergleiche mit dem Ablauf eines Prozesses wie auf Seite 232 und 233 dargestellt.

Streitfall: Strafmündigkeit

Der Fall Christopher M.

Er hatte geprügelt, geraubt und mit einer Pistole geschossen. 160-mal kam Christopher M. in seinem jungen Leben mit dem Gesetz in Konflikt. Bestraft wurde er nie. Denn er war zur Zeit der Taten noch nicht 14 Jahre alt, rechtlich also noch ein Kind. Nach deutschem Recht gilt ein Kind als strafunmündig, es kann also für von ihm begangene Taten strafrechtlich nicht zur Verantwortung gezogen werden. Bei Straftaten von Kindern darf der Staat nur eingreifen, wenn die Eltern in der Erziehung versagt haben. Nach dem Kinder- und Jugendhilfegesetz von 1991 sollen die Jugendämter in solchen Fällen durch Erziehungsberatung, soziale Gruppenarbeit, Erziehungsbeistandschaft, Heimerziehung u. Ä. betroffene Kinder in ihrer sozialen Entwicklung fördern und unterstützen.

Beispiele aus Christophers Sündenregister:

- Einbruch in ein Blumengeschäft, Beute: 275 Euro
- Einbruch in zwei Wohnungen
- Christopher demoliert sechs Autos, einen Bagger, eine Telefonzelle
- Er schießt mit einer 38er Smith & Wesson auf einen Güterzug
- Einbruch in einen Kindergarten
- Christopher verprügelt einen Elfjährigen, erbeutet 6,50 Euro und eine Fahrkarte

Strafmündigkeit schon mit 12 Jahren?

PRO

Ich bin für Strafmündigkeit ab 12 Jahren. Es ist doch heute so, dass …

- Die Vorstellung, dass jungen Menschen erst nach dem 14. Geburtstag zwischen Recht und Unrecht unterscheiden können, ist überholt. Ein 13-jähriger Handtaschenräuber weiß sehr wohl, dass er etwas Unrechtes tut.
- Entscheidend ist doch, dass einem jungen Menschen bei einer Rechtsverletzung von der Gesellschaft ein deutliches Signal gesetzt wird, dass er auf dem falschen Weg ist. Je früher, desto besser!
- Es geht nicht darum, 12-Jährige ins Gefängnis zu stecken. Auch bei über 14-Jährigen muss der Jugendrichter sorgfältig prüfen, was für die weitere Entwicklung des Täters am besten ist.

KONTRA

Ich sehe das anders. Ein Zwölfjähriger weiß noch gar nicht, was …

- Bei wachsender Armut in unserer Gesellschaft und vielen in der Erziehung überforderten Familien lenkt der Ruf nach einer Herabsetzung des Alters für die Strafmündigkeit von den Ursachen der zunehmenden Kinderkriminalität ab.
- Die Strafmündigkeit erst bei 14 Jahren beginnen zu lassen, ist wohlüberlegt, denn die moralische Urteilsfähigkeit, also das Norm- und Unrechtsbewusstsein, ist bei Kindern noch nicht ausgeprägt.
- Es bringt doch nicht, angesichts der Verlockungen in unserer Konsumgesellschaft einen 12-jährigen Ladendieb bestrafen zu wollen.

1 Hilfe
Beziehe in deine Antwort auch den Fall Christopher ein.

1 Streitfall Strafmündigkeit: Was ist hier der entscheidende Punkt?
2 Pro und kontra: Untersuche, wie jede Seite argumentiert.
3 Welche Position vertrittst du persönlich? Begründe mit mindestens vier Argumenten deine Position vor der Klasse.

E

Mit Resozialisierung ist gemeint, dass ein Rechtsbrecher durch die Strafe fähig gemacht werden soll, künftig ein Leben ohne Straftaten zu führen. Dem Gefangenen soll also geholfen werden, sich wieder in die Gesellschaft einzugliedern. Um dieses Ziel zu erreichen, gibt es unterschiedliche Formen des Strafvollzugs. Im geschlossenen Vollzug geht es vor allem darum, eine Flucht von Gefangenen und damit eine Gefahr für die Allgemeinheit zu verhindern. Im offenen Vollzug werden die Gefangenen weniger intensiv überwacht, haben eine größere Bewegungsfreiheit und arbeiten teilweise tagsüber auch außerhalb der Vollzugsanstalt. Der folgende Bericht über ein Jugendgefängnis beschreibt eine Form des halboffenen Vollzugs.

(...) Mit durchschnittlich neun Monaten Verweildauer müssen es die Gefangenen hier ohnehin nicht allzu lange aushalten. In dieser Zeit können die Jugendlichen einen Schulabschluss machen oder eine Lehre absolvieren. Vor allem aber geht es Anstaltsleiter Andreas Wagner darum, den jungen Straftätern beizubringen, wie ein geregelter Tagesablauf aussieht: „Die meisten kommen aus sehr ungünstigen sozialen Verhältnissen, wo zum Beispiel die Mutter trinkt und kein Vater da ist. Die sind oft von Anfang an auf der schiefen Bahn." Geborgenheit kann ein Jugendgefängnis nicht bieten, dafür aber einen klar strukturierten Alltag.

Morgens um sechs werden die Jungs geweckt, bis um sieben haben sie gefrühstückt und ihre Zellen gereinigt, danach beginnen Arbeit oder Unterricht. Mittagessen gibt es in drei Schichten, schließlich haben nicht alle der knapp 190 Gefangenen auf einmal im Speisesaal Platz. Am Nachmittag ist eine Stunde Hofgang vorgesehen, danach Duschen, Abendessen und später ein bisschen Freizeit. Um Punkt zehn Uhr geht in den Zellen das Licht aus.

„War schon ungewohnt, das frühe Aufstehen", räumt Michael ein (Name geändert). Nach seiner Ankunft hatte der 18-Jährige Heimweh, schließlich muss man sich an diesem Ort einem strengen Reglement fügen. Auf Mauern mag der Justizvollzug ausnahmsweise verzichten – die Zellen sehen hier trotzdem aus wie in jeder anderen Haftanstalt. Nur das Nötigste ist auf den neun Quadratmetern zu finden: Bett, Schrank und Schreibtisch, alles aus Furnierholz. Und im Fensterrahmen eine Reihe Gitterstäbe aus extrahartem Stahl.

Den Hauptschulabschluss hatte Michael schon, als er in Laufen ankam. Das war vor mehr als einem Jahr. Die Zeit im Knast hat er genutzt, um sich auf ein Leben danach vorzubereiten – den Grundlehrgang Bau hat Michael schon abgeschlossen. (...)

Das gilt auch für die halbjährigen Grundlehrgänge für Gebäudereiniger, Schweißer oder Landschaftspfleger. Am Ende erhalten die Teilnehmer ein Zeugnis der Handwerks- oder Handelskammer, damit ein potenzieller Arbeitgeber ihnen nicht gleich die Knasterfahrung ansieht. Im Jahr 2006 haben insgesamt mehr als 250 Gefangene an solchen Lehrgängen teilgenommen. In wenigen Wochen wird Michael entlassen, und mit dem Zeugnis von der Bauinnung hat er schon jetzt einen Job auf dem Bau gefunden.

Natürlich verläuft die Wiedereingliederung nicht immer so glatt. Experten gehen davon aus, dass knapp 80 Prozent der Jugendlichen nach der Entlassung wieder straffällig werden. Genaue Daten zur Rückfallquote liegen (...) nicht vor, entsprechende Studien laufen noch. Eines aber ist klar: Die meisten Verurteilten haben nach der Haft Schwierigkeiten damit, ein normales Leben zu führen.

Die mögliche Folgerung, dass die meisten jugendlichen Gefangenen einfach nicht gesellschaftsfähig seien, will Anstaltsleiter Wagner jedoch nicht gelten lassen. Nur könne man eben nicht in wenigen Monaten Jugendhaft wettmachen, was vorher Familie und Gesellschaft versäumt hätten. (...)

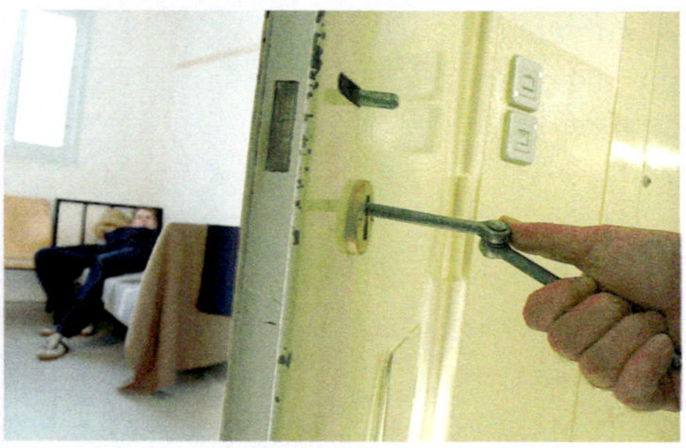

Etwa neun Quadratmeter groß ist eine Einzelzelle

(Mario Kubina, „Jugendknast: Vom Schläger zum Landschaftspfleger", FOCUS Online, 22. 02. 2008 / Abruf: 10 03.2016)

1 Erläutere das Ziel des Strafvollzugs in Deutschland.
2 Zeige anhand der Strafanstalt oben auf, wie versucht wird, dieses Ziel zu erreichen.
3 „Straftäter gehören weggesperrt – das reicht!" Was kannst du dieser Meinung entgegnen?

Blick in die Freiheit: ein junger Strafgefangener in seiner Zelle

Strafvollzugsgesetz

§ 2 Aufgaben des Vollzugs
Im Vollzug der Freiheitsstrafe soll der Gefangene fähig werden, künftig in sozialer Verantwortung ein Leben ohne Straftaten zu führen (Vollzugsziel). Der Vollzug der Freiheitsstrafe dient auch dem Schutz der Allgemeinheit vor weiteren Straftaten.

§ 3 Gestaltung des Vollzugs
(3) Der Vollzug ist darauf auszurichten, dass er dem Gefangenen hilft, sich in das Leben in Freiheit einzugliedern.

strukturiert
bedeutet so viel wie bestimmte Reihenfolge, geordnete Abfolge

Rechtsordnung
Menschen leben in Gemeinschaften zusammen. Dazu ist es erforderlich, dass Vorschriften und Verabredungen das Verhalten der Menschen regeln. Verhaltensregeln können sich aus überlieferten Lebensgewohnheiten, Glaubens- und Moralvorstellungen ergeben. Die Einhaltung solcher sozialer Normen wird zwar erwartet, man ist dazu jedoch nicht verpflichtet. Anders ist es beim Recht: Damit sind die Verhaltensvorschriften gemeint, deren Einhaltung für alle verbindlich vorgeschrieben ist. Die Rechtsvorschriften setzen den Rahmen für die Ordnung des Zusammenlebens aller Menschen eines Landes.

Aufbau der Gerichtsbarkeit
Der Staat urteilt und straft im Auftrag des Volkes. In einem demokratischen Staat ist die Rechtsprechung unabhängig und nur dem Gesetz unterworfen. In der Bundesrepublik Deutschland ist die Gerichtsbarkeit zwischen Bund (z. B. Bundesgerichtshof) und den Ländern (z. B. Landgerichte, Amtsgerichte) aufgeteilt. Zu einem Rechtsstaat gehört, ein Urteil durch ein höheres Gericht nachprüfen lassen zu können. Daher ist die Gerichtsbarkeit vertikal aufgebaut: Amtsgericht, Landgericht, Oberlandesgericht, Bundesgerichtshof.

Zivilprozess
Bei Streitigkeiten zwischen Privatpersonen sind die Zivilgerichte zuständig. In einem Zivilprozess stehen sich Kläger und Beklagter gleichberechtigt gegenüber. Das Gericht entscheidet den Streitfall auf der Grundlage der Beweise, die Kläger und Beklagter angeführt haben. Oft schließen die Parteien einen Vergleich, d. h. sie legen ihren Streitfall durch eine gütliche Einigung bei.

Strafprozess
Bei Verstößen gegen Bestimmungen der Strafgesetze hat der Staat die Aufgabe, dem Recht Geltung zu verschaffen. Die Staatsanwaltschaft ermittelt bei strafbaren Handlungen von Amts wegen. In einem Strafprozess wird dann vor Gericht geprüft, ob tatsächlich eine Rechtsverletzung vorliegt. Bei nachgewiesener Schuld des oder der Angeklagten setzt das Gericht die Höhe der Strafe fest, wobei es innerhalb des gesetzlich vorgeschriebenen Rahmens einen Ermessensspielraum hat. Strafverfahren gegen Jugendliche (14 bis 18 Jahre) und Heranwachsende (18 bis 21 Jahre) finden vor Jugendgerichten statt. Grundsätzlich unterscheidet sich ein Strafverfahren gegen Jugendliche nicht von dem gegen Erwachsene. Zwei Unterschiede gibt es allerdings: Vor Gericht nimmt ein Vertreter der Jugendgerichtshilfe, z. B. ein Sozialarbeiter oder eine Sozialarbeiterin des Jugendamtes, zur persönlichen Entwicklung des jugendlichen Beschuldigten Stellung und äußert sich zu den vorgesehenen Maßnahmen. Außerdem sind Verfahren gegen Jugendliche nicht öffentlich.

Jugendlicher Ladendieb

Jugendgericht
Strafverfahren gegen Jugendliche (14 bis 18 Jahre) und Heranwachsende (18 bis 21 Jahre) finden vor Jugendgerichten statt. Dies sind beim Amtsgericht der Jugendrichter bzw. die Jugendrichterin oder das Jugendschöffengericht, beim Landgericht die Jugendkammer. Grundsätzlich unterscheidet sich ein Strafverfahren gegen Jugendliche nicht von dem gegen Erwachsene. Zwei Unterschiede gibt es allerdings: Vor Gericht nimmt ein Vertreter der Jugendgerichtshilfe, z. B. ein Sozialarbeiter oder eine Sozialarbeiterin des Jugendamtes, zur persönlichen Entwicklung des jugendlichen Beschuldigten Stellung und äußert sich zu den vorgesehenen Maßnahmen. Verfahren gegen Jugendliche sind nicht öffentlich.

Jugendkriminalität
Etwa jeder vierte von der Polizei ermittelte Tatverdächtige ist unter 21 Jahre alt. Der Anteil der Jugendlichen (14 bis 18 Jahre) und der Heranwachsenden (18 bis 21 Jahre) an der Gesamtzahl der Tatverdächtigen ist etwa dreimal höher als der entsprechende Anteil dieser Personengruppen an der Bevölkerung. Bei der Jugendkriminalität spielt der Diebstahl, insbesondere der Ladendiebstahl eine große Rolle. Als Ursachen für die Jugendkriminalität werden mangelnde Integration, schlechte Berufschancen, fehlende Werteorientierung und der Verlust von sozialen Bindungen angesehen.

Resozialisierung
Resozialisierung meint, dass ein Straftäter durch die Strafe fähig gemacht werden soll, künftig ein Leben ohne Straftaten zu führen. Dem Gefangenen soll geholfen werden, sich wieder in die Gesellschaft einzugliedern.

Zeige deine Kompetenzen!

1 Löse das Rätsel.

Die Buchstaben in der grün unterlegten Spalte ergeben von oben nach unten gelesen das Lösungswort. Es nennt etwas, das sowohl im Rechtsleben wie in der Politik eine große Rolle spielt.

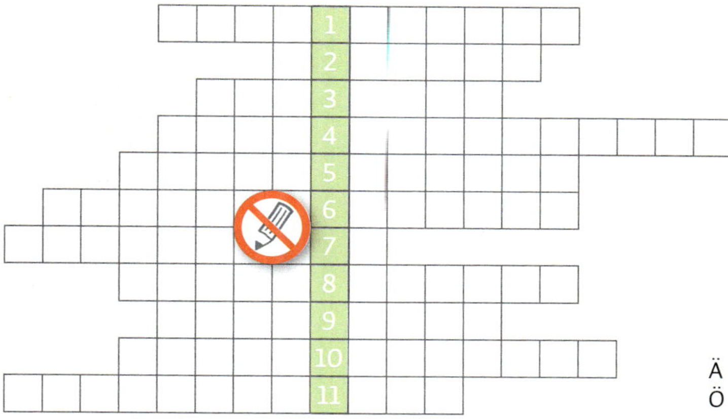

Ä = Ä
Ö = Ö

1 Das ... ist die unterste Stufe im Aufbau der Gerichtsbarkeit.
2 Eine der Aufgaben des Rechts ist es, den ... zu schützen.
3 Bei dem Rechtsmittel der ... wird der Fall vor einem höheren Gericht erneut verhandelt.
4 Zwischen dem 18. und dem 21. Geburtstag ist man rechtlich gesehen ein ... .
5 Die ... ist die schärfste Maßnahme, die eine Jugendrichterin oder ein Jugendrichter verhängen kann.
6 Die ... der Richterinnen und Richter ist ein wichtiger Grundsatz im Rechtsstaat.
7 Mit ... sind ehrenamtliche Richterinnen gemeint.
8 Bei einem Strafprozess vertritt der ... die Anklage.
9 Bei der Bestrafung Jugendlicher steht der Gedanke der ... im Vordergrund.
10 Weil nur der Staat die Geltung des Rechts mit Gewalt erzwingen darf, spricht man von einem ... des Staates.
11 Ein Rechtsstreit zwischen Privatpersonen wird in einem ... ausgetragen.

2 Organisiert den Besuch einer Gerichtsverhandlung.

Findet heraus, wo sich das von eurer Schule nächstgelegene Amtsgericht befindet. Informiert euch dort über die Prozesstermine in der nächsten Zeit. Lasst euch beraten, welche anstehende Verhandlung für die Beobachtung durch eine Schulklasse besonders geeignet ist.

① Richterin, ② Schöffe, ② Schöffin, ③ Anwalt, ④ Angeklagter, ⑤ Staatsanwältin, ⑥ Protokollführer, ⑦ Zeuge

3 Gestaltet ein Plakat.

Plakatwettbewerb

Klau dir nicht die Zukunft!

Ladendiebstahl lohnt sich nicht und ist absolut uncool. Davor müssen besonders Schüler und Schülerinnen gewarnt werden!

Eure Ideen zum Thema „Klau dir nicht die Zukunft" sind gefragt. Gestaltet Plakate, die eure Mitschüler vom Ladendiebstahl abhalten sollen.

Materialien für die Gestaltung eines Plakats

4 Wähle eine Karikatur aus.

Eine Stiftung will mit Anzeigen in Schülerzeitungen einen Beitrag gegen das Ansteigen der Jugendkriminalität leisten. Im Text soll vor der Verharmlosung von jugendtypischen Straftaten gewarnt werden. Es stehen die abgebildeten drei Karikaturen zur Auswahl. Wähle eine aus und begründe deine Wahl.

(Zeichnung: Roger Schmidt, Brunsbüttel)

(Zeichnung: Clodwig Poth)

(Zeichnung: LUFF)

Politik in der Europäischen Union

Kapitel 07

Noch im letzten Jahrhundert tobten auf europäischem Boden vernichtende Kriege. Deutsche und Franzosen kämpften gegeneinander, Polen wurde von Deutschland überfallen und unterdrückt. Heute sind Deutschland, Frankreich, Polen und viele andere Staaten Partner in einem vereinten Europa. Die europäische Einigung ist inzwischen für viele so selbstverständlich geworden, dass sie den Blick dafür verloren haben, welche Fortschritte im Vergleich zu früher gemacht wurden. Die Europäische Union beeinflusst zunehmend den Alltag der Menschen. Wer sich über die europäische Einigung nicht informiert, ist häufig gefühlsmäßig dagegen. Er lehnt es ab, dass unser Staat immer mehr Rechte an die EU abgibt und weitere Staaten in die Gemeinschaft aufgenommen werden. Nur wer informiert ist, kann sich eine begründete Meinung bilden. Dieses Kapitel bietet Informationen und Hilfen für die Meinungsbildung.

- Wie ist es zur europäischen Einigung gekommen?
- Welche Mitgliedstaaten gehören heute der EU an? Welche Länder wollen noch hinzukommen?
- Welche wirtschaftlichen Gründe sprechen für die europäische Einigung?
- Worin besteht die Einigung eigentlich? Was haben die Bürgerinnen und Bürger davon?
- Welche Aufgaben haben die verschiedenen Organe der EU? Wie wirken sie zusammen?
- Was bringt der Vertrag von Lissabon an Änderungen innerhalb der Gemeinschaft?
- Vor welchen Herausforderungen steht die EU in der nächsten Zeit?
- Wer ist für den Euro zuständig? Wer sorgt für die Geldwertstabilität in der Eurozone?
- Soll die Türkei Mitglied der EU werden?
- Wie soll die EU mit den Migranten umgehen? Sind sie eine Gefahr oder eine Chance für Europa?
- Welche Chancen bietet die Europäische Union der Jugend? Welche Angebote gibt es für junge Leute?

Thema: **Europa im Alltag**

Durch eine Erkundung lernt ihr etwas, das im Unterricht eine Rolle spielt, genauer kennen. Dabei werdet ihr außerhalb der Schule Beobachtungen machen und Gespräche führen.

Vorbereitung

Zunächst legt ihr fest, was ihr erkunden wollt. Dann nehmt ihr Kontakt mit den zu erkundenden Stellen auf und klärt, ob und wann die gewünschten Gesprächspartner Zeit für euch haben. Danach bestimmt ihr die Erkundungsteams. Jedes Team erhält einen Auftrag. Die Teams überlegen sich, was sie im Einzelnen erfahren wollen, erarbeiten entsprechende Fragen und notieren diese auf einem Erkundungsbogen. Jedes Team legt zudem fest, wer welche Fragen stellt und wer die Antworten festhält. Ihr könnt auch ein Team „Foto/Video“ bilden, das die Erkundungen oder Teile davon für die spätere Präsentation in Fotos oder als Film festhält.

Durchführung

Mithilfe von Fragebogen, Beobachtungsbogen und Schreibzeug führt ihr die Erkundung vor Ort durch. Vorher vereinbart ihr, wann sich die einzelnen Teams wieder im Klassenraum treffen.

Auswertung

Die Teams berichten über ihre Ergebnisse und Eindrücke. Oft ist es sinnvoll, die Ergebnisse einer Erkundung zu strukturieren und zu präsentieren. Dies kann mittels einer Ausstellung, Wandzeitung oder Erkundungsmappe geschehen. Ihr könnt dabei auch Bilder, Grafiken und Übersichten verwenden. Das Team „Foto/Video“ kann seine Ergebnisse getrennt vorstellen oder aber auch in die Ergebnisse der anderen Erkundungsgruppen einarbeiten.

1

Im Supermarkt gibt es jede Menge Waren, die aus unseren Nachbarländern kommen. Es könnte interessant sein, für einige Produktgruppen aufzulisten, was da woher stammt.

2

Das ist eine gute Idee! Besonders in der Obst- und Gemüseabteilung wird es viele Produkte aus anderen europäischen Ländern geben.

3

Bei uns leben viele Menschen aus anderen europäischen Staaten. Ich werde im Rathaus nachfragen, ob es eine Übersicht über die Anzahl und die Nationalitäten der Mitbürger aus dem europäischen Ausland gibt.

4

An unserer Schule gibt es Schülerinnen und Schüler aus verschiedenen europäischen Ländern. Ich erkundige mich im Schulsekretariat genauer.

5

Europa im Alltag? Das sieht man in erster Linie an der tagtäglichen Berichterstattung in den Medien. Wir sollten in Zeitungen nach Meldungen suchen, die mit Europa zu tun haben.

6

Wir sollten unbedingt auch in der Programmzeitschrift nachschauen, wann im Fernsehen Sendungen über europäische Länder kommen.

7

Unsere Stadt pflegt vielfältige Kontakte zu Partnerstädten in europäischen Ländern. Darüber möchte ich mehr herausfinden.

8

In welche europäischen Länder reisen wir eigentlich am liebsten? Ich werde in einem Reisebüro nachfragen, welche europäischen Reiseziele derzeit bei den Kunden besonders gefragt sind.

9

Mich interessiert, was ältere Menschen über Europa denken. Viele von ihnen haben die Jahre nach dem Zweiten Weltkrieg noch miterlebt. Wie denken sie über die europäische Einigung? Dazu werde ich eine Umfrage machen.

1 Arbeite mithilfe der Materialien Bereiche heraus, in denen dir Europa im Alltag begegnet.

2 Führt die Erkundung durch.

Die Staaten der Europäischen Union

A

Das Land, in dem ich lebe, ist eine konstitutionelle Monarchie mit parlamentarischem Regierungssystem. Das Staatsoberhaupt ist der König, die Königin stammt aus Deutschland. Die Hauptstadt ist Sitz der Königlichen Akademie der Wissenschaften, die alljährlich die Nobelpreise vergibt.

B

Mein Land war einst ein bedeutendes Kolonialreich, für das berühmte Entdecker den Grundstein legten. 1976 führte eine Revolution zu einer demokratischen Staatsordnung anstelle der vorangegangenen Militärdiktatur.

C

Bei der Entwicklung des Vertrages über die Europäische Union spielten zwei Städte in meinem Heimatland eine bedeutende Rolle. In unserer Hauptstadt befindet sich der Internationale Gerichtshof.

D

Ich lebe in einem Land der Gegensätze, mit reichen Regionen im Norden und armen Gegenden im Süden. In unserer Hauptstadt wurde die Europäische Wirtschaftsgemeinschaft beschlossen.

E

Das Land, in dem ich lebe, wird auch als „grüne Insel" bezeichnet. Ein Teil dieser Insel gehört zu einem anderen Mitgliedstaat der EU. Mitte des vorletzten Jahrhunderts zwangen Hungersnöte viele Staatsbürger zur Auswanderung. Die meisten Auswanderer gingen in die USA.

F

Die freundschaftliche Zusammenarbeit zwischen meinem Heimatland und der Bundesrepublik Deutschland ist eine wichtige Grundlage für die europäische Einigung. Eine Stadt ganz im Osten ist Hauptsitz des Europäischen Parlaments.

G

In meinem Land begann vor 2500 Jahren die Demokratie. Ruinen zeugen von frühen Hochkulturen. Die zahlreichen Sehenswürdigkeiten, herrliche Inseln und Strände locken jedes Jahr viele Besucher in mein Heimatland.

H

In unserer Hauptstadt haben wichtige Organe der Europäischen Union ihren Sitz. Die beiden Volksgruppen der Flamen und Wallonen bilden den Hauptteil der Bevölkerung.

I

Der Staat, in dem ich lebe, grenzt im Süden an Deutschland. Er besteht aus einer Halbinsel und rund 400 Inseln. Auf einer dieser Inseln liegt die Hauptstadt.

J

Hoch im Norden gelegen, ist mein Heimatland der am dünnsten besiedelte Staat der Europäischen Union.

1 Lies die Sprechblasentexte: Notiere, um welchen EU-Staat es sich jeweils handelt.

Die Flaggen der EU-Staaten

Mitgliedstaaten der Europäischen Union

Einwohner in Mio. (Stand: 2015)

Deutschland	80,8
Frankreich	65,8
Großbritannien	64,4
Italien	60,8
Spanien	46,5
Polen	38,0
Rumänien	20,0
Niederlande	16,8
Belgien	11,2
Griechenland	10,9
Tschechien	10,5
Portugal	10,4
Ungarn	9,9
Schweden	9,6
Österreich	8,5
Bulgarien	7,3
Dänemark	5,6
Finnland	5,5
Slowakei	5,4
Irland	4,6
Kroatien	4,3
Litauen	2,9
Slowenien	2,1
Lettland	2,0
Estland	1,3
Zypern	0,9
Luxemburg	0,6
Malta	0,5

Ä *Mein Land liegt am Schwarzen Meer; im Norden bildet die Donau die Grenze zu einem anderen EU-Staat.*

Ö *Mein Land erstreckt sich entlang der Adria. Wir sind das 28. EU-Mitglied.*

Z *Ich komme aus einem Land im Osten Europas. Unsere Sprache geht auf die Römer zurück.*

Y *Mein Heimatland bildete früher gemeinsam mit Tschechien einen Staat. Seit 1993 sind wir selbstständig.*

X *Die Hauptstadt meines Landes ist als „goldene Stadt“ bekannt und wird von vielen Touristen besucht.*

W *Der Staat, aus dem ich stamme, grenzt an die Ostsee und an Deutschland. Bei uns gibt es viele Katholiken.*

V *Mein Land ist der südlichste der drei baltischen Staaten.*

U *Ich lebe in einem Land, das zum Baltikum gehört. Unsere Hauptstadt war früher eine Hansestadt.*

T *Mein Land gehörte früher zum kommunistischen Ostblock. 1956 gab es bei uns einen Aufstand, der von sowjetischen Truppen blutig niedergeschlagen wurde.*

S *Ich komme von einer Insel, deren nördlicher Teil seit 1974 von einem anderen Staat besetzt ist.*

R *Ich lebe in dem nördlichsten der drei baltischen Staaten.*

Q *Mein Heimatland liegt am südlichen Rand der Alpen und war früher Teil von Jugoslawien.*

P *Ich komme von einer kleinen Insel, die früher eine englische Kolonie war. Wir sind der kleinste EU-Staat.*

K *Der Einwohnerzahl nach ist mein Heimatland das größte Land der EU, der Fläche nach das viertgrößte. Es hat die meisten Grenznachbarn, nämlich neun.*

N *Bei uns haben verschiedene Institutionen der EU ihren Sitz, z. B. auch der Europäische Gerichtshof. Unser Land ist klein und über dreißig Prozent seiner Einwohner sind Ausländer.*

O *Flächenmäßig ist mein Heimatland der zweitgrößte Staat der EU. Als beliebtes Urlaubsland wird es jedes Jahr von vielen Millionen Touristen besucht.*

L *Ich stamme aus einem Land im Herzen Europas, in dessen neun Bundesländern deutsch gesprochen wird und das insbesondere auch als Urlaubsland bekannt ist.*

M *Ich lebe in einem Land mit langer Tradition. Hier wurden schon im Jahre 1215 die Freiheitsrechte des Einzelnen und die Menschenrechte schriftlich niedergelegt.*

2 Hilfe
Stichwort bei Google eingeben oder über: www.europa.eu, dann: EU im Überblick, dann: Länder …

2 Ordne die Flaggen den Staaten der Europäischen Union zu.

Der Weg der Europäischen Union

Winston S. Churchill

Tyrannei
Gewaltherrschaft, Willkürherrschaft

WEBCODE
SDL-11151-801
Die Geschichte der EU

Am 23. Juni 2016 stimmten die Bürgerinnen und Bürger Großbritanniens in einem Referendum dafür, dass ihr Land die EU verlassen soll. Dieser sogenannte „Brexit" wird weitreichende Konsequenzen für Großbritannien und ganz Europa haben.

Die Europaflagge ist das Symbol der Europäischen Union. Der Kreis der zwölf goldenen Sterne steht für die Solidarität und Harmonie zwischen den Völkern Europas. Die Flagge hat zwölf Sterne, da die Zahl Zwölf seit jeher Vollendung, Vollkommenheit und Einheit verkörpert.

1 Hilfe
Worin sieht er das „Heilmittel"?

Aus einer Rede des britischen Politikers Winston S. Churchill am 19.9.1946 in Zürich:

„In welcher Lage befindet sich Europa heute? Einige der kleineren Staaten haben sich bereits recht gut erholt, aber in weiten Gebieten starrt eine riesige, geängstigte Menge geschundener, hungriger, sorgenvoller und bestürzter Menschen die Ruinen ihrer Städte und Wohnungen an und sucht am dunklen Horizont nach einer neuen Gefahr, einer neuen Tyrannei, einem neuen Schrecknis ... Doch es gibt ein Heilmittel, das ... wie durch ein Wunder die ganze Szene verwandeln und innerhalb weniger Jahre ganz Europa, oder wenigstens dessen größeren Teil, ebenso frei und glücklich machen könnte, wie es die Schweiz heute ist. Worin besteht dieses Allheilmittel? Darin, dass man die europäische Familie, oder doch einen möglichst großen Teil davon, wieder aufrichtet und ihr eine Ordnung gibt, unter der sie in Frieden, Sicherheit und Freiheit leben kann. Wir müssen eine Art Vereinigte Staaten von Europa schaffen."

(aus: Hagen Schulze, Ina Ulrike Paul (Hg.): Europäische Geschichte, Dokumente und Materialien. München 1994, S. 398 f.)

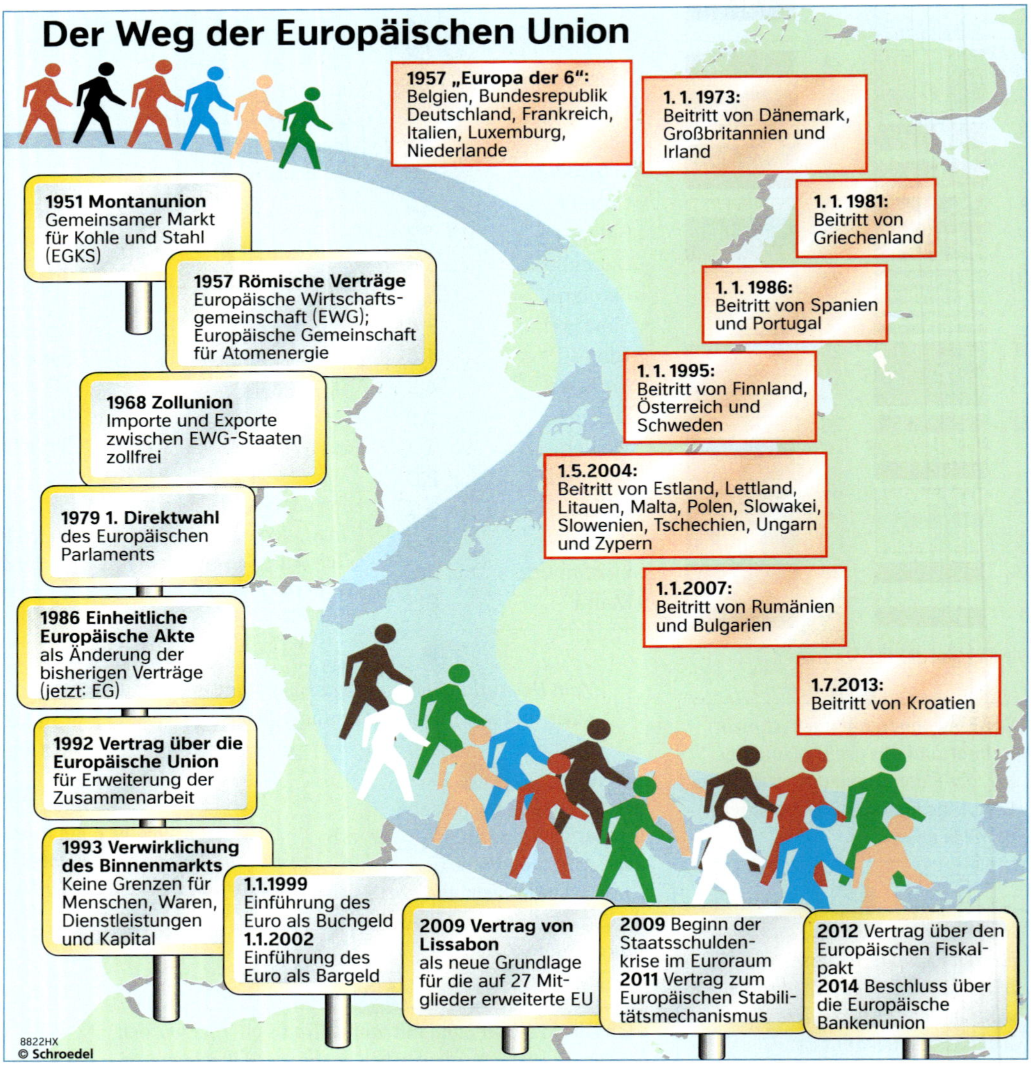

1 Setze dich mit Churchills Position zur Zukunft Europas auseinander.

2 Formuliere mithilfe der Grafik einen Text „Von den Römischen Verträgen bis zum Beschluss über die Europäische Bankenunion."

Europäischer Binnenmarkt

Seit 1993 ist die EU ein Binnenmarkt, also ein Raum ohne Grenzen für das wirtschaftliche Geschehen. Der Handel zwischen den EU-Staaten gilt nicht mehr als Ein- und Ausfuhr, sondern als Binnenhandel. Wenn Waren im Binnenmarkt an jeden Ort gebracht werden dürfen, darf es auch keine Beschränkungen bei Dienstleistungen und im grenzüberschreitenden Personen- und Kapitalverkehr geben. Daher spricht man von den „vier Freiheiten", die im Binnenmarkt gelten.

Für die neuen Mitgliedstaaten der Europäischen Union wurde eine Reihe von Sonderregelungen vereinbart, durch die sie nach und nach an die Freiheiten des Binnenmarktes herangeführt werden. So wird ihnen z. B. die Niederlassungs- und Beschäftigungsfreiheit noch nicht in vollem Umfang gewährt. Dadurch soll verhindert werden, dass in der Zeit des Übergangs zu viele Arbeitskräfte aus den neuen Beitrittsländern den einheimischen Arbeitskräften Konkurrenz machen.

1 Frau Otto aus Koblenz sieht bei ihrem Aufenthalt in Rom eine Espresso-Maschine, die ihr gut gefällt. Deshalb kauft sie sie. Sie kann guten Gewissens an der Grenze einfach durchfahren. Früher hätte sie anhalten und für die Espresso-Maschine Zoll bezahlen müssen.

2 Mister Brown aus London ist im Internet auf die deutsche Cora-Lebensversicherung gestoßen. Er hält sie für sehr günstig. Ohne Genehmigung einer britischen Behörde kann die deutsche Versicherung mit dem Briten einen Versicherungsvertrag abschließen.

3 Frau Eibich aus Worms möchte bei einer angesehenen Firma in Madrid arbeiten. Sie kann den Arbeitsvertrag unterschreiben, ohne eine Behörde in Deutschland oder Spanien fragen zu müssen. Auf die Aufenthaltserlaubnis in Spanien hat sie einen Rechtsanspruch.

4 Herr Dr. Völker aus Kaiserslautern hat bei einem Ärztekongress den Italiener Guiseppe Gucci kennengelernt. Er will in dessen Arzneimittelunternehmen 300 000 Euro investieren. Dies kann er tun – ohne jegliche staatliche Genehmigung, die früher notwendig gewesen wäre.

1. Ordne den vier Freiheiten des Binnenmarktes das jeweilige Beispiel zu.
2. Der Binnenmarkt bietet viele Vorteile. Nenne Nachteile des Binnenmarktes.
3. „Jetzt nehmen uns die Osteuropäer die Arbeitsplätze weg!" – Beurteile diese Aussage.

2 Hilfe
Versetze dich in die Lage eines inländischen Unternehmens, das Produkte exportiert. Denke an die ausländischen Konkurrenzunternehmen …

Wie ein EU-Gesetz entsteht – Beispiel: Gentechnik-Verordnung

Seit April 2004 können Verbraucher in ganz Europa erkennen, ob ein Lebensmittel gentechnisch veränderte Organismen enthält. Es ist dabei egal, ob die verwendeten Substanzen noch nachgewiesen werden können oder nicht, weil sie z. B. beim Produktionsprozess verwendet wurden. Das bestimmt eine EU-Verordnung, die in allen Staaten der Union als Gesetz gilt. Wie kam dieses EU-Gesetz zustande? Wer war daran beteiligt?

WEBCODE
SDL-11077-702
Gesetzgebung in der EU

Institutionen und ihre Aufgaben

Vorschläge für ein EU-Gesetz zu machen, gehört zu den Aufgaben der EU-Kommission. Der Gesetzesvorschlag wird dem EU-Parlament vorgelegt, das diesen verändern oder ganz ablehnen kann. Bei Rechtsvorschriften, die den Verbraucherschutz oder die öffentliche Gesundheit betreffen, hat das Parlament das Recht zur Mitentscheidung.
Bei EU-Gesetzesentscheidungen dürfen auch Interessenverbände mitreden: der Ausschuss der Regionen (AdR) und der Wirtschafts- und Sozialausschuss (WSA), der vor allem Arbeitgeber, Gewerkschaften, Landwirte und Verbraucher vertritt. Beide Ausschüsse haben nur beratende Funktion.
Die Entscheidung über ein EU-Gesetz trifft der Ministerrat. In Fragen der Lebensmittelqualität entscheiden die Landwirtschafts-, Verbraucherschutz- oder Gesundheitsminister der EU-Staaten. Bei Regeln zum Verbraucherschutz muss der Rat der EU (Ministerrat) nicht einstimmig entscheiden.

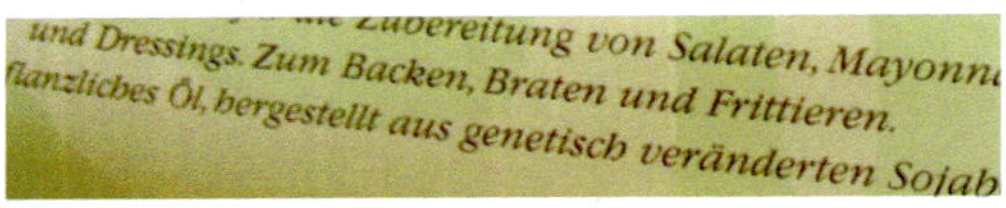

Schritte zur Verordnung

Mai 2001: Die EU-Kommission schlägt eine Kennzeichnungspflicht für gentechnisch veränderte Lebensmittel vor.
Aug. 2001: Das EU-Parlament verschärft den Gesetzesvorschlag der Kommission in zwei Punkten: (1) Kein Lebensmittel darf auf den Markt kommen, das nicht wissenschaftlich unbedenklich ist. (2) Eventuell gesundheitsschädliche Produkte dürfen vom Markt zurückgerufen werden.
März 2002: Der WSA empfiehlt der EU-Kommission, eine Informationskampagne durchzuführen, um über gentechnisch veränderte Organismen aufzuklären.
Mai 2002: Der AdR schlägt vor, gentechnisch veränderte Lebensmittel in einer Liste zu führen.
Juli 2003: Der EU-Rat (Landwirtschaft) nimmt die Gesetzesvorlage ohne Änderungen an.
Sept. 2003: Der Rat der EU und das EU-Parlament unterzeichnen das Gesetz.
April 2004: Die Verordnung Nr. 1830/2003 zur Rückverfolgbarkeit und Kennzeichnung von genetisch veränderten Organismen tritt in Kraft. Seitdem müssen genmanipulierte Lebens- und Futtermittel in der EU gekennzeichnet werden.

Verordnungen und Richtlinien

Die Einzelstaaten der EU haben für bestimmte Bereiche die gesetzgebende Gewalt auf die Europäische Union übertragen. Die dafür entstandenen EU-Gesetze nennt man „Verordnungen". Sie gelten unmittelbar in der ganzen Union, sind in allen Teilen verbindlich und stehen über dem nationalen Recht. Verordnungen müssen in allen Mitgliedstaaten wie Gesetze angewendet werden.
In bestimmten anderen Bereichen haben die EU-Staaten ihr Gesetzgebungsrecht nicht auf die Union übertragen. Sie arbeiten aber eng zusammen und treffen gemeinschaftlich Beschlüsse. Diese Beschlüsse werden als „Richtlinien" bezeichnet. Hierbei sind die Ziele verbindlich, die Ausgestaltung der Einzelheiten bleibt jedoch den nationalen Parlamenten überlassen. Richtlinien müssen von den Mitgliedstaaten innerhalb einer jeweils festgelegten Frist in nationales Recht umgewandelt werden. Sie können dabei z. B. noch strengere Regelungen treffen, als die EU vorschreibt.

1 Hilfe
Welches Ziel wird mit ihr verfolgt? Welche Schritte waren zu ihrer Einführung notwendig? Welche EU-Institutionen waren daran beteiligt?

1 Erkläre, wie die Gentechnik-Verordnung zustande kam.
2 Verordnungen und Richtlinien: Beschreibe den entscheidenden Unterschied.

Thema: Organe der Europäischen Union

Die Handlungsfähigkeit der Europäischen Union wird durch ein Gefüge von Institutionen ermöglicht. Es müssen Prioritäten für die Zusammenarbeit gesetzt, die Bürger einbezogen und Entscheidungen getroffen sowie kontrolliert werden.
Auf dieser Seite könnt ihr erfahren, wie ihr euch schnell und effizient mit den einzelnen Organen vertraut machen könnt.

1. Phase

Ihr seht auf dieser Seite fünf verschiedene Rollenkarten. In der ersten Phase des Gruppenpuzzles setzt ihr euch mit den Vertretern gleicher Rollenkarten an einem Tisch zusammen (Sitzplan Phase 1), nachdem ihr euch einer bestimmten Gruppe zugeordnet habt. Die erste Phase dient dazu, euch mit eurer Rolle auseinanderzusetzen. Lest eure Rollenkarte aufmerksam durch. Benennt den Aufgabenbereich eures Experten. Sammelt dann Informationen über euer jeweiliges Spezialgebiet. Macht euch dabei am besten Notizen, damit ihr in der anschließenden Gesprächsrunde Auskunft geben und mitdiskutieren könnt. Nutzt dazu die folgenden Seiten.

2. Phase

Nach ungefähr 15 Minuten wechselt ihr euren Gruppentisch. Nun sitzt von jeder Gruppe einer von euch mit den jeweiligen Vertretern aus den anderen Gruppen zusammen (Sitzplan Phase 2). Jeder von euch ist nur der Experte für sein Fachgebiet.
Nach einer kurzen Vorstellungsrunde ist es in dieser zweiten Runde die Aufgabe eines jeden, die anderen über sein Thema so zu informieren, dass am Ende jeder eine gute Kenntnis eines jeden Themengebiets vorweisen kann.
Von diesem Zeitpunkt an redet ihr euch nur noch mit eurem Rollennamen an. Ein Moderator leitet das Gespräch.

Auswertung

Am Ende der Stunde setzt ihr euch wieder auf eure üblichen Sitzplätze. Ihr seid jetzt wieder ihr selbst. Berichtet einander, wie ihr eure Rolle wahrgenommen und welche neuen Informationen ihr im Zuge des Gruppenpuzzles gewonnen habt.

Rollenkarten

Experte/Expertin:
Europäisches Parlament
Informiere dich über die Aufgaben des Europäischen Parlamentes. Fülle dazu den Lückentext aus. Verwende dafür das Arbeitsblatt.

Experte/Expertin:
Europäische Kommission
Informiere dich über die Aufgaben der Europäischen Kommission. Ordne dazu jeweils zwei Beschreibungen einer Aufgabe zu und begründe die folgende Aussage stichhaltig:
„Die Europäische Kommission ist die Regierung der Europäischen Union."

Experte/Expertin:
Rat der Europäischen Union
Informiere dich über die Aufgaben des Rates der Europäischen Union. Erkläre die Regeln der Beschlussfassung innerhalb des Rates. Begründe die folgende Aussage stichhaltig:
„Der Rat der Europäischen Union ist der Gesetzgeber der Union."

Experte/Expertin:
Europäischer Gerichtshof
Informiere dich über die Aufgaben des Europäischen Gerichtshofes. Fertige ein Schaubild an. Nutze dazu das Arbeitsblatt.

Experte/Expertin:
Europäischer Rat
Informiere dich über die Aufgaben des Europäischen Rates. Erkläre die Arbeitsweise des Europäischen Rates.

Sitzplan Phase 1

Sitzplan Phase 2

1 Führt das Gruppenpuzzle zum Thema „Organe der Europäischen Union" durch.

Die Abgeordneten des Europäischen Parlaments werden alle ...(1)... Jahre direkt von den Wahlberechtigten in den 28 EU-Mitgliedstaaten gewählt. In Anlehnung an die Bevölkerungsgröße haben die einzelnen Mitglieder unterschiedlich viele ...(2)... im Parlament. Deutschland stellt die meisten ...(3)... .Insgesamt hat das Europäische Parlament ...(4)... Abgeordnete. Die Plenartagungen finden in ...(5)... statt.
Die Abgeordneten schließen sich ihrer politischen Grundrichtung entsprechend übernational zu ...(6)... zusammen. In der 8. Wahlperiode (2014–2019) gibt es im EU-Parlament ...(7)... Fraktionen. Einige Abgeordnete sind fraktionslos.

Das Europäische Parlament hat drei wesentliche Aufgaben:

1 Es teilt sich die ...(8)... Gewalt mit dem Rat der EU (Ministerrat). Das ...(9)... ist die Regel, das heißt, der Ministerrat und das Parlament entscheiden gemeinsam über die weitaus größte Zahl der Gesetze, also die ...(10)... und Richtlinien der EU. Das Parlament kann die ...(11)... auffordern, Gesetzesvorlagen einzubringen.

2 Es übt die demokratische ...(12)... über alle Organe der Europäischen Union, insbesondere über die Kommission, aus. Es bestätigt zum Beispiel die Kommission oder kann sie zum ...(13)... zwingen. Zudem ist es für die ...(14)... des Kommissionspräsidenten zuständig.

3 Das Parlament teilt sich das Haushaltsrecht mit dem Ministerrat und kann daher Einfluss auf die ...(15)... der EU nehmen. Die Abgeordneten haben das „letzte Wort" über den Gesamthaushalt: Das Parlament kann ihn ...(16)... oder ablehnen.

Sitze – Wahl – Abgeordneten – 751 – fünf – Kontrolle – Straßburg/Brüssel – sieben – Verordnungen – Fraktionen – annehmen – gesetzgebende – Kommission – Rücktritt – Ausgaben – Mitentscheidungsverfahren

Sitzverteilung im Europäischen Parlament
(Europawahl 2014)

Deutschland	96
Frankreich	74
Großbritannien	73
Italien	73
Spanien	54
Polen	51
Rumänien	32
Niederlande	26
Belgien	21
Griechenland	21
Portugal	21
Tschechische Republik	21
Ungarn	21
Schweden	20
Österreich	18
Bulgarien	17
Dänemark	13
Finnland	13
Slowakei	13
Irland	11
Kroatien	11
Litauen	11
Lettland	8
Slowenien	8
Estland	6
Luxemburg	6
Malta	6
Zypern	6
insgesamt	751

Die Sitzverteilung soll auf Grundlage eines vor Ende 2016 vorzustellenden Vorschlags des Europäischen Parlaments vor den Europawahlen 2019 überarbeitet werden.

Gebäude des Europäischen Parlaments in Straßburg

Plenarsaal des EU-Parlaments in Straßburg

Die Europa-Flagge und die Flaggen der EU-Mitgliedstaaten vor dem Parlamentsgebäude in Straßburg

Gebäude des Europäischen Parlaments in Brüssel

(Karikatur: Gerhard Mester)

Das Europäische Parlament wird alle fünf Jahre gewählt. Der Wahl wird in den einzelnen Mitgliedstaaten eine sehr unterschiedliche Bedeutung beigemessen, wie ein Vergleich der Wahlbeteiligung zeigt. Ähnlich wie im Bundestag bilden die Abgeordneten im EU-Parlament Fraktionen, wobei dies übernational nach politischen Grundrichtungen geschieht.

Europawahl 2014: Ergebnisse für Deutschland		in %	Sitze im EU-Parlament
Wahlberechtigte	61 998 824		
Wähler	29 843 798	48,1	
CDU	8 812 653	30,0	29
SPD	8 003 628	27,3	27
B90/Die Grünen	3 139 274	10,7	11
Die Linke	2 168 455	7,4	7
AfD	2 070 014	7,1	7
CSU	1 567 448	5,3	5
FDP	986 841	3,4	3
Sonstige	2 608 730	8,8	7

Wahlplakate zur Europawahl 2014

Sitzverteilung im Europäischen Parlament

8. Wahlperiode - Stand: Juli 2014

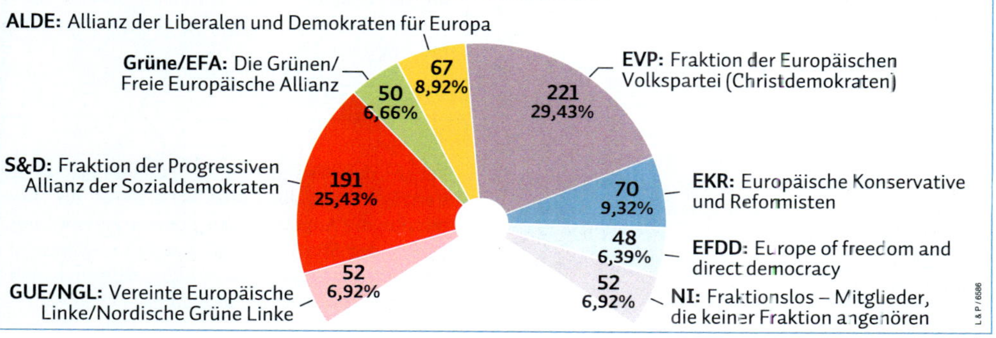

WEBCODE
SDL-11077-703
Die Wahl zum EU-Parlament

Europawahl 2014
Wahlbeteiligung in ausgewählten Ländern in % (gerundet)

Belgien	90
Luxemburg	90
Italien	60
Griechenland	58
Dänemark	56
Schweden	49
Deutschland	48
Spanien	46
Österreich	46
Frankreich	44
EU gesamt	43
Niederlande	37
Großbritannien	36
Ungarn	29
Polen	23
Slowakei	13

Europawahlen 1979 bis 2014:
Wahlbeteiligung in Deutschland

1979:	65,7 %
1984:	56,8 %
1989:	62,3 %
1994:	60,0 %
1999:	45,2 %
2004:	43,0 %
2009:	43,3 %
2014:	48,1 %

Die Europäische Kommission

Berlaymont-Gebäude in Brüssel, Hauptsitz der EU-Kommission

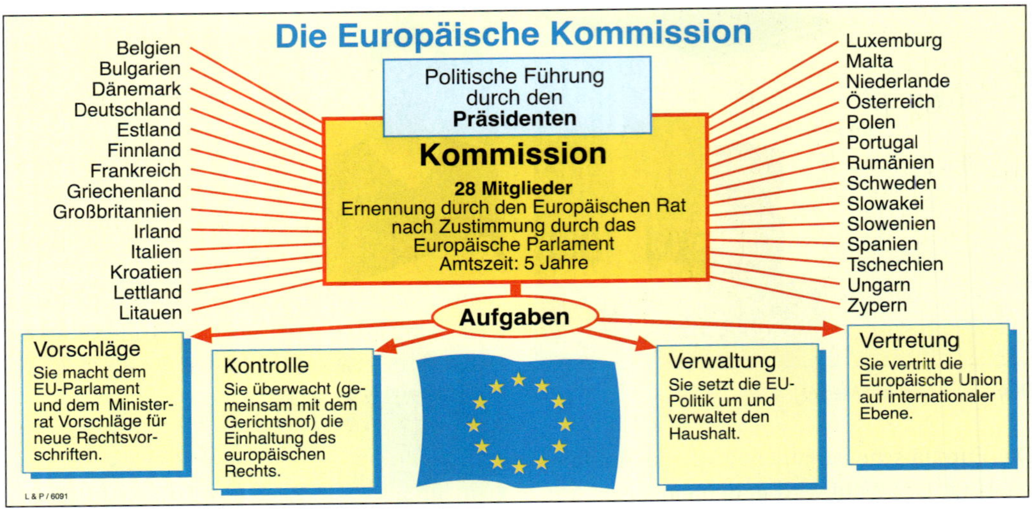

Beschreibungen

A
Die Kommission ist die „Hüterin der Verträge". Das bedeutet, dass sie gemeinsam mit dem Europäischen Gerichtshof über die ordnungsgemäße Anwendung des EU-Rechts in allen Mitgliedstaaten der Europäischen Union wacht. Wenn die Kommission feststellt, dass ein EU-Staat europäische Rechtsvorschriften nicht anwendet und somit seine rechtlichen Verpflichtungen nicht erfüllt, ergreift sie Schritte, um diesen Verstoß abzustellen.

B
Die Kommission ist das Exekutivorgan der Europäischen Union, d.h., sie führt die vom Europäischen Parlament und vom Ministerrat (Rat der Europäischen Union) beschlossenen Maßnahmen durch und verwaltet die EU-Gelder. Ein Beispiel für einen Politikbereich, den die Kommission aktiv verwaltet, sind die Wettbewerbsregeln. Die Kommission überwacht Kartelle und Fusionen und stellt sicher, dass die EU-Staaten ihren Industriebetrieben keine Subventionen gewähren, die den Wettbewerb verfälschen.

C
Der Vertrag räumt der Kommission das „Initiativrecht" ein. Mit anderen Worten: Sie allein ist für die Ausarbeitung von Vorschlägen für neue europäische Rechtsvorschriften verantwortlich, die sie dem Europäischen Parlament und dem Ministerrat vorlegt.

D
Die Kommission ist für das Aushandeln völkerrechtlicher Verträge im Namen der EU verantwortlich.

E
Die Kommission schlägt nur dann etwas vor, wenn sie der Ansicht ist, dass ein Problem dadurch wirksamer gelöst werden kann als durch nationale, regionale oder lokale Maßnahmen.

F
Unter den wachsamen Augen des Rechnungshofes verwaltet die Kommission den Haushalt. Das Europäische Parlament erteilt der Kommission nur dann die Entlastung für die Durchführung des Haushaltsplans, wenn es mit dem Jahresbericht des Rechnungshofes zufrieden ist.

G
Die Kommission ist eine wichtige Sprecherin der EU auf internationaler Ebene. Dadurch können die 28 Mitgliedstaaten in internationalen Foren wie der Welthandelsorganisation „mit einer Stimme" sprechen.

H
Wenn der Verstoß eines Staates gegen EU-Verträge nicht abgestellt wird, muss die Kommission die Angelegenheit dem Gerichtshof übergeben, der Strafen verhängen kann. Die Urteile des Gerichtshofes sind für die Mitgliedstaaten und die Organe der EU bindend.

Kartell
Absprache zwischen zwei oder mehreren Unternehmen der gleichen Branche über Preise oder Mengen. Damit wird der Wettbewerb zum Nachteil der Abnehmer bzw. Konsumenten ausgeschaltet. Kartelle sind grundsätzlich verboten.

Fusion
Zusammenschluss von bisher selbstständigen Unternehmen zu einem neuen, größeren Unternehmen. Fusionen können den Wettbewerb beeinträchtigen.

Subventionen
staatliche Zahlungen, Beihilfen oder Steuervergünstigungen an Unternehmen ohne unmittelbare Gegenleistung

Der Rat der Europäischen Union (Ministerrat)

Der Rat der Europäischen Union – kurz Ministerrat genannt – beschließt die Verordnungen und Richtlinien, also die Gesetze der EU. An seinen Tagungen nimmt je ein Minister aus den nationalen Regierungen der EU-Staaten teil. Je nach anstehender Entscheidung sind es die Landwirtschaftsminister, die Umweltminister, die Finanzminister usw.

Der Ministerrat hat sechs zentrale Aufgaben zu erfüllen:

1. Er beschließt europäische Rechtsvorschriften. In vielen Bereichen kann der Rat die Gesetze nur unter gleichberechtigter Mitwirkung des Europäischen Parlaments verabschieden. In anderen Bereichen muss das Parlament nur angehört werden.
2. Er sorgt für die Abstimmung der Grundzüge der Wirtschaftspolitik in den Mitgliedstaaten der EU.
3. Er schließt internationale Übereinkünfte zwischen der EU und einem oder mehreren Staaten oder internationalen Organisationen ab.
4. Gemeinsam mit dem Europäischen Parlament genehmigt der Ministerrat den Haushaltsplan der Europäischen Union.
5. Auf der Grundlage der vom Europäischen Rat festgelegten allgemeinen Richtlinien entwickelt er die Gemeinsame Außen- und Sicherheitspolitik der Europäischen Union (GASP).
6. Er koordiniert die Zusammenarbeit der nationalen Gerichte und Polizeikräfte in Strafsachen.

(Karikatur: Gerhard Mester)

Beschlussfassung

Ab November 2014 gilt für Beschlüsse im EU-Ministerrat das im Vertrag von Lissabon (vergleiche Seite 263) vereinbarte Prinzip der „doppelten Mehrheit“. Das bedeutet, dass Entscheidungen im Ministerrat dann zustande kommen, wenn 55 Prozent der Mitgliedstaaten der Europäischen Union zustimmen und diese Staaten zugleich 65 Prozent der EU-Bevölkerung umfassen.
In Streitfällen können sich Mitgliedstaaten in einer Übergangszeit bis 2017 noch auf den vorher geltenden Vertrag von Nizza mit seinem komplizierten System der qualifizierten Mehrheit berufen. Zudem gilt eine auf Betreiben Polens aufgenommene Klausel, die es einer Minderheit von Staaten ermöglicht, dass bei einer knappen Mehrheit im Ministerrat die Minderheit verlangen kann, dass der Rat noch einmal nachverhandelt.
In einigen für die EU-Mitgliedstaaten besonders sensiblen Bereichen wie Außenpolitik, Sicherheitspolitik und Steuerpolitik müssen die Beschlüsse des Ministerrats einstimmig gefasst werden. Das bedeutet, dass jedes EU-Mitglied in diesen Bereichen ein Veto einlegen und damit einen Beschluss des Ministerrats verhindern kann.

Emblem des Europäischen Gerichtshofes

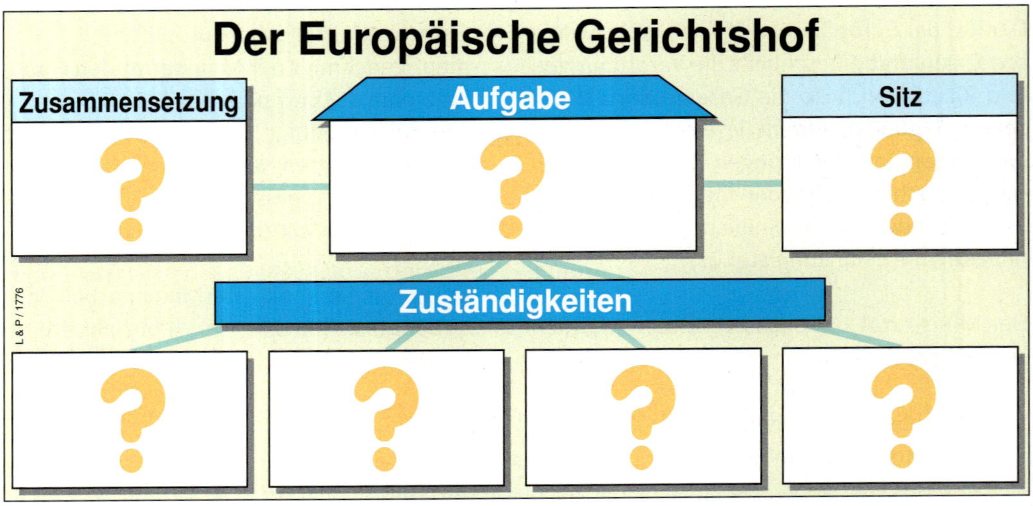

A

Der Gerichtshof der Europäischen Gemeinschaft – oft nur als „der Gerichtshof“ oder als „Europäischer Gerichtshof“ bezeichnet – hat die Aufgabe, dafür zu sorgen, dass die Rechtsvorschriften der Europäischen Union (das „Gemeinschaftsrecht“) in allen Mitgliedstaaten einheitlich ausgelegt und angewandt werden. Der Europäische Gerichtshof ist befugt, im Falle von Rechtsstreitigkeiten zwischen Mitgliedstaaten, Organen der EU, Unternehmen und Privatpersonen zu entscheiden. Er verfügt über je einen Richter pro Mitgliedstaat, sodass alle nationalen Rechtsordnungen der EU in ihm vertreten sind. Die Richter werden von den Regierungen der Mitgliedstaaten in gegenseitigem Einvernehmen auf sechs Jahre ernannt.

B

Die Gerichte eines jeden EU-Staates müssen für eine ordnungsgemäße Anwendung des EU-Rechts in ihrem Land sorgen. Wenn das nationale Gericht eines Landes Zweifel über die Auslegung oder die Gültigkeit einer Rechtsvorschrift der Europäischen Union hat, so kann es – und muss in manchen Fällen – , den Gerichtshof der Europäischen Gemeinschaft zu Rate ziehen. Der Rat des Gerichtshofes wird dann in der Form einer „Vorabentscheidung“ erteilt.

C

Von der Europäischen Kommission kann Klage erhoben werden, wenn sie der Ansicht ist, dass ein Mitgliedstaat seinen Verpflichtungen gemäß dem EU-Recht nicht nachkommt. Wenn der Gerichtshof feststellt, dass der Vertrag tatsächlich verletzt wurde, muss der beschuldigte Mitgliedstaat diesen Verstoß sofort abstellen.

D

Wenn ein Mitgliedstaat, der Rat, die Kommission oder unter bestimmten Umständen das Parlament der Auffassung ist, dass ein bestimmter Rechtsakt der EU rechtswidrig ist, können sie beantragen, dass der Gerichtshof ihn für nichtig erklärt. Wenn der Gerichtshof feststellt, dass der betreffende Rechtsakt nicht korrekt verabschiedet wurde oder sich nicht auf die richtige Rechtsgrundlage in den Verträgen beruft, kann er ihn für null und nichtig erklären.

E

Das Europäische Parlament, der Ministerrat und die Kommission sind durch den Vertrag verpflichtet, unter gewissen Umständen bestimmte Entscheidungen zu treffen. Wenn sie das unterlassen, kann der Gerichtshof angerufen werden, um die Unrechtmäßigkeit dieser Untätigkeit feststellen zu lassen.

Der Europäische Rat

Gruppenfoto mit den Staats- und Regierungschefs der EU-Mitgliedstaaten anlässlich eines Gipfeltreffens 2016

Vertrag über die Europäische Union

Artikel 15

(1) Der Europäische Rat gibt der Union die für ihre Entwicklung erforderlichen Impulse und legt die allgemeinen politischen Zielvorstellungen und Prioritäten hierfür fest. Er wird nicht gesetzgeberisch tätig.

(2) …

(3) Der Europäische Rat tritt zweimal pro Halbjahr zusammen; er wird von seinem Präsidenten einberufen. (…)

(4) Soweit in den Verträgen nichts anderes festgelegt ist, entscheidet der Europäische Rat im Konsens.

(5) …

Der Europäische Rat besteht aus den Staats- und Regierungschefs der 28 EU-Mitgliedstaaten, dem Präsidenten des Europäischen Rats und dem Präsidenten der Europäischen Kommission. Da er das oberste Entscheidungsgremium in der Europäischen Union ist, werden seine Treffen oft als „Gipfeltreffen“ bezeichnet. Der Europäische Rat tagt grundsätzlich viermal jährlich.

Weil die Europäische Union kein Staat, sondern eine besondere Art von Staatenverbindung ist, haben die 28 Staats- und Regierungschefs die Aufgabe, Grundssatzentscheidungen für die europäische Entwicklung zu treffen. Sie müssen die Impulse für die Weiterentwicklung der EU geben und die Leitlinien der europäischen Politik festlegen. Manchmal versuchen die Staats- und Regierungschefs auch, schwierige Probleme zu lösen, mit denen der Ministerrat (siehe Seite 27) überfordert war. Zu Beginn jeder Tagung bespricht sich der Europäische Rat mit dem Präsidenten des Europäischen Parlaments.

Die Ratspräsidentschaft wechselt halbjährig. Im Jahr 2015 hatten sie Lettland und Luxemburg inne, 2016 folgten die Niederlande und die Slowakei, 2017 sind Malta und Großbritannien an der Reihe, 2018 folgen Estland und Bulgarien, 2019 übernehmen Österreich und Rumänien, 2020 kommt Finnland dran.

Der Europäische Rat wählt jeweils für zweieinhalb Jahre einen Präsidenten oder eine Präsidentin. Während seiner Amtszeit darf der Präsident kein nationales politischen Amt ausüben. Er legt die Termine und die Themen für die Sitzungen des Europäisches Rates fest. Dabei stimmt er sich eng mit dem Mitgliedsland ab, das jeweils die Ratspräsidentschaft innehat. Der Präsident hat bei den Sitzungen kein Stimmrecht. Zum ersten Präsidenten des Europäischen Rates wurde 2009 der Belgier Herman Van Rompuy gewählt. Zum Nachfolger Van Rompuys wurde auf dem EU-Gipfel Ende August 2014 in Brüssel der Pole Donald Tusk bestimmt, der das Amt am 1. Dezember 2014 antrat.

Priorität
Vorrangigkeit, Rangfolge; Stellenwert, den etwas innerhalb einer Rangfolge einnimmt

Konsens
hier: einvernehmliche Übereinstimmung

Zusammenwirken der EU-Organe

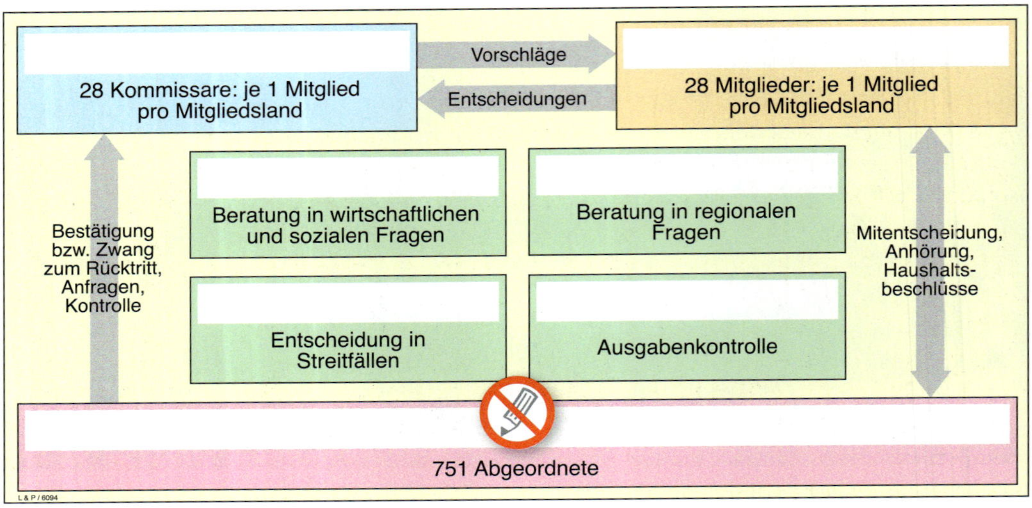

WEBCODE
SDL-11077-704
Organe der EU

Organe der EU

Ministerrat

Europäisches Parlament

EU-Kommission

Europäischer Gerichtshof

Wirtschafts- und Sozialausschuss

Ausschuss der Regionen

Europäischer Rechnungshof

Aufgabenbeschreibungen

A Der ... kann von anderen Organen der Europäischen Union, von Mitgliedstaaten oder Einzelpersonen angerufen werden, wenn Zweifel in der Anwendung von Verträgen, Verordnungen oder Richtlinien der EU bestehen.

B Der ... muss angehört werden und berät die EU-Kommission und den Ministerrat in regionalen Fragen, z. B. bei der regionalen Förderung oder in Fragen der Bildungspolitik.

C Das ... entscheidet bei der Gesetzgebung in wichtigen Bereichen gleichberechtigt mit dem Ministerrat. Das ... beschließt gemeinsam mit dem Ministerrat den Haushalt. Das ... muss die Kommission bestätigen und kann sie zum Rücktritt zwingen. Das ... muss völkerrechtlichen Verträgen, z. B. Beitrittsbeschlüssen, zustimmen.

D Der ... berät die Kommission und den Ministerrat in wirtschaftlichen und sozialen Fragen.

E Die ... macht die Vorschläge für Verordnungen und Richtlinien sowie für den Haushaltsplan. Die ... führt die Richtlinien im Bereich gemeinschaftlicher Politik auch aus. Die ... stellt den Haushaltsplan auf und verwaltet ihn. Die ... wacht über die Einhaltung der EU-Verträge.

F Der ... prüft alle Ausgaben und Einnahmen der EU. Der ... legt nach jedem Haushaltsjahr einen Bericht vor. Der ... erstellt Sonderberichte zu speziellen Fragen.

G Der ... erlässt die Verordnungen und Richtlinien der EU, in wichtigen Bereichen gleichberechtigt mit dem Europäischen Parlament, sonst nach dessen Anhörung. Der ... genehmigt den Haushalt zusammen mit dem Europäischen Parlament.

1 Hilfe
A Europäischer Gerichtshof
B ...

3 Hilfe
www.european-council.europa.eu/homepage?lang=de

1 Jede Aufgabenbeschreibung betrifft ein EU-Organ. Bezeichne das jeweilige Organ.
2 Ergänze im Schaubild die sieben EU-Organe. Verwende das Arbeitsblatt oder notiere.
3 Recherchiere im Internet, welche Stellung der Europäische Rat mittlerweile im Organisationsschema der EU einnimmt. Wie könnte er in die Grafik eingebaut werden?

Europäischer Einigungsprozess
Eine Grundlage für die europäische Einigung war die deutsch-französische Versöhnung nach dem Zweiten Weltkrieg. Die Europäische Union soll dauerhaften Frieden sichern, die Demokratie festigen und die wirtschaftliche Zusammenarbeit fördern.

Vertrag über die Europäische Union
Im Vertrag über die Europäische Union sind alle Beschlüsse zusammengefasst, die im bisherigen Verlauf der europäischen Einigung gefasst worden sind. In dem Vertrag werden drei nebeneinander bestehende Aufgabenbereich unterschieden: Europäische Gemeinschaft (EG), Gemeinsame Außen- und Sicherheitspolitik (GASP), Zusammenarbeit in der Innen- und Justizpolitik.

Europäischer Binnenmarkt
Der Europäische Binnenmarkt gewährleistet zwischen den Mitgliedstaaten vier Freiheiten: den freien Verkehr von Personen, Waren, Dienstleistungen und Kapital. Die Verbraucher können in der EU einkaufen und von dem größeren Wettbewerb profitieren. Die Unternehmen haben bessere Exportmöglichkeiten in die anderen EU-Staaten. Die Arbeitnehmer können Arbeit in anderen EU-Staaten finden und durch Auslandserfahrungen ihre Berufschancen verbessern.

Europäischer Rat
Der Europäische Rat besteht aus den Staats- und Regierungschefs. Er kommt viermal jährlich zu einem Gipfeltreffen zusammen. Der Rat trifft die Grundsatzentscheidungen für die europäische Entwicklung, setzt die Impulse für die Weiterentwicklung der EU und legt die allgemeinen Leitlinien der europäischen Politik fest.

Europäisches Parlament
Die Abgeordneten werden alle fünf Jahre gewählt. Sie schließen sich übernational zu Fraktionen zusammen. Das Europäische Parlament entscheidet bei Verordnungen und Richtlinien in wichtigen Bereichen gleichberechtigt mit dem Ministerrat.

Europäische Kommission
Jeder Mitgliedstaat entsendet für jeweils fünf Jahre eine Kommissarin oder einen Kommissar, die jeweils für einen bestimmten Aufgabenbereich (Ressort) zuständig sind. Während ihrer Amtszeit sind sie unabhängig von den Regierungen ihrer Staaten. Der Präsident der Kommission wird auf Vorschlag des Europäischen Rates vom Parlament gewählt. Er hat die Richtlinienkompetenz und ist auch Mitglied des Europäischen Rates.

Ministerrat
Der Ministerrat (Rat der Europäischen Union) beschließt die Verordnungen und Richtlinien, also die Gesetze der EU. In vielen Politikbereichen kann der Ministerrat die Gesetze nur unter gleichberechtigter Mitwirkung des Europäischen Parlaments verabschieden. In anderen Bereichen muss das Parlament nur angehört werden. Bei den einzelnen Zusammenkünften bilden diejenigen Minister und Ministerinnen den Rat, aus deren Fachbereich Entscheidungen anstehen.

Europäischer Gerichtshof
Der Europäische Gerichtshof hat dafür zu sorgen, dass die Rechtsvorschriften der EU (das „Gemeinschaftsrecht") in allen Mitgliedstaaten einheitlich ausgelegt und angewendet werden. Er ist befugt, in Rechtsstreitigkeiten zwischen Mitgliedstaaten, Organen der EU, Unternehmen und Privatpersonen zu entscheiden.

„All our colors to the mast!" Dieses 1948 entworfene Plakat bringt es auf den Punkt: Europa ist das gemeinsame Anliegen, das allein durch die Bündelung der Möglichkeiten seiner Mitglieder vorangetrieben wird. Keine einzelne Nation kommt auf Kosten der anderen Nationen voran, alle Unterschiede werden als Chance für das Vorwärtskommen genutzt. Das Schiff steht als Symbol für die europäische Idee.

„Europe à Cœur" – Statue vor dem Gebäude des Europäischen Parlaments

Der Europäische Gerichtshof in Luxemburg

Paris 2005: Gegner des Verfassungsvertrages feiern den Sieg beim Referendum. Mit der Ablehnung in Frankreich und den Niederlanden war die EU-Verfassung gescheitert.

Der Lissaboner-Vertrag wurde 2007 im Hieronymus-Kloster in Lissabon unterzeichnet. Ein Gedenkstein erinnert dort an die Vertragsunterzeichnung.

Die Europäische Union ist im Laufe der Jahre ständig größer geworden. Durch die Aufnahme neuer Mitglieder wurde die Entscheidungsfindung in der Union immer schwieriger. Gegenwärtig sitzen bei jedem Treffen 28 Regierungschefs oder Fachminister am Tisch. Wollte etwa jeder der 28 Vertreter der Mitgliedsländer bei der Beratung eines Themas oder Problems eine Stellungnahme von nur zehn Minuten abgeben, würden bereits 4 ½ Stunden vergehen, bevor über das Thema überhaupt diskutiert werden könnte.

Im Jahr 2001 wurde ein Konvent berufen, der Vorschläge für eine Reform der EU und den Entwurf einer Verfassung erarbeitete. Die Verfassung musste in den Mitgliedstaaten durch Parlamentsbeschluss oder Volksentscheid gebilligt werden. Im Frühsommer 2005 lehnten die Franzosen und die Niederländer die Verfassung bei Volksabstimmungen ab. Es schloss sich eine Zeit des Nachdenkens über die Zukunft Europas an. Ergebnis war, dass an die Stelle der gescheiterten Verfassung ein Grundlagenvertrag treten sollte, der die wesentlichen Punkte der Verfassung beinhaltet. So kam ein Reformvertrag zustande, der von den Regierungschefs der EU-Mitgliedstaaten im Oktober 2007 in der portugiesischen Hauptstadt Lissabon verabschiedet wurde, daher der Name „Vertrag von Lissabon". Nachdem als letztes EU-Mitgliedsland auch die Tschechische Republik den Vertrag im November 2009 ratifizierte, trat er zum 1. Dezember 2009 in Kraft.

(Zeichnung: Gerhard Mester)

ratifizieren
Damit ein internationaler Vertrag gültig wird, muss er von jedem beteiligten Staat ratifiziert, also bestätigt werden. Eine Ratifizierung kann durch Parlamentsbeschluss oder durch Volksabstimmung erfolgen.

2 Hilfe
Vergleiche die Aussage und die Kissen.

1 Nenne Gründe für die notwendigen Reformen der Europäischen Union.
2 Analysiere die Karikatur.

Grundrechtecharta	Durch einen Verweis im Reformvertrag wird die Grundrechtecharta aus dem Jahr 2000 rechtsverbindlich. Die Charta legt in 54 Artikeln die Bürgerrechte, etwa das Recht auf Meinungsfreiheit, auf Datenschutz, auf Bildung, auf eine gute Verwaltung, fest. Damit sind die Rechte vor dem EU-Gerichtshof in Luxemburg einklagbar. Für Großbritannien, Irland, Polen und Tschechien bestehen Ausnahmeregelungen.
Europäische Kommission	Die EU-Kommission wird entgegen früherer Planungen nicht verkleinert. Die Kommission muss künftig ihre Gesetzesvorschläge überprüfen und stichhaltig begründen, wenn dies mehr als die Hälfte der Parlamente der Mitgliedstaaten verlangt. Der Präsident der Kommission wird auf Vorschlag des Europäischen Rates vom EU-Parlament gewählt.
Hoher Repräsentant für die Außenpolitik	Die EU bekommt einen „Hohen Repräsentanten der Union für Außen- und Sicherheitspolitik". Dieses Amt bündelt die Funktionen des bisherigen EU-Außenbeauftragten und des EU-Außenkommissars. Er ist Vizepräsident der EU-Kommission und erhält einen diplomatischen Dienst.
Europäischer Rat	Die EU erhält einen Ratsvorsitzenden, dessen Amtszeit zweieinhalb Jahre beträgt. Der EU-Ratspräsident bereitet unter anderem die Gipfeltreffen der Staats- und Regierungschefs vor und leitet sie.
Europäisches Parlament	Das EU-Parlament wird künftig nur noch 751 Sitze umfassen. Der Parlamentspräsident verliert sein Stimmrecht, das er aber bereits bisher in der Praxis nicht ausübte. Das Parlament erhält erstmals ein Mitspracherecht in den wichtigen Fragen der inneren Sicherheit, der Justizzusammenarbeit und der illegalen Einwanderung. Das Mitentscheidungsverfahren wird zur Regel, das heißt, EU-Parlament und Europäischer Rat entscheiden gemeinsam über Gesetze.
Abstimmungen im Ministerrat	EU-Beschlüsse werden dadurch erleichtert, dass künftig in vielen Fällen der Zwang zur Einstimmigkeit entfällt. Die Entscheidungen mit qualifizierter Mehrheit werden auf viele neue Bereiche ausgedehnt, vor allem bei der polizeilichen und Justizzusammenarbeit. In sensiblen Bereichen wie der Außen-, Steuer- und Sozialpolitik sowie bei Änderungen von EU-Verträgen gilt aber weiter das Prinzip der Einstimmigkeit. Beim Abstimmungsverfahren gilt ab dem Jahr 2014 mit einer Übergangsfrist bis 2017 das Prinzip der „doppelten Mehrheit". Für einen Beschluss ist dann die Zustimmung von 55 Prozent der Mitgliedstaaten erforderlich, die gleichzeitig 65 Prozent der Bevölkerung der EU auf sich vereinen. In Streitfällen können sich Mitgliedstaaten noch bis 2017 auf den bisher geltenden Vertrag von Nizza mit seinem komplizierteren System der qualifizierten Mehrheit berufen. Polen bestand zudem auf der sogenannten „Joannina-Klausel.", die es einer Minderheit von Staaten ermöglicht, dass bei einer knappen Mehrheit im Ministerrat die Minderheit verlangen kann, dass der Rat noch einmal nachverhandelt.
Nationale Parlamente	Die nationalen Parlamente werden künftig acht statt bisher sechs Wochen vor einem geplanten Rechtsakt der EU informiert und können Einspruch erheben, wenn sie nationale Zuständigkeiten gefährdet sehen.
Petitionsrecht	Bürger können künftig mit einer Million Unterschriften die Kommission auffordern, Gesetzesvorschläge zu machen. Die Kommission ist dazu allerdings nicht verpflichtet.

Die wichtigsten Bestimmungen des Lissaboner Vertrags

3 Untersuche die Bestimmungen des Lissaboner Vertrags unter folgenden Gesichtspunkten: Verbesserung der Entscheidungsfindung in der EU und Mitwirkungsmöglichkeiten der Bürgerinnen und Bürger.

Der Luxemburger Jean-Claude Juncker ist Präsident der EU-Kommission.

Die Italienerin Federica Mogherini leitet als EU-Außenbeauftragte den Rat der Außenminister.

Der Pole Donald Tusk, Präsident des Europäischen Rates, leitet die Treffen der Staats- und Regierungschefs und repräsentiert die EU im Ausland.

Der Deutsche Martin Schulz ist Präsident des Europäischen Parlaments.

Der EURO – Europas Währung

E

Euro-Münzen gibt es zu: 2 €, 1 €, 50, 20, 10, 5, 2 und 1 Cent. Während die acht Münzwerte einheitliche Vorderseiten aufweisen, hat jedes Euro-Teilnehmerland die Rückseiten mit eigenen Motiven gestaltet.

Jede der sieben Euro-Banknoten hat eine andere Farbe und Größe. Die Fenster und Tore auf der Vorderseite symbolisieren Offenheit, die Brücken auf der Rückseite stehen für die Zusammenarbeit zwischen den Völkern Europas.

WEBCODE
SDL-11077-705
Der Euro und die EZB

2 Hilfe
de.wikipedia.org/wiki/Euro oder Suchbegriff „Euroländer" bei einer Suchmaschine eingeben

Der Euro ist die Währung der Europäischen Währungsunion. Im Mai 1998 beschlossen elf der damals 15 EU-Mitgliedstaaten, den bereits bestehenden Binnenmarkt um eine Wirtschafts- und Währungsunion zu erweitern. Ziel war, den innereuropäischen Zahlungsverkehr zu vereinfachen und billiger zu machen. Unter anderem sollten die Risiken, die sich beim Tausch einer Landeswährung in eine andere ergeben, ausgeschaltet werden und die Devisenumtauschgebühren ein für allemal verschwinden. In Deutschland wird seit dem 1. Januar 2002 mit dem Euro (€) bezahlt.

Obwohl zunächst von vielen skeptisch betrachtet, hat sich der Euro zu einer Erfolgsgeschichte entwickelt. Mittlerweile gehören 19 EU-Staaten der Eurozone an. Darüber hinaus ist der Euro noch in einigen weiteren europäischen Ländern das offizielle Zahlungsmittel. Weltweit gesehen hat er sich neben dem US-Dollar zur wichtigsten Währung entwickelt.

Über die Stabilität des Euro wacht die Europäische Zentralbank (EZB). Sie hat ihren Sitz in Frankfurt am Main und regelt als „Hüterin der Währung" und als zentrale Behörde der EU die Geldpolitik in der Eurozone. Dabei orientiert sie sich am Beispiel der Deutschen Bundesbank. Diese wurde wie die nationalen Notenbanken der anderen Euro-Länder zu einer Filiale der EZB. Ihre Währungsreserven und Forderungen übertrug die Bundesbank auf die EZB. Ebenso ging das Recht, Banknoten auszugeben, auf die Europäische Zentralbank über.

Die EZB kontrolliert die Geldmenge. Ist diese im Vergleich zum Angebot an Waren und Dienstleistungen zu groß, nimmt die Inflation zu. Daneben beobachtet die EZB auch die Entwicklung der Preise und nimmt eine Risikobeurteilung hinsichtlich der Preisstabilität in der Eurozone vor. Zur Kontrolle und Regulierung der Geldmenge stehen der EZB verschiedene Mittel zur Verfügung. Ein wichtiges Mittel ist z. B. die Festsetzung des Zinssatzes, zu dem sich die Banken bei den nationalen Zentralbanken refinanzieren können. Untersagt ist es der EZB, Kredite zur Finanzierung von Haushaltsdefiziten an EU-Mitgliedsländern zu gewähren. In ihren Entscheidungen sind die EZB und die nationalen Zentralbanken völlig unabhängig von der EU und den nationalen Regierungen.

Europäische Zentralbank in Frankfurt

1 Liste Vorteile auf, die die gemeinsame Währung den Staaten der Eurozone bietet.
2 Recherchiere im Internet, in welchen Ländern noch mit dem Euro bezahlt wird.
3 Nenne zwei wichtige Aufgaben der Europäischen Zentralbank.

Soll die Türkei Mitglied der EU werden?

Obwohl die Türkei bereits im Jahr 1959 die Aufnahme in die Europäische Union beantragte, wurde sie erst 1999 als Beitrittskandidat offiziell anerkannt. Im Dezember 2004 beschloss die EU, Beitrittsverhandlungen mit der Türkei aufzunehmen, die im Oktober 2005 begannen. Sowohl in der Politik als auch in der Öffentlichkeit ist eine mögliche Aufnahme der Türkei in den EU-Ländern sehr umstritten. Insbesondere die Menschenrechtslage, die Einschränkung der Meinungs- und Pressefreiheit und der Umgang mit Minderheiten in der Türkei geben wenig Anlass zu Optimismus, was einen Beitritt angeht.

Zu Beginn der Beitrittsverhandlungen wehen vor einer Moschee in Istanbul die türkische und die EU-Flagge.

1

Wer die 75 Millionen Türken nur als Belastung und die Türkei nicht als vielversprechenden Markt betrachtet, der wird seine einseitige Sicht in 20 Jahren gründlich revidieren müssen.

2

Der Beitritt der Türkei zur EU wäre eine völlige Neudefinition Europas. Nicht nur nach innen, sondern vor allem mit gewaltigen Folgen nach außen. Der geografische Schwerpunkt Europas und damit auch seine politische, strategische Interessenlage würde folgenschwer verschoben.

3

Eine politische Union verlangt ein europäisches „Wir-Gefühl". Dieses setzt gemeinsame historische Prägungen voraus. Eine Europäische Union, die auch die Türkei umfasst, könnte an ein europäisches „Wir-Gefühl" nicht mehr appellieren, dazu sind die kulturellen Prägungen der Türkei und Europas viel zu unterschiedlich.

4

In der Türkei gibt es Strömungen, die wir als dem politischen Islam zugehörig betrachten. Diese Kräfte müssen überwunden werden, wobei die europäische Perspektive ein entscheidendes Mittel sein könnte.

5

Die Aufnahme der Türkei würde die augenblicklichen Machtstrukturen in der EU drastisch verändern. Rechnet man das gegenwärtige Bevölkerungswachstum hoch, wäre die Türkei bei einem Beitritt vermutlich das bevölkerungsreichste Land der EU – mit allen Konsequenzen bei der Verteilung von Einfluss und Macht in Brüssel.

6

Die Türkei wegen ihrer islamischen Bevölkerung auszugrenzen wäre verheerend. Wenn gegen einen Beitritt entschieden wird, dann würde damit eine entscheidende Brücke zur immer wichtiger werdenden islamischen Welt, in den Nahen Osten und nach Asien abgebrochen.

Die Polizei geht mit Wasserwerfern, Tränengas und Gummigeschossen gegen Demonstranten vor, die den autoritären Regierungsstil und Korruption in der Regierung Erdogan anprangern.

EU treibt Beitrittsverhandlungen mit der Türkei voran

(...) Die EU weitet ihre Beitrittsverhandlungen mit der Türkei aus. Die Außenminister stimmten der Eröffnung des Kapitels zu Wirtschafts- und Finanzthemen zu, die Ende November auf dem EU-Türkei-Gipfel vereinbart worden war. Brüssel belohnt Ankara damit für eine bessere Zusammenarbeit in der Flüchtlingskrise. Die türkische Regierung hatte sich verpflichtet, ihre Grenzen besser zu schützen. Als Gegenleistung sicherte die EU dem Land eine Ausweitung der Beitrittsverhandlungen und drei Milliarden Euro für Flüchtlingshilfe zu. Die EU verteidigte die Entscheidung, die Gespräche mit der Türkei trotz Kritik an der Rechtsstaatlichkeit des Landes auszuweiten.

„Die Türkei hat ein eminentes Interessen, mit uns zusammenzuarbeiten, wir haben ein Interesse, eine vernünftige solide Zusammenarbeit zu machen", sagte Erweiterungskommissar Johannes Hahn zum Auftakt der Gespräche. Die Situation sei zur Zeit sehr günstig, um bei den Verhandlungen Fortschritte zu machen. (...) Die Beitrittsgespräche mit der Türkei hatten zuletzt vor allem wegen der Frage der Anerkennung des EU-Mitglieds Zypern de facto auf Eis gelegen. (...)
Ob die Beitrittsverhandlungen mit der Türkei jemals zum Abschluss geführt werden, ist unklar. Die Gespräche würden ergebnisoffen geführt, so EU-Kommissar Hahn. (...)

(www.spiegel.de/politik/ausland/tuerkei-eu-treibt-verhandlungen-ueber-beitritt-voran-a-1c67767.html / 14.12.2015)

Kanzlerin Merkel hat Erwartungen auf einen raschen Beitritt der Türkei zur EU gedämpft. Da sei noch „ein sehr langer Weg zu gehen", sagte sie in ihrem wöchentlichen Video-Podcast. Gleichzeitig sei Ankara aber ein wichtiger Partner zur Lösung des Syrien-Konflikts.

(16.01.2016)

1. Formuliere zu jeder Aussage in den Sprechblasen eine treffende Überschrift.
2. Pro EU-Beitritt oder Kontra EU-Beitritt? Stelle dies für jede der sechs Aussagen fest.
3. Begründe deine Position zu einem möglichen Beitritt der Türkei zur EU.

Flüchtlinge – ein Problem für Europa

E

Mit Flüchtlingen überladenes Boot, das vor der italienischen Insel Lampedusa auf Grund gelaufen ist

Flüchtlinge auf einer Autobahn bei Budapest auf dem Weg Richtung Österreich und weiter nach Deutschland

WEBCODE
SDL-11077-706
Flucht nach Europa

In den letzten Jahren ist die Zahl der Flüchtlinge nach Europa stark angestiegen. Die Bürgerkriege im Nahen Osten sind dafür ebenso ein Grund wie politische Verfolgung und Elend in vielen afrikanischen Staaten. Im Jahr 2014 kamen über 625 000 Flüchtlinge nach Europa, viele davon in Booten über das Mittelmeer – von der Türkei, von Ägypten, vor allem aber von Libyen aus. Dort gibt es seit dem Bürgerkrieg keine funktionierende Staatsgewalt mehr. Das erleichtert es kriminellen Schleuserbanden, von der libyschen Küste aus Flüchtlinge in maroden und überfüllten Booten über das Mittelmeer in Richtung Europa zu schicken. Immer wieder sinken solche Boote und viele der Zufluchtsuchenden finden dabei den Tod. So kenterte im April 2015 vor der Küste Libyens ein mit Flüchtlingen vollgestopftes Boot und fast 700 Menschen kamen ums Leben.

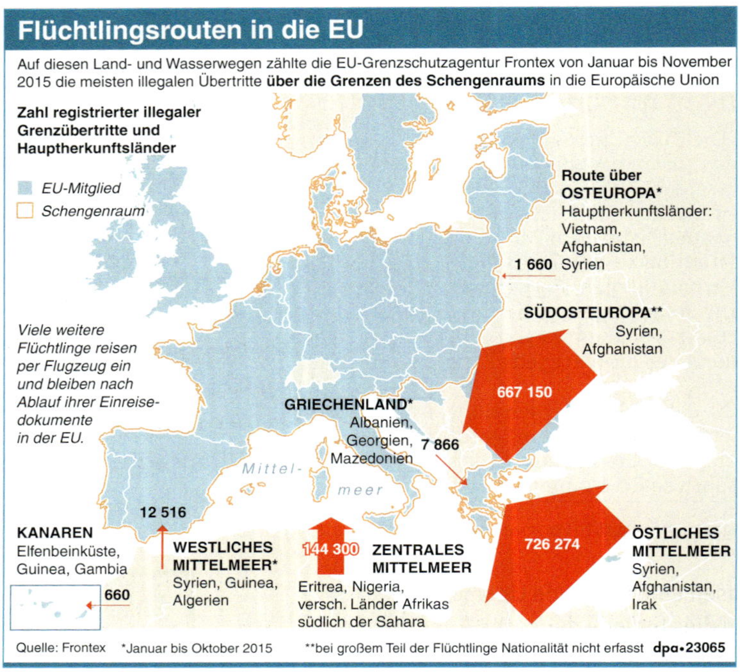

Die Zahl der Flüchtlinge steigt weiter weltweit. Die meisten dieser Flüchtlinge sind Binnenvertriebene. Ein Viertel der Flüchtlinge weltweit haben ihre Heimat verlassen. Ein Teil davon kommt – meistens illegal – in Europa an. So gelangten allein im Jahr 2015 über 1,1 Millionen Flüchtlinge nach Deutschland, so viele wie nie zuvor in einem Jahr.

Deutschland gehört zu den über 120 Staaten, die die Genfer Flüchtlingskonvention unterschrieben haben. Das ist ein internationaler Vertrag, in dem unter anderem bestimmt wird: „Kein Flüchtling darf in Gebiete zurückgewiesen werden, in denen sein Leben oder seine Freiheit bedroht ist". Bürgerkriegsflüchtlinge erhalten vorübergehend Schutz in Deutschland. Sie müssen jedoch in ihr Heimatland zurückkehren, wenn sich dort die Lage wieder beruhigt hat.

E

EU verdreifacht Mittel zur Seenotrettung

Ein höheres Budget und ein härteres Vorgehen gegen Schleuser. So will die EU den Tod von Flüchtlingen auf dem Mittelmeer verhindern. Menschenrechtler fordern mehr.

Die EU verdreifacht die Mittel für ihre Grenzschutz- und Seenotrettungsprogramme Triton und Poseidon. Das gaben EU-Ratspräsident Donald Tusk und EU-Kommissionspräsident Jean-Claude Juncker nach dem Sondergipfel der Staats- und Regierungschefs der EU in Brüssel bekannt. (...)
Außerdem sollen mehr Kriegsschiffe im Mittelmeer eingesetzt werden. Deutschland und Frankreich sagten die Entsendung von zwei zusätzlichen Schiffen zu, Großbritannien schickt drei. Auch Streitkräfte weiterer EU-Mitglieder beteiligen sich an dem Einsatz. Sie sollen Boote von Schmugglern zerstören, bevor Schmuggler sie einsetzen können. Experten halten dafür jedoch einen offiziellen Auftrag der Vereinten Nationen für nötig, Frankreichs Präsident Francois Hollande forderte ein entsprechendes UN-Mandat. Fraglich ist, ob sich die Schleuserschiffe mit Geheimdienstinformationen eindeutig identifizieren lassen und nicht mit Fischerbooten verwechselt werden.
Ein geplantes Pilotprojekt für die Aufnahme von 5.000Flüchtlingen vor allem aus Syrien, die unter den 28 EU-Staaten aufgeteilt werden sollten, wurde hingegen noch nicht gestartet. (...)
Bisher nehmen fünf der 28 EU-Mitgliedstaaten 70 Prozent der Flüchtlinge auf, darunter Deutschland. UN-Experten fordern einen EU-weiten Plan zur Verteilung der Menschen. (...)

(Quelle: Zeit Online. www.zeit.de/politik/ausland/2015-04/fluechtlinge-eu-sondergipfel-frontex-triton-mission/)

Europa war und ist für mich eine Wertegemeinschaft. Darauf können wir stolz sein, sind es aber viel zu selten. Wir haben in Europa die höchsten Asylstandards der Welt. Niemals würden wir Menschen wegschicken, wenn sie unseren Schutz brauchen. Das ist in unseren Gesetzen und Verträgen festgeschrieben. Ich mache mir allerdings Sorgen, dass das immer weniger in unseren Herzen verankert ist.
Wenn wir über Migration sprechen, dann sprechen wir über Menschen, über Menschen wie Sie und mich – außer dass diese Menschen nicht so wie Sie und ich leben können, weil sie nicht das Glück hatten, in einer der reichsten und einer der stabilsten Regionen der Welt geboren zu sein. Wir sprechen über Menschen, die vor dem Krieg in Syrien fliehen müssen, vor dem IS-Terror in Libyen oder der Diktatur in Eritrea.
Es bereitet mir Sorgen, wenn ich die Ablehnung eines Teils der Bevölkerung gegenüber diesen Menschen sehe, in Brand gesetzte Flüchtlingslager, zurückgedrängte Boote, Gewalt gegen Asylbewerber oder nur das Wegschauen bei Not und Hilfsbedürftigkeit – das ist nicht Europa.
(...) Natürlich gibt es nicht nur eine und erst recht keine einfache Antwort auf die Migrationsströme. Genauso wie es wenig realistisch wäre, zu denken, dass wir die Grenzen Europas gegenüber allen Nachbarn einfach öffnen könnten, ist es wirklichkeitsfremd, zu glauben, dass wir sie gegenüber Not, Angst und Elend abriegeln könnten.
Eines aber ist klar: Es gibt keine wirksamen nationalen Lösungen. Kein Mitgliedstaat kann Migration wirksam allein regeln. Wir brauchen einen starken europäischen Ansatz. Und zwar jetzt. (...)
Einige dieser von der Kommission vorgeschlagenen Maßnahmen haben bereits Unterstützung gefunden. Alle anderen müssen die 28 Mitgliedstaaten jetzt dringend anpacken, auch jene, die sich bisher weigern. Die dramatischen Ereignisse dieses Sommers führen uns vor Augen, dass wir die gemeinsame europäische Asyl- und Flüchtlingspolitik jetzt ohne Zögern in die Tat umsetzen müssen. (...)
Europa scheitert, wenn Angst die Oberhand gewinnt. Europa scheitert, wenn Egoismen lauter sind als die in weiten Teilen unserer Gesellschaft vorhandene Solidarität. (...)

(Auszüge aus „Das ist nicht das Europa, in dem ich leben will", von Jean-Claude Juncker, in: Die Welt, 23.08.2015. / http://www.welt.de/debatte/kommentare/article145516663/Das-ist-nicht-das-Europa-in-dem-ich-leben-will.html)

Europa ist ein reicher Kontinent. Wir Europäer müssen bereit sein, Flüchtlinge unbürokratisch aufzunehmen und ihnen zu helfen.

Europa ist ein reicher Kontinent, der aber nicht alle Flüchtlinge der Welt aufnehmen kann. Da wäre unser Wohlstand rasch dahin.

Wenn ich die Bilder mit ertrinkenden Flüchtlingen in den Medien sehe, dann muss ich unsere Regierung energisch dazu auffordern, endlich etwas zu tun!

Wenn man Bilder ertrinkender Flüchtlinge in den Medien sieht, ist es leicht, andere zum Handeln aufzufordern. Aber würde man selbst einen Flüchtling bei sich aufnehmen?

1 Werte den Bericht über den EU-Sondergipfel aus und nimm Stellung zu den Ergebnissen.
2 Fasse die Meinung von EU-Kommissionspräsident Juncker mit deinen Worten zusammen.
3 Setze dich mit den vier Aussagen in den Sprechblasen auseinander.

3 Hilfe
Diskutiert dann in der Gruppe darüber.

„Europa 2020“ ist die Wachstumsstrategie der EU für das kommende Jahrzehnt.
In einer Welt, die sich immer weiter entwickelt, wünschen wir uns eine intelligente, nachhaltige und integrative Wirtschaft für Europa. Diese drei Prioritäten, die sich gegenseitig verstärken, dürften der EU und den Mitgliedstaaten helfen, ein hohes Maß an Beschäftigung, Produktivität und sozialem Zusammenhalt zu erreichen.

Dieser Wunsch findet seinen konkreten Ausdruck in den ehrgeizigen Zielen, die die Union in den fünf Bereichen Beschäftigung, Innovation, Bildung, soziale Integration und Klima/Energie bis 2020 verwirklicht sehen will. Jeder Mitgliedstaat hat für jeden dieser Bereiche seine eigenen nationalen Ziele festgelegt. Ferner wird diese Strategie durch konkrete Maßnahmen auf Ebene der EU und der Mitgliedstaaten untermauert.

José Manuel Barroso, Präsident der Europäischen Kommission bis 2014, zu „Europa 2020“ (http://ec.europa.eu/europe2020/index_de.htm, © Europäische Union, 1995–2013)

Strategie Europa 2020 – von der Europäischen Kommission vorgeschlagene Kernziele

Beschäftigung	Innovation	Bildung	Soziale Integration	Klima/Energie
75 % der Bevölkerung im Alter von 20 bis 64 Jahren sollten in Arbeit stehen.	3 % des BIP * der EU sollten für Forschung und Entwicklung aufgewendet werden.	Der Anteil der Schulabbrecher sollte auf unter 10 % abgesenkt werden. Mindestens 40 % der jüngeren Generation sollten einen Hochschulabschluss haben.	Die Zahl der armutsgefährdeten Personen sollte um 20 Millionen sinken.	Die 20-20-20-Klimaschutz-/Energieziele sollten erreicht werden. *

* BIP = Bruttoinlandsprodukt. Es bezeichnet die Summe aller in einem Land (hier: der EU) erwirtschafteten Werte von Waren und Dienstleistungen in einem Jahr.

* (1) Verringerung der Treibhausgasemissionen um 20 % gegenüber 1990 (2) Erhöhung des Anteils erneuerbarer Energien auf 20 % (3) Steigerung der Energieeffizienz um 20 %

Diese Ziele sind miteinander verknüpft und für unseren Gesamterfolg entscheidend. Um zu gewährleisten, dass jeder Mitgliedstaat die Strategie Europa 2020 auf seine spezifische Situation zuschneiden kann, schlägt die Kommission vor, die Ziele der Union im Rahmen nationaler Ziele und Verlaufspläne umzusetzen.

Die Ziele verkörpern die drei Prioritäten intelligentes, nachhaltiges und integratives Wachstum, erheben jedoch keinen Anspruch auf Vollständigkeit: Es wird einer breiten Palette von Maßnahmen auf nationaler und internationaler sowie auf EU-Ebene bedürfen, um sie zu untermauern. (...)

(aus: Mitteilung der Kommission. Europa 2020. Eine Strategie für intelligentes, nachhaltiges und integratives Wachstum. http://eur-lex.europa.eu/<http://eur-lex.europa.eu/de/index.htm> © Europäische Union, 1998–2013)

2 Hilfe
Besuche dazu die Seite der Europäischen Union in Internet: http://ec.europa.eu/europe2020/pdf/targets_de.pdf

1 Fasse das Anliegen der Initiative „Europa 2020“ mit eigenen Worten zusammen.
2 Informiere dich über die deutschen Ziele innerhalb dieser Initiative.

Methode: Karikaturenrallye

Thema: Europäische Union

Eine Karikatur ist ein zeichnerisch gestalteter Kommentar zu einem politischen oder gesellschaftlichen Thema. Dabei versucht der Zeichner oder die Zeichnerin, durch eine übertreibende Darstellung auf ein Problem hinzuweisen oder Kritik an einem Sachverhalt zu üben.

Ihr sollt zum Thema „Europäische Union" verschiedene Karikaturen untersuchen, indem ihr eine sogenannte „Karikaturenrallye" durchführt.

Vorbereitung

Die Karikaturen werden vergrößert und an verschiedenen Stellen im Klassenzimmer aufgehängt. Bildet so viele Gruppen, wie ihr Karikaturen ausgewählt habt.

Durchführung

Jede Gruppe geht zu einer Karikatur und untersucht sie:

- Um welches Problem geht es?
- Mit welchen zeichnerischen und textlichen Mitteln stellt der Karikaturist bzw. die Karikaturistin das Problem dar?
- Was bringt die Karikatur zum Ausdruck?

Jede Gruppe notiert ihre Ergebnisse in Stichpunkten und geht zur nächsten Karikatur weiter.

Auswertung

Tragt eure Ergebnisse in der Klasse vor. Vergleicht, wie die verschiedenen Gruppen die jeweilige Karikatur gedeutet haben.

1 Führt die Karikaturenrallye zum Thema „Europäische Union" in der Klasse durch.

1

2

3

4

(Zeichnung 1: Gerhard Mester, 2 Freimut Wössner, 3: Christiane Pfohlmann, 4: Thomas Plaßmann (Thema: Euro-Rettung – Flüchtlinge))

Begeisterung für Europa: Jugendliche aus Deutschland, Polen und Tschechien feiern 2004 den Beitritt Polens und Tschechiens zur EU.

Nachwuchs: Große Probleme im Gastgewerbe

HALLE (SAALE)/MZ. 2013 können junge Leute aus Spanien ihre Lehre in Sachsen-Anhalt beginnen. In einem ersten Zyklus werden etwa 20 bis 30 Jugendliche erwartet, so die Prognose des Hauptgeschäftsführers der Magdeburger Handwerkskammer, Burghard Grupe. Die Spanier sollen in ihrer Heimat mit Deutschkursen auf ihre Ausbildung vorbereitet werden. Bedarf gibt es Grupe zufolge vor allem in Bauberufen und in der Lebensmittelbranche. Geplant ist zunächst eine Reise von Handwerksmeistern, die mit spanischen Bewerbern vor Ort ins Gespräch kommen wollen. Die Bereitschaft der Spanier ist groß, weil die Jugendarbeitslosigkeit dort teilweise 50 Prozent beträgt.

(http://www.mz-web.de/servlet/ContentServer?pagename=ksta/page&atype=ksArtikel&aid=1342037177555&openMenu=987490165154&calledPageId=987490165154&listid=0)

Europäische Einigung – welche Vorteile siehst du für dich?

Antworten von Schülern einer 10. Klasse

1 *Das Zusammenrücken der europäischen Länder ist eine Garantie für Frieden und Freiheit. Unsere Generation hat deshalb Möglichkeiten zur Entwicklung, die früheren Generationen verschlossen blieben.*

2 *In Europa gelten Demokratie und Menschenrechte, in vielen anderen Ländern der Welt nicht. Ich möchte nicht in einem Land leben müssen, in dem Unfreiheit herrscht und ich gegängelt werde.*

3 *Ich reise sehr gern. Die offenen Grenzen und der Euro sind deshalb so ganz nach meinem Geschmack!*

4 *Besonders für uns Deutsche lohnt sich Europa. Mehr als die Hälfte unserer Exportwaren verkaufen wir in EU-Länder. Der Binnenmarkt ist deshalb gerade auch für uns junge Leute gut, wenn wir an die wirtschaftliche Zukunft denken.*

5 *Mir als jungem Menschen macht die Umweltzerstörung Angst. Die Umweltverschmutzung macht vor den Landesgrenzen nicht halt. Nur gemeinsam können die europäischen Länder das Problem wirksam bekämpfen.*

6 *Technologisch zählt Europa zur Spitze in der Welt. Nur gemeinsam können die Europäer gegen die immer stärker werdende weltweite Konkurrenz bestehen. Mit Blick auf meine berufliche Zukunft wünsche ich mir ein einiges Europa.*

7 *Nicht nur die Wirtschaft ist wichtig, Reichtum drückt sich auch noch anders aus. Ich liebe die kulturelle Vielfalt Europas und, seit ich zum Schüleraustausch in Spanien war, ganz besonders den Lebensstil dort.*

8 *Ich will später einmal ein soziales Jahr im Ausland machen, am liebsten in einem afrikanischen Land. Die Entwicklungszusammenarbeit der EU mit den armen Ländern in Afrika ist weltweit anerkannt. Ich finde es gerade in der heutigen Zeit wichtig, dass nicht jeder nur an sich denkt.*

Bereit für Europa?

Europa hat 37 900 Kilometer Küste – und mindestens ebenso viele Ideen zum Mitmachen. Ein kleiner Wegweiser zum Einstieg.

Europäisches Jugendportal

Was ist los in Europa? Was gibt es Neues? Alles über die Europäische Union, deine Rechte oder Infos über Jugendinitiativen, Programme oder Wettbewerbe findest du auf der zentralen Jugendwebsite der EU, dem Europäischen Jugendportal. Dein Wegweiser durch Europa:
www.europa.eu/youth

Europäisches Jugendparlament

Politik lebt von Ideen, Argumenten, Streit und Kompromissen – erst recht im Europa der 28 Mitgliedstaaten. Kluge Köpfe sind deshalb gefragt. Probier dich aus – beim Europäischen Jugendparlament. Hier entwickelst du mit anderen Jugendlichen Lösungen für aktuelle politische Probleme, tauschst Argumente aus, findest Kompromisse – wie im richtigen Europäischen Parlament. Und das Beste daran: Die Ideen und Vorschläge landen direkt bei denen, die sie gebrauchen können – den europäischen Politikern. Mitmachen? Infos unter:
www.eyp.de

Dein Projekt wird Wirklichkeit

Du möchtest ein Theaterprojekt gründen oder zusammen mit deinen Freunden einen Film drehen? Du findest, dass in deiner Stadt ein Jugendclub fehlt oder eine Initiative, die sich für Umweltschutz einsetzt? Dann tu etwas – die Europäische Kommission hilft dir dabei. (...) Das Thema bestimmst du. Alles, was du brauchst, ist also eine gute Idee und Mitstreiter: Neugierig geworden? Die Agentur Jugend für Europa hat alle wichtigen Informationen zusammengestellt. Und ein spezielles Webangebot informiert ausschließlich über den Europäischen Freiwilligendienst.
www.jugend-in-aktion.de
www.go4europe.de

Europa an die Schule

Deine Schule hat noch keine Partnerschule im europäischen Ausland? Dann wird es höchste Zeit! Es gibt nämlich eine Menge Möglichkeiten, Schulpartnerschaften und andere schulübergreifende Projekte über das Comenius-Programm von der EU fördern zu lassen. Künftig sollen auch Schüler unterstützt werden, die für ein Schuljahr an eine andere europäische Schule wechseln wollen. Sprich also mit deinen Lehrern darüber! Gute Argumente findest du unter:
www.kmk-pad.org

Abenteuer Ausland

Du willst raus von zu Hause und am besten gleich ins Ausland. Nur wie? Eigentlich ganz einfach – mit einem von der Europäischen Union geförderten Programm: Du musst dich nur entscheiden. Schüleraustausch, Freiwilligendienst, Sprachferien, Praktika oder Reisestipendium: Es gibt eine Vielzahl von Möglichkeiten, Europa kennenzulernen. Wie du das richtige Angebot für dich entdeckst? Hier findest du Informationen, Tipps und Erfahrungsberichte:
www.rausvonzuhaus.de

Stipendium
Geldunterstützung für Studierende

(GLASKLAR. Europa und der Deutsche Bundestag. Hg.: Deutscher Bundestag, Berlin 2007, S. 17)

Soziale Sicherheit

Schüler- und Jugend-austausch

Anerkennung von Bildungs- und von Berufs-abschlüssen

1 Nenne Vorteile einer Ausbildung in Deutschland sowohl für die spanischen Jugendlichen als auch für die deutschen Unternehmer.

2 Formuliere für jede Sprechblase auf Seite 270 eine stichwortartige Überschrift.

3 Informiere dich über Ideen zum Mitmachen, die dich interessieren. Erkunde dazu zwei oder drei der hier genannten Internetseiten.

2 Hilfe
1 *Die europäische Einigung garantiert Frieden.*
2 …

Der Vertrag von Lissabon

Mit dem Beitritt von zehn neuen Mitgliedern im Rahmen der EU-Osterweiterung im Jahr 2004, dem Beitritt von Bulgarien und Rumänien 2007 und dem Beitritt von Kroatien 2013 wuchs die EU innerhalb von neun Jahren um 13 neue Mitglieder auf insgesamt 28 Mitgliedstaaten. Dies hat u.a. dazu geführt, dass sich die Entscheidungsfindung in der Union immer schwieriger gestaltet. Um dem abzuhelfen, wurde im Jahr 2001 ein Konvent berufen, der Reformvorschläge und einen Verfassungsentwurf erarbeitete. Der vorgelegte Verfassungsvertrag wurde 2006 bei Volksabstimmungen von den Franzosen und Niederländern allerdings abgelehnt. Nach einer Zeit des Nachdenkens wurde ein Reformvertrag auf den Weg gebracht, der an die Stelle der gescheiterten Verfassung getreten ist. Nach dem Ort der Unterzeichnung wird der Reformvertrag „Vertrag von Lissabon" genannt.

Neuerungen des Reformvertrags

Der Vertrag von Lissabon hat die Rechtsgrundlagen der EU in zahlreichen Punkten geändert. Dazu gehört u. a.: Die Grundrechtecharta ist nun verbindlich, wobei für einige Mitgliedsländer Sonderregelungen gelten. Das Europäische Parlament hat mehr Mitspracherechte erhalten. So ist das Mitentscheidungsverfahren zur Regel geworden, das heißt, EU-Parlament und Europäischer Rat (Ministerrat) entscheiden gemeinsam über Verordnungen und Richtlinien. Das Abstimmungsverfahren im Ministerrat erfolgt jetzt nach der sogenannten „doppelten Mehrheit", d.h., dass für einen Beschluss die Zustimmung von 55 Prozent der Mitgliedstaaten erforderlich ist, die zugleich mindestens 65 Prozent der EU-Bevölkerung repräsentieren. Der Europäische Rat hat einen Vorsitzenden erhalten, der die Treffen der Staats- und Regierungschefs vorbereitet und leitet. Außerdem wurde das Amt eines „Hohen Repräsentanten der Union für Außen- und Sicherheitspolitik" geschaffen.

Euro und Europäische Zentralbank

Der Euro ist die Währung der Europäischen Währungsunion, der mittlerweile 18 Staaten angehören. Um der Eurozone beitreten zu können, muss ein Land bestimmte Bedingungen („Konvergenzkriterien") erfüllen. Die Europäische Zentralbank (EZB) mit Sitz in Frankfurt am Main ist für die Währungspolitik in der Eurozone verantwortlich. Zusammen mit den nationalen Zentralbanken bildet sie das Europäische System der Zentralbanken (ESZB). Hauptziel des ESZB ist es, die Preisstabilität im Euroraum zu gewährleisten. Die EZB und die nationalen Zentralbanken sind unabhängig von der EU und den Regierungen der Mitgliedstaaten.

Euro-Krise

Viele EU-Staaten sind hoch verschuldet, auch Deutschland. Die gigantische Staatsverschuldung des EU-Mitglieds Griechenland hat die Gemeinschaftswährung „Euro" 2010 in eine ernste Krise gestürzt. Mit einem umfangreichen finanziellen Hilfspaket wird versucht, den Euro zu stabilisieren.

EU-Beitritt der Türkei

Bereits 1959 hatte die Türkei erstmals die Aufnahme in die Europäische Gemeinschaft beantragt. Erst 40 Jahre später wurde der islamische Staat als Beitrittskandidat offiziell anerkannt. Im Dezember 2004 beschloss schließlich die EU, mit der Türkei Beitragsverhandlungen aufzunehmen. Die Beitragsverhandlungen begannen im Oktober 2005. In den EU-Mitgliedsländern ist ein möglicher Beitritt der Türkei zur EU sehr umstritten.

Herausforderungen

Die Europäische Union steht vor vielen Herausforderungen. Die seit 2004 aufgenommenen 13 neuen Mitgliedstaaten müssen in die Gemeinschaft integriert werden. Ein Problem ist die Landwirtschaft, für die ein großer Teil der EU-Mittel ausgegeben wird. Die Energieversorgung muss für die Zukunft sichergestellt werden. Eine neue gewaltige Herausforderung stellen die vielen Flüchtlinge dar, die aus dem Nahen Osten und Afrika nach Europa drängen. Die EU-Staaten haben sich zwar auf ein neues, einheitliches Asylrecht geeinigt, eine europaweite Verteilung von Flüchtlingen gibt es aber nach wie vor nicht. Die EU zeigt sich hier zerrissen, viele Mitgliedsländer lassen die notwendige Solidarität bei der Lösung des Flüchtlingsproblems vermissen. Ob und wie die Gemeinschaft diese Zerreißprobe übersteht, bleibt abzuwarten. Skeptiker befürchten gar ein Auseinanderfallen der EU.

„Europa 2020"

„Europa 2020" ist die Wachstumsstrategie der Europäischen Union für die kommenden Jahre. Die EU hat dazu ehrgeizige Ziele formuliert. Sie betreffen die folgenden fünf Bereiche: Beschäftigung, Innovation, Bildung, soziale Integration und Klima/Energie.

Jugend und Europa

Die EU bietet jungen Leuten viele Möglichkeiten: z. B. Schulpartnerschaften, internationale Jugendbegegnungen, Sprachkurse und Studienaufenthalte im Ausland.

Zeige deine Kompetenzen!

1 **Vervollständige das Schaubild.** Benutze dazu das Arbeitsblatt oder notiere zu den Nummern den jeweils passenden Begriff. Die einzusetzenden Begriffe sind rechts neben dem Schaubild aufgeführt.

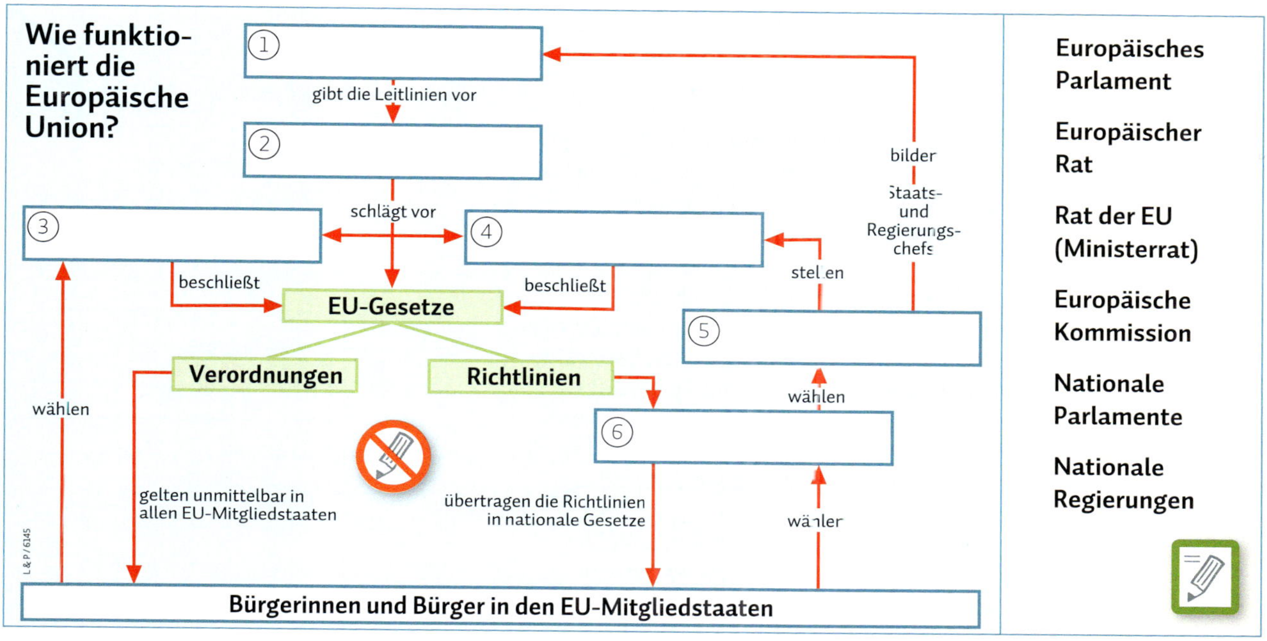

2 **Analysiere die Karikatur.** Nimm Stellung zur Aussageabsicht des Zeichners.

(Zeichnung: Gerhard Mester)

3 **Macht Werbung für Europa!**
Die europäische Einigung hat Europa eine zuvor nie gekannte sehr lange Zeit des Friedens gebracht. Umfragen zeigen aber, dass vielen, gerade auch jungen Leuten, Europa mehr und mehr gleichgültig ist.
Überlegt in Gruppen, wie ihr Werbung für den Gedanken der europäischen Einigung bei Jugendlichen macht könnt. Führt Gespräche mit Gleichaltrigen, um herauszufinden, welche Vorurteile möglicherweise gegen die Europäische Union bestehen. Gestaltet dann Plakate, die Jugendliche positiv für die europäische Einigung einnehmen sollen. Greift dabei die Vorurteile auf und widerlegt sie.

4 **Löse das Rätsel.** Die Buchstaben in der unterlegten Spalte ergeben von oben nach unten gelesen die Lösung.

1 Die Mehrzahl der Staaten des Kontinents ... sind Mitglied der Europäischen Union.
2 Die gemeinsame europäische Währung ist der ... .
3 An der Spitze der Europäischen Kommission steht ein ... .
4 Mit den ... Verträgen wurde 1957 der Grundstein für die EU gelegt.
5 Die Treffen der Staats- und Regierungschefs der Mitgliedsländer der Europäischen Union werden auch als „...“ bezeichnet.
6 Bei den EU-Gesetzen wird zwischen Richtlinien und ... unterschieden.
7 Beim Binnenmarkt spricht man auch von den „vier ...“.
8 Die Aussöhnung zwischen ... und Deutschland nach dem Zweiten Weltkrieg war eine der Voraussetzungen für die Bildung der EU.
9 Der Europäische ... besteht aus den Staats- und Regierungschefs der EU-Staaten und dem Präsident der EU-Kommission.
10 Dem Europäischen Parlament steht ein ... vor.
11 Von den zehn 2004 der EU beigetretenen Staaten ist ... das bevölkerungsreichste Land.
12 Der ... beschließt die Verordnungen und Richtlinien der EU, in einigen Politikfeldern gemeinsam mit dem EU-Parlament.
13 Der ... ermöglicht u. a. einen freien Warenverkehr in der EU.
14 In ... haben verschiedene Institutionen der EU ihren Sitz, z. B. auch der Europäische Gerichtshof.
15 Als vorerst letztes Land ist ... 2013 der EU beigetreten.
16 Zur ... zählen jetzt 19 Staaten. Dort wird mit dem Euro bezahlt.
17 Der Inselstaat ... im östlichen Mittelmeer trat 2004 der EU bei.
18 Als vorletzte Mitglieder nahm die EU 2007 Bulgarien und ... in die Gemeinschaft auf.
19 Vorrangige Aufgabe der EZB ist es, die ... des Euro zu sichern.
20 Mit dem ... Vertrag soll eine neue Basis für die EU gelegt werden.
21 Das bevölkerungsreichste Land der EU ist ... .
22 Der Europäische ... hat für eine einheitliche Auslegung der Rechtsvorschriften in der EU zu sorgen.
23 Die EU-Flagge besteht aus zwölf ... auf blauem Grund.
24 Eine der vier Freiheiten im Binnenmarkt ist der freie ... .
25 ... ist die Bezeichnung für die Wachstumsstrategie der EU für die kommenden Jahre.
26 Die Europäische ... ist für die Geldpolitik verantwortlich.
27 Das Europäische Parlament tagt in ... in einem vor wenigen Jahren neu errichteten Gebäude am Rheinufer.
28 Seit 2014 wird in der Europäischen Union nach dem Prinzip der „... Mehrheit“ abgestimmt.
29 Den 1951 gegründeten gemeinsame Markt für Kohle und Stahl nennt man auch ... .
30 Ein EU-Projekt zur Förderung von Schulpartnerschaften über die Grenzen der EU-Länder hinweg heißt ... .
31 Nach langjährigen Verhandlungen einigten sich die EU-Länder 2013 auf ein neues ..., das Flüchtlingen eine Gleichbehandlung in allen EU-Staaten garantiert
32 ... aus Afrika stellen die EU vor große Probleme. Insbesondere die beiden EU-Länder Italien und Spanien sind von dem Flüchtlingsstrom betroffen.
33 Ein möglicher Beitritt der ... zur EU ist heftig umstritten.
34 Die ... der Europäischen Union nennt man Verordnungen und Richtlinien.

Frieden und Sicherheit

Kapitel 08

Jeder möchte gern in Frieden leben. Aber dennoch gibt es immer wieder Streit – in der Klasse, in der Familie, unter Nachbarn. Auch zwischen Staaten kann es zu Konflikten kommen, die dann oft mit militärischer Gewalt ausgetragen werden. Darunter müssen stets die Menschen in den betroffenen Ländern leiden. Es gibt Tote und Verletzte und viele Menschen fliehen vor Gewalt und Tod. Die Flüchtlinge versuchen, das Konfliktgebiet zu verlassen. Internationale Konflikte erfordern eine weltweite Zusammenarbeit, wenn Frieden und Sicherheit für möglichst viele Menschen erreicht werden sollen. Auf den folgenden Seiten geht es darum, wie in der Welt versucht wird, Kriege zu verhindern und den Frieden zu sichern. Dabei erhältst du zum Beispiel Antworten auf die nebenstehenden Fragen:

- Warum gibt es Kriege? Wer leidet unter Kriegen besonders?
- Welche weltweiten Gefahren bedrohen die Sicherheit? Warum gibt es auch heute noch Piraten?
- Was will der internationale Terrorismus erreichen? Was kennzeichnet den islamistischen Terrorismus?
- Weshalb müssen Menschen aus ihrer Heimat fliehen? Warum gibt es Kindersoldaten?
- Wie kann durch internationale Zusammenarbeit der Frieden sicherer gemacht werden?
- Warum wurden die Vereinten Nationen gegründet? Welche Möglichkeiten hat diese Organisation, Konflikte zwischen Staaten zu verhindern oder zu beenden?
- Welche Rolle spielen internationale Gerichte?
- Welchem Bündnis gehört Deutschland an?
- Welchen Auftrag hat die Bundeswehr? Warum werden deutsche Soldaten im Ausland eingesetzt?

Thema: **Politische Gewalt heute**

Das Lernen an Stationen ist eine Methode, bei der ein Thema in Teilbereiche zerlegt und von euch selbstständig bearbeitet wird. Die Bearbeitung kann in Einzel- oder Partnerarbeit, aber auch in kleinen Gruppen erfolgen. Diese Methode ermöglicht euch die individuelle Auseinandersetzung mit dem Thema. Innerhalb eines festgelegten Zeitrahmens könnt ihr euer Arbeitstempo selbst bestimmen. Manchmal bleibt es euch auch überlassen, in welcher Reihenfolge ihr die einzelnen Stationen bearbeitet. Informationen über die Vorbereitung, Durchführung und Auswertung des Stationenlernens findet ihr auf Seite 93.

Kriege 2015

Im Jahr 2015 zählte das Heidelberger Institut für internationale Konfliktforschung 409 Konflikte weltweit. Folgende erreichten die höchste Intensitätsstufe eines Krieges:

1	Mexiko	Drogenkartelle – Armee
2	Nigeria*	islamistische Sekte Boko Haram; Bauern – Nomaden
3	Kamerun, Tschad, Niger, Nigeria	islamistische Sekte Boko Haram
4	Libyen	Opposition – Regierung
5	Zentralafrik. Republik	ehem. Rebellenallianz Séléka – christliche Anti-Balaka-Gruppen
6	Ukraine	verschiedene Milizen – Regierung
7	Sudan*	Darfur: Rebellen – Milizen – Armee; Kurdufan, Blauer Nil: Widerstandsbewegung PLM; Sudan – Südsudan
8	Südsudan*	interethnische Konflikte; SPLM/A-Opposition – Regierung
9	Syrien*	Opposition – Regierung, IS
10	Irak	IS – Regierung
11	Türkei	PKK – Regierung
12	Jemen, Saudi-Arabien	Al-Huthi-Rebellen – Regierung
13	Somalia	islamistische Miliz Al-Shabaab – Regierung
14	Afghanistan	Taliban, and. milit. Gruppen – Regierung
15	Pakistan	milit. islamistische Gruppen – Regierung
16	Philippinen	islamist. Rebellengruppen – Regierung

*mehrere interne Konflikte

Quelle: Heidelberger Institut für internationale Konfliktforschung

Amerikanische Soldaten in Afghanistan

Durch Luftangriffe zerstörte syrische Stadt (2013)

1. Werte die Karte „Kriege 2015“ aus.
2. Beschreibe den Zusammenhang zwischen Karte und Fotos.
3. Führt zum Thema „Politische Gewalt heute“ ein Lernen an Stationen durch.

Wenn sie das Wort Krieg hören, dann denken viele an den Kampf zwischen Staaten, den diese mit ihren Armeen ausfechten. Doch solche Kriege sind heute selten geworden. Dafür haben gewaltsame Auseinandersetzungen innerhalb von Ländern zugenommen, zum Beispiel Kämpfe zwischen Regierungstruppen und Aufständischen.
Forscher unterscheiden zwischen nicht gewaltsamen und gewaltsamen Konflikten. Gewaltsame Konflikte unterscheiden sie in Krise, hochgewaltsamen Konflikt und Krieg.
Eine Krise ist ein Spannungszustand, in dem eine der Parteien vereinzelt Gewalt anwendet. Als hochgewaltsamer Konflikt wird eine Auseinandersetzung dann bezeichnet, wenn wiederholt und organisiert Gewalt eingesetzt wird. Von einem Krieg wird dann gesprochen, wenn beim Austragen des Konfliktes immer wieder organisiert und systematisch Gewalt ausgeübt wird. In solchen Fällen setzen die Konfliktparteien in großem Umfang militärische Mittel ein und die Zerstörungen sind daher beträchtlich. Deshalb stuften die Konfliktforscher beispielsweise auch 2012 die Auseinandersetzungen zwischen Drogenkartellen und der mexikanischen Regierung als Krieg ein.
Für das Jahr 2015 haben Konfliktforscher auf der gesamten Welt 409 Krisen registriert, von denen 223 als gewaltsame Konflikte und neunzehn als Kriege eingestuft wurden.

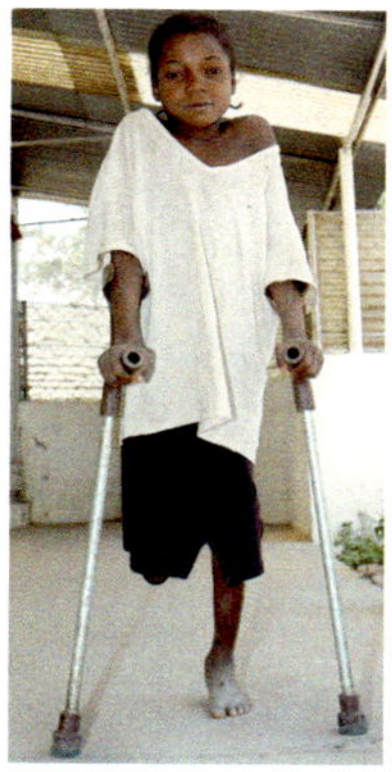
Mehr als die Hälfte aller zivilen Kriegsopfer sind Kinder. Dieses verlor durch eine Mine ein Bein.

Agenda 2030: Keine Entwicklung ohne Frieden!

Die Armut und den Hunger auf der Welt bis zum Jahr 2015 halbieren – das war das Hauptziel der im Jahr 2000 beschlossenen „Millenniums-Entwicklungsziele der Vereinten Nationen". Im September 2015 verabschiedete die Weltgemeinschaft den Nachfolger, die „Agenda 2030 für nachhaltige Entwicklung". Bei deren Erarbeitung flossen die Erfahrungen mit den alten, oft verfehlten Millenniumszielen ein: Diese verfehlten ihr Ziel der Armutsbekämpfung, weil strukturelle Probleme nicht thematisiert wurden. So wurde der Zusammenhang zwischen Armut und Hunger auf der einen Seite und fragilen und von Konflikten betroffenen Staaten nicht thematisiert. Dabei ist Entwicklung ohne Frieden nicht möglich! Es ist deshalb gut, dass Friedensziele in die neue Agenda aufgenommen wurden.
Kein einziges der fragilen, von gewaltsamen Konflikten und Kriegen betroffenen Ländern konnte auch nur eines der acht Millenniumsziele erreichen. 2015 hatten vier der fünf großen Hungerkrisen gewaltsame Konflikte als Ursache: Syrien, Irak, der Südsudan und die Zentralafrikanische Republik. Diese Beispiele zeigen: Ohne Frieden gibt es keine Entwicklung, zumindest nicht für breite Teile der Bevölkerung.
Eine verantwortliche internationale Politik muss die Herausforderungen von Entwicklung, Klimawandel und Frieden zusammen denken. Die schon jetzt sichtbaren Folgen des Klimawandels führen uns etwa vor Augen, wie eng diese Bereiche zusammenhängen: Die Internationale Organisation für Migration geht aktuell von bis zu 20 Millionen Klimaflüchtlingen weltweit aus. Bis zum Jahr 2050 soll die Zahl der Klimaflüchtlinge Schätzungen zufolge auf 200 Millionen Menschen ansteigen.
Gleichzeitig führen Ressourcenkonflikte um Kohle oder Palmöl zu gewaltsamen Vertreibungen, Dürre und Klimamigration heizen Konflikte um das knapper werdende Land an und infolge des sogenannten Landraubs werden Menschen für Profitinteressen von dem Flecken Erde vertrieben, der sie zum Teil über Generationen ernährte.
Um die Ziele zu erreichen, müssten die Regierungen armer und reicher Länder entschiedener und konkreter handeln. Dazu gehört neben einer kohärenten, nachhaltigen Politik auch, dass Deutschland endlich sein jahrzehntealtes Versprechen, 0,7 Prozent des Bruttonationaleinkommens in Entwicklungszusammenarbeit zu investieren, wahr macht.
Schockierende 1,5 Milliarden Menschen leben schon heute in Konfliktgebieten. Diese Menschen brauchen eine starke Stimme, Die neue UN-Agenda könnte diese Stimme sein.

(http://www.formzfd.de/post-2015 / Abrufdatum: 11.02.2016)

fragil
zerbrechlich, zart

kohärent
zusammenhängend

1 Nenne Kriterien, nach denen Forscher Konflikte unterscheiden.
2 Analysiere den Text „Agenda 2030: Keine Entwicklung ohne Frieden!" unter dem Aspekt „Kriege in Entwicklungsländern".

1 Hilfe
Verwende dabei das Beispiel Mexiko.

Seit einigen Jahren sind Veränderungen bei innerstaatlichen Konflikten und Kämpfen zu beobachten, weshalb man auch von „Neuen Kriegen" spricht.
Typisch für einen „Neuen Krieg" ist die Figur eines Warlords (englisch = Kriegsherr), der mit Gewalt die Herrschaft über einen Teil des Landes an sich reißt. Das gelingt einem solchen Warlord vor allem dann, wenn die eigentliche Regierung immer machtloser wird. Charakteristisch ist, dass Warlords weniger aus politischen Gründen kämpfen, sondern vor allem wirtschaftliche Vorteile für sich suchen, zum Beispiel indem sie in dem Gebiet, das sie mit ihren Soldaten beherrschen, die Bodenschätze ausbeuten. So hat der liberianische Warlord Charles Taylor in den 1990er-Jahren jährlich rund 450 Millionen US-Dollar durch den Verkauf von Diamanten und anderen Rohstoffen eingenommen. Der liberianischen Regierung standen zu dieser Zeit jährlich nur rund 20 Millionen US-Dollar zur Verfügung.
Zwischen den Regierungstruppen und den Kampfverbänden der Warlords herrscht ein militärisches Ungleichgewicht. Offene Feldschlachten werden deswegen von den Kampfverbänden, den sogenannten Milizen, vermieden. Die kräftemäßig unterlegenen Warlords richten ihre Gewalt vorrangig gegen Zivilisten, um die Bevölkerung einzuschüchtern. Häufig setzen sie dabei Kindersoldaten ein.

Kindersoldaten in Sierra Leone

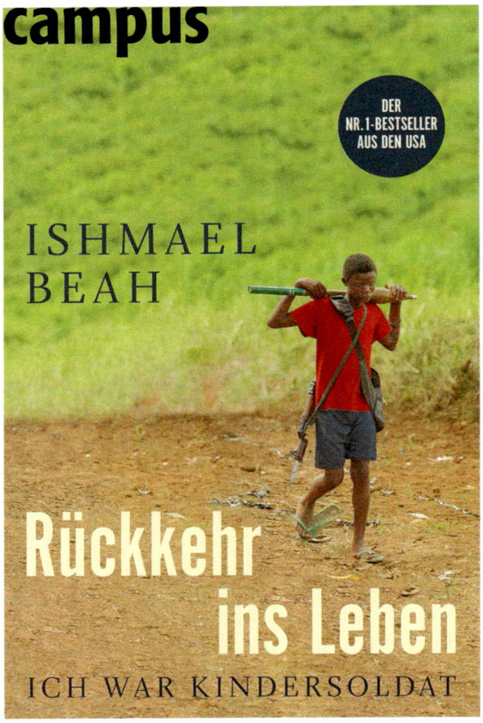

Ishmael Beah hat seine Erlebnisse als Kindersoldat in einem Buch verarbeitet.

„Wir waren gefährlich und darauf abgerichtet zu töten"

Ishmael Beah berichtet über sein Leben als Kindersoldat in Sierra Leone

Ishmael Beah war 12 Jahre alt, als Rebellen seine Eltern und Geschwister ermordeten. Wenig später wird er von der Regierungsarmee Sierra Leones zwangsrekrutiert und muss selber töten, um zu überleben. Sein Schicksal teilen Kinder und Jugendliche in vielen Kriegen der Gegenwart. Sie werden von skrupellosen Milizenchefs und Militärs als Soldaten missbraucht, weil sie zuverlässig sind und leicht zu manipulieren. Sie werden als Wachtposten, Träger oder Sexsklaven eingesetzt und unter Drogen gezwungen, zu foltern und zu töten. Erleichtert wird der Einsatz der Kindersoldaten durch die massenhafte Verfügbarkeit kleiner und leichter Waffen wie der russischen AK-47 oder der deutschen G3-Gewehre.
Je länger die Kriege dauern, desto grausamer werden sie, so Ishmael Beah: „Am Anfang wird den Kindern viel versprochen. Sie kämpfen für eine gerechte Sache. Doch das ist schnell vorbei. Am Ende geht es den Warlords nur darum, zu morden und zu plündern. Es wird ein Krieg der Wahnsinnigen." Wie Ishmael Beah leiden die meisten Kindersoldaten, nachdem sie aus der Armee entlassen wurden, unter Albträumen und Schlaflosigkeit. Weil sie als Mörder gelten, werden sie sogar von Angehörigen und Nachbarn zurückgewiesen. Aus Hoffnungslosigkeit lassen sich viele erneut rekrutieren.

(www.nh24.de/index.php/component/content/article/5458-wir-waren-gefaehrlich-und-darauf-abgerichtet-zu-toeten / Zugriff: 07.03.2016)

Flüchtlingslager in Somalia

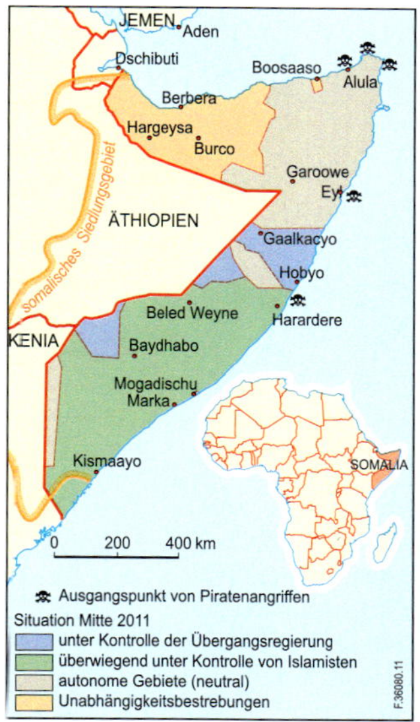

Orientierungskarte von Somalia

Somalia – ein zerfallender Staat

Somalia liegt im Osten Afrikas am Indischen Ozean. Das Land hat nach Schätzungen etwa zehn Millionen Einwohner, über eine Million davon sind Flüchtlinge im eigenen Land. Knapp 44 Prozent der Bevölkerung sind jünger als 15, nur 2,2 Prozent älter als 65 Jahre. Das Durchschnittsalter liegt bei knapp 18 Jahren. Somalia gehört zu den Staaten mit der höchsten Säuglingssterblichkeit. Neun von 100 Säuglingen überleben das erste Lebensjahr nicht. Mehr als zwei Millionen Menschen gelten als notleidend. Wegen der dramatisch schlechten Sicherheitslage haben die meisten Hilfsorganisationen das Land verlassen.

Seit mehr als 25 Jahren herrscht in Somalia Bürgerkrieg. Die verschiedenen Clans, also Stammesgruppen, kämpfen mit ihren bewaffneten Milizen um die Vorherrschaft. Es gibt auch bewaffnete Banden, die von Warlords geführt werden, sowie islamistische Gruppen, die das Land zu einem radikalen „Gottesstaat" machen wollen. „Afrikanische Taliban" nennen manche diese Gruppen, die Verbindungen zum islamistischen Terrorismus haben. Das Terrornetzwerk Al-Qaida (siehe S. 284 f.) unterhält in Somalia Ausbildungslager. Die Regierung verfügt in vielen Landesteilen über keinerlei Macht. Um der Bevölkerung wenigstens eine rudimentäre Sicherheit zu bieten, ist sie auf Truppen der Afrikanischen Union angewiesen. 2015 umfassten diese Truppen rund 22 000 Soldaten. Die mit Al-Qaida verbündete Al-Schabaab-Miliz konnte seit 2011/12 aus der Hauptstadt und weiteren Städten zwar verdrängt werden, sie kontrolliert aber immer noch große Teile des Landes und verübt nach wie vor Terroranschläge.

Somalia steht heute für einen „failed state", also für einen Staat, in dem die Regierungsmacht so weit zerfallen ist, dass die Bürgerinnen und Bürger nicht mehr vor Gewalthandlungen geschützt werden können. Der Alltag der Menschen in Somalia ist inzwischen von der Willkürherrschaft der Milizen und der Warlords, von ihren Strafaktionen, Terroranschlägen sowie von gezielten Ermordungen gekennzeichnet.

rudimentär
unvollständig, unzureichend, nur in Ansätzen vorhanden

1 Nenne typische Merkmale von innerstaatlichen Konflikten.
2 Erkläre, aus welchen Gründen Kinder als Soldaten eingesetzt werden.
3 Erläutere den Zusammenhang zwischen innerstaatlichen Konflikten, Kindersoldaten und zerfallenden Staaten.

1 Hilfe
Gehe auf die Kriegsparteien, deren Ziele und auf die Methoden der Kriegsführung ein.

Zahlen und Fakten

- Ungefähr 80 Prozent des gesamten Welthandels werden mit rund 50 000 großen und unzähligen kleinen Schiffen über See abgewickelt.
- Über 40 Prozent der täglich in der Welt verbrauchten 80 Millionen Barrel Öl werden von großen Tankschiffen an ihr Ziel gebracht.
- 2012 gab es 297 Piratenangriffe auf Handelsschiffe. Zahlreiche Besatzungsmitglieder wurden gekidnappt, um Lösegeld zu erpressen.

Hot Spot
Der englische Begriff bedeutet wörtlich übersetzt „heißer Punkt" und wird im Sinne von „Brennpunkt" oder „Schwerpunkt" verwendet.

IMS: Herr Berg, wo liegen die „Hot Spots" der Piraterie und gibt es regionale Unterschiede in der Vorgehensweise?

Dieter Berg: (...) Wenn man den Bereich der Waren transportierenden Schiffe betrachtet, so lagen die Schwerpunkte der Piraterie in der Vergangenheit im südostasiatischen Raum: Indonesien, Straße von Malakka. In Indonesien: Familiengeschäft, hier geht es mehr um den Inselverkehr, also um kleinere Schiffe, die mit Palmöl und sonstigen Naturstoffen beladen sind. Diese werden dann gekidnappt und die Ware verkauft. Zum Teil werden auch ganze Schiffe in Beschlag genommen und neu lackiert. Dies ist möglich, da es in dem inselreichen Gebiet kaum eine staatliche Kontrolle gibt. In der Straße von Malakka werden hingegen größere Schiffe angegriffen. Hier geht es dann einerseits um den Raub der Ware, andererseits aber auch um das Hab und Gut der Mannschaft.

IMS: Und Ost- beziehungsweise Westafrika?

Dieter Berg: In den letzten Jahren fand eine Verlagerung der Überfälle hin nach Somalia und Nigeria statt. Hier hat sich das „Geschäftsmodell Piraterie" vom Diebstahl und Raub der Ware hin zum Kidnapping ganzer Crews verlagert. Die Mannschaft wird verschleppt, die Schiffe verschwinden und es werden Verhandlungen mit den Reedern geführt, um die Mannschaft und das Schiff freizupressen. Dies geschieht zumeist durch Gruppen, welche den lokalen Warlords nahestehen. Ob durch diese Überfälle der lokale Terrorismus finanziert wird, ist zumindest eine Überlegung wert. Offiziell ist hierüber nichts bekannt, es gibt aber Thesen, dass das Kidnapping eine Einnahmequelle für terroristische Gruppen darstellt. Zudem hat sich die Bewaffnung der Piraten verändert. Statt mit Knüppeln oder Messern werden die Schiffe mit Granat- und Raketenwerfern zum Halten gebracht, mit automatischen Waffen wird dann aufgeentert. Weiterhin hat sich gerade in den Gewässern vor Somalia und Nigeria die Taktik geändert. Es wird nicht nur im küstennahen Gebiet operiert, sondern Ausgangsbasis für die Überfälle sind immer häufiger Mutterschiffe, häufig gekidnappte Schiffe, welche 200 Seemeilen vor der Küste liegen. Von diesen Schiffen aus können dann die Piraten mittels kleiner, schneller Schlauchboote auch Schiffe angreifen, die aufgrund der Warnungen die Durchfahrt durch somalische Küstengewässer zu vermeiden suchen. (...)

(Auszug aus einem Interview mit Dieter Berg, Projektleiter Piraterie der Münchner Rück. Das Interview führte David Petrovic. www.ims-magazin.de/maerzapril08/berg.html 06.04.2009)

EU nimmt Piraten ins Visier

BRÜSSEL/BERLIN. Die Außenminister der Europäischen Union haben gestern in Brüssel das Startsignal für die erste EU-Marineoperation gegeben. Acht EU-Staaten werden den Schiffsverkehr am Golf von Aden und vor der Küste Somalias vor Piraten schützen. Die Bundesmarine beteiligt sich mit einer Fregatte an der EU-Operation „Atalanta", die im Auftrag der Vereinten Nationen stattfindet.

(Thomas Gack und Bärbel Krauß, in: Stuttgarter Zeitung, 09.12.2008, S. 1)

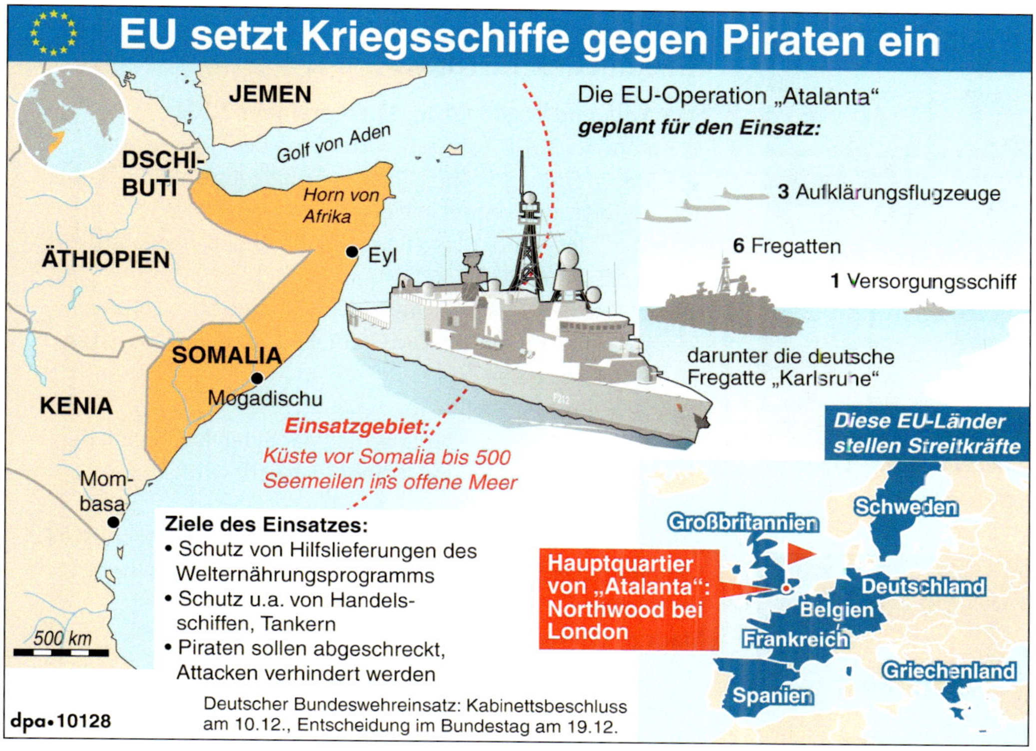

Marine übergibt Piraten an Kenia

NAIROBI (AP). Die Deutsche Marine hat gestern neun festgenommene somalische Piraten den Behörden in Kenia übergeben. Sie würden umgehend wegen des Angriffs auf ein Handelsschiff vor Gericht gestellt, sobald Übersetzer gefunden worden seien, erklärte der Befehlshaber der kenianischen Marinepolizei, Stanley Lenamai. Die Piraten waren am 3. März im Golf von Aden aufgegriffen worden, wo sie versucht hatten, den Frachter MV Courier der deutschen Reederei Gebrüder Winter zu entern. Die neun mutmaßlichen Piraten wirkten entspannt, als sie in dunkle Marineoveralls gekleidet die deutsche Fregatte Rheinland-Pfalz verließen und an Land gingen. Die förmliche Übergabe wurde von der deutschen Botschaft in Nairobi arrangiert, wie das Verteidigungsministerium in Berlin mitteilte. Grundlage ist ein am Freitag geschlossenes Abkommen der EU mit Kenia. (...)

(Stuttgarter Zeitung, 11. 03. 2009, S. 4)

Deutsche Soldaten haben vor Somalia neun Piraten festgenommen, die von einem Schnellboot aus einen Frachter aus Hamburg kapern wollten.

1 Beschreibe das „Geschäftsmodell Piraterie“.

2 Erläutere die Operation „Atalanta“.

2 Hilfe

Wer hat sie ins Leben gerufen? Ziel? Teilnehmer? Deutsche Beteiligung?

Beslan 2004: Trauer nach dem Terroranschlag

London 2005: völlig zerstörter Doppeldeckerbus

Mumbai 2008: brenndendes Luxushotel

Chronik des Terrors

New York und Washington, 11. September 2001
+++ mehr als 3000 Tote +++ Terroristen der Organisation Al-Qaida steuern entführte Passagierflugzeuge auf die Türme des World Trade Centers in New York und das Pentagon in Washington. Eine vierte Maschine stürzt in Pennsylvania ab. +++

Djerba, 11. April 2002
+++ 21 Tote +++ Anschlag auf eine Synagoge auf der tunesischen Ferieninsel Djerba. Die Opfer sind vor allem Touristen, darunter 14 Deutsche. +++

Bali, 12. Oktober 2002
+++ 202 Tote +++ Bombenanschlag auf einen Nachtclub der Insel, der vor allem von Australiern besucht wird. +++

Istanbul, 15. und 20. November 2003
+++ 57 Tote +++ Ziele der Selbstmordattentäter sind jüdische Synagogen und britische Einrichtungen in der türkischen Metropole. +++

Madrid, 11. März 2004
+++ 191 Tote +++ Anschläge auf mehrere Nahverkehrszüge in der spanischen Hauptstadt +++

Beslan, 1. bis 3. September 2004
+++ Fast 400 Menschen sterben +++ 1300 Kinder und Erwachsene werden von tschetschenischen Terroristen in einer Schule der nordossetischen Stadt als Geiseln gehalten. +++

London, 7. Juli 2005
+++ 56 Tote +++ In der britischen Hauptstadt explodieren in drei U-Bahnen und einem Doppeldeckerbus die Sprengsätze von vier Selbstmordattentätern. +++

Scharm El-Scheich, 23. Juli 2005
+++ 88 Tote +++ Zeitlich koordinierte Attentate auf Hotels und Märkte des ägyptischen Badeortes +++

Mumbai, 11. Juli 2006
+++ fast 200 Tote +++ In der indischen Metropole detonieren sieben Sprengsätze in Vorortzügen und auf Bahnhöfen. +++

Mumbai, 26. November 2008
+++ mehr als 170 Tote +++ Anschlagsserie auf Luxushotels und ein jüdisches Zentrum in der indischen Finanzmetropole +++

Moskau, 25. Januar 2011
+++ 35 Tote +++ Ein Selbstmordattentäter sprengt sich im Flughafen der russischen Hauptstadt in die Luft. +++

Nigeria, 5. Mai 2014
+++ über 100 Tote +++ Islamistische Terroristen überfallen ein Dorf im Norden des Landes und richten ein Blutbad an. +++

Paris, 7. Januar 2015
+++ 11 Tote +++ Islamistische Terroristen überfallen die Redaktion einer Satire-Zeitschrift und erschießen Journalisten +++

Terror und Terroristen

Das Wort Terror kommt aus dem Lateinischen und bedeutet „Schrecken". Terroristen sind also Menschen, die Schrecken verbreiten. Mit grausamen Anschlägen und Entführungen, bei denen oft viele Menschen ums Leben kommen, wollen sie ihre Ziele gewaltsam gegen den Staat durchsetzen. Ihr rücksichtsloses und brutales Vorgehen erklären Terroristen meistens damit, dass sie eine andere und bessere Welt wollen, und geben dafür politische oder religiöse Gründe an. Sehr häufig bezeichnen sich die Terroristen selbst als Widerstands- oder als Befreiungskämpfer. Manchmal wollen sie die Unabhängigkeit eines Landesteils erkämpfen und dazu scheint ihnen nahezu jedes Mittel recht zu sein.
Eine besonders unberechenbare Form des Terrorismus sind Selbstmordattentate. Dabei setzen die Terroristen ihr eigenes Leben ein, um andere Menschen zu töten.

Definitions-Dilemma

Was ist Terrorismus? Selbst die Vereinten Nationen konnten sich bisher auf keine gemeinsame Definition des Begriffs einigen. Vor allem einige arabische Staaten wollen „Terroristen" von „Freiheitskämpfern" unterscheiden, die sich gegen eine fremde Besatzungsmacht zur Wehr setzen – aus ihrer Sicht gilt dies insbesondere im Nahostkonflikt beim Kampf der Palästinenser gegen Israel. Der in diesem Zusammenhang oft zitierte Satz „Des einen Terrorist ist des anderen Freiheitskämpfer" umreißt dieses Problem und wirft zugleich eine ethische Frage auf, an deren Antwort sich die Geister scheiden. Rechtfertigt der Einsatz für eine als gerecht empfundene Sache, zu entsetzlichen Mitteln zu greifen?"

(Jan Oltmanns: Definitions-Dilemma: Was ist Terrorismus? www.tagesschau.de/ausland/meldung222814.html, 18. 06. 2004)

„Allgemein schätzen sich Terroristen anders ein, als die Bevölkerung und Gesellschaft dies tun. Terroristen halten sich grundsätzlich für Freiheitskämpfer oder Kämpfer für die Rechte der Unterdrückten. Diese Sichtweise ist generell abzulehnen."

(Kai Hirschmann: Internationaler Terrorismus als sicherheitspolitische Herausforderung, in. Woyke/Rinke (Hg.): Frieden und Sicherheit im 21. Jahrhundert. Eine Einführung. Opladen 1994, S. 84)

Zwei Erklärungsversuche

Terrorismus ist „die Anwendung von Gewalt oder die Androhung von Gewalt, beabsichtigt, um Panik in einer Gesellschaft zu säen, die Regierenden zu schwächen oder zu stürzen oder einen politischen Wechsel herbeizuführen."

(Walter Laquer, seit 1971 am Center for Strategic and International Studies in Washington tätig, zit. nach Kai Hirschmann: Internationaler Terrorismus, in: Reader Sicherheitspolitik 2002. www.reader-sipo.de)

„Terroristen versuchen, selbst definierte höhere Ziele mit Gewalt durchzusetzen. Die Taten sind systematisch geplant und sie werden – als privatisierte Form der Gewalt – von außerstaatlichen Gruppen begangen. Diese sind gemessen an der Stärke des Staates schwach, sodass sie keine offene Konfrontation mit ihm suchen können.
Terroristische Gewalt ist eine Provokation der Macht: Sie soll den Staat zu einer Überreaktion verleiten. Sie kommt unerwartet und richtet sich gegen Unbeteiligte. Nicht so sehr ein Anschlag selbst, sondern seine vermeintliche Willkür und Brutalität erzeugen ein Klima der Furcht. ‚Es kann jeden von euch jederzeit und überall treffen', lautet die Botschaft der Terroristen."

(Jan Oltmanns: Transformation des Terrors. www.tagesschau.de, 18. 06. 2004)

Provokation
bewusste Herausforderung, um eine Person, Institution oder einen Staat zum Handeln zu bewegen

generell
allgemein

1 Hilfe
Eine Topografie ist eine Orts- bzw. Lagedarstellung auf einer Landkarte.

3 Hilfe
Unter einem Dilemma wird eine ausweglose Situation verstanden. Worin besteht hier bei Definitionsversuchen die Ausweglosigkeit?

1 Erstelle aus den Angaben auf Seite 282 eine Topografie des Terrors.
2 Beschreibe die Ziele der Terroristen und deren Vorgehen.
3 Erläutere das Dilemma beim Versuch, Terrorismus zu definieren.

Anschlag auf das World Trade Center in New York am 11. September 2001

Islamistische Terroristen sind extreme religiöse Fanatiker, die eine islamische Weltherrschaft anstreben. Sie werden auch als Jihadisten bezeichnet, denn ihr Antrieb ist der „Jihad" (auch: Dschihad), also die Idee, durch kämpferischen Einsatz eine islamische Weltherrschaft zu errichten. Dafür sind sie bereit, andere Menschen und unter Umständen auch sich selbst zu töten.

Al-Qaida

Eine islamistische Terrororganisation ist Al-Qaida. Sie entstand im Zuge der sowjetischen Invasion in Afghanistan (1979 – 1989). Damals wurden in speziellen Trainingslagern in Pakistan und Afghanistan Araber unterschiedlicher Herkunft zur Unterstützung der afghanischen Mujahidin („Gotteskrieger") ausgebildet. Osama bin Laden, der aus einer sehr vermögenden saudi-arabischen Familie stammte, finanzierte und gründete eine Vielzahl dieser Ausbildungscamps.

In den 1990er-Jahren entwickelte sich dann Al-Qaida zu einer international tätigen Organisation mit neuer Zielsetzung weiter. Sie wollte nun vor allem gegen die Amerikaner kämpfen, um sie von „islamischem Boden" zu vertreiben. Am 11. September 2001 rückten die Anschläge von Al-Qaida in New York auf das World Trade Center und in Washington auf das US-Verteidigungsministerium die Mittel und Ziele islamistischer Terroristen schlagartig ins Bewusstsein der Weltöffentlichkeit. Denn die Terroristen entführten vier Flugzeuge und verwendeten diese sozusagen als „fliegende Bomben".

Das neue Gesicht von Al-Qaida

Nach dem 11. September 2001 versuchten die USA und andere Staaten, Al-Qaida zu zerschlagen. Dabei wurden zahlreiche Mitglieder von Al-Qaida verhaftet oder getötet, andere sind untergetaucht. Osama bin Laden wurde auf der ganzen Welt gesucht und schließlich am 2. Mai 2011 von einer US-Spezialeinheit in Pakistan aufgespürt und erschossen.

Al-Qaida hat inzwischen ihren Aufbau und ihre Arbeitsweise verändert. Eine unbekannte Zahl von Jihadisten ist von Afghanistan aus in ihre Herkunftsländer zurückgekehrt und hat dort neue terroristische Zellen aufgebaut.

Wenn wir heute vom internationalen Terrornetzwerk sprechen, so sind damit einzelne, unterschiedlich große Netzwerke gemeint, die nur teilweise miteinander verknüpft sind. Einige dieser Gruppen stehen in direkter Verbindung zu Al-Qaida, andere unterhalten hingegen nur lose Kontakte zu Mittelsmännern der Terrororganisation oder weisen keinerlei organisatorische Verbindung zu ihr auf.

Solche eigenständigen Terrorzellen sind aber ebenfalls äußerst gefährlich, da ihre Mitglieder jederzeit bereit sind, terroristische Angriffe durchzuführen. Dies trifft auch auf unorganisierte Extremisten, sogenannte non-aligned Mujahidin zu, die keiner bestimmten Organisation oder Gruppe angehören.

Nach der Zersplitterung ihrer Strukturen spielt Al-Qaida in den Medien eine noch größere Rolle. Zentrale Bedeutung hat dabei das Internet erlangt. Islamistische Terroristen nutzen das World Wide Web nicht nur zur Verbreitung von Propaganda, sondern auch zur Rekrutierung von Kämpfern und zu ihrer technischen Ausbildung. So lassen sich auf Webseiten detaillierte Anleitungen zur Herstellung von Sprengstoff sowie zum Bau von Bomben finden.

Islamischer Staat (IS)

In den vergangenen Jahren hätte wohl nur ein Bruchteil der Öffentlichkeit etwas mit dem Begriff IS anfangen können. Das hat sich 2014 radikal geändert. Seit dem Sommer führt die Terrororganisation „Islamischer Staat“ im Nahen Osten einen Heiligen Krieg von bisher beispiellosem Ausmaß.
Der Islamische Staat kontrolliert das Gebiet im Nordosten Syriens und entlang des Euphrat bis in den Irak. Im Juni nahm die Terrorgruppe die zweitgrößte irakische Stadt Mossul ein und erklärte sie zu ihrer Hauptstadt. Nachdem die Dschihadisten Arbil, die Hauptstadt von Irakisch-Kurdistan, ebenso wie die irakische Hauptstadt Bagdad bedrohten, begannen US-Truppen im Juli mit Luftschlägen gegen die IS-Terrorgruppe im Irak und im September auch in Syrien. Weitere verbündete Länder folgten dem amerikanischen Beispiel. Der IS unterwirft die Bevölkerung in den besetzten Gebieten mit Steinigungen, Hinrichtungen, Geiselnahmen und Folter. Die Gotteskrieger inszenieren sich in Gewaltvideos, mit denen junge Dschihadisten aus aller Welt für die Terrorgruppe geworben werden. Doch wer ist IS überhaupt? Wie arbeitet die Terrororganisation und warum ist sie so erfolgreich? (...)
Beim „Islamischen Staat“ handelt es sich um eine fundamentalistische Organisation, die das Ziel hat, den Kalifat (Gottesstaat) im Nahen Osten zu errichten. Und zwar im Gebiet der Staaten Syrien, Irak, Libanon, Israel, Palästina und Jordanien. Es gelten die Gesetze der Scharia, Frauen werden unter Androhung ihres Todes gezwungen, einen Schleier zu tragen. Der UN-Weltsicherheitsrat, die USA, Großbritannien und Deutschland haben die dschihadistisch-salafistische Gruppe als terroristische Vereinigung eingestuft. (...)
Ziel des IS ist der Aufbau eines islamischen Weltreichs, des Kalifats. Seit 2013 bauen sie den Terrorstaat auf. Die Islamisten beherrschen inzwischen ein Gebiet so groß wie Großbritannien, in dem rund acht Millionen Menschen leben. Hunderttausende sind vor dem Terror geflohen. (...)
Die wachsende Macht des IS hat mehrere Ursachen. Die eroberten Gebiete sind teilweise politisch und ethnisch fragmentiert und ohne zentralistische Macht. IS verfügte überdies bereits über eine territoriale Basis in Syrien.
Mit bestialischer Grausamkeit vernichten sie ihre „Gegner“, d. h. alle, die sie als ungläubig ausmachen, ob Jesiden, Christen oder Schiiten, ob Männer, Frauen oder Kinder. Mit Körperstrafen, willkürlichen Hinrichtungen und brutaler Verfolgung Andersdenkender und -gläubiger sichern die sunnitischen „Gotteskrieger“ ihre grausame Herrschaft.
Es gibt enorme Ressourcen an Waffen und Kriegern. Der Islamische Staat soll bis zu 50 000 Kämpfer rekrutiert haben und es werden noch mehr. 4 000 Terroristen sollen aus Europa stammen, darunter 400 aus Deutschland. Die Organisation besitzt dazu viel Geld. Wo es herkommt, darüber wird viel spekuliert. Experten vermuten, dass es finanzielle Unterstützer aus den arabischen Staaten gibt. Allerdings kann sich die Organisation inzwischen auch ganz gut selbst finanzieren. Mit Schutzgelderpressungen, Geiselnahmen und Wegzöllen nimmt der IS monatlich Millionen ein, Durch die Eroberung von Öl- und Gasfeldern in Syrien und im Irak gelang es dem Islamischen Staat, raffiniertes Benzin an Mittelsmänner des Assad-Regimes in Damaskus und in der Türkei zu verkaufen. (...)

IS-Kämpfer im Irak in einem Video der radikal-islamischen Terrorgruppe

Im Kampf gegen die Terrormiliz Islamischer Staat haben sich auf dem NATO-Gipfel in Wales (5. September 2014) zehn Staaten zu einem Bündnis zusammengeschlossen. Darunter sind neben Deutschland die ständigen UN-Sicherheitsratsmitglieder USA, Großbritannien und Frankreich sowie Italien, Kanada, Australien, Dänemark, Polen und die Türkei. (...) Die beteiligten Nationen sind überzeugt, dass die Gruppe nicht nur eine Bedrohung für den Irak und Syrien, sondern auch für die Nato-Staaten darstellt. (...)

(Landeszentrale für politische Bildung Baden-Württemberg. http://www.lpb-bw.de/islamischer-staat.html / 20.02.2015)

fragmentiert
in Bruchstücke zerfallen

1 Nenne die Ziele islamistischer Terroristen.
2 Beschreibe die Organisation und die Vorgehensweise von Al-Qaida.
3 Charakterisiere die Terrororganisation IS.

2 Hilfe
Die Terroristen nutzen das Internet, um …

Fallbeispiel: Krim-Konflikt 2014

Die Krim gehörte seit 1783 zu Russland. 1954 wurde die überwiegend von Russen bewohnte Halbinsel innerhalb der kommunistischen Sowjetunion der ukrainischen Sowjetrepublik zugeordnet. Das hatte zur Folge, dass nach dem Zerfall der Sowjetunion 1991 die Krim Teil des neuen Staates Ukraine wurde. 1994 erhielt die Krim den Status einer autonomen Republik, d.h. sie hatte innerhalb des Staates Ukraine ein eigenes Parlament und eine eigene Regionalregierung. Russland erkannte die Zugehörigkeit der Krim zum ukrainischen Staatsverband an und die Ukraine schloss mit Russland ein Abkommen, das die Stationierung von russischen Kriegsschiffen auf der Krim erlaubte.

Im Winter 2013/14 spitzte sich in der Ukraine der innenpolitische Streit immer mehr zu. Demonstranten belagerten in der Hauptstadt Kiew den Regierungssitz des russlandfreundlichen Präsidenten. Es kam zu Schießereien mit vielen Toten. Nachdem ein großer Teil der Polizei und der Sicherheitskräfte zu den Demonstranten überlief, floh der Staatspräsident nach Russland. Es bildete sich eine prowestliche Übergangsregierung, die von allen westlichen Staaten anerkannt wurde, nicht jedoch von Russland.

Auf der Krim kam es zu einer ähnlichen Entwicklung, jedoch mit umgekehrten politischen Vorzeichen. Prorussische Demonstranten belagerten das Regionalparlament. Tausende von Soldaten – vermummt, ohne Hoheitszeichen an den Uniformen und mit Handfeuerwaffen ausgerüstet – tauchten auf und bestimmten das Straßenbild. Die ukrainische Übergangsregierung beschuldigte Russland, diese Soldaten auf die Krim geschickt zu haben. Von der russischen Regierung wurde das bestritten und behauptet, es handele sich bei den Soldaten um Selbstverteidigungskräfte der russischen Krimbevölkerung.

Unter dem Schutz dieser Soldaten stürmten Ende Februar 2014 prorussische Demonstranten das Regionalparlament und setzten einen neuen prorussischen Regierungschef ein. Dieser bat Russland um militärischen Beistand und erklärte die Unabhängigkeit der Krim. Eine Volksabstimmung am 16. März 2014 erbrachte eine Zustimmung von fast 97 Prozent für den Anschluss der Krim an Russland. Am 18. März wurde mit der russischen Seite ein Beitrittsvertrag abgeschlossen und mit der Unterzeichnung durch Präsident Putin am 21. März 2014 wurde die Krim Teil Russlands.

Die prowestliche Übergangsregierung in Kiew protestierte heftig, war aber machtlos. Die westlichen Staaten beschuldigten Russland der Verletzung des Völkerrechts, konnten jedoch keine Verurteilung durch den UN-Sicherheitsrat erreichen, weil Russland sein Veto einlegte. Die USA und die EU-Staaten beschlossen Sanktionen gegen Russland, die jedoch ohne Wirkung blieben.

Selbstverteidigungskräfte oder russische Soldaten?

VORSICHT, SCHWER VERDAULICHES!

(Karikatur: Jürgen Janson)

1 *Wenn die Mehrheit in einem Landesteil zu einem anderen Staat gehören will, so muss das möglich sein. Das verlangt doch das Selbstbestimmungsrecht. Wenn die Krimbewohner russisch werden wollen, dann ist das ihr gutes Recht!*

2 *Ein Selbstbestimmungsrecht für Volksgruppen in einem Staat kann es nur geben, wenn sich alle Beteiligten friedlich darauf einigen. Das war bei der Krim überhaupt nicht der Fall. Russland hat einfach die Hilflosigkeit der ukrainischen Regierung ausgenutzt.*

3 *Die Unverletzlichkeit von Staatsgrenzen ist ein wichtiges Prinzip im Völkerrecht. Es darf nicht sein, dass ein Staat wie Russland im Fall der Krim politische Unruhen im Nachbarstaat ausnutzt, um als Beschützer einer bestimmten Volksgruppe aufzutreten und sich fremdes Staatsgebiet anzueignen.*

4 *Was geht uns die Ukraine und die Krim an? Wenn wir uns einmischen, schaden wir uns am Ende doch nur selbst. Sanktionen gegen Russland – wenn ich das schon höre! Wollen wir denn im Winter frieren, wenn uns die Russen kein Gas mehr liefern?*

5 *Der Westen darf nicht zulassen, dass Russland seine Macht auf solche Weise ausdehnt. Wenn man bereit gewesen wäre, der Ukraine notfalls auch militärisch beizustehen, dann hätte sich Russland gehütet, die Krim auf so einfache Weise zu schlucken!*

1. Benenne wesentliche Aspekte des Krim-Konflikts.
2. Analysiere die Karikatur.
3. Nimm Stellung zu jeder der fünf Aussagen.

3 Hilfe
Stelle zunächst fest, ob du der Aussage zustimmst oder nicht. Begründe dann deine Position.

Wie Kinder unter Kriegen leiden

E

Bewaffnete Konflikte weltweit

Wir leben nicht in friedlichen Zeiten. Auf der Erde gibt es mindestens 50 Konfliktgebiete, in denen Menschen bewaffnet gegeneinander kämpfen. Die große Mehrheit der Kämpfe findet in den sogenannten Entwicklungsländern, in Afrika, Asien und Südamerika, statt. Aber auch in Europa und an seinen Rändern, zum Beispiel auf dem Balkan und in den ehemaligen Staaten der Sowjetunion, gibt es bewaffnete Konflikte.

Kinder sind im Krieg besonders gefährdet

Die meisten Opfer der Kriege sind Zivilisten. Kinder sind an Kriegen völlig unschuldig und dennoch besonders gefährdet. 30 Millionen Kinder leben in Kriegsregionen. Zwei Millionen von ihnen starben in den Kriegen der letzten zehn Jahre. Sechs Millionen erlitten schwerste Verletzungen.

Ungezählt sind die Kinder, die ihr Leben lang unter ihren schlimmen Erlebnissen und der Angst leiden, die sie im Krieg erfahren mussten. Kinder sind während des Krieges durch Kampfhandlungen und Bomben bedroht. Viele werden getötet oder verletzt. Viele verlieren ihre Eltern und andere Familienangehörige.

Es gibt auch Länder, in denen Kinder als Soldaten eingesetzt werden. Obwohl die UN-Kinderrechtskonvention Kindern besonderen Schutz im Krieg gewährt, ist erst jetzt eine Ergänzung verabschiedet worden. Sie verbietet, dass Kinder unter 18 Jahren zwangsweise als Soldaten ausgebildet und im Krieg eingesetzt werden. Freiwillige, die älter als 16 Jahre sind, dürfen aber nach wie vor als Soldaten angeworben werden.

Flüchtlingskinder

Über 40 Millionen Menschen weltweit sind auf der Flucht. Auch Kinder, die in ein sicheres Land fliehen konnten, sind dort nicht immer ausreichend geschützt. In Deutschland zum Beispiel gilt die Kinderrechtskonvention für Flüchtlingskinder nur mit Einschränkungen. Ihnen kann der Schulbesuch verweigert werden, ihren Eltern Hilfe und Beratung bei der Erziehung. Wenn Flüchtlinge 16 Jahre alt sind, müssen sie sich ohne erwachsene Begleitung um Asyl bemühen. Wird ihr Asylantrag abgelehnt, können sie in Abschiebehaft genommen werden.

Asyl
Zufluchtsort, Aufnahme und Schutz für Verfolgte

Gefahr durch Landminen

Für viele Kinder ist die Gefahr auch nach dem Krieg nicht vorbei. Ihre Gesundheit und ihr Leben sind durch liegen gebliebene Munition und besonders die überall vergrabenen Landminen bedroht. Sie müssen immer Angst haben – bei der Nahrungssuche, beim Wasserholen, beim Spielen und auf dem Schulweg.

(http://younicef.de/kinder-und-krieg.html, Zugriff: 20.02.2016)

Kinder in Kambodscha wachsen mit der Minengefahr auf

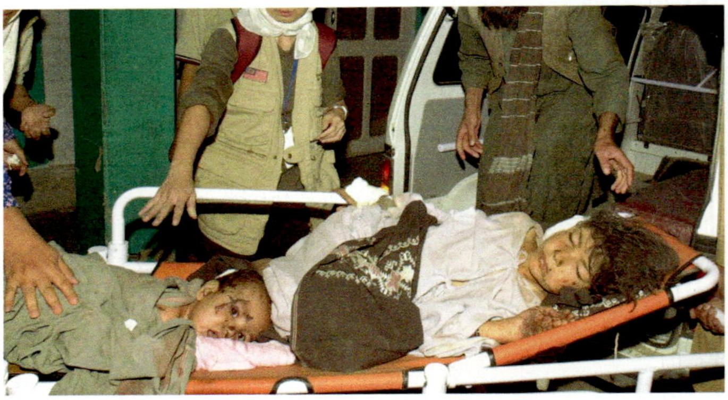

Zwei bei Kämpfen zwischen den Sicherheitstruppen und den Taliban verletzte afghanische Kinder in einem Krankenhaus

E

Kindersoldaten kämpfen in 22 Ländern

Sie werden gefoltert, missbraucht und als Kindersoldaten eingesetzt: Kinder sind weltweit Opfer von Kriegen. Eine „Liste der Schande" der UN nennt 55 Konfliktparteien, die Kinder als Soldaten einsetzen, zum Angriffsziel machen oder sexuell missbrauchen. (...) Grundsätzlich habe sich die Situation für Kinder in Konflikten zwar etwas gebessert, sagte die UN-Beauftragte Leila Zerrougui bei der Vorstellung des Berichts. Es gebe aber auch dramatische Verschlechterungen. Die „vielleicht schlimmste Bürde" tragen Zerrouguis Angaben zufolge die Kinder in Syrien. „Sie werden getötet, verstümmelt, rekrutiert, inhaftiert, gefoltert", sagt die UN-Sonderbeauftragte. Syrische Regierungstruppen versuchten Jungen mit sexueller Gewalt dazu zu bringen, Informationen preiszugeben. Kinder, zum Teil nicht älter als 14 Jahre, würden wie Erwachsene gefoltert, unter anderem mit Elektroschocks, Schlägen, Zwangshaltungen und sexueller Gewalt, so Zerrougui. Ähnlich dramatisch ist die Lage in Mali. Sowohl Tuareg-Rebellen als auch die islamistische Terrororganisation Al-Qaida und regierungstreue Milizen setzten Hunderte Kinder als Soldaten ein, sagte Zerrougui. Zudem würden malische Mädchen zur Heirat mit Kämpfern gezwungen. Sexuelle Gewalt gegen Mädchen im Norden des Landes sei weit verbreitet. (...) Auch Schulen werden immer öfter Angriffsziel in Kriegen. 115 Schulen seien in Mali geplündert, zerstört oder als Militärstützpunkte missbraucht worden. In Syrien hätten Regierungstruppen und Rebellen fast 2500 Schulen zerstört oder beschädigt, 167 Lehrer und Erzieher seien getötet worden.

(www.sueddeutsche.de, 13.06.2013)

rekrutieren
veralteter Ausdruck dafür, jemanden zum Soldaten zu machen

Darfur – Kinder zeichnen den Krieg

03. August 2007. Eine Reiterbande in grünen Uniformen überfällt ein Dorf, brennt die Hütten nieder, schießt auf Frauen und Kinder. Jeeps folgen, mit Schützen und Maschinengewehren auf der Ladefläche. Oben kreisen die Bomber und werfen ihre tödliche Fracht. Das sind die Schrecken des Krieges in Darfur – aufgezeichnet von Kinderhand. Was die Kinder dieser Krisenprovinz seit Jahren durchmachen, zeigen die Bilder in voller Dramatik. Gesammelt hat sie die britische Organisation „Waging Peace". Mit den 500 Zeichnungen will sie die Welt auf die Kriegsverbrechen im Sudan aufmerksam machen. Dort gehen arabische Reitermilizen seit 2003 mit Unterstützung der Regierung gegen die schwarzafrikanische Bevölkerung vor.

(www.faz.net, 10.12.2008)

Darfur
Provinz im Westen des afrikanischen Staates Sudan

1 Kinder sind die Hauptleidtragenden der Kriege. Wie zeigt sich dies in den Bildern und Texten auf dieser Doppelseite?

E

Weltweit so viele Flüchtlinge wie noch nie

Die Hälfte der 60 Millionen Flüchtlinge sind Kinder. (...)

Weltweit sind nach Angaben der UN so viele Menschen auf der Flucht vor Kriegen und Konflikten wie noch nie. Wie das UN-Flüchtlingshilfswerk (UNHCR) in seinem Jahresbericht schreibt, gab es Ende 2014 weltweit 59,5 Millionen Flüchtlinge. Das sei die höchste Zahl, die jemals vom UNHCR verzeichnet wurde. Zum Vorjahreszeitpunkt waren es demnach 51,2 Millionen Menschen. Die Hälfte der Flüchtenden seien Kinder. Die meisten von ihnen kommen nach wir vor aus Syrien, Afghanistan, dem Irak und Somalia.
Fast 20 Millionen Menschen sind laut UN ins Ausland geflüchtet, 1,8 Millionen haben einen Asylantrag gestellt, die meisten Menschen – 38 Millionen – sind in ihrem Heimatland unterwegs auf Schutzsuche. Die meisten Flüchtlinge haben die Türkei, Pakistan, der Libanon, der Iran und Äthiopien aufgenommen. (...)

(Quelle: ZEIT ONLINE, afp, KNA, tst / http://www.zeit.de/politik/ausland/2015-06/fluechtlinge-unhcr-jahresbericht / 18.06.2015)

Flüchtlinge in einem UN-Flüchtlingslager in Afrika

Unicef-Bericht zum Krieg in Syrien und Irak

- Nach vier Jahren Bürgerkrieg in Syrien sind 14 Millionen Kinder in der Region auf der Flucht oder von humanitären Hilfe abgeschnitten, berichtet Unicef.
- Unicef fordert mehr Bildungsprogramme für die Kinder und Jugendlichen und psychosoziale Hilfe.
- Dem UN-Kinderhilfswerk mangelt es aber an Geld.

Der Bürgerkrieg in Syrien dauert nun bereits vier Jahre. (...) Und so wächst auch die Zahl der Kinder, die unter den direkten und indirekten Folgen des Konflikts leiden, dramatisch an, warnt Unicef. Etwa 14 Millionen Kinder und Jugendliche seien von der Gewalt in weiten Teilen Syriens und des Irak direkt oder indirekt betroffen, heißt es im jetzt vorgestellten Bericht „Coflict in Syria and Iraq". Vor einem Jahr hatte Unicef noch von 5,5 Millionen berichtet.
Allein in Syrien sind den Vereinten Nationen zufolge mehr als 200000 Menschen umgekommen. Darunter laut Unicef mindestens 10000 Kinder. 5,6 Millionen seien in einer „verzweifelten Lage". Bis zu zwei Millionen von ihnen würden in Gebieten leben, die aufgrund von Kämpfen weitgehend abgeschnitten seien von humanitärer Hilfe.
Augenzeugen berichten Unicef zufolge von Kindesmisshandlungen, Folter, sexueller Gewalt und dem Einsatz von Kindern als Soldaten. Und nur ein Teil von ihnen kann von den Hilfsorganisationen erreicht werden. (...)
Auch für etwa 3,6 Millionen Kinder in den Nachbarländern Syriens wird das Leben schwieriger, wo die Flüchtlingslager eingerichtet werden. Libanon etwa hat nur etwa vier Millionen Einwohner, aber mehr als eine Million Flüchtlinge aus Syrien aufgenommen. Und „nach Jahren im Exil sind die Ersparnisse aufgebraucht und eine wachsende Zahl der Flüchtlinge versucht, durch Bettelei, Sexdienste oder Kinderarbeit zu überleben", sagt UN-Hochkommissar Guterres der dpa zufolge.
Außerdem, so berichtet Unicef, würden Mädchen jung verheiratet, um ihre Familie zu entlasten, männliche Jugendliche müssten oft arbeiten oder würden sich bewaffneten Gruppierungen anschließen, da sie keine andere Alternativen mehr hätten. Man müsse versuchen, den Schrecken durch die Augen der Kinder zu sehen, denen die Kindheit gestohlen wurde, fordert Anthony Lake, Direktor von Unicef. Während junge Menschen in anderen Ländern wichtige Entscheidungen über ihr Leben fällen, versuchen die jungen Flüchtlinge einfach nur zu überleben. „Viel zu viele haben Grausamkeiten erlebt. Wurden zur Arbeit gezwungen, um die Familie zu unterstützen. Bereits als Kind verheiratet. Oder durch bewaffnete Gruppen rekrutiert."
Für die kleinsten Kinder sei Krieg das Einzige, was sie kennen. Und die Heranwachsenden seien nicht nur traumatisiert durch die Vergangenheit. „Diese Generation junger Menschen ist noch immer in Gefahr, an einen Kreislauf der Gewalt verloren zu gehen." (...)

psychosoziale Hilfe
Beratung und Unterstützung für Menschen, die ein schlimmes Ereignis zu verarbeiten haben

(Auszüge aus: Markus C. Schulte von Drach: Kleine Lichtblicke inmitten von Gewalt und Chaos, in: Süddeutsche Zeitung, 12.03.2015/ http://www.sueddeutsche.de/politik/2.220/unicef-bericht-zum-krieg-in-syrien-und-irak-kleine-lichtblicke-inmitten-von-gewalt-und-chaos-1.2390421)

1 Fasse die Angaben zu den Flüchtlingen weltweit stichwortartig zusammen.
2 Erschließe aus dem UNICEF-Bericht die Lage von Flüchtlingskindern.

Kriege
Die häufigsten Ursachen für Konflikte sind politische, gesellschaftliche und religiöse Unterschiede, Gebietsstreitigkeiten, wirtschaftliche Interessen, soziale Ungerechtigkeiten und Unterdrückung. Ziel solcher Konflikte ist die Durchsetzung eigener Interessen der Streiparteien gegenüber ihrem Gegner. Konflikte dieser Art werden auf der ganzen Welt immer wieder gewaltsam ausgetragen. Kriegerische Auseinandersetzungen kann es zwischen Staaten, aber auch innerhalb eines Staates, z. B. zwischen der Regierung und bewaffneten Gruppen, geben. Beide Arten von organisierten, mit Waffen ausgetragenen Massenkonflikten bezeichnet man als Krieg.

Innerstaatliche Konflikte
Im Vergleich zu den früheren Kriegen hat sich in den letzten Jahren eine andere Form der innerstaatlichen Konfliktaustragung entwickelt. Bei diesen innerstaatlichen Konflikten spielen private Kriegsherren eine zentrale Rolle. Sie nutzen die Schwäche des Staates aus, um bestimmte Gebiete in ihre Gewalt zu bekommen. In diesen terrorisieren sie die Zivilbevölkerung und beuten die Bodenschätze zu ihrem Vorteil aus. Sie setzen oft auch Kindersoldaten ein.

Piraten heute
Auch heute gibt es Piraterie, also Überfälle auf Schiffe. Heute werden Handelsschiffe z. B. in der Straße von Malakka, vor Westafrika, vor allem aber vor der Küste von Somalia angegriffen. Ziel der Piraten ist es, von den Reedern für die Freilassung der gekaperten Schiffe und Besatzungen Lösegeld zu erpressen. Durch Piraterie entstehen dem Welthandel jährlich Schäden in Höhe von vielen Milliarden US-Dollar. Die Europäische Union versucht, durch den Einsatz von Kriegsschiffen vor der Küste Ostafrikas den Piratenüberfällen entgegenzuwirken.

Terrorismus
Bei Terroristen handelt es sich um extremistische Gruppen oder Einzelpersonen, die aus politischen bzw. religiösen Gründen Gewalt vor allem gegen unbeteiligte Zivilpersonen anwenden. Sie wollen auf diese Weise Angst und Schrecken verbreiten, um so dem Staat, den sie bekämpfen, Schaden zuzufügen. Häufig bezeichnen sich die Terroristen selbst als Widerstands- oder Befreiungskämpfer, die z. B. die Unabhängigkeit eines Landesteils erkämpfen oder die bestehende Gesellschaftsordnung beseitigen wollen.

Islamistischer Terrorismus
Islamistische Terroristen sind extreme religiöse Fanatiker, die eine islamische Weltherrschaft anstreben. Sie berufen sich auf die Grundlagen des islamischen Glaubens, um ihre Taten und Terroranschläge zu rechtfertigen. Dabei legen sie die Glaubensgrundlagen wie z. B. den Koran so aus, dass er ihren Interessen dient. Islamistische Terroristen verüben Selbstmordattentate wie z. B. den Anschlag auf das World Trade Center in New York im Jahr 2001, weil sie die westliche Lebensweise hassen und die USA in ihren Augen der „Hort des Satans" ist. Eine islamistische Terrororganisation ist Al-Qaida, deren Führer Osama bin Laden 2011 von den Amerikanern getötet wurde. Inzwischen sind die islamistischen Terroristen in weltweit unterschiedlichsten Netzwerken organisiert, die in verschiedensten Ländern versuchen, Terroranschläge durchzuführen.

Kinder im Krieg
Trotz des Verbots durch die Vereinten Nationen gibt es immer noch Kindersoldaten. Vor allem in Bürgerkriegen werden Kinder und Jugendliche dazu missbraucht, als Soldaten zu kämpfen. Sie werden wie erwachsene Soldaten ausgebildet und lernen mit der Waffe zu töten. Die Kinder, die überleben, tragen schwere seelische Schäden davon, die sie für ihr Leben zeichnen.

Flüchtlinge
Krieg, Bürgerkrieg, Verfolgung, Naturkatastrophen, Hunger und Elend sind Gründe, die weltweit Millionen von Menschen zur Flucht treiben. Flüchtlinge haben ein schweres Schicksal. In Lagern, Zeltstädten und Sammelunterkünften warten viele Flüchtlinge darauf, in ihre Heimat zurückkehren zu können. Andere Flüchtlinge versuchen in Länder oder Regionen zu fliehen, wo Frieden herrscht und sie sich sicher glauben, zum Beispiel nach Europa.

Flüchtlingsboot vor der kanarischen Insel Teneriffa

Vereinte Nationen: Entstehung und Völkerrecht

Generalversammlung der Vereinten Nationen

WEBCODE
SDL-11077-801
Die UN und der Sicherheitsrat

Am Beginn der Vereinten Nationen stand die Idee, durch einen Zusammenschluss gleichberechtigter Staaten die Menschheit von der Geißel des Krieges zu befreien. Zunächst allerdings war mit dem Etikett „Vereinte Nationen" eine Kriegsallianz versehen. Ein Bündnis von 26 Staaten, die sich im Krieg gegen Hitler-Deutschland und seine Verbündeten befanden, bezeichnete sich seit Anfang 1942 als Vereinte Nationen.

Das Entstehen der Vereinten Nationen ist nicht denkbar ohne die Erfahrung zweier Weltkriege. Die Vorgängerorganisation, der Völkerbund, wurde 1919 gegründet und war die erste Organisation zur Sicherung des Weltfriedens. Allerdings hatte der Völkerbund den Geburtsfehler, dass ihm die USA nicht beitraten und daher keine Rolle als Garant für die kollektive Sicherheit spielten. Im Zweiten Weltkrieg entschlossen sich die USA unter der Führung von Präsident Franklin D. Roosevelt, zur Durchsetzung einer internationalen Friedensordnung beizutragen. Die Großmächte USA, Großbritannien, China und die Sowjetunion bereiteten die Gründung der neuen Weltorganisation vor.

Am 26. Juni 1945 unterzeichneten 50 Gründungsmitglieder in San Francisco die Charta der Vereinten Nationen. Diese Charta ist sozusagen das Grundgesetz der Weltorganisation. Ihr erster Artikel legt den Zweck der Staatengemeinschaft fest: die Sicherung des Weltfriedens durch Vermittlung und schiedsgerichtliche Entscheidung, Schutz der Menschenrechte und die Besserung des allgemeinen Lebensstandards in der Welt. In Kraft trat die Charta am 24. Oktober 1945. Als völkerrechtlicher Vertrag bindet sie aufgrund der Bestimmungen des Völkerrechts alle Mitglieder.

Allianz
Bündnis, Vertragsgemeinschaft

kollektiv
gemeinsam, gemeinschaftlich

Wenn nach einem langen Krieg die Siegermächte den anderen Staaten eine neue Weltordnung aufzwingen, kann nichts Gutes daraus werden.

Wenn sich alle Staaten friedlich verhalten würden, bräuchte man überhaupt keine Organisation wie die Vereinten Nationen

Plastik vor dem Gebäude der Vereinten Nationen

Eingangshalle: Kinder malen und schreiben ihre Wünsche auf

1945 wurden die Vereinten Nationen als Nachfolgeorganisation des Völkerbundes gegründet. Die ...①... der Vereinten Nationen verpflichtet die Unterzeichnerstaaten, jede Anwendung oder Androhung von ...②... gegen andere Staaten zu unterlassen. Und in schmerzlicher Erinnerung an die Ohnmacht des ...③... schufen die Vereinten Nationen erstmals im Völkerrecht die Möglichkeit, wirksame Maßnahmen gegen Staaten ergreifen zu können, die gegen die UN-Charta verstoßen und den Frieden gefährden. Dazu zählen in erster Linie politische Maßnahmen (z. B. ...④...) und Zwangsmaßnahmen (z. B. eine ...⑤..., ein ...⑥...), im äußersten Fall aber auch ...⑦... Eingreifen.

Damit ist eine neue Bewertung von Krieg und militärischer Gewalt in das Völkerrecht gekommen: Zum einen ist ...⑧... zwischen Staaten als Mittel der Politik endlich verboten und geächtet, zum anderen aber wird die Anwendung militärischer Gewalt unter zwei Voraussetzungen erlaubt:

– zur ...⑨.... gegen einen Angreifer, allein oder gemeinsam mit Verbündeten;

– zur ...⑩... des Friedens, wenn der ...⑪... der Vereinten Nationen, also das entscheidende Gremium der Völkergemeinschaft der Erde, einhellig die ...⑫... beschließt, um gegen einen Staat vorzugehen, der einen Krieg angefangen hat und als ...⑬... entlarvt worden ist.

Den Vereinten Nationen wurde also von allen Mitgliedstaaten die ...⑭... übertragen, den Weltfrieden zu sichern, und es wurde ihnen zugleich das ...⑮... erteilt, diese Aufgabe notfalls mit Gewalt zu erfüllen. Zum ersten Mal in der Geschichte der Menschheit ist nun völkerrechtlich anerkannt worden, dass militärische Maßnahmen der Völkergemeinschaft gegen einen Angreifer ...⑯... , also gewissermaßen ein „gerechter" Krieg, sind. Die von den Vereinten Nationen legitimierten und in ihrem Auftrag durchgeführten ...⑰... gegen einen Friedensbrecher werden ihrem Zweck nach „ ...⑱... Maßnahmen" genannt.

Blockade
Charta
Sicherheitsrat
legitim
Krieg
Völkerbundes
Recht
Gewalt
Pflicht
Wirtschafts-embargo
friedens-schaffende
Selbstverteidigung
Verhandlungen
militärisches
Wieder-herstellung
Militäraktion
Angreifer
Zwangs-maßnahmen

1 Nenne die Gründe, aus denen die Vereinten Nationen gegründet wurden.
2 Setze dich mit den Meinungsäußerungen in den Sprechblasen auseinander.
3 Ergänze den Lückentext mit den am Rand aufgeführten Begriffen.
4 Erläutere die Aussagen des Völkerrechts zu militärischer Gewaltanwendung zwischen Staaten.
5 Es wird überlegt, die UN zu reformieren. Informiere dich über den derzeitigen Stand.

5 Hilfe
Internetadressen: www.un.org (englisch), www.unric.org (deutsch)

Der Sicherheitsrat der Vereinten Nationen

Sanktion
Zwangs- oder Strafmaßnahme

A Damit ist das Recht gemeint, einen Beschluss durch Einspruch zu verhindern.

B Diese Mitgliedstaaten sind immer vertreten.

C Der Sicherheitsrat kann als „Blauhelme" bezeichnete Soldaten in Krisengebiete entsenden, wenn die Konfliktparteien damit einverstanden sind. Die „Blauhelme" dürfen keine Waffen einsetzen, außer zur Selbstverteidigung. Sie dienen meist als „Puffer" zwischen den Gegnern und überwachen z. B. einen Waffenstillstand.

D Als letztes Mittel kann der Sicherheitsrat gegen einen Staat, der den Frieden verletzt hat, militärische Gewalt einsetzen. Da die Vereinten Nationen keine eigenen Soldaten haben, erteilt der Sicherheitsrat einem Mitgliedstaat oder mehreren Mitgliedstaaten den Auftrag, den aggressiven Staat zu bekämpfen. Ein solcher Auftrag wird auch als „Mandat" bezeichnet.

E Diese Staaten werden von der UN-Generalversammlung jeweils für zwei Jahre in den Sicherheitsrat gewählt.

F Den Konfliktparteien werden von den Vereinten Nationen Vorschläge zur Beilegung ihres Streites gemacht.

G Durch Maßnahmen, die für einen Staat unangenehm sind, soll dieser gezwungen werden, Beschlüsse des UN-Sicherheitsrates zu befolgen – z. B. die Unterbrechung des Handels, der Verkehrsverbindungen oder der Abbruch der diplomatischen Beziehungen.

Beispiel 1: Seit 1964 überwachen von den Vereinten Nationen entsandte Soldaten auf Zypern die Waffenstillstandslinien zwischen den Griechen und Türken.

Beispiel 2: Im Bürgerkrieg zwischen Serben, Kroaten und Bosniern flog die NATO im Auftrag der Vereinten Nationen massive Luftangriffe gegen serbische Stellungen. Diese Angriffe führten dann dazu, dass die serbische Seite im Herbst 1995 zu Friedensverhandlungen bereit war.

Beispiel 3: Dem damaligen UN-Generalsekretär Perez de Cuellar gelang es 1988, durch Verhandlungen den irakisch-iranischen Krieg zu beenden.

Beispiel 4: Um Libyen zur Auslieferung von Terroristen zu zwingen, stellten die Mitgliedstaaten der Vereinten Nationen jahrelang den Flugverkehr in dieses Land ein.

1 Hilfe
A: Vetorecht
B: …

1 Ordne die Erklärungen A – G den gelb unterlegten Begriffen aus der Grafik zu.

2 Zu jedem der vier Mittel des Sicherheitsrates gehört eines der Beispiele. Ordne zu.

Thema: UN-Friedenseinsätze

Im Jahr 2015 waren rund 125 000 Soldaten und zivile Polizisten aus 120 Staaten in friedenssichernden Einsätzen der Vereinten Nationen in 16 Ländern der Erde aktiv. Wer mehr über diese Einsätze erfahren will, kann sich durch eine Internetrecherche informieren.

1 Die offizielle Website der Vereinten Nationen (www.un.org) verwendet verschiedene Sprachen, z. B. Englisch, Französisch, Spanisch, jedoch nicht Deutsch. Deutschsprachige Informationen über die Vereinten Nationen gibt es auf der Homepage des Regionalen Informationszentrums der UNO (www.unric.org). Die Startseite enthält viele Stichwörter, die man anklicken kann, um genauere Informationen über bestimmte Sachverhalte zu bekommen. Um etwas über Friedenseinsätze zu erfahren, klickt man links den Link „Frieden und Sicherheit“ an.

2 Es erscheint dann eine Seite mit allgemeinen Informationen und weiteren Links, die im unteren Teil der Seite aufgeführt sind. Hier klickt man „Friedenssicherungseinsätze“ an.

3 Die nun folgende Seite enthält viele Stichwörter, die nach drei Gruppen gegliedert sind. Blau unterlegt sind dabei die Stellen, die als Links zu weiteren Informationen führen. So gibt es z. B. beim Stichwort „laufende Friedenssicherungseinsätze der Vereinten Nationen (Fakten & Zahlen)“ die Möglichkeit, diese Informationen als PDF-Datei aufzurufen.

4 Ruft man diese Datei auf, erscheint auf dem Bildschirm ein zwei Seiten umfassendes Dokument: Die erste Seite enthält eine Karte zu den laufenden Einsätzen, die zweite Seite listet alle Einsätze mit Angaben über Beginn, Truppenstärke, Finanzierung usw. auf. Jeder Einsatz hat einen Namen, dessen Anfangsbuchstaben ein bestimmtes Kürzel ergeben. So erfährt man z. B., dass es unter dem Kürzel UNMISS einen Friedenseinsatz der Vereinten Nationen in dem afrikanischen Staat Sudan gibt.

5 Will man mehr über den Einsatz im Sudan erfahren, kann man in eine Suchmaschine den Begriff „UNMISS“ eingeben. So bietet beispielsweise Google zahlreiche Seiten mit Hinweisen auf den UN-Einsatz im Sudan in deutscher Sprache, darunter z. B. Informationen der Bundeswehr und des Auswärtigen Amtes.

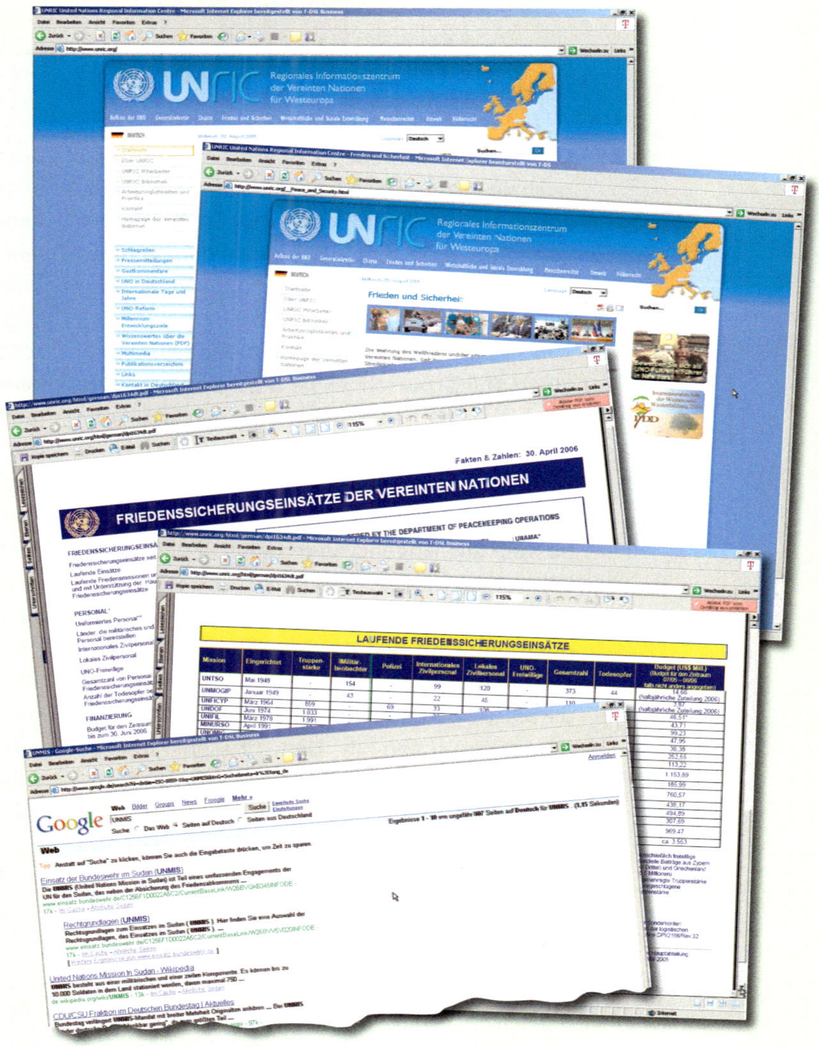

1. Recherchiert, welche Friedenseinsätze die Vereinten Nationen zurzeit durchführen.
2. Informiert euch dann in Kleingruppen genauer über diese Einsätze. Präsentiert die Ergebnisse eurer Recherche der Klasse, z. B. durch Kurzreferate oder mittels einer Wandzeitung.

Fallbeispiel: Libyen

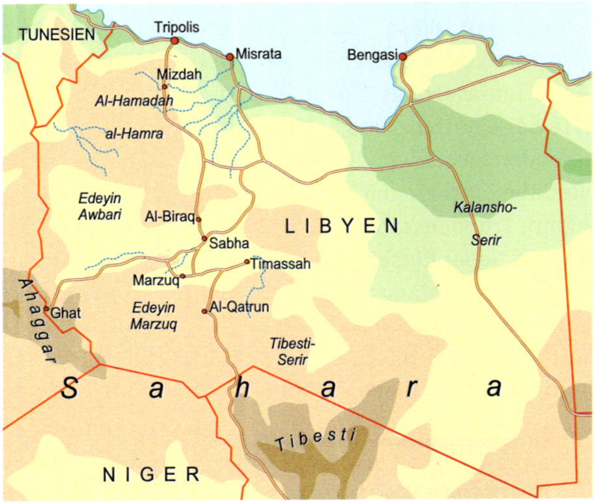

Übersichtskarte von Libyen

Muammar al-Gaddafi

Resolution
Beschluss, Entscheidung

Der nordafrikanische Wüstenstaat Libyen ist reich an Erdöl und Erdgas und soll nach Schätzungen die größten bekannten Erdölreserven ganz Afrikas haben. Mit diesem begehrten „schwarzen Gold" bestreitet Libyen 95 Prozent seines Exports.

1969 kam Oberst Muammar al-Gaddafi durch einen Militärputsch an die Macht und regierte bis 2011 das Land diktatorisch. Willkürliche Verhaftungen, Misshandlungen und Folterungen von Oppositionellen waren an der Tagesordnung. Gaddafi besetzte die wichtigsten Posten mit Angehörigen seiner Familie und kontrollierte das Land durch Geheimdienste.

Im Frühjahr 2011 brachen nach Demonstrationen und Unruhen die autoritären Regime in Tunesien und Ägypten zusammen. Im Zuge dieses „Arabischen Frühlings" kam es auch zu Demonstrationen in den großen Städten Libyens. Gaddafi reagierte mit großer Härte. Innerhalb weniger Tage erschossen Einheiten der libyschen Polizei und Sicherheitskräfte Hunderte von Demonstranten. Die Auseinandersetzungen weiteten sich zu bürgerkriegsähnlichen Zuständen aus, Teile der Armee schlossen sich der Opposition an. Bewaffnete Aufständische vertrieben die Regierungstruppen aus großen Städten wie Bengasi und Misrata. Es entstand ein „Nationaler Übergangsrat", der im Osten des Landes die Kontrolle übernahm.

Die Gaddafi-Truppen eroberten verlorene Gebiete zurück. Der Ruf nach einem Eingreifen der internationalen Gemeinschaft wurde immer drängender. Am 17. März 2011 verabschiedete der UN-Sicherheitsrat eine Resolution, in der die Einrichtung einer Flugverbotszone über Libyen sowie der Schutz der Zivilbevölkerung mit militärischen Mitteln genehmigt wurde. Es folgten massive Luftschläge, insbesondere der französischen und der US-amerikanischen Luftwaffe. Ende März 2011 übernahm die NATO das Kommando des Libyen-Einsatzes. Sie unterstützte die Bodenstreitkräfte der Opposition bei der Einnahme der Städte im Westen des Landes.

Unterstützt von NATO-Luftangriffen rückten die Aufständischen im August 2011 in Tripolis ein. Der Diktator verschanzte sich in seiner Geburtsstadt Sirte, wo er am 20. Oktober 2011 getötet wurde. Am 23. Oktober 2011 erklärte der „Nationale Übergangsrat" Libyen als vollständig befreit; die NATO beendete nach mehr als 26 000 geflogenen Einsätzen ihre Mission. Es wird geschätzt, dass beim Bürgerkrieg in Libyen 30 000 Menschen ums Leben kamen und 60 000 verletzt wurden. Im November 2011 wurde zwar eine Übergangsregierung gebildet, aber das Land kommt nicht zur Ruhe. Rivalisierende Gruppen kämpfen seit Jahren heftig um die Macht und islamistische Terroristen gewinnen immer mehr an Einfluss.

UN verhängen Flugverbot

Libyen *Der Sicherheitsrat billigt Luftschläge gegen die Truppen Gaddafis. Die Militäraktion steht unmittelbar bevor. Deutschland will sich an den Attacken nicht beteiligen.*
Jetzt ist das Militär am Zug: Die Vereinten Nationen haben den Weg frei gemacht für ein militärisches Vorgehen gegen Libyen. Nach einer am Donnerstagabend (Ortszeit) in New York vom Sicherheitsrat verabschiedeten Resolution gibt es nicht nur ein Flugverbot über dem nordafrikanischen Land, um die Zivilisten vor der Luftwaffe von Muammar al-Gaddafi zu schützen. Erlaubt ist militärisch fast alles – bis auf Bodentruppen. Deutschland enthielt sich in der Abstimmung und will das auch bei Luftschlägen tun.
Das Papier erlaubt Luftschläge und alle anderen „erforderlichen Maßnahmen" zum Schutze der Zivilisten „mit Ausnahme von Okkupationstruppen".
„Die Vereinten Nationen haben den Hilfeschrei des libyschen Volkes gehört", sagt die US-Botschafterin Susan Rice. Mit der Resolution habe der Sicherheitsrat ein starkes Signal an Gaddafi gesandt. „Über die Zukunft Libyens darf nur das Volk Libyens entscheiden."
Letztlich hatten zehn Länder für die Resolution gestimmt, die zwar von den Libanesen für die Arabische Liga eingebracht worden war, aber inzwischen vor allem die französische Handschrift trägt. Neun Stimmen wären für die Verabschiedung der Resolution nötig gewesen – und die Zustimmung oder zumindest Enthaltung der fünf ständigen Ratsmitglieder. Die USA, Russland, China, Großbritannien und Frankreich können mit ihrem Veto jede Abstimmung zu Fall bringen. Bis zuletzt war vor allem über das Stimmverhalten von Russland und China gerätselt worden – die sich letztlich enthielten, ebenso wie Indien und Brasilien.
„Deutschland unterstützt die wirtschaftlichen Sanktionen voll, denn die Herrschaft des Muammar al-Gaddafi muss beendet werden", sagte Berlins UN-Botschafter Peter Wittig. „Aber der Einsatz des Militärs ist extrem schwierig und wir sehen große Risiken." Deutschlands Luftwaffe werde sich nicht an einem Einsatz beteiligen. „Die Gefährdung von Leben darf nicht unterschätzt werden."

(*Stuttgarter Zeitung, 18. 03. 2011, S. 8*)

Rebellen in Libyen

Okkupation
Besetzung fremden Gebietes

Sanktionen
Zwangsmaßnahmen

Luftstreitkraft

Die NATO hat im Libyenkrieg das Recht gebeugt. Im März autorisierten die Vereinten Nationen ihre Mitgliedstaaten, „alle notwendigen Maßnahmen" zu ergreifen, um die zivile Bevölkerung in dem vom Bürgerkrieg gezeichneten Land zu schützen. Die NATO-geführte Koalition errichtete jedoch nicht nur eine Flugverbotszone, sondern sie mischte sich mit ihren Aufklärungs- und Kampfflugzeugen aktiv ins Kriegsgeschehen am Boden ein. Sie war de facto die Luftstreitkraft der gegen Muammar al-Gaddafi kämpfenden Rebellen. Ohne die NATO wäre der Aufstand mit einiger Wahrscheinlichkeit gescheitert; mit Sicherheit hat der Einsatz der Allianz den Sturz des Diktators – am Ende sogar seinen Tod – beschleunigt. Die Überdehnung des UN-Mandats hat der NATO erstaunlich wenig Kritik eingebracht. Es war vor allem Russland, das gegen die extensive Ausdehnung der Resolution protestierte. In den arabischen Ländern, von denen am ehesten Protest zu erwarten gewesen wäre, blieb es erstaunlich still. Selbst hier war die Auffassung offensichtlich mehrheitsfähig, wichtiger als die Frage der Legalität sei ein schnelles Ende Muammar al-Gaddafis. Nun geht der NATO-Einsatz in Libyen zu Ende. Militärisch wie politisch war er für das Bündnis ein Erfolg. Als Kollateralschaden bleibt ein beschädigtes internationales Recht zurück.

(*Stuttgarter Zeitung, 28. 10. 2011, S. 3*)

de facto
tatsächlich

Legalität
Gesetzlichkeit, Rechtsgültigkeit

Kollateralschaden
bei einer militärischen Aktion entstehender Schaden, der nicht beabsichtigt ist, aber dennoch in Kauf genommen wird

1. Nenne Gründe für das europäische Interesse an einer Konfliktlösung in Libyen.
2. Erläutere die Bedeutung der UN-Resolution für die Geschehnisse in Libyen.
3. Bewerte die Abstimmung über die Flugverbotszone im UN-Sicherheitsrat.
4. Analysiere den Zeitungskommentar zum NATO-Einsatz und diskutiert dann in der Gruppe darüber.

3 Hilfe
Wie hat Deutschland abgestimmt? Wie die Vetomächte?

Der internationale Strafgerichtshof

V

Der Internationale Strafgerichtshof (IStGH) mit Sitz im niederländischen Den Haag ist das erste ständige Weltgericht zur Ahndung von Verbrechen gegen die Menschlichkeit, Völkermord, Kriegsverbrechen und künftig auch das Verbrechen der Aggression. Der Internationale Strafgerichtshof ist keine Einrichtung der Vereinten Nationen, Grundlage für den Gerichtshof ist das am 1. Juli 2002 in Kraft getretene Statut von Rom. Der IStGH nahm offiziell dann auch im Juli 2002 seine Arbeit auf. Er wird nur dann aktiv, wenn Staaten nicht willens oder in der Lage sind, eine bestimmte schwere Straftat ernsthaft zu verfolgen.
Sein erstes Urteil fällte der Internationale Strafgerichtshof im Strafverfahren gegen den früheren kongolesischen Rebellen- und Milizenführer Thomas Lubango, der wegen der Rekrutierung und dem Einsatz von hunderten von Kindersoldaten am 10. Juli 2012 zu einer langjährigen Haftstrafe verurteilt wurde.

Statut von Rom
Mit dem Römischen Statut wurde die Errichtung eines Internationalen Strafgerichtshofs beschlossen. Bisher haben 123 Staaten das Statut ratifiziert, darunter alle EU-Staaten. (Stand: 2016)

Die Bundesrepublik Deutschland hat an der Ausarbeitung des Römischen Status aktiv mitgearbeitet. Sie setzt sich gemeinsam mit anderen gleichgesinnten Staaten für einen funktionsfähigen, unabhängigen und glaubwürdigen Internationalen Strafgerichtshof ein.

1 *Der Internationale Strafgerichtshof kann erste Erfolge vorweisen. Bei seiner Gründung waren viele Skeptiker der Meinung, dass er keine große praktische Bedeutung erlangen würde. Dem ist nicht so.*

2 *Wichtig ist doch auch die symbolische Bedeutung. Die Weltgemeinschaft dokumentiert mit dem Strafgerichtshof, dass sie Kriegsverbrechen und Völkermord nicht länger hinnehmen will und wird.*

3 *Entscheidend ist doch die Kooperationsbereitschaft der Staaten, ohne die der Internationale Strafgerichtshof nicht handlungsfähig ist. Ohne eigene Polizeikräfte ist er auf deren Hilfe angewiesen, damit Täter verhaftet und an das Gericht ausgeliefert werden.*

SPIEGELONLINE 28. Januar 2016

Prozess gegen ivorischen Ex-Staatschef

(...) Seit viereinhalb Jahren sitzt Laurent Gbagbo im Gefängnis in Den Haag ein, nun hat dort der Prozess gegen den Ex-Präsident der Elfenbeinküste begonnen. Es ist das erste Verfahren des Internationalen Strafgerichtshofs gegen einen ehemaligen Staatschef. (...) Gbagbo muss sich wegen Verbrechen gegen die Menschlichkeit verantworten. Er soll die Ermordung, Vergewaltigung und Verfolgung politischer Gegner angeordnet beziehungsweise nicht gestoppt haben. (...) Gbagbo hatte 2010 die Präsidentschaftswahl verloren, sich aber geweigert, für seinen Widersacher, den heutigen Präsidenten Alassane Quattara, Platz zu machen. Bei dem anschließenden Konflikt waren rund 3000 Menschen getötet und schätzungsweise 150 Frauen vergewaltigt worden. Erst mit der Festnahme Gbagbos im April 2011 ging der Albtraum zu Ende. (...)

(http://www.spiegel.de/politik/ausland/laurent-gbagbo-plaediert-in-den-haag-auf-unschuldig-a-1074421.html)

3 Hilfe
Auf der Internetseite des Auswärtigen Amtes finden sich hierzu Informationen: www.auswaertiges-amt.de

1 Beschreibe die Aufgabe des Internationalen Strafgerichtshofs. Arbeite heraus, was ihn von anderen internationalen Gerichten unterscheidet.
2 Setze dich mit den drei Aussagen auseinander. Beziehe dabei die Materialien ein.
3 Informiere dich im Internet über die Entwicklung beim Internationalen Strafgerichtshof.

V

14 Jahre Haft für den Kriegsverbrecher Lubanga

Zum ersten Mal in seiner zehnjährigen Geschichte schickt das Weltstrafgericht in Den Haag einen Kriegsverbrecher ins Gefängnis. Der Internationale Strafgerichtshof (IStGh) verurteilte am Dienstag den ehemaligen kongolesischen Rebellenführer Thomas Lubanga Dyilo zu 14 Jahren Haft.
Lubanga war bereits im März von den Richtern schuldig gesprochen worden, im kongolesischen Bürgerkrieg zwischen 2002 und 2003 Hunderte von Kindersoldaten für seine Sache missbraucht zu haben – die jüngsten waren elf Jahre alt. Ins Gefängnis muss er nur noch für acht Jahre, die sechsjährige Untersuchungshaft wird auf die Strafe angerechnet.
Die Anklage hatte die Höchststrafe von 30 Jahren gefordert. Die Richter sahen es aber nicht als zweifelsfrei bewiesen an, dass der ehemalige Kommandant die Kindersoldaten unmittelbar befehligt hatte. Außerdem wurde seine Kooperation mit dem Gericht als mildernder Umstand gewertet. Lubanga kann gegen das Urteil und Strafmaß Berufung einlegen.
„Der Einsatz von Kindern im bewaffneten Kampf ist zweifellos ein sehr schweres Verbrechen, das die gesamte internationale Gemeinschaft betrifft“, sagte der Vorsitzende Richter Adrian Fulford. „Die Verletzlichkeit von Kindern bedeutet, dass sie besonders geschützt werden müssen.“ Über Entschädigungszahlungen für die Opfer wird das Gericht zu einem späteren Zeitpunkt entscheiden. Der in einen grauen Anzug gekleidete Lubanga nahm das Urteil äußerlich ungerührt auf. Während des mehrjährigen Prozesses hatte der 51-Jährige stets seine Unschuld beteuert. „Der Prozess beruht auf Lügen“, hatte er im Juni erklärt. In welchem Land Lubanga seine Strafe verbüßen muss, wird noch entschieden.
Menschenrechtsorganisationen begrüßten das Urteil als „Meilenstein“. „Dieses Urteil ist ein starkes Signal weltweit an alle, die Kindersoldaten einsetzen, dass ihre kriminellen Taten sie ins Gefängnis bringen werden“, erklärte Armel Luhiriri vom internationalen Bund für den Strafgerichtshof (Coalition for the ICC), dem 2500 nichtstaatliche Organisationen angehören. Der Bund bedauerte es allerdings, dass Lubanga nicht auch für andere Verbrechen angeklagt und verurteilt worden war. Unter anderem wurde ihm vorgeworfen, zahlreiche Mädchen als Sexsklavinnen missbraucht zu haben.
Lubanga war 2005 von den kongolesischen Behörden verhaftet und 2006 nach Den Haag überstellt worden. Das Verfahren gegen ihn, in dem knapp 70 Zeugen vernommen wurden, war im Januar 2009 eröffnet worden. Im Bürgerkrieg war Lubanga, der dem Hema-Volk angehört, Chef der brutalen Rebellengruppe Union Kongolesischer Patrioten (UPC) und später Anführer der Miliztruppe Patriotische Front für die Befreiung des Kongo (FPLC). Die Gruppen sollen für zahlreiche Massaker verantwortlich sein. Der Konflikt im Kongo dauerte offiziell von 1998 bis 2003, Millionen Menschen kamen ums Leben.

Thomas Lubanga Dyilo

(Stuttgarter Zeitung, 11.07.2012, S. 6)

1 Verfasse einen Kommentar zu dem Zeitungsartikel.

(Zeichnung: Jupp Wolter)

(Zeichnung: Egon Kaiser)

WEBCODE
SDL-11077-802
Die NATO

NATO ist die Abkürzung für den englischen Begriff „North Atlantic Treaty Organization", übersetzt: Nordatlantisches Verteidigungsbündnis. Meist spricht man verkürzt von „Nordatlantikpakt". Es ist der Name eines politisch-militärischen Bündnisses, das wenige Jahre nach Ende des Zweiten Weltkrieges im April 1949 von den USA, Kanada und neun europäischen Staaten gegründet wurde. Als wichtiges Ziel der NATO galt, die Sowjetunion und ihre Verbündeten davon abzuhalten, gegen die westlichen Staaten Krieg zu führen. Die sozialistischen Staaten schlossen sich 1955 unter Führung der Sowjetunion zum sogenannten „Warschauer Pakt" zusammen. 1991 zerfiel dieses Militärbündnis, daraufhin änderten sich die Ziele der NATO. Der Einsatz für Frieden und Freiheit ist heute das wichtigste Ziel. Die NATO-Mitgliedstaaten sind zudem verpflichtet, sich im Falle einer militärischen Bedrohung gegenseitig Beistand zu leisten. Mit den ehemaligen Mitgliedern des Warschauer Paktes wurde 1994 ein Vertrag „Partnerschaft für den Frieden" geschlossen. Einige dieser Staaten wurden Mitglieder der Nato. Einige Zeit arbeitete die NATO mit Russland zusammen. So wurde z. B. 2002 ein NATO-Russland-Rat geschaffen. Nach der Besetzung der Krim durch Russland 2014 beendete die NATO jede Zusammenarbeit.

Gespräch zwischen einer Journalistin und einem Sicherheitsexperten

Wie sehen Sie als Sicherheitsexperte die Zukunft der NATO?
Spannend!

Wie meinen Sie das?
Nun, da muss einiges geklärt werden, z. B. das Verhältnis zwischen NATO und Europäischer Union.

Warum?
Die Europäer wollen bei Krisen und Konflikten militärisch handlungsfähig sein, auch dann, wenn beispielsweise die Interessen der Amerikaner oder Kanadier nicht betroffen sind – der Konflikt also keine Angelegenheit der NATO insgesamt ist. Daher haben sie im Rahmen ihrer „Europäischen Sicherheits- und Verteidigungspolitik" europäische Eingreiftruppen geschaffen.

Und wo liegt das Problem?
Die Europäer verfügen über keine eigene militärische Planungs- und Kommandostruktur. Da muss die NATO aushelfen.

Klingt kompliziert …
Es wurde verabredet: Wenn in einem Konflikt die NATO als Ganzes nichts tun will, können die Europäer eigene militärische Operationen durchführen und dabei die Mittel der NATO nutzen.

Und wie ist es mit den USA?
Den Terroranschlag auf die USA vom 11. September 2001 hat die NATO als Angriff auf ein Mitglied angesehen und zum ersten Mal in ihrer Geschichte den Bündnisfall erklärt. Aber den Krieg gegen Al-Qaida und die Taliban in Afghanistan haben die USA dann in eigener Regie geführt, mit einigen ihrer Verbündeten zwar, aber nicht im Rahmen der NATO.

Warum denn das?
Ich denke, die USA als Supermacht wollten sich nichts von einem Bündnis vorschreiben lassen. Im Fall des Irak haben es die Amerikaner 2003 ebenso gemacht.

Moment: In Afghanistan waren doch Bundeswehrsoldaten stationiert.
Ja, das war der ISAF-Einsatz unter UN-Mandat. Er wurde von der NATO ausgeführt. Diese Soldaten, auch die unserer Bundeswehr, sollten im Land die Sicherheit gewährleisten und beim Wiederaufbau helfen. Der Kampfeinsatz der Amerikaner und ihrer Verbündeten gegen die Taliban war eine davon getrennte Operation.

NATO in Afghanistan? Ich dachte, der NATO-Auftrag ist die Verteidigung ihrer Mitglieder im Nordatlantikgebiet …
Das ist ja das Spannende: Einerseits bekräftigt die NATO, dass ihr fortdauernder Zweck die Verteidigung ihrer Mitglieder sei. Andererseits hat die NATO 2002 eine neue Strategie beschlossen, die auch weltweite Einsätze bei Krisen aller Art vorsieht. Die interessante Frage für die Zukunft ist also, ob die NATO ein Verteidigungsbündnis bleibt oder ein Instrument globaler Intervention wird. Zudem bleibt abzuwarten, wie sich das Verhältnis zwischen NATO und EU einerseits und zu den USA andererseits entwickeln wird.

Taliban
fundamentalistische muslimische Fanatiker

Intervention
Einmischung in die Angelegenheiten eines anderen Staates

2 Hilfe
Achte auf die Beschriftungen. Was könnte mit „rote Flut", was mit „Weltsheriff" gemeint sein?

1. Beschreibe die Veränderungen innerhalb der NATO nach dem 11. September 2001.
2. Interpretiere die beiden Karikaturen auf Seite 300 oben.
3. Fasse die Kernpunkte des Gesprächs zusammen.

Sicherheitsorganisationen in Europa

Bis zum Fall der Mauer im Jahr 1989 standen sich auf europäischem Boden die beiden Machtblöcke NATO und Warschauer Pakt scheinbar unversöhnlich gegenüber. Seitdem haben andere Organisationen an Bedeutung gewonnen oder sind neu entstanden, um die europäischen Staaten stärker miteinander zu verbinden. Die europäische Sicherheitsarchitektur entwickelt sich aus zahlreichen Institutionen und bezieht auch die Staaten Osteuropas mehr und mehr ein.

Die Verteidigungsminister der NATO-Staaten beraten in Brüssel über die Bekämpfung des internationalen Terrors

Ein amerikanischer, ein deutscher, ein polnischer und ein tschechischer Soldat bei einem Manöver der NATO in Polen

A Die **Europäische Union (EU)** besteht aus 28 Staaten, die eine gemeinsame Wirtschafts- und Währungsunion geschaffen haben. Künftig wollen diese Staaten ihre Außen- und Sicherheitspolitik noch erheblich stärker als bisher abstimmen. Die EU hat eine 60 000 Soldaten umfassende Eingreiftruppe aufgestellt, die bei Krisen eingesetzt werden kann.

B Die **NATO (Nordatlantikpakt)** wurde 1949 als Militärbündnis des Westens zum Schutz vor der kommunistischen Sowjetunion gegründet. Der Kern des NATO-Vertrags ist das gegenseitige Beistandsgebot, d. h. im Falle eines Angriffs auf einen NATO-Staat eilen ihm alle anderen NATO-Staaten zu Hilfe. Heute gehören der NATO 28 Staaten an.

C Als Forum zwischen der NATO und den Staaten des ehemaligen Warschauer Paktes dient seit 1997 der **Euro-Atlantische Partnerschaftsrat (EAPR)**. Ihm gehören heute 50 Staaten aus Ost und West an. Seine Ziele sind der sicherheitspolitische Dialog, Zusammenarbeit und Vertrauensbildung.

D In der **Organisation für Sicherheit und Zusammenarbeit in Europa (OSZE)** arbeiten 57 Staaten zusammen, darunter alle NATO-Staaten und die Nachfolgestaaten der früheren Sowjetunion. Die OSZE will vor allem das Entstehen von Konflikten verhindern helfen. Bei ausgebrochenen Konflikten darf die OSZE nur dann eingreifen, wenn die Kriegsparteien damit einverstanden sind.

E Der **Europarat** mit Sitz in Straßburg wurde 1949 zunächst von zehn europäischen Staaten gegründet. Heute hat er 47 Mitglieder. Er befasst sich vorrangig mit dem Schutz der Menschenrechte, der Demokratie und der Erhaltung des kulturellen Erbes.

F In der **Partnerschaft für den Frieden** arbeiten 22 Staaten aus Europa, Zentralasien und dem Kaukasus mit der NATO zusammen. Durch gemeinsame militärische Übungen wollen diese Länder ihre Fähigkeit verbessern, bei Friedensmissionen reibungslos und effektiv zusammenzuwirken.

Die 22 Staaten der Partnerschaft für den Frieden

Europa
Bosnien-Herzegowina
Finnland
Irland
Malta
Mazedonien
Moldawien
Montenegro
Österreich
Russland
Schweden
Schweiz
Serbien
Ukraine
Weißrussland

Kaukasus
Armenien
Aserbaidschan
Georgien

Zentralasien
Kasachstan
Kirgisistan
Tadschikistan
Turkmenistan
Usbekistan

1 Hilfe
Suche dazu in den Kurzbeschreibungen die entsprechenden Textstellen.

1 Beschreibe für jede der genannten sechs Organisationen, wie sie zur Sicherheit in Europa beitragen will.

Bestimmungen des Grundgesetzes zur Bundeswehr

- **Art. 87a (1) u. (3)**: A
  - **Art. 115 a (1)**: C
  - **Art. 24 (2)**: Bündnisse zur gemeinsamen Verteidigung
- **Art. 26 (1)**: B
- **Art. 87 a (2)**: weitere Einsätze
  - **Art. 87 a (4)**: D
  - **Art. 35 (2) u. (3)**: E
  - **Art. 24 (2)**: z.B. UN-Einsätze

- Verteidigung
- Verbot eines Angriffskrieges
- Innerer Notstand
- Katastrophenhilfe
- Verteidigungsfall

Verteidigungspolitische Richtlinien: Auftrag und Aufgaben der Bundeswehr

Streitkräfte sind unentbehrliches Instrument der Außen- und Sicherheitspolitik unseres Landes. Streitkräfte bilden das Rückgrat für die Sicherheit und den Schutz Deutschlands und seiner Bürger. Nur mit Streitkräften kann die Androhung und Durchsetzung militärischer Gewalt im Rahmen des geltenden Völkerrechts erfolgen. Streitkräfte sind Grundlage des Selbstbehauptungswillens und der Verteidigungsbereitschaft der Nation. Sie wirken mit anderen staatlichen Instrumenten der nationalen Sicherheitsvorsorge zusammen. Streitkräfte folgen in ihrem Selbstverständnis, ihrer Struktur und Organisation, ihrem Umfang, ihren Fähigkeiten und ihrer Ausrüstung den sich wandelnden Zielen und Interessen der Sicherheitspolitik. (...)

Auftrag der Bundeswehr

Die Bundeswehr als Instrument einer umfassend angelegten Sicherheits- und Verteidigungspolitik erfüllt dazu ihren Auftrag:
Die Bundeswehr
- schützt Deutschland und seine Bürgerinnen und Bürger,
- sichert die außenpolitische Handlungsfähigkeit Deutschlands,
- trägt zur Verteidigung der Verbündeten bei,
- leistet einen Beitrag zur Stabilität und Partnerschaft im internationalen Rahmen und
- fördert die multinationale Zusammenarbeit und europäische Integration.

Aufgaben der Bundeswehr

Vor diesem Hintergrund nimmt die Bundeswehr folgende ineinandergreifende Aufgaben wahr:
- Landesverteidigung als Bündnisverteidigung im Rahmen der nordatlantischen Allianz;
- internationale Konfliktverhütung und Krisenbewältigung – einschließlich des Kampfs gegen den internationalen Terrorismus;
- Beteiligung an militärischen Aufgaben im Rahmen der Gemeinsamen Sicherheits- und Verteidigungspolitik der EU;
- Beiträge zum Heimatschutz, das heißt Verteidigungsaufgaben auf deutschem Hoheitsgebiet sowie Amtshilfe in Fällen von Naturkatastrophen und schweren Unglücksfällen, zum Schutz kritischer Infrastruktur und bei innerem Notstand;
- Rettung und Evakuierung sowie Geiselbefreiung im Ausland;
- Partnerschaft und Kooperation als Teil einer multinationalen Integration und globalen Sicherheitszusammenarbeit im Verständnis moderner Verteidigungsdiplomatie;
- humanitäre Hilfe im Ausland (...)

(Quelle: www.bundeswehr.de/Die Verteidigungspolitischen Richtlinien 2011/Zugriff: 11. 01. 2017)

1 Schlage im Grundgesetz die angegebenen Artikel nach und ordne die Stichwörter zu.

2 Beschreibe die fünf Punkte des Auftrags der Bundeswehr mit deinen Worten genauer. Nenne zu jedem Punkt ein erklärendes Beispiel.

3 Informiere dich über zwei der sieben Aufgaben der Bundeswehr genauer.

3 Hilfe
www.bundeswehr.de

Bundeswehr – „Armee der Demokratie“

E

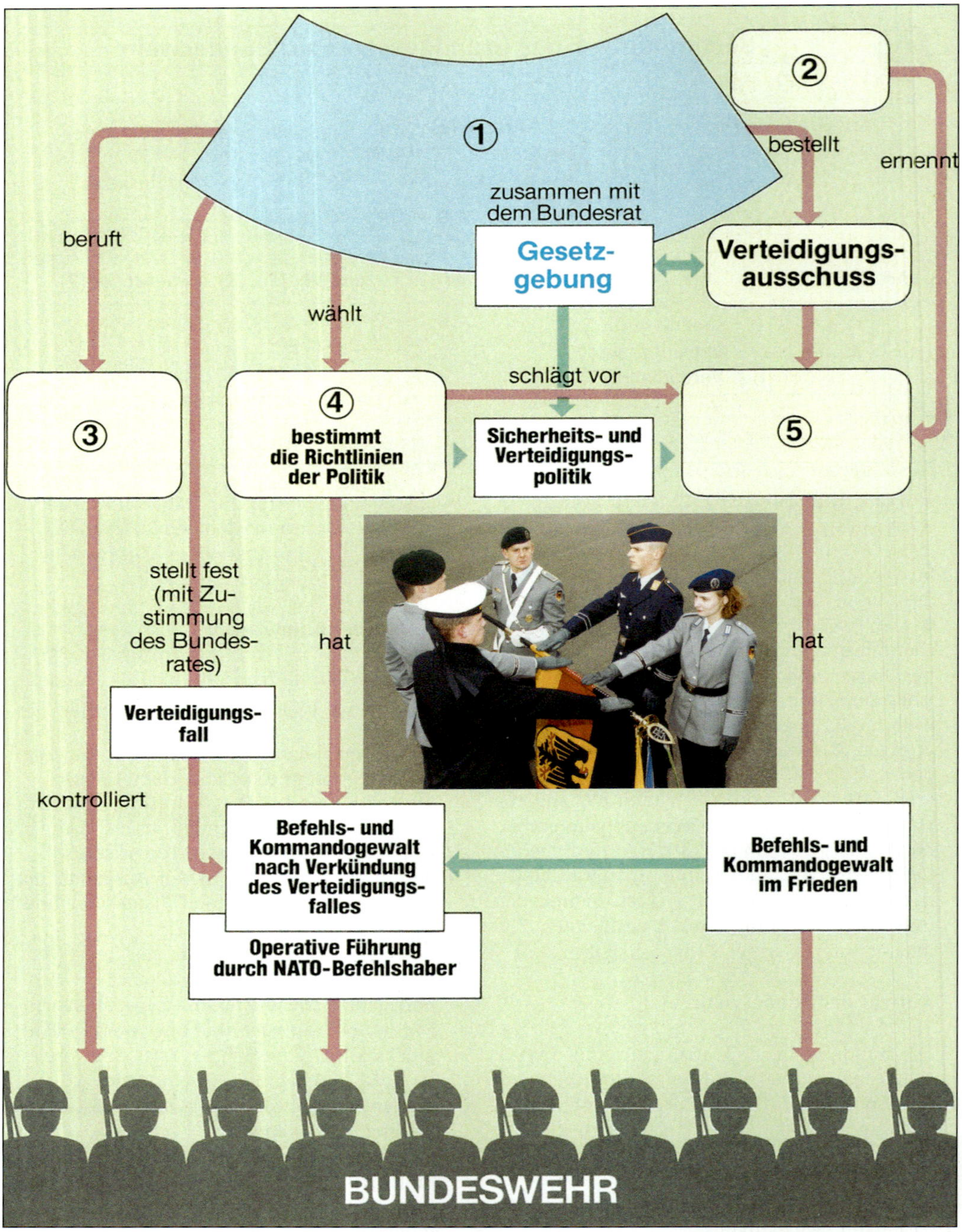

Bundesminister/in der Verteidigung	Bundeskanzler/in	Bundestag	Wehrbeauftragte/r	Bundespräsident/in

Wehrbeauftragter kontrolliert im Auftrag des Deutschen Bundestages die Bundeswehr und ist Ansprechpartner für Soldaten und Soldatinnen bei Beschwerden

1 Das Schaubild zeigt die Stellung der Bundeswehr in unserer parlamentarischen Demokratie. Ordne die darunter aufgeführten fünf Begriffe den Leerfeldern im Schaubild zu.

2 Erkläre die Einbettung der Bundeswehr innerhalb der demokratischen Institutionen der Bundesrepublik.

Bundeswehr im Auslandseinsatz

E

Die Bundeswehr ist auch eine Armee im Einsatz, dies zeigt das folgende Beispiel. Im November 2012 spitzte sich die Sicherheitslage an der türkischen Grenze zu. Die Türkei fürchtete syrische Militärhandlungen gegen das eigene Land, nachdem syrische Granaten auf türkischem Gebiet einschlugen. Die Türkei rüstete im Grenzgebiet zu Syrien militärisch auf. Zur Sicherheit des eigenen Landes benötigte die Türkei Luftabwehrraketen, wie sie unter anderem Deutschland als NATO-Partner besitzt. Der Einsatz deutscher Soldaten im Ausland löste eine kontroverse Debatte aus.

„Ich schäme mich für meine Bundestagskollegen ... Einem NATO-Partner, der sich bedroht fühlt, den militärischen Schutz zu verweigern, treibt mir die Schamesröte ins Gesicht", so der CDU-Politiker Mißfelder.

Linken-Vorstandsmitglied Wolfgang Gehrcke bezeichnete die Option als „absolut inakzeptabel" und warf der Türkei vor, den Konflikt unnötig anzufachen: „Allein die Ankündigung dieser Maßnahme wird die Gewaltspirale weiter anheizen."

„Ich kann nur davor warnen, dass Deutschland und die Nato sich ohne Völkerrechtsgrundlage militärisch in den Syrien-Konflikt hineinziehen lassen", sagte der Grünen-Sicherheitsexperte Omid Nouripour.

Er halte es ... „für selbstverständlich, dass man das Ersuchen gewissenhaft prüft. Schließlich können wir auch seit Jahrzehnten auf die Unterstützung unserer NATO-Partner zählen", so FDP-Politiker Lambsdorff.

Frank-Walter Steinmeier, SPD, sagte: „Die Türkei hat als NATO-Partner Anspruch auf Unterstützung, wenn ihr Staatsgebiet und seine Menschen angegriffen werden und ernsthaft bedroht sind. Ob das der Fall ist, darf in der hochgefährlichen Lage im Nahen und Mittleren Osten nicht leichtfertig entschieden werden."

Gesetz über die parlamentarische Beteiligung bei der Entscheidung über den Einsatz bewaffneter Streitkräfte im Ausland (Parlamentsbeteiligungsgesetz) 18.03.2005

§ 1 Grundsatz

(1) Dieses Gesetz regelt Form und Ausmaß der Beteiligung des Bundestages beim Einsatz bewaffneter deutscher Streitkräfte im Ausland. Artikel 115a des Grundgesetzes bleibt davon unberührt.

(2) Der Einsatz bewaffneter deutscher Streitkräfte außerhalb des Geltungsbereichs des Grundgesetzes bedarf der Zustimmung des Bundestages.

§ 2 Begriffsbestimmung

(1) Ein Einsatz bewaffneter Streitkräfte liegt vor, wenn Soldatinnen oder Soldaten der Bundeswehr in bewaffnete Unternehmungen einbezogen sind oder eine Einbeziehung in eine bewaffnete Unternehmung zu erwarten ist. ...

§ 3 Antrag

(1) Die Bundesregierung übersendet dem Bundestag den Antrag auf Zustimmung zum Einsatz der Streitkräfte rechtzeitig vor Beginn des Einsatzes.

(2) Der Antrag der Bundesregierung enthält Angaben insbesondere über
– den Einsatzauftrag; – das Einsatzgebiet; – die rechtlichen Grundlagen des Einsatzes, – die Höchstzahl der einzusetzenden Soldatinnen und Soldaten; – die Fähigkeiten der einzusetzenden Streitkräfte, – die geplante Dauer des Einsatzes; – die voraussichtlichen Kosten und die Finanzierung.

(3) Der Bundestag kann dem Antrag zustimmen oder ihn ablehnen. ...

(http://www.gesetze-im-internet.de/bundesrecht/parlbg/gesamt.pdf (Stand: 22.01.2013))

1 Erarbeite die unterschiedlichen Positionen der Politiker.
2 Erkläre den Inhalt des vom Bundestag beschlossenen Auslandsmandats.
3 Recherchiere den derzeitigen Stand des Konflikts zwischen der Türkei und Syrien.

1 Hilfe
Stelle fest, wie die jeweilige Position begründet wird.

Nichtregierungs-organisationen (NGOs)

E

Mit der Zunahme der außen- und sicherheitspolitischen Aufgaben der Staaten der Erde ist auch die Zahl der Organisationen gestiegen, die sich dieser Themen annehmen. Oft entstehen und handeln diese Gruppierungen, die sich ausdrücklich als Nichtregierungsorganisationen (NGO: Non-governmental Organization) bezeichnen, aus der Überzeugung, dass dringliche Probleme von den Regierungen vernachlässigt oder gar nicht beachtet werden. Es gibt schätzungsweise über zwanzigtausend, zum Teil auch international agierende Nichtregierungsorganisationen.

Die NGOs lassen sich in zwei unterschiedliche Organisationstypen einteilen:

- Da sind erstens die multinationalen Netzwerke mit professionellem Management, die sich in der Regel auf eine bestimmte Problematik konzentrieren. Dazu gehören humanitäre Organisationen wie das Rote Kreuz oder Care, Menschenrechtsorganisationen wie amnesty international und Umweltschutzorganisationen wie Greenpeace.
- Der zweite Typ sind übernational organisierte Bewegungen wie attac, die sich gegen verschiedene Aspekte der Globalisierung wehren. Ihr Hauptanliegen besteht weniger im Geldsammeln als in der Mobilisierung zu Demonstrationen und Veranstaltungen.

Auf jeder der großen Konferenzen der Vereinten Nationen treten zahlreiche von NGOs mit dem Ziel auf, die versammelten Regierungsvertreter in ihrem Sinne zu beeinflussen. Die gestiegene Bedeutung der NGOs verdeutlicht, dass nicht nur Regierungen die Interessen von Staaten weltweit vertreten, sondern dass auch nichtstaatliche Gruppen in zunehmendem Maße internationale Entwicklungen mitbestimmen.

Das **Deutsche Rote Kreuz (DRK)** ist Teil einer weltweiten Gemeinschaft von ehrenamtlich oder hauptamtlich arbeitenden Menschen in der internationalen Rotkreuz- und Rothalbmondbewegung. Sie gewährt Opfern von Konflikten und Katastrophen sowie anderen hilfsbedürftigen Menschen unterschiedslos Hilfe, allein nach dem Maß ihrer Not. Im Zeichen der Menschlichkeit setzen sie sich für das Leben, die Gesundheit, das Wohlergehen, den Schutz, das friedliche Zusammenleben und die Würde aller Menschen ein.

attac

Attac – die französische Abkürzung für „Vereinigung zur Besteuerung von Finanztransaktionen im Interesse der BürgerInnen" – wurde 1998 in Frankreich gegründet. Der ursprüngliche Schwerpunkt von Attac lag in dem Eintreten für eine demokratische Kontrolle der internationalen Finanzmärkte und der Einführung einer Steuer für internationale Kapitaltransfers. Mittlerweile hat sich die Organisation der gesamten Problematik der Globalisierung angenommen.

GREENPEACE

Seit 1971 setzt sich **Greenpeace** für den Schutz der Lebensgrundlagen ein. Gewaltfreiheit ist dabei das oberste Prinzip. Die Organisation ist unabhängig von Regierungen, politischen Parteien und wirtschaftlichen Interessengruppen. Spektakuläre Aktionen haben Greenpeace weltweit bekannt gemacht. Die direkte Konfrontation mit Umweltsündern dient dazu, auf Missstände aufmerksam zu machen. Greenpeace-Aktivisten setzen sich persönlich für ihr Anliegen ein – dadurch erzeugen sie öffentlichen Druck auf Verantwortliche in Politik und Industrie.

care

1945: Nach Kriegsende werden fast zehn Millionen CARE-Pakete mit Lebensmitteln, Kleidung oder Werkzeugen nach Deutschland geschickt. Sie retten Leben und ermutigen zum Neuanfang. Heute: CARE- Mitarbeiter betreuen in rund 70 Ländern – insbesondere Afrika, Asien und Lateinamerika – Hunderte Hilfsprogramme. Mit den zahlreichen Länder- und Regionalbüros vor Ort wird **CARE** heute als eine der großen privaten Hilfsorganisationen geschätzt.

E

Plakate sind ein Mittel, mit dem Amnesty auf Menschenrechtsverletzungen aufmerksam machen will

Von der Öffentlichkeit gehört, von Menschenrechtsverletzern gefürchtet: Amnesty International setzt sich seit über 50 Jahren für die Menschenrechte ein.

Amnesty International ist eine weltweite, von Regierungen, politischen Parteien, Ideologien, Wirtschaftsinteressen und Religionen unabhängige Mitgliederorganisation.
Auf Grundlage der Allgemeinen Erklärung der Menschenrechte wendet sich Amnesty gegen schwerwiegende Menschenrechtsverletzungen. Amnesty ist Teil einer Bewegung, in der Menschen zusammenkommen, um sich gemeinsam gegen Menschenrechtsverletzungen einzusetzen – und zwar nicht abstrakt, sondern ganz konkret und für Tausende, die in Gefahr sind. 1977 erhielt Amnesty International den Friedensnobelpreis. (...)
Die Stärke von Amnesty International liegt im freiwilligen Engagement seiner zahlreichen Mitglieder, Unterstützerinnen und Unterstützer unterschiedlicher Nationalitäten, Kulturen und Altersgruppen. Sie sind miteinander verbunden, um lokal wie global ihre Ziele zu erreichen. Gemeinsam setzen sie Mut, Kraft und Fantasie ein für eine Welt ohne Menschenrechtsverletzungen.
Unsere Aktionen werden möglich durch ein Netzwerk von Amnesty-Expertinnen zu verschiedenen Ländern und unterschiedlichen Themen sowie ihren Kontakten zu Opfern von Menschenrechtsverletzungen und ihren Angehörigen, zu Ärzten, Anwälten, Journalisten – rund um den Globus.
Mit „Urgent Actions“ (Eilaktionen), Briefen, Appellen, Pressearbeit, öffentlichkeitswirksamen Aktionen sowie Lobbyarbeit gegenüber Regierungen, Institutionen und Wirtschaftsunternehmen macht Amnesty International Druck für eine gerechtere Welt. Durch unsere Arbeit wollen wir Verzweifelung in Hoffnung und Mitgefühl in Handeln umwandeln. Jeder Mensch kann etwas tun und Veränderung bewirken.

(https://www.amnesty/de/wie-wir-arbeiten / Abruf: 20.05.2016)

Oxfam
www.oxfam.de

ÄRZTE OHNE GRENZEN
www.aerzte-ohne-grenzen.de

TRANSPARENCY INTERNATIONAL
www.transparency.de

1 Nenne Ziele, die Amnesty International verfolgt.
2 Beschreibe die Arbeit von Nichtregierungsorganisationen.
3 Die Logos in der Randspalte gehören zu drei Nichtregierungsorganisationen. Recherchiere im Internet, in welchen Bereichen diese NGOs tätig sind.
4 Erläutere die Kernaussagen der Plakate von amnesty international.

Thema: Internationale Zusammenarbeit

Mit einem Referat sollen andere über einen bestimmten Sachverhalt informiert werden. Von der Art und Weise des Vortrags hängt es ab, ob die Zuhörer das Dargebotene verstehen.

Vorbereitung

Zunächst muss der Sachverhalt erarbeitet werden. Günstig ist eine Stichwortliste als Gedächtnisstütze für den freien Vortrag. Man kann die Stichwörter auf ein Blatt notieren, das man beim Referat vor sich liegen hat. Eine andere Möglichkeit ist, eine Folie anzufertigen, die man während des Vortrags am Tageslichtprojektor schrittweise aufdeckt. Die Stichwörter können auch auf Kärtchen geschrieben und während des Referats nacheinander an die Tafel oder Pinnwand geheftet werden. Eine große Hilfe ist es, das Referat vorher zu Hause zu üben. Dabei sollte man laut sprechen und sich so hinstellen, wie man es später vor der Klasse beabsichtigt.

Durchführung

Zunächst legt man alles bereit, was man später benötigt, z. B. das Blatt mit den Stichwortnotizen, die Magnete für die Tafel, die geordneten Kärtchen. Wer den Tageslichtprojektor einsetzen will, sollte vorher prüfen, ob er an die Stromversorgung angeschlossen und der Projektionsspiegel auf die Projektionswand ausgerichtet ist. Mit dem Vortrag sollte man erst beginnen, wenn Ruhe unter den Zuhörern eingekehrt ist und sich alle auf den Vortrag konzentrieren. Man sollte die Mitschülerinnen und Mitschüler anschauen, nicht nur die Lehrkraft.
Der häufigste Fehler bei Schülerreferaten ist, zu schnell zu sprechen, was meist dann passiert, wenn der Text vom Blatt abgelesen wird. Bei Stichwortnotizen ist diese Gefahr geringer, weil man sich die Aussagen kurz überlegen muss und deshalb automatisch langsamer spricht.

Auswertung

Wer ein Referat gehalten hat, möchte wissen, wie es bei den Zuhörern angekommen ist. Man kann die Mitschüler direkt fragen. Eine andere Möglichkeit ist, dass die Lehrkraft nach dem Referat mit der Klasse bespricht, was an dem Vortrag gelungen und was weniger gut war und das nächste Mal besser gemacht werden könnte. So bekommen alle Schülerinnen und Schüler Hinweise, wie man ein Referat am besten vorbereitet und vorträgt.

3

4

5

1

2

6

1 Die Fotos zeigen Schüler beim Halten eines Referats. Notiere zu jedem Foto eine Anmerkung.
2 Halte ein Referat zum Thema „Internationale Zusammenarbeit".

Vereinte Nationen

Unmittelbar nach dem Zweiten Weltkrieg wurden die Vereinten Nationen gegründet. Wichtigstes Ziel dieser Organisation, der inzwischen fast alle Staaten der Erde angehören, ist die Sicherung des Weltfriedens. Für Maßnahmen zur Einhaltung des Weltfriedens ist der Sicherheitsrat zuständig. Dem Sicherheitsrat gehören fünf ständige und zehn nichtständige Mitglieder an. Die nichtständigen Mitglieder werden für jeweils zwei Jahre gewählt, so z. B. Deutschland für die Jahre 2011 und 2012. Die fünf ständigen Mitglieder im Sicherheitsrat (China, Frankreich, Großbritannien, Russland, USA) können durch ihr Vetorecht Aktionen verhindern. Nur wenn diese fünf Staaten sich einig sind, können die Vereinten Nationen wirksame Maßnahmen ergreifen.

Maßnahmen des Sicherheitsrates

Der Sicherheitsrat kann bei Konflikten zunächst versuchen, durch Vermittlung eine Beilegung des Streites zu erreichen. Er kann auch UN-Friedenstruppen („Blauhelme") entsenden, wenn die Konfliktparteien damit einverstanden sind. Diese Truppen dürfen jedoch keine militärische Gewalt anwenden, sondern sollen friedenserhaltende Maßnahmen durchführen, z. B. die Überwachung eines Waffenstillstandes. Neu im Völkerrecht ist, dass die Vereinten Nationen gegen Staaten, die den Frieden brechen, auch Zwangsmaßnahmen durchführen dürfen. Zunächst sind das Druckmittel wie eine Blockade oder ein Embargo (Abbruch der Wirtschaftsbeziehungen), im äußersten Fall auch militärische Aktionen. Da die Vereinten Nationen keine eigenen Kampftruppen haben, müssen sie Mitgliedstaaten damit beauftragen.

Fallbeispiel Libyen

In Libyen herrschte seit 1969 der Diktator Muammar al-Gaddafi. Im Zuge des „Arabischen Frühlings" demonstrierten in Frühjahr 2011 auch in Libyen die Menschen für mehr Freiheit. Gaddafis Sicherheitskräfte schlugen dieses Aufbegehren der Menschen brutal nieder, auch die Luftwaffe wurde gegen die Aufständischen eingesetzt. Zum Schutz der Zivilbevölkerung verhängte der Sicherheitsrat der Vereinten Nationen eine Flugverbotszone über Libyen und erlaubte den Einsatz militärischer Mittel. Deutschland hielt sich zurück, andere NATO-Staaten wie Frankreich und die USA nutzten die Resolution des Sicherheitsrates jedoch zu massiven Luftschlägen. Dadurch gewannen die Aufständischen die Oberhand. Muammar al-Gaddafi wurde getötet und auf demokratischem Weg durch Wahlen eine neue Regierung eingesetzt.

Internationale Gerichte

Die Vereinten Nationen haben verschiedene Gerichte eingesetzt. Der Internationale Gerichtshof in Den Haag entscheidet bei Rechtsstreitigkeiten zwischen Staaten und erstellt Rechtsgutachten zu völkerrechtlichen Fragen. Auch Kriegsverbrechen, Völkermord und Verbrechen gegen die Zivilbevölkerung in Bürgerkriegen versuchen die Vereinten Nationen durch internationale Strafgerichtshöfe zu ahnden

NATO

Seit dem Ende der Ost-West-Konfrontation hat die NATO ihr militärisches Konzept verändert. Da Krisenbewältigung und Konfliktverhütung immer wichtiger werden, will die NATO mit weniger Truppen auskommen, die jedoch ständig einsatzbereit sind. 1999 führte die NATO einen Krieg gegen Serbien, um die Vertreibung und Ermordung der Kosovo-Albaner zu beenden. Im Auftrag der Vereinten Nationen waren NATO-Truppen auf dem Balkan stationiert, um neue Bürgerkriege zu verhindern. Den Terroristen-Anschlag auf die USA im September 2001 betrachtete die NATO als Angriff auf das Bündnis insgesamt. Erstmals in der Geschichte der NATO wurde daher der gemeinsame Verteidigungsfall erklärt.

Sicherheitsorganisationen in Europa

Verschiedene Organisationen verfolgen das Ziel, die Sicherheit in Europa zu erhöhen. So versucht zum Beispiel die „Organisation für Sicherheit und Zusammenarbeit in Europa" (OSZE), das Entstehen von Konflikten zu verhindern. Die Europäische Union entwickelt eine gemeinsame Sicherheits- und Verteidigungspolitik. Dazu gehört die Fähigkeit Europas, bei Krisen weltweit eigene Soldaten einsetzen zu können.

Auftrag der Bundeswehr

Die Bundeswehr ist eine Verteidigungsarmee. Das Grundgesetz verbietet ausdrücklich die Vorbereitung eines Angriffskrieges. Auftrag der Bundeswehr ist es, die Sicherheit der Bundesrepublik Deutschland zu gewährleisten und sie gegen jeden Angriff von außen zu schützen. Darüber hinaus kann sie sich im Einklang mit der Charta der Vereinten Nationen an Maßnahmen beteiligen, die dem Weltfrieden und der internationalen Sicherheit dienen. So sind aufgrund eines UN-Mandats derzeit deutsche Soldaten z. B. in Afghanistan und vor der Küste des Libanon eingesetzt. Umstritten ist vor allem der Einsatz in Afghanistan.

1 Löse das Rätsel.

Notiere die gesuchten Begriffe von 1 bis 9 untereinander in dein Heft. Die farbig hinterlegten Buchstaben ergeben von oben nach unten gelesen das Lösungswort. Es ist eine umgangssprachliche Bezeichnung für die UN-Friedenstruppen.

Ü = Ü

1. Die … ist die Armee der Bundesrepublik Deutschland.
2. Ein … muss sein Land wegen Krieg, Verfolgung, Hunger oder aus anderen Gründen verlassen.
3. Das Verteidigungsbündnis, dem Deutschland angehört, wird abgekürzt … genannt.
4. Bei einem Streit zwischen Staaten können die Vereinten Nationen zunächst versuchen, den Konflikt durch … beizulegen.
5. Um bei einer Gefährdung des Weltfriedens rasch eingreifen zu können, haben die Vereinten Nationen den … eingerichtet.
6. Die … sind eine weltweite Organisation, die 1945 gegründet wurde.
7. Politisch Verfolgte, die zu uns flüchten, können … erhalten.
8. Eine neue Gefahr für den Weltfrieden ist der internationale … .
9. Trotz Verbot werden immer noch Kinder und Jugendliche dazu missbraucht, als … zu kämpfen und zu töten.

2 Ladet Experten zu einem Gespräch über Sicherheitspolitik in den Unterricht ein.

Jugendoffiziere der Bundeswehr sind kompetente Gesprächspartner für Schulklassen bei Fragen zur Sicherheitspolitik und zum Auftrag der Bundeswehr. Erkundet im Internet unter www.bundeswehr.de oder www.jugendoffizier.eu, welcher Jugendoffizier für eure Region zuständig ist.

Vertreter der Friedensbewegung, zum Beispiel von der Aktion Sühnezeichen, von Pax Christi oder der Deutschen Friedensgesellschaft, findet ihr ebenfalls im Internet:
www.asf-ev.de
www.paxchristi.de
www.dfg-vk.de

Erarbeitet in Gruppen eine Liste von Fragen, die euch interessieren. Nehmt dann Kontakt mit den Experten auf und klärt, ob sie zu euch in den Unterricht kommen können.

Ein Jugendoffizier der Bundeswehr vor einer Klasse

3 Führt eine schriftliche Befragung durch.

Befragt Abgeordnete, die euren Wahlkreis im Bundestag vertreten bzw. betreuen, zum Thema „Wie stehen Sie zu Einsätzen der Bundeswehr im Ausland?"
Erstellt zuerst gemeinsam das Schreiben, das ihr an die Abgeordneten richten wollt. Erklärt euer Anliegen und stellt mindestens fünf, höchstens zehn Fragen.
Wer euren Wahlkreis im Bundestag vertritt, könnt ihr im Internet erfahren: www.bundestag.de → Abgeordnete → Karte Bundesland Rheinland-Pfalz → den Bundestagswahlkreis anklicken, in dem sich eure Schule befindet. Die folgende Seite enthält die Namen der in diesem Wahlkreis gewählten Abgeordneten. Die Anschriften erscheinen beim Anklicken der Namen.
In jedem Wahlkreis wird nur eine Abgeordnete oder ein Abgeordneter direkt in den Bundestag gewählt. Ob zusätzlich noch Abgeordnete über die Landeslisten in den Bundestag kommen, ist unterschiedlich. Fehlt im Internetauftritt des Bundestages für euren Wahlkreis der Vertreter einer Partei, müsst ihr bei der betreffenden Partei nachfragen, welcher Abgeordnete den Wahlkreis betreut, in dem ihr wohnt.
Erledigt die Anfrage an die Abgeordneten und die Auswertung ihrer Antworten in Gruppenarbeit. Stellt dann eure Ergebnisse im Plenum den Mitschülerinnen und Mitschülern vor.

4 Analysiere die Karikaturen.

Nimm Stellung zur Aussageabsicht des jeweiligen Karikaturisten.

(Zeichnung: Luis Murschetz) **Allesfresser Krieg**

(Zeichnung: Gerhard Mester)

(Zeichnung: Gerhard Mester)

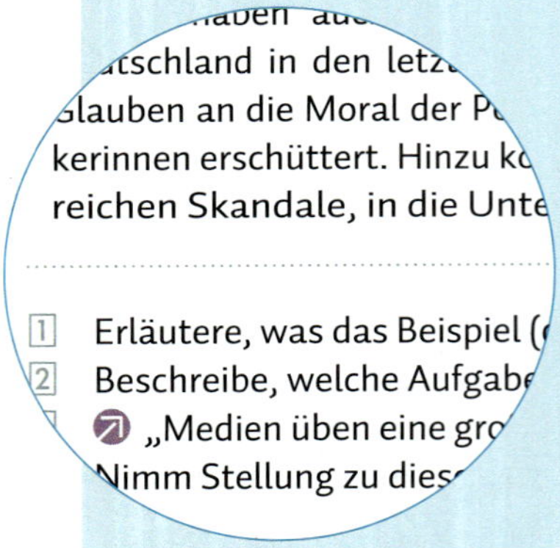

Hinweise zur Bearbeitung der Aufgaben

Die Aufgaben in diesem Buch beginnen in der Regel mit einem Operator. Das ist ein Verb, das genau beschreibt, was jeweils zu tun ist. Weil die Aufgaben einen unterschiedlichen Schwierigkeitsgrad aufweisen, sind diese Operatoren in Gruppen zusammengefasst.

Die einfachen Aufgaben finden sich im Anforderungsbereich I. Hier sollt ihr Sachverhalte wiedergeben und bekannte Arbeitstechniken anwenden, z. B. den Umgang mit Texten oder Grafiken.

Bei den Aufgaben im Anforderungsbereich II sollen bekannte Inhalte selbstständig untersucht und danach erklärt werden.

Bei den schwierigen Aufgaben im Anforderungsbereich III sollt ihr euch mit neuen Inhalten und Problemen auseinandersetzen, um sie dann zu bewerten.

Die wichtigsten Operatoren sind in den folgenden drei Rubriken zusammengestellt.

Dem **Anforderungsbereich I** entsprechen zum Beispiel die folgenden Arbeitsanweisungen:

aufzählen
benennen
beschreiben
bezeichnen
darlegen
darstellen
nennen
wiedergeben
zusammenfassen

Dem **Anforderungsbereich II** entsprechen zum Beispiel die folgenden Arbeitsanweisungen:

analysieren
auswerten
charakterisieren
einordnen
erklären
erläutern
ermitteln
erschließen
erstellen
herausarbeiten
interpretieren
vergleichen
widerlegen

Dem **Anforderungsbereich III** entsprechen zum Beispiel die folgenden Arbeitsanweisungen:

begründen
beurteilen
bewerten
diskutieren
entwerfen
entwickeln
erörtern
gestalten
problematisieren
prüfen
sich auseinandersetzen
Stellung nehmen
überprüfen

Beschreibungen der Operatoren

Anforderungsbereich I

aufzählen: einzelne Sachverhalte aus einem Text entnehmen und sie in einer Reihenfolge nennen
benennen: Sachverhalte aus einem Material entnehmen und anführen
beschreiben: Sachverhalte schlüssig wiedergeben
bezeichnen: Sachverhalte begrifflich präzise aufführen
darlegen: einen Sachverhalt mit eigenen Worten unter Verwendung von Fachbegriffen wiedergeben
darstellen: Strukturen und Zusammenhänge beschreiben und verdeutlichen
nennen: Sachverhalte in knapper Form anführen
wiedergeben: Sachverhalte in knapper Form unkommentiert darstellen
zusammenfassen: wesentliches aus Aussagen oder Sachverhalten in knapper Form darstellen

Anforderungsbereich II

analysieren: Materialien oder Sachverhalte systematisch untersuchen und auswerten
auswerten: Daten oder Einzelergebnisse zu einer abschließenden Gesamtaussage zusammenführen
charakterisieren: Sachverhalte mit ihren typischen Merkmalen und in ihren Grundzügen bestimmen
einordnen, zuordnen: Sachverhalte schlüssig in einen vorgegebenen Zusammenhang stellen
erklären: Sachverhalte schlüssig aus Kenntnissen in einen Zusammenhang stellen (zum Beispiel Theorie, Modell, Gesetz, Regel, Funktions-, Entwicklungs- und/oder Kausalzusammenhang)
erläutern: Sachverhalte mit Beispielen oder Belegen veranschaulichen
ermitteln, erschließen: aus Materialien bestimmte Sachverhalte herausfinden, auch wenn sie nicht direkt genannt werden, und eventuell Zusammenhänge zwischen ihnen herstellen
erstellen: Sachverhalte (insbesondere in grafischer Form) unter Verwendung fachsprachlicher Begriffe strukturiert aufzeigen
herausarbeiten: aus Materialien bestimmte Sachverhalte herausfinden, auch wenn sie nicht direkt genannt werden, und eventuell Zusammenhänge zwischen ihnen herstellen
interpretieren: Sinnzusammenhänge aus Materialien erschließen
vergleichen: Vergleichskriterien festlegen, Gemeinsamkeiten und Unterschiede gewichtend einander gegenüberstellen sowie ein Ergebnis formulieren
widerlegen: Argumente anführen, dass Daten, eine Behauptung, ein Konzept oder eine Position nicht haltbar sind

Anforderungsbereich III

begründen: Aussagen (zum Beispiel eine Behauptung, eine Position) durch Argumente stützen, die durch Beispiele oder anderer Belege untermauert werden
beurteilen: Aussagen, Vorschläge oder Maßnahmen untersuchen, die dabei zugrunde gelegten Kriterien benennen und ein begründetes Sachurteil formulieren
bewerten: Aussagen, Vorschläge oder Maßnahmen beurteilen, ein begründetes Werturteil formulieren und die dabei zugrunde gelegten Wertmaßstäbe offenlegen
diskutieren: mit einem oder mehreren Gesprächspartner Meinungen zu einem bestimmten Thema austauschen und diese begründen
entwerfen: einen Vorschlag in seinen wesentlichen Zügen erstellen
entwickeln: zu einer vorgegebenen oder selbst entworfenen Problemstellung einen begründeten Lösungsvorschlag entwerfen
erörtern: zu einer vorgegebenen These oder Problemstellung durch Abwägen von Pro- und Kontra-Argumenten ein begründetes Ergebnis formulieren
gestalten: zu einer vorgegebenen oder selbst entworfenen Problemstellung ein Produkt rollen- beziehungsweise adressatenorientiert herstellen
problematisieren: Widersprüche herausarbeiten, Positionen oder Meinungen begründet hinterfragen
prüfen: Inhalte, Sacherhalte, Vermutungen oder ähnliches auf der Grundlage eigener Kenntnisse oder mithilfe zusätzlicher Materialien auf sachliche Richtigkeit bzw. auf innere Logik hin untersuchen
sich auseinandersetzen: zu einem Sachverhalt, zu einem Konzept, zu einem Problem oder zu einer These Argumente zusammenstellen, um eine begründete Bewertung vornehmen zu können
Stellung nehmen: die Bedeutung von Sachverhalten oder Prozessen in einem Zusammenhang bestimmen, um auf der Grundlage von Kriterien zu einem begründeten Sachurteil zu gelangen
überprüfen: Aussagen, Vorschläge oder Maßnahmen an Sachverhalten auf ihre sachliche Richtigkeit hin untersuchen und ein begründetes Ergebnis formulieren

Jugendliche und Demokratie

Bundeszentrale für politische Bildung	www.bpb.de
Landeszentrale für politische Bildung Rheinland-Pfalz	www.politische-bildung-rlp.de
Politik für Kinder im Alter von 8–14 Jahren (Lexikon u.a.m.)	www.hanisauland.de
Bundesregierung (Seite für Kinder und Jugendliche)	www.regierenkapieren.de
Bundesregierung: schekker – das Jugendmagazin	www.schekker.de
Fluter – Magazin der Bundeszentrale für politische Bildung	www.fluter.de
Schulweb	www.schulweb.de
Deutscher Bildungsserver	www.bildungsserver.de
Informationsportal Mobbing	www.mobbing-schluss-damit.de
Webportal Schülermobbing	www.schueler-gegen-mobbing.de
Mobbing in der Schule	www.schueler-mobbing.de
Schule ohne Rassismus	www.schule-ohne-rassismus.org
Gemeinde- und Städtebund Rheinland-Pfalz	www.gstb-rlp.de
Mehr Demokratie e.V. – Landesverband Rheinland-Pfalz	www.rlp.mehr-demokratie.de
Netzwerk Service-learning / Lernen durch Engagement	www.servicelearning.de

Familie in Gesellschaft und Staat

Familienpolitik	www.familienpolitik.de
Bundesministerium für Familie, Senioren, Frauen und Jugend	www.bmfsfj.de
Kinderseite des Bundesministeriums für Familie	www.kinder-ministerium.de
Bundesministerium für Arbeit und Soziales	www.bmas.de
Ministerium für Integration, Familie, Kinder, Jugend und Frauen	www.mifkjf.rlp.de
Verband alleinerziehender Mütter und Väter, Bundesverband e.V.	www.vamv.de
Portal für Gleichberechtigung und Frauenbeauftragte	www.gleichberechtigung-goes-online.de
Informationsportal zur Sozialpolitik in Deutschland	www.sozialpolitik.com

Leben in der Mediengesellschaft

Arbeitsgemeinschaft vernetzter Kinderseiten	www.seitenstark.de
Online-Zeitung für junge Leser	www.sowieso.de
Nachrichtenmagazin für Kinder und Jugendliche	www.neuneinhalb.wdr.de
Mehr Sicherheit im Internet – eine EU-Initiative	www.klicksafe.de
Tipps zum Umgang mit Computer, Internet, Videospielen u.a.	www.medienbewusst.de
Mediennutzung von Kindern, Jugendlichen (KIM-Studie, JIM-Studie)	www.mpfs.de
Informationen für Eltern über Gefahren bei der Nutzung von Medien	www.schau-hin.info
Bundesamt für Sicherheit in der Informationstechnik	www.bsi-fuer-buerger.de
Fernsehen: ARD / ZDF	www.daserste.de / www.zdf.de
Südwestfunk (SWR)	www.swr.de
Bundesverband Deutscher Zeitungsverleger e.V.	www.bdzv.de
Deutscher Presserat	www.presserat.de
Reporter ohne Grenzen	www.reporter-ohne-grenzen.de

Wirtschaft

Bundesministerium für Wirtschaft und Technologie	www.bmwi.de
Ministerium für Wirtschaft, ... Rheinland-Pfalz	www.mwkel.rlp.de
Verbraucherzentrale Rheinland-Pfalz	www.verbraucherzentrale-rlp.de
Fairtrade e.V.	www.fairtrade.de/
Fairtrade Deutschland	www.fairtrade-deutschland.de
Bundesagentur für Arbeit	www.arbeitsagentur.de
Ausbildungsportal der Bundesagentur für Arbeit	www.planet-beruf.de
Deutscher Gewerkschaftsbund (DGB)	www.dgb.de
Bundesvereinigung der Deutschen Arbeitgeberverbände (BDA)	www.bda-online.de
Bankenverband: Ökonomische Bildung – Wirtschaft	www.schulbank.de
Statistisches Bundesamt	www.destatis.de

Die politische Ordnung der Bundesrepublik Deutschland

Bundeszentrale für politische Bildung	www.bpb.de
Landesportal / Landesregierung Rheinland-Pfalz	www.rlp.de
Bundesregierung	www.bundesregierung.de
Deutscher Bundestag: Seite für Kinder und Jugendliche	www.kuppelkucker.de
Jugendportal des Deutschen Bundestages	www.mitmischen.de
Deutscher Bundestag	www.bundestag.de
Bundesrat	www.bundesrat.de
Bundesrat / Föderalismus	http://foederalion.bundesrat.de
Bundespräsident	www.bundespraesident.de
Bundesverfassungsgericht (BVG)	www.bundesverfassungsgericht.de
Bundeswahlleiter (Wahlen, Wahlergebnisse)	www.bundeswahlleiter.de
Wahlen in Deutschland und Europa	www.election.de
Bundesamt für Verfassungsschutz	www.verfassungsschutz.de
Verfassungsschutz Rheinland-Pfalz	www.verfasungsschutz.rlp.de
Internetseite gegen Rechtsextremismus	www.netz-gegen-nazis.de
Internetportal gegen Rechtsextremismus	www.mut-gegen-rechte-gewalt.de

Recht und Rechtsprechung

Bundesarbeitsgemeinschaft Kinder- und Jugendschutz	www. jugendschutz-in-stichworten.de
Bundesarbeitsgemeinschaft und Landesstellen Jugendschutz	www.jugendschutzlandesstellen.de
Jugendschutz im Internet	www.jugendschutz.net
Bundesministerium der Justiz	www.bmj.de
Ministerium der Justiz und für Verbraucherschutz Rheinland-Pfalz	www.mjv.rlp.de
Bundeskriminalamt (Polizeiliche Kriminalstatistik)	www.bka.de
Polizeiliche Kriminalprävention der Länder und des Bundes	www.polizei-beratung.de
Human Rights Watch	www.hrw.org/german
Netzwerk deutscher Menschenrechtsorganisationen	http://forum-menschenrechte.de
Bundeszentrale für gesundheitliche Aufklärung: Thema „Rauchen“	www.rauchfrei-info.de

Politik in der Europäischen Union

Portal der Europäischen Union	http://europa.eu
EU-Programm Jugend in Aktion	www.jugend-in-aktion.de
Europäisches Parlament – Informationsseite für Deutschland	www.europarl.de
Europäisches Parlament – Jugend	www.europarl.de/view/de/Jugend.html
Europäische Kommission	http://ec.europa.eu
Rat der Europäischen Union	www.consilium.europa.eu
Europäischer Bürgerbeauftragter	www.ombudsman.europa.eu
Informative Europa Website	www.europa-digital.de

Frieden und Sicherheit

Auswärtiges Amt	www.auswaertiges-amt.de
Vereinte Nationen: Informationszentrum für Westeuropa	www.unric.org
Unicef (Kinderhilfswerk der Vereinten Nationen)	www.unicef.de
Jugend-Website von Unicef	www.younicef.de
Eine Welt Portal	www.eine-welt-info.de
Attac	www.attac.de
Amnesty International	www.amnesty.de
Greenpeace	www.greenpeace.de
Greenpeace (Seite für Kinder und Jugendliche)	www.greenpeace4kids.de
Bundesministerium der Verteidigung	www.bmvg.de
Bundeswehr	www.bundeswehr.de
NATO (engl.)	www.nato.int
Organisation für Sicherheit und Zusammenarbeit in Europa	www.oecd.org/Deutschland

A1PIX, Ottobrunn: 68 re. (J. Powell)
action press, Hamburg: 220 o. (Atlas Photography), 250 o., 290
ADAGP Image Bank, Paris: 261 u. (G. Borre)
Adam, A., Landsberg: 56 o.re., 73 o.re. + li.
adpic Bildagentur, Bonn: 245 re.u. (R. Naumann)
AFP Agence France-Presse, Berlin: 108 li. (2) (JAMEJAM ONLINE),285 (HO/ISIL)
AG Pro-Mosel/www.pro-mosel.de/Bürgerinitiative gegen den Hochmoselübergang, Ürzig: 51 u.re.
akg-images, Berlin: 186 o.li.
alamy images, Abingdon/Oxfordshire: 287.5 (G. du Feu)
amnesty international , Bonn: 307 o. (2) (Mandatsplakat)
Appenzeller, H., Stuttgart: 163 re.u., 165.3, 166 u.
Arco Images, Lünen: 142 o.li. (C. Steimer)
ARTUR IMAGES, Stuttgart: Titel u. (C. Klein)
Ärzte ohne Grenzen e.V., Berlin: 307
Attac Deutschland, Frankfurt/M.: 306
Baaske Cartoons, Müllheim: 53 u. (J. Tomaschoff), 77 li. (T. Plaßmann), 82 re. (E. Rauschenbach), 91 li. (K.G. Striepecke), 91 re. (T. Plaßmann), 96 (G. Mester), 104 o. (U. Kieser), 106 o. (B. Mohr), 136 re.u. (R. Schwalme), 201 li.o. (G. Mester), 215 u. (J. Tomaschoff), 257 (G. Mester), 262 u. (G. Mester), 269 Mi.li. (F. Wössner), 269 o. (G. Mester), 269 u. (T. Plaßmann), 273 u. (G. Mester), 311 Mi. (G. Mester), 311 u. (G. Mester)
Baldus, P., Riede: 22
Barley, K., Berlin: 194
Bensch, P., Tübingen: 162 u.re.
Bergmoser + Höller Verlag AG, Aachen: 67 u., 76 o., 139 o. li., 154 Mi., 191, 215 o.
Bildarchiv Monheim, Krefeld: 207 u.Mi. (J. Helle)
Bundesministerium der Verteidigung, Berlin: 220 re.u.
Bundesministerium für Arbeit und Soziales, Berlin: 72
Bundesverband der Deutschen Industrie e.V., Berlin: 171 re.
BÜNDNIS 90/DIE GRÜNEN, Berlin: 255 re. 2. v.u.
Bürgerinitiative Windkraftfreier Bocksrück e.V., Gonbach: 51 u.li.
Butschkow, P., Langenhorn: 96
Campus Verlag, Frankfurt/M.: 278 u.
CARE Deutschland-Luxemburg e.V., Bonn: 306
Caritasverband Hannover e.V.: 77 re.
CDU Landesverband Rheinland-Pfalz, Mainz: 44 re. (S. Kröger)
CDU-Deutschlands, Berlin: 176 o.li., 178 2. v.u., 255 re.o.
Dägling, A., Wardenburg: 25 Mi. (2), 27 Mi. 2. v.re., 31 (2), 56 li.Mi. , 56 li.u., 65 (3), 120.4, 228
Daimler AG, Stuttgart: 154 o.li., 155 o. (2)
ddp images, Hamburg: 103 re. (L. Preiss), 120.1 (K. Lenz), 142 u.li. (O. Stratmann), 270 (N. Millauer), 310 (N. Millauer)
Deiseroth, D., Niederaula: 12 o., 29 o., 35 u., 38.1 + .2 + .5–.9, 39 u.re., 56 o.li. + Mi.Mi., 61 o., 73 u.li., 74.2–.6 + .8, 84.1, 2.–.4, 85 (2), 86 li., 120.2, .5., .7 + .8, 122 u., 129 u.li. (3), 131 (4), 132 o.re. + u. (2), 133, 137, 139 re., 155 u. (8), 156 o.li. + Mi., 157 Mi., 161 (3), 164 o. (3), 165 o., 173 u., 175 li., 192 o.li. + u. (2), 207 re. 2. v.u., 213, 218 Mi., 221 (5), 225 (5), 244 o., 246 (6), 247 (4), 264 u.re., 292 u.li., 293 (2), 298 u. (3)
DER SPIEGEL, Hamburg: 86, 103 li.
Detjen, J., Buxtehude: 52
Deutscher Bundestag, Berlin: 107 u.
Deutscher Caritasverband e.V., Referat Öffentlichkeitsarbeit und Fundraising, Freiburg: 79 (2) (M. Bothor)
Deutsches Historisches Museum, Berlin: 261 o.
DGB Bundesvorstand, Berlin: 138
DLR Deutsches Zentrum für Luft- und Raumfahrt, Weßling, OT Oberpfaffenhofen: 146
Dog´s Head Graphics, Crieff: 83 re.o.
dreamstime.com, Brentwood: 23 o.li. (Dengyinchai)
Druwe & Polastri, Cremlingen: 35 Mi., 93, 240 (2)
Eckel, J., Berlin : 230
epd-bild, Frankfurt/M.: 59 li.o. (R. Zöllner)
Europäische Gemeinschaft, Luxemburg: 263 u.
Europäische Kommission, Brüssel: 268 (E. Ansotte)
Europäische Union, Brüssel: 259 (C. Dogas)
Europäisches Parlament, Berlin: 254 o.
Fabian, M., Hannover: 32 o.li., 33 o.li., 124 o., 132 Mi.Mi. + Mi.re., 155.7, 192 o.re., 218 li., 226 u.
Feldhaus, H.-J., Münster: 54
Fischer, J.A. , Hannover: 74 o.li.
FoBe: 135 u.
Forest Stewardship Council (FSC) Deutschland, Freiburg: 126
Fotodesign Sierigk, Braunschweig: 157 u.
fotolia.com, New York: 5 o. + 55 li. (Monkey Business Images), 59 re.o. (M. Zagorski), 229 u. (FM2), 238 o. (Fotosenmeer.nl), 250 u.li. (moonrun), 287.3 (U. Boccius)
Frey, A.: 37 re.
Frühsorge, M.J. , Hannover: 119 re.o.
Gerlach, E., Lüchow: 132 o.li.
Getty Images, München: Titel Mi.li. (P. Sheandell o'carol), Titel Mi.re. (T. Lohnes), 5 u. + 83 li. (AFP/J. Macdougall), 124 u.li. (Bloomberg/J. Alden), 275 re.u. (AFP/SAIF Dahlah), 282 Mi. (Sion Touhig)
Greenpeace Deutschland e.V., Hamburg: 306
Griese, D., Laatzen: 223 o.
Güttler, P. – Freier Redaktions-Dienst, Berlin: 279 re., 296 li.
Haertel, S., Hamburg: 119 re.u.
Haus der Geschichte, Bonn: 159 u. (J. Wolter), 300 o.li. (J. Wolter)
Hessen-Luftbild/A. Häsler, Langenselbold: 188 o.
Horvath, Hannover: 59 re.Mi.
imagetrust, Koblenz: 88 re. (S. Honzera)
Imago, Berlin: 6 + 119 li. (R. Peters), 88 li. (momentphoto/R. Michael), 203.10 (Metodi Popow)
iStockphoto.com, Calgary: 32 o.re. (wojciech_gajda), 73 re.u. (Elenathewise), 287.1 (peepo), 287.2 (YinYang), 287.4 (ianmcdonnell)
Janson, J., Landau: 287 o.re.
JOKER:, Bonn: 95 (P. Albaum)
JRK-Bildarchiv, Berlin: 34 o.li. (S. Rosenberg)
Kaiser, E., Waiblingen: 300 o.re.
Keystone Pressedienst, Hamburg: 242 (V. Schulz)
Klüppel, U., Gechingen: 21, 38.3
Köcher, U., Hannover: 4 + 11 li.
Kuhnle, W., Freiberg : 32 u.
laif, Köln: 127 (Sinopix), 151 (J. Modrow), 262 o.re. (L. Faustino/4SEE)
Landeshauptarchiv, Koblenz: 206 Mi.
Lantelmé, J., Kassel: 74 u.li.
Löffler, R., Dinkelsbühl: 117
LUFF, R. Henn, Hennweiler: 201 li.u., 244 re.u.
Marcks, M., Heidelberg: 61 u.
Mester, G., Wiesbaden: 136 re.o., 255 o.li.
Mierendorf, W., Stuttgart: 80 2. v.u.
Muhs, A., Berlin: 171 o.
Munz, E.: 136 li.
Murschetz, L., München: 311 o.
NEL Cartoons, Erfurt: 82 li.
Off Road Kids Stiftung, Bad Dürrheim: 142 u.re., 171
Oxfam Deutschland e.V., Berlin: 307
panthermedia.net, München: Titel re.o. + 1
Peter Wirtz Fotografie, Dormagen: 59 re.u.
Pfannenschmidt, D., Hannover: 167
Pfohlmann, C. Landsberg am Lech: 269 Mi.re.
photothek, Radevormwald: 59 li.u. (U. Grabowsky), 292 o. (T. Imo)
Picture Press, Hamburg: 19 (Markus), 59 li.Mi. (J. Rodach)
Picture-Alliance, Frankfurt/M.: 7 + 163 li. (ZB/J. Woitas), 8 u. + 245 li. + 254 2. v.o. (AFP/Cerles), 9 + 275 li. (dpa/H. Spies),17 li. (dpa/Weißbrod), 17 re. + 186 o. 2. v.li. (ZB/P. Pleul), 24 (dpa/I. Wagner), 34 o.re. (dpa/N. Försterling), 37 Mi. (dpa/U. Deck), 37 li. (dpa/H. Ossinger), 43 o.li. (ZB/N. Bachmann), 67 o.li. (Becker & Bredel), 67 o.re. (dpa/W. Baum), 68 li. (Bildagentur-online), 70 o. (ZB/W. Thieme), 76 u. (dpa/M. Führer), 80 2. v.o. (Becker & Bredel), 80 o. (photonon-stop/onoky/F. Lerouge), 99 (dpa/M. Wenda), 103 2. v. re. + 107 o. (ZB/K. Schindler), 108 re. (3) (AP Images), 110 (Reuters/K. Pfaffenbach), 114 Mi. (dpa/C. Hoffmann), 116 o. (dpa/J. Carstensen), 116 u. (ZB/A. Burgi), 120.3 (dpa/H. von Heydenaber), 120.6 (ZB/P. Pleul), 121 li. (ZB/M. Schutt), 142 o.re. (OKAPIA/Photo Network), 145 (dpa/F. Gambarini), 160 o. (epa/Qilai Shen), 163 re.o. (dpa/P. Grimm), 165 2. v.o. (AP/H. Edinger), 165 u. (dpa/H.-C. Plambeck), 166 o. (epa/Alai Bazil), 171 (dpa/J. Kalaene), 178 2. v.o. (dpa/J. Carstensen), 178 o. (ZB/R. Hirschberger), 180 o. (dpa/I. Wagner), 180 u. (ZB/P. Pleul), 181 u. (dpa), 184 (RIA Novosti/S. Rheker), 186 2. v.re. (CHROMORANGE/M. Stolt), 187 li. (dpa), 188 Mi. (ZB/T. Schulze), 188 u. (dpa/B. Settnik), 189 (AAPimages/Kuhlmey), 190 o. (dpa/M. Gambarini), 195 li. (dpa/S. Pilick), 198 o. (dpa/U. Deck), 199 re. (dpa/U. Deck), 200 (dpa/T. Brakemeier), 201 re. (dpa/U. Deck), 202 o. (BREUER-BILD/J. Reetz), 203.9 (Sven Simon), 207 o.Mi. (Euroluftbild), 207 o.re. (KPA/Euroluftbild), 207 re. 2. v.o. (dpa/H. Tittel), 207 u.li. (HB-Verlag/R. Hackenberg), 207 u.re. (dpa/R. Wittek), 219 u. (dpa/B. Thissen), 220 re.Mi., 220 u.li. (dpa/ Pressensbild), 223 u. (dpa/M. Gerten), 233 li. (dpa/N. Försterling), 233 re. (dpa/K. Lenz), 239 o. (dpa/R. Vennenbernd), 241 o. (dpa/F. v. Erichsen), 241 u. (dpa/O. Berg), 247 o.li. (ZB/M. Bein), 254 2. v.u. (dpa/R. Haid), 254 u. (dpa/H. Ossinger), 256 li. (BELGA/H. Vergult), 262 o.li. (AP/M. Spingler), 263 2. v.o. (EPA/D. Doru), 263 2. v.u. (ROPI/Minnella/Graffiti), 263 o. (epa/J. Warnand), 265 o. (EPA/T. Bozoglu), 265 u. (dpa/S. Suna), 266 o.re. (picturedesk/F. Gruber/Kurier), 276 re.o. (DoD), 277 (dpa/W. Langenstrassen), 278 o. (EPA/ Ludbrook), 279 li. (dpa/B. Roessler), 281 u. (DB Bundeswehr), 282 u. (EPA/H. Tyagi), 284 (AFP/Macallister), 288 re. (AFP/B. Khan), 291 (EFE/S. Maritimo), 296 re. (EPA/S. Elmhedwi), 297 (abaca), 298 o. (EPA/T. Kluiters), 299 (ANP/J. Lampen), 302 li. (BELHA/Monsivais), 302 re. (dpa/M. Athenstädt), dpa-infografik: 71, 78, 96 o., 124 u.re., 144, 149 li., 150 (2), 153, 173 o., 190 u., 199 li., 266 u., 276 o., 281 o., 300 u.re.
plainpicture, Hamburg: 64 li. (Normal), 218 re. (Johner)
Poth, A.: 244 u.li. (Clodwig Poth)
Presse- und Informationsamt der Bundesregierung – Bundesbildstelle, Berlin: 8 o. + 217 li. (U. Wienke), 203.1–.7, 217 re.u., 304 Mi.
pro familia, Frankfurt/M.: 171
Raupach, T., Hamburg: 217 re.o.
Reporter ohne Grenzen e.V., Berlin: 114 u., 115
Reuters, Berlin: 160 Mi. (Claro Cortes), 282 o. (S. Karpukhin), 287 o.li. (V. Fedosenko)
RTL interactive GmbH , Köln: 90 re.
Schmidt, R., Brunsbüttel: 98 + 244 Mi.
Schreier, C., Erfurt: 27 (6)
Schwarzbach, H./argus, Hamburg: 43 o.re.
Semmler, T., Lünen: 247 Mi.li.
Shutterstock.com, New York: 34 u.li. (P. Konstantin), 276 re.u. (fpolat69)
SPD: 176 o.re. (Jim Rakete)
SPD-Parteivorstand, Berlin: 255 re. 2. v.o.
Staatskanzlei Rheinland-Pfalz, Mainz: 211 (E. Biscotti, Bildergalerie rlp), 214 (K. Schäfer)
Staatsministerium Baden-Württemberg, Stuttgart: 44 li.
Starke, H.-J., Arnstadt: 105
Statistisches Landesamt Rheinland-Pfalz/Landeswahlleitung, Bad Ems: 176 u.
Steiger, I., München: 169 li.
Stiftung Warentest, Berlin: 103 2. v,li.
StockFood, München: 207 o.li. (TH Foto)
Stuttmann, K., Berlin: 106 u.
TANDEM, T. Geiger, Hersbruck: 80 u.
Tobias-Mayer-Schule, Marbach: 156 u.
TransFair e.V., Köln: 126 u.re.
ullstein bild, Berlin: 35 o. (imagebroker.net/Kreutzer), 55 re.u. (phalanx Fotoagentur), 135 o., 174 (Imagebroker.net/M. Begsteiger), 181 o. (ddp), 266 o.li. (JOKER/A. Stein)
Unger, M.-S., Berlin: 172
UNICEF Deutschland, Köln: 160 u. (Shehzad Noorani), 288 li.
USK, Berlin: 227
vario images, Bonn: 83 re.u. (U. Baumgarten)
Verbraucherzentrale Rheinland-Pfalz e.V., Mainz: 129 o.
Visum, Hannover: 261 Mi. (S. Picker)
Weber, J.E.: 308.1, .2. .4 + .5
wikipedia.commons: 208 u.
Wolf, H.-U., Steinheim: 10 (2), 16 (3), 25 o. + u., 27 u.re., 33 o.re., 56 o.Mi. + re.Mi. + u.Mi. + u.re., 157 o., 193, 197, 226 o. (3), 308.3 + .6
Waging Peace: 289 (2)
www.wehrundweissweiler.de: 208 o.